初学者のための

基本保育小六法

2021年版

監修　高乗智之

一藝社

監修のことば

　古くから六法とは憲法、民法、刑法、商法、民事訴訟法、刑事訴訟法の六つの法律を意味するが、一般的に「六法」の語は、参照の必要性の高い実用的法令集の意味で用いられてきた。本『保育小六法』は、子どもの保育・教育に関係する法規集の小型版として編集されたものである。

　近年、待機児童問題、子どもの貧困・虐待問題、体罰問題など、子どもの保育や教育に関する様々な課題が顕在化し、その対策が急がれている。また、昨年から流行した新型コロナウイルスの感染拡大も各種法制や施策に影響を与え、特にコロナ禍の外出自粛要請下においては若年者の自殺の増加などのリスクが高まっているとの指摘もあり、子どもの安全対策がより一層求められている。

　これらの問題解決には、個々人の努力や自浄作用に期待するだけではなく、法による合理的解決が求められると同時に保育行政・幼児教育行政の方向性の明確化が要請される。このような流れの中で、保育・幼児教育に関する立法は、まさに激動期に入ったといってもよい。特に保育・幼児教育の分野に関する立法は、時代の変化や要請に即応できるよう、細かい部分を政令や省令に委ねるケースが多いという特徴を持つ。そこで、本書では、憲法を頂点とした国内法体系の中でも保育・幼児教育に関連する法律だけでなく、政令・省令・通達等の下位法をできる限り収録した。

本書の構成の特徴は、

(1)憲法を中心とした基本法令や国際条約
(2)学校教育法を中心とした幼稚園関係の法令
(3)児童福祉法を中心とした児童福祉・保育所関連の法令
(4)幼保共通の法令
(5)保健・食育・安全管理に関する法令
(6)社会福祉関連分野の法令

を収録している点である。このように、本書は、保育・幼児教育に関する仕事に携わろうと努力している学生の学習資料としてだけでなく、保育行政、幼稚園教育、社会教育などの分野における実務資料、保育について高い関心を有する一般社会人のための参考資料となることを目指して編集されたものである。保育・幼児教育に関する法令・通達等をすべて網羅することは出来なかったが、重要な法令を収録し、日々の学習用や参考資料として十分な性能を備えるよう配慮したつもりである。

今後、本書をさらに使いやすく役に立つものにするために努力を続けていきたいと考えている。読者諸賢のご支援とご助言をいただければ幸いである。

二〇二一年四月一日　　高乗智之

本書利用の手引き

1 本書は、コンパクトながら保育・幼児教育の学習、実務に利用することを目的とした。

2 内容は、令和三年一月一日現在の官報に依拠した。

3 法令の題名の下の（　）は公布日と法令番号を意味する。また、法令の題名の次には、施行日を示し、改正は最終改正のみ記した。

4 条文見出しのうち、（　）のものは原文に付いているもので、〔　〕のものは編集者が付けたものである。

5 令和三年四月一日以降に施行される改正法令については、編集上の注記を付した。

6 条名は原文では第二十三条となっているが、第二三条というように見やすく改めた。

7 条文が二項以上で構成されている場合は、各項の冒頭に②③式の項番号を付けた。なお、法令中の「②」「③」は「第二項」「第三項」と読み、「一」「二」は「第一号」「第二号」と読む。

8 本則の前にある公布文は省略した。また、附則については、必要最小限の掲載にした。

9 本書の目的に照らして利用度が低いと思われる部分を省略した場合は、法令名の下に（抜粋）と表示した。

【目次】

第1章　基本法令

第2章　幼稚園関連

第3章　児童福祉・保育所関連

第4章　こども園・幼保共通

第5章　保健・食育・安全管理

◆五十音目次

第1章　基本法令

①日本国憲法

（昭和二一年一一月三日）

（昭和二一年一一月三日公布
昭和二二年五月三日施行）

朕は、日本国民の総意に基いて、新日本建設の礎が、定まるに至つたことを、深くよろこび、枢密顧問の諮詢及び帝国憲法第七十三条による帝国議会の議決を経た帝国憲法の改正を裁可し、ここにこれを公布せしめる。

御名御璽

昭和二十一年十一月三日

内閣総理大臣兼
外務大臣　吉田　茂
国務大臣　男爵　幣原喜重郎
司法大臣　木村篤太郎
内務大臣　大村清一
文部大臣　田中耕太郎
農林大臣　和田博雄
国務大臣　斎藤隆夫
逓信大臣　一松定吉
商工大臣　星島二郎
厚生大臣　河合良成
国務大臣　植原悦二郎
運輸大臣　平塚常次郎
大蔵大臣　石橋湛山
国務大臣　金森徳次郎
国務大臣　膳　桂之助

日本国民は、正当に選挙された国会における代表者を通じて行動し、われらとわれらの子孫のために、諸国民との協和による成果と、わが国全土にわたつて自由のもたらす恵沢を確保し、政府の行為によつて再び戦争の惨禍が起ることのないやうにすることを決意し、ここに主権が国民に存することを宣言し、この憲法を確定する。そもそも国政は、国民の厳粛な信託によるものであつて、その権威は国民に由来し、その権力は国民の代表者がこれを行使し、その福利は国民がこれを享受する。これは人類普遍の原理であり、この憲法は、かかる原理に基くものである。われらは、これに反する一切の憲法、法令及び詔勅を排除する。

日本国民は、恒久の平和を念願し、人間相互の関係を支配する崇高な理想を深く自覚するのであつて、平和を愛する諸国民の公正と信義に信頼して、われらの安全と生存を保持しようと決意した。われらは、平和を維持し、専制と隷従、圧迫と偏狭を地上から永遠に除去しようと努めてゐる国際社会において、名誉ある地位を占めたいと思ふ。われらは、全世界の国民が、ひとしく恐怖と欠乏から免かれ、平和のうちに生存する権利を有することを確認する。

われらは、いづれの国家も、自国のことのみに専念して他国を無視してはならないのであつて、政治道徳の法則は、普遍的なものであり、この法則に従ふことは、自国の主権を維持し、他国と対等関係に立たうとする各国の責務であると信ずる。

日本国民は、国家の名誉にかけ、全力をあげてこの崇高な理想と目的を達成することを誓ふ。

第一章　天皇

〔天皇の地位と主権在民〕

第一条　天皇は、日本国の象徴であり日本国民統合の象徴であつて、この地位は、主権の存する日本国民の総意に基く。

〔皇位の世襲〕
第二条　皇位は、世襲のものであつて、国会の議決した皇室典範の定めるところにより、これを継承する。

〔天皇の国事行為と内閣の責任〕
第三条　天皇の国事に関するすべての行為には、内閣の助言と承認を必要とし、内閣が、その責任を負ふ。

〔天皇の権能と権能行使の委任〕
第四条　天皇は、この憲法の定める国事に関する行為のみを行ひ、国政に関する権能を有しない。
②　天皇は、法律の定めるところにより、その国事に関する行為を委任することができる。

〔摂政〕
第五条　皇室典範の定めるところにより摂政を置くときは、摂政は、天皇の名でその国事に関する行為を行ふ。この場合には、前条第一項の規定を準用する。

〔天皇の任命権〕
第六条　天皇は、国会の指名に基いて、内閣総理大臣を任命する。
②　天皇は、内閣の指名に基いて、最高裁判所の長たる裁判官を任命する。

〔天皇の国事行為〕
第七条　天皇は、内閣の助言と承認により、国民のために、左の国事に関する行為を行ふ。
一　憲法改正、法律、政令及び条約を公布すること。
二　国会を召集すること。
三　衆議院を解散すること。
四　国会議員の総選挙の施行を公示すること。
五　国務大臣及び法律の定めるその他の官吏の任免並びに全権委任状及び大使及び公使の信任状を認証すること。
六　大赦、特赦、減刑、刑の執行の免除及び復権を認証すること。
七　栄典を授与すること。
八　批准書及び法律の定めるその他の外交文書を認証すること。
九　外国の大使及び公使を接受すること。
十　儀式を行ふこと。

〔皇室の財産授受〕
第八条　皇室に財産を譲り渡し、又は皇室が、財産を譲り受け、若しくは賜与することは、国会の議決に基かなければならない。

第二章　戦争の放棄

〔戦争の放棄、戦力及び交戦権の否認〕
第九条　日本国民は、正義と秩序を基調とする国際平和を誠実に希求し、国権の発動たる戦争と、武力による威嚇又は武力の行使は、国際紛争を解決する手段としては、永久にこれを放棄する。
②　前項の目的を達するため、陸海空軍その他の戦力は、これを保持しない。国の交戦権は、これを認めない。

第三章　国民の権利及び義務

〔国民の要件〕
第一〇条　日本国民たる要件は、法律でこれを定める。

〔基本的人権〕
第一一条　国民は、すべての基本的人権の享有を妨げられない。この憲法が国民に保障する基本的人権は、侵すことのできない永久の権利として、現在及び将来の国民に与へられる。

〔自由及び権利の保持責任と濫用禁止〕

第一二条　この憲法が国民に保障する自由及び権利は、国民の不断の努力によつて、これを保持しなければならない。又、国民は、これを濫用してはならないのであつて、常に公共の福祉のためにこれを利用する責任を負ふ。

〔個人の尊重と公共の福祉〕

第一三条　すべて国民は、個人として尊重される。生命、自由及び幸福追求に対する国民の権利については、公共の福祉に反しない限り、立法その他の国政の上で、最大の尊重を必要とする。

〔平等原則、貴族制度の否認及び栄典〕

第一四条　すべて国民は、法の下に平等であつて、人種、信条、性別、社会的身分又は門地により、政治的、経済的又は社会的関係において、差別されない。

② 華族その他の貴族の制度は、これを認めない。

③ 栄誉、勲章その他の栄典の授与は、いかなる特権も伴はない。栄典の授与は、現にこれを有し、又は将来これを受ける者の一代に限り、その効力を有する。

〔公務員の選定罷免権、公務員の本質、普通選挙の保障及び秘密投票の保障〕

第一五条　公務員を選定し、及びこれを罷免することは、国民固有の権利である。

② すべて公務員は、全体の奉仕者であつて、一部の奉仕者ではない。

③ 公務員の選挙については、成年者による普通選挙を保障する。

④ すべて選挙における投票の秘密は、これを侵してはならない。選挙人は、その選択に関し公的にも私的にも責任を問はれない。

〔請願権〕

第一六条　何人も、損害の救済、公務員の罷免、法律、命令又は規則の制定、廃止又は改正その他の事項に関し、平穏に請願する権利を有し、何人も、かかる請願をしたためにいかなる差別待遇も受けない。

〔国家賠償請求権〕

第一七条　何人も、公務員の不法行為により、損害を受けたときは、法律の定めるところにより、国又は公共団体に、その賠償を求めることができる。

〔奴隷的拘束及び苦役からの自由〕

第一八条　何人も、いかなる奴隷的拘束も受けない。又、犯罪に因る処罰の場合を除いては、その意に反する苦役に服させられない。

〔思想及び良心の自由〕

第一九条　思想及び良心の自由は、これを侵してはならない。

〔信教の自由〕

第二〇条　信教の自由は、何人に対してもこれを保障する。いかなる宗教団体も、国から特権を受け、又は政治上の権力を行使してはならない。

② 何人も、宗教上の行為、祝典、儀式又は行事に参加することを強制されない。

③ 国及びその機関は、宗教教育その他いかなる宗教的活動もしてはならない。

〔集会、結社及び表現の自由と通信の秘密〕

第二一条　集会、結社及び言論、出版その他一切の表現の自由は、これを保障する。

② 検閲は、これをしてはならない。通信の秘密は、これを侵

してはならない。

〔居住、移転、職業選択、外国移住及び国籍離脱の自由〕

第二二条　何人も、公共の福祉に反しない限り、居住、移転及び職業選択の自由を有する。

②　何人も、外国に移住し、又は国籍を離脱する自由を侵されない。

〔学問の自由〕

第二三条　学問の自由は、これを保障する。

〔家族関係における個人の尊厳と両性の平等〕

第二四条　婚姻は、両性の合意のみに基いて成立し、夫婦が同等の権利を有することを基本として、相互の協力により、維持されなければならない。

②　配偶者の選択、財産権、相続、住居の選定、離婚並びに婚姻及び家族に関するその他の事項に関しては、法律は、個人の尊厳と両性の本質的平等に立脚して、制定されなければならない。

〔生存権〕

第二五条　すべて国民は、健康で文化的な最低限度の生活を営む権利を有する。

②　国は、すべての生活部面について、社会福祉、社会保障及び公衆衛生の向上及び増進に努めなければならない。

〔教育を受ける権利、教育を受けさせる義務〕

第二六条　すべて国民は、法律の定めるところにより、その能力に応じて、ひとしく教育を受ける権利を有する。

②　すべて国民は、法律の定めるところにより、その保護する子女に普通教育を受けさせる義務を負ふ。義務教育は、これを無償とする。

〔勤労の権利と義務、勤労条件の基準、児童酷使の禁止〕

第二七条　すべて国民は、勤労の権利を有し、義務を負ふ。

②　賃金、就業時間、休息その他の勤労条件に関する基準は、法律でこれを定める。

③　児童は、これを酷使してはならない。

〔労働基本権〕

第二八条　勤労者の団結する権利及び団体交渉その他の団体行動をする権利は、これを保障する。

〔財産権〕

第二九条　財産権は、これを侵してはならない。

②　財産権の内容は、公共の福祉に適合するやうに、法律でこれを定める。

③　私有財産は、正当な補償の下に、これを公共のために用ひることができる。

〔納税の義務〕

第三〇条　国民は、法律の定めるところにより、納税の義務を負ふ。

〔法定手続の保障〕

第三一条　何人も、法律の定める手続によらなければ、その生命若しくは自由を奪はれ、又はその他の刑罰を科せられない。

〔裁判を受ける権利〕

第三二条　何人も、裁判所において裁判を受ける権利を奪はれない。

〔逮捕の要件〕

第三三条　何人も、現行犯として逮捕される場合を除いては、権限を有する司法官憲が発し、且つ理由となつてゐる犯罪を明示する令状によらなければ、逮捕されない。

〔抑留及び拘禁の要件〕

第三四条　何人も、理由を直ちに告げられ、且つ、直ちに弁護人に依頼する権利を与へられなければ、抑留又は拘禁されない。又、何人も、正当な理由がなければ、拘禁されず、要求があれば、その理由は、直ちに本人及びその弁護人の出席する公開の法廷で示されなければならない。

〔住居侵入、捜索及び押収の要件〕

第三五条　何人も、その住居、書類及び所持品について、侵入、捜索及び押収を受けることのない権利は、第三十三条の場合を除いては、正当な理由に基いて発せられ、且つ捜索する場所及び押収する物を明示する令状がなければ、侵されない。

②　捜索又は押収は、権限を有する司法官憲が発する各別の令状により、これを行ふ。

〔拷問及び残虐な刑罰の禁止〕

第三六条　公務員による拷問及び残虐な刑罰は、絶対にこれを禁ずる。

〔刑事被告人の権利〕

第三七条　すべて刑事事件においては、被告人は、公平な裁判所の迅速な公開裁判を受ける権利を有する。

②　刑事被告人は、すべての証人に対して審問する機会を充分に与へられ、又、公費で自己のために強制的手続により証人を求める権利を有する。

③　刑事被告人は、いかなる場合にも、資格を有する弁護人を依頼することができる。被告人が自らこれを依頼することができないときは、国でこれを附する。

〔自白強要の禁止と自白の証拠能力〕

第三八条　何人も、自己に不利益な供述を強要されない。

②　強制、拷問若しくは脅迫による自白又は不当に長く抑留若しくは拘禁された後の自白は、これを証拠とすることができない。

③　何人も、自己に不利益な唯一の証拠が本人の自白である場合には、有罪とされ、又は刑罰を科せられない。

〔遡及処罰、二重処罰等の禁止、一事不再理〕

第三九条　何人も、実行の時に適法であつた行為又は既に無罪とされた行為については、刑事上の責任を問はれない。又、同一の犯罪について、重ねて刑事上の責任を問はれない。

〔刑事補償請求権〕

第四〇条　何人も、抑留又は拘禁された後、無罪の裁判を受けたときは、法律の定めるところにより、国にその補償を求めることができる。

第四章　国会

〔国会の地位、立法権〕

第四一条　国会は、国権の最高機関であつて、国の唯一の立法機関である。

〔二院制〕

第四二条　国会は、衆議院及び参議院の両議院でこれを構成する。

〔両議院の組織〕

第四三条　両議院は、全国民を代表する選挙された議員でこれを組織する。

②　両議院の議員の定数は、法律でこれを定める。

〔議員及び選挙人の資格〕

第四四条　両議院の議員及びその選挙人の資格は、法律でこれを定める。但し、人種、信条、性別、社会的身分、門地、教育、財産又は収入によつて差別してはならない。

〔衆議院議員の任期〕

第四五条　衆議院議員の任期は、四年とする。但し、衆議院解散の場合には、その期間満了前に終了する。

〔参議院議員の任期〕

第四六条　参議院議員の任期は、六年とし、三年ごとに議員の半数を改選する。

〔**議員の選挙**〕

第四七条　選挙区、投票の方法その他両議院の議員の選挙に関する事項は、法律でこれを定める。

〔**両議院議員相互兼職の禁止**〕

第四八条　何人も、同時に両議院の議員たることはできない。

〔**議員の歳費**〕

第四九条　両議院の議員は、法律の定めるところにより、国庫から相当額の歳費を受ける。

〔**議員の不逮捕特権**〕

第五〇条　両議院の議員は、法律の定める場合を除いては、国会の会期中逮捕されず、会期前に逮捕された議員は、その議院の要求があれば、会期中これを釈放しなければならない。

〔**議員の発言・表決の免責**〕

第五一条　両議院の議員は、議院で行つた演説、討論又は表決について、院外で責任を問はれない。

〔**常会**〕

第五二条　国会の常会は、毎年一回これを召集する。

〔**臨時会**〕

第五三条　内閣は、国会の臨時会の召集を決定することができる。いづれかの議院の総議員の四分の一以上の要求があれば、内閣は、その召集を決定しなければならない。

〔**衆議院の解散・特別会、参議院の緊急集会**〕

第五四条　衆議院が解散されたときは、解散の日から四十日以内に、衆議院議員の総選挙を行ひ、その選挙の日から三十日以内に、国会を召集しなければならない。

② 衆議院が解散されたときは、参議院は、同時に閉会となる。但し、内閣は、国に緊急の必要があるときは、参議院の緊急集会を求めることができる。

③ 前項但書の緊急集会において採られた措置は、臨時のものであつて、次の国会開会の後十日以内に、衆議院の同意がない場合には、その効力を失ふ。

〔**資格争訟**〕

第五五条　両議院は、各々その議員の資格に関する争訟を裁判する。但し、議員の議席を失はせるには、出席議員の三分の二以上の多数による議決を必要とする。

〔**定足数と表決**〕

第五六条　両議院は、各々その総議員の三分の一以上の出席がなければ、議事を開き議決することができない。

② 両議院の議事は、この憲法に特別の定のある場合を除いては、出席議員の過半数でこれを決し、可否同数のときは、議長の決するところによる。

〔**会議の公開と会議録**〕

第五七条　両議院の会議は、公開とする。但し、出席議員の三分の二以上の多数で議決したときは、秘密会を開くことができる。

② 両議院は、各々その会議の記録を保存し、秘密会の記録の中で特に秘密を要すると認められるもの以外は、これを公表し、且つ一般に頒布しなければならない。

③ 出席議員の五分の一以上の要求があれば、各議員の表決は、これを会議録に記載しなければならない。

〔**役員の選任、議院規則制定権、懲罰**〕

第五八条　両議院は、各々その議長その他の役員を選任する。

② 両議院は、各々その会議その他の手続及び内部の規律に関する規則を定め、又、院内の秩序をみだした議員を懲罰することができる。但し、議員を除名するには、出席議員の三分の二以上の多数による議決を必要とする。

〔法律案の議決、衆議院の優越〕
第五九条　法律案は、この憲法に特別の定のある場合を除いては、両議院で可決したとき法律となる。
②　衆議院で可決し、参議院でこれと異なつた議決をした法律案は、衆議院で出席議員の三分の二以上の多数で再び可決したときは、法律となる。
③　前項の規定は、法律の定めるところにより、衆議院が、両議院の協議会を開くことを求めることを妨げない。
④　参議院が、衆議院の可決した法律案を受け取つた後、国会休会中の期間を除いて六十日以内に、議決しないときは、衆議院は、参議院がその法律案を否決したものとみなすことができる。

〔衆議院の予算先議権、予算議決に関する優越〕
第六〇条　予算は、さきに衆議院に提出しなければならない。
②　予算について、参議院で衆議院と異なつた議決をした場合に、法律の定めるところにより、両議院の協議会を開いても意見が一致しないとき、又は参議院が、衆議院の可決した予算を受け取つた後、国会休会中の期間を除いて三十日以内に、議決しないときは、衆議院の議決を国会の議決とする。

〔条約締結の承認に関する衆議院の優越〕
第六一条　条約の締結に必要な国会の承認については、前条第二項の規定を準用する。

〔議院の国政調査権〕
第六二条　両議院は、各々国政に関する調査を行ひ、これに関して、証人の出頭及び証言並びに記録の提出を要求することができる。

〔大臣の議院出席〕
第六三条　内閣総理大臣その他の国務大臣は、両議院の一に議席を有すると有しないとにかかはらず、何時でも議案について発言するため議院に出席することができる。又、答弁又は説明のため出席を求められたときは、出席しなければならない。

〔弾劾裁判所〕
第六四条　国会は、罷免の訴追を受けた裁判官を裁判するため、両議院の議員で組織する弾劾裁判所を設ける。
②　弾劾に関する事項は、法律でこれを定める。

第五章　内閣

〔行政権の帰属〕
第六五条　行政権は、内閣に属する。

〔内閣の組織と責任〕
第六六条　内閣は、法律の定めるところにより、その首長たる内閣総理大臣及びその他の国務大臣でこれを組織する。
②　内閣総理大臣その他の国務大臣は、文民でなければならない。
③　内閣は、行政権の行使について、国会に対し連帯して責任を負ふ。

〔内閣総理大臣の指名、衆議院の優越〕
第六七条　内閣総理大臣は、国会議員の中から国会の議決で、これを指名する。この指名は、他のすべての案件に先だつて、これを行ふ。
②　衆議院と参議院とが異なつた指名の議決をした場合に、法律の定めるところにより、両議院の協議会を開いても意見が一致しないとき、又は衆議院が指名の議決をした後、国会休会中の期間を除いて十日以内に、参議院が、指名の議決をしないときは、衆議院の議決を国会の議決とする。

〔国務大臣の任免〕
第六八条　内閣総理大臣は、国務大臣を任命する。但し、その過半数は、国会議員の中から選ばれなければならない。

② 内閣総理大臣は、任意に国務大臣を罷免することができる。

〔内閣不信任決議の効果〕

第六九条 内閣は、衆議院で不信任の決議案を可決し、又は信任の決議案を否決したときは、十日以内に衆議院が解散されない限り、総辞職をしなければならない。

〔内閣の総辞職〕

第七〇条 内閣総理大臣が欠けたとき、又は衆議院議員総選挙の後に初めて国会の召集があつたときは、内閣は、総辞職をしなければならない。

〔総辞職後の内閣の職務執行〕

第七一条 前二条の場合には、内閣は、あらたに内閣総理大臣が任命されるまで引き続きその職務を行ふ。

〔内閣総理大臣の職務権限〕

第七二条 内閣総理大臣は、内閣を代表して議案を国会に提出し、一般国務及び外交関係について国会に報告し、並びに行政各部を指揮監督する。

〔内閣の職務権限〕

第七三条 内閣は、他の一般行政事務の外、左の事務を行ふ。

一 法律を誠実に執行し、国務を総理すること。

二 外交関係を処理すること。

三 条約を締結すること。但し、事前に、時宜によつては事後に、国会の承認を経ることを必要とする。

四 法律の定める基準に従ひ、官吏に関する事務を掌理すること。

五 予算を作成して国会に提出すること。

六 この憲法及び法律の規定を実施するために、政令を制定すること。但し、政令には、特にその法律の委任がある場合を除いては、罰則を設けることができない。

七 大赦、特赦、減刑、刑の執行の免除及び復権を決定すること。

〔法律及び政令への署名と連署〕

第七四条 法律及び政令には、すべて主任の国務大臣が署名し、内閣総理大臣が連署することを必要とする。

〔国務大臣訴追の制約〕

第七五条 国務大臣は、その在任中、内閣総理大臣の同意がなければ、訴追されない。但し、これがため、訴追の権利は、害されない。

第六章　司法

〔司法権の独立と裁判官の職務上の独立〕

第七六条 すべて司法権は、最高裁判所及び法律の定めるところにより設置する下級裁判所に属する。

② 特別裁判所は、これを設置することができない。行政機関は、終審として裁判を行ふことができない。

③ すべて裁判官は、その良心に従ひ独立してその職権を行ひ、この憲法及び法律にのみ拘束される。

〔最高裁判所の規則制定権〕

第七七条 最高裁判所は、訴訟に関する手続、弁護士、裁判所の内部規律及び司法事務処理に関する事項について、規則を定める権限を有する。

② 検察官は、最高裁判所の定める規則に従はなければならない。

③ 最高裁判所は、下級裁判所に関する規則を定める権限を、下級裁判所に委任することができる。

〔裁判官の身分保障〕

第七八条 裁判官は、裁判により、心身の故障のために職務を執ることができないと決定された場合を除いては、公の弾劾によらなければ罷免されない。裁判官の懲戒処分は、行政機関がこれを行ふことはできない。

〔最高裁判所の構成及び国民審査〕

第七九条　最高裁判所は、その長たる裁判官及び法律の定める員数のその他の裁判官でこれを構成し、その長たる裁判官以外の裁判官は、内閣でこれを任命する。

② 最高裁判所の裁判官の任命は、その任命後初めて行はれる衆議院議員総選挙の際国民の審査に付し、その後十年を経過した後初めて行はれる衆議院議員総選挙の際更に審査に付し、その後も同様とする。

③ 前項の場合において、投票者の多数が裁判官の罷免を可とするときは、その裁判官は、罷免される。

④ 審査に関する事項は、法律でこれを定める。

⑤ 最高裁判所の裁判官は、法律の定める年齢に達した時に退官する。

⑥ 最高裁判所の裁判官は、すべて定期に相当額の報酬を受ける。この報酬は、在任中、これを減額することができない。

〔下級裁判所の裁判官〕

第八〇条　下級裁判所の裁判官は、最高裁判所の指名した者の名簿によつて、内閣でこれを任命する。その裁判官は、任期を十年とし、再任されることができる。但し、法律の定める年齢に達した時には退官する。

② 下級裁判所の裁判官は、すべて定期に相当額の報酬を受ける。この報酬は、在任中、これを減額することができない。

〔違憲審査権〕

第八一条　最高裁判所は、一切の法律、命令、規則又は処分が憲法に適合するかしないかを決定する権限を有する終審裁判所である。

〔裁判の公開〕

第八二条　裁判の対審及び判決は、公開法廷でこれを行ふ。

② 裁判所が、裁判官の全員一致で、公の秩序又は善良の風俗を害する虞があると決した場合には、対審は、公開しないでこれを行ふことができる。但し、政治犯罪、出版に関する犯罪又はこの憲法第三章で保障する国民の権利が問題となつてゐる事件の対審は、常にこれを公開しなければならない。

第七章　財政

〔財政処理の基本原則〕

第八三条　国の財政を処理する権限は、国会の議決に基いて、これを行使しなければならない。

〔租税法律主義〕

第八四条　あらたに租税を課し、又は現行の租税を変更するには、法律又は法律の定める条件によることを必要とする。

〔国費支出及び債務負担〕

第八五条　国費を支出し、又は国が債務を負担するには、国会の議決に基くことを必要とする。

〔予算〕

第八六条　内閣は、毎会計年度の予算を作成し、国会に提出して、その審議を受け議決を経なければならない。

〔予備費〕

第八七条　予見し難い予算の不足に充てるため、国会の議決に基いて予備費を設け、内閣の責任でこれを支出することができる。

② すべて予備費の支出については、内閣は、事後に国会の承諾を得なければならない。

〔皇室財産及び皇室費用〕

第八八条　すべて皇室財産は、国に属する。すべて皇室の費用は、予算に計上して国会の議決を経なければならない。

〔公の財産の用途制限〕

第八九条 公金その他の公の財産は、宗教上の組織若しくは団体の使用、便益若しくは維持のため、又は公の支配に属しない慈善、教育若しくは博愛の事業に対し、これを支出し、又はその利用に供してはならない。

〔決算、会計検査院〕

第九〇条 国の収入支出の決算は、すべて毎年会計検査院がこれを検査し、内閣は、次の年度に、その検査報告とともに、これを国会に提出しなければならない。

② 会計検査院の組織及び権限は、法律でこれを定める。

〔財政状況の報告〕

第九一条 内閣は、国会及び国民に対し、定期に、少くとも毎年一回、国の財政状況について報告しなければならない。

第八章 地方自治

〔地方自治の基本原則〕

第九二条 地方公共団体の組織及び運営に関する事項は、地方自治の本旨に基いて、法律でこれを定める。

〔地方公共団体の機関〕

第九三条 地方公共団体には、法律の定めるところにより、その議事機関として議会を設置する。

② 地方公共団体の長、その議会の議員及び法律の定めるその他の吏員は、その地方公共団体の住民が、直接これを選挙する。

〔地方公共団体の権能〕

第九四条 地方公共団体は、その財産を管理し、事務を処理し、及び行政を執行する権能を有し、法律の範囲内で条例を制定することができる。

〔地方特別法の住民投票〕

第九五条 一の地方公共団体のみに適用される特別法は、法律の定めるところにより、その地方公共団体の住民の投票においてその過半数の同意を得なければ、国会は、これを制定することができない。

第九章 改正

〔憲法改正の発議、国民投票及び公布〕

第九六条 この憲法の改正は、各議院の総議員の三分の二以上の賛成で、国会が、これを発議し、国民に提案してその承認を経なければならない。この承認には、特別の国民投票又は国会の定める選挙の際行はれる投票において、その過半数の賛成を必要とする。

② 憲法改正について前項の承認を経たときは、天皇は、国民の名で、この憲法と一体を成すものとして、直ちにこれを公布する。

第十章 最高法規

〔基本的人権の本質〕

第九七条 この憲法が日本国民に保障する基本的人権は、人類の多年にわたる自由獲得の努力の成果であつて、これらの権利は、過去幾多の試錬に堪へ、現在及び将来の国民に対し、侵すことのできない永久の権利として信託されたものである。

〔憲法の最高法規性、国際法の遵守〕

第九八条 この憲法は、国の最高法規であつて、その条規に反する法律、命令、詔勅及び国務に関するその他の行為の全部又は一部は、その効力を有しない。

② 日本国が締結した条約及び確立された国際法規は、これを

誠実に遵守することを必要とする。

〔憲法尊重擁護の義務〕

第九九条　天皇又は摂政及び国務大臣、国会議員、裁判官その他の公務員は、この憲法を尊重し擁護する義務を負ふ。

第十一章　補則

〔施行期日と施行前の準備行為〕

第一〇〇条　この憲法は、公布の日から起算して六箇月を経過した日から、これを施行する。

②　この憲法を施行するために必要な法律の制定、参議院議員の選挙及び国会召集の手続並びにこの憲法を施行するために必要な準備手続は、前項の期日よりも前に、これを行ふことができる。

〔経過規定―参議院成立前の国会〕

第一〇一条　この憲法施行の際、参議院がまだ成立してゐないときは、その成立するまでの間、衆議院は、国会としての権限を行ふ。

〔経過規定―参議院議員の任期〕

第一〇二条　この憲法による第一期の参議院議員のうち、その半数の者の任期は、これを三年とする。その議員は、法律の定めるところにより、これを定める。

〔経過規定―公務員の地位〕

第一〇三条　この憲法施行の際現に在職する国務大臣、衆議院議員及び裁判官並びにその他の公務員で、その地位に相応する地位がこの憲法で認められてゐる者は、法律で特別の定をした場合を除いては、この憲法施行のため、当然にはその地位を失ふことはない。但し、この憲法によつて、後任者が選挙又は任命されたときは、当然その地位を失ふ。

②児童権利宣言

（一九五九年一一月二〇日
国連第一四総会において採択）

前文

国際連合の諸国民は、国際連合憲章において、基本的人権と人間の尊厳及び価値とに関する信念をあらためて確認し、かつ、一層大きな自由の中で社会的進歩と生活水準の向上とを促進することを決意したので、

国際連合は、世界人権宣言において、すべて人は、人種、皮膚の色、性、言語、宗教、政治上その他の意見、国民的若しくは社会的出身、財産、門地その他の地位又はこれに類するいかなる事由による差別をも受けることなく、同宣言に掲げるすべての権利と自由とを享有する権利を有すると宣言したので、

児童は、身体的及び精神的に未熟であるため、その出生の前後において、適当な法律上の保護を含めて、特別にこれを守り、かつ、世話することが必要であるので、

このような特別の保護が必要であることは、一九二四年のジュネーヴ児童権利宣言に述べられており、また、世界人権宣言並びに児童の福祉に関係のある専門機関及び国際機関の規約により認められているので、

人類は、児童に対し、最善のものを与える義務を負うものであるので、

よつて、ここに、国際連合総会は、

児童が、幸福な生活を送り、かつ、自己と社会の福利のためにこの宣言に掲げる権利と自由を享有することができるように

するため、この児童権利宣言を公布し、また、両親、個人としての男女、民間団体、地方行政機関及び政府に対し、これらの権利を認識し、次の原則に従つて漸進的に執られる立法その他の措置によつてこれらの権利を守るように努力することを要請する。

第一条

児童は、この宣言に掲げるすべての権利を有する。すべての児童は、いかなる例外もなく、自己又はその家族のいづれについても、その人種、皮膚の色、性、言語、宗教、政治上その他の意見、国民的若しくは社会的出身、財産、門地その他の地位のため差別を受けることなく、これらの権利を考えられなければならない。

第二条

児童は、特別の保護を受け、また、健全、かつ、正常な方法及び自由と尊厳の状態の下で身体的、知能的、道徳的、精神的及び社会的に成長することができるための機会及び便益を、法律その他の手段によつて与えられなければならない。この目的のために法律を制定するに当つては、児童の最善の利益について、最高の考慮が払われなければならない。

第三条

児童は、その出生の時から姓名及び国籍をもつ権利を有する。

第四条

児童は、社会保障の恩恵を受ける権利を有する。児童は、健康に発育し、かつ、成長する権利を有する。この目的のため、児童とその母は、出産前後の適当な世話を含む特別の世話及び保護を与えられなければならない。児童は、適当な栄養、住居、レクリエーション及び医療を与えられる権利を有する。

第五条

身体的、精神的又は社会的に障害のある児童は、その特殊な事情により必要とされる特別の治療、教育及び保護を与えられなければならない。

第六条

児童は、その人格の完全な、かつ、調和した発展のため、愛情と理解とを必要とする。児童は、できるかぎり、その両親の愛護と責任の下で、また、いかなる場合においても、愛情と道徳的及び物質的保障とのある環境の下で育てられなければならない。幼児は、例外的な場合を除き、その母から引き離されてはならない。社会及び公の機関は、家庭のない児童及び適当な生活維持の方法のない児童に対して特別の養護を与える義務を有する。子供の多い家庭に属する児童については、その援助のため、国その他の機関による費用の負担が望ましい。

第七条

児童は、教育を受ける権利を有する。その教育は、少なくとも初等の段階においては、無償、かつ、義務的でなければならない。児童は、その一般的な教養を高め、機会均等の原則に基づいて、その能力、判断力並びに道徳的及び社会的責任感を発達させ、社会の有用な一員となりうるような教育を与えられなければならない。

児童の教育及び指導について責任を有する者は、児童の最善の利益をその指導の原則としなければならない。その責任は、まず第一に児童の両親にある。

児童は、遊戯及びレクリエーションのための充分な機会を与えられる権利を有する。その遊戯及びレクリエーションは、教育と同じような目的に向けられなければならない。社会及び公の機関は、この権利の享有を促進するために努力しなければならない。

第八条　児童は、あらゆる状況にあつて、最初に保護及び救済を受けるべき者の中に含められなければならない。

第九条　児童は、あらゆる放任、虐待及び搾取から保護されなければならない。児童は、いかなる形態においても売買の対象にされてはならない。

児童は、適当な最低年齢に達する前に雇用されてはならない。児童は、いかなる場合にも、その健康及び教育に有害であり、又はその身体的、精神的若しくは道徳的発達を妨げる職業若しくは雇用に、従事させられ又は従事することを許されてはならない。

第一〇条　児童は、人種的、宗教的その他の形態による差別を助長するおそれのある慣行から保護されなければならない。児童は、理解、寛容、諸国民間の友愛、平和及び四海同胞の精神の下に、また、その力と才能が、人類のために捧げられるべきであるという充分な意識のなかで、育てられなければならない。

③児童憲章

（昭和二六年五月五日
児童憲章制定会議決定）

われらは、日本国憲法の精神にしたがい、児童に対する正しい観念を確立し、すべての児童の幸福をはかるために、この憲章を定める。

児童は、人として尊ばれる。
児童は、社会の一員として重んぜられる。
児童は、よい環境の中で育てられる。

一　すべての児童は、心身ともに健やかにうまれ、育てられ、その生活を保障される。
二　すべての児童は、家庭で、正しい愛情と知識と技術をもつて育てられ、家庭に恵まれない児童には、これにかわる環境が与えられる。
三　すべての児童は、適当な栄養と住居と被服が与えられ、また、疾病と災害からまもられる。
四　すべての児童は、個性と能力に応じて教育され、社会の一員としての責任を自主的に果たすように、みちびかれる。
五　すべての児童は、自然を愛し、科学と芸術を尊ぶように、みちびかれ、また、道徳的心情がつちかわれる。
六　すべての児童は、就学のみちを確保され、また、十分に整つた教育の施設を用意される。
七　すべての児童は、職業指導を受ける機会が与えられる。
八　すべての児童は、その労働において、心身の発育が阻害されず、教育を受ける機会が失われず、また、児童としての生活がさまたげられないように、十分に保護される。

九　すべての児童は、よい遊び場と文化財を用意され、悪い環境からまもられる。

十　すべての児童は、虐待・酷使・放任その他不当な取扱からまもられる。あやまちをおかした児童は、適切に保護指導される。

十一　すべての児童は、身体が不自由な場合、または精神の機能が不十分な場合に、適切な治療と教育と保護が与えられる。

十二　すべての児童は、愛とまことによつて結ばれ、よい国民として人類の平和と文化に貢献するように、みちびかれる。

④児童の権利に関する条約

（平成六年五月一六日　条約第二号）

一九八九・一一・二〇　国際連合総会第四四会期採択

一九九四・五・二二　日本国について発効

改正　平成一五年六月一二日　条約第三号　外務省告示第一八三号

前文

この条約の締約国は、

国際連合憲章において宣明された原則によれば、人類社会のすべての構成員の固有の尊厳及び平等のかつ奪い得ない権利を認めることが世界における自由、正義及び平和の基礎を成すものであることを考慮し、

国際連合加盟国の国民が、国際連合憲章において、基本的人権並びに人間の尊厳及び価値に関する信念を改めて確認し、かつ、一層大きな自由の中で社会的進歩及び生活水準の向上を促進することを決意したことに留意し、

国際連合が、世界人権宣言及び人権に関する国際規約において、すべての人は人種、皮膚の色、性、言語、宗教、政治的意見その他の意見、国民的若しくは社会的出身、財産、出生又は他の地位等によるいかなる差別もなしに同宣言及び同規約に掲げるすべての権利及び自由を享有することができることを宣明し及び合意したことを認め、

国際連合が、世界人権宣言において、児童は特別な保護及び

援助についての権利を享有することができることを宣明したことを想起し、

家族が、社会の基礎的な集団として、並びに家族のすべての構成員、特に、児童の成長及び福祉のための自然な環境として、社会においてその責任を十分に引き受けることができるよう必要な保護及び援助を与えられるべきであることを確信し、

児童が、その人格の完全なかつ調和のとれた発達のため、家庭環境の下で幸福、愛情及び理解のある雰囲気の中で成長すべきであることを認め、

児童が、社会において個人として生活するため十分な準備が整えられるべきであり、かつ、国際連合憲章において宣明された理想の精神並びに特に平和、尊厳、寛容、自由、平等及び連帯の精神に従って育てられるべきであることを考慮し、

児童に対して特別な保護を与えることの必要性が、千九百二十四年の児童の権利に関するジュネーヴ宣言及び千九百五十九年十一月二十日に国際連合総会で採択された児童の権利に関する宣言において述べられており、また、世界人権宣言、市民的及び政治的権利に関する国際規約（特に第二十三条及び第二十四条）、経済的、社会的及び文化的権利に関する国際規約（特に第十条）並びに児童の福祉に関係する専門機関及び国際機関の規程及び関係文書において認められていることに留意し、

児童の権利に関する宣言において示されているとおり「児童は、身体的及び精神的に未熟であるため、その出生の前後において、適当な法的保護を含む特別な保護及び世話を必要とする。」ことに留意し、

国内の又は国際的な里親委託及び養子縁組を特に考慮した児童の保護及び福祉についての社会的及び法的な原則に関する宣言、少年司法の運用のための国際連合最低基準規則（北京規則）及び緊急事態及び武力紛争における女子及び児童の保護に関する宣言の規定を想起し、

極めて困難な条件の下で生活している児童が世界のすべての国に存在すること、また、このような児童が特別の配慮を必要としていることを認め、

児童の保護及び調和のとれた発達のために各人民の伝統及び文化的価値が有する重要性を十分に考慮し、

あらゆる国特に開発途上国における児童の生活条件を改善するために国際協力が重要であることを認めて、

次のとおり協定した。

第一部

第一条［定義］

この条約の適用上、児童とは、十八歳未満のすべての者をいう。ただし、当該児童で、その者に適用される法律によりより早く成年に達したものを除く。

第二条［差別の禁止］

1　締約国は、その管轄の下にある児童に対し、児童又はその父母若しくは法定保護者の人種、皮膚の色、性、言語、宗教、政治的意見その他の意見、国民的、種族的若しくは社会的出身、財産、心身障害、出生又は他の地位にかかわらず、いかなる差別もなしにこの条約に定める権利を尊重し、及び確保する。

2　締約国は、児童がその父母、法定保護者又は家族の構成員の地位、活動、表明した意見又は信念によるあらゆる形態の差別又は処罰から保護されることを確保するためのすべての適当な措置をとる。

第三条［最善の利益の確保］

1　児童に関するすべての措置をとるに当たっては、公的若しくは私的な社会福祉施設、裁判所、行政当局又は立法機関の

いずれによって行われるものであっても、児童の最善の利益が主として考慮されるものとする。

2　締約国は、児童の父母、法定保護者又は児童について法的に責任を有する他の者の権利及び義務を考慮に入れて、児童の福祉に必要な保護及び養護を確保することを約束し、このため、すべての適当な立法上及び行政上の措置をとる。

3　締約国は、児童の養護又は保護のための施設、役務の提供及び設備が、特に安全及び健康の分野に関し並びにこれらの職員の数及び適格性並びに適正な監督に関し権限のある当局の設定した基準に適合することを確保する。

第四条〔締約国の措置〕

締約国は、この条約において認められる権利の実現のため、すべての適当な立法措置、行政措置その他の措置を講ずる。締約国は、経済的、社会的及び文化的権利に関しては、自国における利用可能な手段の最大限の範囲内で、また、必要な場合には国際協力の枠内で、これらの措置を講ずる。

第五条〔保護者の責任、権利・義務の尊重〕

締約国は、児童がこの条約において認められる権利を行使するに当たり、父母若しくは場合により地方の慣習により定められている大家族若しくは共同体の構成員、法定保護者又は児童について法的に責任を有する他の者がその児童の発達しつつある能力に適合する方法で適当な指示及び指導を与える責任、権利及び義務を尊重する。

第六条〔生命に対する権利〕

1　締約国は、すべての児童が生命に対する固有の権利を有することを認める。

2　締約国は、児童の生存及び発達を可能な最大限の範囲において確保する。

第七条〔氏名・国籍を得る権利〕

1　児童は、出生の後直ちに登録される。児童は、出生の時から氏名を有する権利及び国籍を取得する権利を有するものとし、また、できる限りその父母を知りかつその父母によって養育される権利を有する。

2　締約国は、特に児童が無国籍となる場合を含めて、国内法及びこの分野における関連する国際文書に基づく自国の義務に従い、1の権利の実現を確保する。

第八条〔身元関係事項保持の権利〕

1　締約国は、児童が法律によって認められた国籍、氏名及び家族関係を含むその身元関係事項について不法に干渉されることなく保持する権利を尊重することを約束する。

2　締約国は、児童がその身元関係事項の一部又は全部を不法に奪われた場合には、その身元関係事項を速やかに回復するため、適当な援助及び保護を与える。

第九条〔父母からの分離の禁止〕

1　締約国は、児童がその父母の意思に反してその父母から分離されないことを確保する。ただし、権限のある当局が司法の審査に従うことを条件として適用のある法律及び手続に従いその分離が児童の最善の利益のために必要であると決定する場合は、この限りでない。このような決定は、父母が児童を虐待し若しくは放置する場合又は父母が別居しており児童の居住地を決定しなければならない場合のような特定の場合において必要となることがある。

2　すべての関係当事者は、1の規定に基づくいかなる手続においても、その手続に参加しかつ自己の意見を述べる機会を有する。

3　締約国は、児童の最善の利益に反する場合を除くほか、父母の一方又は双方から分離されている児童が定期的に父母のいずれとも人的な関係及び直接の接触を維持する権利を尊重する。

4　3の分離が、締約国がとった父母の一方若しくは双方又は児童の抑留、拘禁、追放、退去強制、死亡（その者が当該締約国により身体を拘束されている間に何らかの理由により生じた死亡を含む。）等のいずれかの措置に基づく場合には、当該締約国は、要請に応じ、父母、児童又は適当な場合には家族の他の構成員に対し、家族のうち不在となっている者の所在に関する重要な情報を提供する。ただし、その情報の提供が児童の福祉を害する場合は、この限りでない。締約国は、更に、その要請の提出自体が関係者に悪影響を及ぼさないことを確保する。

第一〇条〔家族再統合のための出入国〕

1　前条1の規定に基づく締約国の義務に従い、家族の再統合を目的とする児童又はその父母による締約国への入国又は締約国からの出国の申請については、締約国が積極的、人道的かつ迅速な方法で取り扱う。締約国は、更に、その申請の提出が申請者及びその家族の構成員に悪影響を及ぼさないことを確保する。

2　父母と異なる国に居住する児童は、例外的な事情がある場合を除くほか定期的に父母との人的な関係及び直接の接触を維持する権利を有する。このため、前条1の規定に基づく締約国の義務に従い、締約国は、児童及びその父母がいずれの国（自国を含む。）からも出国し、かつ、自国に入国する権利を尊重する。出国する権利は、法律で定められ、国の安全、公の秩序、公衆の健康若しくは道徳又は他の者の権利及び自由を保護するために必要であり、かつ、この条約において認められる他の権利と両立する制限にのみ従う。

第一一条〔不法な国外移送の防止と帰還の確保〕

1　締約国は、児童が不法に国外へ移送されることを防止し及び国外から帰還することができない事態を除去するための措置を講ずる。

2　このため、締約国は、二国間若しくは多数国間の協定の締結又は現行の協定への加入を促進する。

第一二条〔意見表明の権利〕

1　締約国は、自己の意見を形成する能力のある児童がその児童に影響を及ぼすすべての事項について自由に自己の意見を表明する権利を確保する。この場合において、児童の意見は、その児童の年齢及び成熟度に従って相応に考慮されるものとする。

2　このため、児童は、特に、自己に影響を及ぼすあらゆる司法上及び行政上の手続において、国内法の手続規則に合致する方法により直接に又は代理人若しくは適当な団体を通じて聴取される機会を与えられる。

第一三条〔表現の自由〕

1　児童は、表現の自由についての権利を有する。この権利には、口頭、手書き若しくは印刷、芸術の形態又は自ら選択する他の方法により、国境とのかかわりなく、あらゆる種類の情報及び考えを求め、受け及び伝える自由を含む。

2　1の権利の行使については、一定の制限を課することができる。ただし、その制限は、法律によって定められ、かつ、次の目的のために必要とされるものに限る。

(a)　他の者の権利又は信用の尊重

(b)　国の安全、公の秩序又は公衆の健康若しくは道徳の保護

第一四条〔思想、良心及び宗教の自由〕

1　締約国は、思想、良心及び宗教の自由についての児童の権利を尊重する。

2　締約国は、児童が1の権利を行使するに当たり、父母及び場合により法定保護者が児童に対しその発達しつつある能力

に適合する方法で指示を与える権利及び義務を尊重する。

3　宗教又は信念を表明する自由については、法律で定める制限であって公共の安全、公の秩序、公衆の健康若しくは道徳又は他の者の基本的な権利及び自由を保護するために必要なもののみを課することができる。

第一五条〔結社及び集会の自由〕

1　締約国は、結社の自由及び平和的な集会の自由についての児童の権利を認める。

2　1の権利の行使については、法律で定める制限であって国の安全若しくは公共の安全、公の秩序、公衆の健康若しくは道徳の保護又は他の者の権利及び自由の保護のため民主的社会において必要なもの以外のいかなる制限も課することができない。

第一六条〔私生活、名誉及び信用の保護〕

1　いかなる児童も、その私生活、家族、住居若しくは通信に対して恣《し》意的に若しくは不法に干渉され又は名誉及び信用を不法に攻撃されない。

2　児童は、1の干渉又は攻撃に対する法律の保護を受ける権利を有する。

第一七条〔大衆媒体の役割〕

締約国は、大衆媒体（マス・メディア）の果たす重要な機能を認め、児童が国の内外の多様な情報源からの情報及び資料、特に児童の社会面、精神面及び道徳面の福祉並びに心身の健康の促進を目的とした情報及び資料を利用することができることを確保する。このため、締約国は、

(a)　児童にとって社会面及び文化面において有益であり、かつ、第二十九条の精神に沿う情報及び資料を大衆媒体（マス・メディア）が普及させるよう奨励する。

(b)　国の内外の多様な情報源（文化的にも多様な情報源を含む。）からの情報及び資料の作成、交換及び普及における国際協力を奨励する。

(c)　児童用書籍の作成及び普及を奨励する。

(d)　少数集団に属し又は原住民である児童の言語上の必要性について大衆媒体（マス・メディア）が特に考慮するよう奨励する。

(e)　第十三条及び次条の規定に留意して、児童の福祉に有害な情報及び資料から児童を保護するための適当な指針を発展させることを奨励する。

第一八条〔父母の共同責任及び国の援助〕

1　締約国は、児童の養育及び発達について父母が共同の責任を有するという原則についての認識を確保するために最善の努力を払う。父母又は場合により法定保護者は、児童の養育及び発達についての第一義的な責任を有する。児童の最善の利益は、これらの者の基本的な関心事項となるものとする。

2　締約国は、この条約に定める権利を保障し及び促進するため、父母及び法定保護者が児童の養育についての責任を遂行するに当たりこれらの者に対して適当な援助を与えるものとし、また、児童の養護のための施設、設備及び役務の提供の発展を確保する。

3　締約国は、父母が働いている児童が利用する資格を有する児童の養護のための役務の提供及び設備からその児童が便益を受ける権利を有することを確保するためのすべての適当な措置をとる。

第一九条〔虐待・搾取等からの保護〕

1　締約国は、児童が父母、法定保護者又は児童を監護する他の者による監護を受けている間において、あらゆる形態の身体的若しくは精神的な暴力、傷害若しくは虐待、放置若しくは怠慢な取扱い、不当な取扱い又は搾取（性的虐待を含

む。）からその児童を保護するためすべての適当な立法上、行政上、社会上及び教育上の措置をとる。

2　1の保護措置には、適当な場合には、児童及び児童を監護する者のために必要な援助を与える社会的計画の作成その他の形態による防止のための効果的な手続並びに1に定める児童の不当な取扱いの事件の発見、報告、付託、調査、処置及び事後措置並びに適当な場合には司法の関与に関する効果的な手続を含むものとする。

第二〇条〔家庭環境を奪われた児童の保護〕

1　一時的若しくは恒久的にその家庭環境を奪われた児童又は児童自身の最善の利益にかんがみその家庭環境にとどまることが認められない児童は、国が与える特別の保護及び援助を受ける権利を有する。

2　締約国は、自国の国内法に従い、1の児童のための代替的な監護を確保する。

3　2の監護には、特に、里親委託、イスラム法のカファーラ、養子縁組又は必要な場合には児童の監護のための適当な施設への収容を含むことができる。解決策の検討に当たっては、児童の養育において継続性が望ましいこと並びに児童の種族的、宗教的、文化的及び言語的な背景について、十分な考慮を払うものとする。

第二一条〔養子縁組における児童の保護〕

養子縁組の制度を認め又は許容している締約国は、児童の最善の利益について最大の考慮が払われることを確保するものとし、また、

(a)　児童の養子縁組が権限のある当局によってのみ認められることを確保する。この場合において、当該権限のある当局は、適用のある法律及び手続に従い、かつ、信頼し得るすべての関連情報に基づき、養子縁組が父母、親族及び法定保護者に関する児童の状況にかんがみ許容されること並びに必要な場合には、関係者が所要のカウンセリングに基づき養子縁組について事情を知らされた上での同意を与えていることを認定する。

(b)　児童がその出身国内において里親若しくは養家に託され又は適切な方法で監護を受けることができない場合には、これに代わる児童の監護の手段として国際的な養子縁組を考慮することができることを認める。

(c)　国際的な養子縁組が行われる児童が国内における養子縁組の場合における保護及び基準と同等のものを享受することを確保する。

(d)　国際的な養子縁組において当該養子縁組が関係者に不当な金銭上の利得をもたらすことがないことを確保するためのすべての適当な措置をとる。

(e)　適当な場合には、二国間又は多数国間の取極又は協定を締結することによりこの条の目的を促進し、及びこの枠組みの範囲内で他国における児童の養子縁組が権限のある当局又は機関によって行われることを確保するよう努める。

第二二条〔難民の児童の保護〕

1　締約国は、難民の地位を求めている児童又は適用のある国際法及び国際的な手続若しくは国内法及び国内的な手続に基づき難民と認められている児童が、父母又は他の者に付き添われているかいないかを問わず、この条約及び自国が締約国となっている人権又は人道に関する他の国際文書に定める権利であって適用のあるものの享受に当たり、適当な保護及び人道的援助を受けることを確保するための適当な措置をとる。

2　このため、締約国は、適当と認める場合には、1の児童を保護し及び援助するため、並びに難民の児童の家族との再統

合に必要な情報を得ることを目的としてその難民の児童の父母又は家族の他の構成員を捜すため、国際連合及びこれと協力する他の権限のある政府間機関又は関係非政府機関による努力に協力する。その難民の児童は、父母又は家族の他の構成員が発見されない場合には、何らかの理由により恒久的又は一時的にその家庭環境を奪われた他の児童と同様にこの条約に定める保護が与えられる。

第二三条〔障害児の権利〕

1　締約国は、精神的又は身体的な障害を有する児童が、その尊厳を確保し、自立を促進し及び社会への積極的な参加を容易にする条件の下で十分かつ相応な生活を享受すべきであることを認める。

2　締約国は、障害を有する児童が特別の養護についての権利を有することを認めるものとし、利用可能な手段の下で、申込みに応じた、かつ、当該児童の状況及び父母又は当該児童を養護している他の者の事情に適した援助を、これを受ける資格を有する児童及びこのような児童の養護について責任を有する者に与えることを奨励し、かつ、確保する。

3　障害を有する児童の特別な必要を認めて、2の規定に従って与えられる援助は、父母又は当該児童を養護している他の者の資力を考慮して可能な限り無償で与えられるものとし、かつ、障害を有する児童が可能な限り社会への統合及び個人の発達（文化的及び精神的な発達を含む。）を達成することに資する方法で当該児童が教育、訓練、保健サービス、リハビリテーション・サービス、雇用のための準備及びレクリエーションの機会を実質的に利用し及び享受することができるように行われるものとする。

4　締約国は、国際協力の精神により、予防的な保健並びに障害を有する児童の医学的、心理学的及び機能的治療の分野における適当な情報の交換（リハビリテーション、教育及び職業サービスの方法に関する情報の普及及び利用を含む。）であってこれらの分野における自国の能力及び技術を向上させ並びに自国の経験を広げることができるようにすることを目的とするものを促進する。これに関しては、特に、開発途上国の必要を考慮する。

第二四条〔健康及び医療に関する権利〕

1　締約国は、到達可能な最高水準の健康を享受すること並びに病気の治療及び健康の回復のための便宜を与えられることについての児童の権利を認める。締約国は、いかなる児童もこのような保健サービスを利用する権利が奪われないことを確保するために努力する。

2　締約国は、1の権利の完全な実現を追求するものとし、特に、次のことのための適当な措置をとる。

(a)　幼児及び児童の死亡率を低下させること。

(b)　基礎的な保健の発展に重点を置いて必要な医療及び保健をすべての児童に提供することを確保すること。

(c)　環境汚染の危険を考慮に入れて、基礎的な保健の枠組みの範囲内で行われることを含めて、特に容易に利用可能な技術の適用により並びに十分に栄養のある食物及び清潔な飲料水の供給を通じて、疾病及び栄養不良と闘うこと。

(d)　母親のための産前産後の適当な保健を確保すること。

(e)　社会のすべての構成員特に父母及び児童が、児童の健康及び栄養、母乳による育児の利点、衛生（環境衛生を含む。）並びに事故の防止についての基礎的な知識に関して、情報を提供され、教育を受ける機会を有し及びその知識の使用について支援されることを確保すること。

(f)　予防的な保健、父母のための指導並びに家族計画に関する教育及びサービスを発展させること。

3　締約国は、児童の健康を害するような伝統的な慣行を廃止するため、効果的かつ適当なすべての措置をとる。

4　締約国は、この条において認められる権利の完全な実現を漸進的に達成するため、国際協力を促進し及び奨励することを約束する。これに関しては、特に、開発途上国の必要を考慮する。

第二五条〔被収容児童の処遇に関する定期審査〕

締約国は、児童の身体又は精神の養護、保護又は治療を目的として権限のある当局によって収容された児童に対する処遇及びその収容に関連する他のすべての状況に関する定期的な審査が行われることについての児童の権利を認める。

第二六条〔社会保障の権利〕

1　締約国は、すべての児童が社会保険その他の社会保障からの給付を受ける権利を認めるものとし、自国の国内法に従い、この権利の完全な実現を達成するための必要な措置をとる。

2　1の給付は、適当な場合には、児童及びその扶養について責任を有する者の資力及び事情並びに児童によって又は児童に代わって行われる給付の申請に関する他のすべての事項を考慮して、与えられるものとする。

第二七条〔生活水準に関する権利〕

1　締約国は、児童の身体的、精神的、道徳的及び社会的な発達のための相当な生活水準についてのすべての児童の権利を認める。

2　父母又は児童について責任を有する他の者は、自己の能力及び資力の範囲内で、児童の発達に必要な生活条件を確保することについての第一義的な責任を有する。

3　締約国は、国内事情に従い、かつ、その能力の範囲内で、1の権利の実現のため、父母及び児童について責任を有する他の者を援助するための適当な措置をとるものとし、また、必要な場合には、特に栄養、衣類及び住居に関して、物的援助及び支援計画を提供する。

4　締約国は、父母又は児童について金銭上の責任を有する他の者から、児童の扶養料を自国内で及び外国から、回収することを確保するためのすべての適当な措置をとる。特に、児童について金銭上の責任を有する者が児童と異なる国に居住している場合には、締約国は、国際協定への加入又は国際協定の締結及び他の適当な取決めの作成を促進する。

第二八条〔教育に関する権利〕

1　締約国は、教育についての児童の権利を認めるものとし、この権利を漸進的にかつ機会の平等を基礎として達成するため、特に、

(a)　初等教育を義務的なものとし、すべての者に対して無償のものとする。

(b)　種々の形態の中等教育（一般教育及び職業教育を含む。）の発展を奨励し、すべての児童に対し、これらの中等教育が利用可能であり、かつ、これらを利用する機会が与えられるものとし、例えば、無償教育の導入、必要な場合における財政的援助の提供のような適当な措置をとる。

(c)　すべての適当な方法により、能力に応じ、すべての者に対して高等教育を利用する機会が与えられるものとする。

(d)　すべての児童に対し、教育及び職業に関する情報及び指導が利用可能であり、かつ、これらを利用する機会が与えられるものとする。

(e)　定期的な登校及び中途退学率の減少を奨励するための措置をとる。

2　締約国は、学校の規律が児童の人間の尊厳に適合する方法で及びこの条約に従って運用されることを確保するためのす

べての適当な措置をとる。
3　締約国は、特に全世界における無知及び非識字の廃絶に寄与し並びに科学上及び技術上の知識並びに最新の教育方法の利用を容易にするため、教育に関する事項についての国際協力を促進し、及び奨励する。これに関しては、特に、開発途上国の必要を考慮する。

第二九条［教育の目的］
1　締約国は、児童の教育が次のことを指向すべきことに同意する。
(a)　児童の人格、才能並びに精神的及び身体的な能力をその可能な最大限度まで発達させること。
(b)　人権及び基本的自由並びに国際連合憲章にうたう原則の尊重を育成すること。
(c)　児童の父母、児童の文化的同一性、言語及び価値観、児童の居住国及び出身国の国民的価値観並びに自己の文明と異なる文明に対する尊重を育成すること。
(d)　すべての人民の間の、種族的、国民的及び宗教的集団の間の並びに原住民である者の理解、平和、寛容、両性の平等及び友好の精神に従い、自由な社会における責任ある生活のために児童に準備させること。
(e)　自然環境の尊重を育成すること。
2　この条又は前条のいかなる規定も、個人及び団体が教育機関を設置し及び管理する自由を妨げるものと解してはならない。ただし、常に、1に定める原則が遵守されること及び当該教育機関において行われる教育が国によって定められる最低限度の基準に適合することを条件とする。

第三〇条［少数民族・原住民の児童の権利］
種族的、宗教的若しくは言語的少数民族又は原住民である者が存在する国において、当該少数民族に属し又は原住民である児童は、その集団の他の構成員とともに自己の文化を享有し、自己の宗教を信仰しかつ実践し又は自己の言語を使用する権利を否定されない。

第三一条［休息・余暇、遊び、文化的・芸術的生活への参加］
1　締約国は、休息及び余暇についての児童の権利並びに児童がその年齢に適した遊び及びレクリエーションの活動を行い並びに文化的な生活及び芸術に自由に参加する権利を認める。
2　締約国は、児童が文化的及び芸術的な生活に十分に参加する権利を尊重しかつ促進するものとし、文化的及び芸術的な活動並びにレクリエーション及び余暇の活動のための適当かつ平等な機会の提供を奨励する。

第三二条［経済的搾取及び有害労働からの保護］
1　締約国は、児童が経済的な搾取から保護され及び危険となり若しくは児童の教育の妨げとなり又は児童の健康若しくは身体的、精神的、道徳的若しくは社会的な発達に有害となるおそれのある労働への従事から保護される権利を認める。
2　締約国は、この条の規定の実施を確保するための立法上、行政上、社会上及び教育上の措置をとる。このため、締約国は、他の国際文書の関連規定を考慮して、特に、
(a)　雇用が認められるための一又は二以上の最低年齢を定める。
(b)　労働時間及び労働条件についての適当な規則を定める。
(c)　この条の規定の効果的な実施を確保するための適当な罰則その他の制裁を定める。

第三三条［麻薬及び向精神薬からの保護］
締約国は、関連する国際条約に定義された麻薬及び向精神薬の不正な使用から児童を保護し並びにこれらの物質の不正な生産及び取引における児童の使用を防止するための立法上、行政

上、社会上及び教育上の措置を含むすべての適当な措置をとる。

第三四条【性的搾取及び性的虐待からの保護】
締約国は、あらゆる形態の性的搾取及び性的虐待から児童を保護することを約束する。このため、締約国は、特に、次のことを防止するためのすべての適当な国内、二国間及び多数国間の措置をとる。
(a) 不法な性的な行為を行うことを児童に対して勧誘し又は強制すること。
(b) 売春又は他の不法な性的な業務において児童を搾取的に使用すること。
(c) わいせつな演技及び物において児童を搾取的に使用すること。

第三五条【誘拐・売買・取引の防止】
締約国は、あらゆる目的のための又はあらゆる形態の児童の誘拐、売買又は取引を防止するためのすべての適当な国内、二国間及び多数国間の措置をとる。

第三六条【その他の搾取からの保護】
締約国は、いずれかの面において児童の福祉を害する他のすべての形態の搾取から児童を保護する。

第三七条【拷問・死刑等の禁止】
締約国は、次のことを確保する。
(a) いかなる児童も、拷問又は他の残虐な、非人道的な若しくは品位を傷つける取扱い若しくは刑罰を受けないこと。死刑又は釈放の可能性がない終身刑は、十八歳未満の者が行った犯罪について科さないこと。
(b) いかなる児童も、不法に又は恣《し》意的にその自由を奪われないこと。児童の逮捕、抑留又は拘禁は、法律に従って行うものとし、最後の解決手段として最も短い適当な期間のみ用いること。
(c) 自由を奪われたすべての児童は、人道的に、人間の固有の尊厳を尊重して、かつ、その年齢の者の必要を考慮した方法で取り扱われること。特に、自由を奪われたすべての児童は、成人とは分離されないことがその最善の利益であると認められない限り成人とは分離されるものとし、例外的な事情がある場合を除くほか、通信及び訪問を通じてその家族との接触を維持する権利を有すること。
(d) 自由を奪われたすべての児童は、弁護人その他適当な援助を行う者と速やかに接触する権利を有し、裁判所その他の権限のある、独立の、かつ、公平な当局においてその自由の剝《はく》奪の合法性を争い並びにこれについての決定を速やかに受ける権利を有すること。

第三八条【武力紛争における児童の保護】
1 締約国は、武力紛争において自国に適用される国際人道法の規定で児童に関係を有するものを尊重し及びこれらの規定の尊重を確保することを約束する。
2 締約国は、十五歳未満の者が敵対行為に直接参加しないことを確保するためのすべての実行可能な措置をとる。
3 締約国は、十五歳未満の者を自国の軍隊に採用することを差し控えるものとし、また、十五歳以上十八歳未満の者の中から採用するに当たっては、最年長者を優先させるよう努める。
4 締約国は、武力紛争において文民を保護するための国際人道法に基づく自国の義務に従い、武力紛争の影響を受ける児童の保護及び養護を確保するためのすべての実行可能な措置をとる。

第三九条【被害児童の回復及び社会復帰】
締約国は、あらゆる形態の放置、搾取若しくは虐待、拷問若しくは他のあらゆる形態の残虐な、非人道的な若しくは品位を傷つける取扱い若しくは刑罰又は武力紛争による被害者である児童の身体的及び心理的な回復及び社会復帰を促進するためのすべての適当な措置をとる。このような回復及び復帰は、児童の健康、自尊心及び尊厳を育成する環境において行われる。

第四〇条［司法上の取扱い］

1　締約国は、刑法を犯したと申し立てられ、訴追され又は認定されたすべての児童が尊厳及び価値についての当該児童の意識を促進させるような方法であって、当該児童が他の者の人権及び基本的自由を尊重することを強化し、かつ、当該児童の年齢を考慮し、更に、当該児童が社会に復帰し及び社会において建設的な役割を担うことがなるべく促進されることを配慮した方法により取り扱われる権利を認める。

2　このため、締約国は、国際文書の関連する規定を考慮して、特に次のことを確保する。

(a)　いかなる児童も、実行の時に国内法又は国際法により禁じられていなかった作為又は不作為を理由として刑法を犯したと申し立てられ、訴追され又は認定されないこと。

(b)　刑法を犯したと申し立てられ又は訴追されたすべての児童は、少なくとも次の保障を受けること。

(i)　法律に基づいて有罪とされるまでは無罪と推定されること。

(ii)　速やかにかつ直接に、また、適当な場合には当該児童の父母又は法定保護者を通じてその罪を告げられること並びに防御の準備及び申立てにおいて弁護人その他適当な援助を行う者を持つこと。

(iii)　事案が権限のある、独立の、かつ、公平な当局又は司法機関により法律に基づく公正な審理において、弁護人その他適当な援助を行う者の立会い及び、特に当該児童の年齢又は境遇を考慮して児童の最善の利益にならないと認められる場合を除くほか、当該児童の父母又は法定保護者の立会いの下に遅滞なく決定されること。

(iv)　供述又は有罪の自白を強要されないこと。不利な証人を尋問し又はこれに対し尋問させること並びに対等の条件で自己のための証人の出席及びこれに対する尋問を求めること。

(v)　刑法を犯したと認められた場合には、その認定及びその結果科せられた措置について、法律に基づき、上級の、権限のある、独立の、かつ、公平な当局又は司法機関によって再審理されること。

(vi)　使用される言語を理解すること又は話すことができない場合には、無料で通訳の援助を受けること。

(vii)　手続のすべての段階において当該児童の私生活が十分に尊重されること。

3　締約国は、刑法を犯したと申し立てられ、訴追され又は認定された児童に特別に適用される法律及び手続の制定並びに当局及び施設の設置を促進するよう努めるものとし、特に、次のことを行う。

(a)　その年齢未満の児童は刑法を犯す能力を有しないと推定される最低年齢を設定すること。

(b)　適当なかつ望ましい場合には、人権及び法的保護が十分に尊重されていることを条件として、司法上の手続に訴えることなく当該児童を取り扱う措置をとること。

4　児童がその福祉に適合し、かつ、その事情及び犯罪の双方に応じた方法で取り扱われることを確保するため、保護、指導及び監督命令、力ウンセリング、保護観察、里親委託、教育及び職業訓練計画、施設における養護に代わる他の措置等の種々の処置が利用し得るものとする。

第四一条〔児童の権利保障に有利な法の優先適用〕
この条約のいかなる規定も、次のものに含まれる規定であって児童の権利の実現に一層貢献するものに影響を及ぼすものではない。
(a)　締約国の法律
(b)　締約国について効力を有する国際法

第二部

第四二条〔締約国の広報義務〕
締約国は、適当かつ積極的な方法でこの条約の原則及び規定を成人及び児童のいずれにも広く知らせることを約束する。

第四三条〔児童の権利に関する委員会〕
1　この条約において負う義務の履行の達成に関する締約国による進捗《ちょく》の状況を審査するため、児童の権利に関する委員会（以下「委員会」という。）を設置する。委員会は、この部に定める任務を行う。
2　委員会は、徳望が高く、かつ、この条約が対象とする分野において能力を認められた十八人の専門家で構成する。委員会の委員は、締約国の国民の中から締約国により選出されるものとし、個人の資格で職務を遂行する。その選出に当たっては、衡平な地理的配分及び主要な法体系を考慮に入れる。
3　委員会の委員は、締約国により指名された者の名簿の中から秘密投票により選出される。各締約国は、自国民の中から一人を指名することができる。
4　委員会の委員の最初の選挙は、この条約の効力発生の日の後六箇月以内に行うものとし、その後の選挙は、二年ごとに行う。国際連合事務総長は、委員会の委員の選挙の日の遅くとも四箇月前までに、締約国に対し、自国が指名する者の氏名を二箇月以内に提出するよう書簡で要請する。その後、同事務総長は、指名された者のアルファベット順による名簿（これらの者を指名した締約国名を表示した名簿とする。）を作成し、この条約の締約国に送付する。
5　委員会の委員の選挙は、国際連合事務総長により国際連合本部に招集される締約国の会合において行う。これらの会合は、締約国の三分の二をもって定足数とする。これらの会合においては、出席しかつ投票する締約国の代表によって投じられた票の最多数で、かつ、過半数の票を得た者をもって委員会に選出された委員とする。
6　委員会の委員は、四年の任期で選出される。委員は、再指名された場合には、再選される資格を有する。最初の選挙において選出された委員のうち五人の委員の任期は、二年で終了するものとし、これらの五人の委員は、最初の選挙の後直ちに、最初の選挙が行われた締約国の会合の議長によりくじ引で選ばれる。
7　委員会の委員が死亡し、辞任し又は他の理由のため委員会の職務を遂行することができなくなったことを宣言した場合には、当該委員を指名した締約国は、委員会の承認を条件として自国民の中から残余の期間職務を遂行する他の専門家を任命する。
8　委員会は、手続規則を定める。
9　委員会は、役員を二年の任期で選出する。
10　委員会の会合は、原則として、国際連合本部又は委員会が決定する他の適当な場所において開催する。委員会は、原則として毎年一回会合する。委員会の会合の期間は、国際連合総会の承認を条件としてこの条約の締約国の会合において決定し、必要な場合には、再検討する。
11　国際連合事務総長は、委員会がこの条約に定める任務を効果的に遂行するために必要な職員及び便益を提供する。

12　この条約に基づいて設置する委員会の委員は、国際連合総会が決定する条件に従い、同総会の承認を得て、国際連合の財源から報酬を受ける。

第四四条［締約国の報告義務］

1　締約国は、(a)当該締約国についてこの条約が効力を生ずる時から二年以内に、(b)その後は五年ごとに、この条約において認められる権利の実現のためにとった措置及びこれらの権利の享受についてもたらされた進歩に関する報告を国際連合事務総長を通じて委員会に提出することを約束する。

2　この条の規定により行われる報告には、この条約に基づく義務の履行の程度に影響を及ぼす要因及び障害が存在する場合には、これらの要因及び障害を記載する。当該報告には、また、委員会が当該国における条約の実施について包括的に理解するために十分な情報を含める。

3　委員会に対して包括的な最初の報告を提出した締約国は、1(b)の規定に従って提出するその後の報告においては、既に提供した基本的な情報を繰り返す必要はない。

4　委員会は、この条約の実施に関連する追加の情報を締約国に要請することができる。

5　委員会は、その活動に関する報告を経済社会理事会を通じて二年ごとに国際連合総会に提出する。

6　締約国は、1の報告を自国において公衆が広く利用できるようにする。

第四五条［国際協力のための委員会の機能］

この条約の効果的な実施を促進し及びこの条約が対象とする分野における国際協力を奨励するため、

(a)　専門機関及び国際連合児童基金その他の国際連合の機関は、その任務の範囲内にある事項に関するこの条約の規定の実施についての検討に際し、代表を出す権利を有する。委員会は、適当と認める場合には、専門機関及び国際連合児童基金その他の権限のある機関に対し、これらの機関の任務の範囲内にある事項に関するこの条約の実施について専門家の助言を提供するよう要請することができる。委員会は、専門機関及び国際連合児童基金その他の国際連合の機関に対し、これらの機関の任務の範囲内にある事項に関するこの条約の実施について報告を提出するよう要請することができる。

(b)　委員会は、適当と認める場合には、技術的な助言若しくは援助の要請を含んでおり又はこれらの必要性を記載している締約国からのすべての報告を、これらの要請又は必要性の記載に関する委員会の見解及び提案がある場合は当該見解及び提案とともに、専門機関及び国際連合児童基金その他の権限のある機関に送付する。

(c)　委員会は、国際連合総会に対し、国際連合事務総長が委員会のために児童の権利に関連する特定の事項に関する研究を行うよう同事務総長に要請することを勧告することができる。

(d)　委員会は、前条及びこの条の規定により得た情報に基づく提案及び一般的な性格を有する勧告を行うことができる。これらの提案及び一般的な性格を有する勧告は、関係締約国に送付し、締約国から意見がある場合にはその意見とともに国際連合総会に報告する。

第三部

第四六条［署名］

この条約は、すべての国による署名のために開放しておく。

第四七条［批准］

この条約は、批准されなければならない。批准書は、国際連合事務総長に寄託する。

第四八条［加入］
この条約は、すべての国による加入のために開放しておく。加入書は、国際連合事務総長に寄託する。

第四九条［効力の発生］
1　この条約は、二十番目の批准書又は加入書が国際連合事務総長に寄託された日の後三十日目の日に効力を生ずる。
2　この条約は、二十番目の批准書又は加入書が寄託された後に批准し又は加入する国については、その批准書又は加入書が寄託された日の後三十日目に効力を生ずる。

第五〇条［改正］
1　いずれの締約国も、改正を提案し及び改正案を国際連合事務総長に提出することができる。同事務総長は、直ちに、締約国に対し、その改正案を送付するものとし、締約国による改正案の審議及び投票のための締約国の会議の開催についての賛否を示すよう要請する。その送付の日から四箇月以内に締約国の三分の一以上が会議の開催に賛成する場合には、同事務総長は、国際連合の主催の下に会議を招集する。会議において出席しかつ投票する締約国の過半数によって採択された改正案は、承認のため、国際連合総会に提出する。
2　1の規定により採択された改正は、国際連合総会が承認し、かつ、締約国の三分の二以上の多数が受諾した時に、効力を生ずる。
3　改正は、効力を生じたときは、改正を受諾した締約国を拘束するものとし、他の締約国は、改正前のこの条約の規定（受諾した従前の改正を含む。）により引き続き拘束される。

第五一条［留保］
1　国際連合事務総長は、批准又は加入の際に行われた留保の書面を受領し、かつ、すべての国に送付する。
2　この条約の趣旨及び目的と両立しない留保は、認められない。
3　留保は、国際連合事務総長にあてた通告によりいつでも撤回することができるものとし、同事務総長は、その撤回をすべての国に通報する。このようにして通報された通告は、同事務総長により受領された日に効力を生ずる。

第五二条［廃棄］
締約国は、国際連合事務総長に対して書面による通告を行うことにより、この条約を廃棄することができる。廃棄は、同事務総長がその通告を受領した日の後一年で効力を生ずる。

第五三条［寄託者］
国際連合事務総長は、この条約の寄託者として指名される。

第五四条［正文］
アラビア語、中国語、英語、フランス語、ロシア語及びスペイン語をひとしく正文とするこの条約の原本は、国際連合事務総長に寄託する。
以上の証拠として、下名の全権委員は、各自の政府から正当に委任を受けてこの条約に署名した。

⑤教育基本法

（平成一八年一二月二二日
法律第一二〇号）

施行　平成一八年一二月二二日

我々日本国民は、たゆまぬ努力によって築いてきた民主的で文化的な国家を更に発展させるとともに、世界の平和と人類の福祉の向上に貢献することを願うものである。

我々は、この理想を実現するため、個人の尊厳を重んじ、真理と正義を希求し、公共の精神を尊び、豊かな人間性と創造性を備えた人間の育成を期するとともに、伝統を継承し、新しい文化の創造を目指す教育を推進する。

ここに、我々は、日本国憲法の精神にのっとり、我が国の未来を切り拓《ひら》く教育の基本を確立し、その振興を図るため、この法律を制定する。

第一章　教育の目的及び理念

（教育の目的）

第一条　教育は、人格の完成を目指し、平和で民主的な国家及び社会の形成者として必要な資質を備えた心身ともに健康な国民の育成を期して行われなければならない。

（教育の目標）

第二条　教育は、その目的を実現するため、学問の自由を尊重しつつ、次に掲げる目標を達成するよう行われるものとする。

一　幅広い知識と教養を身に付け、真理を求める態度を養い、豊かな情操と道徳心を培うとともに、健やかな身体を養うこと。

二　個人の価値を尊重して、その能力を伸ばし、創造性を培い、自主及び自律の精神を養うとともに、職業及び生活との関連を重視し、勤労を重んずる態度を養うこと。

三　正義と責任、男女の平等、自他の敬愛と協力を重んずるとともに、公共の精神に基づき、主体的に社会の形成に参画し、その発展に寄与する態度を養うこと。

四　生命を尊び、自然を大切にし、環境の保全に寄与する態度を養うこと。

五　伝統と文化を尊重し、それらをはぐくんできた我が国と郷土を愛するとともに、他国を尊重し、国際社会の平和と発展に寄与する態度を養うこと。

（生涯学習の理念）

第三条　国民一人一人が、自己の人格を磨き、豊かな人生を送ることができるよう、その生涯にわたって、あらゆる機会に、あらゆる場所において学習することができ、その成果を適切に生かすことのできる社会の実現が図られなければならない。

（教育の機会均等）

第四条　すべて国民は、ひとしく、その能力に応じた教育を受ける機会を与えられなければならず、人種、信条、性別、社会的身分、経済的地位又は門地によって、教育上差別されない。

②　国及び地方公共団体は、障害のある者が、その障害の状態に応じ、十分な教育を受けられるよう、教育上必要な支援を講じなければならない。

③　国及び地方公共団体は、能力があるにもかかわらず、経済的理由によって修学が困難な者に対して、奨学の措置を講じなければならない。

第二章　教育の実施に関する基本

（義務教育）

第五条　国民は、その保護する子に、別に法律で定めるところにより、普通教育を受けさせる義務を負う。

② 義務教育として行われる普通教育は、各個人の有する能力を伸ばしつつ社会において自立的に生きる基礎を培い、また、国家及び社会の形成者として必要とされる基本的な資質を養うことを目的として行われるものとする。

③ 国及び地方公共団体は、義務教育の機会を保障し、その水準を確保するため、適切な役割分担及び相互の協力の下、その実施に責任を負う。

④ 国又は地方公共団体の設置する学校における義務教育については、授業料を徴収しない。

（学校教育）

第六条　法律に定める学校は、公の性質を有するものであって、国、地方公共団体及び法律に定める法人のみが、これを設置することができる。

② 前項の学校においては、教育の目標が達成されるよう、教育を受ける者の心身の発達に応じて、体系的な教育が組織的に行われなければならない。この場合において、教育を受ける者が、学校生活を営む上で必要な規律を重んずるとともに、自ら進んで学習に取り組む意欲を高めることを重視して行われなければならない。

（大学）

第七条　大学は、学術の中心として、高い教養と専門的能力を培うとともに、深く真理を探究して新たな知見を創造し、これらの成果を広く社会に提供することにより、社会の発展に寄与するものとする。

② 大学については、自主性、自律性その他の大学における教育及び研究の特性が尊重されなければならない。

（私立学校）

第八条　私立学校の有する公の性質及び学校教育において果たす重要な役割にかんがみ、国及び地方公共団体は、その自主性を尊重しつつ、助成その他の適当な方法によって私立学校教育の振興に努めなければならない。

（教員）

第九条　法律に定める学校の教員は、自己の崇高な使命を深く自覚し、絶えず研究と修養に励み、その職責の遂行に努めなければならない。

② 前項の教員については、その使命と職責の重要性にかんがみ、その身分は尊重され、待遇の適正が期せられるとともに、養成と研修の充実が図られなければならない。

（家庭教育）

第一〇条　父母その他の保護者は、子の教育について第一義的責任を有するものであって、生活のために必要な習慣を身に付けさせるとともに、自立心を育成し、心身の調和のとれた発達を図るよう努めるものとする。

② 国及び地方公共団体は、家庭教育の自主性を尊重しつつ、保護者に対する学習の機会及び情報の提供その他の家庭教育を支援するために必要な施策を講ずるよう努めなければならない。

（幼児期の教育）

第一一条　幼児期の教育は、生涯にわたる人格形成の基礎を培う重要なものであることにかんがみ、国及び地方公共団体は、幼児の健やかな成長に資する良好な環境の整備その他適当な方法によって、その振興に努めなければならない。

（社会教育）

第一二条　個人の要望や社会の要請にこたえ、社会において行われる教育は、国及び地方公共団体によって奨励されなければならない。

②　国及び地方公共団体は、図書館、博物館、公民館その他の社会教育施設の設置、学校の施設の利用、学習の機会及び情報の提供その他の適当な方法によって社会教育の振興に努めなければならない。

(学校、家庭及び地域住民等の相互の連携協力)

第一三条　学校、家庭及び地域住民その他の関係者は、教育におけるそれぞれの役割と責任を自覚するとともに、相互の連携及び協力に努めるものとする。

(政治教育)

第一四条　良識ある公民として必要な政治的教養は、教育上尊重されなければならない。

②　法律に定める学校は、特定の政党を支持し、又はこれに反対するための政治教育その他政治的活動をしてはならない。

(宗教教育)

第一五条　宗教に関する寛容の態度、宗教に関する一般的な教養及び宗教の社会生活における地位は、教育上尊重されなければならない。

②　国及び地方公共団体が設置する学校は、特定の宗教のための宗教教育その他宗教的活動をしてはならない。

第三章　教育行政

(教育行政)

第一六条　教育は、不当な支配に服することなく、この法律及び他の法律の定めるところにより行われるべきものであり、教育行政は、国と地方公共団体との適切な役割分担及び相互の協力の下、公正かつ適正に行われなければならない。

②　国は、全国的な教育の機会均等と教育水準の維持向上を図るため、教育に関する施策を総合的に策定し、実施しなければならない。

③　地方公共団体は、その地域における教育の振興を図るため、その実情に応じた教育に関する施策を策定し、実施しなければならない。

④　国及び地方公共団体は、教育が円滑かつ継続的に実施されるよう、必要な財政上の措置を講じなければならない。

(教育振興基本計画)

第一七条　政府は、教育の振興に関する施策の総合的かつ計画的な推進を図るため、教育の振興に関する施策についての基本的な方針及び講ずべき施策その他必要な事項について、基本的な計画を定め、これを国会に報告するとともに、公表しなければならない。

②　地方公共団体は、前項の計画を参酌し、その地域の実情に応じ、当該地方公共団体における教育の振興のための施策に関する基本的な計画を定めるよう努めなければならない。

第四章　法令の制定

第一八条　この法律に規定する諸条項を実施するため、必要な法令が制定されなければならない。

第2章　幼稚園関連

⑥学校教育法（抜粋）

（昭和二二年三月三一日法律第二六号）

施行　昭和二二年四月一日
最終改正　令和元年六月二六日法律第四四号

第一章　総則

〔学校の範囲〕
第一条　この法律で、学校とは、幼稚園、小学校、中学校、義務教育学校、高等学校、中等教育学校、特別支援学校、大学及び高等専門学校とする。

〔学校の設置者〕
第二条　学校は、国（国立大学法人法（平成十五年法律第百十二号）第二条第一項に規定する国立大学法人及び独立行政法人国立高等専門学校機構を含む。以下同じ。）、地方公共団体（地方独立行政法人法（平成十五年法律第百十八号）第六十八条第一項に規定する公立大学法人（以下「公立大学法人」という。）を含む。次項及び第百二十七条において同じ。）及び私立学校法（昭和二十四年法律第二百七十号）第三条に規定する学校法人（以下「学校法人」という。）のみが、これを設置することができる。
② この法律で、国立学校とは、国の設置する学校を、公立学校とは、地方公共団体の設置する学校を、私立学校とは、学校法人の設置する学校をいう。

〔学校の設置基準〕
第三条　学校を設置しようとする者は、学校の種類に応じ、文部科学大臣の定める設備、編制その他に関する設置基準に従い、これを設置しなければならない。

〔設置廃止等の認可〕
第四条　次の各号に掲げる学校の設置廃止、設置者の変更その他政令で定める事項（次条において「設置廃止等」という。）は、それぞれ当該各号に定める者の認可を受けなければならない。これらの学校のうち、高等学校（中等教育学校の後期課程を含む。）の通常の課程（以下「全日制の課程」という。）、夜間その他特別の時間又は時期において授業を行う課程（以下「定時制の課程」という。）及び通信による教育を行う課程（以下「通信制の課程」という。）、大学の学部、大学院及び大学院の研究科並びに第百八条第二項の大学の学科についても、同様とする。

一　公立又は私立の大学及び高等専門学校　文部科学大臣
二　市町村（市町村が単独で又は他の市町村と共同して設立する公立大学法人を含む。次条、第十三条第二項、第十四条、第百三十条第一項及び第百三十一条において同じ。）の設置する高等学校、中等教育学校及び特別支援学校　都道府県の教育委員会
三　私立の幼稚園、小学校、中学校、義務教育学校、高等学校、中等教育学校及び特別支援学校　都道府県知事

② 前項の規定にかかわらず、同項第一号に掲げる学校を設置する者は、次に掲げる事項を行うときは、同項の認可を受けることを要しない。この場合において、当該学校を設置する者は、文部科学大臣の定めるところにより、あらかじめ、文部科学大臣に届け出なければならない。

一　大学の学部若しくは大学院の研究科又は第百八条第二項の大学の学科の設置であつて、当該大学が授与する学位の種類及び分野の変更を伴わないもの
二　大学の学部若しくは大学院の研究科又は第百八条第二項

の大学の学科の廃止
三　前二号に掲げるもののほか、政令で定める事項
③　文部科学大臣は、前項の届出があつた場合において、その届出に係る事項が、設備、授業その他の事項に関する法令の規定に適合しないと認めるときは、その届出をした者に対し、必要な措置をとるべきことを命ずることができる。
④　地方自治法（昭和二十二年法律第六十七号）第二百五十二条の十九第一項の指定都市（以下「指定都市」という。）（指定都市が単独で又は他の市町村と共同して設立する公立大学法人を含む。）の設置する高等学校、中等教育学校及び特別支援学校については、第一項の規定は、適用しない。この場合において、当該高等学校、中等教育学校及び特別支援学校を設置する者は、同項の規定により認可を受けなければならないとされている事項を行おうとするときは、あらかじめ、都道府県の教育委員会に届け出なければならない。
⑤　第二項第一号の学位の種類及び分野の変更に関する基準は、文部科学大臣が、これを定める。

〔幼稚園の設置廃止等の届出〕

第四条の二　市町村は、その設置する幼稚園の設置廃止等を行おうとするときは、あらかじめ、都道府県の教育委員会に届け出なければならない。

〔学校の管理と費用負担〕

第五条　学校の設置者は、その設置する学校を管理し、法令に特別の定のある場合を除いては、その学校の経費を負担する。

〔授業料〕

第六条　学校においては、授業料を徴収することができる。ただし、国立又は公立の小学校及び中学校、義務教育学校、中等教育学校の前期課程又は特別支援学校の小学部及び中学部における義務教育については、これを徴収することができない。

〔校長・教員〕

第七条　学校には、校長及び相当数の教員を置かなければならない。

〔校長・教員の資格〕

第八条　校長及び教員（教育職員免許法（昭和二十四年法律第百四十七号）の適用を受ける者を除く。）の資格に関する事項は、別に法律で定めるもののほか、文部科学大臣がこれを定める。

〔校長・教員の欠格事由〕

第九条　次の各号のいずれかに該当する者は、校長又は教員となることができない。
一　禁錮以上の刑に処せられた者
二　教育職員免許法第十条第一項第二号又は第三号に該当することにより免許状がその効力を失い、当該失効の日から三年を経過しない者
三　教育職員免許法第十一条第一項から第三項までの規定により免許状取上げの処分を受け、三年を経過しない者
四　日本国憲法施行の日以後において、日本国憲法又はその下に成立した政府を暴力で破壊することを主張する政党その他の団体を結成し、又はこれに加入した者

〔私立学校の校長届出義務〕

第一〇条　私立学校は、校長を定め、大学及び高等専門学校にあつては文部科学大臣に、大学及び高等専門学校以外の学校にあつては都道府県知事に届け出なければならない。

〔児童生徒等の懲戒〕

第一一条　校長及び教員は、教育上必要があると認めるときは、文部科学大臣の定めるところにより、児童、生徒及び学

生に懲戒を加えることができる。ただし、体罰を加えることはできない。

〔健康診断等〕

第一二条　学校においては、別に法律で定めるところにより、幼児、児童、生徒及び学生並びに職員の健康の保持増進を図るため、健康診断を行い、その他その保健に必要な措置を講じなければならない。

〔学校閉鎖命令〕

第一三条　第四条第一項各号に掲げる学校が次の各号のいずれかに該当する場合においては、それぞれ同項各号に定める者は、当該学校の閉鎖を命ずることができる。

一　法令の規定に故意に違反したとき

二　法令の規定によりその者がした命令に違反したとき

三　六箇月以上授業を行わなかつたとき

②　前項の規定は、市町村の設置する幼稚園に準用する。この場合において、同項中「それぞれ同項各号に定める者」とあり、及び同項第二号中「その者」とあるのは、「都道府県の教育委員会」と読み替えるものとする。

〔設備・授業等の変更命令〕

第一四条　大学及び高等専門学校以外の市町村の設置する学校については都道府県の教育委員会、大学及び高等専門学校以外の私立学校については都道府県知事は、当該学校が、設備、授業その他の事項について、法令の規定又は都道府県の教育委員会若しくは都道府県知事の定める規程に違反したときは、その変更を命ずることができる。

第一五条　〔略〕

第二章　義務教育

〔普通教育を受けさせる義務〕

第一六条　保護者（子に対して親権を行う者（親権を行う者のないときは、未成年後見人）をいう。以下同じ。）は、次条に定めるところにより、子に九年の普通教育を受けさせる義務を負う。

〔就学年限〕

第一七条　保護者は、子の満六歳に達した日の翌日以後における最初の学年の初めから、満十二歳に達した日の属する学年の終わりまで、これを小学校、義務教育学校の前期課程又は特別支援学校の小学部に就学させる義務を負う。ただし、子が、満十二歳に達した日の属する学年の終わりまでに小学校の課程、義務教育学校の前期課程又は特別支援学校の小学部の課程を修了しないときは、満十五歳に達した日の属する学年の終わり（それまでの間においてこれらの課程を修了したときは、その修了した日の属する学年の終わり）までとする。

②　保護者は、子が小学校の課程、義務教育学校の前期課程又は特別支援学校の小学部の課程を修了した日の翌日以後における最初の学年の初めから、満十五歳に達した日の属する学年の終わりまで、これを中学校、義務教育学校の後期課程、中等教育学校の前期課程又は特別支援学校の中学部に就学させる義務を負う。

③　前二項の義務の履行の督促その他これらの義務の履行に関し必要な事項は、政令で定める。

〔就学義務の猶予・免除〕

第一八条　前条第一項又は第二項の規定によつて、保護者が就学させなければならない子（以下それぞれ「学齢児童」又は「学齢生徒」という。）で、病弱、発育不完全その他やむを得ない事由のため、就学困難と認められる者の保護者に対しては、市町村の教育委員会は、文部科学大臣の定めるところにより、同条第一項又は第二項の義務を猶予又は免除することができる。

〔保護者に対する経済的援助〕

第一九条　経済的理由によつて、就学困難と認められる学齢児童又は学齢生徒の保護者に対しては、市町村は、必要な援助を与えなければならない。

〔学齢児童等使用者の義務〕

第二〇条　学齢児童又は学齢生徒を使用する者は、その使用によつて、当該学齢児童又は学齢生徒が、義務教育を受けることを妨げてはならない。

〔義務教育の目標〕

第二一条　義務教育として行われる普通教育は、教育基本法（平成十八年法律第百二十号）第五条第二項に規定する目的を実現するため、次に掲げる目標を達成するよう行われるものとする。

一　学校内外における社会的活動を促進し、自主、自律及び協同の精神、規範意識、公正な判断力並びに公共の精神に基づき主体的に社会の形成に参画し、その発展に寄与する態度を養うこと。

二　学校内外における自然体験活動を促進し、生命及び自然を尊重する精神並びに環境の保全に寄与する態度を養うこと。

三　我が国と郷土の現状と歴史について、正しい理解に導き、伝統と文化を尊重し、それらをはぐくんできた我が国と郷土を愛する態度を養うとともに、進んで外国の文化の理解を通じて、他国を尊重し、国際社会の平和と発展に寄与する態度を養うこと。

四　家族と家庭の役割、生活に必要な衣、食、住、情報、産業その他の事項について基礎的な理解と技能を養うこと。

五　読書に親しませ、生活に必要な国語を正しく理解し、使用する基礎的な能力を養うこと。

六　生活に必要な数量的な関係を正しく理解し、処理する基礎的な能力を養うこと。

七　生活にかかわる自然現象について、観察及び実験を通じて、科学的に理解し、処理する基礎的な能力を養うこと。

八　健康、安全で幸福な生活のために必要な習慣を養うとともに、運動を通じて体力を養い、心身の調和的発達を図ること。

九　生活を明るく豊かにする音楽、美術、文芸その他の芸術について基礎的な理解と技能を養うこと。

十　職業についての基礎的な知識と技能、勤労を重んずる態度及び個性に応じて将来の進路を選択する能力を養うこと。

第三章　幼稚園

〔幼稚園の目的〕

第二二条　幼稚園は、義務教育及びその後の教育の基礎を培うものとして、幼児を保育し、幼児の健やかな成長のために適当な環境を与えて、その心身の発達を助長することを目的とする。

〔幼稚園教育の目標〕

第二三条　幼稚園における教育は、前条に規定する目的を実現するため、次に掲げる目標を達成するよう行われるものとする。

一　健康、安全で幸福な生活のために必要な基本的な習慣を養い、身体諸機能の調和的発達を図ること。

二　集団生活を通じて、喜んでこれに参加する態度を養うとともに家族や身近な人への信頼感を深め、自主、自律及び協同の精神並びに規範意識の芽生えを養うこと。
三　身近な社会生活、生命及び自然に対する興味を養い、それらに対する正しい理解と態度及び思考力の芽生えを養うこと。
四　日常の会話や、絵本、童話等に親しむことを通じて、言葉の使い方を正しく導くとともに、相手の話を理解しようとする態度を養うこと。
五　音楽、身体による表現、造形等に親しむことを通じて、豊かな感性と表現力の芽生えを養うこと。

〔家庭・地域における教育の支援〕

第二四条　幼稚園においては、第二十二条に規定する目的を実現するための教育を行うほか、幼児期の教育に関する各般の問題につき、保護者及び地域住民その他の関係者からの相談に応じ、必要な情報の提供及び助言を行うなど、家庭及び地域における幼児期の教育の支援に努めるものとする。

〔教育課程等に関する事項〕

第二五条　幼稚園の教育課程その他の保育内容に関する事項は、第二十二条及び第二十三条の規定に従い、文部科学大臣が定める。

〔入園資格〕

第二六条　幼稚園に入園することのできる者は、満三歳から、小学校就学の始期に達するまでの幼児とする。

〔園長・教頭・教諭その他の職員〕

第二七条　幼稚園には、園長、教頭及び教諭を置かなければならない。
②　幼稚園には、前項に規定するもののほか、副園長、主幹教諭、指導教諭、養護教諭、栄養教諭、事務職員、養護助教諭その他必要な職員を置くことができる。
③　第一項の規定にかかわらず、副園長を置くときその他特別の事情のあるときは、教頭を置かないことができる。
④　園長は、園務をつかさどり、所属職員を監督する。
⑤　副園長は、園長を助け、命を受けて園務をつかさどる。
⑥　教頭は、園長（副園長を置く幼稚園にあつては、園長及び副園長）を助け、園務を整理し、及び必要に応じ幼児の保育をつかさどる。
⑦　主幹教諭は、園長（副園長を置く幼稚園にあつては、園長及び副園長）及び教頭を助け、命を受けて園務の一部を整理し、並びに幼児の保育をつかさどる。
⑧　指導教諭は、幼児の保育をつかさどり、並びに教諭その他の職員に対して、保育の改善及び充実のために必要な指導及び助言を行う。
⑨　教諭は、幼児の保育をつかさどる。
⑩　特別の事情のあるときは、第一項の規定にかかわらず、教諭に代えて助教諭又は講師を置くことができる。
⑪　学校の実情に照らし必要があると認めるときは、第七項の規定にかかわらず、園長（副園長を置く幼稚園にあつては、園長及び副園長）及び教頭を助け、命を受けて園務の一部を整理し、並びに幼児の養護又は栄養の指導及び管理をつかさどる主幹教諭を置くことができる。

〔準用〕

第二八条　第三十七条第六項、第八項及び第十二項から第十七項まで並びに第四十二条から第四十四条までの規定は、幼稚園に準用する。

第四章　小学校

〔小学校の目的〕

第二九条　小学校は、心身の発達に応じて、義務教育として行われる普通教育のうち基礎的なものを施すことを目的とする。

〔小学校教育の目標〕

第三〇条　小学校における教育は、前条に規定する目的を実現するために必要な程度において第二十一条各号に掲げる目標を達成するよう行われるものとする。

②　前項の場合においては、生涯にわたり学習する基盤が培われるよう、基礎的な知識及び技能を習得させるとともに、これらを活用して課題を解決するために必要な思考力、判断力、表現力その他の能力をはぐくみ、主体的に学習に取り組む態度を養うことに、特に意を用いなければならない。

〔体験活動の充実〕

第三一条　小学校においては、前条第一項の規定による目標の達成に資するよう、教育指導を行うに当たり、児童の体験的な学習活動、特にボランティア活動など社会奉仕体験活動、自然体験活動その他の体験活動の充実に努めるものとする。この場合において、社会教育関係団体その他の関係団体及び関係機関との連携に十分配慮しなければならない。

〔修業年限〕

第三二条　小学校の修業年限は、六年とする。

〔教育課程〕

第三三条　小学校の教育課程に関する事項は、第二十九条及び第三十条の規定に従い、文部科学大臣が定める。

〔教科用図書の使用〕

第三四条　小学校においては、文部科学大臣の検定を経た教科用図書又は文部科学省が著作の名義を有する教科用図書を使用しなければならない。

②　前項に規定する教科用図書（以下この条において「教科用図書」という。）の内容を文部科学大臣の定めるところにより記録した電磁的記録（電子的方式、磁気的方式その他人の知覚によつては認識することができない方式で作られる記録であつて、電子計算機による情報処理の用に供されるものをいう。）である教材がある場合には、同項の規定にかかわらず、文部科学大臣の定めるところにより、児童の教育の充実を図るため必要があると認められる教育課程の一部において、教科用図書に代えて当該教材を使用することができる。

③　前項に規定する場合において、視覚障害、発達障害その他の文部科学大臣の定める事由により教科用図書を使用して学習することが困難な児童に対し、教科用図書に用いられた文字、図形等の拡大又は音声への変換その他の同項に規定する教材を電子計算機において用いることにより可能となる方法で指導することにより当該児童の学習上の困難の程度を低減させる必要があると認められるときは、文部科学大臣の定めるところにより、教育課程の全部又は一部において、教科用図書に代えて当該教材を使用することができる。

④　教科用図書及び第二項に規定する教材以外の教材で、有益適切なものは、これを使用することができる。

⑤　第一項の検定の申請に係る教科用図書に関し調査審議させるための審議会等（国家行政組織法（昭和二十三年法律第百二十号）第八条に規定する機関をいう。以下同じ。）については、政令で定める。

〔児童の出席停止〕

第三五条　市町村の教育委員会は、次に掲げる行為の一又は二以上を繰り返し行う等性行不良であつて他の児童の教育に妨げがあると認める児童があるときは、その保護者に対して、児童の出席停止を命ずることができる。

一　他の児童に傷害、心身の苦痛又は財産上の損失を与える行為

二　職員に傷害又は心身の苦痛を与える行為

三　施設又は設備を損壊する行為
四　授業その他の教育活動の実施を妨げる行為
② 市町村の教育委員会は、前項の規定により出席停止を命ずる場合には、あらかじめ保護者の意見を聴取するとともに、理由及び期間を記載した文書を交付しなければならない。
③ 前項に規定するもののほか、出席停止の命令の手続に関し必要な事項は、教育委員会規則で定めるものとする。
④ 市町村の教育委員会は、出席停止の命令に係る児童の出席停止の期間における学習に対する支援その他の教育上必要な措置を講ずるものとする。

〔学齢未満の子の入学禁止〕

第三十六条　学齢に達しない子は、小学校に入学させることができない。

〔校長・教頭・教諭その他の職員〕

第三十七条　小学校には、校長、教頭、教諭、養護教諭及び事務職員を置かなければならない。
② 小学校には、前項に規定するもののほか、副校長、主幹教諭、指導教諭、栄養教諭その他必要な職員を置くことができる。
③ 第一項の規定にかかわらず、副校長を置くときその他特別の事情のあるときは教頭を、養護をつかさどる主幹教諭を置くときは養護教諭を、特別の事情のあるときは事務職員を、それぞれ置かないことができる。
④ 校長は、校務をつかさどり、所属職員を監督する。
⑤ 副校長は、校長を助け、命を受けて校務をつかさどる。
⑥ 副校長は、校長に事故があるときはその職務を代理し、校長が欠けたときはその職務を行う。この場合において、副校長が二人以上あるときは、あらかじめ校長が定めた順序で、その職務を代理し、又は行う。
⑦ 教頭は、校長（副校長を置く小学校にあつては、校長及び副校長）を助け、校務を整理し、及び必要に応じ児童の教育をつかさどる。
⑧ 教頭は、校長（副校長を置く小学校にあつては、校長及び副校長）に事故があるときは校長の職務を代理し、校長（副校長を置く小学校にあつては、校長及び副校長）が欠けたときは校長の職務を行う。この場合において、教頭が二人以上あるときは、あらかじめ校長が定めた順序で、校長の職務を代理し、又は行う。
⑨ 主幹教諭は、校長（副校長を置く小学校にあつては、校長及び副校長）及び教頭を助け、命を受けて校務の一部を整理し、並びに児童の教育をつかさどる。
⑩ 指導教諭は、児童の教育をつかさどり、並びに教諭その他の職員に対して、教育指導の改善及び充実のために必要な指導及び助言を行う。
⑪ 教諭は、児童の教育をつかさどる。
⑫ 養護教諭は、児童の養護をつかさどる。
⑬ 栄養教諭は、児童の栄養の指導及び管理をつかさどる。
⑭ 事務職員は、事務をつかさどる。
⑮ 助教諭は、教諭の職務を助ける。
⑯ 講師は、教諭又は助教諭に準ずる職務に従事する。
⑰ 養護助教諭は、養護教諭の職務を助ける。
⑱ 特別の事情のあるときは、第一項の規定にかかわらず、教諭に代えて助教諭又は講師を、養護教諭に代えて養護助教諭を置くことができる。
⑲ 学校の実情に照らし必要があると認めるときは、第九項の規定にかかわらず、校長（副校長を置く小学校にあつては、校長及び副校長）及び教頭を助け、命を受けて校務の一部を整理し、並びに児童の養護又は栄養の指導及び管理をつかさ

どる主幹教諭を置くことができる。

〔設置義務〕

第三八条 市町村は、その区域内にある学齢児童を就学させるに必要な小学校を設置しなければならない。ただし、教育上有益かつ適切であると認めるときは、義務教育学校の設置をもつてこれに代えることができる。

〔評価〕

第四二条 小学校は、文部科学大臣の定めるところにより当該小学校の教育活動その他の学校運営の状況について評価を行い、その結果に基づき学校運営の改善を図るため必要な措置を講ずることにより、その教育水準の向上に努めなければならない。

〔地域・保護者等との連携協力〕

第四三条 小学校は、当該小学校に関する保護者及び地域住民その他の関係者の理解を深めるとともに、これらの者との連携及び協力の推進に資するため、当該小学校の教育活動その他の学校運営の状況に関する情報を積極的に提供するものとする。

〔所管庁〕

第四四条 私立の小学校は、都道府県知事の所管に属する。

第五章の二　義務教育学校

〔義務教育学校の目的〕

第四九条の二 義務教育学校は、心身の発達に応じて、義務教育として行われる普通教育を基礎的なものから一貫して施すことを目的とする。

〔義務教育学校教育の目標〕

第四九条の三 義務教育学校における教育は、前条に規定する目的を実現するため、第二十一条各号に掲げる目標を達成するよう行われるものとする。

〔修業年限〕

第四九条の四 義務教育学校の修業年限は、九年とする。

〔課程〕

第四九条の五 義務教育学校の課程は、これを前期六年の前期課程及び後期三年の後期課程に区分する。

〔各課程の目標〕

第四九条の六 義務教育学校の前期課程における教育は、第四十九条の二に規定する目的のうち、心身の発達に応じて、義務教育として行われる普通教育のうち基礎的なものを施すことを実現するために必要な程度において第二十一条各号に掲げる目標を達成するよう行われるものとする。

② 義務教育学校の後期課程における教育は、第四十九条の二に規定する目的のうち、前期課程における教育の基礎の上に、心身の発達に応じて、義務教育として行われる普通教育を施すことを実現するため、第二十一条各号に掲げる目標を達成するよう行われるものとする。

〔教育課程〕

第四九条の七 義務教育学校の前期課程及び後期課程の教育課程に関する事項は、第四十九条の二、第四十九条の三及び前条の規定並びに次条において読み替えて準用する第三十条第二項の規定に従い、文部科学大臣が定める。

〔準用〕

第四九条の八 第三十条第二項、第三十一条、第三十四条から第三十七条まで及び第四十二条から第四十四条までの規定は、義務教育学校に準用する。この場合において、第三十条第二項中「前項」とあるのは「第四十九条の三」と、第三十一条中「前条第一項」とあるのは「第四十九条の三」と読み替えるものとする。

第八章　特別支援教育

〔特別支援学校の目的〕
第七二条　特別支援学校は、視覚障害者、聴覚障害者、知的障害者、肢体不自由者又は病弱者（身体虚弱者を含む。以下同じ。）に対して、幼稚園、小学校、中学校又は高等学校に準ずる教育を施すとともに、障害による学習上又は生活上の困難を克服し自立を図るために必要な知識技能を授けることを目的とする。

〔教育内容の明示〕
第七三条　特別支援学校においては、文部科学大臣の定めるところにより、前条に規定する者に対する教育のうち当該学校が行うものを明らかにするものとする。

〔特別支援教育に関する助言と援助〕
第七四条　特別支援学校においては、第七十二条に規定する目的を実現するための教育を行うほか、幼稚園、小学校、中学校、義務教育学校、高等学校又は中等教育学校の要請に応じて、第八十一条第一項に規定する幼児、児童又は生徒の教育に関し必要な助言又は援助を行うよう努めるものとする。

〔障害の程度〕
第七五条　第七十二条に規定する視覚障害者、聴覚障害者、知的障害者、肢体不自由者又は病弱者の障害の程度は、政令で定める。

〔特別支援学校の部別等〕
第七六条　特別支援学校には、小学部及び中学部を置かなければならない。ただし、特別の必要のある場合においては、そのいずれかのみを置くことができる。

②　特別支援学校には、小学部及び中学部のほか、幼稚部又は高等部を置くことができ、また、特別の必要のある場合においては、前項の規定にかかわらず、小学部及び中学部を置かないで幼稚部又は高等部のみを置くことができる。

〔教育課程〕
第七七条　特別支援学校の幼稚部の教育課程その他の保育内容、小学部及び中学部の教育課程又は高等部の学科及び教育課程に関する事項は、幼稚園、小学校、中学校又は高等学校に準じて、文部科学大臣が定める。

〔寄宿舎〕
第七八条　特別支援学校には、寄宿舎を設けなければならない。ただし、特別の事情のあるときは、これを設けないことができる。

〔寄宿舎指導員〕
第七九条　寄宿舎を設ける特別支援学校には、寄宿舎指導員を置かなければならない。

②　寄宿舎指導員は、寄宿舎における幼児、児童又は生徒の日常生活上の世話及び生活指導に従事する。

〔都道府県の設置義務〕
第八〇条　都道府県は、その区域内にある学齢児童及び学齢生徒のうち、視覚障害者、聴覚障害者、知的障害者、肢体不自由者又は病弱者で、その障害が、第七十五条の政令で定める程度のものを就学させるに必要な特別支援学校を設置しなければならない。

〔特別支援学級〕
第八一条　幼稚園、小学校、中学校、義務教育学校、高等学校及び中等教育学校においては、次項各号のいずれかに該当する幼児、児童及び生徒その他教育上特別の支援を必要とする幼児、児童及び生徒に対し、文部科学大臣の定めるところにより、障害による学習上又は生活上の困難を克服するための教育を行うものとする。

② 小学校、中学校、義務教育学校、高等学校及び中等教育学校には、次の各号のいずれかに該当する児童及び生徒のために、特別支援学級を置くことができる。
一 知的障害者
二 肢体不自由者
三 身体虚弱者
四 弱視者
五 難聴者
六 その他障害のある者で、特別支援学級において教育を行うことが適当なもの
③ 前項に規定する学校においては、疾病により療養中の児童及び生徒に対して、特別支援学級を設け、又は教員を派遣して、教育を行うことができる。

附 則（抄）

第一条 この法律は、昭和二十二年四月一日から、これを施行する。〔後略〕

第六条 私立の幼稚園は、第二条第一項の規定にかかわらず、当分の間、学校法人によつて設置されることを要しない。

⑦学校教育法施行令（抜粋）

（昭和二八年一〇月三一日政令第三四〇号）

施行 昭二八年一〇月三一日
最終改正 令和元年一〇月一八日政令第一二八号

第一章 就学義務

第一節 学齢簿

（学齢簿の編製）

第一条 市（特別区を含む。以下同じ。）町村の教育委員会は、当該市町村の区域内に住所を有する学齢児童及び学齢生徒（それぞれ学校教育法（以下「法」という。）第十八条に規定する学齢児童及び学齢生徒をいう。以下同じ。）について、学齢簿を編製しなければならない。
② 前項の規定による学齢簿の編製は、当該市町村の住民基本台帳に基づいて行なうものとする。
③ 市町村の教育委員会は、文部科学省令で定めるところにより、第一項の学齢簿を磁気ディスク（これに準ずる方法により一定の事項を確実に記録しておくことができる物を含む。以下同じ。）をもつて調製することができる。
④ 第一項の学齢簿に記載（前項の規定により磁気ディスクをもつて調製する学齢簿にあつては、記録。以下同じ。）をすべき事項は、文部科学省令で定める。

（学齢簿の作成期日）

第二条 市町村の教育委員会は、毎学年の初めから五月前までに、文部科学省令で定める日現在において、当該市町村に住

所を有する者で前学年の初めから終わりまでの間に満六歳に達する者について、あらかじめ、前条第一項の学齢簿を作成しなければならない。この場合においては、同条第二項から第四項までの規定を準用する。

第二節　小学校、中学校、義務教育学校及び中等教育学校

（入学期日等の通知、学校の指定）

第五条　市町村の教育委員会は、就学予定者（法第十七条第一項又は第二項の規定により、翌学年の初めから小学校、中学校、義務教育学校、中等教育学校又は特別支援学校に就学させるべき者をいう。以下同じ。）のうち、認定特別支援学校就学者（視覚障害者、聴覚障害者、知的障害者、肢体不自由者又は病弱者（身体虚弱者を含む。）で、その障害が、第二十二条の三の表に規定する程度のもの（以下「視覚障害者等」という。）のうち、当該市町村の教育委員会が、その者の障害の状態、その者の教育上必要な支援の内容、地域における教育の体制の整備の状況その他の事情を勘案して、その住所の存する都道府県の設置する特別支援学校に就学させることが適当であると認める者をいう。以下同じ。）以外の者について、その保護者に対し、翌学年の初めから二月前までに、小学校、中学校又は義務教育学校の入学期日を通知しなければならない。

② 市町村の教育委員会は、当該市町村の設置する小学校及び義務教育学校の数の合計数が二以上である場合又は当該市町村の設置する中学校（法第七十一条の規定により高等学校における教育と一貫した教育を施すもの（以下「併設型中学校」という。）を除く。以下この項、次条第七号、第六条の三第一項、第七条及び第八条において同じ。）及び義務教育学校の数の合計数が二以上である場合においては、前項の通知において当該就学予定者の就学すべき小学校、中学校又は義務教育学校を指定しなければならない。

③ 前二項の規定は、第九条第一項又は第十七条の届出のあつた就学予定者については、適用しない。

第六条の二　特別支援学校に在学する学齢児童又は学齢生徒で視覚障害者等でなくなつたものがあるときは、当該学齢児童又は学齢生徒の在学する特別支援学校の校長は、速やかに、当該学齢児童又は学齢生徒の住所の存する都道府県の教育委員会に対し、その旨を通知しなければならない。

② 都道府県の教育委員会は、前項の通知を受けた学齢児童又は学齢生徒について、当該学齢児童又は学齢生徒の住所の存する市町村の教育委員会に対し、速やかに、その氏名及び視覚障害者等でなくなつた旨を通知しなければならない。

第六条の三　特別支援学校に在学する学齢児童又は学齢生徒でその障害の状態、その者の教育上必要な支援の内容、地域における教育の体制の整備の状況その他の事情の変化により当該学齢児童又は学齢生徒の住所の存する市町村の設置する小学校、中学校又は義務教育学校に就学することが適当であると思料するもの（視覚障害者等でなくなつた者を除く。）があるときは、当該学齢児童又は学齢生徒の在学する特別支援学校の校長は、速やかに、当該学齢児童又は学齢生徒の住所の存する都道府県の教育委員会に対し、その旨を通知しなければならない。

② 都道府県の教育委員会は、前項の通知を受けた学齢児童又は学齢生徒について、当該学齢児童又は学齢生徒の住所の存する市町村の教育委員会に対し、速やかに、その氏名及び同項の通知があつた旨を通知しなければならない。

③ 市町村の教育委員会は、前項の通知を受けた学齢児童又は

学齢生徒について、当該特別支援学校に引き続き就学させることが適当であると認めたときは、都道府県の教育委員会に対し、速やかにその旨を通知しなければならない。

④　都道府県の教育委員会は、前項の通知を受けたときは、第一項の校長に対し、速やかに、その旨を通知しなければならない。

第六条の四　学齢児童及び学齢生徒のうち視覚障害者等で小学校、中学校、義務教育学校又は中等教育学校に在学するもののうち視覚障害者等でなくなつたものがあるときは、その在学する小学校又は中学校、義務教育学校の校長は、速やかに、当該学齢児童又は学齢生徒の住所の存する市町村の教育委員会に対し、その旨を通知しなければならない。

第七条　市町村の教育委員会は、第五条第一項（第六条において準用する場合を含む。）の通知と同時に、当該児童生徒等を就学させるべき小学校、中学校又は義務教育学校の校長に対し、当該児童生徒等の氏名及び入学期日を通知しなければならない。

第八条　市町村の教育委員会は、第五条第二項（第六条において準用する場合を含む。）の場合において、相当と認めるときは、保護者の申立てにより、その指定した小学校、中学校又は義務教育学校を変更することができる。この場合においては、速やかに、その保護者及び前条の通知をした小学校、中学校又は義務教育学校の校長に対し、その旨を通知するとともに、新たに指定した小学校、中学校又は義務教育学校の校長に対し、同条の通知をしなければならない。

（区域外就学等）

第九条　児童生徒等をその住所の存する市町村の設置する小学校、中学校（併設型中学校を除く。）又は義務教育学校以外の小学校、中学校、義務教育学校又は中等教育学校に就学させようとする場合には、その保護者は、就学させようとする小学校、中学校、義務教育学校又は中等教育学校が市町村又は都道府県の設置するものであるときは当該市町村又は都道府県の教育委員会の、その他のものであるときは当該小学校、中学校、義務教育学校又は中等教育学校における就学を承諾する権限を有する者の承諾を証する書面を添え、その旨をその児童生徒等の住所の存する市町村の教育委員会に届け出なければならない。

②　市町村の教育委員会は、前項の承諾（当該市町村の設置する小学校、中学校（併設型中学校を除く。）又は義務教育学校への就学に係るものに限る。）を与えようとする場合には、あらかじめ、児童生徒等の住所の存する市町村の教育委員会に協議するものとする。

第一〇条　学齢児童及び学齢生徒でその住所の存する市町村の設置する小学校、中学校（併設型中学校を除く。）又は義務教育学校以外の小学校、中学校若しくは義務教育学校又は中等教育学校に在学するものが、小学校、中学校若しくは義務教育学校又は中等教育学校の前期課程の全課程を修了する前に退学したときは、当該小学校、中学校若しくは義務教育学校又は中等教育学校の校長は、速やかに、その旨を当該学齢児童又は学齢生徒の住所の存する市町村の教育委員会に通知しなければならない。

第三節　特別支援学校

（特別支援学校への就学についての通知）

第一一条　市町村の教育委員会は、第二条に規定する者のうち認定特別支援学校就学者について、都道府県の教育委員会に対し、翌学年の初めから三月前までに、その氏名及び特別支援学校に就学させるべき旨を通知しなければならない。

② 市町村の教育委員会は、前項の通知をするときは、都道府県の教育委員会に対し、同項の通知に係る者の学齢簿の謄本（第一条第三項の規定により磁気ディスクをもつて学齢簿を調製している市町村の教育委員会にあつては、その者の学齢簿に記録されている事項を記載した書類）を送付しなければならない。

③ 前二項の規定は、第九条第一項又は第十七条の届出のあつた者については、適用しない。

第一二条　小学校、中学校、義務教育学校又は中等教育学校に在学する学齢児童又は学齢生徒で視覚障害者等になつたものがあるときは、当該学齢児童又は学齢生徒の在学する小学校、中学校、義務教育学校又は中等教育学校の校長は、速やかに、当該学齢児童又は学齢生徒の住所の存する市町村の教育委員会に対し、その旨を通知しなければならない。

② 第十一条の規定は、前項の通知を受けた学齢児童又は学齢生徒のうち認定特別支援学校就学者の認定をした者について準用する。この場合において、同条第一項中「翌学年の初めから三月前までに」とあるのは、「速やかに」と読み替えるものとする。

③ 第一項の規定による通知を受けた市町村の教育委員会は、同項の通知を受けた学齢児童又は学齢生徒について現に在学する小学校、中学校、義務教育学校又は中等教育学校に引き続き就学させることが適当であると認めたときは、同項の校長に対し、その旨を通知しなければならない。

第一二条の二　学齢児童及び学齢生徒のうち視覚障害者等で小学校、中学校、義務教育学校又は中等教育学校に在学するもののうち、その障害の状態、その者の教育上必要な支援の内容、地域における教育の体制の整備の状況その他の事情の変化によりこれらの小学校又は中学校、義務教育学校に就学させることが適当でなくなつたと思料するものがあるときは、当該学齢児童又は学齢生徒の在学する小学校又は中学校、義務教育学校の校長は、当該学齢児童又は学齢生徒の住所の存する市町村の教育委員会に対し、速やかに、その旨を通知しなければならない。

② 第十一条の規定は、前項の通知を受けた学齢児童又は学齢生徒のうち認定特別支援学校就学者の認定をした者について準用する。この場合において、同条第一項中「翌学年の初めから三月前までに」とあるのは、「速やかに」と読み替えるものとする。

③ 第一項の規定による通知を受けた市町村の教育委員会は、同項の通知を受けた学齢児童又は学齢生徒について現に在学する小学校、中学校、義務教育学校又は中等教育学校に引き続き就学させることが適当であると認めたときは、同項の校長に対し、その旨を通知しなければならない。

（特別支援学校の入学期日等の通知、学校の指定）

第一四条　都道府県の教育委員会は、第十一条第一項（第十一条の二、第十一条の三、第十二条第二項及び第十二条の二第二項において準用する場合を含む。）の通知を受けた児童生徒等及び特別支援学校の新設、廃止等によりその就学させるべき特別支援学校を変更する必要を生じた児童生徒等について、その保護者に対し、第十一条第一項（第十一条の二において準用する場合を含む。）の通知を受けた児童生徒等にあつては翌学年の初めから二月前までに、その他の児童生徒等にあつては速やかに特別支援学校の入学期日を通知しなければならない。

② 都道府県の教育委員会は、当該都道府県の設置する特別支援学校が二校以上ある場合においては、前項の通知において当該児童生徒等を就学させるべき特別支援学校を指定しなけ

ればならない。

③　前二項の規定は、前条の通知を受けた児童生徒等については、適用しない。

第一五条　都道府県の教育委員会は、前条第一項の通知と同時に、当該児童生徒等を就学させるべき特別支援学校の校長及び当該児童生徒等の住所の存する市町村の教育委員会に対し、当該児童生徒等の氏名及び入学期日を通知しなければならない。

②　都道府県の教育委員会は、前条第二項の規定により当該児童生徒等を就学させるべき特別支援学校を指定したときは、前項の市町村の教育委員会に対し、同項に規定する事項のほか、その指定した特別支援学校を通知しなければならない。

第一六条　都道府県の教育委員会は、第十四条第二項の場合において、相当と認めるときは、保護者の申立により、その指定した特別支援学校を変更することができる。この場合においては、速やかに、その保護者並びに前条の通知をした特別支援学校の校長及び市町村の教育委員会に対し、その旨を通知するとともに、新たに指定した特別支援学校の校長に対し、同条第一項の通知をしなければならない。

（区域外就学等）

第一七条　児童生徒等のうち視覚障害者等をその住所の存する都道府県の設置する特別支援学校以外の特別支援学校に就学させようとする場合には、その保護者は、就学させようとする特別支援学校が他の都道府県の設置するものであるときは当該都道府県の教育委員会の、その他のものであるときは当該特別支援学校における就学を承諾する権限を有する者の就学を承諾する書面を添え、その旨をその児童生徒等の住所の存する市町村の教育委員会に届け出なければならない。

第一八条　学齢児童及び学齢生徒のうち視覚障害者等でその住所の存する都道府県の設置する特別支援学校以外の特別支援学校に在学するものが、特別支援学校の小学部又は中学部の全課程を修了する前に退学したときは、当該特別支援学校の校長は、速やかに、その旨を当該学齢児童又は学齢生徒の住所の存する市町村の教育委員会に通知しなければならない。

第四節　督促等

（校長の義務）

第一九条　小学校、中学校、義務教育学校、中等教育学校及び特別支援学校の校長は、常に、その学校に在学する学齢児童又は学齢生徒の出席状況を明らかにしておかなければならない。

第二〇条　小学校、中学校、義務教育学校、中等教育学校及び特別支援学校の校長は、当該学校に在学する学齢児童又は学齢生徒が、休業日を除き引き続き七日間出席せず、その他その出席状況が良好でない場合において、その出席させないことについて保護者に正当な事由がないと認められるときは、速やかに、その旨を当該学齢児童又は学齢生徒の住所の存する市町村の教育委員会に通知しなければならない。

（教育委員会の行う出席の督促等）

第二一条　市町村の教育委員会は、前条の通知を受けたときその他当該市町村に住所を有する学齢児童又は学齢生徒の保護者が法第十七条第一項又は第二項に規定する義務を怠つていると認められるときは、その保護者に対して、当該学齢児童又は学齢生徒の出席を督促しなければならない。

第五節　就学義務の終了

（全課程修了者の通知）

第二二条　小学校、中学校、義務教育学校、中等教育学校及び

特別支援学校の校長は、毎学年の終了後、速やかに、小学校、中学校、義務教育学校の前期課程若しくは後期課程、中等教育学校の前期課程又は特別支援学校の小学部若しくは中学部の全課程を修了した者の氏名をその者の住所の存する市町村の教育委員会に通知しなければならない。

第六節　行政手続法の適用除外

（行政手続法第三章の規定を適用しない処分）

第二二条の二　法第百三十八条の政令で定める処分は、第五条第一項及び第二項（これらの規定を第六条において準用する場合を含む。）並びに第十四条第一項及び第二項の規定による処分とする。

第二章　視覚障害者等の障害の程度

第二二条の三　法第七十五条の政令で定める視覚障害者、聴覚障害者、知的障害者、肢《し》体不自由者又は病弱者の障害の程度は、次の表に掲げるとおりとする。

区分	障害の程度
視覚障害者	両眼の視力がおおむね〇・三未満のもの又は視力以外の視機能障害が高度のもののうち、拡大鏡等の使用によつても通常の文字、図形等の視覚による認識が不可能又は著しく困難な程度のもの
聴覚障害者	両耳の聴力レベルがおおむね六〇デシベル以上のもののうち、補聴器等の使用によつても通常の話声を解することが不可能又は著しく困難な程度のもの
知的障害者	一　知的発達の遅滞があり、他人との意思疎通が困難で日常生活を営むのに頻繁に援助を必要とする程度のもの 二　知的発達の遅滞の程度が前号に掲げる程度に達しないもののうち、社会生活への適応が著しく困難なもの
肢体不自由者	一　肢体不自由の状態が補装具の使用によつても歩行、筆記等日常生活における基本的な動作が不可能又は困難な程度のもの 二　肢体不自由の状態が前号に掲げる程度に達しないもののうち、常時の医学的観察指導を必要とする程度のもの
病弱者	一　慢性の呼吸器疾患、腎臓疾患及び神経疾患、悪性新生物その他の疾患の状態が継続して医療又は生活規制を必要とする程度のもの 二　身体虚弱の状態が継続して生活規制を必要とする程度のもの

備考

一　視力の測定は、万国式試視力表によるものとし、屈折異常があるものについては、矯正視力によつて測定する。

二　聴力の測定は、日本産業規格によるオージオメータによる。

第三章　認可、届出等

第一節　認可及び届出等

（法第四条第一項の政令で定める事項）

第二三条　法第四条第一項（法第百三十四条第二項において準用する場合を含む。）の政令で定める事項（法第四条の二に規定する幼稚園に係るものを除く。）は、次のとおりとする。

一・二〔略〕
三　特別支援学校の幼稚部、小学部、中学部又は高等部の設置及び廃止
四〜九〔略〕
十　市町村の設置する高等学校、中等教育学校又は特別支援学校の分校の設置及び廃止
十一〜十三〔略〕

② 法第四条の二に規定する幼稚園に係る法第四条第一項の政令で定める事項は、分校の設置及び廃止とする。

第二節　学期、休業日及び学校廃止後の書類の保存

（学期及び休業日）

第二九条　公立の学校（大学を除く。以下この条において同じ。）の学期並びに夏季、冬季、学年末、農繁期等における休業日又は家庭及び地域における体験的な学習活動その他の学習活動のための休業日（次項において「体験的学習活動等休業日」という。）は、市町村又は都道府県の設置する学校にあつては当該市町村又は都道府県の教育委員会が、公立大学法人の設置する学校にあつては当該公立大学法人の理事長が定める。

② 市町村又は都道府県の教育委員会は、体験的学習活動等休業日を定めるに当たつては、家庭及び地域における幼児、児童、生徒又は学生の体験的な学習活動その他の学習活動の体験的学習活動等休業日における円滑な実施及び充実を図るため、休業日の時期を適切に分散させて定めることその他の必要な措置を講ずるよう努めるものとする。

附　則（令和元・一〇・一八）（抄）

（施行期日）

1　この政令は、令和三年四月一日から施行する。〔後略〕

⑧教育職員免許法（抜粋）

（昭和二四年五月三一日法律第一四七号）

施行　昭和二四年九月一日
最終改正　令和元年六月一四日法律第三七号

第一章　総則

（この法律の目的）

第一条　この法律は、教育職員の免許に関する基準を定め、教育職員の資質の保持と向上を図ることを目的とする。

（定義）

第二条　この法律において「教育職員」とは、学校（学校教育法（昭和二十二年法律第二十六号）第一条に規定する幼稚園、小学校、中学校、義務教育学校、高等学校、中等教育学校及び特別支援学校（第三項において「第一条学校」という。）並びに就学前の子どもに関する教育、保育等の総合的な提供の推進に関する法律（平成十八年法律第七十七号）第二条第七項に規定する幼保連携型認定こども園（以下「幼保連携型認定こども園」という。）をいう。以下同じ。）の主幹教諭（幼保連携型認定こども園の主幹養護教諭及び主幹栄養教諭を含む。以下同じ。）、指導教諭、教諭、助教諭、養護教諭、養護助教諭、栄養教諭、主幹保育教諭、指導保育教諭、保育教諭、助保育教諭及び講師（以下「教員」という。）をいう。

②　この法律で「免許管理者」とは、免許状を有する者が教育職員及び文部科学省令で定める教育の職にある者である場合にあつてはその者の勤務地の都道府県の教育委員会、これらの者以外の者である場合にあつてはその者の住所地の都道府県の教育委員会をいう。

③　この法律において「所轄庁」とは、大学附置の国立学校（国（国立大学法人法（平成十五年法律第百十二号）第二条第一項に規定する国立大学法人を含む。以下この項において同じ。）が設置する学校をいう。以下同じ。）又は公立学校（地方公共団体（地方独立行政法人法（平成十五年法律第百十八号）第六十八条第一項に規定する公立大学法人（以下単に「公立大学法人」という。）を含む。）が設置する学校をいう。以下同じ。）の教員にあつてはその大学の学長、大学附置の学校以外の公立学校（第一条学校に限る。）の教員にあつてはその学校を所管する教育委員会、大学附置の学校以外の公立学校（幼保連携型認定こども園に限る。）の教員にあつてはその学校を所管する地方公共団体の長、私立学校（国及び地方公共団体（公立大学法人を含む。）以外の者が設置する学校をいう。以下同じ。）の教員にあつては都道府県知事（地方自治法（昭和二十二年法律第六十七号）第二百五十二条の十九第一項の指定都市又は同法第二百五十二条の二十二第一項の中核市（以下この項において「指定都市等」という。）の区域内の幼保連携型認定こども園の教員にあつては、当該指定都市等の長）をいう。

④　この法律で「自立教科等」とは、理療（あん摩、マッサージ、指圧等に関する基礎的な知識技能の修得を目標とした教科をいう。）、理学療法、理容その他の職業についての知識技能の修得に関する教科及び学習上又は生活上の困難を克服し自立を図るために必要な知識技能の修得を目的とする教育に係る活動（以下「自立活動」という。）をいう。

⑤　この法律で「特別支援教育領域」とは、学校教育法第七十二条に規定する視覚障害者、聴覚障害者、知的障害者、

肢体不自由者又は病弱者（身体虚弱者を含む。）に関するいずれかの教育の領域をいう。

（免許）

第三条　教育職員は、この法律により授与する各相当の免許状を有する者でなければならない。

② 前項の規定にかかわらず、主幹教諭（養護又は栄養の指導及び管理をつかさどる主幹教諭を除く。）及び指導教諭については各相当学校の教諭の免許状を有する者を、養護をつかさどる主幹教諭については養護教諭の免許状を有する者を、栄養の指導及び管理をつかさどる主幹教諭については栄養教諭の免許状を有する者を、講師については各相当学校の教員の相当免許状を有する者を、それぞれ充てるものとする。

③ 特別支援学校の教員（養護又は栄養の指導及び管理をつかさどる主幹教諭、養護教諭、養護助教諭、栄養教諭並びに特別支援学校において自立教科等の教授を担任する教員を除く。）については、第一項の規定にかかわらず、特別支援学校の教員の免許状のほか、特別支援学校の各部に相当する学校の教員の免許状を有する者でなければならない。

④ 義務教育学校の教員（養護又は栄養の指導及び管理をつかさどる主幹教諭、養護教諭、養護助教諭並びに栄養教諭を除く。）については、第一項の規定にかかわらず、小学校の教員の免許状及び中学校の教員の免許状を有する者でなければならない。

⑤ 中等教育学校の教員（養護又は栄養の指導及び管理をつかさどる主幹教諭、養護教諭、養護助教諭並びに栄養教諭を除く。）については、第一項の規定にかかわらず、中学校の教員の免許状及び高等学校の教員の免許状を有する者でなければならない。

⑥ 幼保連携型認定こども園の教員の免許については、第一項の規定にかかわらず、就学前の子どもに関する教育、保育等の総合的な提供の推進に関する法律の定めるところによる。

（免許状を要しない非常勤の講師）

第三条の二　次に掲げる事項の教授又は実習を担任する非常勤の講師については、前条の規定にかかわらず、各相当学校の教員の相当免許状を有しない者を充てることができる。

一　小学校における次条第六項第一号に掲げる教科の領域の一部に係る事項

二　中学校における次条第五項第一号に掲げる教科及び第十六条の三第一項の文部科学省令で定める教科の領域の一部に係る事項

三　義務教育学校における前二号に掲げる事項

四　高等学校における次条第五項第二号に掲げる教科及び第十六条の三第一項の文部科学省令で定める教科の領域の一部に係る事項

五　中等教育学校における第二号及び前号に掲げる事項

六　特別支援学校（幼稚部を除く。）における第一号、第二号及び第四号に掲げる事項並びに自立教科等の領域の一部に係る事項

七　教科に関する事項で文部科学省令で定めるもの

② 前項の場合において、非常勤の講師に任命し、又は雇用しようとする者は、あらかじめ、文部科学省令で定めるところにより、その旨を第五条第七項で定める授与権者に届け出なければならない。

第二章　免許状

（種類）

第四条　免許状は、普通免許状、特別免許状及び臨時免許状とする。

② 普通免許状は、学校（義務教育学校、中等教育学校及び幼保連携型認定こども園を除く。）の種類ごとの教諭の免許状、養護教諭の免許状及び栄養教諭の免許状とし、それぞれ専修免許状、一種免許状及び二種免許状（高等学校教諭の免許状にあつては、専修免許状及び一種免許状）に区分する。

③ 特別免許状は、学校（幼稚園、義務教育学校、中等教育学校及び幼保連携型認定こども園を除く。）の種類ごとの教諭の免許状とする。

④ 臨時免許状は、学校（義務教育学校、中等教育学校及び幼保連携型認定こども園を除く。）の種類ごとの助教諭の免許状及び養護助教諭の免許状とする。

第四条の二　特別支援学校の教員の普通免許状及び臨時免許状は、一又は二以上の特別支援教育領域について授与するものとする。

② 特別支援学校において専ら自立教科等の教授を担任する教員の普通免許状及び臨時免許状は、前条第二項の規定にかかわらず、文部科学省令で定めるところにより、障害の種類に応じて文部科学省令で定める自立教科等について授与するものとする。

③ 特別支援学校教諭の特別免許状は、前項の文部科学省令で定める自立教科等について授与するものとする。

（授与）

第五条　普通免許状は、別表第一、別表第二若しくは別表第二の二に定める基礎資格を有し、かつ、大学若しくは文部科学大臣の指定する養護教諭養成機関において別表第一、別表第二若しくは別表第二の二に定める単位を修得した者又はその免許状を授与するため行う教育職員検定に合格した者に授与する。ただし、次の各号のいずれかに該当する者には、授与しない。

一　十八歳未満の者

二　高等学校を卒業しない者（通常の課程以外の課程におけるこれに相当するものを修了しない者を含む。）。ただし、文部科学大臣において高等学校を卒業した者と同等以上の資格を有すると認めた者を除く。

三　成年被後見人又は被保佐人

四　禁錮以上の刑に処せられた者

五　第十条第一項第二号又は第三号に該当することにより免許状がその効力を失い、当該失効の日から三年を経過しない者

六　第十一条第一項から第三項までの規定により免許状取上げの処分を受け、当該処分の日から三年を経過しない者

七　日本国憲法施行の日以後において、日本国憲法又はその下に成立した政府を暴力で破壊することを主張する政党その他の団体を結成し、又はこれに加入した者

② 前項本文の規定にかかわらず、別表第一から別表第二の二までに規定する普通免許状に係る所要資格を得た日の翌日から起算して十年を経過する日の属する年度の末日を経過した者に対する普通免許状の授与は、その者が免許状更新講習（第九条の三第一項に規定する免許状更新講習をいう。以下第九条の二までにおいて同じ。）の課程を修了した後文部科学省令で定める二年以上の期間内にある場合に限り、行うものとする。

③ 特別免許状は、教育職員検定に合格した者に授与する。ただし、第一項各号のいずれかに該当する者には、授与しない。

④ 前項の教育職員検定は、次の各号のいずれにも該当する者について、教育職員に任命し、又は雇用しようとする者が、学校教育の効果的な実施に特に必要があると認める場合にお

いて行う推薦に基づいて行うものとする。
一　担当する教科に関する専門的な知識経験又は技能を有する者
二　社会的信望があり、かつ、教員の職務を行うのに必要な熱意と識見を持つている者
⑤　第七項で定める授与権者は、第三項の教育職員検定において合格の決定をしようとするときは、あらかじめ、学校教育に関し学識経験を有する者その他の文部科学省令で定める者の意見を聴かなければならない。
⑥　臨時免許状は、普通免許状を有する者を採用することができない場合に限り、第一項各号のいずれにも該当しない者で教育職員検定に合格したものに授与する。ただし、高等学校助教諭の臨時免許状は、次の各号のいずれかに該当する者以外の者には授与しない。
一　短期大学士の学位（学校教育法第百四条第二項に規定する文部科学大臣の定める学位（専門職大学を卒業した者に対して授与されるものを除く。）又は同条第六項に規定する文部科学大臣の定める学位を含む。）又は準学士の称号を有する者
二　文部科学大臣が前号に掲げる者と同等以上の資格を有すると認めた者
⑦　免許状は、都道府県の教育委員会（以下「授与権者」という。）が授与する。

（免許状の授与の手続等）

第五条の二　免許状の授与を受けようとする者は、申請書に授与権者が定める書類を添えて、授与権者に申し出るものとする。
②　特別支援学校の教員の免許状の授与に当たつては、当該免許状の授与を受けようとする者の別表第一の第三欄に定める特別支援教育に関する科目（次項において「特別支援教育科目」という。）の修得の状況又は教育職員検定の結果に応じて、文部科学省令で定めるところにより、一又は二以上の特別支援教育領域を定めるものとする。
③　特別支援学校の教員の免許状の授与を受けた者が、その授与を受けた後、当該免許状に定められている特別支援教育領域以外の特別支援教育領域（以下「新教育領域」という。）に関して特別支援教育科目を修得し、申請書に当該免許状を授与した授与権者が定める書類を添えて当該授与権者にその旨を申し出た場合、又は当該授与権者が行う教育職員検定に合格した場合には、当該授与権者は、前項に規定する文部科学省令で定めるところにより、当該免許状に当該新教育領域を追加して定めるものとする。

（教育職員検定）

第六条　教育職員検定は、受検者の人物、学力、実務及び身体について、授与権者が行う。
②　学力及び実務の検定は、第五条第三項及び第六項、前条第三項並びに第十八条の場合を除くほか、別表第三又は別表第五から別表第八までに定めるところによつて行わなければならない。
③　一以上の教科についての教諭の免許状を有する者に他の教科についての教諭の免許状を授与するため行う教育職員検定は、第一項の規定にかかわらず、受検者の人物、学力及び身体について行う。この場合における学力の検定は、前項の規定にかかわらず、別表第四の定めるところによつて行わなければならない。
④　第一項及び前項の規定にかかわらず、第五条第三項及び第六項、前条第三項並びに第十八条の場合を除くほか、別表第三から別表第八までに規定する普通免許状に係る所要資格を

得た日の翌日から起算して十年を経過する日の属する年度の末日を経過した者に普通免許状を授与するため行う教育職員検定は、その者が免許状更新講習の課程を修了した後文部科学省令で定める二年以上の期間内にある場合に限り、行うものとする。

（証明書の発行）

第七条　大学（文部科学大臣の指定する教員養成機関、並びに文部科学大臣の認定する講習及び通信教育の開設者を含む。）は、免許状の授与、新教育領域の追加の定め（第五条の二第三項の規定による新教育領域の追加の定めをいう。）又は教育職員検定を受けようとする者から請求があつたときは、その者の学力に関する証明書を発行しなければならない。

②　国立学校又は公立学校の教員にあつては所轄庁、私立学校の教員にあつてはその私立学校を設置する学校法人等（学校法人（私立学校法（昭和二十四年法律第二百七十号）第三条に規定する学校法人をいう。以下同じ。）又は社会福祉法人（社会福祉法（昭和二十六年法律第四十五号）第二十二条に規定する社会福祉法人をいう。以下同じ。）の理事長は、教育職員検定を受けようとする者から請求があつたときは、その者の人物、実務及び身体に関する証明書を発行しなければならない。

③　所轄庁が前項の規定による証明書を発行する場合において、所轄庁が大学の学長で、その証明書の発行を請求した者が大学附置の国立学校又は公立学校の教員であるときは、当該所轄庁は、その学校の校長（幼稚園及び幼保連携型認定こども園の園長を含む。）の意見を聞かなければならない。

④　免許状更新講習を行う者は、免許状の授与又は免許状の有効期間の更新を受けようとする者から請求があつたときは、その者の免許状更新講習の課程の修了又は免許状更新講習の課程の一部の履修に関する証明書を発行しなければならない。

⑤　第一項、第二項及び前項の証明書の様式その他必要な事項は、文部科学省令で定める。

（授与の場合の原簿記入等）

第八条　授与権者は、免許状を授与したときは、免許状の種類、その者の氏名及び本籍地、授与の日、免許状の有効期間の満了の日その他文部科学省令で定める事項を原簿に記入しなければならない。

②　前項の原簿は、その免許状を授与した授与権者において作製し、保存しなければならない。

③　第五条の二第三項の規定により免許状に新教育領域を追加して定めた授与権者は、その旨を第一項の原簿に記入しなければならない。

（効力）

第九条　普通免許状は、その授与の日の翌日から起算して十年を経過する日の属する年度の末日まで、すべての都道府県（中学校及び高等学校の教員の宗教の教科についての免許状にあつては、国立学校又は公立学校の場合を除く。次項及び第三項において同じ。）において効力を有する。

②　特別免許状は、その授与の日の翌日から起算して十年を経過する日の属する年度の末日まで、その免許状を授与した授与権者の置かれる都道府県においてのみ効力を有する。

③　臨時免許状は、その免許状を授与したときから三年間、その免許状を授与した授与権者の置かれる都道府県においてのみ効力を有する。

④　第一項の規定にかかわらず、その免許状に係る別表第一から別表第八までに規定する所要資格を得た日、第十六条の二

第一項に規定する教員資格認定試験に合格した日又は第十六条の三第二項若しくは第十七条第一項に規定する文部科学省令で定める資格を有することとなつた日の属する年度の翌年度の初日以後、同日から起算して十年を経過する日までの間に授与された普通免許状（免許状更新講習の課程を修了した後文部科学省令で定める二年以上の期間内に授与されたものを除く。）の有効期間は、当該十年を経過する日までとする。

⑤ 普通免許状又は特別免許状を二以上有する者の当該二以上の免許状の有効期間は、第一項、第二項及び前項並びに次条第四項及び第五項の規定にかかわらず、それぞれの免許状に係るこれらの規定による有効期間の満了の日のうち最も遅い日までとする。

（有効期間の更新及び延長）

第九条の二 免許管理者は、普通免許状又は特別免許状の有効期間を、その満了の際、その免許状を有する者の申請により更新することができる。

② 前項の申請は、申請書に免許管理者が定める書類を添えて、これを免許管理者に提出してしなければならない。

③ 第一項の規定による更新は、その申請をした者が当該普通免許状又は特別免許状の有効期間の満了する日までの文部科学省令で定める二年以上の期間内において免許状更新講習の課程を修了した者である場合又は知識技能その他の事項を勘案して免許状更新講習を受ける必要がないものとして文部科学省令で定めるところにより免許管理者が認めた者である場合に限り、行うものとする。

④ 第一項の規定により更新された普通免許状又は特別免許状の有効期間は、更新前の有効期間の満了の日の翌日から起算して十年を経過する日の属する年度の末日までとする。

⑤ 免許管理者は、普通免許状又は特別免許状を有する者が、次条第三項第一号に掲げる者である場合において、同条第四項の規定により免許状更新講習を受けることができないことその他文部科学省令で定めるやむを得ない事由により、その免許状の有効期間の満了の日までに免許状更新講習の課程を修了することが困難であると認めるときは、文部科学省令で定めるところにより相当の期間を定めて、その免許状の有効期間を延長するものとする。

⑥ 免許状の有効期間の更新及び延長に関する手続その他必要な事項は、文部科学省令で定める。

（免許状更新講習）

第九条の三 免許状更新講習は、大学その他文部科学省令で定める者が、次に掲げる基準に適合することについての文部科学大臣の認定を受けて行う。

一 講習の内容が、教員の職務の遂行に必要なものとして文部科学省令で定める事項に関する最新の知識技能を修得させるための課程（その一部として行われるものを含む。）であること。

二 講習の講師が、次のいずれかに該当する者であること。

イ 文部科学大臣が第十六条の三第四項の政令で定める審議会等に諮問して免許状の授与の所要資格を得させるために適当と認める課程を有する大学において、当該課程を担当する教授、准教授又は講師の職にある者

ロ イに掲げる者に準ずるものとして文部科学省令で定める者

三 講習の課程の修了の認定（課程の一部の履修の認定を含む。）が適切に実施されるものであること。

四 その他文部科学省令で定める要件に適合するものであること。

② 前項に規定する免許状更新講習（以下単に「免許状更新講習」という。）の時間は、三十時間以上とする。
③ 免許状更新講習は、次に掲げる者に限り、受けることができる。
一 教育職員及び文部科学省令で定める教育の職にある者
二 教育職員に任命され、又は雇用されることとなつている者及びこれに準ずるものとして文部科学省令で定める者
④ 前項の規定にかかわらず、公立学校の教員であつて教育公務員特例法（昭和二十四年法律第一号）第二十五条第一項に規定する指導改善研修（以下この項及び次項において単に「指導改善研修」という。）を命ぜられた者は、その指導改善研修が終了するまでの間は、免許状更新講習を受けることができない。
⑤ 前項に規定する者の任命権者（免許管理者を除く。）は、その者に指導改善研修を命じたとき、又はその者の指導改善研修が終了したときは、速やかにその旨を免許管理者に通知しなければならない。
⑥ 文部科学大臣は、第一項の規定による認定に関する事務を独立行政法人教職員支援機構（第十六条の二第三項及び別表第三備考第十一号において「機構」という。）に行わせるものとする。
⑦ 前各項に規定するもののほか、免許状更新講習に関し必要な事項は、文部科学省令で定める。

（有効期間の更新又は延長の場合の通知等）

第九条の四　免許管理者は、普通免許状又は特別免許状の有効期間を更新し、又は延長したときは、その旨をその免許状を有する者、その者の所轄庁（免許管理者を除く。）及びその免許状を授与した授与権者（免許管理者を除く。）に通知しなければならない。
② 免許状の有効期間を更新し、若しくは延長したとき、又は前項の通知を受けたときは、その免許状を授与した授与権者は、その旨を第八条第一項の原簿に記入しなければならない。

（二種免許状を有する者の一種免許状の取得に係る努力義務）

第九条の五　教育職員で、その有する相当の免許状（主幹教諭（養護又は栄養の指導及び管理をつかさどる主幹教諭を除く。）及び指導教諭については、その有する相当学校の教諭の免許状、養護をつかさどる主幹教諭についてはその有する養護教諭の免許状、栄養の指導及び管理をつかさどる主幹教諭についてはその有する栄養教諭の免許状、講師についてはその有する相当学校の教員の相当免許状）が二種免許状であるものは、相当の一種免許状の授与を受けるように努めなければならない。

第三章　免許状の失効及び取上げ

（失効）

第一〇条　免許状を有する者が、次の各号のいずれかに該当する場合には、その免許状はその効力を失う。
一 第五条第一項第三号、第四号又は第七号に該当するに至つたとき。
二 公立学校の教員であつて懲戒免職の処分を受けたとき。
三 公立学校の教員（地方公務員法（昭和二十五年法律第二百六十一号）第二十九条の二第一項各号に掲げる者に該当する者を除く。）であつて同法第二十八条第一項第一号又は第三号に該当するとして分限免職の処分を受けたとき。
② 前項の規定により免許状が失効した者は、速やかに、その免許状を免許管理者に返納しなければならない。

（取上げ）

第一一条　国立学校、公立学校（公立大学法人が設置するものに限る。次項第一号において同じ。）又は私立学校の教員が、前条第一項第二号に規定する者の場合における懲戒免職の事由に相当する事由により解雇されたと認められるときは、免許管理者は、その免許状を取り上げなければならない。

② 免許状を有する者が、次の各号のいずれかに該当する場合には、免許管理者は、その免許状を取り上げなければならない。

一　国立学校、公立学校又は私立学校の教員（地方公務員法第二十九条の二第一項各号に掲げる者に相当する者を含む。）であつて、前条第一項第三号に規定する者の場合における同法第二十八条第一項第一号又は第三号に掲げる分限免職の事由に相当する事由により解雇されたと認められるとき。

二　地方公務員法第二十九条の二第一項各号に掲げる者に該当する公立学校の教員であつて、前条第一項第三号に規定する者の場合における同法第二十八条第一項第一号又は第三号に掲げる分限免職の事由に相当する事由により免職の処分を受けたと認められるとき。

③ 免許状を有する者（教育職員以外の者に限る。）が、法令の規定に故意に違反し、又は教育職員たるにふさわしくない非行があつて、その情状が重いと認められるときは、免許管理者は、その免許状を取り上げることができる。

④ 前三項の規定により免許状取上げの処分を行つたときは、免許管理者は、その旨を直ちにその者に通知しなければならない。この場合において、当該免許状は、その通知を受けた日に効力を失うものとする。

⑤ 前条第二項の規定は、前項の規定により免許状が失効した者について準用する。

別表（抜粋）

別表第一（第五条、第五条の二関係）

第一欄		第二欄	第三欄	
免許状の種類 ＼ 所要資格		基礎資格	大学において修得することを必要とする最低単位数	
			教科及び教職に関する科目	特別支援教育に関する科目
幼稚園教諭	専修免許状	修士の学位を有すること。	七五	
	一種免許状	学士の学位を有すること。	五一	
	二種免許状	短期大学士の学位を有すること。	三一	
小学校教諭	専修免許状	修士の学位を有すること。	八三	
	一種免許状	学士の学位を有すること。	五九	
	二種免許状	短期大学士の学位を有すること。	三七	

中学校教諭	専修免許状	修士の学位を有すること。	八三	
	一種免許状	学士の学位を有すること。	五九	
	二種免許状	短期大学士の学位を有すること。	三五	
高等学校教諭	専修免許状	修士の学位を有すること。	八三	
	一種免許状	学士の学位を有すること。	五九	
特別支援学校教諭	専修免許状	修士の学位を有すること及び小学校、中学校、高等学校又は幼稚園の教諭の普通免許状を有すること。		五〇
	一種免許状	学士の学位を有すること及び小学校、中学校、高等学校又は幼稚園の教諭の普通免許状を有すること。		二六
	二種免許状	小学校、中学校、高等学校又は幼稚園の教諭の普通免許状を有すること。		一六

備考

一　この表における単位の修得方法については、文部科学省令で定める（別表第二から別表第八までの場合においても同様とする。）。

一の二　文部科学大臣は、前号の文部科学省令を定めるに当たつては、単位の修得方法が教育職員として必要な知識及び技能を体系的かつ効果的に修得させるものとなるよう配慮するとともに、あらかじめ、第十六条の三第四項の政令で定める審議会等の意見を聴かなければならない（別表第二から別表第八までの場合においても同様とする。）。

二　第二欄の「修士の学位を有すること」には、学校教育法第百四条第三項に規定する文部科学大臣の定める学位を有する場合又は大学（短期大学を除く。第六号及び第七号において同じ。）の専攻科若しくは文部科学大臣の指定するこれに相当する課程に一年以上在学し、三十単位以上修得した場合を含むものとする（別表第二及び別表第二の二の場合においても同様とする。）。

二の二　第二欄の「学士の学位を有すること」には、学校教育法第百四条第二項に規定する文部科学大臣の定める学位（専門職大学を卒業した者に対して授与されるものに限る。）を有する場合又は文部科学大臣が学士の学位を有することと同等以上の資格を有すると認めた場合を含むものとする（別表第二の場合においても同様とする。）。

二の三　第二欄の「短期大学士の学位を有すること」には、学校教育法第百四条第二項に規定する文部科学大臣の定める学位（専門職大学を卒業した者に対して授与されるものを除く。）若しくは同条第六項に規定する文部科学大臣の定める学位を有する場合、文部科学大臣の指定する教員養成機関を卒業した場合又は文部科学大臣が短期大学士の学位を有することと同等以上の資格を有すると認めた場合を含むものとする（別表第二の二の場合においても同様とする。）。

三　高等学校教諭以外の教諭の二種免許状の授与の所要資格に関しては、第三欄の「大学」には、文部科学大臣の指定する教員養成機関を含むものとする。

四　この表の規定により幼稚園、小学校、中学校若しくは高等学校の教諭の専修免許状若しくは一種免許状又は幼稚園、小学校若しくは中学校の教諭の二種免許状の授与を受けようとする者については、特に必要なものとして文部科学省令で定める科目の単位を大学又は文部科学大臣の指定する教員養成機関において修得していることを要するものとする（別表第二及び別表第二の二の場合においても同様とする。）。

五　第三欄に定める科目の単位は、次のいずれかに該当するものでなければならない（別表第二及び別表第二の二の場合においても同様とする。）。

イ　文部科学大臣が第十六条の三第四項の政令で定める審議会等に諮問して免許状の授与の所要資格を得させるために適当と認める課程（以下「認定課程」という。）において修得したもの

ロ　免許状の授与を受けようとする者が認定課程以外の大学の課程又は文部科学大臣が大学の課程に相当するものとして指定する課程において修得したもので、文部科学省令で定めるところにより当該者の在学する認定課程を有する大学が免許状の授与の所要資格を得させるための教科及び教職に関する科目として適当であると認めるもの

六　前号の認定課程には、第三欄に定める科目の単位のうち、教科及び教職に関する科目（教員の職務の遂行に必要な基礎的な知識技能を修得させるためのものとして文部科学省令で定めるものに限る。）又は特別支援教育に関する科目の単位を修得させるために大学が設置する修業年限を一年とする課程を含むものとする。

七　専修免許状に係る第三欄に定める科目の単位数のうち、その単位数からそれぞれの一種免許状に係る同欄に定める科目の単位数を差し引いた単位数については、大学院の課程又は大学の専攻科の課程において修得するものとする（別表第二の二の場合においても同様とする。）。

八　一種免許状（高等学校教諭の一種免許状を除く。）に係る第三欄に定める科目の単位数は、短期大学の課程及び短期大学の専攻科で文部科学大臣が指定するものの課程において修得することができる。この場合において、その単位数からそれぞれの二種免許状に係る同欄に定める科目の単位数を差し引いた単位数については、短期大学の専攻科の課程において修得するものとする。

別表第三（第六条関係）

第一欄	第二欄	第三欄	第四欄
所要資格	有することを必要とする第一欄に掲げる教員（当該学校の助教諭を含む。第三欄において同じ。）の免許状の種類	第二欄に定める各免許状を取得した後、第一欄に掲げる教員又は当該学校の主幹教諭（養護又は栄養の指導及び管理をつかさどる主幹教諭を除く。）、指導教諭若しくは講師（これらに相当する義務教育学校の前期課程又は後期課程、中等教育学校の前期課程又は後期課程及び特別支援学校の各部の教員を含み、幼稚園教諭の専修免許状、一種免許状又は二種免許状の授与を受	第二欄に定める各免許状を取得した後、大学において修得することを必要とする最低単位数

受けようとする免許状の種類			けようとする場合にあっては、幼保連携型認定こども園の主幹保育教諭、指導保育教諭、保育教諭又は講師を含む。）として良好な成績で勤務した旨の実務証明責任者の証明を有することを必要とする最低在職年数	
幼稚園教諭	専修免許状	一種免許状	三	一五
	一種免許状	二種免許状	五	四五
	二種免許状	臨時免許状	六	四五
小学校教諭	専修免許状	一種免許状	三	一五
		特別免許状	三	四一
	一種免許状	二種免許状	五	四五
		特別免許状	三	二六
	二種免許状	臨時免許状	六	四五
中学校教諭	専修免許状	一種免許状	三	一五
		特別免許状	三	二五
	一種免許状	二種免許状	五	四五
	二種免許状	臨時免許状	六	四五
高等学校教諭	専修免許状	一種免許状	三	一五
		特別免許状	三	二五
	一種免許状	臨時免許状	五	四五

備考

一　実務の検定は第三欄により、学力の検定は第四欄によるものとする（別表第六、別表第六の二、別表第七及び別表第八の場合においても同様とする。）。

二　第三欄の学校の教員についての同欄の実務証明責任者は、国立学校又は公立学校の教員にあつては所轄庁と、私立学校の教員にあつてはその私立学校を設置する学校法人等の理事長とする（別表第五の第二欄並びに別表第六、別表第六の二、別表第七及び別表第八の第三欄の場合においても同様とする。）。

三　第三欄の「第一欄に掲げる教員」には、これに相当するものとして文部科学省令で定める学校以外の教育施設において教育に従事する者を含むものとし、その者についての第三欄の実務証明責任者については、文部科学省令で定める。

四　専修免許状に係る第四欄に定める単位数のうち十五単位については、大学院の課程又は大学（短期大学を除く。）の専攻科の課程において修得するものとする（別表第五の第三欄並びに別表第六、別表第六の二及び別表第七の第四欄の場合においても同様とする。）。
五　一種免許状（高等学校教諭の一種免許状を除く。）に係る第四欄に定める単位数は、短期大学の専攻科で文部科学大臣が指定するものの課程において修得することができる（別表第五の第三欄並びに別表第六、別表第六の二及び別表第七の第四欄の場合においても同様とする。）。
六　第四欄の単位数（第四号に規定するものを含む。）は、文部科学大臣の指定する養護教諭養成機関において修得した単位、文部科学大臣の認定する講習、大学の公開講座若しくは通信教育において修得した単位又は文部科学大臣が大学に委嘱して行う試験の合格により修得した単位をもつて替えることができる（別表第四及び別表第五の第三欄並びに別表第六、別表第六の二、別表第七及び別表第八の第四欄の場合においても同様とする。）。
七　この表の規定により一種免許状又は二種免許状の授与を受けようとする者（小学校教諭の特別免許状を有する者でこの表の規定により小学校教諭の一種免許状の授与を受けようとするものを除く。）について、第三欄に定める最低在職年数を超える在職年数があるときは、五単位にその超える在職年数を乗じて得た単位数（第四欄に定める最低単位数から十単位を控除した単位数を限度とする。）を当該最低単位数から差し引くものとする。この場合における最低在職年数を超える在職年数には、文部科学省令で定める教育の職における在職年数を通算することができる（別表第六及び別表第六の二の場合においても同様とする。）。
八　二種免許状を有する者で教育職員に任命され、又は雇用された日から起算して十二年を経過したもの（幼稚園及び幼保連携型認定こども園の教員を除く。）の免許管理者は、当該十二年を経過した日（第十号において「経過日」という。）から起算して三年の間において、当該者の意見を聴いて、一種免許状を取得するのに必要とする単位を修得することができる大学の課程、文部科学大臣の認定する講習、大学の公開講座若しくは通信教育又は文部科学大臣が大学に委嘱して行う試験（次号及び第十号において「大学の課程等」という。）の指定を行う。
九　前号に規定する者を任命し、又は雇用する者は、前号の規定により指定される大学の課程等において当該者が単位を修得することができる機会を与えるように努めなければならない。
十　第八号の規定により大学の課程等の指定を受けた者で経過日から起算して三年を経過する日までに一種免許状を取得していないものについては、第七号の規定にかかわらず、当該日の翌日以後は、第四欄に定める最低単位数は同欄に定める単位数とする。
十一　文部科学大臣は、第六号の規定による認定に関する事務を機構に行わせるものとする（別表第四から別表第八までの場合においても同様とする。）。

別表第七（第六条関係）

第一欄		第二欄	第三欄	第四欄
受けようとする免許状の種類 ／ 所要資格		有することを必要とする特別支援学校の教員（二種免許状の授与を受けようとする場合にあつては、幼稚園、小学校、中学校、又は高等学校の教員）の免許状の種類	第二欄に定める各免許状を取得した後、特別支援学校の教員（二種免許状の授与を受けようとする場合にあつては、幼稚園、小学校、中学校、義務教育学校、高等学校、中等教育学校又は幼保連携型認定こども園の教員を含む。）として良好な成績で勤務した旨の実務証明責任者の証明を有することを必要とする最低在職年数	第二欄に定める各免許状を取得した後、大学において修得することを必要とする最低単位数
特別支援学校教諭	専修免許状	一種免許状	三	一五
	一種免許状	二種免許状	三	六
	二種免許状	幼稚園、小学校、中学校又は高等学校の教諭の普通免許状	三	六

備考　この表の規定により専修免許状又は一種免許状の授与を受けようとする者に係る第三欄に定める最低在職年数については、その授与を受けようとする免許状に定められることとなる特別支援教育領域を担任する教員として在職した年数とする。

⑨教育公務員特例法（抜粋）

（昭和二四年一月一二日法律第一号）

施行　昭和二四年一月一二日
最終改正　平成二九年五月一七日法律第二九号

第一章　総則

（この法律の趣旨）

第一条　この法律は、教育を通じて国民全体に奉仕する教育公務員の職務とその責任の特殊性に基づき、教育公務員の任免、人事評価、給与、分限、懲戒、服務及び研修等について規定する。

（定義）

第二条　この法律において「教育公務員」とは、地方公務員のうち、学校（学校教育法（昭和二十二年法律第二十六号）第一条に規定する学校及び就学前の子どもに関する教育、保育等の総合的な提供の推進に関する法律（平成十八年法律第七十七号）第二条第七項に規定する幼保連携型認定こども園（以下「幼保連携型認定こども園」という。）をいう。以下同じ。）であつて地方公共団体が設置するもの（以下「公立学校」という。）の学長、校長（園長を含む。以下同じ。）、教員及び部局長並びに教育委員会の専門的教育職員をいう。

②　この法律において「教員」とは、公立学校の教授、准教授、助教、副校長（副園長を含む。以下同じ。）、教頭、主幹教諭（幼保連携型認定こども園の主幹養護教諭及び主幹栄養教諭を含む。以下同じ。）、指導教諭、教諭、助教諭、養護教諭、養護助教諭、栄養教諭、主幹保育教諭、指導保育教諭、保育教諭、助保育教諭及び講師をいう。

③　この法律で「部局長」とは、大学（公立学校であるものに限る。第二十六条第一項を除き、以下同じ。）の副学長、学部長その他政令で指定する部局の長をいう。

④　この法律で「評議会」とは、大学に置かれる会議であつて当該大学を設置する地方公共団体の定めるところにより学長、学部長その他の者で構成するものをいう。

⑤　この法律で「専門的教育職員」とは、指導主事及び社会教育主事をいう。

第四章　研修

（研修）

第二十一条　教育公務員は、その職責を遂行するために、絶えず研究と修養に努めなければならない。

②　教育公務員の任命権者は、教育公務員（公立の小学校等の校長及び教員（臨時的に任用された者その他の政令で定める者を除く。以下この章において同じ。）を除く。）の研修について、それに要する施設、研修を奨励するための方途その他研修に関する計画を樹立し、その実施に努めなければならない。

（研修の機会）

第二十二条　教育公務員には、研修を受ける機会が与えられなければならない。

②　教員は、授業に支障のない限り、本属長の承認を受けて、勤務場所を離れて研修を行うことができる。

③　教育公務員は、任命権者の定めるところにより、現職のままで、長期にわたる研修を受けることができる。

（校長及び教員としての資質の向上に関する指標の策定に関する指針）

第二十二条の二　文部科学大臣は、公立の小学校等の校長及び教員の計画的かつ効果的な資質の向上を図るため、次条第一項に規定する指標の策定に関する指針（以下「指針」という。）を定めなければならない。

②　指針においては、次に掲げる事項を定めるものとする。

一　公立の小学校等の校長及び教員の資質の向上に関する基本的な事項

二　次条第一項に規定する指標の内容に関する事項

三　その他公立の小学校等の校長及び教員の資質の向上を図るに際し配慮すべき事項

③　文部科学大臣は、指針を定め、又はこれを変更したときは、遅滞なく、これを公表しなければならない。

（校長及び教員としての資質の向上に関する指標）

第二十二条の三　公立の小学校等の校長及び教員の任命権者は、指針を参酌し、その地域の実情に応じ、当該校長及び教員の職責、経験及び適性に応じて向上を図るべき校長及び教員としての資質に関する指標（以下「指標」という。）を定めるものとする。

②　公立の小学校等の校長及び教員の任命権者は、指標を定め、又はこれを変更しようとするときは、あらかじめ第二十二条の五第一項に規定する協議会において協議するものとする。

③　公立の小学校等の校長及び教員の任命権者は、指標を定め、又はこれを変更したときは、遅滞なく、これを公表するよう努めるものとする。

④　独立行政法人教職員支援機構は、指標を策定する者に対して、当該指標の策定に関する専門的な助言を行うものとする。

（教員研修計画）

第二十二条の四　公立の小学校等の校長及び教員の任命権者は、指標を踏まえ、当該校長及び教員の研修について、毎年度、体系的かつ効果的に実施するための計画（以下この条において「教員研修計画」という。）を定めるものとする。

②　教員研修計画においては、おおむね次に掲げる事項を定めるものとする。

一　任命権者が実施する第二十三条第一項に規定する初任者研修、第二十四条第一項に規定する中堅教諭等資質向上研修その他の研修（以下この項において「任命権者実施研修」という。）に関する基本的な方針

二　任命権者実施研修の体系に関する事項

三　任命権者実施研修の時期、方法及び施設に関する事項

四　研修を奨励するための方途に関する事項

五　前各号に掲げるもののほか、研修の実施に関し必要な事項として文部科学省令で定める事項

③　公立の小学校等の校長及び教員の任命権者は、教員研修計画を定め、又はこれを変更したときは、遅滞なく、これを公表するよう努めるものとする。

（協議会）

第二十二条の五　公立の小学校等の校長及び教員の任命権者は、指標の策定に関する協議並びに当該指標に基づく当該校長及び教員の資質の向上に関して必要な事項についての協議を行うための協議会（以下「協議会」という。）を組織するものとする。

②　協議会は、次に掲げる者をもって構成する。

一　指標を策定する任命権者

二　公立の小学校等の校長及び教員の研修に協力する大学その他の当該校長及び教員の資質の向上に関係する大学として文部科学省令で定める者

三　その他当該任命権者が必要と認める者

③　協議会において協議が調つた事項については、協議会の構成員は、その協議の結果を尊重しなければならない。

④　前三項に定めるもののほか、協議会の運営に関し必要な事項は、協議会が定める。

（初任者研修）

第二三条　公立の小学校等の教諭等の任命権者は、当該教諭等（臨時的に任用された者その他の政令で定める者を除く。）に対して、その採用（現に教諭等の職以外の職に任命されている者を教諭等の職に任命する場合を含む。附則第五条第一項において同じ。）の日から一年間の教諭又は保育教諭の職務の遂行に必要な事項に関する実践的な研修（以下「初任者研修」という。）を実施しなければならない。

②　任命権者は、初任者研修を受ける者（次項において「初任者」という。）の所属する学校の副校長、教頭、主幹教諭（養護又は栄養の指導及び管理をつかさどる主幹教諭を除く。）、指導教諭、教諭、主幹保育教諭、指導保育教諭、保育教諭又は講師のうちから、指導教員を命じるものとする。

③　指導教員は、初任者に対して教諭又は保育教諭の職務の遂行に必要な事項について指導及び助言を行うものとする。

（中堅教諭等資質向上研修）

第二四条　公立の小学校等の教諭等（臨時的に任用された者その他の政令で定める者を除く。以下この項において同じ。）の任命権者は、当該教諭等に対して、個々の能力、適性等に応じて、公立の小学校等における教育に関し相当の経験を有し、その教育活動その他の学校運営の円滑かつ効果的な実施において中核的な役割を果たすことが期待される中堅教諭等としての職務を遂行する上で必要とされる資質の向上を図るために必要な事項に関する研修（以下「中堅教諭等資質向上研修」という。）を実施しなければならない。

②　任命権者は、中堅教諭等資質向上研修を実施するに当たり、中堅教諭等資質向上研修を受ける者の能力、適性等について評価を行い、その結果に基づき、当該者ごとに中堅教諭等資質向上研修に関する計画書を作成しなければならない。

（指導改善研修）

第二五条　公立の小学校等の教諭等の任命権者は、児童、生徒又は幼児（以下「児童等」という。）に対する指導が不適切であると認定した教諭等に対して、その能力、適性等に応じて、当該指導の改善を図るために必要な事項に関する研修（以下「指導改善研修」という。）を実施しなければならない。

②　指導改善研修の期間は、一年を超えてはならない。ただし、特に必要があると認めるときは、任命権者は、指導改善研修を開始した日から引き続き二年を超えない範囲内で、これを延長することができる。

③　任命権者は、指導改善研修を実施するに当たり、指導改善研修を受ける者の能力、適性等に応じて、その者ごとに指導改善研修に関する計画書を作成しなければならない。

④　任命権者は、指導改善研修の終了時において、指導改善研修を受けた者の児童等に対する指導の改善の程度に関する認定を行わなければならない。

⑤　任命権者は、第一項及び前項の認定に当たつては、教育委員会規則（幼保連携型認定こども園にあつては、地方公共団体の規則。次項において同じ。）で定めるところにより、教育学、医学、心理学その他の児童等に対する指導に関する専門的知識を有する者及び当該任命権者の属する都道府県又は市町村の区域内に居住する保護者（親権を行う者及び未成年後見人をいう。）である者の意見を聴かなければならない。

⑥　前項に定めるもののほか、事実の確認の方法その他第一項及び第四項の認定の手続に関し必要な事項は、教育委員会規則で定めるものとする。

⑦　前各項に規定するもののほか、指導改善研修の実施に関し必要な事項は、政令で定める。

（指導改善研修後の措置）

第二五条の二　任命権者は、前条第四項の認定において指導の改善が不十分でなお児童等に対する指導を適切に行うことができないと認める教諭等に対して、免職その他の必要な措置を講ずるものとする。

⑩小学校学習指導要領（抜粋）（平成二九年三月三一日文部科学省告示第六三号）

施行　令和二年四月一日

教育は、教育基本法第一条に定めるとおり、人格の完成を目指し、平和で民主的な国家及び社会の形成者として必要な資質を備えた心身ともに健康な国民の育成を期すという目的のもと、同法第二条に掲げる次の目標を達成するよう行われなければならない。

1　幅広い知識と教養を身に付け、真理を求める態度を養い、豊かな情操と道徳心を培うとともに、健やかな身体を養うこと。

2　個人の価値を尊重して、その能力を伸ばし、創造性を培い、自主及び自律の精神を養うとともに、職業及び生活との関連を重視し、勤労を重んずる態度を養うこと。

3　正義と責任、男女の平等、自他の敬愛と協力を重んずるとともに、公共の精神に基づき、主体的に社会の形成に参画し、その発展に寄与する態度を養うこと。

4　生命を尊び、自然を大切にし、環境の保全に寄与する態度を養うこと。

5　伝統と文化を尊重し、それらをはぐくんできた我が国と郷土を愛するとともに、他国を尊重し、国際社会の平和と発展に寄与する態度を養うこと。

これからの学校には、こうした教育の目的及び目標の達成を目指しつつ、一人一人の児童が、自分のよさや可能性を認識するとともに、あらゆる他者を価値のある存在として尊重し、多様な人々と協働しながら様々な社会的変化を乗り越え、豊かな人生を切り拓《ひら》き、持続可能な社会の創り手となることができるようにすることが求められる。このために必要な教育の在り方を具体化するのが、各学校において教育の内容等を組織的かつ計画的に組み立てた教育課程である。

教育課程を通して、これからの時代に求められる教育を実現していくためには、よりよい学校教育を通してよりよい社会を創るという理念を学校と社会とが共有し、それぞれの学校において、必要な学習内容をどのように学び、どのような資質・能力を身に付けられるようにするのかを教育課程において明確にしながら、社会との連携及び協働によりその実現を図っていくという、社会に開かれた教育課程の実現が重要となる。

学習指導要領とは、こうした理念の実現に向けて必要となる教育課程の基準を大綱的に定めるものである。学習指導要領が果たす役割の一つは、公の性質を有する学校における教育水準を全国的に確保することである。また、各学校がその特色を生かして創意工夫を重ね、長年にわたり積み重ねられてきた教育実践や学術研究の蓄積を生かしながら、児童や地域の現状や課題を捉え、家庭や地域社会と協力して、学習指導要領を踏まえた教育活動の更なる充実を図っていくことも重要である。

児童が学ぶことの意義を実感できる環境を整え、一人一人の資質・能力を伸ばせるようにしていくことは、教職員をはじめとする学校関係者はもとより、家庭や地域の人々も含め、様々な立場から児童や学校に関わる全ての大人に期待される役割である。幼児期の教育の基礎の上に、中学校以降の教育や生涯にわたる学習とのつながりを見通しながら、児童の学習の在り方を展望していくために広く活用されるものとなることを期待して、ここに小学校学習指導要領を定める。

第一章　総則

第1　小学校教育の基本と教育課程の役割

1　各学校においては、教育基本法及び学校教育法その他の法令並びにこの章以下に示すところに従い、児童の人間として調和のとれた育成を目指し、児童の心身の発達の段階や特性及び学校や地域の実態を十分考慮して、適切な教育課程を編成するものとし、これらに掲げる目標を達成するよう教育を行うものとする。

2　学校の教育活動を進めるに当たっては、各学校において、第3の1に示す主体的・対話的で深い学びの実現に向けた授業改善を通して、創意工夫を生かした特色ある教育活動を展開する中で、次の(1)から(3)までに掲げる事項の実現を図り、児童に生きる力を育むことを目指すものとする。

(1)　基礎的・基本的な知識及び技能を確実に習得させ、これらを活用して課題を解決するために必要な思考力、判断力、表現力等を育むとともに、主体的に学習に取り組む態度を養い、個性を生かし多様な人々との協働を促す教育の充実に努めること。その際、児童の発達の段階を考慮して、児童の言語活動など、学習の基盤をつくる活動を充実するとともに、家庭との連携を図りながら、児童の学習習慣が確立するよう配慮すること。

(2)　道徳教育や体験活動、多様な表現や鑑賞の活動等を通して、豊かな心や創造性の涵《かん》養を目指した教育の充実に努めること。

学校における道徳教育は、特別の教科である道徳（以下「道徳科」という。）を要として学校の教育活動全体を通じて行うものであり、道徳科はもとより、各教科、外国語活動、総合的な学習の時間及び特別活動のそれぞれの特質に応じて、児童の発達の段階を考慮して、適切な指導を行うこと。

道徳教育は、教育基本法及び学校教育法に定められた教育の根本精神に基づき、自己の生き方を考え、主体的な判断の下に行動し、自立した人間として他者と共によりよく生きるための基盤となる道徳性を養うことを目標とすること。

道徳教育を進めるに当たっては、人間尊重の精神と生命に対する畏敬の念を家庭、学校、その他社会における具体的な生活の中に生かし、豊かな心をもち、伝統と文化を尊重し、それらを育んできた我が国と郷土を愛し、個性豊かな文化の創造を図るとともに、平和で民主的な国家及び社会の形成者として、公共の精神を尊び、社会及び国家の発展に努め、他国を尊重し、国際社会の平和と発展や環境の保全に貢献し未来を拓《ひら》く主体性のある日本人の育成に資することとなるよう特に留意すること。

(3)　学校における体育・健康に関する指導を、児童の発達の段階を考慮して、学校の教育活動全体を通じて適切に行うことにより、健康で安全な生活と豊かなスポーツライフの実現を目指した教育の充実に努めること。特に、学校における食育の推進並びに体力の向上に関する指導、安全に関する指導及び心身の健康の保持増進に関する指導については、体育科、家庭科及び特別活動の時間はもとより、各教科、道徳科、外国語活動及び総合的な学習の時間などにおいてもそれぞれの特質に応じて適切に行うよう努めること。また、それらの指導を通して、家庭や地域社会との連携を図りながら、日常生活において適切な体育・健康に関する活動の実践を促し、生涯を通じて健康・安全で活力ある生活を送るための基礎が培われるよう配慮すること。

3　２の(1)から(3)までに掲げる事項の実現を図り、豊かな創造性を備え持続可能な社会の創り手となることが期待される児童に、生きる力を育むことを目指すに当たっては、学校教育全体並びに各教科、道徳科、外国語活動、総合的な学習の時間及び特別活動（以下「各教科等」という。ただし、第２の３の(2)のア及びウにおいて、特別活動については学級活動（学校給食に係るものを除く。）に限る。）の指導を通してどのような資質・能力の育成を目指すのかを明確にしながら、教育活動の充実を図るものとする。その際、児童の発達の段階や特性等を踏まえつつ、次に掲げることが偏りなく実現できるようにするものとする。

(1)　知識及び技能が習得されるようにすること。

(2)　思考力、判断力、表現力等を育成すること。

(3)　学びに向かう力、人間性等を涵《かん》養すること。

4　各学校においては、児童や学校、地域の実態を適切に把握し、教育の目的や目標の実現に必要な教育の内容等を教科等横断的な視点で組み立てていくこと、教育課程の実施状況を評価してその改善を図っていくこと、教育課程の実施に必要な人的又は物的な体制を確保するとともにその改善を図っていくことなどを通して、教育課程に基づき組織的かつ計画的に各学校の教育活動の質の向上を図っていくこと（以下「カリキュラム・マネジメント」という。）に努めるものとする。

第２　教育課程の編成

1　各学校の教育目標と教育課程の編成

教育課程の編成に当たっては、学校教育全体や各教科等における指導を通して育成を目指す資質・能力を踏まえつつ、各学校の教育目標を明確にするとともに、教育課程の編成についての基本的な方針が家庭や地域とも共有されるよう努めるものとする。その際、第五章総合的な学習の時間の第2の1に基づき定められる目標との関連を図るものとする。

2　教科等横断的な視点に立った資質・能力の育成

(1)　各学校においては、児童の発達の段階を考慮し、言語能力、情報活用能力（情報モラルを含む。）、問題発見・解決能力等の学習の基盤となる資質・能力を育成していくことができるよう、各教科等の特質を生かし、教科等横断的な視点から教育課程の編成を図るものとする。

(2)　各学校においては、児童や学校、地域の実態及び児童の発達の段階を考慮し、豊かな人生の実現や災害等を乗り越えて次代の社会を形成することに向けた現代的な諸課題に対応して求められる資質・能力を、教科等横断的な視点で育成していくことができるよう、各学校の特色を生かした教育課程の編成を図るものとする。

3　教育課程の編成における共通的事項

(1)　内容等の取扱い

ア　第二章以下に示す各教科、道徳科、外国語活動及び特別活動の内容に関する事項は、特に示す場合を除き、いずれの学校においても取り扱わなければならない。

イ　学校において特に必要がある場合には、第二章以下に示していない内容を加えて指導することができる。また、第二章以下に示す内容の取扱いのうち内容の範囲や程度等を示す事項は、全ての児童に対して指導するものとする内容の範囲や程度等を示したものであり、学校において特に必要がある場合には、この事項にかかわらず加えて指導することができる。ただし、これらの場合には、第二章以下に示す各教科、道徳科、外国語活動及び特別活動の目標や内容の趣旨を逸脱したり、児童の負担過重となったりすることのないようにしなければならない。

ウ　第二章以下に示す各教科、道徳科、外国語活動及び特別活動の内容に掲げる事項の順序は、特に示す場合を除き、指導の順序を示すものではないので、学校においては、その取扱いについて適切な工夫を加えるものとする。

エ　学年の内容を二学年まとめて示した教科及び外国語活動の内容は、二学年間かけて指導する事項を示したものである。各学校においては、これらの事項を児童や学校、地域の実態に応じ、二学年間を見通して計画的に指導することとし、特に示す場合を除き、いずれかの学年に分けて、又はいずれの学年においても指導するものとする。

オ　学校において二以上の学年の児童で編制する学級について特に必要がある場合には、各教科及び道徳科の目標の達成に支障のない範囲内で、各教科及び道徳科の目標及び内容について学年別の順序によらないことができる。

カ　道徳科を要として学校の教育活動全体を通じて行う道徳教育の内容は、第三章特別の教科道徳の第2に示す内容とし、その実施に当たっては、第6に示す道徳教育に関する配慮事項を踏まえるものとする。

(2)　授業時数等の取扱い

ア　各教科等の授業は、年間三五週（第一学年については三四週）以上にわたって行うよう計画し、週当たりの授業時数が児童の負担過重にならないようにするものとする。ただし、各教科等や学習活動の特質に応じ効果的な場合には、夏季、冬季、学年末等の休業日の期間に授業日を設定する場合を含め、これらの授業を特定の期間に行うことができる。

イ　特別活動の授業のうち、児童会活動、クラブ活動及び学校行事については、それらの内容に応じ、年間、学期ごと、月ごとなどに適切な授業時数を充てるものとする。

ウ　各学校の時間割については、次の事項を踏まえ適切に編成するものとする。

(ア)　各教科等のそれぞれの授業の一単位時間は、各学校において、各教科等の年間授業時数を確保しつつ、児童の発達の段階及び各教科等や学習活動の特質を考慮して適切に定めること。

(イ)　各教科等の特質に応じ、一〇分から一五分程度の短い時間を活用して特定の教科等の指導を行う場合において、教師が、単元や題材など内容や時間のまとまりを見通した中で、その指導内容の決定や指導の成果の把握と活用等を責任をもって行う体制が整備されているときは、その時間を当該教科等の年間授業時数に含めることができること。

(ウ)　給食、休憩などの時間については、各学校において工夫を加え、適切に定めること。

(エ)　各学校において、児童や学校、地域の実態、各教科等や学習活動の特質等に応じて、創意工夫を生かした時間割を弾力的に編成できること。

エ　総合的な学習の時間における学習活動により、特別活動の学校行事に掲げる各行事の実施と同様の成果が期待できる場合においては、総合的な学習の時間における学習活動をもって相当する特別活動の学校行事に掲げる各行事の実施に替えることができる。

(3)　指導計画の作成等に当たっての配慮事項

各学校においては、次の事項に配慮しながら、学校の創意工夫を生かし、全体として、調和のとれた具体的な指導計画を作成するものとする。

ア　各教科等の指導内容については、(1)のアを踏まえつつ、単元や題材など内容や時間のまとまりを見通しながら、そのまとめ方や重点の置き方に適切な工夫を加え、第3の1に示す主体的・対話的で深い学びの実現に向けた授業改善を通して資質・能力を育む効果的な指導ができるようにすること。

イ　各教科等及び各学年相互間の関連を図り、系統的、発展的な指導ができるようにすること。

ウ　学年の内容を二学年まとめて示した教科及び外国語活動については、当該学年間を見通して、児童や学校、地域の実態に応じ、児童の発達の段階を考慮しつつ、効果的、段階的に指導するようにすること。

エ　児童の実態等を考慮し、指導の効果を高めるため、児童の発達の段階や指導内容の関連性等を踏まえつつ、合科的・関連的な指導を進めること。

4　学校段階等間の接続

教育課程の編成に当たっては、次の事項に配慮しながら、学校段階等間の接続を図るものとする。

(1)　幼児期の終わりまでに育ってほしい姿を踏まえた指導を工夫することにより、幼稚園教育要領等に基づく幼児期の教育を通して育まれた資質・能力を踏まえて教育活動を実施し、児童が主体的に自己を発揮しながら学びに向かうことが可能となるようにすること。

また、低学年における教育全体において、例えば生活科において育成する自立し生活を豊かにしていくための資質・能力が、他教科等の学習においても生かされるようにするなど、教科等間の関連を積極的に図り、幼児期の教育及び中学年以降の教育との円滑な接続が図られるよう工夫すること。特に、小学校入学当初においては、幼児期において自発的な活動としての遊びを通して育まれてきたことが、各教科等における学習に円滑に接続されるよう、生活科を中心に、合科的・関連的な指導や弾力的な時間割の設定など、指導の工夫や指導計画の作成を行うこと。

(2)　中学校学習指導要領及び高等学校学習指導要領を踏まえ、中学校教育及びその後の教育との円滑な接続が図られるよう工夫すること。特に、義務教育学校、中学校連携型小学校及び中学校併設型小学校においては、義務教育九年間を見通した計画的かつ継続的な教育課程を編成すること。

第3　教育課程の実施と学習評価

1　主体的・対話的で深い学びの実現に向けた授業改善

各教科等の指導に当たっては、次の事項に配慮するものとする。

(1)　第1の3の(1)から(3)までに示すことが偏りなく実現されるよう、単元や題材など内容や時間のまとまりを見通しながら、児童の主体的・対話的で深い学びの実現に向けた授業改善を行うこと。

特に、各教科等において身に付けた知識及び技能を活用したり、思考力、判断力、表現力等や学びに向かう力、人間性等を発揮させたりして、学習の対象となる物事を捉え思考することにより、各教科等の特質に応じた物事を捉える視点や考え方（以下「見方・考え方」という。）が鍛えられていくことに留意し、児童が各教科等の特質に応じた見方・考え方を働かせながら、知識を相互に関連付けてより深く理解したり、情報を精査して考えを形成したり、問題を見いだして解決策を考えたり、思いや考えを基に創造したりすることに向かう過程を重視した学習の充実を図ること。

(2)　第2の2の(1)に示す言語能力の育成を図るため、各学校において必要な言語環境を整えるとともに、国語科を要としつつ各教科等の特質に応じて、児童の言語活動を充実すること。あわせて、(7)に示すとおり読書活動を充実すること。

(3)　第2の2の(1)に示す情報活用能力の育成を図るため、各学校において、コンピュータや情報通信ネットワークなどの情報手段を活用するために必要な環境を整え、これらを適切に活用した学習活動の充実を図ること。また、各種の統計資料や新聞、視聴覚教材や教育機器などの教材・教具の適切な活用を図ること。

あわせて、各教科等の特質に応じて、次の学習活動を計画的に実施すること。

ア　児童がコンピュータで文字を入力するなどの学習の基盤として必要となる情報手段の基本的な操作を習得するための学習活動

イ　児童がプログラミングを体験しながら、コンピュータに意図した処理を行わせるために必要な論理的思考力を身に付けるための学習活動

(4)　児童が学習の見通しを立てたり学習したことを振り返ったりする活動を、計画的に取り入れるように工夫すること。

(5)　児童が生命の有限性や自然の大切さ、主体的に挑戦して

みることや多様な他者と協働することの重要性などを実感しながら理解することができるよう、各教科等の特質に応じた体験活動を重視し、家庭や地域社会と連携しつつ体系的・継続的に実施できるよう工夫すること。

(6)　児童が自ら学習課題や学習活動を選択する機会を設けるなど、児童の興味・関心を生かした自主的、自発的な学習が促されるよう工夫すること。

(7)　学校図書館を計画的に利用しその機能の活用を図り、児童の主体的・対話的で深い学びの実現に向けた授業改善に生かすとともに、児童の自主的、自発的な学習活動や読書活動を充実すること。また、地域の図書館や博物館、美術館、劇場、音楽堂等の施設の活用を積極的に図り、資料を活用した情報の収集や鑑賞等の学習活動を充実すること。

2　学習評価の充実

学習評価の実施に当たっては、次の事項に配慮するものとする。

(1)　児童のよい点や進歩の状況などを積極的に評価し、学習したことの意義や価値を実感できるようにすること。また、各教科等の目標の実現に向けた学習状況を把握する観点から、単元や題材など内容や時間のまとまりを見通しながら評価の場面や方法を工夫して、学習の過程や成果を評価し、指導の改善や学習意欲の向上を図り、資質・能力の育成に生かすようにすること。

(2)　創意工夫の中で学習評価の妥当性や信頼性が高められるよう、組織的かつ計画的な取組を推進するとともに、学年や学校段階を越えて児童の学習の成果が円滑に接続されるように工夫すること。

第４　児童の発達の支援

1　児童の発達を支える指導の充実

教育課程の編成及び実施に当たっては、次の事項に配慮するものとする。

(1)　学習や生活の基盤として、教師と児童との信頼関係及び児童相互のよりよい人間関係を育てるため、日頃から学級経営の充実を図ること。また、主に集団の場面で必要な指導や援助を行うガイダンスと、個々の児童の多様な実態を踏まえ、一人一人が抱える課題に個別に対応した指導を行うカウンセリングの双方により、児童の発達を支援すること。

あわせて、小学校の低学年、中学年、高学年の学年の時期の特長を生かした指導の工夫を行うこと。

(2)　児童が、自己の存在感を実感しながら、よりよい人間関係を形成し、有意義で充実した学校生活を送る中で、現在及び将来における自己実現を図っていくことができるよう、児童理解を深め、学習指導と関連付けながら、生徒指導の充実を図ること。

(3)　児童が、学ぶことと自己の将来とのつながりを見通しながら、社会的・職業的自立に向けて必要な基盤となる資質・能力を身に付けていくことができるよう、特別活動を要としつつ各教科等の特質に応じて、キャリア教育の充実を図ること。

(4)　児童が、基礎的・基本的な知識及び技能の習得も含め、学習内容を確実に身に付けることができるよう、児童や学校の実態に応じ、個別学習やグループ別学習、繰り返し学習、学習内容の習熟の程度に応じた学習、児童の興味・関心等に応じた課題学習、補充的な学習や発展的な学習などの学習活動を取り入れることや、教師間の協力による指導体制を確保することなど、指導方法や指導体制の工夫改善により、個に応じた指導の充実を図ること。その際、第3の1の(3)に示す情報手段や教材・教具の活用を図ること。

2 特別な配慮を必要とする児童への指導

(1) 障害のある児童などへの指導

ア 障害のある児童などについては、特別支援学校等の助言又は援助を活用しつつ、個々の児童の障害の状態等に応じた指導内容や指導方法の工夫を組織的かつ計画的に行うものとする。

イ 特別支援学級において実施する特別の教育課程については、次のとおり編成するものとする。

(ア) 障害による学習上又は生活上の困難を克服し自立を図るため、特別支援学校小学部・中学部学習指導要領第七章に示す自立活動を取り入れること。

(イ) 児童の障害の程度や学級の実態等を考慮の上、各教科の目標や内容を下学年の教科の目標や内容に替えたり、各教科を、知的障害者である児童に対する教育を行う特別支援学校の各教科に替えたりするなどして、実態に応じた教育課程を編成すること。

ウ 障害のある児童に対して、通級による指導を行い、特別の教育課程を編成する場合には、特別支援学校小学部・中学部学習指導要領第七章に示す自立活動の内容を参考とし、具体的な目標や内容を定め、指導を行うものとする。その際、効果的な指導が行われるよう、各教科等と通級による指導との関連を図るなど、教師間の連携に努めるものとする。

エ 障害のある児童などについては、家庭、地域及び医療や福祉、保健、労働等の業務を行う関係機関との連携を図り、長期的な視点で児童への教育的支援を行うために、個別の教育支援計画を作成し活用することに努めるとともに、各教科等の指導に当たって、個々の児童の実態を的確に把握し、個別の指導計画を作成し活用することに努めるものとする。特に、特別支援学級に在籍する児童や通級による指導を受ける児童については、個々の児童の実態を的確に把握し、個別の教育支援計画や個別の指導計画を作成し、効果的に活用するものとする。

(2) 海外から帰国した児童などの学校生活への適応や、日本語の習得に困難のある児童に対する日本語指導

ア 海外から帰国した児童などについては、学校生活への適応を図るとともに、外国における生活経験を生かすなどの適切な指導を行うものとする。

イ 日本語の習得に困難のある児童については、個々の児童の実態に応じた指導内容や指導方法の工夫を組織的かつ計画的に行うものとする。特に、通級による日本語指導については、教師間の連携に努め、指導についての計画を個別に作成することなどにより、効果的な指導に努めるものとする。

(3) 不登校児童への配慮

ア 不登校児童については、保護者や関係機関と連携を図り、心理や福祉の専門家の助言又は援助を得ながら、社会的自立を目指す観点から、個々の児童の実態に応じた情報の提供その他の必要な支援を行うものとする。

イ 相当の期間小学校を欠席し引き続き欠席すると認められる児童を対象として、文部科学大臣が認める特別の教育課程を編成する場合には、児童の実態に配慮した教育課程を編成するとともに、個別学習やグループ別学習など指導方法や指導体制の工夫改善に努めるものとする。

第5　学校運営上の留意事項

1　教育課程の改善と学校評価等

ア　各学校においては、校長の方針の下に、校務分掌に基づき教職員が適切に役割を分担しつつ、相互に連携しながら、各学校の特色を生かしたカリキュラム・マネジメントを行うよう努めるものとする。また、各学校が行う学校評価については、教育課程の編成、実施、改善が教育活動や学校運営の中核となることを踏まえ、カリキュラム・マネジメントと関連付けながら実施するよう留意するものとする。

イ　教育課程の編成及び実施に当たっては、学校保健計画、学校安全計画、食に関する指導の全体計画、いじめの防止等のための対策に関する基本的な方針など、各分野における学校の全体計画等と関連付けながら、効果的な指導が行われるように留意するものとする。

2　家庭や地域社会との連携及び協働と学校間の連携

教育課程の編成及び実施に当たっては、次の事項に配慮するものとする。

ア　学校がその目的を達成するため、学校や地域の実態等に応じ、教育活動の実施に必要な人的又は物的な体制を家庭や地域の人々の協力を得ながら整えるなど、家庭や地域社会との連携及び協働を深めること。また、高齢者や異年齢の子供など、地域における世代を越えた交流の機会を設けること。

イ　他の小学校や、幼稚園、認定こども園、保育所、中学校、高等学校、特別支援学校などとの間の連携や交流を図るとともに、障害のある幼児児童生徒との交流及び共同学習の機会を設け、共に尊重し合いながら協働して生活していく態度を育むようにすること。

第6　道徳教育に関する配慮事項

道徳教育を進めるに当たっては、道徳教育の特質を踏まえ、前項までに示す事項に加え、次の事項に配慮するものとする。

1　各学校においては、第1の2の(2)に示す道徳教育の目標を踏まえ、道徳教育の全体計画を作成し、校長の方針の下に、道徳教育の推進を主に担当する教師（以下「道徳教育推進教師」という。）を中心に、全教師が協力して道徳教育を展開すること。なお、道徳教育の全体計画の作成に当たっては、児童や学校、地域の実態を考慮して、学校の道徳教育の重点目標を設定するとともに、道徳科の指導方針、第三章特別の教科道徳の第2に示す内容との関連を踏まえた各教科、外国語活動、総合的な学習の時間及び特別活動における指導の内容及び時期並びに家庭や地域社会との連携の方法を示すこと。

2　各学校においては、児童の発達の段階や特性等を踏まえ、指導内容の重点化を図ること。その際、各学年を通じて、自立心や自律性、生命を尊重する心や他者を思いやる心を育てることに留意すること。また、各学年段階においては、次の事項に留意すること。

(1)　第一学年及び第二学年においては、挨拶などの基本的な生活習慣を身に付けること、善悪を判断し、してはならないことをしないこと、社会生活上のきまりを守ること。

(2)　第三学年及び第四学年においては、善悪を判断し、正しいと判断したことを行うこと、身近な人々と協力し助け合うこと、集団や社会のきまりを守ること。

(3)　第五学年及び第六学年においては、相手の考え方や立場を理解して支え合うこと、法やきまりの意義を理解して進んで守ること、集団生活の充実に努めること、伝統と文化を尊重し、それらを育んできた我が国と郷土を愛するとともに、他国を尊重すること。

3　学校や学級内の人間関係や環境を整えるとともに、集団宿泊活動やボランティア活動、自然体験活動、地域の行事への参加などの豊かな体験を充実すること。また、道徳教育の指導内容が、児童の日常生活に生かされるようにすること。その際、いじめの防止や安全の確保等にも資することとなるよう留意すること。

4　学校の道徳教育の全体計画や道徳教育に関する諸活動などの情報を積極的に公表したり、道徳教育の充実のために家庭や地域の人々の積極的な参加や協力を得たりするなど、家庭や地域社会との共通理解を深め、相互の連携を図ること。

第二章　各教科

第一節　国語

第1　目標

言葉による見方・考え方を働かせ、言語活動を通して、国語で正確に理解し適切に表現する資質・能力を次のとおり育成することを目指す。

(1)　日常生活に必要な国語について、その特質を理解し適切に使うことができるようにする。

(2)　日常生活における人との関わりの中で伝え合う力を高め、思考力や想像力を養う。

(3)　言葉がもつよさを認識するとともに、言語感覚を養い、国語の大切さを自覚し、国語を尊重してその能力の向上を図る態度を養う。

第二節　社会

第1　目標

社会的な見方・考え方を働かせ、課題を追究したり解決したりする活動を通して、グローバル化する国際社会に主体的に生きる平和で民主的な国家及び社会の形成者に必要な公民としての資質・能力の基礎を次のとおり育成することを目指す。

(1)　地域や我が国の国土の地理的環境、現代社会の仕組みや働き、地域や我が国の歴史や伝統と文化を通して社会生活について理解するとともに、様々な資料や調査活動を通して情報を適切に調べまとめる技能を身に付けるようにする。

(2)　社会的事象の特色や相互の関連、意味を多角的に考えたり、社会に見られる課題を把握して、その解決に向けて社会への関わり方を選択・判断したりする力、考えたことや選択・判断したことを適切に表現する力を養う。

(3)　社会的事象について、よりよい社会を考え主体的に問題解決しようとする態度を養うとともに、多角的な思考や理解を通して、地域社会に対する誇りと愛情、地域社会の一員としての自覚、我が国の国土と歴史に対する愛情、我が国の将来を担う国民としての自覚、世界の国々の人々と共に生きていくことの大切さについての自覚などを養う。

第三節　算数

第1　目標

数学的な見方・考え方を働かせ、数学的活動を通して、数学的に考える資質・能力を次のとおり育成することを目指す。

(1)　数量や図形などについての基礎的・基本的な概念や性質などを理解するとともに、日常の事象を数理的に処理する技能を身に付けるようにする。

(2) 日常の事象を数理的に捉え見通しをもち筋道を立てて考察する力、基礎的・基本的な数量や図形の性質などを見いだし統合的・発展的に考察する力、数学的な表現を用いて事象を簡潔・明瞭・的確に表したり目的に応じて柔軟に表したりする力を養う。

(3) 数学的活動の楽しさや数学のよさに気付き、学習を振り返ってよりよく問題解決しようとする態度、算数で学んだことを生活や学習に活用しようとする態度を養う。

第四節　理科

第1　目標

自然に親しみ、理科の見方・考え方を働かせ、見通しをもって観察、実験を行うことなどを通して、自然の事物・現象についての問題を科学的に解決するために必要な資質・能力を次のとおり育成することを目指す。

(1) 自然の事物・現象についての理解を図り、観察、実験などに関する基本的な技能を身に付けるようにする。

(2) 観察、実験などを行い、問題解決の力を養う。

(3) 自然を愛する心情や主体的に問題解決しようとする態度を養う。

第五節　生活

第1　目標

具体的な活動や体験を通して、身近な生活に関わる見方・考え方を生かし、自立し生活を豊かにしていくための資質・能力を次のとおり育成することを目指す。

(1) 活動や体験の過程において、自分自身、身近な人々、社会及び自然の特徴やよさ、それらの関わり等に気付くとともに、生活上必要な習慣や技能を身に付けるようにする。

(2) 身近な人々、社会及び自然を自分との関わりで捉え、自分自身や自分の生活について考え、表現することができるようにする。

(3) 身近な人々、社会及び自然に自ら働きかけ、意欲や自信をもって学んだり生活を豊かにしたりしようとする態度を養う。

第六節　音楽

第1　目標

表現及び鑑賞の活動を通して、音楽的な見方・考え方を働かせ、生活や社会の中の音や音楽と豊かに関わる資質・能力を次のとおり育成することを目指す。

(1) 曲想と音楽の構造などとの関わりについて理解するとともに、表したい音楽表現をするために必要な技能を身に付けるようにする。

(2) 音楽表現を工夫することや、音楽を味わって聴くことができるようにする。

(3) 音楽活動の楽しさを体験することを通して、音楽を愛好する心情と音楽に対する感性を育むとともに、音楽に親しむ態度を養い、豊かな情操を培う。

第七節　図画工作

第1　目標

表現及び鑑賞の活動を通して、造形的な見方・考え方を働かせ、生活や社会の中の形や色などと豊かに関わる資質・能力を次のとおり育成することを目指す。

(1) 対象や事象を捉える造形的な視点について自分の感覚や行為を通して理解するとともに、材料や用具を使い、表し方などを工夫して、創造的につくったり表したりすることができるようにする。

(2)　造形的なよさや美しさ、表したいこと、表し方などについて考え、創造的に発想や構想をしたり、作品などに対する自分の見方や感じ方を深めたりすることができるようにする。

(3)　つくりだす喜びを味わうとともに、感性を育み、楽しく豊かな生活を創造しようとする態度を養い、豊かな情操を培う。

第八節　家庭

第1　目標

生活の営みに係る見方・考え方を働かせ、衣食住などに関する実践的・体験的な活動を通して、生活をよりよくしようと工夫する資質・能力を次のとおり育成することを目指す。

(1)　家族や家庭、衣食住、消費や環境などについて、日常生活に必要な基礎的な理解を図るとともに、それらに係る技能を身に付けるようにする。

(2)　日常生活の中から問題を見いだして課題を設定し、様々な解決方法を考え、実践を評価・改善し、考えたことを表現するなど、課題を解決する力を養う。

(3)　家庭生活を大切にする心情を育み、家族や地域の人々との関わりを考え、家族の一員として、生活をよりよくしようと工夫する実践的な態度を養う。

第九節　体育

第1　目標

体育や保健の見方・考え方を働かせ、課題を見付け、その解決に向けた学習過程を通して、心と体を一体として捉え、生涯にわたって心身の健康を保持増進し豊かなスポーツライフを実現するための資質・能力を次のとおり育成することを目指す。

(1)　その特性に応じた各種の運動の行い方及び身近な生活における健康・安全について理解するとともに、基本的な動きや技能を身に付けるようにする。

(2)　運動や健康についての自己の課題を見付け、その解決に向けて思考し判断するとともに、他者に伝える力を養う。

(3)　運動に親しむとともに健康の保持増進と体力の向上を目指し、楽しく明るい生活を営む態度を養う。

第十節　外国語

第1　目標

外国語によるコミュニケーションにおける見方・考え方を働かせ、外国語による聞くこと、読むこと、話すこと、書くことの言語活動を通して、コミュニケーションを図る基礎となる資質・能力を次のとおり育成することを目指す。

(1)　外国語の音声や文字、語彙、表現、文構造、言語の働きなどについて、日本語と外国語との違いに気付き、これらの知識を理解するとともに、読むこと、書くことに慣れ親しみ、聞くこと、読むこと、話すこと、書くことによる実際のコミュニケーションにおいて活用できる基礎的な技能を身に付けるようにする。

(2)　コミュニケーションを行う目的や場面、状況などに応じて、身近で簡単な事柄について、聞いたり話したりするとともに、音声で十分に慣れ親しんだ外国語の語彙や基本的な表現を推測しながら読んだり、語順を意識しながら書いたりして、自分の考えや気持ちなどを伝え合うことができる基礎的な力を養う。

(3)　外国語の背景にある文化に対する理解を深め、他者に配慮しながら、主体的に外国語を用いてコミュニケーションを図ろうとする態度を養う。

第三章　特別の教科　道徳

第１　目標

第一章総則の第１の２の⑵に示す道徳教育の目標に基づき、よりよく生きるための基盤となる道徳性を養うため、道徳的諸価値についての理解を基に、自己を見つめ、物事を多面的・多角的に考え、自己の生き方についての考えを深める学習を通して、道徳的な判断力、心情、実践意欲と態度を育てる。

第四章　外国語活動

第１　目標

外国語によるコミュニケーションにおける見方・考え方を働かせ、外国語による聞くこと、話すことの言語活動を通して、コミュニケーションを図る素地となる資質・能力を次のとおり育成することを目指す。

⑴　外国語を通して、言語や文化について体験的に理解を深め、日本語と外国語との音声の違い等に気付くとともに、外国語の音声や基本的な表現に慣れ親しむようにする。

⑵　身近で簡単な事柄について、外国語で聞いたり話したりして自分の考えや気持ちなどを伝え合う力の素地を養う。

⑶　外国語を通して、言語やその背景にある文化に対する理解を深め、相手に配慮しながら、主体的に外国語を用いてコミュニケーションを図ろうとする態度を養う。

第五章　総合的な学習の時間

第１　目標

探究的な見方・考え方を働かせ、横断的・総合的な学習を行うことを通して、よりよく課題を解決し、自己の生き方を考えていくための資質・能力を次のとおり育成することを目指す。

⑴　探究的な学習の過程において、課題の解決に必要な知識及び技能を身に付け、課題に関わる概念を形成し、探究的な学習のよさを理解するようにする。

⑵　実社会や実生活の中から問いを見いだし、自分で課題を立て、情報を集め、整理・分析して、まとめ・表現することができるようにする。

⑶　探究的な学習に主体的・協働的に取り組むとともに、互いのよさを生かしながら、積極的に社会に参画しようとする態度を養う。

第六章　特別活動

第１　目標

集団や社会の形成者としての見方・考え方を働かせ、様々な集団活動に自主的、実践的に取り組み、互いのよさや可能性を発揮しながら集団や自己の生活上の課題を解決することを通して、次のとおり資質・能力を育成することを目指す。

⑴　多様な他者と協働する様々な集団活動の意義や活動を行う上で必要となることについて理解し、行動の仕方を身に付けるようにする。

⑵　集団や自己の生活、人間関係の課題を見いだし、解決するために話し合い、合意形成を図ったり、意思決定したりすることができるようにする。

⑶　自主的、実践的な集団活動を通して身に付けたことを生かして、集団や社会における生活及び人間関係をよりよく形成するとともに、自己の生き方についての考えを深め、自己実現を図ろうとする態度を養う。

⑪幼稚園設置基準

（昭和三一年一二月一三日文部省令第三二号）

施行　昭和三二年二月一日
最終改正　平成二六年七月三一日文部科学省令第二三号

第一章　総則

（趣旨）
第一条　幼稚園設置基準は、学校教育法施行規則（昭和二十二年文部省令第十一号）に定めるもののほか、この省令の定めるところによる。

（基準の向上）
第二条　この省令で定める設置基準は、幼稚園を設置するのに必要な最低の基準を示すものであるから、幼稚園の設置者は、幼稚園の水準の向上を図ることに努めなければならない。

第二章　編制

（一学級の幼児数）
第三条　一学級の幼児数は、三十五人以下を原則とする。

（学級の編制）
第四条　学級は、学年の初めの日の前日において同じ年齢にある幼児で編制することを原則とする。

（教職員）
第五条　幼稚園には、園長のほか、各学級ごとに少なくとも専任の主幹教諭、指導教諭又は教諭（次項において「教諭等」という。）を一人置かなければならない。

②　特別の事情があるときは、教諭等は、専任の副園長又は教頭が兼ね、又は当該幼稚園の学級数の三分の一の範囲内で、専任の助教諭若しくは講師をもつて代えることができる。

③　専任でない園長を置く幼稚園にあつては、前二項の規定により置く主幹教諭、指導教諭、教諭、助教諭又は講師のほか、副園長、教頭、主幹教諭、指導教諭、教諭、助教諭又は講師を一人置くことを原則とする。

④　幼稚園に置く教員等は、教育上必要と認められる場合は、他の学校の教員等と兼ねることができる。

第六条　幼稚園には、養護をつかさどる主幹教諭、養護教諭又は養護助教諭及び事務職員を置くように努めなければならない。

第三章　施設及び設備

（一般的基準）
第七条　幼稚園の位置は、幼児の教育上適切で、通園の際安全な環境にこれを定めなければならない。

②　幼稚園の施設及び設備は、指導上、保健衛生上、安全上及び管理上適切なものでなければならない。

（園地、園舎及び運動場）
第八条　園舎は、二階建以下を原則とする。園舎を二階建とする場合及び特別の事情があるため園舎を三階建以上とする場合にあつては、保育室、遊戯室及び便所の施設は、第一階に置かなければならない。ただし、園舎が耐火建築物で、幼児の待避上必要な施設を備えるものにあつては、これらの施設を第二階に置くことができる。

②　園舎及び運動場は、同一の敷地内又は隣接する位置に設けることを原則とする。

③　園地、園舎及び運動場の面積は、別に定める。

（施設及び設備等）

第九条　幼稚園には、次の施設及び設備を備えなければならない。ただし、特別の事情があるときは、保育室と遊戯室及び職員室と保健室とは、それぞれ兼用することができる。

一　職員室
二　保育室
三　遊戯室
四　保健室
五　便所
六　飲料水用設備、手洗用設備、足洗用設備

②　保育室の数は、学級数を下つてはならない。
③　飲料水用設備は、手洗用設備又は足洗用設備と区別して備えなければならない。
④　飲料水の水質は、衛生上無害であることが証明されたものでなければならない。

第一〇条　幼稚園には、学級数及び幼児数に応じ、教育上、保健衛生上及び安全上必要な種類及び数の園具及び教具を備えなければならない。
②　前項の園具及び教具は、常に改善し、補充しなければならない。

第一一条　幼稚園には、次の施設及び設備を備えるように努めなければならない。

一　放送聴取設備
二　映写設備
三　水遊び場
四　幼児清浄用設備
五　給食施設
六　図書室
七　会議室

（他の施設及び設備の使用）

第一二条　幼稚園は、特別の事情があり、かつ、教育上及び安全上支障がない場合は、他の学校等の施設及び設備を使用することができる。

第四章　雑則

（保育所等との合同活動等に関する特例）

第一三条　幼稚園は、次に掲げる場合においては、各学級の幼児と当該幼稚園に在籍しない者を共に保育することができる。

一　当該幼稚園及び保育所等（就学前の子どもに関する教育、保育等の総合的な提供の推進に関する法律（平成十八年法律第七十七号。）第二条第五項に規定する保育所等をいう。以下同じ。）のそれぞれの用に供される建物及びその附属設備が一体的に設置されている場合における当該保育等において、満三歳以上の子どもに対し学校教育法第二十三条各号に掲げる目標が達成されるよう保育を行うに当たり、当該幼稚園との緊密な連携協力体制を確保する必要があると認められる場合
二　前号に掲げる場合のほか、経済的社会的条件の変化に伴い幼児の数が減少し、又は幼児が他の幼児と共に活動する機会が減少したことその他の事情により、学校教育法第二十三条第二号に掲げる目標を達成することが困難であると認められることから、幼児の心身の発達を助長するために特に必要があると認められる場合

②　前項の規定により各学級の幼児と当該幼稚園に在籍しない者を共に保育する場合においては、第三条中「一学級の幼児数」とあるのは「一学級の幼児数（当該幼稚園に在籍しない者であつて当該学級の幼児と共に保育されるものの数を含

む。）」と、第五条第四項中「他の学校の教員等」とあるのは「他の学校の教員等又は保育所等の保育士等」と、第十条第一項中「幼児数」とあるのは「幼児数（当該幼稚園に在籍しない者であつて各学級の幼児と共に保育されるものの数を含む。）」と読み替えて、これらの規定を適用する。

附　則（抄）

① この省令は、昭和三十二年二月一日から施行する。

② 園地、園舎及び運動場の面積は、第八条第三項の規定に基き別に定められるまでの間、園地についてはなお従前の例により、園舎及び運動場については別表第一及び別表第二に定めるところによる。ただし、この省令施行の際現に存する幼稚園については、特別の事情があるときは、当分の間、園舎及び運動場についてもなお従前の例によることができる。

③ 第十三条第一項の規定により幼稚園の幼児と保育所等に入所している児童を共に保し、かつ、当該保育所等と保育室を共用する場合においては、別表第一及び別表第二中「面積」とあるのは、「面積（保育所等の施設及び設備のうち幼稚園と共用する部分の面積を含む。）」と読み替えて、これらの表の規定を適用する。

別表第1（園舎の面積）

学級数	1学級	2学級以上
面積	180平方メートル	320＋100×（学級数－2）平方メートル

別表第2（運動場の面積）

学級数	2学級以下	3学級以上
面積	330＋30×（学級数－1）平方メートル	400＋80×（学級数－3）平方メートル

④ 就学前教育等推進法第三条第二項各号に掲げる要件を満たす運営を行うために設置後相当の期間を経過した保育所（児童福祉法（昭和二十二年法律第百六十四号）第三十九条に規定する保育所をいう。附則第六項において同じ。）（その運営の実績その他により適正な運営が確保されていると認められるものに限る。）と幼保連携施設を構成するよう幼稚園を新たに設置し、又は移転させる場合における当該幼稚園（次項において「特例幼保連携幼稚園」という。）に関するこの省令の適用については、当分の間、次の表の上欄の規定中同表の中欄に掲げる字句は、それぞれ同表の下欄に掲げる字句とする。

第五条第一項	教諭	教諭（特例助教諭（保育士の資格を有する助教諭をいい、当該幼稚園の設置又は移転の後に新たに採用されたものを除く。次項において同じ。）を含む。次項において同じ。）
第五条第二項	助教諭	助教諭（特例助教諭を除く。）
第八条第一項	耐火建築物で、幼児の退避上必要な施設を備えるものにあつては、これらの施設を第二階	耐火建築物で幼児の退避上必要な施設を備えるもの又は児童福祉施設最低基準（昭和二十三年厚生省令第六十三号）第三十二条第八号イ、ロ及びへの要件に該当するものにあつてはこれらの施設を第二階に、同号ロからチまでに掲げる要件に該当するものにあつてはこれらの施設を第三階以上の階

⑤ 特例幼保連携幼稚園については、当該特例幼保連携幼稚園

が構成する幼保連携施設において保育する満三歳以上の子どもの保育の用に供する当該幼保連携施設の施設が次の各号に掲げる場合に該当するときは、当分の間、この省令の規定中当該各号に定める規定を適用しないことができる。

一　保育室又は遊戯室の面積が当該子ども一人につき一・九八平方メートル以上である場合 園舎の面積に関する規定

二　屋外遊戯場及び運動場の面積が当該子ども一人につき三・三平方メートル以上である場合 運動場の面積に関する規定

⑥　前二項の規定は、就学前教育等推進法第三条第二項各号に掲げる要件を満たす運営を行うために設置後相当の期間を経過した幼稚園（その運営の実績その他により適正な運営が確保されていると認められるものに限る。）と幼保連携施設を構成するよう保育所を新たに設置し、又は移転させる場合における当該幼稚園について準用する。この場合において、附則第四項の表第五条第一項の項中「当該幼稚園の」とあるのは、「当該幼稚園と幼保連携施設を構成する保育所の」と読み替えるものとする。

⑫ 幼稚園教育要領

（平成二九年三月三一日 文部科学省告示第六二号）

施行　平成三〇年四月一日

教育は、教育基本法第一条に定めるとおり、人格の完成を目指し、平和で民主的な国家及び社会の形成者として必要な資質を備えた心身ともに健康な国民の育成を期すという目的のもと、同法第二条に掲げる次の目標を達成するよう行われなければならない。

1　幅広い知識と教養を身に付け、真理を求める態度を養い、豊かな情操と道徳心を培うとともに、健やかな身体を養うこと。

2　個人の価値を尊重して、その能力を伸ばし、創造性を培い、自主及び自律の精神を養うとともに、職業及び生活との関連を重視し、勤労を重んずる態度を養うこと。

3　正義と責任、男女の平等、自他の敬愛と協力を重んずるとともに、公共の精神に基づき、主体的に社会の形成に参画し、その発展に寄与する態度を養うこと。

4　生命を尊び、自然を大切にし、環境の保全に寄与する態度を養うこと。

5　伝統と文化を尊重し、それらをはぐくんできた我が国と郷土を愛するとともに、他国を尊重し、国際社会の平和と発展に寄与する態度を養うこと。

また、幼児期の教育については、同法第十一条に掲げるとおり、生涯にわたる人格形成の基礎を培う重要なものであることにかんがみ、国及び地方公共団体は、幼児の健やかな成長に資する良好な環境の整備その他適当な方法によって、その振興に努めなければならないこととされている。

これからの幼稚園には、学校教育の始まりとして、こうした教育の目的及び目標の達成を目指しつつ、一人一人の幼児が、将来、自分のよさや可能性を認識するとともに、あらゆる他者を価値のある存在として尊重し、多様な人々と協働しながら様々な社会的変化を乗り越え、豊かな人生を切り拓《ひら》き、持続可能な社会の創り手となることができるようにするための基礎を培うことが求められる。このために必要な教育の在り方を具体化するのが、各幼稚園において教育の内容等を組織的かつ計画的に組み立てた教育課程である。

教育課程を通して、これからの時代に求められる教育を実現していくためには、よりよい学校教育を通してよりよい社会を創るという理念を学校と社会とが共有し、それぞれの幼稚園において、幼児期にふさわしい生活をどのように展開し、どのような資質・能力を育むようにするのかを教育課程において明確にしながら、社会との連携及び協働によりその実現を図っていくという、社会に開かれた教育課程の実現が重要となる。

幼稚園教育要領とは、こうした理念の実現に向けて必要となる教育課程の基準を大綱的に定めるものである。幼稚園教育要領が果たす役割の一つは、公の性質を有する幼稚園における教育水準を全国的に確保することである。また、各幼稚園がその特色を生かして創意工夫を重ね、長年にわたり積み重ねられてきた教育実践や学術研究の蓄積を生かしながら、幼児や地域の現状や課題を捉え、家庭や地域社会と協力して、幼稚園教育要領を踏まえた教育活動の更なる充実を図っていくことも重要である。

幼児の自発的な活動としての遊びを生み出すために必要な環境を整え、一人一人の資質・能力を育んでいくことは、教職員をはじめとする幼稚園関係者はもとより、家庭や地域の人々も含め、様々な立場から幼児や幼稚園に関わる全ての大人に期待される役割である。家庭との緊密な連携の下、小学校以降の教育や生涯にわたる学習とのつながりを見通しながら、幼児の自発的な活動としての遊びを通しての総合的な指導をする際に広く活用されるものとなることを期待して、ここに幼稚園教育要領を定める。

第一章　総則

第１　幼稚園教育の基本

幼児期の教育は、生涯にわたる人格形成の基礎を培う重要なものであり、幼稚園教育は、学校教育法に規定する目的及び目標を達成するため、幼児期の特性を踏まえ、環境を通して行うものであることを基本とする。

このため教師は、幼児との信頼関係を十分に築き、幼児が身近な環境に主体的に関わり、環境との関わり方や意味に気付き、これらを取り込もうとして、試行錯誤したり、考えたりするようになる幼児期の教育における見方・考え方を生かし、幼児と共によりよい教育環境を創造するように努めるものとする。これらを踏まえ、次に示す事項を重視して教育を行わなければならない。

1　幼児は安定した情緒の下で自己を十分に発揮することにより発達に必要な体験を得ていくものであることを考慮して、幼児の主体的な活動を促し、幼児期にふさわしい生活が展開されるようにすること。

2　幼児の自発的な活動としての遊びは、心身の調和のとれた発達の基礎を培う重要な学習であることを考慮して、遊びを通しての指導を中心として第二章に示すねらいが総合的に達成されるようにすること。

3　幼児の発達は、心身の諸側面が相互に関連し合い、多様な経過をたどって成し遂げられていくものであること、また、幼児の生活経験がそれぞれ異なることなどを考慮して、幼児一人一人の特性に応じ、発達の課題に即した指導を行うようにすること。

その際、教師は、幼児の主体的な活動が確保されるよう幼児一人一人の行動の理解と予想に基づき、計画的に環境を構成しなければならない。この場合において、教師は、幼児と人やものとの関わりが重要であることを踏まえ、教材を工夫し、物的・空間的環境を構成しなければならない。また、幼児一人一人の活動の場面に応じて、様々な役割を果たし、その活動を豊かにしなければならない。

第2　幼稚園教育において育みたい資質・能力及び「幼児期の終わりまでに育ってほしい姿」

1　幼稚園においては、生きる力の基礎を育むため、この章の第1に示す幼稚園教育の基本を踏まえ、次に掲げる資質・能力を一体的に育むよう努めるものとする。

(1)　豊かな体験を通じて、感じたり、気付いたり、分かったり、できるようになったりする「知識及び技能の基礎」

(2)　気付いたことや、できるようになったことなどを使い、考えたり、試したり、工夫したり、表現したりする「思考力、判断力、表現力等の基礎」

(3)　心情、意欲、態度が育つ中で、よりよい生活を営もうとする「学びに向かう力、人間性等」

2　1に示す資質・能力は、第二章に示すねらい及び内容に基づく活動全体によって育むものである。

3　次に示す「幼児期の終わりまでに育ってほしい姿」は、第二章に示すねらい及び内容に基づく活動全体を通して資質・能力が育まれている幼児の幼稚園修了時の具体的な姿であり、教師が指導を行う際に考慮するものである。

(1)　健康な心と体

幼稚園生活の中で、充実感をもって自分のやりたいことに向かって心と体を十分に働かせ、見通しをもって行動し、自ら健康で安全な生活をつくり出すようになる。

(2)　自立心

身近な環境に主体的に関わり様々な活動を楽しむ中で、しなければならないことを自覚し、自分の力で行うために考えたり、工夫したりしながら、諦めずにやり遂げることで達成感を味わい、自信をもって行動するようになる。

(3)　協同性

友達と関わる中で、互いの思いや考えなどを共有し、共通の目的の実現に向けて、考えたり、工夫したり、協力したりし、充実感をもってやり遂げるようになる。

(4)　道徳性・規範意識の芽生え

友達と様々な体験を重ねる中で、してよいことや悪いことが分かり、自分の行動を振り返ったり、友達の気持ちに共感したりし、相手の立場に立って行動するようになる。また、きまりを守る必要性が分かり、自分の気持ちを調整し、友達と折り合いを付けながら、きまりをつくったり、守ったりするようになる。

(5)　社会生活との関わり

家族を大切にしようとする気持ちをもつとともに、地域の身近な人と触れ合う中で、人との様々な関わり方に気付き、相手の気持ちを考えて関わり、自分が役に立つ喜びを感じ、地域に親しみをもつようになる。また、幼稚園内外の様々な環境に関わる中で、遊びや生活に必要な情報を取り入れ、情報に基づき判断したり、情報を伝え合ったり、活用したりするなど、情報を役立てながら活動するようになるとともに、公共の施設を大切に利用するなどして、社会とのつながりなどを意識するようになる。

(6) 思考力の芽生え
身近な事象に積極的に関わる中で、物の性質や仕組みなどを感じ取ったり、気付いたりし、考えたり、予想したり、工夫したりするなど、多様な関わりを楽しむようになる。また、友達の様々な考えに触れる中で、自分と異なる考えがあることに気付き、自ら判断したり、考え直したりするなど、新しい考えを生み出す喜びを味わいながら、自分の考えをよりよいものにするようになる。

(7) 自然との関わり・生命尊重
自然に触れて感動する体験を通して、自然の変化などを感じ取り、好奇心や探究心をもって考え言葉などで表現しながら、身近な事象への関心が高まるとともに、自然への愛情や畏敬の念をもつようになる。また、身近な動植物に心を動かされる中で、生命の不思議さや尊さに気付き、身近な動植物への接し方を考え、命あるものとしていたわり、大切にする気持ちをもって関わるようになる。

(8) 数量や図形、標識や文字などへの関心・感覚
遊びや生活の中で、数量や図形、標識や文字などに親しむ体験を重ねたり、標識や文字の役割に気付いたりし、自らの必要感に基づきこれらを活用し、興味や関心、感覚をもつようになる。

(9) 言葉による伝え合い
先生や友達と心を通わせる中で、絵本や物語などに親しみながら、豊かな言葉や表現を身に付け、経験したことや考えたことなどを言葉で伝えたり、相手の話を注意して聞いたりし、言葉による伝え合いを楽しむようになる。

(10) 豊かな感性と表現
心を動かす出来事などに触れ感性を働かせる中で、様々な素材の特徴や表現の仕方などに気付き、感じたことや考えたことを自分で表現したり、友達同士で表現する過程を楽しんだりし、表現する喜びを味わい、意欲をもつようになる。

第3 教育課程の役割と編成等

1 教育課程の役割
各幼稚園においては、教育基本法及び学校教育法その他の法令並びにこの幼稚園教育要領の示すところに従い、創意工夫を生かし、幼児の心身の発達と幼稚園及び地域の実態に即応した適切な教育課程を編成するものとする。

また、各幼稚園においては、6に示す全体的な計画にも留意しながら、「幼児期の終わりまでに育ってほしい姿」を踏まえ教育課程を編成すること、教育課程の実施状況を評価してその改善を図っていくこと、教育課程の実施に必要な人的又は物的な体制を確保するとともにその改善を図っていくことなどを通して、教育課程に基づき組織的かつ計画的に各幼稚園の教育活動の質の向上を図っていくこと（以下「カリキュラム・マネジメント」という。）に努めるものとする。

2 各幼稚園の教育目標と教育課程の編成
教育課程の編成に当たっては、幼稚園教育において育みたい資質・能力を踏まえつつ、各幼稚園の教育目標を明確にするとともに、教育課程の編成についての基本的な方針が家庭や地域とも共有されるよう努めるものとする。

3 教育課程の編成上の基本的事項

(1) 幼稚園生活の全体を通して第二章に示すねらいが総合的に達成されるよう、教育課程に係る教育期間や幼児の生活経験や発達の過程などを考慮して具体的なねらいと内容を組織するものとする。この場合においては、特に、自我が芽生え、他者の存在を意識し、自己を抑制しようとする気持ちが生まれる幼児期の発達の特性を踏まえ、入園から修了に至るまでの長期的な視野をもって充実した生活が展開できるように配慮するものとする。

(2) 幼稚園の毎学年の教育課程に係る教育週数は、特別の事情のある場合を除き、三九週を下ってはならない。

(3) 幼稚園の一日の教育課程に係る教育時間は、四時間を標準とする。ただし、幼児の心身の発達の程度や季節などに適切に配慮するものとする。

4 教育課程の編成上の留意事項

教育課程の編成に当たっては、次の事項に留意するものとする。

(1) 幼児の生活は、入園当初の一人一人の遊びや教師との触れ合いを通して幼稚園生活に親しみ、安定していく時期から、他の幼児との関わりの中で幼児の主体的な活動が深まり、幼児が互いに必要な存在であることを認識するようになり、やがて幼児同士や学級全体で目的をもって協同して幼稚園生活を展開し、深めていく時期などに至るまでの過程を様々に経ながら広げられていくものであることを考慮し、活動がそれぞれの時期にふさわしく展開されるようにすること。

(2) 入園当初、特に、三歳児の入園については、家庭との連携を緊密にし、生活のリズムや安全面に十分配慮すること。また、満三歳児については、学年の途中から入園することを考慮し、幼児が安心して幼稚園生活を過ごすことができるよう配慮すること。

(3) 幼稚園生活が幼児にとって安全なものとなるよう、教職員による協力体制の下、幼児の主体的な活動を大切にしつつ、園庭や園舎などの環境の配慮や指導の工夫を行うこと。

5 小学校教育との接続に当たっての留意事項

(1) 幼稚園においては、幼稚園教育が、小学校以降の生活や学習の基盤の育成につながることに配慮し、幼児期にふさわしい生活を通して、創造的な思考や主体的な生活態度などの基礎を培うようにするものとする。

(2) 幼稚園教育において育まれた資質・能力を踏まえ、小学校教育が円滑に行われるよう、小学校の教師との意見交換や合同の研究の機会などを設け、「幼児期の終わりまでに育ってほしい姿」を共有するなど連携を図り、幼稚園教育と小学校教育との円滑な接続を図るよう努めるものとする。

6 全体的な計画の作成

各幼稚園においては、教育課程を中心に、第三章に示す教育課程に係る教育時間の終了後等に行う教育活動の計画、学校保健計画、学校安全計画などとを関連させ、一体的に教育活動が展開されるよう全体的な計画を作成するものとする。

第４　指導計画の作成と幼児理解に基づいた評価

1 指導計画の考え方

幼稚園教育は、幼児が自ら意欲をもって環境と関わることによりつくり出される具体的な活動を通して、その目標の達成を図るものである。

幼稚園においてはこのことを踏まえ、幼児期にふさわしい生活が展開され、適切な指導が行われるよう、それぞれの幼稚園の教育課程に基づき、調和のとれた組織的、発展的な指導計画を作成し、幼児の活動に沿った柔軟な指導を行わなければならない。

2 指導計画の作成上の基本的事項

(1) 指導計画は、幼児の発達に即して一人一人の幼児が幼児期にふさわしい生活を展開し、必要な体験を得られるようにするために、具体的に作成するものとする。

(2) 指導計画の作成に当たっては、次に示すところにより、具体的なねらい及び内容を明確に設定し、適切な環境を構成することなどにより活動が選択・展開されるようにするものとする。

ア 具体的なねらい及び内容は、幼稚園生活における幼児の発達の過程を見通し、幼児の生活の連続性、季節の変化などを考慮して、幼児の興味や関心、発達の実情などに応じて設定すること。

イ 環境は、具体的なねらいを達成するために適切なものとなるように構成し、幼児が自らその環境に関わることにより様々な活動を展開しつつ必要な体験を得られるようにすること。その際、幼児の生活する姿や発想を大切にし、常にその環境が適切なものとなるようにすること。

ウ 幼児の行う具体的な活動は、生活の流れの中で様々に変化するものであることに留意し、幼児が望ましい方向に向かって自ら活動を展開していくことができるよう必要な援助をすること。

その際、幼児の実態及び幼児を取り巻く状況の変化などに即して指導の過程についての評価を適切に行い、常に指導計画の改善を図るものとする。

3 指導計画の作成上の留意事項

指導計画の作成に当たっては、次の事項に留意するものとする。

(1) 長期的に発達を見通した年、学期、月などにわたる長期の指導計画やこれとの関連を保ちながらより具体的な幼児の生活に即した週、日などの短期の指導計画を作成し、適切な指導が行われるようにすること。特に、週、日などの短期の指導計画については、幼児の生活のリズムに配慮し、幼児の意識や興味の連続性のある活動が相互に関連して幼稚園生活の自然な流れの中に組み込まれるようにすること。

(2) 幼児が様々な人やものとの関わりを通して、多様な体験をし、心身の調和のとれた発達を促すようにしていくこと。その際、幼児の発達に即して主体的・対話的で深い学びが実現するようにするとともに、心を動かされる体験が次の活動を生み出すことを考慮し、一つ一つの体験が相互に結び付き、幼稚園生活が充実するようにすること。

(3) 言語に関する能力の発達と思考力等の発達が関連していることを踏まえ、幼稚園生活全体を通して、幼児の発達を踏まえた言語環境を整え、言語活動の充実を図ること。

(4) 幼児が次の活動への期待や意欲をもつことができるよう、幼児の実態を踏まえながら、教師や他の幼児と共に遊びや生活の中で見通しをもったり、振り返ったりするよう工夫すること。

(5) 行事の指導に当たっては、幼稚園生活の自然の流れの中で生活に変化や潤いを与え、幼児が主体的に楽しく活動できるようにすること。なお、それぞれの行事についてはその教育的価値を十分検討し、適切なものを精選し、幼児の負担にならないようにすること。

(6)　幼児期は直接的な体験が重要であることを踏まえ、視聴覚教材やコンピュータなど情報機器を活用する際には、幼稚園生活では得難い体験を補完するなど、幼児の体験との関連を考慮すること。

(7)　幼児の主体的な活動を促すためには、教師が多様な関わりをもつことが重要であることを踏まえ、教師は、理解者、共同作業者など様々な役割を果たし、幼児の発達に必要な豊かな体験が得られるよう、活動の場面に応じて、適切な指導を行うようにすること。

(8)　幼児の行う活動は、個人、グループ、学級全体などで多様に展開されるものであることを踏まえ、幼稚園全体の教師による協力体制を作りながら、一人一人の幼児が興味や欲求を十分に満足させるよう適切な援助を行うようにすること。

4　幼児理解に基づいた評価の実施

幼児一人一人の発達の理解に基づいた評価の実施に当たっては、次の事項に配慮するものとする。

(1)　指導の過程を振り返りながら幼児の理解を進め、幼児一人一人のよさや可能性などを把握し、指導の改善に生かすようにすること。その際、他の幼児との比較や一定の基準に対する達成度についての評定によって捉えるものではないことに留意すること。

(2)　評価の妥当性や信頼性が高められるよう創意工夫を行い、組織的かつ計画的な取組を推進するとともに、次年度又は小学校等にその内容が適切に引き継がれるようにすること。

第５　特別な配慮を必要とする幼児への指導

1　障害のある幼児などへの指導

障害のある幼児などへの指導に当たっては、集団の中で生活することを通して全体的な発達を促していくことに配慮し、特別支援学校などの助言又は援助を活用しつつ、個々の幼児の障害の状態などに応じた指導内容や指導方法の工夫を組織的かつ計画的に行うものとする。また、家庭、地域及び医療や福祉、保健等の業務を行う関係機関との連携を図り、長期的な視点で幼児への教育的支援を行うために、個別の教育支援計画を作成し活用することに努めるとともに、個々の幼児の実態を的確に把握し、個別の指導計画を作成し活用することに努めるものとする。

2　海外から帰国した幼児や生活に必要な日本語の習得に困難のある幼児の幼稚園生活への適応

海外から帰国した幼児や生活に必要な日本語の習得に困難のある幼児については、安心して自己を発揮できるよう配慮するなど個々の幼児の実態に応じ、指導内容や指導方法の工夫を組織的かつ計画的に行うものとする。

第６　幼稚園運営上の留意事項

1　各幼稚園においては、園長の方針の下に、園務分掌に基づき教職員が適切に役割を分担しつつ、相互に連携しながら、教育課程や指導の改善を図るものとする。また、各幼稚園が行う学校評価については、教育課程の編成、実施、改善が教育活動や幼稚園運営の中核となることを踏まえ、カリキュラム・マネジメントと関連付けながら実施するよう留意するものとする。

2　幼児の生活は、家庭を基盤として地域社会を通じて次第に広がりをもつものであることに留意し、家庭との連携を十分に図るなど、幼稚園における生活が家庭や地域社会と連続性を保ちつつ展開されるようにするものとする。その際、地域の自然、高齢者や異年齢の子供などを含む人材、行事や公共施設などの地域の資源を積極的に活用し、幼児が豊かな生活体験を得られるように工夫するものとする。また、家庭との連携に当たっては、保護者との情報交換の機会を設けたり、保護者と幼児との活動の機会を設けたりなどすることを通じて、保護者の幼児期の教育に関する理解が深まるよう配慮するものとする。

3　地域や幼稚園の実態等により、幼稚園間に加え、保育所、幼保連携型認定こども園、小学校、中学校、高等学校及び特別支援学校などとの間の連携や交流を図るものとする。特に、幼稚園教育と小学校教育の円滑な接続のため、幼稚園の幼児と小学校の児童との交流の機会を積極的に設けるようにするものとする。また、障害のある幼児児童生徒との交流及び共同学習の機会を設け、共に尊重し合いながら協働して生活していく態度を育むよう努めるものとする。

第7　教育課程に係る教育時間終了後等に行う教育活動など

幼稚園は、第三章に示す教育課程に係る教育時間の終了後等に行う教育活動について、学校教育法に規定する目的及び目標並びにこの章の第1に示す幼稚園教育の基本を踏まえ実施するものとする。また、幼稚園の目的の達成に資するため、幼児の生活全体が豊かなものとなるよう家庭や地域における幼児期の教育の支援に努めるものとする。

第二章　ねらい及び内容

この章に示すねらいは、幼稚園教育において育みたい資質・能力を幼児の生活する姿から捉えたものであり、内容は、ねらいを達成するために指導する事項である。各領域は、これらを幼児の発達の側面から、心身の健康に関する領域「健康」、人との関わりに関する領域「人間関係」、身近な環境との関わりに関する領域「環境」、言葉の獲得に関する領域「言葉」及び感性と表現に関する領域「表現」としてまとめ、示したものである。内容の取扱いは、幼児の発達を踏まえた指導を行うに当たって留意すべき事項である。

各領域に示すねらいは、幼稚園における生活の全体を通じ、幼児が様々な体験を積み重ねる中で相互に関連をもちながら次第に達成に向かうものであること、内容は、幼児が環境に関わって展開する具体的な活動を通して総合的に指導されるものであることに留意しなければならない。

また、「幼児期の終わりまでに育ってほしい姿」が、ねらい及び内容に基づく活動全体を通して資質・能力が育まれている幼児の幼稚園修了時の具体的な姿であることを踏まえ、指導を行う際に考慮するものとする。

なお、特に必要な場合には、各領域に示すねらいの趣旨に基づいて適切な、具体的な内容を工夫し、それを加えても差し支えないが、その場合には、それが第一章の第1に示す幼稚園教育の基本を逸脱しないよう慎重に配慮する必要がある。

健康

〔健康な心と体を育て、自ら健康で安全な生活をつくり出す力を養う。〕

1　ねらい

(1) 明るく伸び伸びと行動し、充実感を味わう。
(2) 自分の体を十分に動かし、進んで運動しようとする。
(3) 健康、安全な生活に必要な習慣や態度を身に付け、見通しをもって行動する。

2　内容

(1) 先生や友達と触れ合い、安定感をもって行動する。
(2) いろいろな遊びの中で十分に体を動かす。

(3) 進んで戸外で遊ぶ。
(4) 様々な活動に親しみ、楽しんで取り組む。
(5) 先生や友達と食べることを楽しみ、食べ物への興味や関心をもつ。
(6) 健康な生活のリズムを身に付ける。
(7) 身の回りを清潔にし、衣服の着脱、食事、排泄《せつ》などの生活に必要な活動を自分でする。
(8) 幼稚園における生活の仕方を知り、自分たちで生活の場を整えながら見通しをもって行動する。
(9) 自分の健康に関心をもち、病気の予防などに必要な活動を進んで行う。
(10) 危険な場所、危険な遊び方、災害時などの行動の仕方が分かり、安全に気を付けて行動する。

3 内容の取扱い

上記の取扱いに当たっては、次の事項に留意する必要がある。

(1) 心と体の健康は、相互に密接な関連があるものであることを踏まえ、幼児が教師や他の幼児との温かい触れ合いの中で自己の存在感や充実感を味わうことなどを基盤として、しなやかな心と体の発達を促すこと。特に、十分に体を動かす気持ちよさを体験し、自ら体を動かそうとする意欲が育つようにすること。

(2) 様々な遊びの中で、幼児が興味や関心、能力に応じて全身を使って活動することにより、体を動かす楽しさを味わい、自分の体を大切にしようとする気持ちが育つようにすること。その際、多様な動きを経験する中で、体の動きを調整するようにすること。

(3) 自然の中で伸び伸びと体を動かして遊ぶことにより、体の諸機能の発達が促されることに留意し、幼児の興味や関心が戸外にも向くようにすること。その際、幼児の動線に配慮した園庭や遊具の配置などを工夫すること。

(4) 健康な心と体を育てるためには食育を通じた望ましい食習慣の形成が大切であることを踏まえ、幼児の食生活の実情に配慮し、和やかな雰囲気の中で教師や他の幼児と食べる喜びや楽しさを味わったり、様々な食べ物への興味や関心をもったりするなどし、食の大切さに気付き、進んで食べようとする気持ちが育つようにすること。

(5) 基本的な生活習慣の形成に当たっては、家庭での生活経験に配慮し、幼児の自立心を育て、幼児が他の幼児と関わりながら主体的な活動を展開する中で、生活に必要な習慣を身に付け、次第に見通しをもって行動できるようにすること。

(6) 安全に関する指導に当たっては、情緒の安定を図り、遊びを通して安全についての構えを身に付け、危険な場所や事物などが分かり、安全についての理解を深めるようにすること。また、交通安全の習慣を身に付けるようにするとともに、避難訓練などを通して、災害などの緊急時に適切な行動がとれるようにすること。

人間関係

〔他の人々と親しみ、支え合って生活するために、自立心を育て、人と関わる力を養う。〕

1 ねらい

(1) 幼稚園生活を楽しみ、自分の力で行動することの充実感を味わう。
(2) 身近な人と親しみ、関わりを深め、工夫したり、協力したりして一緒に活動する楽しさを味わい、愛情や信頼感をもつ。
(3) 社会生活における望ましい習慣や態度を身に付ける。

2 内容

(1) 先生や友達と共に過ごすことの喜びを味わう。
(2) 自分で考え、自分で行動する。
(3) 自分でできることは自分でする。
(4) いろいろな遊びを楽しみながら物事をやり遂げようとする気持ちをもつ。
(5) 友達と積極的に関わりながら喜びや悲しみを共感し合う。
(6) 自分の思ったことを相手に伝え、相手の思っていることに気付く。
(7) 友達のよさに気付き、一緒に活動する楽しさを味わう。
(8) 友達と楽しく活動する中で、共通の目的を見いだし、工夫したり、協力したりなどする。
(9) よいことや悪いことがあることに気付き、考えながら行動する。
(10) 友達との関わりを深め、思いやりをもつ。
(11) 友達と楽しく生活する中できまりの大切さに気付き、守ろうとする。
(12) 共同の遊具や用具を大切にし、皆で使う。
(13) 高齢者をはじめ地域の人々などの自分の生活に関係の深いいろいろな人に親しみをもつ。

3 内容の取扱い

上記の取扱いに当たっては、次の事項に留意する必要がある。

(1) 教師との信頼関係に支えられて自分自身の生活を確立していくことが人と関わる基盤となることを考慮し、幼児が自ら周囲に働き掛けることにより多様な感情を体験し、試行錯誤しながら諦めずにやり遂げることの達成感や、前向きな見通しをもって自分の力で行うことの充実感を味わうことができるよう、幼児の行動を見守りながら適切な援助を行うようにすること。
(2) 一人一人を生かした集団を形成しながら人と関わる力を育てていくようにすること。その際、集団の生活の中で、幼児が自己を発揮し、教師や他の幼児に認められる体験をし、自分のよさや特徴に気付き、自信をもって行動できるようにすること。
(3) 幼児が互いに関わりを深め、協同して遊ぶようになるため、自ら行動する力を育てるようにするとともに、他の幼児と試行錯誤しながら活動を展開する楽しさや共通の目的が実現する喜びを味わうことができるようにすること。
(4) 道徳性の芽生えを培うに当たっては、基本的な生活習慣の形成を図るとともに、幼児が他の幼児との関わりの中で他人の存在に気付き、相手を尊重する気持ちをもって行動できるようにし、また、自然や身近な動植物に親しむことなどを通して豊かな心情が育つようにすること。特に、人に対する信頼感や思いやりの気持ちは、葛藤やつまずきをも体験し、それらを乗り越えることにより次第に芽生えてくることに配慮すること。
(5) 集団の生活を通して、幼児が人との関わりを深め、規範意識の芽生えが培われることを考慮し、幼児が教師との信頼関係に支えられて自己を発揮する中で、互いに思いを主張し、折り合いを付ける体験をし、きまりの必要性などに気付き、自分の気持ちを調整する力が育つようにすること。
(6) 高齢者をはじめ地域の人々などの自分の生活に関係の深いいろいろな人と触れ合い、自分の感情や意志を表現しながら共に楽しみ、共感し合う体験を通して、これらの人々などに親しみをもち、人と関わることの楽しさや人の役に立つ喜びを味わうことができるようにすること。また、生活を通して親や祖父母などの家族の愛情に気付き、家族を大切にしようとする気持ちが育つようにすること。

環　境

〔周囲の様々な環境に好奇心や探究心をもって関わり、それらを生活に取り入れていこうとする力を養う。〕

1　ねらい

(1)　身近な環境に親しみ、自然と触れ合う中で様々な事象に興味や関心をもつ。
(2)　身近な環境に自分から関わり、発見を楽しんだり、考えたりし、それを生活に取り入れようとする。
(3)　身近な事象を見たり、考えたり、扱ったりする中で、物の性質や数量、文字などに対する感覚を豊かにする。

2　内　容

(1)　自然に触れて生活し、その大きさ、美しさ、不思議さなどに気付く。
(2)　生活の中で、様々な物に触れ、その性質や仕組みに興味や関心をもつ。
(3)　季節により自然や人間の生活に変化のあることに気付く。
(4)　自然などの身近な事象に関心をもち、取り入れて遊ぶ。
(5)　身近な動植物に親しみをもって接し、生命の尊さに気付き、いたわったり、大切にしたりする。
(6)　日常生活の中で、我が国や地域社会における様々な文化や伝統に親しむ。
(7)　身近な物を大切にする。
(8)　身近な物や遊具に興味をもって関わり、自分なりに比べたり、関連付けたりしながら考えたり、試したりして工夫して遊ぶ。
(9)　日常生活の中で数量や図形などに関心をもつ。
(10)　日常生活の中で簡単な標識や文字などに関心をもつ。
(11)　生活に関係の深い情報や施設などに興味や関心をもつ。
(12)　幼稚園内外の行事において国旗に親しむ。

3　内容の取扱い

上記の取扱いに当たっては、次の事項に留意する必要がある。

(1)　幼児が、遊びの中で周囲の環境と関わり、次第に周囲の世界に好奇心を抱き、その意味や操作の仕方に関心をもち、物事の法則性に気付き、自分なりに考えることができるようになる過程を大切にすること。また、他の幼児の考えなどに触れて新しい考えを生み出す喜びや楽しさを味わい、自分の考えをよりよいものにしようとする気持ちが育つようにすること。
(2)　幼児期において自然のもつ意味は大きく、自然の大きさ、美しさ、不思議さなどに直接触れる体験を通して、幼児の心が安らぎ、豊かな感情、好奇心、思考力、表現力の基礎が培われることを踏まえ、幼児が自然との関わりを深めることができるよう工夫すること。
(3)　身近な事象や動植物に対する感動を伝え合い、共感し合うことなどを通して自分から関わろうとする意欲を育てるとともに、様々な関わり方を通してそれらに対する親しみや畏敬の念、生命を大切にする気持ち、公共心、探究心などが養われるようにすること。
(4)　文化や伝統に親しむ際には、正月や節句など我が国の伝統的な行事、国歌、唱歌、わらべうたや我が国の伝統的な遊びに親しんだり、異なる文化に触れる活動に親しんだりすることを通じて、社会とのつながりの意識や国際 理解の意識の芽生えなどが養われるようにすること。

(5) 数量や文字などに関しては、日常生活の中で幼児自身の必要感に基づく体験を大切にし、数量や文字などに関する興味や関心、感覚が養われるようにすること。

言葉

〔経験したことや考えたことなどを自分なりの言葉で表現し、相手の話す言葉を聞こうとする意欲や態度を育て、言葉に対する感覚や言葉で表現する力を養う。〕

1 ねらい

(1) 自分の気持ちを言葉で表現する楽しさを味わう。

(2) 人の言葉や話などをよく聞き、自分の経験したことや考えたことを話し、伝え合う喜びを味わう。

(3) 日常生活に必要な言葉が分かるようになるとともに、絵本や物語などに親しみ、言葉に対する感覚を豊かにし、先生や友達と心を通わせる。

2 内 容

(1) 先生や友達の言葉や話に興味や関心をもち、親しみをもって聞いたり、話したりする。

(2) したり、見たり、聞いたり、感じたり、考えたりなどしたことを自分なりに言葉で表現する。

(3) したいこと、してほしいことを言葉で表現したり、分からないことを尋ねたりする。

(4) 人の話を注意して聞き、相手に分かるように話す。

(5) 生活の中で必要な言葉が分かり、使う。

(6) 親しみをもって日常の挨拶をする。

(7) 生活の中で言葉の楽しさや美しさに気付く。

(8) いろいろな体験を通じてイメージや言葉を豊かにする。

(9) 絵本や物語などに親しみ、興味をもって聞き、想像をする楽しさを味わう。

(10) 日常生活の中で、文字などで伝える楽しさを味わう。

3 内容の取扱い

上記の取扱いに当たっては、次の事項に留意する必要がある。

(1) 言葉は、身近な人に親しみをもって接し、自分の感情や意志などを伝え、それに相手が応答し、その言葉を聞くことを通して次第に獲得されていくものであることを考慮して、幼児が教師や他の幼児と関わることにより心を動かされるような体験をし、言葉を交わす喜びを味わえるようにすること。

(2) 幼児が自分の思いを言葉で伝えるとともに、教師や他の幼児などの話を興味をもって注意して聞くことを通して次第に話を理解するようになっていき、言葉による伝え合いができるようにすること。

(3) 絵本や物語などで、その内容と自分の経験とを結び付けたり、想像を巡らせたりするなど、楽しみを十分に味わうことによって、次第に豊かなイメージをもち、言葉に対する感覚が養われるようにすること。

(4) 幼児が生活の中で、言葉の響きやリズム、新しい言葉や表現などに触れ、これらを使う楽しさを味わえるようにすること。その際、絵本や物語に親しんだり、言葉遊びなどをしたりすることを通して、言葉が豊かになるようにすること。

(5) 幼児が日常生活の中で、文字などを使いながら思ったことや考えたことを伝える喜びや楽しさを味わい、文字に対する興味や関心をもつようにすること。

表　現

〔感じたことや考えたことを自分なりに表現することを通して、豊かな感性や表現する力を養い、創造性を豊かにする。〕

1　ねらい

(1)　いろいろなものの美しさなどに対する豊かな感性をもつ。
(2)　感じたことや考えたことを自分なりに表現して楽しむ。
(3)　生活の中でイメージを豊かにし、様々な表現を楽しむ。

2　内　容

(1)　生活の中で様々な音、形、色、手触り、動きなどに気付いたり、感じたりするなどして楽しむ。
(2)　生活の中で美しいものや心を動かす出来事に触れ、イメージを豊かにする。
(3)　様々な出来事の中で、感動したことを伝え合う楽しさを味わう。
(4)　感じたこと、考えたことなどを音や動きなどで表現したり、自由にかいたり、つくったりなどする。
(5)　いろいろな素材に親しみ、工夫して遊ぶ。
(6)　音楽に親しみ、歌を歌ったり、簡単なリズム楽器を使ったりなどする楽しさを味わう。
(7)　かいたり、つくったりすることを楽しみ、遊びに使ったり、飾ったりなどする。
(8)　自分のイメージを動きや言葉などで表現したり、演じて遊んだりするなどの楽しさを味わう。

3　内容の取扱い

上記の取扱いに当たっては、次の事項に留意する必要がある。

(1)　豊かな感性は、身近な環境と十分に関わる中で美しいものの、優れたもの、心を動かす出来事などに出会い、そこから得た感動を他の幼児や教師と共有し、様々に表現することなどを通して養われるようにすること。その際、風の音や雨の音、身近にある草や花の形や色など自然の中にある音、形、色などに気付くようにすること。
(2)　幼児の自己表現は素朴な形で行われることが多いので、教師はそのような表現を受容し、幼児自身の表現しようとする意欲を受け止めて、幼児が生活の中で幼児らしい様々な表現を楽しむことができるようにすること。
(3)　生活経験や発達に応じ、自ら様々な表現を楽しみ、表現する意欲を十分に発揮させることができるように、遊具や用具などを整えたり、様々な素材や表現の仕方に親しんだり、他の幼児の表現に触れられるよう配慮したりし、表現する過程を大切にして自己表現を楽しめるように工夫すること。

第三章　教育課程に係る教育時間の終了後等に行う教育活動などの留意事項

1　地域の実態や保護者の要請により、教育課程に係る教育時間の終了後等に希望する者を対象に行う教育活動については、幼児の心身の負担に配慮するものとする。また、次の点にも留意するものとする。

(1)　教育課程に基づく活動を考慮し、幼児期にふさわしい無理のないものとなるようにすること。その際、教育課程に基づく活動を担当する教師と緊密な連携を図るようにすること。
(2)　家庭や地域での幼児の生活も考慮し、教育課程に係る教育時間の終了後等に行う教育活動の計画を作成するようにすること。その際、地域の人々と連携するなど、地域の様々な資源を活用しつつ、多様な体験ができるようにすること。

(3) 家庭との緊密な連携を図るようにすること。その際、情報交換の機会を設けたりするなど、保護者が、幼稚園と共に幼児を育てるという意識が高まるようにすること。

(4) 地域の実態や保護者の事情とともに幼児の生活のリズムを踏まえつつ、例えば実施日数や時間などについて、弾力的な運用に配慮すること。

(5) 適切な責任体制と指導体制を整備した上で行うようにすること。

2 幼稚園の運営に当たっては、子育ての支援のために保護者や地域の人々に機能や施設を開放して、園内体制の整備や関係機関との連携及び協力に配慮しつつ、幼児期の教育に関する相談に応じたり、情報を提供したり、幼児と保護者との登園を受け入れたり、保護者同士の交流の機会を提供したりするなど、幼稚園と家庭が一体となって幼児と関わる取組を進め、地域における幼児期の教育のセンターとしての役割を果たすよう努めるものとする。その際、心理や保健の専門家、地域の子育て経験者等と連携・協働しながら取り組むよう配慮するものとする。

⑬幼稚園及び特別支援学校幼稚部における指導要録の改善について

（平成三〇年三月三〇日　二九文科初第一八一四号
各都道府県教育委員会教育長・各都道府県知事・附属幼稚園、小学校及び特別支援学校を置く各国立大学法人学長宛文部科学省初等中等教育局長通知）

幼稚園及び特別支援学校幼稚部（以下「幼稚園等」という。）における指導要録は、幼児の学籍並びに指導の過程及びその結果の要約を記録し、その後の指導及び外部に対する証明等に役立たせるための原簿となるものです。

今般の幼稚園教育要領及び特別支援学校幼稚部教育要領の改訂に伴い、文部科学省では、各幼稚園等において幼児理解に基づいた評価が適切に行われるとともに、地域に根ざした主体的かつ積極的な教育の展開の観点から、各設置者等において指導要録の様式が創意工夫の下決定され、また、各幼稚園等により指導要録が作成されるよう、指導要録に記載する事項や様式の参考例についてとりまとめましたのでお知らせします。

つきましては、下記に示す幼稚園等における評価の基本的な考え方及び指導要録の改善の要旨等並びに別紙1及び2、別添資料1及び2（様式の参考例）に関して十分御了知の上、都道府県教育委員会におかれては所管の学校及び域内の市町村教育委員会に対し、都道府県知事におかれては所轄の学校に対し、各国立大学法人学長におかれてはその管下の学校に対して、この通知の趣旨を十分周知されるようお願いします。

また、幼稚園等と小学校、義務教育学校の前期課程及び特別支援学校の小学部（以下「小学校等」という。）との緊密な連携を図る観点から、小学校等においてもこの通知の趣旨の理解が図られるようお願いします。

なお、この通知により、平成二十一年一月二十八日付け二〇文科初第一一三七号「幼稚園幼児指導要録の改善について（通知）」、平成二十一年三月九日付け二〇文科初第一三一五号「特別支援学校幼稚部幼児指導要録の改善について（通知）」は廃止します。

記

１　幼稚園等における評価の基本的な考え方

幼児一人一人の発達の理解に基づいた評価の実施に当たっては、次の事項に配慮すること。

(1)　指導の過程を振り返りながら幼児の理解を進め、幼児一人一人のよさや可能性などを把握し、指導の改善に生かすようにすること。その際、他の幼児との比較や一定の基準に対する達成度についての評定によって捉えるものではないことに留意すること。

(2)　評価の妥当性や信頼性が高められるよう創意工夫を行い、組織的かつ計画的な取組を推進するとともに、次年度又は小学校等にその内容が適切に引き継がれるようにすること。

２　指導要録の改善の要旨

「指導上参考となる事項」について、これまでの記入の考え方を引き継ぐとともに、最終学年の記入に当たっては、特に小学校等における児童の指導に生かされるよう、「幼児期の終わりまでに育ってほしい姿」を活用して幼児に育まれている資質・能力を捉え、指導の過程と育ちつつある姿を分かりやすく記入することに留意するよう追記したこと。このことを踏まえ、様式の参考例を見直したこと。

３　実施時期

この通知を踏まえた指導要録の作成は、平成三十年度から実施すること。なお、平成三十年度に新たに入園、入学（転入園、転入学含む。）、進級する幼児のために指導要録の様式を用意している場合には様式についてはこの限りではないこと。

この通知を踏まえた指導要録を作成する場合、既に在園、在学している幼児の指導要録については、従前の指導要録に記載された事項を転記する必要はなく、この通知を踏まえて作成された指導要録と併せて保存すること。

４　取扱い上の注意

(1)　指導要録の作成、送付及び保存については、学校教育法施行規則（昭和二十二年文部省令第十一号）第二十四条及び第二十八条の規定によること。なお、同施行規則第二十四条第二項により小学校等の進学先に指導要録の抄本又は写しを送付しなければならないことに留意すること。

(2)　指導要録の記載事項に基づいて外部への証明等を作成する場合には、その目的に応じて必要な事項だけを記載するよう注意すること。

(3)　配偶者からの暴力の被害者と同居する幼児については、転園した幼児の指導要録の記述を通じて転園先、転学先の名称や所在地等の情報が配偶者（加害者）に伝わることが懸念される場合がある。このような特別の事情がある場合には、平成二十一年七月十三日付け二一生参学第七号「配偶者からの暴力の被害者の子どもの就学について（通知）」を参考に、関係機関等との連携を図りながら、適切に情報を取り扱うこと。

(4)　評価の妥当性や信頼性を高めるとともに、教師の負担感の軽減を図るため、情報の適切な管理を図りつつ、情報通信技術の活用により指導要録等に係る事務の改善を検討することも重要であること。なお、法令に基づく文書である指導要録について、書面の作成、保存、送付を情報通信技術を活用して行うことは、現行の制度上も可能であること。

(5) 別添資料1及び2（様式の参考例）の用紙や文字の大きさ等については、各設置者等の判断で適宜工夫できること。

5 幼稚園型認定こども園における取扱い上の注意

幼稚園型認定こども園においては、「幼保連携型認定こども園園児指導要録の改善及び認定こども園こども要録の作成等に関する留意事項等について（通知）」（平成三十年三月三十日付け府子本第三一五号・二九初幼教第一七号・子保発〇三三〇第三号）を踏まえ、認定こども園こども要録の作成を行うこと。なお、幼稚園幼児指導要録を作成することも可能であること。

別紙1　幼稚園幼児指導要録に記載する事項

○学籍に関する記録

学籍に関する記録は、外部に対する証明等の原簿としての性格をもつものとし、原則として、入園時及び異動の生じたときに記入すること。

1 幼児の氏名、性別、生年月日及び現住所
2 保護者（親権者）氏名及び現住所
3 学籍の記録

(1) 入園年月日

(2) 転入園年月日

他の幼稚園や特別支援学校幼稚部、保育所、幼保連携型認定こども園等から転入園してきた幼児について記入する。

(3) 転・退園年月日

他の幼稚園や特別支援学校幼稚部、保育所、幼保連携型認定こども園等へ転園する幼児や退園する幼児について記入する。

(4) 修了年月日

4 入園前の状況

保育所等での集団生活の経験の有無等を記入すること。

5 進学先等

進学した小学校等や転園した幼稚園、保育所等の名称及び所在地等を記入すること。

6 園名及び所在地

7 各年度の入園（転入園）・進級時の幼児の年齢、園長の氏名及び学級担任の氏名

各年度に、園長の氏名、学級担任者の氏名を記入し、それぞれ押印する。（同一年度内に園長又は学級担任者が代わった場合には、その都度後任者の氏名を併記する。）

なお、氏名の記入及び押印については、電子署名（電子署名及び認証業務に関する法律（平成十二年法律第百二号）第二条第一項に定義する「電子署名」をいう。）を行うことで替えることも可能である。

○指導に関する記録

指導に関する記録は、一年間の指導の過程とその結果を要約し、次の年度の適切な指導に資するための資料としての性格をもつものとすること。

1 指導の重点等

当該年度における指導の過程について次の視点から記入すること。

(1) 学年の重点

年度当初に、教育課程に基づき長期の見通しとして設定

したものを記入すること。

(2) 個人の重点
一年間を振り返って、当該幼児の指導について特に重視してきた点を記入すること。

2 指導上参考となる事項
(1) 次の事項について記入すること。
① 一年間の指導の過程と幼児の発達の姿について以下の事項を踏まえ記入すること。
・幼稚園教育要領第二章「ねらい及び内容」に示された各領域のねらいを視点として、当該幼児の発達の実情から向上が著しいと思われるもの。その際、他の幼児との比較や一定の基準に対する達成度についての評定によって捉えるものではないことに留意すること。
・幼稚園生活を通して全体的、総合的に捉えた幼児の発達の姿。
② 次の年度の指導に必要と考えられる配慮事項等について記入すること。
③ 最終年度の記入に当たっては、特に小学校等における児童の指導に生かされるよう、幼稚園教育要領第一章総則に示された「幼児期の終わりまでに育ってほしい姿」を活用して幼児に育まれている資質・能力を捉え、指導の過程と育ちつつある姿を分かりやすく記入するように留意すること。その際、「幼児期の終わりまでに育ってほしい姿」が到達すべき目標ではないことに留意し、項目別に幼児の育ちつつある姿を記入するのではなく、全体的、総合的に捉えて記入すること。
(2) 幼児の健康の状況等指導上特に留意する必要がある場合等について記入すること。

3 出欠の状況
(1) 教育日数
一年間に教育した総日数を記入すること。この教育日数は、原則として、幼稚園教育要領に基づき編成した教育課程の実施日数と同日数であり、同一年齢の全ての幼児について同日数であること。ただし、転入園等をした幼児については、転入園等をした日以降の教育日数を記入し、転園又は退園をした幼児については、転園のため当該施設を去った日又は退園をした日までの教育日数を記入すること。
(2) 出席日数
教育日数のうち当該幼児が出席した日数を記入すること。

4 備考
教育課程に係る教育時間の終了後等に行う教育活動を行っている場合には、必要に応じて当該教育活動を通した幼児の発達の姿を記入すること。

別紙２
特別支援学校幼稚部幼児指導要録に記載する事項〔略〕

別添資料２
（様式の参考例）
特別支援学校幼稚部幼児指導要録（学籍に関する記録）
〔略〕

別添資料1
（様式の参考例）

幼稚園幼児指導要録（学籍に関する記録）

区分＼年度	平成　年度	平成　年度	平成　年度	平成　年度
学　級				
整理番号				

幼　児	ふりがな 氏　名		性　別	
		平成　　年　　月　　日生		
	現住所			
保護者	ふりがな 氏　名			
	現住所			

入　園	平成　　年　　月　　日	入園前の 状　況	
転入園	平成　　年　　月　　日		
転・退園	平成　　年　　月　　日	進学先等	
修　了	平成　　年　　月　　日		

幼稚園名 及び所在地				
年度及び入園（転入園）・進級時の幼児の年齢	平成　　年度 歳　　か月	平成　　年度 歳　　か月	平成　　年度 歳　　か月	平成　　年度 歳　　か月
園　長 氏名　印				
学級担任者 氏名　印				

（様式の参考例）

幼稚園幼児指導要録（指導に関する記録）

ふりかな		指導の重点等	平成　　年度	平成　　年度	平成　　年度
氏名	 平成　　年　　月　　日生		（学年の重点）	（学年の重点）	（学年の重点）
性別			（個人の重点）	（個人の重点）	（個人の重点）
ねらい（発達を捉える視点）					
健康	明るく伸び伸びと行動し、充実感を味わう。	指導上参考となる事項			
	自分の体を十分に動かし、進んで運動しようとする。				
	健康、安全な生活に必要な習慣や態度を身に付け、見通しをもって行動する。				
人間関係	幼幼稚園生活を楽しみ、自分の力で行動することの充実感を味わう。				
	身近な人と親しみ、関わりを深め、工夫したり、協力したりして一緒に活動する楽しさを味わい、愛情や信頼感をもつ。				
	社会生活における望ましい習慣や態度を身に付ける。				
環境	身近な環境に親しみ、自然と触れ合う中で様々な事象に興味や関心をもつ。				
	身近な環境に自分から関わり、発見を楽しんだり、考えたりし、それを生活に取り入れようとする。				
	身近な事象を見たり、考えたり、扱ったりする中で、物の性質や数量、文字などに対する感覚を豊かにする。				
言葉	自分の気持ちを言葉で表現する楽しさを味わう。				
	人の言葉や話などをよく聞き、自分の経験したことや考えたことを話し、伝え合う喜びを味わう。				
	日常生活に必要な言葉が分かるようになるとともに、絵本や物語などに親しみ、言葉に対する感覚を豊かにし、保育教諭等や友達と心を通わせる。				
表現	いろいろなものの美しさなどに対する豊かな感性をもつ。				
	感じたことや考えたことを自分なりに表現して楽しむ。				
	生活の中でイメージを豊かにし、様々な表現を楽しむ。				

出欠状況		年度	年度	年度	備考			
	教育日数							
	出席日数							

学年の重点：年度当初に、教育課程に基づき長期の見通しとして設定したものを記入
個人の重点：1年間を振り返って、当該幼児の指導について特に重視してきた点を記入
指導上参考となる事項：
(1)　次の事項について記入
　①1年間の指導の過程と幼児の発達の姿について以下の事項を踏まえ記入すること。
　・幼稚園教育要領第2章「ねらい及び内容」に示された各領域のねらいを視点として、当該幼児の発達の実情から向上が著しいと思われるもの。
　　その際、他の幼児との比較や一定の基準に対する達成度についての評定によって捉えるものではないことに留意すること。
　・幼稚園生活を通して全体的、総合的に捉えた幼児の発達の姿。
　②次の年度の指導に必要と考えられる配慮事項等について記入すること。
(2)　幼児の健康の状況等指導上特に留意する必要がある場合等について記入すること。
備考：教育課程に係る教育時間の終了後等に行う教育活動を行っている場合には、必要に応じて当該教育活動を通した幼児の発達の姿を記入すること。

（様式の参考例）

幼稚園幼児指導要録（最終学年の指導に関する記録）

ふりがな		指導の重点等	平成　年度
氏名	平成　年　月　日生		（学年の重点）
性別			（個人の重点）
	ねらい（発達を捉える視点）		
健康	明るく伸び伸びと行動し、充実感を味わう。	指導上参考となる事項	
	自分の体を十分に動かし、進んで運動しようとする。		
	健康、安全な生活に必要な習慣や態度を身に付け、見通しをもって行動する。		
人間関係	幼稚園生活を楽しみ、自分の力で行動することの充実感を味わう。		
	身近な人と親しみ、関わりを深め、工夫したり、協力したりして一緒に活動する楽しさを味わい、愛情や信頼感をもつ。		
	社会生活における望ましい習慣や態度を身に付ける。		
環境	身近な環境に親しみ、自然と触れ合う中で様々な事象に興味や関心をもつ。		
	身近な環境に自分から関わり、発見を楽しんだり、考えたりし、それを生活に取り入れようとする。		
	身近な事象を見たり、考えたり、扱ったりする中で、物の性質や数量、文字などに対する感覚を豊かにする。		
言葉	自分の気持ちを言葉で表現する楽しさを味わう。		
	人の言葉や話などをよく聞き、自分の経験したことや考えたことを話し、伝え合う喜びを味わう。		
	日常生活に必要な言葉が分かるようになるとともに、絵本や物語などに親しみ、言葉に対する感覚を豊かにし、保育教諭等や友達と心を通わせる。		
表現	いろいろなものの美しさなどに対する豊かな感性をもつ。		
	感じたことや考えたことを自分なりに表現して楽しむ。		
	生活の中でイメージを豊かにし、様々な表現を楽しむ。		

出欠状況		年度	備考	
	教育日数			
	出席日数			

幼児期の終わりまでに育ってほしい姿	
「幼児期の終わりまでに育ってほしい姿」は、幼稚園教育要領第２章に示すねらい及び内容に基づいて、各幼稚園で、幼児期にふさわしい遊びや生活を積み重ねることにより、幼稚園教育において育みたい資質・能力が育まれている幼児の具体的な姿であり、特に５歳児後半に見られるようになる姿である。「幼児期の終わりまでに育ってほしい姿」は、とりわけ幼児の自発的な活動としての遊びを通して、一人一人の発達の特性に応じて、これらの姿が育っていくものであり、全ての幼児に同じように見られるものではないことに留意すること。	
健康な心と体	幼稚園生活の中で、充実感をもって自分のやりたいことに向かって心と体を十分に働かせ、見通しをもって行動し、自ら健康で安全な生活をつくり出すようになる。
自立心	身近な環境に主体的に関わり様々な活動を楽しむ中で、しなければならないことを自覚し、自分の力で行うために考えたり、工夫したりしながら、諦めずにやり遂げることで達成感を味わい、自信をもって行動するようになる。
協同性	友達と関わる中で、互いの思いや考えなどを共有し、共通の目的の実現に向けて、考えたり、工夫したり、協力したりし、充実感をもってやり遂げるようになる。
道徳性・規範意識の芽生え	友達と様々な体験を重ねる中で、してよいことや悪いことが分かり、自分の行動を振り返ったり、友達の気持ちに共感したりし、相手の立場に立って行動するようになる。また、きまりを守る必要性が分かり、自分の気持ちを調整し、友達と折り合いを付けながら、きまりをつくったり、守ったりするようになる。
社会生活との関わり	家族を大切にしようとする気持ちをもつとともに、地域の身近な人と触れ合う中で、人との様々な関わり方に気付き、相手の気持ちを考えて関わり、自分が役に立つ喜びを感じ、地域に親しみをもつようになる。また、幼稚園内外の様々な環境に関わる中で、遊びや生活に必要な情報を取り入れ、情報に基づき判断したり、情報を伝え合ったり、活用したりするなど、情報を役立てながら活動するようになるとともに、公共の施設を大切に利用するなどして、社会とのつながりなどを意識するようになる。
思考力の芽生え	身近な事象に積極的に関わる中で、物の性質や仕組みなどを感じ取ったり、気付いたりし、考えたり、予想したり、工夫したりするなど、多様な関わりを楽しむようになる。また、友達の様々な考えに触れる中で、自分と異なる考えがあることに気付き、自ら判断したり、考え直したりするなど、新しい考えを生み出す喜びを味わいながら、自分の考えをよりよいものにするようになる。
自然との関わり・生命尊重	自然に触れて感動する体験を通して、自然の変化などを感じ取り、好奇心や探究心をもって考え言葉などで表現しながら、身近な事象への関心が高まるとともに、自然への愛情や畏敬の念をもつようになる。また、身近な動植物に心を動かされる中で、生命の不思議さや尊さに気付き、身近な動植物への接し方を考え、命あるものとしていたわり、大切にする気持ちをもって関わるようになる。
数量や図形、標識や文字などへの関心・感覚	遊びや生活の中で、数量や図形、標識や文字などに親しむ体験を重ねたり、標識や文字の役割に気付いたりし、自らの必要感に基づきこれらを活用し、興味や関心、感覚をもつようになる。
言葉による伝え合い	保育教諭等や友達と心を通わせる中で、絵本や物語などに親しみながら、豊かな言葉や表現を身に付け、経験したことや考えたことなどを言葉で伝えたり、相手の話を注意して聞いたりし、言葉による伝え合いを楽しむようになる。
豊かな感性と表現	心を動かす出来事などに触れ感性を働かせる中で、様々な素材の特徴や表現の仕方などに気付き、感じたことや考えたことを自分で表現したり、友達同士で表現する過程を楽しんだりし、表現する喜びを味わい、意欲をもつようになる。

学年の重点：年度当初に、教育課程に基づき長期の見通しとして設定したものを記入
個人の重点：１年間を振り返って、当該幼児の指導について特に重視してきた点を記入
指導上参考となる事項：
(1) 次の事項について記入
①１年間の指導の過程と幼児の発達の姿について以下の事項を踏まえ記入すること。
・幼稚園教育要領第２章「ねらい及び内容」に示された各領域のねらいを視点として、当該幼児の発達の実情から向上が著しいと思われるもの。
その際、他の幼児との比較や一定の基準に対する達成度についての評定によって捉えるものではないことに留意すること。
・幼稚園生活を通して全体的、総合的に捉えた幼児の発達の姿。
②次の年度の指導に必要と考えられる配慮事項等について記入すること。
③最終年度の記入に当たっては、特に小学校等における児童の指導に生かされるよう、幼稚園教育要領第１章総則に示された「幼児期の終わりまでに育ってほしい姿」を活用して幼児に育まれている資質・能力を捉え、指導の過程と育ちつつある姿を分かりやすく記入するように留意すること。また、「幼児期の終わりまでに育ってほしい姿」が到達すべき目標ではないことに留意し、項目別に幼児の育ちつつある姿を記入するのではなく、全体的、総合的に捉えて記入すること。
(2) 幼児の健康の状況等指導上特に留意する必要がある場合等について記入すること。
備考：教育課程に係る教育時間の終了後等に行う教育活動を行っている場合には、必要に応じて当該教育活動を通した幼児の発達の姿を記入すること。

第3章　児童福祉・保育所関連

⑭児童福祉法

（昭和二二年一二月一二日
法律第一六四号）

施行　昭和二三年一月一日
最終改正　令和二年六月一〇日法律第四一号
〔注〕令和四年四月一日施行分には傍線――を付した。
令和五年四月一日施行分には傍線……を付した。

第一章　総則

〔児童福祉の理念〕

第一条　全て児童は、児童の権利に関する条約の精神にのつとり、適切に養育されること、その生活を保障されること、愛され、保護されること、その心身の健やかな成長及び発達並びにその自立が図られることその他の福祉を等しく保障される権利を有する。

〔児童育成の責任〕

第二条　全て国民は、児童が良好な環境において生まれ、かつ、社会のあらゆる分野において、児童の年齢及び発達の程度に応じて、その意見が尊重され、その最善の利益が優先して考慮され、心身ともに健やかに育成されるよう努めなければならない。

②　児童の保護者は、児童を心身ともに健やかに育成することについて第一義的責任を負う。

③　国及び地方公共団体は、児童の保護者とともに、児童を心身ともに健やかに育成する責任を負う。

〔児童育成原理の尊重〕

第三条　前二条に規定するところは、児童の福祉を保障するための原理であり、この原理は、すべて児童に関する法令の施行にあたつて、常に尊重されなければならない。

第一節　国及び地方公共団体の責務

〔国及び地方公共団体の責務〕

第三条の二　国及び地方公共団体は、児童が家庭において心身ともに健やかに養育されるよう、児童の保護者を支援しなければならない。ただし、児童及びその保護者の心身の状況、これらの者の置かれている環境その他の状況を勘案し、児童を家庭において養育することが困難であり又は適当でない場合にあつては児童が家庭における養育環境と同様の養育環境において継続的に養育されるよう、児童を家庭及び当該養育環境において養育することが適当でない場合にあつては児童ができる限り良好な家庭的環境において養育されるよう、必要な措置を講じなければならない。

〔市町村等の業務〕

第三条の三　市町村（特別区を含む。以下同じ。）は、児童が心身ともに健やかに育成されるよう、基礎的な地方公共団体として、第十条第一項各号に掲げる業務の実施、障害児通所給付費の支給、第二十四条第一項の規定による保育の実施その他この法律に基づく児童の身近な場所における児童の福祉に関する支援に係る業務を適切に行わなければならない。

②　都道府県は、市町村の行うこの法律に基づく児童の福祉に関する業務が適正かつ円滑に行われるよう、市町村に対する必要な助言及び適切な援助を行うとともに、児童が心身ともに健やかに育成されるよう、専門的な知識及び技術並びに各市町村の区域を超えた広域的な対応が必要な業務として、第十一条第一項各号に掲げる業務の実施、小児慢性特定疾病医療費の支給、障害児入所給付費の支給、第二十七条第一項第

三号の規定による委託又は入所の措置その他この法律に基づく児童の福祉に関する業務を適切に行わなければならない。

③　国は、市町村及び都道府県の行うこの法律に基づく児童の福祉に関する業務が適正かつ円滑に行われるよう、児童が適切に養育される体制の確保に関する施策、市町村及び都道府県に対する助言及び情報の提供その他の必要な各般の措置を講じなければならない。

第二節　定義

〔**児童・障害児**〕

第四条　この法律で、児童とは、満十八歳に満たない者をいい、児童を左のように分ける。

一　乳児　満一歳に満たない者

二　幼児　満一歳から、小学校就学の始期に達するまでの者

三　少年　小学校就学の始期から、満十八歳に達するまでの者

②　この法律で、障害児とは、身体に障害のある児童、知的障害のある児童、精神に障害のある児童（発達障害者支援法（平成十六年法律第百六十七号）第二条第二項に規定する発達障害児を含む。）又は治療方法が確立していない疾病その他の特殊の疾病であつて障害者の日常生活及び社会生活を総合的に支援するための法律（平成十七年法律第百二十三号）第四条第一項の政令で定めるものによる障害の程度が同項の厚生労働大臣が定める程度である児童をいう。

〔**妊産婦**〕

第五条　この法律で、妊産婦とは、妊娠中又は出産後一年以内の女子をいう。

〔**保護者**〕

第六条　この法律で、保護者とは、第十九条の三、第五十七条の三第二項、第五十七条の三の三第二項及び第五十七条の四第二項を除き、親権を行う者、未成年後見人その他の者で、児童を現に監護する者をいう。

〔**小児慢性特定疾病等**〕

第六条の二　この法律で、小児慢性特定疾病とは、児童又は児童以外の満二十歳に満たない者（以下「児童等」という。）が当該疾病にかかつていることにより、長期にわたり療養を必要とし、及びその生命に危険が及ぶおそれがあるものであつて、療養のために多額の費用を要するものとして厚生労働大臣が社会保障審議会の意見を聴いて定める疾病をいう。

②　この法律で、小児慢性特定疾病児童等とは、次に掲げる者をいう。

一　都道府県知事が指定する医療機関（以下「指定小児慢性特定疾病医療機関」という。）に通い、又は入院する小児慢性特定疾病にかかつている児童（以下「小児慢性特定疾病児童」という。）

二　指定小児慢性特定疾病医療機関に通い、又は入院する小児慢性特定疾病にかかつている児童以外の満二十歳に満たない者（政令で定めるものに限る。以下「成年患者」という。）

③　この法律で、小児慢性特定疾病医療支援とは、小児慢性特定疾病児童等であつて、当該疾病の状態が当該小児慢性特定疾病ごとに厚生労働大臣が社会保障審議会の意見を聴いて定める程度であるものに対し行われる医療（当該小児慢性特定疾病に係るものに限る。）をいう。

〔**その他の用語の定義**〕

第六条の二の二　この法律で、障害児通所支援とは、児童発達支援、医療型児童発達支援、放課後等デイサービス、居宅訪問型児童発達支援及び保育所等訪問支援をいい、障害児通所

支援事業とは、障害児通所支援を行う事業をいう。

② この法律で、児童発達支援とは、障害児につき、児童発達支援センターその他の厚生労働省令で定める施設に通わせ、日常生活における基本的な動作の指導、知識技能の付与、集団生活への適応訓練その他の厚生労働省令で定める便宜を供与することをいう。

③ この法律で、医療型児童発達支援とは、上肢、下肢又は体幹の機能の障害（以下「肢体不自由」という。）のある児童につき、医療型児童発達支援センター又は独立行政法人国立病院機構若しくは国立研究開発法人国立精神・神経医療研究センターの設置する医療機関であつて厚生労働大臣が指定するもの（以下「指定発達支援医療機関」という。）に通わせ、児童発達支援及び治療を行うことをいう。

④ この法律で、放課後等デイサービスとは、学校教育法（昭和二十二年法律第二十六号）第一条に規定する学校（幼稚園及び大学を除く。）に就学している障害児につき、授業の終了後又は休業日に児童発達支援センターその他の厚生労働省令で定める施設に通わせ、生活能力の向上のために必要な訓練、社会との交流の促進その他の便宜を供与することをいう。

⑤ この法律で、居宅訪問型児童発達支援とは、重度の障害の状態その他これに準ずるものとして厚生労働省令で定める状態にある障害児であつて、児童発達支援、医療型児童発達支援又は放課後等デイサービスを受けるために外出することが著しく困難なものにつき、当該障害児の居宅を訪問し、日常生活における基本的な動作の指導、知識技能の付与、生活能力の向上のために必要な訓練その他の厚生労働省令で定める便宜を供与することをいう。

⑥ この法律で、保育所等訪問支援とは、保育所その他の児童が集団生活を営む施設として厚生労働省令で定めるものに通う障害児又は乳児院その他の児童が集団生活を営む施設として厚生労働省令で定めるものに入所する障害児につき、当該施設を訪問し、当該施設における障害児以外の児童との集団生活への適応のための専門的な支援その他の便宜を供与することをいう。

⑦ この法律で、障害児相談支援とは、障害児支援利用援助及び継続障害児支援利用援助を行うことをいい、障害児相談支援事業とは、障害児相談支援を行う事業をいう。

⑧ この法律で、障害児支援利用援助とは、第二十一条の五の六第一項又は第二十一条の五の八第一項の申請に係る障害児の心身の状況、その置かれている環境、当該障害児又はその保護者の障害児通所支援の利用に関する意向その他の事情を勘案し、利用する障害児通所支援の種類及び内容その他の厚生労働省令で定める事項を定めた計画（以下「障害児支援利用計画案」という。）を作成し、第二十一条の五の五第一項に規定する通所給付決定（次項において「通所給付決定」という。）又は第二十一条の五の八第二項に規定する通所給付決定の変更の決定（次項において「通所給付決定の変更の決定」という。）（以下この条及び第二十四条の二十六第一項第一号において「給付決定等」と総称する。）が行われた後に、第二十一条の五の三第一項に規定する指定障害児通所支援事業者等その他の者（次項において「関係者」という。）との連絡調整その他の便宜を供与するとともに、当該給付決定等に係る障害児通所支援の種類及び内容、これを担当する者その他の厚生労働省令で定める事項を記載した計画（次項において「障害児支援利用計画」という。）を作成することをいう。

⑨ この法律で、継続障害児支援利用援助とは、通所給付決定

に係る障害児の保護者（以下「通所給付決定保護者」という。）が、第二十一条の五の七第八項に規定する通所給付決定の有効期間内において、継続して障害児通所支援を適切に利用することができるよう、当該通所給付決定に係る障害児支援利用計画（この項の規定により変更されたものを含む。以下この項において同じ。）が適切であるかどうかにつき、厚生労働省令で定める期間ごとに、当該通所給付決定保護者の障害児通所支援の利用状況を検証し、その結果及び当該通所給付決定に係る障害児の心身の状況、その置かれている環境、当該障害児又はその保護者の障害児通所支援の利用に関する意向その他の事情を勘案し、障害児支援利用計画の見直しを行い、その結果に基づき、次のいずれかの便宜の供与を行うことをいう。

一　障害児支援利用計画を変更するとともに、関係者との連絡調整その他の便宜の供与を行うこと。

二　新たな通所給付決定又は通所給付決定の変更の決定が必要であると認められる場合において、当該給付決定等に係る障害児の保護者に対し、給付決定等に係る申請の勧奨を行うこと。

〔事業〕

第六条の三　この法律で、児童自立生活援助事業とは、次に掲げる者に対しこれらの者が共同生活を営むべき住居における相談その他の日常生活上の援助及び生活指導並びに就業の支援（以下「児童自立生活援助」という。）を行い、あわせて児童自立生活援助の実施を解除された者に対し相談その他の援助を行う事業をいう。

一　義務教育を終了した児童又は児童以外の満二十歳に満たない者であつて、措置解除者等（第二十七条第一項第三号に規定する措置（政令で定めるものに限る。）を解除された者その他政令で定める者をいう。次号において同じ。）であるもの（以下「満二十歳未満義務教育終了児童等」という。）

二　学校教育法第五十条に規定する高等学校の生徒、同法第八十三条に規定する大学の学生その他の厚生労働省令で定める者であつて、満二十歳に達した日から満二十二歳に達する日の属する年度の末日までの間にあるもの（満二十歳に達する日の前日において児童自立生活援助が行われていた満二十歳未満義務教育終了児童等であつたものに限る。）のうち、措置解除者等であるもの（以下「満二十歳以上義務教育終了児童等」という。）

②　この法律で、放課後児童健全育成事業とは、小学校に就学している児童であつて、その保護者が労働等により昼間家庭にいないものに、授業の終了後に児童厚生施設等の施設を利用して適切な遊び及び生活の場を与えて、その健全な育成を図る事業をいう。

③　この法律で、子育て短期支援事業とは、保護者の疾病その他の理由により家庭において養育を受けることが一時的に困難となつた児童について、厚生労働省令で定めるところにより、児童養護施設その他の厚生労働省令で定める施設に入所させ、又は里親（次条第三号に掲げる者を除く。）その他の厚生労働省令で定める者に委託し、当該児童につき必要な保護を行う事業をいう。

④　この法律で、乳児家庭全戸訪問事業とは、一の市町村の区域内における原則として全ての乳児のいる家庭を訪問することにより、厚生労働省令で定めるところにより、子育てに関する情報の提供並びに乳児及びその保護者の心身の状況及び養育環境の把握を行うほか、養育についての相談に応じ、助言その他の援助を行う事業をいう。

⑤　この法律で、養育支援訪問事業とは、厚生労働省令で定めるところにより、乳児家庭全戸訪問事業の実施その他により把握した保護者の養育を支援することが特に必要と認められる児童（第八項に規定する要保護児童に該当するものを除く。以下「要支援児童」という。）若しくは保護者に監護させることが不適当であると認められる児童及びその保護者又は出産後の養育について出産前において支援を行うことが特に必要と認められる妊婦（以下「特定妊婦」という。）（以下「要支援児童等」という。）に対し、その養育が適切に行われるよう、当該要支援児童等の居宅において、養育に関する相談、指導、助言その他必要な支援を行う事業をいう。

⑥　この法律で、地域子育て支援拠点事業とは、厚生労働省令で定めるところにより、乳児又は幼児及びその保護者が相互の交流を行う場所を開設し、子育てについての相談、情報の提供、助言その他の援助を行う事業をいう。

⑦　この法律で、一時預かり事業とは、家庭において保育（養護及び教育（第三十九条の二第一項に規定する満三歳以上の幼児に対する教育を除く。）を行うことをいう。以下同じ。）を受けることが一時的に困難となつた乳児又は幼児について、厚生労働省令で定めるところにより、主として昼間において、保育所、認定こども園（就学前の子どもに関する教育、保育等の総合的な提供の推進に関する法律（平成十八年法律第七十七号。以下「認定こども園法」という。）第二条第六項に規定する認定こども園をいい、保育所であるものを除く。第二十四条第二項を除き、以下同じ。）その他の場所において、一時的に預かり、必要な保護を行う事業をいう。

⑧　この法律で、小規模住居型児童養育事業とは、第二十七条第一項第三号の措置に係る児童について、厚生労働省令で定めるところにより、保護者のない児童又は保護者に監護させることが不適当であると認められる児童（以下「要保護児童」という。）の養育に関し相当の経験を有する者その他の厚生労働省令で定める者（次条に規定する里親を除く。）の住居において養育を行う事業をいう。

⑨　この法律で、家庭的保育事業とは、次に掲げる事業をいう。

一　子ども・子育て支援法（平成二十四年法律第六十五号）第十九条第一項第二号の内閣府令で定める事由により家庭において必要な保育を受けることが困難である乳児又は幼児（以下「保育を必要とする乳児・幼児」という。）であつて満三歳未満のものについて、家庭的保育者（市町村長（特別区の区長を含む。以下同じ。）が行う研修を修了した保育士その他の厚生労働省令で定める者であつて、当該保育を必要とする乳児・幼児の保育を行う者として市町村長が適当と認めるものをいう。以下同じ。）の居宅その他の場所（当該保育を必要とする乳児・幼児の居宅を除く。）において、家庭的保育者による保育を行う事業（利用定員が五人以下であるものに限る。次号において同じ。）

二　満三歳以上の幼児に係る保育の体制の整備の状況その他の地域の事情を勘案して、保育が必要と認められる児童であつて満三歳以上のものについて、家庭的保育者の居宅その他の場所（当該保育が必要と認められる児童の居宅を除く。）において、家庭的保育者による保育を行う事業

⑩　この法律で、小規模保育事業とは、次に掲げる事業をいう。

一　保育を必要とする乳児・幼児であつて満三歳未満のものについて、当該保育を必要とする乳児・幼児を保育することを目的とする施設（利用定員が六人以上十九人以下であるものに限る。）において、保育を行う事業

二　満三歳以上の幼児に係る保育の体制の整備の状況その他の地域の事情を勘案して、保育が必要と認められる児童であつて満三歳以上のものについて、前号に規定する施設において、保育を行う事業

⑪　この法律で、居宅訪問型保育事業とは、次に掲げる事業をいう。

一　保育を必要とする乳児・幼児であつて満三歳未満のものについて、当該保育を必要とする乳児・幼児の居宅において家庭的保育者による保育を行う事業

二　満三歳以上の幼児に係る保育の体制の整備の状況その他の地域の事情を勘案して、保育が必要と認められる児童であつて満三歳以上のものについて、当該保育が必要と認められる児童の居宅において家庭的保育者による保育を行う事業

⑫　この法律で、事業所内保育事業とは、次に掲げる事業をいう。

一　保育を必要とする乳児・幼児であつて満三歳未満のものについて、次に掲げる施設において、保育を行う事業

イ　事業主がその雇用する労働者の監護する乳児若しくは幼児及びその他の乳児若しくは幼児を保育するために自ら設置する施設又は事業主から委託を受けて当該事業主が雇用する労働者の監護する乳児若しくは幼児及びその他の乳児若しくは幼児の保育を実施する施設

ロ　事業主団体がその構成員である事業主の雇用する労働者の監護する乳児若しくは幼児及びその他の乳児若しくは幼児を保育するために自ら設置する施設又は事業主団体から委託を受けてその構成員である事業主の雇用する労働者の監護する乳児若しくは幼児及びその他の乳児若しくは幼児の保育を実施する施設

ハ　地方公務員等共済組合法（昭和三十七年法律第百五十二号）の規定に基づく共済組合その他の厚生労働省令で定める組合（以下ハにおいて「共済組合等」という。）が当該共済組合等の構成員として厚生労働省令で定める者（以下ハにおいて「共済組合等の構成員」という。）の監護する乳児若しくは幼児及びその他の乳児若しくは幼児を保育するために自ら設置する施設又は共済組合等から委託を受けて当該共済組合等の構成員の監護する乳児若しくは幼児及びその他の乳児若しくは幼児の保育を実施する施設

二　満三歳以上の幼児に係る保育の体制の整備の状況その他の地域の事情を勘案して、保育が必要と認められる児童であつて満三歳以上のものについて、前号に規定する施設において、保育を行う事業

⑬　この法律で、病児保育事業とは、保育を必要とする乳児・幼児又は保護者の労働若しくは疾病その他の事由により家庭において保育を受けることが困難となつた小学校に就学している児童であつて、疾病にかかつているものについて、保育所、認定こども園、病院、診療所その他厚生労働省令で定める施設において、保育を行う事業をいう。

⑭　この法律で、子育て援助活動支援事業とは、厚生労働省令で定めるところにより、次に掲げる援助のいずれか又は全てを受けることを希望する者と当該援助を行うことを希望する者（個人に限る。以下この項において「援助希望者」という。）との連絡及び調整並びに援助希望者への講習の実施その他の必要な支援を行う事業をいう。

一　児童を一時的に預かり、必要な保護（宿泊を伴つて行うものを含む。）を行うこと。

二　児童が円滑に外出することができるよう、その移動を支

援すること。

〔里親等〕

第六条の四　この法律で、里親とは、次に掲げる者をいう。

一　厚生労働省令で定める人数以下の要保護児童を養育することを希望する者（都道府県知事が厚生労働省令で定めるところにより行う研修を修了したことその他の厚生労働省令で定める要件を満たす者に限る。）のうち、第三十四条の十九に規定する養育里親名簿に登録されたもの（以下「養育里親」という。）

二　前号に規定する厚生労働省令で定める人数以下の要保護児童を養育すること及び養子縁組によつて養親となることを希望する者（都道府県知事が厚生労働省令で定めるところにより行う研修を修了した者に限る。）のうち、第三十四条の十九に規定する養子縁組里親名簿に登録されたもの（以下「養子縁組里親」という。）

三　第一号に規定する厚生労働省令で定める人数以下の要保護児童を養育することを希望する者（当該要保護児童の父母以外の親族であつて、厚生労働省令で定めるものに限る。）のうち、都道府県知事が第二十七条第一項第三号の規定により児童を委託する者として適当と認めるもの

〔児童福祉施設等〕

第七条　この法律で、児童福祉施設とは、助産施設、乳児院、母子生活支援施設、保育所、幼保連携型認定こども園、児童厚生施設、児童養護施設、障害児入所施設、児童発達支援センター、児童心理治療施設、児童自立支援施設及び児童家庭支援センターとする。

②　この法律で、障害児入所支援とは、障害児入所施設に入所し、又は指定発達支援医療機関に入院する障害児に対して行われる保護、日常生活の指導及び知識技能の付与並びに障害児入所施設に入所し、又は指定発達支援医療機関に入院する障害児のうち知的障害のある児童、肢体不自由のある児童又は重度の知的障害及び重度の肢体不自由が重複している児童（以下「重症心身障害児」という。）に対し行われる治療をいう。

第三節　児童福祉審議会等

〔設置及び権限〕

第八条　第九項、第二十七条第六項、第三十三条の十五第三項、第三十五条第六項、第四十六条第四項及び第五十九条第五項の規定によりその権限に属させられた事項を調査審議するため、都道府県に児童福祉に関する審議会その他の合議制の機関を置くものとする。ただし、社会福祉法（昭和二十六年法律第四十五号）第十二条第一項の規定により同法第七条第一項に規定する地方社会福祉審議会（以下「地方社会福祉審議会」という。）に児童福祉に関する事項を調査審議させる都道府県にあつては、この限りでない。

②　前項に規定する審議会その他の合議制の機関（以下「都道府県児童福祉審議会」という。）は、同項に定めるもののほか、児童、妊産婦及び知的障害者の福祉に関する事項を調査審議することができる。

③　市町村は、第三十四条の十五第四項の規定によりその権限に属させられた事項及び前項の事項を調査審議するため、児童福祉に関する審議会その他の合議制の機関を置くことができる。

④　都道府県児童福祉審議会は、都道府県知事の、前項に規定する審議会その他の合議制の機関（以下「市町村児童福祉審議会」という。）は、市町村長の管理に属し、それぞれその諮問に答え、又は関係行政機関に意見を具申することができ

る。

⑤　都道府県児童福祉審議会及び市町村児童福祉審議会（以下「児童福祉審議会」という。）は、特に必要があると認めるときは、関係行政機関に対し、所属職員の出席説明及び資料の提出を求めることができる。

⑥　児童福祉審議会は、特に必要があると認めるときは、児童、妊産婦及び知的障害者、これらの者の家族その他の関係者に対し、第一項本文及び第二項の事項を調査審議するため必要な報告若しくは資料の提出を求め、又はその者の出席を求め、その意見を聴くことができる。

⑦　児童福祉審議会は、前項の規定により意見を聴く場合においては、意見を述べる者の心身の状況、その者の置かれている環境その他の状況に配慮しなければならない。

⑧　社会保障審議会及び児童福祉審議会は、必要に応じ、相互に資料を提供する等常に緊密な連絡をとらなければならない。

⑨　社会保障審議会及び都道府県児童福祉審議会（第一項ただし書に規定する都道府県にあつては、地方社会福祉審議会とする。第二十七条第六項、第三十三条の十二第一項及び第三項、第三十三条の十三、第三十三条の十五、第四十六条第四項並びに第五十九条第五項及び第六項において同じ。）は、児童及び知的障害者の福祉を図るため、芸能、出版物、玩具、遊戯等を推薦し、又はそれらを製作し、興行し、若しくは販売する者等に対し、必要な勧告をすることができる。

〔組織〕

第九条　児童福祉審議会の委員は、児童福祉審議会の権限に属する事項に関し公正な判断をすることができる者であつて、かつ、児童又は知的障害者の福祉に関する事業に従事する者及び学識経験のある者のうちから、都道府県知事又は市町村長が任命する。

②　児童福祉審議会において、特別の事項を調査審議するため必要があるときは、臨時委員を置くことができる。

③　児童福祉審議会の臨時委員は、前項の事項に関し公正な判断をすることができる者であつて、かつ、児童又は知的障害者の福祉に関する事業に従事する者及び学識経験のある者のうちから、都道府県知事又は市町村長が任命する。

④　児童福祉審議会に、委員の互選による委員長及び副委員長各一人を置く。

第四節　実施機関

〔市町村の業務〕

第一〇条　市町村は、この法律の施行に関し、次に掲げる業務を行わなければならない。

一　児童及び妊産婦の福祉に関し、必要な実情の把握に努めること。

二　児童及び妊産婦の福祉に関し、必要な情報の提供を行うこと。

三　児童及び妊産婦の福祉に関し、家庭その他からの相談に応ずること並びに必要な調査及び指導を行うこと並びにこれらに付随する業務を行うこと。

四　前三号に掲げるもののほか、児童及び妊産婦の福祉に関し、家庭その他につき、必要な支援を行うこと。

②　市町村長は、前項第三号に掲げる業務のうち専門的な知識及び技術を必要とするものについては、児童相談所の技術的援助及び助言を求めなければならない。

③　市町村長は、第一項第三号に掲げる業務を行うに当たつて、医学的、心理学的、教育学的、社会学的及び精神保健上の判定を必要とする場合には、児童相談所の判定を求めなけ

ればならない。

④　市町村は、この法律による事務を適切に行うために必要な体制の整備に努めるとともに、当該事務に従事する職員の人材の確保及び資質の向上のために必要な措置を講じなければならない。

⑤　国は、市町村における前項の体制の整備及び措置の実施に関し、必要な支援を行うように努めなければならない。

〔連絡調整等〕

第一〇条の二　市町村は、前条第一項各号に掲げる業務を行うに当たり、児童及び妊産婦の福祉に関し、実情の把握、情報の提供、相談、調査、指導、関係機関との連絡調整その他の必要な支援を行うための拠点の整備に努めなければならない。

〔都道府県の業務〕

第一一条　都道府県は、この法律の施行に関し、次に掲げる業務を行わなければならない。

一　第十条第一項各号に掲げる市町村の業務の実施に関し、市町村相互間の連絡調整、市町村に対する情報の提供、市町村職員の研修その他必要な援助を行うこと及びこれらに付随する業務を行うこと。

二　児童及び妊産婦の福祉に関し、主として次に掲げる業務を行うこと。

イ　各市町村の区域を超えた広域的な見地から、実情の把握に努めること。

ロ　児童に関する家庭その他からの相談のうち、専門的な知識及び技術を必要とするものに応ずること。

ハ　児童及びその家庭につき、必要な調査並びに医学的、心理学的、教育学的、社会学的及び精神保健上の判定を行うこと。

ニ　児童及びその保護者につき、ハの調査又は判定に基づいて心理又は児童の健康及び心身の発達に関する専門的な知識及び技術を必要とする指導その他必要な指導を行うこと。

ホ　児童の一時保護を行うこと。

ヘ　児童の権利の保護の観点から、一時保護の解除後の家庭その他の環境の調整、当該児童の状況の把握その他の措置により当該児童の安全を確保すること。

ト　里親に関する次に掲げる業務を行うこと。

(1)　里親に関する普及啓発を行うこと。

(2)　里親につき、その相談に応じ、必要な情報の提供、助言、研修その他の援助を行うこと。

(3)　里親と第二十七条第一項第三号の規定により入所の措置が採られて乳児院、児童養護施設、児童心理治療施設又は児童自立支援施設に入所している児童及び里親相互の交流の場を提供すること。

(4)　第二十七条第一項第三号の規定による里親への委託に資するよう、里親の選定及び里親と児童との間の調整を行うこと。

(5)　第二十七条第一項第三号の規定により里親に委託しようとする児童及びその保護者並びに里親の意見を聞いて、当該児童の養育の内容その他の厚生労働省令で定める事項について当該児童の養育に関する計画を作成すること。

チ　養子縁組により養子となる児童、その父母及び当該養子となる児童の養親となる者、養子縁組により養子となつた児童、その養親となつた者及び当該養子となつた児童の父母（民法（明治二十九年法律第八十九号）第八百十七条の二第一項に規定する特別養子縁組（第三十三条の六の二において「特別養子縁組」という。）により親族関係が終了した当該養子となつた児童の実方の父母を含む。）その他の児童を養子とする養子縁組に関する者につき、その相談に応じ、必要な情報の提供、助言その他の援助を行うこと。

三　前二号に掲げるもののほか、児童及び任産婦の福祉に関し、広域的な対応が必要な業務並びに家庭その他につき専門的な知識及び技術を必要とする支援を行うこと。

② 都道府県知事は、市町村の第十条第一項各号に掲げる業務の適切な実施を確保するため必要があると認めるときは、市町村に対し、体制の整備その他の措置について、必要な助言を行うことができる。

③ 都道府県知事は、第一項又は前項の規定による都道府県の事務の全部又は一部を、その管理に属する行政庁に委託することができる。

④ 都道府県知事は、第一項第二号トに掲げる業務（次項において「里親支援事業」という。）に係る事務の全部又は一部を厚生労働省令で定める者に委託することができる。

⑤ 前項の規定により行われる里親支援事業に係る事務に従事する者又は従事していた者は、その事務に関して知り得た秘密を漏らしてはならない。

⑥ 都道府県は、この法律による事務を適切に行うために必要な体制の整備に努めるとともに、当該事務に従事する職員の人材の確保及び資質の向上のために必要な措置を講じなければならない。

⑦ 国は、都道府県における前項の体制の整備及び措置の実施に関し、必要な支援を行うように努めなければならない。

〔児童相談所の設置〕

第一二条　都道府県は、児童相談所を設置しなければならない。

② 児童相談所の管轄区域は、地理的条件、人口、交通事情その他の社会的条件について政令で定める基準を参酌して都道府県が定めるものとする。

③ 児童相談所は、児童の福祉に関し、主として前条第一項第一号に掲げる業務（市町村職員の研修を除く。）並びに同項第二号（イを除く。）及び第三号に掲げる業務並びに障害者の日常生活及び社会生活を総合的に支援するための法律第二十二条第二項及び第三項並びに第二十六条第一項に規定する業務を行うものとする。

④ 都道府県は、児童相談所が前項に規定する業務のうち第二十八条第一項各号に掲げる措置を採ることその他の法律に関する専門的な知識経験を必要とするものについて、常時弁護士による助言又は指導の下で適切かつ円滑に行うため、児童相談所における弁護士の配置又はこれに準ずる措置を行うものとする。

⑤ 児童相談所は、必要に応じ、巡回して、第三項に規定する業務（前条第一項第二号ホに掲げる業務を除く。）を行うことができる。

⑥ 児童相談所長は、その管轄区域内の社会福祉法に規定する福祉に関する事務所（以下「福祉事務所」という。）の長（以下「福祉事務所長」という。）に必要な調査を委嘱することができる。

⑦ 都道府県知事は、第三項に規定する業務の質の評価を行うことその他必要な措置を講ずることにより、当該業務の質の向上に努めなければならない。

⑧ 国は、前項の措置を援助するために、児童相談所の業務の質の適切な評価の実施に資するための措置を講ずるよう努めなければならない。

〔児童相談所の職員〕

第一二条の二　児童相談所には、所長及び所員を置く。
② 所長は、都道府県知事の監督を受け、所務を掌理する。
③ 所員は、所長の監督を受け、前条に規定する業務をつかさどる。
④ 児童相談所には、第一項に規定するもののほか、必要な職員を置くことができる。

〔所長及び所員の資格〕

第一二条の三　児童相談所の所長及び所員は、都道府県知事の補助機関である職員とする。
② 所長は、次の各号のいずれかに該当する者でなければならない。
一　医師であつて、精神保健に関して学識経験を有する者
二　学校教育法に基づく大学又は旧大学令（大正七年勅令第三百八十八号）に基づく大学において、心理学を専修する学科又はこれに相当する課程を修めて卒業した者（当該学科又は当該課程を修めて同法に基づく専門職大学の前期課程を修了した者を含む。）
三　社会福祉士
四　精神保健福祉士
五　公認心理師
六　児童の福祉に関する事務をつかさどる職員（以下「児童福祉司」という。）として二年以上勤務した者又は児童福祉司たる資格を得た後二年以上所員として勤務した者
七　前各号に掲げる者と同等以上の能力を有すると認められる者であつて、厚生労働省令で定めるもの
③ 所長は、厚生労働大臣が定める基準に適合する研修を受けなければならない。
④ 相談及び調整をつかさどる職員は、児童福祉司たる資格を有する者でなければならない。
⑤ 判定をつかさどる所員の中には、第二項第一号に該当する者又はこれに準ずる資格を有する者及び同項第二号に該当する者若しくはこれに準ずる資格を有する者又は同項第五号に該当する者が、それぞれ一人以上含まれなければならない。
⑥ 心理に関する専門的な知識及び技術を必要とする指導をつかさどる所員の中には、第二項第一号に該当する者若しくはこれに準ずる資格を有する者、同項第二号に該当する者若しくはこれに準ずる資格を有する者又は同項第五号に該当する者が含まれなければならない。
⑦ 前項に規定する指導をつかさどる所員の数は、政令で定める基準を標準として都道府県が定めるものとする。
⑧ 児童の健康及び心身の発達に関する専門的な知識及び技術を必要とする指導をつかさどる所員の中には、医師及び保健師が、それぞれ一人以上含まれなければならない。

〔一時保護施設の設置〕

第一二条の四　児童相談所には、必要に応じ、児童を一時保護する施設を設けなければならない。

〔命令への委任〕

第一二条の五　この法律で定めるもののほか、当該都道府県内の児童相談所を援助する中央児童相談所の指定その他児童相談所に関し必要な事項は、命令でこれを定める。

〔保健所の業務〕

第一二条の六　保健所は、この法律の施行に関し、主として次の業務を行うものとする。
一　児童の保健について、正しい衛生知識の普及を図ること。
二　児童の健康相談に応じ、又は健康診査を行い、必要に応じ、保健指導を行うこと。

三　身体に障害のある児童及び疾病により長期にわたり療養を必要とする児童の療育について、指導を行うこと。
四　児童福祉施設に対し、栄養の改善その他衛生に関し、必要な助言を与えること。
②　児童相談所長は、相談に応じた児童、その保護者又は妊産婦について、保健所に対し、保健指導その他の必要な協力を求めることができる。

第五節　児童福祉司

〔児童福祉司〕

第一三条　都道府県は、その設置する児童相談所に、児童福祉司を置かなければならない。
②　児童福祉司の数は、各児童相談所の管轄区域内の人口、児童虐待の防止等に関する法律（平成十二年法律第八十二号）第二条に規定する児童虐待（以下単に「児童虐待」という。）に係る相談に応じた件数、第二十七条第一項第三号の規定による里親への委託の状況及び市町村におけるこの法律による事務に実施状況その他の条件を総合的に勘案して政令で定める基準を標準として都道府県がさだめるものとする。
③　児童福祉司は、都道府県知事の補助機関である職員とし、次の各号のいずれかに該当する者のうちから、任用しなければならない。
一　都道府県知事の指定する児童福祉司若しくは児童福祉施設の職員を養成する学校その他の施設を卒業し、又は都道府県知事の指定する講習会の課程を修了した者
二　学校教育法に基づく大学又は旧大学令に基づく大学において、心理学、教育学若しくは社会学を専修する学科又はこれらに相当する課程を修めて卒業した者（当該学科又は当該課程を修めて同法に基づく専門職大学の前期課程を修了した者を含む。）であつて、厚生労働省令で定める施設において一年以上相談援助業務（児童その他の者の福祉に関する相談に応じ、助言、指導その他の援助を行う業務をいう。第七号において同じ。）に従事したもの
三　医師
四　社会福祉士
五　精神保健福祉士
六　公認心理師
七　社会福祉主事として二年以上相談援助業務に従事した者であつて、厚生労働大臣が定め講習会の課程を修了したもの
八　前各号に掲げる者と同等以上の能力を有すると認められる者であつて、厚生労働省令でさだめるもの
④　児童福祉士は、児童相談所長の命を受けて、児童の保護その他児童の福祉に関する事項について、相談に応じ、専門的技術に基づいて必要な指導を行う等児童の福祉増進に努める。
⑤　児童福祉士の中には、他の児童福祉士が前項の職務を行うため必要な専門的技術に関する指導及び教育を行う児童福祉司（次項及び第七項において「指導教育担当児童福祉司」という。）が含まれなければならない。
⑥　指導教育担当児童福祉司は、児童福祉司としておおむね五年以上勤務した者であつて、厚生労働大臣が定める基準に適合する研修の課程を修了したものでなければならない。
⑦　指導教育担当児童福祉司の数は、政令で定める基準を参酌して都道府県が定めるものとする。
⑧　児童福祉士司は、第四項の職務を行い、担当区域により、児童相談所長が定める担当区域内の市町村長に協

力を求めることができる。

⑨　児童福祉司は、厚生労働大臣が定める基準に適合する研修を受けなければならない。

⑩　第三項第一号の施設及び講習会の指定に関し必要な事項は、政令で定める。

〔市町村長との協力〕

第一四条　市町村長は、前条第四項に規定する事項に関し、児童福祉司に必要な状況の通報及び資料の提供並びに必要な援助を求めることができる。

②　児童福祉司は、その担当区域内における児童に関し、必要な事項につき、その担当区域を管轄する児童相談所長又は市町村長にその状況を通知し、併せて意見を述べなければならない。

〔命令への委任〕

第一五条　この法律で定めるもののほか、児童福祉司の任用叙級その他児童福祉司に関し必要な事項は、命令でこれを定める。

第六節　児童委員

〔児童委員〕

第一六条　市町村の区域に児童委員を置く。

②　民生委員法（昭和二十三年法律第百九十八号）による民生委員は、児童委員に充てられたものとする。

③　厚生労働大臣は、児童委員のうちから、主任児童委員を指名する。

④　前項の規定による厚生労働大臣の指名は、民生委員法第五条の規定による推薦によつて行う。

〔職務〕

第一七条　児童委員は、次に掲げる職務を行う。

一　児童及び妊産婦につき、その生活及び取り巻く環境の状況を適切に把握しておくこと。

二　児童及び妊産婦につき、その保護、保健その他福祉に関し、サービスを適切に利用するために必要な情報の提供その他の援助及び指導を行うこと。

三　児童及び妊産婦に係る社会福祉を目的とする事業を経営する者又は児童の健やかな育成に関する活動を行う者と密接に連携し、その事業又は活動を支援すること。

四　児童福祉司又は福祉事務所の社会福祉主事の行う職務に協力すること。

五　児童の健やかな育成に関する気運の醸成に努めること。

六　前各号に掲げるもののほか、必要に応じて、児童及び妊産婦の福祉の増進を図るための活動を行うこと。

②　主任児童委員は、前項各号に掲げる児童委員の職務について、児童の福祉に関する機関と児童委員（主任児童委員である者を除く。以下この項において同じ。）との連絡調整を行うとともに、児童委員の活動に対する援助及び協力を行う。

③　前項の規定は、主任児童委員が第一項各号に掲げる児童委員の職務を行うことを妨げるものではない。

④　児童委員は、その職務に関し、都道府県知事の指揮監督を受ける。

〔市町村長との協力〕

第一八条　市町村長は、前条第一項又は第二項に規定する事項に関し、児童委員に必要な状況の通報及び資料の提供を求め、並びに必要な指示をすることができる。

②　児童委員は、その担当区域内における児童又は妊産婦に関し、必要な事項につき、その担当区域を管轄する児童相談所長又は市町村長にその状況を通知し、併せて意見を述べなければならない。

③　児童委員が、児童相談所長に前項の通知をするときは、緊急の必要があると認める場合を除き、市町村長を経由するものとする。

④　児童相談所長は、その管轄区域内の児童委員に必要な調査を委嘱することができる。

〔研修〕

第一八条の二　都道府県知事は、児童委員の研修を実施しなければならない。

〔命令への委任〕

第一八条の三　この法律で定めるもののほか、児童委員に関し必要な事項は、命令でこれを定める。

第七節　保育士

〔保育士〕

第一八条の四　この法律で、保育士とは、第十八条の十八第一項の登録を受け、保育士の名称を用いて、専門的知識及び技術をもつて、児童の保育及び児童の保護者に対する保育に関する指導を行うことを業とする者をいう。

〔欠格事由〕

第一八条の五　次の各号のいずれかに該当する者は、保育士となることができない。

一　心身の故障により保育士の業務を適正に行うことができない者として厚生労働省令で定めるもの

二　禁錮以上の刑に処せられ、その執行を終わり、又は執行を受けることがなくなつた日から起算して二年を経過しない者

三　この法律の規定その他児童の福祉に関する法律の規定であつて政令で定めるものにより、罰金の刑に処せられ、その執行を終わり、又は執行を受けることがなくなつた日から起算して二年を経過しない者

四　第十八条の十九第一項第二号又は第二項の規定により登録を取り消され、その取消しの日から起算して二年を経過しない者

五　国家戦略特別区域法（平成二十五年法律第百七号）第十二条の五第八項において準用する第十八条の十九第一項第二号又は第二項の規定により登録を取り消され、その取消しの日から起算して二年を経過しない者

〔資格〕

第一八条の六　次の各号のいずれかに該当する者は、保育士となる資格を有する。

一　都道府県知事の指定する保育士を養成する学校その他の施設（以下「指定保育士養成施設」という。）を卒業した者（学校教育法に基づく専門職大学の前期課程を修了した者を含む。）

二　保育士試験に合格した者

〔指導及び立入検査等〕

第一八条の七　都道府県知事は、保育士の養成の適切な実施を確保するため必要があると認めるときは、その必要な限度で、指定保育士養成施設の長に対し、教育方法、設備その他の事項に関し報告を求め、若しくは指導をし、又は当該職員に、その帳簿書類その他の物件を検査させることができる。

②　前項の規定による検査を行う場合においては、当該職員は、その身分を示す証明書を携帯し、関係者の請求があるときは、これを提示しなければならない。

③　第一項の規定による権限は、犯罪捜査のために認められたものと解釈してはならない。

〔保育士試験〕

第一八条の八　保育士試験は、厚生労働大臣の定める基準によ

り、保育士として必要な知識及び技能について行う。
②　保育士試験は、毎年一回以上、都道府県知事が行う。
③　保育士として必要な知識及び技能を有するかどうかの判定に関する事務を行わせるため、都道府県に保育士試験委員（次項において「試験委員」という。）を置く。ただし、次条第一項の規定により指定された者に当該事務を行わせることとした場合は、この限りでない。
④　試験委員又は試験委員であつた者は、前項に規定する事務に関して知り得た秘密を漏らしてはならない。

〔指定試験機関〕

第一八条の九　都道府県知事は、厚生労働省令で定めるところにより、一般社団法人又は一般財団法人であつて、保育士試験の実施に関する事務（以下「試験事務」という。）を適正かつ確実に実施することができると認められるものとして当該都道府県知事が指定する者（以下「指定試験機関」という。）に、試験事務の全部又は一部を行わせることができる。
②　都道府県知事は、前項の規定により指定試験機関に試験事務の全部又は一部を行わせることとしたときは、当該試験事務の全部又は一部を行わないものとする。
③　都道府県は、地方自治法（昭和二十二年法律第六十七号）第二百二十七条の規定に基づき保育士試験に係る手数料を徴収する場合においては、第一項の規定により指定試験機関が行う保育士試験を受けようとする者に、条例で定めるところにより、当該手数料の全部又は一部を当該指定試験機関へ納めさせ、その収入とすることができる。

〔役員の選任及び解任〕

第一八条の一〇　指定試験機関の役員の選任及び解任は、都道府県知事の認可を受けなければ、その効力を生じない。
②　都道府県知事は、指定試験機関の役員が、この法律（この法律に基づく命令又は処分を含む。）若しくは第十八条の十三第一項に規定する試験事務規程に違反する行為をしたとき、又は試験事務に関し著しく不適当な行為をしたときは、当該指定試験機関に対し、当該役員の解任を命ずることができる。

〔保育士試験委員〕

第一八条の一一　指定試験機関は、試験事務を行う場合において、保育士として必要な知識及び技能を有するかどうかの判定に関する事務については、保育士試験委員（次項及び次条第一項において「試験委員」という。）に行わせなければならない。
②　前条第一項の規定は試験委員の選任及び解任について、同条第二項の規定は試験委員の解任について、それぞれ準用する。

〔役員等の守秘義務等〕

第一八条の一二　指定試験機関の役員若しくは職員（試験委員を含む。次項において同じ。）又はこれらの職にあつた者は、試験事務に関して知り得た秘密を漏らしてはならない。
②　試験事務に従事する指定試験機関の役員又は職員は、刑法（明治四十年法律第四十五号）その他の罰則の適用については、法令により公務に従事する職員とみなす。

〔試験事務規程〕

第一八条の一三　指定試験機関は、試験事務の開始前に、試験事務の実施に関する規程（以下「試験事務規程」という。）を定め、都道府県知事の認可を受けなければならない。これを変更しようとするときも、同様とする。
②　都道府県知事は、前項の認可をした試験事務規程が試験事務の適正かつ確実な実施上不適当となつたと認めるときは、

指定試験機関に対し、これを変更すべきことを命ずることができる。

〔事業計画等の認可〕

第一八条の一四　指定試験機関は、毎事業年度、事業計画及び収支予算を作成し、当該事業年度の開始前に（指定を受けた日の属する事業年度にあつては、その指定を受けた後遅滞なく）、都道府県知事の認可を受けなければならない。これを変更しようとするときも、同様とする。

〔監督命令〕

第一八条の一五　都道府県知事は、試験事務の適正かつ確実な実施を確保するため必要があると認めるときは、指定試験機関に対し、試験事務に関し監督上必要な命令をすることができる。

〔立入検査等〕

第一八条の一六　都道府県知事は、試験事務の適正かつ確実な実施を確保するため必要があると認めるときは、その必要な限度で、指定試験機関に対し、報告を求め、又は当該職員に、関係者に対し質問させ、若しくは指定試験機関の事務所に立ち入り、その帳簿書類その他の物件を検査させることができる。

②　前項の規定による質問又は立入検査を行う場合においては、当該職員は、その身分を示す証明書を携帯し、関係者の請求があるときは、これを提示しなければならない。

③　第一項の規定による権限は、犯罪捜査のために認められたものと解釈してはならない。

〔審査請求〕

第一八条の一七　指定試験機関が行う試験事務に係る処分又はその不作為について不服がある者は、都道府県知事に対し、審査請求をすることができる。この場合において、都道府県知事は、行政不服審査法（平成二十六年法律第六十八号）第二十五条第二項及び第三項、第四十六条第一項及び第二項、第四十七条並びに第四十九条第三項の規定の適用については、指定試験機関の上級行政庁とみなす。

〔保育士の登録〕

第一八条の一八　保育士となる資格を有する者が保育士となるには、保育士登録簿に、氏名、生年月日その他厚生労働省令で定める事項の登録を受けなければならない。

②　保育士登録簿は、都道府県に備える。

③　都道府県知事は、保育士の登録をしたときは、申請者に第一項に規定する事項を記載した保育士登録証を交付する。

〔登録の取消〕

第一八条の一九　都道府県知事は、保育士が次の各号のいずれかに該当する場合には、その登録を取り消さなければならない。

一　第十八条の五各号（第四号を除く。）のいずれかに該当するに至つた場合

二　虚偽又は不正の事実に基づいて登録を受けた場合

②　都道府県知事は、保育士が第十八条の二十一又は第十八条の二十二の規定に違反したときは、その登録を取り消し、又は期間を定めて保育士の名称の使用の停止を命ずることができる。

〔登録の消除〕

第一八条の二〇　都道府県知事は、保育士の登録がその効力を失つたときは、その登録を消除しなければならない。

〔信用失墜行為の禁止〕

第一八条の二一　保育士は、保育士の信用を傷つけるような行為をしてはならない。

〔守秘義務〕

第一八条の二二　保育士は、正当な理由がなく、その業務に関して知り得た人の秘密を漏らしてはならない。保育士でなくなつた後においても、同様とする。

〔名称の使用制限〕

第一八条の二三　保育士でない者は、保育士又はこれに紛らわしい名称を使用してはならない。

〔政令への委任〕

第一八条の二四　この法律に定めるもののほか、指定保育士養成施設、保育士試験、指定試験機関、保育士の登録その他保育士に関し必要な事項は、政令でこれを定める。

第二章　福祉の保障

第一節　療育の指導、小児慢性特定疾病医療費の支給等

第一款　療育の指導

〔療育の指導等〕

第一九条　保健所長は、身体に障害のある児童につき、診査を行ない、又は相談に応じ、必要な療育の指導を行なわなければならない。

② 保健所長は、疾病により長期にわたり療養を必要とする児童につき、診査を行い、又は相談に応じ、必要な療育の指導を行うことができる。

③ 保健所長は、身体障害者福祉法（昭和二十四年法律第二百八十三号）第十五条第四項の規定により身体障害者手帳の交付を受けた児童（身体に障害のある十五歳未満の児童については、身体障害者手帳の交付を受けたその保護者とする。以下同じ。）につき、同法第十六条第二項第一号又は第二号に掲げる事由があると認めるときは、その旨を都道府県知事に報告しなければならない。

第二款　小児慢性特定疾病医療費の支給

第一目　小児慢性特定疾病医療費の支給

〔小児慢性特定疾病医療費〕

第一九条の二　都道府県は、次条第三項に規定する医療費支給認定（以下この条において「医療費支給認定」という。）に係る小児慢性特定疾病児童又は医療費支給認定を受けた成年患者（以下この条において「医療費支給認定患者」という。）が、次条第六項に規定する医療費支給認定の有効期間内において、指定小児慢性特定疾病医療機関（同条第五項の規定により定められたものに限る。）から当該医療費支給認定に係る小児慢性特定疾病医療支援（以下「指定小児慢性特定疾病医療支援」という。）を受けたときは、厚生労働省令で定めるところにより、当該小児慢性特定疾病児童に係る同条第七項に規定する医療費支給認定保護者（次項において「医療費支給認定保護者」という。）又は当該医療費支給認定患者に対し、当該指定小児慢性特定疾病医療支援に要した費用について、小児慢性特定疾病医療費を支給する。

② 小児慢性特定疾病医療費の額は、一月につき、次に掲げる額の合算額とする。

一　同一の月に受けた指定小児慢性特定疾病医療支援（食事療養（健康保険法（大正十一年法律第七十号）第六十三条第二項第一号に規定する食事療養をいう。次号、第二十一条の五の二十九第二項及び第二十四条の二十第二項において同じ。）を除く。）につき健康保険の療養に要する費用の額の算定方法の例により算定した額から、当該医療費支給認定保護者又は当該医療費支給認定患者の家計の負担能

力、当該医療費支給認定に係る小児慢性特定疾病児童等の治療の状況又は身体の状態、当該医療費支給認定保護者又は当該医療費支給認定患者と同一の世帯に属する他の医療費支給認定に係る小児慢性特定疾病児童等及び難病の患者に対する医療等に関する法律（平成二十六年法律第五十号）第七条第一項に規定する支給認定を受けた指定難病（同法第五条第一項に規定する指定難病をいう。）の患者の数その他の事情をしん酌して政令で定める額（当該政令で定める額が当該算定した額の百分の二十に相当する額を超えるときは、当該相当する額）を控除して得た額

二　当該指定小児慢性特定疾病医療支援（食事療養に限る。）につき健康保険の療養に要する費用の額の算定方法の例により算定した額から、健康保険法第八十五条第二項に規定する食事療養標準負担額、医療費支給認定保護者又は当該医療費支給認定患者の所得の状況その他の事情を勘案して厚生労働大臣が定める額を控除した額

③　前項に規定する療養に要する費用の額の算定方法の例によることができないとき、及びこれによることを適当としないときの小児慢性特定疾病医療支援に要する費用の額の算定方法は、厚生労働大臣の定めるところによる。

〔申請〕

第一九条の三　小児慢性特定疾病児童の保護者又は成年患者は、前条第一項の規定により小児慢性特定疾病医療費の支給を受けようとするときは、都道府県知事の定める医師（以下「指定医」という。）の診断書（小児慢性特定疾病児童等が小児慢性特定疾病にかかつており、かつ、当該小児慢性特定疾病の状態が第六条の二第三項に規定する厚生労働大臣が定める程度であることを証する書面として厚生労働省令で定めるものをいう。）を添えて、都道府県に申請しなければならない。

②　指定医の指定の手続その他指定医に関し必要な事項は、厚生労働省令で定める。

③　都道府県は、第一項の申請に係る小児慢性特定疾病児童等が小児慢性特定疾病にかかつており、かつ、当該小児慢性特定疾病の状態が第六条の二第三項に規定する厚生労働大臣が定める程度であると認められる場合には、小児慢性特定疾病医療費を支給する旨の認定（以下「医療費支給認定」という。）を行うものとする。

④　都道府県は、第一項の申請があつた場合において、医療費支給認定をしないこととするとき（申請の形式上の要件に適合しない場合として厚生労働省令で定める場合を除く。）は、あらかじめ、次条第一項に規定する小児慢性特定疾病審査会に当該申請に係る小児慢性特定疾病児童の保護者又は成年患者について医療費支給認定をしないことに関し審査を求めなければならない。

⑤　都道府県は、医療費支給認定をしたときは、厚生労働省令で定めるところにより、指定小児慢性特定疾病医療機関の中から、当該医療費支給認定に係る小児慢性特定疾病児童等が小児慢性特定疾病医療支援を受けるものを定めるものとする。

⑥　医療費支給認定は、厚生労働省令で定める期間（次項及び第十九条の六第一項第二号において「医療費支給認定の有効期間」という。）内に限り、その効力を有する。

⑦　都道府県は、医療費支給認定をしたときは、当該医療費支給認定を受けた小児慢性特定疾病児童の保護者（以下「医療費支給認定保護者」という。）又は当該医療費支給認定を受けた成年患者（以下「医療費支給認定患者」という。）に対し、厚生労働省令で定めるところにより、医療費支給認定の

有効期間を記載した医療受給者証（以下「医療受給者証」という。）を交付しなければならない。

⑧　医療費支給認定は、その申請のあつた日に遡つてその効力を生ずる。

⑨　指定小児慢性特定疾病医療支援を受けようとする医療費支給認定保護者又は医療費支給認定患者は、厚生労働省令で定めるところにより、第五項の規定により定められた指定小児慢性特定疾病医療機関に医療受給者証を提示して指定小児慢性特定疾病医療支援を受けるものとする。ただし、緊急の場合その他やむを得ない事由のある場合については、医療受給者証を提示することを要しない。

⑩　医療費支給認定に係る小児慢性特定疾病児童等が第五項の規定により定められた指定小児慢性特定疾病医療機関から指定小児慢性特定疾病医療支援を受けたとき（当該小児慢性特定疾病児童に係る医療費支給認定保護者又は当該医療費支給認定患者が当該指定小児慢性特定疾病医療機関に医療受給者証を提示したときに限る。）は、都道府県は、当該医療費支給認定保護者又は当該医療費支給認定患者が当該指定小児慢性特定疾病医療機関に支払うべき当該指定小児慢性特定疾病医療支援に要した費用について、小児慢性特定疾病医療費として当該医療費支給認定保護者又は当該医療費支給認定患者に支給すべき額の限度において、当該医療費支給認定保護者又は当該医療費支給認定患者に代わり、当該指定小児慢性特定疾病医療機関に支払うことができる。

⑪　前項の規定による支払があつたときは、当該医療費支給認定保護者又は当該医療費支給認定患者に対し、小児慢性特定疾病医療費の支給があつたものとみなす。

〔小児慢性特定疾病審査会〕

第一九条の四　前条第四項の規定による審査を行わせるため、都道府県に、小児慢性特定疾病審査会を置く。

②　小児慢性特定疾病審査会の委員は、小児慢性特定疾病に関し知見を有する医師その他の関係者のうちから、都道府県知事が任命する。

③　委員の任期は、二年とする。

④　この法律に定めるもののほか、小児慢性特定疾病審査会に必要な事項は、厚生労働省令で定める。

〔医療費支給認定の変更〕

第一九条の五　医療費支給認定保護者又は医療費支給認定患者は、現に受けている医療費支給認定に係る第十九条の三第五項の規定により定められた指定小児慢性特定疾病医療機関その他の厚生労働省令で定める事項を変更する必要があるときは、都道府県に対し、当該医療費支給認定の変更の申請をすることができる。

②　都道府県は、前項の申請又は職権により、医療費支給認定保護者又は医療費支給認定患者に対し、必要があると認めるときは、厚生労働省令で定めるところにより、医療費支給認定の変更の認定を行うことができる。この場合において、都道府県は、当該医療費支給認定保護者又は当該医療費支給認定患者に対し医療受給者証の提出を求めるものとする。

③　都道府県は、前項の医療費支給認定の変更の認定を行つたときは、医療受給者証に当該変更の認定に係る事項を記載し、これを返還するものとする。

〔医療費支給認定の取消し〕

第一九条の六　医療費支給認定を行つた都道府県は、次に掲げる場合には、当該医療費支給認定を取り消すことができる。

一　医療費支給認定に係る小児慢性特定疾病児童等が、その疾病の状態、治療の状況等からみて指定小児慢性特定疾病医療支援を受ける必要がなくなつたと認めるとき。

二　医療費支給認定保護者又は医療費支給認定患者が、医療費支給認定の有効期間内に、当該都道府県以外の都道府県の区域内に居住地を有するに至つたと認めるとき。

三　その他政令で定めるとき。

②　前項の規定により医療費支給認定の取消しを行つた都道府県は、厚生労働省令で定めるところにより、当該取消しに係る医療費支給認定保護者又は医療費支給認定患者に対し、医療受給者証の返還を求めるものとする。

〔他の給付との調整〕

第一九条の七　小児慢性特定疾病医療費の支給は、当該小児慢性特定疾病の状態につき、健康保険法の規定による家族療養費その他の法令に基づく給付であつて政令で定めるもののうち小児慢性特定疾病医療費の支給に相当するものを受けることができるときは政令で定める限度において、当該政令で定める給付以外の給付であつて国又は地方公共団体の負担において小児慢性特定疾病医療費の支給に相当するものが行われたときはその限度において、行わない。

〔厚生労働省令への委任〕

第一九条の八　この目に定めるもののほか、小児慢性特定疾病医療費の支給に関し必要な事項は、厚生労働省令で定める。

第二目　指定小児慢性特定疾病医療機関

〔指定小児慢性特定疾病医療機関の指定〕

第一九条の九　第六条の二第二項第一号の指定（以下「指定小児慢性特定疾病医療機関の指定」という。）は、厚生労働省令で定めるところにより、病院若しくは診療所（これらに準ずるものとして政令で定めるものを含む。以下同じ。）又は薬局の開設者の申請があつたものについて行う。

②　都道府県知事は、前項の申請があつた場合において、次の各号のいずれかに該当するときは、指定小児慢性特定疾病医療機関の指定をしてはならない。

一　申請者が、禁錮以上の刑に処せられ、その執行を終わり、又は執行を受けることがなくなるまでの者であるとき。

二　申請者が、この法律その他国民の保健医療若しくは福祉に関する法律で政令で定めるものの規定により罰金の刑に処せられ、その執行を終わり、又は執行を受けることがなくなるまでの者であるとき。

三　申請者が、労働に関する法律の規定であつて政令で定めるものにより罰金の刑に処せられ、その執行を終わり、又は執行を受けることがなくなるまでの者であるとき。

四　申請者が、第十九条の十八の規定により指定小児慢性特定疾病医療機関の指定を取り消され、その取消しの日から起算して五年を経過しない者（当該指定小児慢性特定疾病医療機関の指定を取り消された者が法人である場合においては、当該取消しの処分に係る行政手続法（平成五年法律第八十八号）第十五条の規定による通知があつた日前六十日以内に当該法人の役員又はその医療機関の管理者（以下「役員等」という。）であつた者で当該取消しの日から起算して五年を経過しないものを含み、当該指定小児慢性特定疾病医療機関の指定を取り消された者が法人でない場合においては、当該通知があつた日前六十日以内に当該者の管理者であつた者で当該取消しの日から起算して五年を経過しないものを含む。）であるとき。ただし、当該取消しが、指定小児慢性特定疾病医療機関の指定の取消しのうち当該取消しの処分の理由となつた事実及び当該事実に関して当該指定小児慢性特定疾病医療機関の開設者が有していた責任の程度を考慮して、この号本文に規定する指定小児慢性特定疾病医療機関の指定の取消しに該当しないこととすることが相当であると認められるものとして厚生労働省令で定めるものに該当する場合を除く。

五　申請者が、第十九条の十八の規定による指定小児慢性特定疾病医療機関の指定の取消しの処分に係る行政手続法第十五条の規定による通知があつた日（第七号において「通知日」という。）から当該処分をする日又は処分をしないことを決定する日までの間に第十九条の十五の規定による指定小児慢性特定疾病医療機関の指定の辞退の申出をした者（当該辞退について相当の理由がある者を除く。）で、当該申出の日から起算して五年を経過しないものであるとき。

六　申請者が、第十九条の十六第一項の規定による検査が行われた日から聴聞決定予定日（当該検査の結果に基づき第十九条の十八の規定による指定小児慢性特定疾病医療機関の指定の取消しの処分に係る聴聞を行うか否かの決定をすることが見込まれる日として厚生労働省令で定めるところにより都道府県知事が当該申請者に当該検査が行われた日から十日以内に特定の日を通知した場合における当該特定の日をいう。）までの間に第十九条の十五の規定による指定小児慢性特定疾病医療機関の指定の辞退の申出をした者（当該辞退について相当の理由がある者を除く。）で、当該申出の日から起算して五年を経過しないものであるとき。

七　第五号に規定する期間内に第十九条の十五の規定による指定小児慢性特定疾病医療機関の指定の辞退の申出があつた場合において、申請者が、通知日前六十日以内に当該申出に係る法人（当該辞退について相当の理由がある法人を除く。）の役員等又は当該申出に係る法人でない者（当該辞退について相当の理由がある者を除く。）の管理者であつた者で、当該申出の日から起算して五年を経過しないものであるとき。

八　申請者が、前項の申請前五年以内に小児慢性特定疾病医療支援に関し不正又は著しく不当な行為をした者であるとき。

九　申請者が、法人で、その役員等のうちに前各号のいずれかに該当する者のあるものであるとき。

十　申請者が、法人でない者で、その管理者が第一号から第八号までのいずれかに該当する者であるとき。

③　都道府県知事は、第一項の申請があつた場合において、次の各号のいずれかに該当するときは、指定小児慢性特定疾病医療機関の指定をしないことができる。

一　当該申請に係る病院若しくは診療所又は薬局が、健康保険法第六十三条第三項第一号に規定する保険医療機関若しくは保険薬局又は厚生労働省令で定める事業所若しくは施設でないとき。

二　当該申請に係る病院若しくは診療所若しくは薬局又は申請者が、小児慢性特定疾病医療費の支給に関し診療又は調剤の内容の適切さを欠くおそれがあるとして重ねて第十九条の十三の規定による指導又は第十九条の十七第一項の規定による勧告を受けたものであるとき。

三　申請者が、第十九条の十七第三項の規定による命令に従わないものであるとき。

四　前三号に掲げる場合のほか、当該申請に係る病院若しくは診療所又は薬局が、指定小児慢性特定疾病医療機関として著しく不適当と認めるものであるとき。

〔指定の更新〕

第一九条の一〇　指定小児慢性特定疾病医療機関の指定は、六年ごとにその更新を受けなければ、その期間の経過によつて、その効力を失う。

② 健康保険法第六十八条第二項の規定は、前項の更新について準用する。この場合において、必要な技術的読替えは、政令で定める。

〔指定小児慢性特定疾病医療機関の責務〕

第一九条の一一 指定小児慢性特定疾病医療機関は、厚生労働大臣の定めるところにより、良質かつ適切な小児慢性特定疾病医療支援を行わなければならない。

〔診療方針〕

第一九条の一二 指定小児慢性特定疾病医療機関の診療方針は、健康保険の診療方針の例による。

② 前項に規定する診療方針によることができないとき、及びこれによることを適当としないときの診療方針は、厚生労働大臣が定めるところによる。

〔都道府県知事の指導〕

第一九条の一三 指定小児慢性特定疾病医療機関は、小児慢性特定疾病医療支援の実施に関し、都道府県知事の指導を受けなければならない。

〔変更事項の届出〕

第一九条の一四 指定小児慢性特定疾病医療機関は、当該指定に係る医療機関の名称及び所在地その他厚生労働省令で定める事項に変更があつたときは、厚生労働省令で定めるところにより、十日以内に、その旨を都道府県知事に届け出なければならない。

〔指定の辞退〕

第一九条の一五 指定小児慢性特定疾病医療機関は、一月以上の予告期間を設けて、指定小児慢性特定疾病医療機関の指定を辞退することができる。

〔報告・検査等〕

第一九条の一六 都道府県知事は、小児慢性特定疾病医療支援の実施に関して必要があると認めるときは、指定小児慢性特定疾病医療機関若しくは指定小児慢性特定疾病医療機関の開設者若しくは管理者、医師、薬剤師その他の従業者であつた者（以下この項において「開設者であつた者等」という。）に対し、報告若しくは診療録、帳簿書類その他の物件の提出若しくは提示を命じ、指定小児慢性特定疾病医療機関の開設者若しくは管理者、医師、薬剤師その他の従業者（開設者であつた者等を含む。）に対し出頭を求め、又は当該職員に、関係者に対し質問させ、若しくは当該指定小児慢性特定疾病医療機関について設備若しくは診療録、帳簿書類その他の物件を検査させることができる。

② 前項の規定による質問又は検査を行う場合においては、当該職員は、その身分を示す証明書を携帯し、かつ、関係者の請求があるときは、これを提示しなければならない。

③ 第一項の規定による権限は、犯罪捜査のために認められたものと解釈してはならない。

④ 指定小児慢性特定疾病医療機関が、正当な理由がないのに、第一項の規定により報告若しくは提出若しくは提示を命ぜられてこれに従わず、若しくは虚偽の報告をし、又は同項の規定による検査を拒み、妨げ、若しくは忌避したときは、都道府県知事は、当該指定小児慢性特定疾病医療機関に対する小児慢性特定疾病医療費の支払を一時差し止めることができる。

〔勧告・措置命令等〕

第一九条の一七 都道府県知事は、指定小児慢性特定疾病医療機関が、第十九条の十一又は第十九条の十二の規定に従つて小児慢性特定疾病医療支援を行つていないと認めるときは、当該指定小児慢性特定疾病医療機関の開設者に対し、期限を定めて、第十九条の十一又は第十九条の十二の規定を遵守すべきことを勧告することができる。

② 都道府県知事は、前項の規定による勧告をした場合において、その勧告を受けた指定小児慢性特定疾病医療機関の開設者が、同項の期限内にこれに従わなかつたときは、その旨を公表することができる。

③ 都道府県知事は、第一項の規定による勧告を受けた指定小児慢性特定疾病医療機関の開設者が、正当な理由がなくてその勧告に係る措置をとらなかつたときは、当該指定小児慢性特定疾病医療機関の開設者に対し、期限を定めて、その勧告に係る措置をとるべきことを命ずることができる。

④ 都道府県知事は、前項の規定による命令をしたときは、その旨を公示しなければならない。

〔指定の取消し等〕

第一九条の一八　都道府県知事は、次の各号のいずれかに該当する場合においては、当該指定小児慢性特定疾病医療機関に係る指定小児慢性特定疾病医療機関の指定を取り消し、又は期間を定めてその指定小児慢性特定疾病医療機関の指定の全部若しくは一部の効力を停止することができる。

一　指定小児慢性特定疾病医療機関が、第十九条の九第二項第一号から第三号まで、第九号又は第十号のいずれかに該当するに至つたとき。

二　指定小児慢性特定疾病医療機関が、第十九条の九第三項各号のいずれかに該当するに至つたとき。

三　指定小児慢性特定疾病医療機関が、第十九条の十一又は第十九条の十二の規定に違反したとき。

四　小児慢性特定疾病医療費の請求に関し不正があつたとき。

五　指定小児慢性特定疾病医療機関が、第十九条の十六第一項の規定により報告若しくは診療録、帳簿書類その他の物件の提出若しくは提示を命ぜられてこれに従わず、又は虚偽の報告をしたとき。

六　指定小児慢性特定疾病医療機関の開設者又は従業者が、第十九条の十六第一項の規定により出頭を求められてこれに応ぜず、同項の規定による質問に対して答弁せず、若しくは虚偽の答弁をし、又は同項の規定による検査を拒み、妨げ、若しくは忌避したとき。ただし、当該指定小児慢性特定疾病医療機関の従業者がその行為をした場合において、その行為を防止するため、当該指定小児慢性特定疾病医療機関の開設者が相当の注意及び監督を尽くしたときを除く。

七　指定小児慢性特定疾病医療機関が、不正の手段により指定小児慢性特定疾病医療機関の指定を受けたとき。

八　前各号に掲げる場合のほか、指定小児慢性特定疾病医療機関が、この法律その他国民の保健医療若しくは福祉に関する法律で政令で定めるもの又はこれらの法律に基づく命令若しくは処分に違反したとき。

九　前各号に掲げる場合のほか、指定小児慢性特定疾病医療機関が、小児慢性特定疾病医療支援に関し不正又は著しく不当な行為をしたとき。

十　指定小児慢性特定疾病医療機関が法人である場合において、その役員等のうちに指定小児慢性特定疾病医療機関の指定の取消し又は指定小児慢性特定疾病医療機関の指定の全部若しくは一部の効力の停止をしようとするとき前五年以内に小児慢性特定疾病医療支援に関し不正又は著しく不当な行為をした者があるに至つたとき。

十一　指定小児慢性特定疾病医療機関が法人でない場合において、その管理者が指定小児慢性特定疾病医療機関の指定の取消し又は指定小児慢性特定疾病医療機関の指定の全部若しくは一部の効力の停止をしようとするとき前五年以内に小児慢性特定疾病医療支援に関し不正又は著しく不当な行為をした者であるに至つたとき。

〔公示〕

第一九条の一九　都道府県知事は、次に掲げる場合には、その旨を公示しなければならない。

一　指定小児慢性特定疾病医療機関の指定をしたとき。

二　第十九条の十四の規定による届出（同条の厚生労働省令で定める事項の変更に係るものを除く。）があつたとき。

三　第十九条の十五の規定による指定小児慢性特定疾病医療機関の指定の辞退があつたとき。

四　前条の規定により指定小児慢性特定疾病医療機関の指定を取り消したとき。

〔都道府県知事による決定〕

第一九条の二〇　都道府県知事は、指定小児慢性特定疾病医療機関の診療内容及び小児慢性特定疾病医療費の請求を随時審査し、かつ、指定小児慢性特定疾病医療機関が第十九条の三第十項の規定によつて請求することができる小児慢性特定疾病医療費の額を決定することができる。

②　指定小児慢性特定疾病医療機関は、都道府県知事が行う前項の決定に従わなければならない。

③　都道府県知事は、第一項の規定により指定小児慢性特定疾病医療機関が請求することができる小児慢性特定疾病医療費の額を決定するに当たつては、社会保険診療報酬支払基金法（昭和二十三年法律第百二十九号）に定める審査委員会、国民健康保険法（昭和三十三年法律第百九十二号）に定める国民健康保険診療報酬審査委員会その他政令で定める医療に関する審査機関の意見を聴かなければならない。

④　都道府県は、指定小児慢性特定疾病医療機関に対する小児慢性特定疾病医療費の支払に関する事務を社会保険診療報酬支払基金、国民健康保険法第四十五条第五項に規定する国民健康保険団体連合会（以下「連合会」という。）その他厚生労働省令で定める者に委託することができる。

⑤　第一項の規定による小児慢性特定疾病医療費の額の決定については、審査請求をすることができない。

〔厚生労働省令への委任〕

第一九条の二一　この目に定めるもののほか、指定小児慢性特定疾病医療機関に関し必要な事項は、厚生労働省令で定める。

第三目　小児慢性特定疾病児童等自立支援事業

〔小児慢性特定疾病児童等自立支援事業〕

第一九条の二二　都道府県は、小児慢性特定疾病児童等自立支援事業として、小児慢性特定疾病児童等に対する医療及び小児慢性特定疾病児童等の福祉に関する各般の問題につき、小児慢性特定疾病児童等、その家族その他の関係者からの相談に応じ、必要な情報の提供及び助言を行うとともに、関係機関との連絡調整その他の厚生労働省令で定める便宜を供与する事業を行うものとする。

②　都道府県は、前項に掲げる事業のほか、小児慢性特定疾病児童等自立支援事業として、次に掲げる事業を行うことができる。

一　小児慢性特定疾病児童等について、医療機関その他の場所において、一時的に預かり、必要な療養上の管理、日常生活上の世話その他の必要な支援を行う事業

二　小児慢性特定疾病児童等が相互の交流を行う機会の提供その他の厚生労働省令で定める便宜を供与する事業

三　小児慢性特定疾病児童等に対し、雇用情報の提供その他小児慢性特定疾病児童等の就職に関し必要な支援を行う事業
四　小児慢性特定疾病児童等を現に介護する者の支援のため必要な事業
五　その他小児慢性特定疾病児童等の自立の支援のため必要な事業

③　都道府県は、前項各号に掲げる事業を行うに当たつては、関係機関並びに小児慢性特定疾病児童等及びその家族その他の関係者の意見を聴くものとする。

④　前三項に規定するもののほか、小児慢性特定疾病児童等自立支援事業の実施に関し必要な事項は、厚生労働省令で定める。

第三款　療育の給付

〔療育の給付、指定療育機関〕

第二〇条　都道府県は、結核にかかつている児童に対し、療養に併せて学習の援助を行うため、これを病院に入院させて療育の給付を行うことができる。

②　療育の給付は、医療並びに学習及び療養生活に必要な物品の支給とする。

③　前項の医療は、次に掲げる給付とする。
一　診察
二　薬剤又は治療材料の支給
三　医学的処置、手術及びその他の治療並びに施術
四　病院又は診療所への入院及びその療養に伴う世話その他の看護
五　移送

④　第二項の医療に係る療育の給付は、都道府県知事が次項の規定により指定する病院（以下「指定療育機関」という。）に委託して行うものとする。

⑤　都道府県知事は、病院の開設者の同意を得て、第二項の医療を担当させる機関を指定する。

⑥　前項の指定は、政令で定める基準に適合する病院について行うものとする。

⑦　指定療育機関は、三十日以上の予告期間を設けて、その指定を辞退することができる。

⑧　都道府県知事は、指定療育機関が第六項の規定に基づく政令で定める基準に適合しなくなつたとき、次条の規定に違反したとき、その他指定療育機関に第二項の医療を担当させるについて著しく不適当であると認められる理由があるときは、その指定を取り消すことができる。

〔指定療育機関の責務〕

第二一条　指定療育機関は、厚生労働大臣の定めるところにより、前条第二項の医療を担当しなければならない。

〔準用規定〕

第二一条の二　第十九条の十二及び第十九条の二十の規定は、指定療育機関について準用する。この場合において、必要な技術的読替えは、政令で定める。

〔報告・検査等〕

第二一条の三　都道府県知事は、指定療育機関の診療報酬の請求が適正であるかどうかを調査するため必要があると認めるときは、指定療育機関の管理者に対して必要な報告を求め、又は当該職員をして、指定療育機関について、その管理者の同意を得て、実地に診療録、帳簿書類その他の物件を検査させることができる。

②　指定療育機関の管理者が、正当な理由がなく、前項の報告の求めに応ぜず、若しくは虚偽の報告をし、又は同項の同意

を拒んだときは、都道府県知事は、当該指定療育機関に対する都道府県の診療報酬の支払を一時差し止めることを指示し、又は差し止めることができる。

③　厚生労働大臣は、前項に規定する都道府県知事の権限に属する事務について、児童の利益を保護する緊急の必要があると認めるときは、都道府県知事に対し同項の事務を行うことを指示することができる。

第四款　雑則

〔調査及び研究〕

第二一条の四　国は、小児慢性特定疾病の治療方法その他小児慢性特定疾病その他の疾病にかかつていることにより長期にわたり療養を必要とする児童等（第三項及び次条において「疾病児童等」という。）の健全な育成に資する調査及び研究を推進するものとする。

②　国は、前項に規定する調査及び研究の推進に当たつては、難病（難病の患者に対する医療等に関する法律第一条に規定する難病をいう。以下この項において同じ。）の患者に対する良質かつ適切な医療の確保を図るための基盤となる難病の発病の機構、診断及び治療方法に関する調査及び研究との適切な連携を図るよう留意するものとする。

③　厚生労働大臣は、第一項に規定する調査及び研究の成果を適切な方法により小児慢性特定疾病の治療方法その他疾病児童等の健全な育成に資する調査及び研究を行う者、医師、疾病児童等及びその家族その他の関係者に対して積極的に提供するものとする。

④　厚生労働大臣は、前項の規定により第一項に規定する調査及び研究の成果を提供するに当たつては、個人情報の保護に留意しなければならない。

〔基本方針〕

第二一条の五　厚生労働大臣は、良質かつ適切な小児慢性特定疾病医療支援の実施その他の疾病児童等の健全な育成に係る施策の推進を図るための基本的な方針を定めるものとする。

第二節　居宅生活の支援

第一款　障害児通所給付費、特例障害児通所給付費及び高額障害児通所給付費の支給

〔障害児通所給付費等〕

第二一条の五の二　障害児通所給付費及び特例障害児通所給付費の支給は、次に掲げる障害児通所支援に関して次条及び第二十一条の五の四の規定により支給する給付とする。

一　児童発達支援

二　医療型児童発達支援（医療に係るものを除く。）

三　放課後等デイサービス

四　居宅訪問型児童発達支援

五　保育所等訪問支援

〔障害児通所給付費〕

第二一条の五の三　市町村は、通所給付決定保護者が、第二十一条の五の七第八項に規定する通所給付決定の有効期間内において、都道府県知事が指定する障害児通所支援事業を行う者（以下「指定障害児通所支援事業者」という。）又は指定発達支援医療機関（以下「指定障害児通所支援事業者等」と総称する。）から障害児通所支援（以下「指定通所支援」という。）を受けたときは、当該通所給付決定保護者に対し、当該指定通所支援（同条第七項に規定する支給量の範囲内のものに限る。以下この条及び次条において同じ。）に要した費用（食事の提供に要する費用その他の日常生活に要

する費用のうち厚生労働省令で定める費用（以下「通所特定費用」という。）を除く。）について、障害児通所給付費を支給する。

② 障害児通所給付費の額は、一月につき、第一号に掲げる額から第二号に掲げる額を控除して得た額とする。

一　同一の月に受けた指定通所支援について、障害児通所支援の種類ごとに指定通所支援に通常要する費用（通所特定費用を除く。）につき、厚生労働大臣が定める基準により算定した費用の額（その額が現に当該指定通所支援に要した費用（通所特定費用を除く。）の額を超えるときは、当該現に指定通所支援に要した費用の額）を合計した額

二　当該通所給付決定保護者の家計の負担能力その他の事情をしん酌して政令で定める額（当該政令で定める額が前号に掲げる額の百分の十に相当する額を超えるときは、当該相当する額）

〔特例障害児通所給付費〕

第二一条の五の四　市町村は、次に掲げる場合において、必要があると認めるときは、厚生労働省令で定めるところにより、当該指定通所支援又は第二号に規定する基準該当通所支援（第二十一条の五の七第七項に規定する支給量の範囲内のものに限る。）に要した費用（通所特定費用を除く。）について、特例障害児通所給付費を支給することができる。

一　通所給付決定保護者が、第二十一条の五の六第一項の申請をした日から当該通所給付決定の効力が生じた日の前日までの間に、緊急その他やむを得ない理由により指定通所支援を受けたとき。

二　通所給付決定保護者が、指定通所支援以外の障害児通所支援（第二十一条の五の十九第一項の都道府県の条例で定める基準又は同条第二項の都道府県の条例で定める指定通所支援の事業の設備及び運営に関する基準に定める事項のうち都道府県の条例で定めるものを満たすと認められる事業を行う事業所により行われるものに限る。以下「基準該当通所支援」という。）を受けたとき。

三　その他政令で定めるとき。

② 都道府県が前項第二号の条例を定めるに当たつては、第一号から第三号までに掲げる事項については厚生労働省令で定める基準に従い定めるものとし、第四号に掲げる事項については厚生労働省令で定める基準を標準として定めるものとし、その他の事項については厚生労働省令で定める基準を参酌するものとする。

一　基準該当通所支援に従事する従業者及びその員数

二　基準該当通所支援の事業に係る居室の床面積その他基準該当通所支援の事業の設備に関する事項であつて障害児の健全な発達に密接に関連するものとして厚生労働省令で定めるもの

三　基準該当通所支援の事業の運営に関する事項であつて、障害児の保護者のサービスの適切な利用の確保、障害児の安全の確保及び秘密の保持に密接に関連するものとして厚生労働省令で定めるもの

四　基準該当通所支援の事業に係る利用定員

③ 特例障害児通所給付費の額は、一月につき、同一の月に受けた次の各号に掲げる障害児通所支援の区分に応じ、当該各号に定める額を合計した額から、それぞれ当該通所給付決定保護者の家計の負担能力その他の事情をしん酌して政令で定める額（当該政令で定める額が当該合計した額の百分の十に相当する額を超えるときは、当該相当する額）を控除して得た額を基準として、市町村が定める。

一　指定通所支援　前条第二項第一号の厚生労働大臣が定め

る基準により算定した費用の額（その額が現に当該指定通所支援に要した費用（通所特定費用を除く。）の額を超えるときは、当該現に指定通所支援に要した費用の額）

二　基準該当通所支援　障害児通所支援の種類ごとに基準該当通所支援に通常要する費用（通所特定費用を除く。）につき厚生労働大臣が定める基準により算定した費用の額（その額が現に当該基準該当通所支援に要した費用（通所特定費用を除く。）の額を超えるときは、当該現に基準該当通所支援に要した費用の額）

〔通所給付決定〕

第二十一条の五の五　障害児通所給付費又は特例障害児通所給付費（以下この款において「障害児通所給付費等」という。）の支給を受けようとする障害児の保護者は、市町村の障害児通所給付費等を支給する旨の決定（以下「通所給付決定」という。）を受けなければならない。

②　通所給付決定は、障害児の保護者の居住地の市町村が行うものとする。ただし、障害児の保護者が居住地を有しないとき、又は明らかでないときは、その障害児の保護者の現在地の市町村が行うものとする。

〔申請等〕

第二十一条の五の六　通所給付決定を受けようとする障害児の保護者は、厚生労働省令で定めるところにより、市町村に申請しなければならない。

②　市町村は、前項の申請があつたときは、次条第一項に規定する通所支給要否決定を行うため、厚生労働省令で定めるところにより、当該職員をして、当該申請に係る障害児又は障害児の保護者に面接をさせ、その心身の状況、その置かれている環境その他厚生労働省令で定める事項について調査をさせるものとする。この場合において、市町村は、当該調査を障害者の日常生活及び社会生活を総合的に支援するための法律第五十一条の十四第一項に規定する指定一般相談支援事業者その他の厚生労働省令で定める者（以下この条において「指定障害児相談支援事業者等」という。）に委託することができる。

③　前項後段の規定により委託を受けた指定障害児相談支援事業者等は、障害児の保健又は福祉に関する専門的知識及び技術を有するものとして厚生労働省令で定める者に当該委託に係る調査を行わせるものとする。

④　第二項後段の規定により委託を受けた指定障害児相談支援事業者等の役員（業務を執行する社員、取締役、執行役又はこれらに準ずる者をいい、相談役、顧問その他いかなる名称を有する者であるかを問わず、法人に対し業務を執行する社員、取締役、執行役又はこれらに準ずる者と同等以上の支配力を有するものと認められる者を含む。次項並びに第二十一条の五の十五第三項第六号（第二十四条の九第三項（第二十四条の十第四項において準用する場合を含む。）及び第二十四条の二十八第二項（第二十四条の二十九第四項において準用する場合を含む。）において準用する場合を含む。）、第二十四条の十七第十一号及び第二十四条の三十六第十一号において同じ。）若しくは前項の厚生労働省令で定める者又はこれらの職にあつた者は、正当な理由なしに、当該委託業務に関して知り得た個人の秘密を漏らしてはならない。

⑤　第二項後段の規定により委託を受けた指定障害児相談支援事業者等の役員又は第三項の厚生労働省令で定める者で、当該委託業務に従事するものは、刑法その他の罰則の適用については、法令により公務に従事する職員とみなす。

〔通所支給要否決定等〕

第二十一条の五の七　市町村は、前条第一項の申請が行われたときは、当該申請に係る障害児の心身の状態、当該障害児の介護を行う者の状況、当該障害児及びその保護者の障害児通所支援の利用に関する意向その他の厚生労働省令で定める事項を勘案して障害児通所給付費等の支給の要否の決定（以下この条において「通所支給要否決定」という。）を行うものとする。

② 市町村は、通所支給要否決定を行うに当たつて必要があると認めるときは、児童相談所その他厚生労働省令で定める機関（次項、第二十一条の五の十及び第二十一条の五の十三第三項において「児童相談所等」という。）の意見を聴くことができる。

③ 児童相談所等は、前項の意見を述べるに当たつて必要があると認めるときは、当該通所支給要否決定に係る障害児、その保護者及び家族、医師その他の関係者の意見を聴くことができる。

④ 市町村は、通所支給要否決定を行うに当たつて必要と認められる場合として厚生労働省令で定める場合には、厚生労働省令で定めるところにより、前条第一項の申請に係る障害児の保護者に対し、第二十四条の二十六第一項第一号に規定する指定障害児相談支援事業者が作成する障害児支援利用計画案の提出を求めるものとする。

⑤ 前項の規定により障害児支援利用計画案の提出を求められた障害児の保護者は、厚生労働省令で定める場合には、同項の障害児支援利用計画案に代えて厚生労働省令で定める障害児支援利用計画案を提出することができる。

⑥ 市町村は、前二項の障害児支援利用計画案の提出があつた場合には、第一項の厚生労働省令で定める事項及び当該障害児支援利用計画案を勘案して通所支給要否決定を行うものとする。

⑦ 市町村は、通所給付決定を行う場合には、障害児通所支援の種類ごとに月を単位として厚生労働省令で定める期間において障害児通所給付費等を支給する障害児通所支援の量（以下「支給量」という。）を定めなければならない。

⑧ 通所給付決定は、厚生労働省令で定める期間（以下「通所給付決定の有効期間」という。）内に限り、その効力を有する。

⑨ 市町村は、通所給付決定をしたときは、当該通所給付決定保護者に対し、厚生労働省令で定めるところにより、支給量、通所給付決定の有効期間その他の厚生労働省令で定める事項を記載した通所受給者証（以下「通所受給者証」という。）を交付しなければならない。

⑩ 指定通所支援を受けようとする通所給付決定保護者は、厚生労働省令で定めるところにより、指定障害児通所支援事業者等に通所受給者証を提示して当該指定通所支援を受けるものとする。ただし、緊急の場合その他やむを得ない事由のある場合については、この限りでない。

⑪ 通所給付決定保護者が指定障害児通所支援事業者等から指定通所支援を受けたとき（当該通所給付決定保護者が当該指定障害児通所支援事業者等に通所受給者証を提示したときに限る。）は、市町村は、当該通所給付決定保護者が当該指定障害児通所支援事業者等に支払うべき当該指定通所支援に要した費用（通所特定費用を除く。）について、障害児通所給付費として当該通所給付決定保護者に支給すべき額の限度において、当該通所給付決定保護者に代わり、当該指定障害児通所支援事業者等に支払うことができる。

⑫ 前項の規定による支払があつたときは、当該通所給付決定保護者に対し障害児通所給付費の支給があつたものとみなす。

⑬　市町村は、指定障害児通所支援事業者等から障害児通所給付費の請求があつたときは、第二十一条の五の三第二項第一号の厚生労働大臣が定める基準及び第二十一条の五の十九第二項の指定通所支援の事業の設備及び運営に関する基準（指定通所支援の取扱いに関する部分に限る。）に照らして審査の上、支払うものとする。

⑭　市町村は、前項の規定による審査及び支払に関する事務を連合会に委託することができる。

〔通所給付決定の変更〕

第二一条の五の八　通所給付決定保護者は、現に受けている通所給付決定に係る障害児通所支援の支給量その他の厚生労働省令で定める事項を変更する必要があるときは、厚生労働省令で定めるところにより、市町村に対し、当該通所給付決定の変更の申請をすることができる。

②　市町村は、前項の申請又は職権により、前条第一項の厚生労働省令で定める事項を勘案し、通所給付決定保護者につき、必要があると認めるときは、通所給付決定の変更の決定を行うことができる。この場合において、市町村は、当該決定に係る通所給付決定保護者に対し通所受給者証の提出を求めるものとする。

③　第二十一条の五の五第二項、第二十一条の五の六（第一項を除く。）及び前条（第一項を除く。）の規定は、前項の通所給付決定の変更の決定について準用する。この場合において、必要な技術的読替えは、政令で定める。

④　市町村は、第二項の通所給付決定の変更の決定を行つた場合には、通所受給者証に当該決定に係る事項を記載し、これを返還するものとする。

〔通所給付決定の取消し〕

第二一条の五の九　通所給付決定を行つた市町村は、次に掲げる場合には、当該通所給付決定を取り消すことができる。

一　通所給付決定に係る障害児が、指定通所支援及び基準該当通所支援を受ける必要がなくなつたと認めるとき。

二　通所給付決定保護者が、通所給付決定の有効期間内に、当該市町村以外の市町村の区域内に居住地を有するに至つたと認めるとき。

三　通所給付決定に係る障害児又はその保護者が、正当な理由なしに第二十一条の五の六第二項（前条第三項において準用する場合を含む。）の規定による調査に応じないとき。

四　その他政令で定めるとき。

②　前項の規定により通所給付決定の取消しを行つた市町村は、厚生労働省令で定めるところにより、当該取消しに係る通所給付決定保護者に対し通所受給者証の返還を求めるものとする。

〔都道府県による援助等〕

第二一条の五の一〇　都道府県は、市町村の求めに応じ、市町村が行う第二十一条の五の五から前条までの規定による業務に関し、その設置する児童相談所等による技術的事項についての協力その他市町村に対する必要な援助を行うものとする。

〔障害児通所給付費等の支給額の特例〕

第二一条の五の一一　市町村が、災害その他の厚生労働省令で定める特別の事情があることにより、障害児通所支援に要する費用を負担することが困難であると認めた通所給付決定保護者が受ける障害児通所給付費の支給について第二十一条の五の三第二項の規定を適用する場合においては、同項第二号中「額)」とあるのは、「額)の範囲内において市町村が定める額」とする。

②　前項に規定する通所給付決定保護者が受ける特例障害児通所給付費の支給について第二十一条の五の四第三項の規定を適用する場合においては、同項中「を控除して得た額を基準として、市町村が定める」とあるのは、「の範囲内において市町村が定める額を控除して得た額とする」とする。

〔高額障害児通所給付費〕

第二一条の五の一二　市町村は、通所給付決定保護者が受けた障害児通所支援に要した費用の合計額（厚生労働大臣が定める基準により算定した費用の額（その額が現に要した費用の額を超えるときは、当該現に要した額）の合計額を限度とする。）から当該費用につき支給された障害児通所給付費及び特例障害児通所給付費の合計額を控除して得た額が、著しく高額であるときは、当該通所給付決定保護者に対し、高額障害児通所給付費を支給する。

②　前項に定めるもののほか、高額障害児通所給付費の支給要件、支給額その他高額障害児通所給付費の支給に関し必要な事項は、指定通所支援に要する費用の負担の家計に与える影響を考慮して、政令で定める。

〔放課後等デイサービス障害児通所給付費等〕

第二一条の五の一三　市町村は、第二十一条の五の三第一項、第二十一条の五の四第一項又は前条第一項の規定にかかわらず、放課後等デイサービスを受けている障害児（以下この項において「通所者」という。）について、引き続き放課後等デイサービスを受けなければその福祉を損なうおそれがあると認めるときは、当該通所者が満十八歳に達した後においても、当該通所者からの申請により、当該通所者が満二十歳に達するまで、厚生労働省令で定めるところにより、引き続き放課後等デイサービスに係る障害児通所給付費、特例障害児通所給付費又は高額障害児通所給付費（次項において「放課後等デイサービス障害児通所給付費等」という。）を支給することができる。ただし、当該通所者が障害者の日常生活及び社会生活を総合的に支援するための法律第五条第七項に規定する生活介護その他の支援を受けることができる場合は、この限りでない。

②　前項の規定により放課後等デイサービス障害児通所給付費等を支給することができることとされた者については、その者を障害児又は障害児の保護者とみなして、第二十一条の五の三から前条までの規定を適用する。この場合において、必要な技術的読替えその他これらの規定の適用に関し必要な事項は、政令で定める。

③　市町村は、第一項の場合において必要があると認めるときは、児童相談所等の意見を聴くことができる。

〔厚生労働省令への委任〕

第二一条の五の一四　この款に定めるもののほか、障害児通所給付費、特例障害児通所給付費又は高額障害児通所給付費の支給及び指定障害児通所支援事業者等の障害児通所給付費の請求に関し必要な事項は、厚生労働省令で定める。

第二款　指定障害児通所支援事業者

〔指定障害児通所支援事業者の指定〕

第二一条の五の一五　第二十一条の五の三第一項の指定は、厚生労働省令で定めるところにより、障害児通所支援事業を行う者の申請により、障害児通所支援の種類及び障害児通所支援事業を行う事業所（以下「障害児通所支援事業所」という。）ごとに行う。

②　放課後等デイサービスその他の厚生労働省令で定める障害児通所支援（以下この項及び第五項並びに第二十一条の五の二十第一項において「特定障害児通所支援」という。）に係

る第二十一条の五の三第一項の指定は、当該特定障害児通所支援の量を定めてするものとする。

③ 都道府県知事は、第一項の申請があつた場合において、次の各号（医療型児童発達支援に係る指定の申請にあつては、第七号を除く。）のいずれかに該当するときは、指定障害児通所支援事業者の指定をしてはならない。

一 申請者が都道府県の条例で定める者でないとき。

二 当該申請に係る障害児通所支援事業所の従業者の知識及び技能並びに人員が、第二十一条の五の十九第一項の都道府県の条例で定める基準を満たしていないとき。

三 申請者が、第二十一条の五の十九第二項の都道府県の条例で定める指定通所支援の事業の設備及び運営に関する基準に従つて適正な障害児通所支援事業の運営をすることができないと認められるとき。

四 申請者が禁錮以上の刑に処せられ、その執行を終わり、又は執行を受けることがなくなるまでの者であるとき。

五 申請者が、この法律その他国民の保健医療若しくは福祉に関する法律で政令で定めるものの規定により罰金の刑に処せられ、その執行を終わり、又は執行を受けることがなくなるまでの者であるとき。

五の二 申請者が、労働に関する法律の規定であつて政令で定めるものにより罰金の刑に処せられ、その執行を終わり、又は執行を受けることがなくなるまでの者であるとき。

六 申請者が、第二十一条の五の二十四第一項又は第三十三条の十八第六項の規定により指定を取り消され、その取消しの日から起算して五年を経過しない者（当該指定を取り消された者が法人である場合においては、当該取消しの処分に係る行政手続法第十五条の規定による通知があつた日前六十日以内に当該法人の役員又はその障害児通所支援事業所を管理する者その他の政令で定める使用人（以下この条及び第二十一条の五の二十四第一項第十一号において「役員等」という。）であつた者で当該取消しの日から起算して五年を経過しないものを含み、当該指定を取り消された者が法人でない場合においては、当該通知があつた日前六十日以内に当該者の管理者であつた者で当該取消しの日から起算して五年を経過しないものを含む。）であるとき。ただし、当該指定の取消しが、指定障害児通所支援事業者の指定の取消しのうち当該指定の取消しの処分の理由となつた事実及び当該事実の発生を防止するための当該指定障害児通所支援事業者による業務管理体制の整備についての取組の状況その他の当該事実に関して当該指定障害児通所支援事業者が有していた責任の程度を考慮して、この号本文に規定する指定の取消しに該当しないこととすることが相当であると認められるものとして厚生労働省令で定めるものに該当する場合を除く。

七 申請者と密接な関係を有する者（申請者（法人に限る。以下この号において同じ。）の株式の所有その他の事由を通じて当該申請者の事業を実質的に支配し、若しくはその事業に重要な影響を与える関係にある者として厚生労働省令で定めるもの（以下この号において「申請者の親会社等」という。）、申請者の親会社等が株式の所有その他の事由を通じてその事業を実質的に支配し、若しくはその事業に重要な影響を与える関係にある者として厚生労働省令で定めるもの又は当該申請者が株式の所有その他の事由を通じてその事業を実質的に支配し、若しくはその事業に重要な影響を与える関係にある者として厚生労働省令で定めるもののうち、当該申請者と厚生労働省令で定める密接な関係を有する法人をいう。）が、第二十一条の五の二十四第一項又は第三十三条の十八第六項の規定により指定を取り消され、その取消しの日から起算して五年を経過していないとき。ただし、当該指定の取消しが、指定障害児通所支援事業者の指定の取消しのうち当該指定の取消しの処分の理由となつた事実及び当該事実の発生を防止するための当該指定障害児通所支援事業者による業務管理体制の整備についての取組の状況その他の当該事実に関して当該指定障害児通所支援事業者が有していた責任の程度を考慮して、この号本文に規定する指定の取消しに該当しないこととすることが相当であると認められるものとして厚生労働省令で定めるものに該当する場合を除く。

八　削除

九　申請者が、第二十一条の五の二十四第一項又は第三十三条の十八第六項の規定による指定の取消しの処分に係る行政手続法第十五条の規定による通知があつた日から当該処分をする日又は処分をしないことを決定する日までの間に第二十一条の五の二十第四項の規定による事業の廃止の届出をした者（当該事業の廃止について相当の理由がある者を除く。）で、当該届出の日から起算して五年を経過しないものであるとき。

十　申請者が、第二十一条の五の二十二第一項の規定による検査が行われた日から聴聞決定予定日（当該検査の結果に基づき第二十一条の五の二十四第一項の規定による指定の取消しの処分に係る聴聞を行うか否かの決定をすることが見込まれる日として厚生労働省令で定めるところにより都道府県知事が当該申請者に当該検査が行われた日から十日以内に特定の日を通知した場合における当該特定の日をいう。）までの間に第二十一条の五の二十第四項の規定による事業の廃止の届出をした者（当該事業の廃止について相当の理由がある者を除く。）で、当該届出の日から起算して五年を経過しないものであるとき。

十一　第九号に規定する期間内に第二十一条の五の二十第四項の規定による事業の廃止の届出があつた場合において、申請者が、同号の通知の日前六十日以内に当該事業の廃止の届出に係る法人（当該事業の廃止について相当の理由がある法人を除く。）の役員等又は当該届出に係る法人でない者（当該事業の廃止について相当の理由がある者を除く。）の管理者であつた者で、当該届出の日から起算して五年を経過しないものであるとき。

十二　申請者が、指定の申請前五年以内に障害児通所支援に関し不正又は著しく不当な行為をした者であるとき。

十三　申請者が、法人で、その役員等のうちに第四号から第六号まで又は第九号から前号までのいずれかに該当する者のあるものであるとき。

十四　申請者が、法人でない者で、その管理者が第四号から第六号まで又は第九号から第十二号までのいずれかに該当する者であるとき。

④　都道府県が前項第一号の条例を定めるに当たつては、厚生労働省令で定める基準に従い定めるものとする。

⑤　都道府県知事は、特定障害児通所支援につき第一項の申請があつた場合において、当該都道府県又は当該申請に係る障害児通所支援事業所の所在地を含む区域（第三十三条の二十二第二項第二号の規定により都道府県が定める区域をいう。）における当該申請に係る種類ごとの指定通所支援の量が、同条第一項の規定により当該都道府県が定める都道府県障害児福祉計画において定める当該都道府県若しくは当該区域の当該指定通所支援の必要な量に既に達しているか、又は

当該申請に係る事業者の指定によつてこれを超えることになると認めるとき、その他の当該都道府県障害児福祉計画の達成に支障を生ずるおそれがあると認めるときは、第二十一条の五の三第一項の指定をしないことができる。

〔指定の更新〕

第二十一条の五の十六　第二十一条の五の三第一項の指定は、六年ごとにその更新を受けなければ、その期間の経過によつて、その効力を失う。

② 前項の更新の申請があつた場合において、同項の期間（以下この条において「指定の有効期間」という。）の満了の日までにその申請に対する処分がされないときは、従前の指定は、指定の有効期間の満了後もその処分がされるまでの間は、なおその効力を有する。

③ 前項の場合において、指定の更新がされたときは、その指定の有効期間は、従前の指定の有効期間の満了の日の翌日から起算するものとする。

④ 前条の規定は、第一項の指定の更新について準用する。この場合において、必要な技術的読替えは、政令で定める。

〔共生型障害児通所支援事業者の特例〕

第二十一条の五の十七　児童発達支援その他厚生労働省令で定める障害児通所支援に係る障害児通所支援事業所について、介護保険法（平成九年法律第百二十三号）第四十一条第一項本文の指定（当該障害児通所支援事業所により行われる障害児通所支援の種類に応じて厚生労働省令で定める種類の同法第八条第一項に規定する居宅サービスに係るものに限る。）、同法第四十二条の二第一項本文の指定（当該障害児通所支援事業所により行われる障害児通所支援の種類に応じて厚生労働省令で定める種類の同法第八条第十四項に規定する地域密着型サービスに係るものに限る。）、同法第五十三条第一項本文の指定（当該障害児通所支援事業所により行われる障害児通所支援の種類に応じて厚生労働省令で定める種類の同法第八条の二第一項に規定する介護予防サービスに係るものに限る。）若しくは同法第五十四条の二第一項本文の指定（当該障害児通所支援事業所により行われる障害児通所支援の種類に応じて厚生労働省令で定める種類の同法第八条の二第十二項に規定する地域密着型介護予防サービスに係るものに限る。）又は障害者の日常生活及び社会生活を総合的に支援するための法律第二十九条第一項の指定障害福祉サービス事業者の指定（当該障害児通所支援事業所により行われる障害児通所支援の種類に応じて厚生労働省令で定める種類の同法第五条第一項に規定する障害福祉サービスに係るものに限る。）を受けている者から当該障害児通所支援事業所に係る第二十一条の五の十五第一項（前条第四項において準用する場合を含む。）の申請があつた場合において、次の各号のいずれにも該当するときにおける第二十一条の五の十五第三項（前条第四項において準用する場合を含む。以下この項において同じ。）の規定の適用については、第二十一条の五の十五第三項第二号中「第二十一条の五の十九第一項の」とあるのは「第二十一条の五の十七第一項第一号の指定通所支援に従事する従業者に係る」と、同項第三号中「第二十一条の五の十九第二項」とあるのは「第二十一条の五の十七第一項第二号」とする。ただし、申請者が、厚生労働省令で定めるところにより、別段の申出をしたときは、この限りでない。

一　当該申請に係る障害児通所支援事業所の従業者の知識及び技能並びに人員が、指定通所支援に従事する従業者に係る都道府県の条例で定める基準を満たしていること。

二　申請者が、都道府県の条例で定める指定通所支援の事業の設備及び運営に関する基準に従つて適正な障害児通所支援事業の運営をすることができると認められること。

② 都道府県が前項各号の条例を定めるに当たつては、第一号から第三号までに掲げる事項については厚生労働省令で定める基準に従い定めるものとし、第四号に掲げる事項については厚生労働省令で定める基準を標準として定めるものとし、その他の事項については厚生労働省令で定める基準を参酌するものとする。

一 指定通所支援に従事する従業者及びその員数

二 指定通所支援の事業に係る居室の床面積その他指定通所支援の事業の設備に関する事項であつて障害児の健全な発達に密接に関連するものとして厚生労働省令で定めるもの

三 指定通所支援の事業の運営に関する事項であつて、障害児の保護者のサービスの適切な利用の確保並びに障害児の適切な処遇及び安全の確保並びに秘密の保持に密接に関連するものとして厚生労働省令で定めるもの

四 指定通所支援の事業に係る利用定員

③ 第一項の場合において、同項に規定する者が同項の申請に係る第二十一条の五の三第一項の指定を受けたときは、その者に対しては、第二十一条の五の十九第三項の規定は適用せず、次の表の上欄に掲げる規定の適用については、これらの規定中同表の中欄に掲げる字句は、それぞれ同表の下欄に掲げる字句とする。

第二十一条の五の七第十三項	第二十一条の五の十九第二項	第二十一条の五の十七第一項第二号
第二十一条の五の十九第一項	都道府県	第二十一条の五の十七第一項第一号の指定通所支援に従事する従業者に係る都道府県
第二十一条の五の十九第二項	指定通所支援の事業	第二十一条の五の十七第一項第二号の指定通所支援の事業
第二十一条の五の二十三第一項第一号	第二十一条の五の十九第一項の	第二十一条の五の十七第一項第一号の指定通所支援に従事する従業者に係る
第二十一条の五の二十三第一項第二号	第二十一条の五の十九第二項	第二十一条の五の十七第一項第二号
第二十一条の五の二十四第一項第三号	第二十一条の五の十九第一項の	第二十一条の五の十七第一項第一号の指定通所支援に従事する従業者に係る
第二十一条の五の二十四第一項第四号	第二十一条の五の十九第二項	第二十一条の五の十七第一項第二号

④ 第一項に規定する者であつて、同項の申請に係る第二十一条の五の三第一項の指定を受けたものから、次の各号のいずれかの届出があつたときは、当該指定に係る指定通所支援の事業について、第二十一条の五の二十第四項の規定による事業の廃止又は休止の届出があつたものとみなす。

一 介護保険法第四十一条第一項に規定する指定居宅サービスの事業（当該指定に係る障害児通所支援事業所において行うものに限る。）に係る同法第七十五条第二項の規定による事業の廃止又は休止の届出

二 介護保険法第五十三条第一項に規定する指定介護予防サービスの事業（当該指定に係る障害児通所支援事業所において行うものに限る。）に係る同法第百十五条の五第二項の規定による事業の廃止又は休止の届出

三　障害者の日常生活及び社会生活を総合的に支援するための法律第二十九条第一項に規定する指定障害福祉サービスの事業（当該指定に係る障害児通所支援事業所において行うものに限る。）に係る同法第四十六条第二項の規定による事業の廃止又は休止の届出

⑤　第一項に規定する者であつて、同項の申請に係る第二十一条の五の三第一項の指定を受けたものは、介護保険法第四十二条の二第一項に規定する指定地域密着型サービスの事業（当該指定に係る障害児通所支援事業所において行うものに限る。）又は同法第五十四条の二第一項に規定する指定地域密着型介護予防サービスの事業（当該指定に係る障害児通所支援事業所において行うものに限る。）を廃止し、又は休止しようとするときは、厚生労働省令で定めるところにより、その廃止又は休止の日の一月前までに、その旨を当該指定を行つた都道府県知事に届け出なければならない。この場合において、当該届出があつたときは、当該指定に係る指定通所支援の事業について、第二十一条の五の二十第四項の規定による事業の廃止又は休止の届出があつたものとみなす。

〔指定障害児事業者等の責務〕

第二十一条の五の十八　指定障害児通所支援事業者及び指定発達支援医療機関の設置者（以下「指定障害児事業者等」という。）は、障害児が自立した日常生活又は社会生活を営むことができるよう、障害児及びその保護者の意思をできる限り尊重するとともに、行政機関、教育機関その他の関係機関との緊密な連携を図りつつ、障害児通所支援を当該障害児の意向、適性、障害の特性その他の事情に応じ、常に障害児及びその保護者の立場に立つて効果的に行うように努めなければならない。

②　指定障害児事業者等は、その提供する障害児通所支援の質の評価を行うことその他の措置を講ずることにより、障害児通所支援の質の向上に努めなければならない。

③　指定障害児事業者等は、障害児の人格を尊重するとともに、この法律又はこの法律に基づく命令を遵守し、障害児及びその保護者のため忠実にその職務を遂行しなければならない。

〔基準〕

第二十一条の五の十九　指定障害児事業者等は、都道府県の条例で定める基準に従い、当該指定に係る障害児通所支援事業所又は指定発達支援医療機関ごとに、当該指定通所支援に従事する従業者を有しなければならない。

②　指定障害児事業者等は、都道府県の条例で定める指定通所支援の事業の設備及び運営に関する基準に従い、指定通所支援を提供しなければならない。

③　都道府県が前二項の条例を定めるに当たつては、第一号から第三号までに掲げる事項については厚生労働省令で定める基準に従い定めるものとし、第四号に掲げる事項については厚生労働省令で定める基準を標準として定めるものとし、その他の事項については厚生労働省令で定める基準を参酌するものとする。

一　指定通所支援に従事する従業者及びその員数

二　指定通所支援の事業に係る居室及び病室の床面積その他指定通所支援の事業の設備に関する事項であつて障害児の健全な発達に密接に関連するものとして厚生労働省令で定めるもの

三　指定通所支援の事業の運営に関する事項であつて、障害児の保護者のサービスの適切な利用の確保並びに障害児の適切な処遇及び安全の確保並びに秘密の保持に密接に関連するものとして厚生労働省令で定めるもの

四　指定通所支援の事業に係る利用定員

④　指定障害児通所支援事業者は、次条第四項の規定による事業の廃止又は休止の届出をしたときは、当該届出の日前一月以内に当該指定通所支援を受けていた者であって、当該事業の廃止又は休止の日以後においても引き続き当該指定通所支援に相当する支援の提供を希望する者に対し、必要な障害児通所支援が継続的に提供されるよう、他の指定障害児事業者等その他関係者との連絡調整その他の便宜の提供を行わなければならない。

〔変更の申請等〕

第二一条の五の二〇　指定障害児通所支援事業者は、第二十一条の五の三第一項の指定に係る特定障害児通所支援の量を増加しようとするときは、厚生労働省令で定めるところにより、同項の指定の変更を申請することができる。

②　第二十一条の五の十五第三項から第五項までの規定は、前項の指定の変更の申請があつた場合について準用する。この場合において、必要な技術的読替えは、政令で定める。

③　指定障害児通所支援事業者は、当該指定に係る障害児通所支援事業所の名称及び所在地その他厚生労働省令で定める事項に変更があつたとき、又は休止した当該指定通所支援の事業を再開したときは、厚生労働省令で定めるところにより、十日以内に、その旨を都道府県知事に届け出なければならない。

④　指定障害児通所支援事業者は、当該指定通所支援の事業を廃止し、又は休止しようとするときは、厚生労働省令で定めるところにより、その廃止又は休止の日の一月前までに、その旨を都道府県知事に届け出なければならない。

〔連絡調整、援助〕

第二一条の五の二一　都道府県知事又は市町村長は、第二十一条の五の十九第四項に規定する便宜の提供が円滑に行われるため必要があると認めるときは、当該指定障害児通所支援事業者その他の関係者相互間の連絡調整又は当該指定障害児通所支援事業者その他の関係者に対する助言その他の援助を行うことができる。

②　厚生労働大臣は、同一の指定障害児通所支援事業者について二以上の都道府県知事が前項の規定による連絡調整又は援助を行う場合において、第二十一条の五の十九第四項に規定する便宜の提供が円滑に行われるため必要があると認めるときは、当該都道府県知事相互間の連絡調整又は当該指定障害児通所支援事業者に対する都道府県の区域を超えた広域的な見地からの助言その他の援助を行うことができる。

〔報告・検査等〕

第二一条の五の二二　都道府県知事又は市町村長は、必要があると認めるときは、指定障害児通所支援事業者若しくは指定障害児通所支援事業者であつた者若しくは当該指定に係る障害児通所支援事業所の従業者であつた者（以下この項において「指定障害児通所支援事業者であつた者等」という。）に対し、報告若しくは帳簿書類その他の物件の提出若しくは提示を命じ、指定障害児通所支援事業者若しくは当該指定に係る障害児通所支援事業所の従業者若しくは指定障害児通所支援事業者であつた者等に対し出頭を求め、又は当該職員に、関係者に対し質問させ、若しくは当該指定障害児通所支援事業者の当該指定に係る障害児通所支援事業所、事務所その他当該指定通所支援の事業に関係のある場所に立ち入り、その設備若しくは帳簿書類その他の物件を検査させることができる。

②　前項の規定は、指定発達支援医療機関の設置者について準用する。この場合において、必要な技術的読替えは、政令で

定める。

③　第十九条の十六第二項の規定は第一項（前項において準用する場合を含む。）の規定による質問又は検査について、同条第三項の規定は第一項（前項において準用する場合を含む。）の規定による権限について準用する。

〔勧告・措置命令〕

第二一条の五の二三　都道府県知事は、指定障害児事業者等が、次の各号（指定発達支援医療機関の設置者にあつては、第三号を除く。以下この項及び第五項において同じ。）に掲げる場合に該当すると認めるときは、当該指定障害児事業者等に対し、期限を定めて、当該各号に定める措置をとるべきことを勧告することができる。

一　当該指定に係る障害児通所支援事業所又は指定発達支援医療機関の従業者の知識若しくは技能又は人員について第二十一条の五の十九第一項の都道府県の条例で定める基準に適合していない場合　当該基準を遵守すること。

二　第二十一条の五の十九第二項の都道府県の条例で定める指定通所支援の事業の設備及び運営に関する基準に従つて適正な指定通所支援の事業の運営をしていない場合　当該基準を遵守すること。

三　第二十一条の五の十九第四項に規定する便宜の提供を適正に行つていない場合　当該便宜の提供を適正に行うこと。

②　都道府県知事は、前項の規定による勧告をした場合において、その勧告を受けた指定障害児事業者等が、同項の期限内にこれに従わなかつたときは、その旨を公表することができる。

③　都道府県知事は、第一項の規定による勧告を受けた指定障害児事業者等が、正当な理由がなくてその勧告に係る措置をとらなかつたときは、当該指定障害児事業者等に対し、期限を定めて、その勧告に係る措置をとるべきことを命ずることができる。

④　都道府県知事は、前項の規定による命令をしたときは、その旨を公示しなければならない。

⑤　市町村は、障害児通所給付費の支給に係る指定通所支援を行つた指定障害児事業者等について、第一項各号に掲げる場合のいずれかに該当すると認めるときは、その旨を当該指定に係る障害児通所支援事業所又は指定発達支援医療機関の所在地の都道府県知事に通知しなければならない。

〔指定の取消し等〕

第二一条の五の二四　都道府県知事は、次の各号のいずれかに該当する場合においては、当該指定障害児通所支援事業者に係る第二十一条の五の三第一項の指定を取り消し、又は期間を定めてその指定の全部若しくは一部の効力を停止することができる。

一　指定障害児通所支援事業者が、第二十一条の五の十五第三項第四号から第五号の二まで、第十三号又は第十四号のいずれかに該当するに至つたとき。

二　指定障害児通所支援事業者が、第二十一条の五の十八第三項の規定に違反したと認められるとき。

三　指定障害児通所支援事業者が、当該指定に係る障害児通所支援事業所の従業者の知識若しくは技能又は人員について、第二十一条の五の十九第一項の都道府県の条例で定める基準を満たすことができなくなつたとき。

四　指定障害児通所支援事業者が、第二十一条の五の十九第二項の都道府県の条例で定める指定通所支援の事業の設備及び運営に関する基準に従つて適正な指定通所支援の事業の運営をすることができなくなつたとき。

五　障害児通所給付費又は肢体不自由児通所医療費の請求に関し不正があつたとき。
六　指定障害児通所支援事業者が、第二十一条の五の二十二第一項の規定により報告又は帳簿書類その他の物件の提出若しくは提示を命ぜられてこれに従わず、又は虚偽の報告をしたとき。
七　指定障害児通所支援事業者又は当該指定に係る障害児通所支援事業所の従業者が、第二十一条の五の二十二第一項の規定により出頭を求められてこれに応ぜず、同項の規定による質問に対して答弁せず、若しくは虚偽の答弁をし、又は同項の規定による立入り若しくは検査を拒み、妨げ、若しくは忌避したとき。ただし、当該指定に係る障害児通所支援事業所の従業者がその行為をした場合において、その行為を防止するため、当該指定障害児通所支援事業者が相当の注意及び監督を尽くしたときを除く。
八　指定障害児通所支援事業者が、不正の手段により第二十一条の五の三第一項の指定を受けたとき。
九　前各号に掲げる場合のほか、指定障害児通所支援事業者が、この法律その他国民の保健医療若しくは福祉に関する法律で政令で定めるもの又はこれらの法律に基づく命令若しくは処分に違反したとき。
十　前各号に掲げる場合のほか、指定障害児通所支援事業者が、障害児通所支援に関し不正又は著しく不当な行為をしたとき。
十一　指定障害児通所支援事業者が法人である場合において、その役員等のうちに指定の取消し又は指定の全部若しくは一部の効力の停止をしようとするとき前五年以内に障害児通所支援に関し不正又は著しく不当な行為をした者があるとき。
十二　指定障害児通所支援事業者が法人でない場合において、その管理者が指定の取消し又は指定の全部若しくは一部の効力の停止をしようとするとき前五年以内に障害児通所支援に関し不正又は著しく不当な行為をした者であるとき。

②　市町村は、障害児通所給付費等の支給に係る障害児通所支援又は肢体不自由児通所医療費の支給に係る第二十一条の五の二十九第一項に規定する肢体不自由児通所医療を行つた指定障害児通所支援事業者について、前項各号のいずれかに該当すると認めるときは、その旨を当該指定に係る障害児通所支援事業所の所在地の都道府県知事に通知しなければならない。

〔公示〕

第二十一条の五の二十五　都道府県知事は、次に掲げる場合には、その旨を公示しなければならない。
一　第二十一条の五の三第一項の指定障害児通所支援事業者の指定をしたとき。
二　第二十一条の五の二十第四項の規定による事業の廃止の届出があつたとき。
三　前条第一項又は第三十三条の十八第六項の規定により指定障害児通所支援事業者の指定を取り消したとき。

第三款　業務管理体制の整備等

〔業務管理体制の整備等〕

第二十一条の五の二十六　指定障害児事業者等は、第二十一条の五の十八第三項に規定する義務の履行が確保されるよう、厚生労働省令で定める基準に従い、業務管理体制を整備しなければならない。

②　指定障害児事業者等は、次の各号に掲げる区分に応じ、当

該各号に定める者に対し、厚生労働省令で定めるところにより、業務管理体制の整備に関する事項を届け出なければならない。

一　次号から第四号までに掲げる指定障害児通所支援事業者以外の指定障害児通所支援事業者　都道府県知事

二　当該指定に係る障害児通所支援事業所が一の地方自治法第二百五十二条の十九第一項の指定都市（以下「指定都市」という。）の区域に所在する指定障害児通所支援事業者　指定都市の長

三　当該指定に係る障害児通所支援事業所が一の地方自治法第二百五十二条の二十二第一項の中核市（以下「中核市」という。）の区域に所在する指定障害児通所支援事業者　中核市の長

四　当該指定に係る障害児通所支援事業所が二以上の都道府県の区域に所在する指定障害児通所支援事業者及び指定発達支援医療機関の設置者　厚生労働大臣

③　前項の規定により届出をした指定障害児事業者等は、その届け出た事項に変更があつたときは、厚生労働省令で定めるところにより、遅滞なく、その旨を当該届出をした厚生労働大臣、都道府県知事又は指定都市若しくは中核市の長（以下この款において「厚生労働大臣等」という。）に届け出なければならない。

④　第二項の規定による届出をした指定障害児通所支援事業者は、同項各号に掲げる区分の変更により、同項の規定により当該届出をした厚生労働大臣等以外の厚生労働大臣等に届出を行うときは、厚生労働省令で定めるところにより、その旨を当該届出をした厚生労働大臣等にも届け出なければならない。

⑤　厚生労働大臣等は、前三項の規定による届出が適正になされるよう、相互に密接な連携を図るものとする。

〔報告・検査等〕

第二一条の五の二七　前条第二項の規定による届出を受けた厚生労働大臣等は、当該届出をした指定障害児事業者等（同条第四項の規定による届出を受けた厚生労働大臣等にあつては、同項の規定による届出をした指定障害児通所支援事業者を除く。）における同条第一項の規定による業務管理体制の整備に関して必要があると認めるときは、当該指定障害児事業者等に対し、報告若しくは帳簿書類その他の物件の提出若しくは提示を命じ、当該指定障害児事業者等若しくは当該指定障害児事業者等の従業者に対し出頭を求め、又は当該職員に、関係者に対し質問させ、若しくは当該指定障害児事業者等の当該指定に係る障害児通所支援事業所、事務所その他の指定通所支援の提供に関係のある場所に立ち入り、その設備若しくは帳簿書類その他の物件を検査させることができる。

②　厚生労働大臣又は指定都市若しくは中核市の長が前項の権限を行うときは、当該指定障害児通所支援事業者に係る指定を行つた都道府県知事（次条第五項において「関係都道府県知事」という。）と密接な連携の下に行うものとする。

③　都道府県知事は、その行つた又はその行おうとする指定に係る指定障害児通所支援事業者における前条第一項の規定による業務管理体制の整備に関して必要があると認めるときは、厚生労働大臣又は指定都市若しくは中核市の長に対し、第一項の権限を行うよう求めることができる。

④　厚生労働大臣又は指定都市若しくは中核市の長は、前項の規定による都道府県知事の求めに応じて第一項の権限を行つたときは、厚生労働省令で定めるところにより、その結果を当該権限を行うよう求めた都道府県知事に通知しなければならない。

⑤　第十九条の十六第二項の規定は第一項の規定による質問又は検査について、同条第三項の規定は第一項の規定による権限について準用する。

〔勧告・措置命令〕

第二一条の五の二八　第二十一条の五の二十六第二項の規定による届出を受けた厚生労働大臣等は、当該届出をした指定障害児事業者等（同条第四項の規定による届出を受けた厚生労働大臣等にあつては、同項の規定による届出をした指定障害児通所支援事業者を除く。）が、同条第一項の厚生労働省令で定める基準に従つて適正な業務管理体制の整備をしていないと認めるときは、当該指定障害児事業者等に対し、期限を定めて、当該厚生労働省令で定める基準に従つて適正な業務管理体制を整備すべきことを勧告することができる。

②　厚生労働大臣等は、前項の規定による勧告をした場合において、その勧告を受けた指定障害児事業者等が、同項の期限内にこれに従わなかつたときは、その旨を公表することができる。

③　厚生労働大臣等は、第一項の規定による勧告を受けた指定障害児事業者等が、正当な理由がなくてその勧告に係る措置をとらなかつたときは、当該指定障害児事業者等に対し、期限を定めて、その勧告に係る措置をとるべきことを命ずることができる。

④　厚生労働大臣等は、前項の規定による命令をしたときは、その旨を公示しなければならない。

⑤　厚生労働大臣又は指定都市若しくは中核市の長は、指定障害児通所支援事業者が第三項の規定による命令に違反したときは、厚生労働省令で定めるところにより、当該違反の内容を関係都道府県知事に通知しなければならない。

第四款　肢体不自由児通所医療費の支給

〔肢体不自由児通所医療費〕

第二一条の五の二九　市町村は、通所給付決定に係る障害児が、通所給付決定の有効期間内において、指定障害児通所支援事業者等（病院その他厚生労働省令で定める施設に限る。以下この款において同じ。）から医療型児童発達支援のうち治療に係るもの（以下この条において「肢体不自由児通所医療」という。）を受けたときは、当該障害児に係る通所給付決定保護者に対し、当該肢体不自由児通所医療に要した費用について、肢体不自由児通所医療費を支給する。

②　肢体不自由児通所医療費の額は、一月につき、肢体不自由児通所医療（食事療養を除く。）につき健康保険の療養に要する費用の額の算定方法の例により算定した額から、当該通所給付決定保護者の家計の負担能力その他の事情をしん酌して政令で定める額（当該政令で定める額が当該算定した額の百分の十に相当する額を超えるときは、当該相当する額）を控除して得た額とする。

③　通所給付決定に係る障害児が指定障害児通所支援事業者等から肢体不自由児通所医療を受けたときは、市町村は、当該障害児に係る通所給付決定保護者が当該指定障害児通所支援事業者等に支払うべき当該肢体不自由児通所医療に要した費用について、肢体不自由児通所医療費として当該通所給付決定保護者に支給すべき額の限度において、当該通所給付決定保護者に代わり、当該指定障害児通所支援事業者等に支払うことができる。

④　前項の規定による支払があつたときは、当該通所給付決定保護者に対し肢体不自由児通所医療費の支給があつたものとみなす。

〔準用規定〕

第二十一条の五の三〇　第十九条の十二及び第十九条の二十の規定は指定障害児通所支援事業者等に対する肢体不自由児通所医療費の支給について、第二十一条の規定は指定障害児通所支援事業者等について、それぞれ準用する。この場合において、必要な技術的読替えは、政令で定める。

〔健康保険等の給付との調整〕

第二十一条の五の三一　肢体不自由児通所医療費の支給は、当該障害の状態につき、健康保険法の規定による家族療養費その他の法令に基づく給付であつて政令で定めるもののうち肢体不自由児通所医療費の支給に相当するものを受けることができるときは政令で定める限度において、当該政令で定める給付以外の給付であつて国又は地方公共団体の負担において肢体不自由児通所医療費の支給に相当するものが行われたときはその限度において、行わない。

〔厚生労働省令への委任〕

第二十一条の五の三二　この款に定めるもののほか、肢体不自由児通所医療費の支給及び指定障害児通所支援事業者等の肢体不自由児通所医療費の請求に関し必要な事項は、厚生労働省令で定める。

第五款　障害児通所支援及び障害福祉サービスの措置

〔障害児通所支援等の措置〕

第二十一条の六　市町村は、障害児通所支援又は障害者の日常生活及び社会生活を総合的に支援するための法律第五条第一項に規定する障害福祉サービス（以下「障害福祉サービス」という。）を必要とする障害児の保護者が、やむを得ない事由により障害児通所給付費若しくは特例障害児通所給付費又は同法に規定する介護給付費若しくは特例介護給付費（第五十六条の六第一項において「介護給付費等」という。）の支給を受けることが著しく困難であると認めるときは、当該障害児につき、政令で定める基準に従い、障害児通所支援若しくは障害福祉サービスを提供し、又は当該市町村以外の者に障害児通所支援若しくは障害福祉サービスの提供を委託することができる。

〔障害児通所支援事業者等の受託義務〕

第二十一条の七　障害児通所支援事業を行う者及び障害者の日常生活及び社会生活を総合的に支援するための法律第五条第一項に規定する障害福祉サービス事業を行う者は、前条の規定による委託を受けたときは、正当な理由がない限り、これを拒んではならない。

第六款　子育て支援事業

〔子育て支援事業の体制整備〕

第二十一条の八　市町村は、次条に規定する子育て支援事業に係る福祉サービスその他地域の実情に応じたきめ細かな福祉サービスが積極的に提供され、保護者が、その児童及び保護者の心身の状況、これらの者の置かれている環境その他の状況に応じて、当該児童を養育するために最も適切な支援が総合的に受けられるように、福祉サービスを提供する者又はこれに参画する者の活動の連携及び調整を図るようにすることその他の地域の実情に応じた体制の整備に努めなければならない。

〔子育て支援事業の実施〕

第二十一条の九　市町村は、児童の健全な育成に資するため、その区域内において、放課後児童健全育成事業、子育て短期支援事業、乳児家庭全戸訪問事業、養育支援訪問事業、地域子育て支援拠点事業、一時預かり事業、病児保育事業及び子育て援助活動支援事業並びに次に掲げる事業であつて主務省令で定めるもの（以下「子育て支援事業」という。）が着実に実施されるよう、必要な措置の実施に努めなければならない。

一　児童及びその保護者又はその他の者の居宅において保護者の児童の養育を支援する事業

二　保育所その他の施設において保護者の児童の養育を支援する事業

三　地域の児童の養育に関する各般の問題につき、保護者からの相談に応じ、必要な情報の提供及び助言を行う事業

〔放課後児童健全育成事業の実施〕

第二一条の一〇　市町村は、児童の健全な育成に資するため、地域の実情に応じた放課後児童健全育成事業を行うとともに、当該市町村以外の放課後児童健全育成事業を行う者との連携を図る等により、第六条の三第二項に規定する児童の放課後児童健全育成事業の利用の促進に努めなければならない。

〔乳児家庭全戸訪問事業等〕

第二一条の一〇の二　市町村は、児童の健全な育成に資するため、乳児家庭全戸訪問事業及び養育支援訪問事業を行うよう努めるとともに、乳児家庭全戸訪問事業により要支援児童等（特定妊婦を除く。）を把握したとき又は当該市町村の長が第二十六条第一項第三号の規定による送致若しくは同項第八号の規定による通知若しくは児童虐待の防止等に関する法律（平成十二年法律第八十二号）第八条第二項第二号の規定による送致若しくは同項第四号の規定による通知を受けたときは、養育支援訪問事業の実施その他の必要な支援を行うものとする。

②　市町村は、母子保健法（昭和四十年法律第百四十一号）第十条、第十一条第一項若しくは第二項（同法第十九条第二項において準用する場合を含む。）、第十七条第一項又は第十九条第一項の指導に併せて、乳児家庭全戸訪問事業を行うことができる。

③　市町村は、乳児家庭全戸訪問事業又は養育支援訪問事業の事務の全部又は一部を当該市町村以外の厚生労働省令で定める者に委託することができる。

④　前項の規定により行われる乳児家庭全戸訪問事業又は養育支援訪問事業の事務に従事する者又は従事していた者は、その事務に関して知り得た秘密を漏らしてはならない。

〔母子保健の事業との連携及び調和〕

第二一条の一〇の三　市町村は、乳児家庭全戸訪問事業又は養育支援訪問事業の実施に当たつては、母子保健法に基づく母子保健に関する事業との連携及び調和の確保に努めなければならない。

〔市町村長への通知〕

第二一条の一〇の四　都道府県知事は、母子保健法に基づく母子保健に関する事業又は事務の実施に際して要支援児童等と思われる者を把握したときは、これを当該者の現在地の市町村長に通知するものとする。

〔市町村への情報提供等〕

第二一条の一〇の五　病院、診療所、児童福祉施設、学校その他児童又は妊産婦の医療、福祉又は教育に関する機関及び医師、歯科医師、保健師、助産師、看護師、児童福祉施設の職員、学校の教職員その他児童又は妊産婦の医療、福祉又は教育に関連する職務に従事する者は、要支援児童等と思われる者を把握したときは、当該者の情報をその現在地の市町村に提供するよう努めなければならない。

②　刑法の秘密漏示罪の規定その他の守秘義務に関する法律の

規定は、前項の規定による情報の提供をすることを妨げるものと解釈してはならない。

〔市町村の情報収集及び提供等〕

第二一条の一一 市町村は、子育て支援事業に関し必要な情報の収集及び提供を行うとともに、保護者から求めがあつたときは、当該保護者の希望、その児童の養育の状況、当該児童に必要な支援の内容その他の事情を勘案し、当該保護者が最も適切な子育て支援事業の利用ができるよう、相談に応じ、必要な助言を行うものとする。

② 市町村は、前項の助言を受けた保護者から求めがあつた場合には、必要に応じて、子育て支援事業の利用についてあつせん又は調整を行うとともに、子育て支援事業を行う者に対し、当該保護者の利用の要請を行うものとする。

③ 市町村は、第一項の情報の収集及び提供、相談並びに助言並びに前項のあつせん、調整及び要請の事務を当該市町村以外の者に委託することができる。

④ 子育て支援事業を行う者は、前三項の規定により行われる情報の収集、あつせん、調整及び要請に対し、できる限り協力しなければならない。

〔守秘義務〕

第二一条の一二 前条第三項の規定により行われる情報の提供、相談及び助言並びにあつせん、調整及び要請の事務（次条及び第二十一条の十四第一項において「調整等の事務」という。）に従事する者又は従事していた者は、その事務に関して知り得た秘密を漏らしてはならない。

〔監督命令〕

第二一条の一三 市町村長は、第二十一条の十一第三項の規定により行われる調整等の事務の適正な実施を確保するため必要があると認めるときは、その事務を受託した者に対し、当該事務に関し監督上必要な命令をすることができる。

〔報告、立入検査等〕

第二一条の一四 市町村長は、第二十一条の十一第三項の規定により行われる調整等の事務の適正な実施を確保するため必要があると認めるときは、その必要な限度で、その事務を受託した者に対し、報告を求め、又は当該職員に、関係者に対し質問させ、若しくは当該事務を受託した者の事務所に立ち入り、その帳簿書類その他の物件を検査させることができる。

② 第十八条の十六第二項及び第三項の規定は、前項の場合について準用する。

〔事業に関する事項の届出〕

第二一条の一五 国、都道府県及び市町村以外の子育て支援事業を行う者は、厚生労働省令で定めるところにより、その事業に関する事項を市町村長に届け出ることができる。

〔国等の援助〕

第二一条の一六 国及び地方公共団体は、子育て支援事業を行う者に対して、情報の提供、相談その他の適当な援助をするように努めなければならない。

〔調査研究の推進〕

第二一条の一七 国及び都道府県は、子育て支援事業を行う者が行う福祉サービスの質の向上のための措置を援助するための研究その他保護者の児童の養育を支援し、児童の福祉を増進するために必要な調査研究の推進に努めなければならない。

第三節 助産施設、母子生活支援施設及び保育所への入所等

〔助産施設への入所等〕

第二二条　都道府県、市及び福祉事務所を設置する町村（以下「都道府県等」という。）は、それぞれその設置する福祉事務所の所管区域内における妊産婦が、保健上必要があるにもかかわらず、経済的理由により、入院助産を受けることができない場合において、その妊産婦から申込みがあつたときは、その妊産婦に対し助産施設において助産を行わなければならない。ただし、付近に助産施設がない等やむを得ない事由があるときは、この限りでない。

② 前項に規定する妊産婦であつて助産施設における助産の実施（以下「助産の実施」という。）を希望する者は、厚生労働省令の定めるところにより、入所を希望する助産施設その他厚生労働省令の定める事項を記載した申込書を都道府県等に提出しなければならない。この場合において、助産施設は、厚生労働省令の定めるところにより、当該妊産婦の依頼を受けて、当該申込書の提出を代わつて行うことができる。

③ 都道府県等は、第二十五条の七第二項第三号、第二十五条の八第三号又は第二十六条第一項第五号の規定による報告又は通知を受けた妊産婦について、必要があると認めるときは、当該妊産婦に対し、助産の実施の申込みを勧奨しなければならない。

④ 都道府県等は、第一項に規定する妊産婦の助産施設の選択及び助産施設の適正な運営の確保に資するため、厚生労働省令の定めるところにより、当該都道府県等の設置する福祉事務所の所管区域内における助産施設の設置者、設備及び運営の状況その他の厚生労働省令の定める事項に関し情報の提供を行わなければならない。

〔母子生活支援施設への入所等〕

第二三条　都道府県等は、それぞれその設置する福祉事務所の所管区域内における保護者が、配偶者のない女子又はこれに準ずる事情にある女子であつて、その者の監護すべき児童の福祉に欠けるところがある場合において、その保護者から申込みがあつたときは、その保護者及び児童を母子生活支援施設において保護しなければならない。ただし、やむを得ない事由があるときは、適当な施設への入所のあつせん、生活保護法（昭和二十五年法律第百四十四号）の適用等適切な保護を行わなければならない。

② 前項に規定する保護者であつて母子生活支援施設における保護の実施（以下「母子保護の実施」という。）を希望するものは、厚生労働省令の定めるところにより、入所を希望する母子生活支援施設その他厚生労働省令の定める事項を記載した申込書を都道府県等に提出しなければならない。この場合において、母子生活支援施設は、厚生労働省令の定めるところにより、当該保護者の依頼を受けて、当該申込書の提出を代わつて行うことができる。

③ 都道府県等は、前項に規定する保護者が特別な事情により当該都道府県等の設置する福祉事務所の所管区域外の母子生活支援施設への入所を希望するときは、当該施設への入所について必要な連絡及び調整を図らなければならない。

④ 都道府県等は、第二十五条の七第二項第三号、第二十五条の八第三号若しくは第二十六条第一項第五号又は売春防止法（昭和三十一年法律第百十八号）第三十六条の二の規定による報告又は通知を受けた保護者及び児童について、必要があると認めるときは、その保護者に対し、母子保護の実施の申込みを勧奨しなければならない。

⑤ 都道府県等は、第一項に規定する保護者の母子生活支援施設の選択及び母子生活支援施設の適正な運営の確保に資するため、厚生労働省令の定めるところにより、母子生活支援施設の設置者、設備及び運営の状況その他の厚生労働省令の定

める事項に関し情報の提供を行わなければならない。

〔乳児・幼児等の保育〕

第二四条 市町村は、この法律及び子ども・子育て支援法の定めるところにより、保護者の労働又は疾病その他の事由により、その監護すべき乳児、幼児その他の児童について保育を必要とする場合において、次項に定めるところによるほか、当該児童を保育所（認定こども園法第三条第一項の認定を受けたもの及び同条第十一項の規定による公示がされたものを除く。）において保育しなければならない。

② 市町村は、前項に規定する児童に対し、認定こども園法第二条第六項に規定する認定こども園（子ども・子育て支援法第二十七条第一項の確認を受けたものに限る。）又は家庭的保育事業等（家庭的保育事業、小規模保育事業、居宅訪問型保育事業又は事業所内保育事業をいう。以下同じ。）により必要な保育を確保するための措置を講じなければならない。

③ 市町村は、保育の需要に応ずるに足りる保育所、認定こども園（子ども・子育て支援法第二十七条第一項の確認を受けたものに限る。以下この項及び第四十六条の二第二項において同じ。）又は家庭的保育事業等が不足し、又は不足するおそれがある場合その他必要と認められる場合には、保育所、認定こども園（保育所であるものを含む。）又は家庭的保育事業等の利用について調整を行うとともに、認定こども園の設置者又は家庭的保育事業等を行う者に対し、前項に規定する児童の利用の要請を行うものとする。

④ 市町村は、第二十五条の八第三号又は第二十六条第一項第五号の規定による報告又は通知を受けた児童その他の優先的に保育を行う必要があると認められる児童について、その保護者に対し、保育所若しくは幼保連携型認定こども園において保育を受けること又は家庭的保育事業等による保育を受けること（以下「保育の利用」という。）の申込みを勧奨し、及び保育を受けることができるよう支援しなければならない。

⑤ 市町村は、前項に規定する児童が、同項の規定による勧奨及び支援を行つても、なおやむを得ない事由により子ども・子育て支援法に規定する施設型給付費若しくは特例施設型給付費（同法第二十八条第一項第二号に係るものを除く。次項において同じ。）又は同法に規定する地域型保育給付費若しくは特例地域型保育給付費（同法第三十条第一項第二号に係るものを除く。次項において同じ。）の支給に係る保育を受けることが著しく困難であると認めるときは、当該児童を当該市町村の設置する保育所若しくは幼保連携型認定こども園に入所させ、又は当該市町村以外の者の設置する保育所若しくは幼保連携型認定こども園に入所を委託して、保育を行わなければならない。

⑥ 市町村は、前項に定めるほか、保育を必要とする乳児・幼児が、子ども・子育て支援法第四十二条第一項又は第五十四条第一項の規定によるあつせん又は要請その他市町村による支援等を受けたにもかかわらず、なお保育が利用できないなど、やむを得ない事由により同法に規定する施設型給付費若しくは特例施設型給付費又は同法に規定する地域型保育給付費若しくは特例地域型保育給付費の支給に係る保育を受けることが著しく困難であると認めるときは、次の措置を採ることができる。

一 当該保育を必要とする乳児・幼児を当該市町村の設置する保育所若しくは幼保連携型認定こども園に入所させ、又は当該市町村以外の者の設置する保育所若しくは幼保連携型認定こども園に入所を委託して、保育を行うこと。

二 当該保育を必要とする乳児・幼児に対して当該市町村が

行う家庭的保育事業等による保育を行い、又は家庭的保育事業等を行う当該市町村以外の者に当該家庭的保育事業等により保育を行うことを委託すること。

⑦　市町村は、第三項の規定による調整及び要請並びに第四項の規定による勧奨及び支援を適切に実施するとともに、地域の実情に応じたきめ細かな保育が積極的に提供され、児童が、その置かれている環境等に応じて、必要な保育を受けることができるよう、保育を行う事業その他児童の福祉を増進することを目的とする事業を行う者の活動の連携及び調整を図る等地域の実情に応じた体制の整備を行うものとする。

第四節　障害児入所給付費、高額障害児入所給付費及び特定入所障害児食費等給付費並びに障害児入所医療費の支給

第一款　障害児入所給付費、高額障害児入所給付費及び特定入所障害児食費等給付費の支給

〔障害児入所給付費〕

第二四条の二　都道府県は、次条第六項に規定する入所給付決定保護者（以下この条において「入所給付決定保護者」という。）が、次条第四項の規定により定められた期間内において、都道府県知事が指定する障害児入所施設（以下「指定障害児入所施設」という。）又は指定発達支援医療機関（以下「指定障害児入所施設等」と総称する。）に入所又は入院（以下「入所等」という。）の申込みを行い、当該指定障害児入所施設等から障害児入所支援（以下「指定入所支援」という。）を受けたときは、当該入所給付決定保護者に対し、当該指定入所支援に要した費用（食事の提供に要する費用、居住又は滞在に要する費用その他の日常生活に要する費用のうち厚生労働省令で定める費用及び治療に要する費用（以下「入所特定費用」という。）を除く。）について、障害児入所給付費を支給する。

②　障害児入所給付費の額は、一月につき、第一号に掲げる額から第二号に掲げる額を控除して得た額とする。

一　同一の月に受けた指定入所支援について、指定入所支援に通常要する費用（入所特定費用を除く。）につき、厚生労働大臣が定める基準により算定した費用の額（その額が現に当該指定入所支援に要した費用（入所特定費用を除く。）の額を超えるときは、当該現に指定入所支援に要した費用の額）を合計した額

二　当該入所給付決定保護者の家計の負担能力その他の事情をしん酌して政令で定める額（当該政令で定める額が前号に掲げる額の百分の十に相当する額を超えるときは、当該相当する額）

〔申請〕

第二四条の三　障害児の保護者は、前条第一項の規定により障害児入所給付費の支給を受けようとするときは、厚生労働省令で定めるところにより、都道府県に申請しなければならない。

②　都道府県は、前項の申請が行われたときは、当該申請に係る障害児の心身の状態、当該障害児の介護を行う者の状況、当該障害児の保護者の障害児入所給付費の受給の状況その他の厚生労働省令で定める事項を勘案して、障害児入所給付費の支給の要否を決定するものとする。

③　前項の規定による決定を行う場合には、児童相談所長の意見を聴かなければならない。

④　障害児入所給付費を支給する旨の決定（以下「入所給付決定」という。）を行う場合には、障害児入所給付費を支給す

る期間を定めなければならない。

⑤ 前項の期間は、厚生労働省令で定める期間を超えることができないものとする。

⑥ 都道府県は、入所給付決定をしたときは、当該入所給付決定を受けた障害児の保護者（以下「入所給付決定保護者」という。）に対し、厚生労働省令で定めるところにより、第四項の規定により定められた期間（以下「給付決定期間」という。）を記載した入所受給者証（以下「入所受給者証」という。）を交付しなければならない。

⑦ 指定入所支援を受けようとする入所給付決定保護者は、厚生労働省令で定めるところにより、指定障害児入所施設等に入所受給者証を提示して当該指定入所支援を受けるものとする。ただし、緊急の場合その他やむを得ない事由のある場合については、この限りでない。

⑧ 入所給付決定保護者が指定障害児入所施設等から指定入所支援を受けたとき（当該入所給付決定保護者が当該指定障害児入所施設等に入所受給者証を提示したときに限る。）は、都道府県は、当該入所給付決定保護者が当該指定障害児入所施設等に支払うべき当該指定入所支援に要した費用（入所特定費用を除く。）について、障害児入所給付費として当該入所給付決定保護者に支給すべき額の限度において、当該入所給付決定保護者に代わり、当該指定障害児入所施設等に支払うことができる。

⑨ 前項の規定による支払があつたときは、当該入所給付決定保護者に対し障害児入所給付費の支給があつたものとみなす。

⑩ 都道府県は、指定障害児入所施設等から障害児入所給付費の請求があつたときは、前条第二項第一号の厚生労働大臣が定める基準及び第二十四条の十二第二項の指定障害児入所施設等の設備及び運営に関する基準（指定入所支援の取扱いに関する部分に限る。）に照らして審査の上、支払うものとする。

⑪ 都道府県は、前項の規定による審査及び支払に関する事務を連合会に委託することができる。

〔入所給付決定の見直し〕

第二四条の四　入所給付決定を行つた都道府県は、次に掲げる場合には、当該入所給付決定を取り消すことができる。

一　入所給付決定に係る障害児が、指定入所支援を受ける必要がなくなつたと認めるとき。

二　入所給付決定保護者が、給付決定期間内に、当該都道府県以外の都道府県の区域内に居住地を有するに至つたと認めるとき。

三　その他政令で定めるとき。

② 前項の規定により入所給付決定の取消しを行つた都道府県は、厚生労働省令で定めるところにより、当該取消しに係る入所給付決定保護者に対し入所受給者証の返還を求めるものとする。

〔障害児入所給付費の額の特例〕

第二四条の五　都道府県が、災害その他の厚生労働省令で定める特別の事情があることにより、障害児入所支援に要する費用を負担することが困難であると認めた入所給付決定保護者が受ける障害児入所給付費の支給について第二十四条の二第二項の規定を適用する場合においては、同項第二号中「額）」とあるのは、「額）の範囲内において都道府県が定める額」とする。

〔高額障害児入所給付費〕

第二四条の六　都道府県は、入所給付決定保護者が受けた指定入所支援に要した費用の合計額（厚生労働大臣が定める基準により算定した費用の額（その額が現に要した費用の額を超えるときは、当該現に要した額）の合計額を限度とする。）から当該費用につき支給された障害児入所給付費の合計額を控除して得た額が、著しく高額であるときは、当該入所給付決定保護者に対し、高額障害児入所給付費を支給する。

② 前項に定めるもののほか、高額障害児入所給付費の支給要件、支給額その他高額障害児入所給付費の支給に関し必要な事項は、指定入所支援に要する費用の負担の家計に与える影響を考慮して、政令で定める。

（特定入所障害児食費等給付金）

第二四条の七　都道府県は、入所給付決定保護者のうち所得の状況その他の事情をしん酌して厚生労働省令で定めるものに係る障害児が、給付決定期間内において、指定障害児入所施設等に入所等をし、当該指定障害児入所施設等から指定入所支援を受けたときは、当該入所給付決定保護者に対し、当該指定障害児入所施設等における食事の提供に要した費用及び居住に要した費用について、政令で定めるところにより、特定入所障害児食費等給付費を支給する。

② 第二十四条の三第七項から第十一項までの規定は、特定入所障害児食費等給付費の支給について準用する。この場合において、必要な技術的読替えは、政令で定める。

（厚生労働省令への委任）

第二四条の八　この款に定めるもののほか、障害児入所給付費、高額障害児入所給付費又は特定入所障害児食費等給付費の支給及び指定障害児入所施設等の障害児入所給付費又は特定入所障害児食費等給付費の請求に関し必要な事項は、厚生労働省令で定める。

第二款　指定障害児入所施設等

（指定障害児入所施設等）

第二四条の九　第二十四条の二第一項の指定は、厚生労働省令で定めるところにより、障害児入所施設の設置者の申請により、当該障害児入所施設の入所定員を定めて、行う。

② 都道府県知事は、前項の申請があつた場合において、当該都道府県における当該申請に係る指定障害児入所施設の入所定員の総数が、第三十三条の二十二第一項の規定により当該都道府県が定める都道府県障害児福祉計画において定める当該都道府県の当該指定障害児入所施設の必要入所定員総数に既に達しているか、又は当該申請に係る施設の指定によつてこれを超えることになると認めるとき、その他の当該都道府県障害児福祉計画の達成に支障を生ずるおそれがあると認めるときは、第二十四条の二第一項の指定をしないことができる。

③ 第二十一条の五の十五第三項（第七号を除く。）及び第四項の規定は、第二十四条の二第一項の指定障害児入所施設の指定について準用する。この場合において、必要な技術的読替えは、政令で定める。

（指定の更新）

第二四条の一〇　第二十四条の二第一項の指定は、六年ごとにその更新を受けなければ、その期間の経過によつて、その効力を失う。

② 前項の更新の申請があつた場合において、同項の期間（以下この条において「指定の有効期間」という。）の満了の日までにその申請に対する処分がされないときは、従前の指定は、指定の有効期間の満了後もその処分がされるまでの間は、なおその効力を有する。

③ 前項の場合において、指定の更新がされたときは、その指定の有効期間は、従前の指定の有効期間の満了の日の翌日か

ら起算するものとする。

④　前条の規定は、第一項の指定の更新について準用する。この場合において、必要な技術的読替えは、政令で定める。

〔設置者の責務〕

第二四条の一一　指定障害児入所施設等の設置者は、障害児が自立した日常生活又は社会生活を営むことができるよう、障害児及びその保護者の意思をできる限り尊重するとともに、行政機関、教育機関その他の関係機関との緊密な連携を図りつつ、障害児入所支援を当該障害児の意向、適性、障害の特性その他の事情に応じ、常に障害児及びその保護者の立場に立つて効果的に行うように努めなければならない。

②　指定障害児入所施設等の設置者は、その提供する障害児入所支援の質の評価を行うことその他の措置を講ずることにより、障害児入所支援の質の向上に努めなければならない。

③　指定障害児入所施設等の設置者は、障害児の人格を尊重するとともに、この法律又はこの法律に基づく命令を遵守し、障害児及びその保護者のため忠実にその職務を遂行しなければならない。

〔指定入所支援の基準〕

第二四条の一二　指定障害児入所施設等の設置者は、都道府県の条例で定める基準に従い、指定入所支援に従事する従業者を有しなければならない。

②　指定障害児入所施設等の設置者は、都道府県の条例で定める指定障害児入所施設等の設備及び運営に関する基準に従い、指定入所支援を提供しなければならない。

③　都道府県が前二項の条例を定めるに当たつては、次に掲げる事項については厚生労働省令で定める基準に従い定めるものとし、その他の事項については厚生労働省令で定める基準を参酌するものとする。

一　指定入所支援に従事する従業者及びその員数

二　指定障害児入所施設等に係る居室及び病室の床面積その他指定障害児入所施設等の設備に関する事項であつて障害児の健全な発達に密接に関連するものとして厚生労働省令で定めるもの

三　指定障害児入所施設等の運営に関する事項であつて、障害児の保護者のサービスの適切な利用の確保並びに障害児の適切な処遇及び安全の確保並びに秘密の保持に密接に関連するものとして厚生労働省令で定めるもの

④　第一項及び第二項の都道府県の条例で定める基準は、知的障害のある児童、盲児（強度の弱視児を含む。）、ろうあ児（強度の難聴児を含む。）、肢体不自由のある児童、重症心身障害児その他の指定障害児入所施設等に入所等をする障害児についてそれぞれの障害の特性に応じた適切な支援が確保されるものでなければならない。

⑤　指定障害児入所施設の設置者は、第二十四条の十四の規定による指定の辞退をするときは、同条に規定する予告期間の開始日の前日に当該指定入所支援を受けていた者であつて、当該指定の辞退の日以後においても引き続き当該指定入所支援に相当するサービスの提供を希望する者に対し、必要な障害児入所支援が継続的に提供されるよう、他の指定障害児入所施設等の設置者その他関係者との連絡調整その他の便宜の提供を行わなければならない。

〔変更の申請〕

第二四条の一三　指定障害児入所施設の設置者は、第二十四条の二第一項の指定に係る入所定員を増加しようとするときは、厚生労働省令で定めるところにより、同項の指定の変更を申請することができる。

②　第二十四条の九第二項及び第三項の規定は、前項の指定の

変更の申請があつた場合について準用する。この場合において、必要な技術的読替えは、政令で定める。

③　指定障害児入所施設の設置者は、設置者の住所その他の厚生労働省令で定める事項に変更があつたときは、厚生労働省令で定めるところにより、十日以内に、その旨を都道府県知事に届け出なければならない。

〔指定の辞退〕

第二四条の一四　指定障害児入所施設は、三月以上の予告期間を設けて、その指定を辞退することができる。

〔準用規定〕

第二四条の一四の二　第二十一条の五の二十一の規定は、指定障害児入所施設の設置者による第二十四条の十二第五項に規定する便宜の提供について準用する。この場合において、第二十一条の五の二十一第一項中「都道府県知事又は市町村長」とあるのは、「都道府県知事」と読み替えるものとする。

〔報告、立入検査等〕

第二四条の一五　都道府県知事は、必要があると認めるときは、指定障害児入所施設等の設置者若しくは当該指定障害児入所施設等の長その他の従業者（以下この項において「指定施設設置者等」という。）である者若しくは指定施設設置者等であつた者に対し、報告若しくは帳簿書類その他の物件の提出若しくは提示を命じ、指定施設設置者等である者若しくは指定施設設置者等であつた者に対し出頭を求め、又は当該職員に、関係者に対し質問させ、若しくは当該指定障害児入所施設等、当該指定障害児入所施設等の設置者の事務所その他当該指定障害児入所施設等の運営に関係のある場所に立ち入り、その設備若しくは帳簿書類その他の物件を検査させることができる。

②　第十九条の十六第二項の規定は前項の規定による質問又は検査について、同条第三項の規定は前項の規定による権限について準用する。

〔勧告、措置命令〕

第二四条の一六　都道府県知事は、指定障害児入所施設等の設置者が、次の各号（指定発達支援医療機関の設置者にあつては、第三号を除く。以下この項において同じ。）に掲げる場合に該当すると認めるときは、当該指定障害児入所施設等の設置者に対し、期限を定めて、当該各号に定める措置をとるべきことを勧告することができる。

一　指定障害児入所施設等の従業者の知識若しくは技能又は人員について第二十四条の十二第一項の都道府県の条例で定める基準に適合していない場合　当該基準を遵守すること。

二　第二十四条の十二第二項の都道府県の条例で定める指定障害児入所施設等の設備及び運営に関する基準に従つて適正な指定障害児入所施設等の運営をしていない場合　当該基準を遵守すること。

三　第二十四条の十二第五項に規定する便宜の提供を適正に行つていない場合　当該便宜の提供を適正に行うこと。

②　都道府県知事は、前項の規定による勧告をした場合において、その勧告を受けた指定障害児入所施設等の設置者が、同項の期限内にこれに従わなかつたときは、その旨を公表することができる。

③　都道府県知事は、第一項の規定による勧告を受けた指定障害児入所施設等の設置者が、正当な理由がなくてその勧告に係る措置をとらなかつたときは、当該指定障害児入所施設等の設置者に対し、期限を定めて、その勧告に係る措置をとるべきことを命ずることができる。

④　都道府県知事は、前項の規定による命令をしたときは、その旨を公示しなければならない。

〔指定の取消し等〕

第二四条の一七　都道府県知事は、次の各号のいずれかに該当する場合においては、当該指定障害児入所施設に係る第二十四条の二第一項の指定を取り消し、又は期間を定めてその指定の全部若しくは一部の効力を停止することができる。

一　指定障害児入所施設の設置者が、第二十四条の九第三項において準用する第二十一条の五の十五第三項第四号から第五号の二まで、第十三号又は第十四号のいずれかに該当するに至つたとき。

二　指定障害児入所施設の設置者が、第二十四条の十一第三項の規定に違反したと認められるとき。

三　指定障害児入所施設の設置者が、当該指定障害児入所施設の従業者の知識若しくは技能又は人員について、第二十四条の十二第一項の都道府県の条例で定める基準を満たすことができなくなつたとき。

四　指定障害児入所施設の設置者が、第二十四条の十二第二項の都道府県の条例で定める指定障害児入所施設等の設備及び運営に関する基準に従つて適正な指定障害児入所施設の運営をすることができなくなつたとき。

五　障害児入所給付費、特定入所障害児食費等給付費又は障害児入所医療費の請求に関し不正があつたとき。

六　指定障害児入所施設の設置者又は当該指定障害児入所施設の長その他の従業者（次号において「指定入所施設設置者等」という。）が、第二十四条の十五第一項の規定により報告又は帳簿書類その他の物件の提出若しくは提示を命ぜられてこれに従わず、又は虚偽の報告をしたとき。

七　指定入所施設設置者等が、第二十四条の十五第一項の規定により出頭を求められてこれに応ぜず、同項の規定による質問に対して答弁せず、若しくは虚偽の答弁をし、又は同項の規定による立入り若しくは検査を拒み、妨げ、若しくは忌避したとき。ただし、当該指定障害児入所施設の従業者がその行為をした場合において、その行為を防止するため、当該指定障害児入所施設の設置者又は当該指定障害児入所施設の長が相当の注意及び監督を尽くしたときを除く。

八　指定障害児入所施設の設置者が、不正の手段により第二十四条の二第一項の指定を受けたとき。

九　前各号に掲げる場合のほか、指定障害児入所施設の設置者が、この法律その他国民の保健医療若しくは福祉に関する法律で政令で定めるもの又はこれらの法律に基づく命令若しくは処分に違反したとき。

十　前各号に掲げる場合のほか、指定障害児入所施設の設置者が、障害児入所支援に関し不正又は著しく不当な行為をしたとき。

十一　指定障害児入所施設の設置者が法人である場合において、その役員又は当該指定障害児入所施設の長のうちに指定の取消し又は指定の全部若しくは一部の効力の停止をしようとするとき前五年以内に障害児入所支援に関し不正又は著しく不当な行為をした者があるとき。

十二　指定障害児入所施設の設置者が法人でない場合において、その管理者が指定の取消し又は指定の全部若しくは一部の効力の停止をしようとするとき前五年以内に障害児入所支援に関し不正又は著しく不当な行為をした者であるとき。

〔公示〕

第二四条の一八　都道府県知事は、次に掲げる場合には、その旨を公示しなければならない。
一　第二十四条の二第一項の指定障害児入所施設の指定をしたとき。
二　第二十四条の十四の規定による指定障害児入所施設の指定の辞退があつたとき。
三　前条又は第三十三条の十八第六項の規定により指定障害児入所施設の指定を取り消したとき。

〔情報提供、利用の調整等〕
第二四条の一九　都道府県は、指定障害児入所施設等に関し必要な情報の提供を行うとともに、その利用に関し相談に応じ、及び助言を行わなければならない。
②　都道府県は、障害児又は当該障害児の保護者から求めがあつたときは、指定障害児入所施設等の利用についてあつせん又は調整を行うとともに、必要に応じて、指定障害児入所施設等の設置者に対し、当該障害児の利用についての要請を行うものとする。
③　指定障害児入所施設等の設置者は、前項のあつせん、調整及び要請に対し、できる限り協力しなければならない。

第三款　業務管理体制の整備等

〔準用規定〕
第二四条の一九の二　第二節第三款の規定（中核市の長に係る部分を除く。）は、指定障害児入所施設等の設置者について準用する。この場合において、必要な技術的読替えは、政令で定める。

第四款　障害児入所医療費の支給

〔障害児入所医療費〕
第二四条の二〇　都道府県は、入所給付決定に係る障害児が、給付決定期間内において、指定障害児入所施設等（病院その他厚生労働省令で定める施設に限る。以下この条、次条及び第二十四条の二十三において同じ。）から障害児入所支援のうち治療に係るもの（以下この条において「障害児入所医療」という。）を受けたときは、厚生労働省令で定めるところにより、当該障害児に係る入所給付決定保護者に対し、当該障害児入所医療に要した費用について、障害児入所医療費を支給する。
②　障害児入所医療費の額は、一月につき、次に掲げる額の合算額とする。
一　同一の月に受けた障害児入所医療（食事療養を除く。）につき健康保険の療養に要する費用の額の算定方法の例により算定した額から、当該入所給付決定保護者の家計の負担能力その他の事情をしん酌して政令で定める額（当該政令で定める額が当該算定した額の百分の十に相当する額を超えるときは、当該相当する額）を控除して得た額
二　当該障害児入所医療（食事療養に限る。）につき健康保険の療養に要する費用の額の算定方法の例により算定した額から、健康保険法第八十五条第二項に規定する食事療養標準負担額、入所給付決定保護者の所得の状況その他の事情を勘案して厚生労働大臣が定める額を控除した額
③　入所給付決定に係る障害児が指定障害児入所施設等から障害児入所医療を受けたときは、都道府県は、当該障害児に係る入所給付決定保護者が当該指定障害児入所施設等に支払うべき当該障害児入所医療に要した費用について、障害児入所医療費として当該入所給付決定保護者に支給すべき額の限度において、当該入所給付決定保護者に代わり、当該指定障害児入所施設等に支払うことができる。
④　前項の規定による支払があつたときは、当該入所給付決定

保護者に対し障害児入所医療費の支給があつたものとみなす。

〔準用規定〕

第二四条の二一　第十九条の十二及び第十九条の二十の規定は指定障害児入所施設等に対する障害児入所医療費の支給について、第二十一条の規定は指定障害児入所施設等について、それぞれ準用する。この場合において、必要な技術的読替えは、政令で定める。

〔健康保険等の給付との調整〕

第二四条の二二　障害児入所医療費の支給は、当該障害の状態につき、健康保険法の規定による家族療養費その他の法令に基づく給付であつて政令で定めるもののうち障害児入所医療費の支給に相当するものを受けることができるときは政令で定める限度において、当該政令で定める給付以外の給付であつて国又は地方公共団体の負担において障害児入所医療費の支給に相当するものが行われたときはその限度において、行わない。

〔厚生労働省令への委任〕

第二四条の二三　この款に定めるもののほか、障害児入所医療費の支給及び指定障害児入所施設等の障害児入所医療費の請求に関し必要な事項は、厚生労働省令で定める。

第五款　障害児入所給付費、高額障害児入所給付費及び特定入所障害児食費等給付費並びに障害児入所医療費の支給の特例

〔障害児入所給付費等の支給の特例〕

第二四条の二四　都道府県は、第二十四条の二第一項、第二十四条の六第一項、第二十四条の七第一項又は第二十四条の二十第一項の規定にかかわらず、厚生労働省令で定める指定障害児入所施設等に入所等をした障害児（以下この項において「入所者」という。）について、引き続き指定入所支援を受けなければその福祉を損なうおそれがあると認めるときは、当該入所者が満十八歳に達した後においても、当該入所者からの申請により、当該入所者が満二十歳に達するまで、厚生労働省令で定めるところにより、引き続き第五十条第六号の三に規定する障害児入所給付費等（次項において「障害児入所給付費等」という。）を支給することができる。ただし、当該入所者が障害者の日常生活及び社会生活を総合的に支援するための法律第五条第六項に規定する療養介護その他の支援を受けることができる場合は、この限りでない。

② 前項の規定により障害児入所給付費等を支給することができることとされた者については、その者を障害児又は障害児の保護者とみなして、第二十四条の二から第二十四条の七まで、第二十四条の十九及び第二十四条の二十から第二十四条の二十二までの規定を適用する。この場合において、必要な技術的読替えその他これらの規定の適用に関し必要な事項は、政令で定める。

③ 第一項の場合においては、都道府県知事は、児童相談所長の意見を聴かなければならない。

第五節　障害児相談支援給付費及び特例障害児相談支援給付費の支給

第一款　障害児相談支援給付費及び特例障害児相談支援給付費の支給

〔給付費〕

第二四条の二五　障害児相談支援給付費及び特例障害児相談支援給付費の支給は、障害児相談支援に関して次条及び第

二十四条の二十七の規定により支給する給付とする。

〔障害児相談支援給付費〕

第二四条の二六　市町村は、次の各号に掲げる者（以下この条及び次条第一項において「障害児相談支援対象保護者」という。）に対し、当該各号に定める場合の区分に応じ、当該各号に規定する障害児相談支援に要した費用について、障害児相談支援給付費を支給する。

一　第二十一条の五の七第四項（第二十一条の五の八第三項において準用する場合を含む。）の規定により、障害児支援利用計画案の提出を求められた第二十一条の五の六第一項又は第二十一条の五の八第一項の申請に係る障害児の保護者　市町村長が指定する障害児相談支援事業を行う者（以下「指定障害児相談支援事業者」という。）から当該指定に係る障害児支援利用援助（次項において「指定障害児支援利用援助」という。）を受けた場合であつて、当該申請に係る給付決定等を受けたとき。

二　通所給付決定保護者　指定障害児相談支援事業者から当該指定に係る継続障害児支援利用援助（次項において「指定継続障害児支援利用援助」という。）を受けたとき。

②　障害児相談支援給付費の額は、指定障害児支援利用援助又は指定継続障害児支援利用援助（以下「指定障害児相談支援」という。）に通常要する費用につき、厚生労働大臣が定める基準により算定した費用の額（その額が現に当該指定障害児相談支援に要した費用の額を超えるときは、当該現に指定障害児相談支援に要した費用の額）とする。

③　障害児相談支援対象保護者が指定障害児相談支援事業者から指定障害児相談支援を受けたときは、市町村は、当該障害児相談支援対象保護者が当該指定障害児相談支援事業者に支払うべき当該指定障害児相談支援に要した費用について、障害児相談支援給付費として当該障害児相談支援対象保護者に対し支給すべき額の限度において、当該障害児相談支援事業者に支払うことができる。

④　前項の規定による支払があつたときは、障害児相談支援対象保護者に対し障害児相談支援給付費の支給があつたものとみなす。

⑤　市町村は、指定障害児相談支援事業者から障害児相談支援給付費の請求があつたときは、第二項の厚生労働大臣が定める基準及び第二十四条の三十一第二項の厚生労働省令で定める指定障害児相談支援の事業の運営に関する基準（指定障害児相談支援の取扱いに関する部分に限る。）に照らして審査の上、支払うものとする。

⑥　市町村は、前項の規定による審査及び支払に関する事務を連合会に委託することができる。

⑦　前各項に定めるもののほか、障害児相談支援給付費の支給及び指定障害児相談支援事業者の障害児相談支援給付費の請求に関し必要な事項は、厚生労働省令で定める。

〔特例障害児相談支援給付費〕

第二四条の二七　市町村は、障害児相談支援対象保護者が、指定障害児相談支援以外の障害児相談支援（第二十四条の三十一第一項の厚生労働省令で定める基準及び同条第二項の厚生労働省令で定める指定障害児相談支援の事業の運営に関する基準に定める事項のうち厚生労働省令で定めるものを満たすと認められる事業を行う事業所により行われるものに限る。以下この条において「基準該当障害児相談支援」という。）を受けた場合において、必要があると認めるときは、厚生労働省令で定めるところにより、基準該当障害児相談支援に要した費用について、特例障害児相談支援給付費を支給することができる。

② 特例障害児相談支援給付費の額は、当該基準該当障害児相談支援について前条第二項の厚生労働大臣が定める基準により算定した費用の額（その額が現に当該基準該当障害児相談支援に要した費用の額を超えるときは、当該現に基準該当障害児相談支援に要した費用の額）を基準として、市町村が定める。

③ 前二項に定めるもののほか、特例障害児相談支援給付費の支給に関し必要な事項は、厚生労働省令で定める。

第二款　指定障害児相談支援事業者

〔指定障害児相談支援事業者の指定〕

第二四条の二八　第二十四条の二十六第一項第一号の指定障害児相談支援事業者の指定は、厚生労働省令で定めるところにより、総合的に障害者の日常生活及び社会生活を総合的に支援するための法律第五条第十八項に規定する相談支援を行う者として厚生労働省令で定める基準に該当する者の申請により、障害児相談支援事業を行う事業所（以下「障害児相談支援事業所」という。）ごとに行う。

② 第二十一条の五の十五第三項（第四号、第十一号及び第十四号を除く。）の規定は、第二十四条の二十六第一項第一号の指定障害児相談支援事業者の指定について準用する。この場合において、第二十一条の五の十五第三項第一号中「都道府県の条例で定める者」とあるのは、「法人」と読み替えるほか、必要な技術的読替えは、政令で定める。

〔指定の更新〕

第二四条の二九　第二十四条の二十六第一項第一号の指定は、六年ごとにその更新を受けなければ、その期間の経過によつて、その効力を失う。

② 前項の更新の申請があつた場合において、同項の期間（以下この条において「指定の有効期間」という。）の満了の日までにその申請に対する処分がされないときは、従前の指定は、指定の有効期間の満了後もその処分がされるまでの間は、なおその効力を有する。

③ 前項の場合において、指定の更新がされたときは、その指定の有効期間は、従前の指定の有効期間の満了の日の翌日から起算するものとする。

④ 前条の規定は、第一項の指定の更新について準用する。この場合において、必要な技術的読替えは、政令で定める。

〔指定障害児相談支援事業者の責務〕

第二四条の三〇　指定障害児相談支援事業者は、障害児が自立した日常生活又は社会生活を営むことができるよう、障害児及びその保護者の意思をできる限り尊重するとともに、行政機関、教育機関その他の関係機関との緊密な連携を図りつつ、障害児相談支援を当該障害児の意向、適性、障害の特性その他の事情に応じ、常に障害児及びその保護者の立場に立つて効果的に行うように努めなければならない。

② 指定障害児相談支援事業者は、その提供する障害児相談支援の質の評価を行うことその他の措置を講ずることにより、障害児相談支援の質の向上に努めなければならない。

③ 指定障害児相談支援事業者は、障害児の人格を尊重するとともに、この法律又はこの法律に基づく命令を遵守し、障害児及びその保護者のため忠実にその職務を遂行しなければならない。

〔指定障害児相談支援の基準等〕

第二四条の三一　指定障害児相談支援事業者は、当該指定に係る障害児相談支援事業所ごとに、厚生労働省令で定める基準に従い、当該指定障害児相談支援に従事する従業者を有しなければならない。

② 指定障害児相談支援事業者は、厚生労働省令で定める指定障害児相談支援の事業の運営に関する基準に従い、指定障害児相談支援を提供しなければならない。

③ 指定障害児相談支援事業者は、次条第二項の規定による事業の廃止又は休止の届出をしたときは、当該届出の日前一月以内に当該指定障害児相談支援を受けていた者であつて、当該事業の廃止又は休止の日以後においても引き続き当該指定障害児相談支援に相当する支援の提供を希望する者に対し、必要な障害児相談支援が継続的に提供されるよう、他の指定障害児相談支援事業者その他関係者との連絡調整その他の便宜の提供を行わなければならない。

〔変更事項の届出〕

第二四条の三二　指定障害児相談支援事業者は、当該指定に係る障害児相談支援事業所の名称及び所在地その他厚生労働省令で定める事項に変更があつたとき、又は休止した当該指定障害児相談支援の事業を再開したときは、厚生労働省令で定めるところにより、十日以内に、その旨を市町村長に届け出なければならない。

② 指定障害児相談支援事業者は、当該指定障害児相談支援の事業を廃止し、又は休止しようとするときは、厚生労働省令で定めるところにより、その廃止又は休止の日の一月前までに、その旨を市町村長に届け出なければならない。

〔市町村長による連絡調整又は援助〕

第二四条の三三　市町村長は、指定障害児相談支援事業者による第二十四条の三十一第三項に規定する便宜の提供が円滑に行われるため必要があると認めるときは、当該指定障害児相談支援事業者その他の関係者相互間の連絡調整又は当該指定障害児相談支援事業者その他の関係者に対する助言その他の援助を行うことができる。

〔報告、立入検査等〕

第二四条の三四　市町村長は、必要があると認めるときは、指定障害児相談支援事業者若しくは指定障害児相談支援事業者であつた者若しくは当該指定に係る障害児相談支援事業所の従業者であつた者（以下この項において「指定障害児相談支援事業者であつた者等」という。）に対し、報告若しくは帳簿書類その他の物件の提出若しくは提示を命じ、指定障害児相談支援事業者若しくは当該指定に係る障害児相談支援事業所の従業者若しくは指定障害児相談支援事業者であつた者等に対し出頭を求め、又は当該職員に、関係者に対し質問させ、若しくは当該指定障害児相談支援事業者の当該指定に係る障害児相談支援事業所、事務所その他指定障害児相談支援の事業に関係のある場所に立ち入り、その設備若しくは帳簿書類その他の物件を検査させることができる。

② 第十九条の十六第二項の規定は前項の規定による質問又は検査について、同条第三項の規定は前項の規定による権限について準用する。

〔報告、措置命令〕

第二四条の三五　市町村長は、指定障害児相談支援事業者が、次の各号に掲げる場合に該当すると認めるときは、当該指定障害児相談支援事業者に対し、期限を定めて、当該各号に定める措置をとるべきことを勧告することができる。

一　当該指定に係る障害児相談支援事業所の従業者の知識若しくは技能又は人員について第二十四条の三十一第一項の厚生労働省令で定める基準に適合していない場合　当該基準を遵守すること。

二　第二十四条の三十一第二項の厚生労働省令で定める指定障害児相談支援の事業の運営に関する基準に従つて適正な

指定障害児相談支援の事業の運営をしていない場合　当該基準を遵守すること。
三　第二十四条の三十一第三項に規定する便宜の提供を適正に行つていない場合　当該便宜の提供を適正に行うこと。
② 市町村長は、前項の規定による勧告をした場合において、その勧告を受けた指定障害児相談支援事業者が、同項の期限内にこれに従わなかつたときは、その旨を公表することができる。
③ 市町村長は、第一項の規定による勧告を受けた指定障害児相談支援事業者が、正当な理由がなくてその勧告に係る措置をとらなかつたときは、当該指定障害児相談支援事業者に対し、期限を定めて、その勧告に係る措置をとるべきことを命ずることができる。
④ 市町村長は、前項の規定による命令をしたときは、その旨を公示しなければならない。

〔指定取消し等〕
第二四条の三六　市町村長は、次の各号のいずれかに該当する場合においては、当該指定障害児相談支援事業者に係る第二十四条の二十六第一項第一号の指定を取り消し、又は期間を定めてその指定の全部若しくは一部の効力を停止することができる。
一　指定障害児相談支援事業者が、第二十四条の二十八第二項において準用する第二十一条の五の十五第三項第五号、第五号の二又は第十三号のいずれかに該当するに至つたとき。
二　指定障害児相談支援事業者が、第二十四条の三十第三項の規定に違反したと認められるとき。
三　指定障害児相談支援事業者が、当該指定に係る障害児相談支援事業所の従業者の知識若しくは技能又は人員について、第二十四条の三十一第一項の厚生労働省令で定める基準を満たすことができなくなつたとき。
四　指定障害児相談支援事業者が、第二十四条の三十一第二項の厚生労働省令で定める指定障害児相談支援の事業の運営に関する基準に従つて適正な指定障害児相談支援の事業の運営をすることができなくなつたとき。
五　障害児相談支援給付費の請求に関し不正があつたとき。
六　指定障害児相談支援事業者が、第二十四条の三十四第一項の規定により報告又は帳簿書類その他の物件の提出若しくは提示を命ぜられてこれに従わず、又は虚偽の報告をしたとき。
七　指定障害児相談支援事業者又は当該指定に係る障害児相談支援事業所の従業者が、第二十四条の三十四第一項の規定により出頭を求められてこれに応ぜず、同項の規定による質問に対して答弁せず、若しくは虚偽の答弁をし、又は同項の規定による立入り若しくは検査を拒み、妨げ、若しくは忌避したとき。ただし、当該指定に係る障害児相談支援事業所の従業者がその行為をした場合において、その行為を防止するため、当該指定障害児相談支援事業者が相当の注意及び監督を尽くしたときを除く。
八　指定障害児相談支援事業者が、不正の手段により第二十四条の二十六第一項第一号の指定を受けたとき。
九　前各号に掲げる場合のほか、指定障害児相談支援事業者が、この法律その他国民の福祉に関する法律で政令で定めるもの又はこれらの法律に基づく命令若しくは処分に違反したとき。
十　前各号に掲げる場合のほか、指定障害児相談支援事業者が、障害児相談支援に関し不正又は著しく不当な行為をしたとき。

十一　指定障害児相談支援事業者の役員又は当該指定に係る障害児相談支援事業所を管理する者その他の政令で定める使用人のうちに指定の取消し又は指定の全部若しくは一部の効力の停止をしようとするとき前五年以内に障害児相談支援に関し不正又は著しく不当な行為をした者があるとき。

〔公示〕

第二四条の三七　市町村長は、次に掲げる場合には、その旨を公示しなければならない。

一　第二十四条の二十六第一項第一号の指定障害児相談支援事業者の指定をしたとき。

二　第二十四条の三十二第二項の規定による事業の廃止の届出があつたとき。

三　前条の規定により指定障害児相談支援事業者の指定を取り消したとき。

第三款　業務管理体制の整備等

〔業務管理体制の整備等〕

第二四条の三八　指定障害児相談支援事業者は、第二十四条の三十第三項に規定する義務の履行が確保されるよう、厚生労働省令で定める基準に従い、業務管理体制を整備しなければならない。

②　指定障害児相談支援事業者は、次の各号に掲げる区分に応じ、当該各号に定める者に対し、厚生労働省令で定めるところにより、業務管理体制の整備に関する事項を届け出なければならない。

一　次号及び第三号に掲げる指定障害児相談支援事業者以外の指定障害児相談支援事業者　都道府県知事

二　指定障害児相談支援事業者であつて、当該指定に係る障害児相談支援事業所が一の市町村の区域に所在するもの　市町村長

三　当該指定に係る障害児相談支援事業所が二以上の都道府県の区域に所在する指定障害児相談支援事業者　厚生労働大臣

③　前項の規定により届出をした指定障害児相談支援事業者は、その届け出た事項に変更があつたときは、厚生労働省令で定めるところにより、遅滞なく、その旨を当該届出をした厚生労働大臣、都道府県知事又は市町村長（以下この款において「厚生労働大臣等」という。）に届け出なければならない。

④　第二項の規定による届出をした指定障害児相談支援事業者は、同項各号に掲げる区分の変更により、同項の規定により当該届出をした厚生労働大臣等以外の厚生労働大臣等に届出を行うときは、厚生労働省令で定めるところにより、その旨を当該届出をした厚生労働大臣等にも届け出なければならない。

⑤　厚生労働大臣等は、前三項の規定による届出が適正になされるよう、相互に密接な連携を図るものとする。

〔報告、立入検査〕

第二四条の三九　前条第二項の規定による届出を受けた厚生労働大臣等は、当該届出をした指定障害児相談支援事業者（同条第四項の規定による届出を受けた厚生労働大臣等にあつては、同項の規定による届出をした指定障害児相談支援事業者を除く。）における同条第一項の規定による業務管理体制の整備に関して必要があると認めるときは、当該指定障害児相談支援事業者に対し、報告若しくは帳簿書類その他の物件の提出若しくは提示を命じ、当該指定障害児相談支援事業者若しくは当該指定障害児相談支援事業者の従業者に対し出頭を

求め、又は当該職員に、関係者に対し質問させ、若しくは当該指定障害児相談支援事業者の当該指定に係る障害児相談支援事業所、事務所その他の指定障害児相談支援の提供に関係のある場所に立ち入り、その設備若しくは帳簿書類その他の物件を検査させることができる。

② 厚生労働大臣が前項の権限を行うときは当該指定障害児相談支援事業者に係る指定を行つた市町村長（以下この項及び次条第五項において「関係市町村長」という。）と、都道府県知事が前項の権限を行うときは関係市町村長と密接な連携の下に行うものとする。

③ 市町村長は、その行つた又はその行おうとする指定に係る指定障害児相談支援事業者における前条第一項の規定による業務管理体制の整備に関して必要があると認めるときは、厚生労働大臣又は都道府県知事に対し、第一項の権限を行うよう求めることができる。

④ 厚生労働大臣又は都道府県知事は、前項の規定による市町村長の求めに応じて第一項の権限を行つたときは、厚生労働省令で定めるところにより、その結果を当該権限を行うよう求めた市町村長に通知しなければならない。

⑤ 第十九条の十六第二項の規定は第一項の規定による質問又は検査について、同条第三項の規定は第一項の規定による権限について準用する。

〔勧告、措置命令〕

第二四条の四〇 第二十四条の三十八第二項の規定による届出を受けた厚生労働大臣等は、当該届出をした指定障害児相談支援事業者（同条第四項の規定による届出を受けた厚生労働大臣等にあつては、同項の規定による届出をした指定障害児相談支援事業者を除く。）が、同条第一項の厚生労働省令で定める基準に従つて適正な業務管理体制の整備をしていないと認めるときは、当該指定障害児相談支援事業者に対し、期限を定めて、当該厚生労働省令で定める基準に従つて適正な業務管理体制を整備すべきことを勧告することができる。

② 厚生労働大臣等は、前項の規定による勧告をした場合において、その勧告を受けた指定障害児相談支援事業者が、同項の期限内にこれに従わなかつたときは、その旨を公表することができる。

③ 厚生労働大臣等は、第一項の規定による勧告を受けた指定障害児相談支援事業者が、正当な理由がなくてその勧告に係る措置をとらなかつたときは、当該指定障害児相談支援事業者に対し、期限を定めて、その勧告に係る措置をとるべきことを命ずることができる。

④ 厚生労働大臣等は、前項の規定による命令をしたときは、その旨を公示しなければならない。

⑤ 厚生労働大臣又は都道府県知事は、指定障害児相談支援事業者が第三項の規定による命令に違反したときは、厚生労働省令で定めるところにより、当該違反の内容を関係市町村長に通知しなければならない。

第六節 要保護児童の保護措置等

〔要保護児童発見者の通告義務〕

第二五条 要保護児童を発見した者は、これを市町村、都道府県の設置する福祉事務所若しくは児童相談所又は児童委員を介して市町村、都道府県の設置する福祉事務所若しくは児童相談所に通告しなければならない。ただし、罪を犯した満十四歳以上の児童については、この限りでない。この場合においては、これを家庭裁判所に通告しなければならない。

② 刑法の秘密漏示罪の規定その他の守秘義務に関する法律の規定は、前項の規定による通告をすることを妨げるものと解

釈してはならない。

〔要保護児童対策地域協議会〕

第二五条の二　地方公共団体は、単独で又は共同して、要保護児童（第三十一条第四項に規定する延長者及び第三十三条第十項に規定する保護延長者を含む。次項において同じ。）の適切な保護又は要支援児童若しくは特定妊婦への適切な支援を図るため、関係機関、関係団体及び児童の福祉に関連する職務に従事する者その他の関係者（以下「関係機関等」という。）により構成される要保護児童対策地域協議会（以下「協議会」という。）を置くように努めなければならない。

②　協議会は、要保護児童若しくは要支援児童及びその保護者又は特定妊婦（以下この項及び第五項において「支援対象児童等」という。）に関する情報その他要保護児童の適切な保護又は要支援児童若しくは特定妊婦への適切な支援を図るために必要な情報の交換を行うとともに、支援対象児童等に対する支援の内容に関する協議を行うものとする。

③　地方公共団体の長は、協議会を設置したときは、厚生労働省令で定めるところにより、その旨を公示しなければならない。

④　協議会を設置した地方公共団体の長は、協議会を構成する関係機関等のうちから、一に限り要保護児童対策調整機関を指定する。

⑤　要保護児童対策調整機関は、協議会に関する事務を総括するとともに、支援対象児童等に対する支援が適切に実施されるよう、厚生労働省令で定めるところにより、支援対象児童等に対する支援の実施状況を的確に把握し、必要に応じて、児童相談所、養育支援訪問事業を行う者、母子保健法第二十二条第一項に規定する母子健康包括支援センターその他の関係機関等との連絡調整を行うものとする。

⑥　市町村の設置した協議会（市町村が地方公共団体（市町村を除く。）と共同して設置したものを含む。）に係る要保護児童対策調整機関は、厚生労働省令で定めるところにより、専門的な知識及び技術に基づき前項の業務に係る事務を適切に行うことができる者として厚生労働省令で定めるもの（次項及び第八項において「調整担当者」という。）を置くものとする。

⑦　地方公共団体（市町村を除く。）の設置した協議会（当該地方公共団体が市町村と共同して設置したものを除く。）に係る要保護児童対策調整機関は、厚生労働省令で定めるところにより、調整担当者を置くように努めなければならない。

⑧　要保護児童対策調整機関に置かれた調整担当者は、厚生労働大臣が定める基準に適合する研修を受けなければならない。

〔同前〕

第二五条の三　協議会は、前条第二項に規定する情報の交換及び協議を行うため必要があると認めるときは、関係機関等に対し、資料又は情報の提供、意見の開陳その他必要な協力を求めることができる。

②　関係機関等は、前項の規定に基づき、協議会から資料又は情報の提供、意見の開陳その他必要な協力の求めがあつた場合には、これに応ずるよう努めなければならない。

〔同前〕

第二五条の四　前二条に定めるもののほか、協議会の組織及び運営に関し必要な事項は、協議会が定める。

〔守秘義務〕

第二五条の五　次の各号に掲げる協議会を構成する関係機関等の区分に従い、当該各号に定める者は、正当な理由がなく、協議会の職務に関して知り得た秘密を漏らしてはならない。

一　国又は地方公共団体の機関　当該機関の職員又は職員であつた者
二　法人　当該法人の役員若しくは職員又はこれらの職にあつた者
三　前二号に掲げる者以外の者　協議会を構成する者又はその職にあつた者

〔通告児童の状況の把握〕

第二五条の六　市町村、都道府県の設置する福祉事務所又は児童相談所は、第二十五条第一項の規定による通告を受けた場合において必要があると認めるときは、速やかに、当該児童の状況の把握を行うものとする。

〔通告児童等に対する市町村の採るべき措置〕

第二五条の七　市町村（次項に規定する町村を除く。）は、要保護児童若しくは要支援児童及びその保護者又は特定妊婦（次項において「要保護児童等」という。）に対する支援の実施状況を的確に把握するものとし、第二十五条第一項の規定による通告を受けた児童及び相談に応じた児童又はその保護者（以下「通告児童等」という。）について、必要があると認めたときは、次の各号のいずれかの措置を採らなければならない。
一　第二十七条の措置を要すると認める者並びに医学的、心理学的、教育学的、社会学的及び精神保健上の判定を要すると認める者は、これを児童相談所に送致すること。
二　通告児童等を当該市町村の設置する福祉事務所の知的障害者福祉法（昭和三十五年法律第三十七号）第九条第六項に規定する知的障害者福祉司（以下「知的障害者福祉司」という。）又は社会福祉主事に指導させること。
三　児童自立生活援助の実施が適当であると認める児童は、これをその実施に係る都道府県知事に報告すること。
四　児童虐待の防止等に関する法律第八条の二第一項の規定による出頭の求め及び調査若しくは質問、第二十九条若しくは同法第九条第一項の規定による立入り及び調査若しくは質問又は第三十三条第一項若しくは第二項の規定による一時保護の実施が適当であると認める者は、これを都道府県知事又は児童相談所長に通知すること。

②　福祉事務所を設置していない町村は、要保護児童等に対する支援の実施状況を的確に把握するものとし、通告児童等又は妊産婦について、必要があると認めたときは、次の各号のいずれかの措置を採らなければならない。
一　第二十七条の措置を要すると認める者並びに医学的、心理学的、教育学的、社会学的及び精神保健上の判定を要すると認める者は、これを児童相談所に送致すること。
二　次条第二号の措置が適当であると認める者は、これを当該町村の属する都道府県の設置する福祉事務所に送致すること。
三　助産の実施又は母子保護の実施が適当であると認める者は、これをそれぞれその実施に係る都道府県知事に報告すること。
四　児童自立生活援助の実施が適当であると認める児童は、これをその実施に係る都道府県知事に報告すること。
五　児童虐待の防止等に関する法律第八条の二第一項の規定による出頭の求め及び調査若しくは質問、第二十九条若しくは同法第九条第一項の規定による立入り及び調査若しくは質問又は第三十三条第一項若しくは第二項の規定による一時保護の実施が適当であると認める者は、これを都道府県知事又は児童相談所長に通知すること。

〔福祉事務所長の採るべき措置〕

第二五条の八　都道府県の設置する福祉事務所の長は、第二十五条第一項の規定による通告又は前条第二項第二号若しくは次条第一項第四号の規定による送致を受けた児童及び相談に応じた児童、その保護者又は妊産婦について、必要があると認めたときは、次の各号のいずれかの措置を採らなければならない。

一　第二十七条の措置を要すると認める者並びに医学的、心理学的、教育学的、社会学的及び精神保健上の判定を要すると認める者は、これを児童相談所に送致すること。

二　児童又はその保護者をその福祉事務所の知的障害者福祉司又は社会福祉主事に指導させること。

三　保育の利用等（助産の実施、母子保護の実施又は保育の利用若しくは第二十四条第五項の規定による措置をいう。以下同じ。）が適当であると認める者は、これをそれぞれその保育の利用等に係る都道府県又は市町村の長に報告し、又は通知すること。

四　児童自立生活援助の実施が適当であると認める児童は、これをその実施に係る都道府県知事に報告すること。

五　第二十一条の六の規定による措置が適当であると認める者は、これをその措置に係る市町村の長に報告し、又は通知すること。

〔児童相談所長の採るべき措置〕

第二十六条　児童相談所長は、第二十五条第一項の規定による通告を受けた児童、第二十五条の七第一項第一号若しくは第二項第一号、前条第一号又は少年法（昭和二十三年法律第百六十八号）第六条の六第一項若しくは第十八条第一項の規定による送致を受けた児童及び相談に応じた児童、その保護者又は妊産婦について、必要があると認めたときは、次の各号のいずれかの措置を採らなければならない。

一　次条の措置を要すると認める者は、これを都道府県知事に報告すること。

二　児童又はその保護者を児童相談所その他の関係機関若しくは関係団体の事業所若しくは事務所に通わせ当該事業所若しくは事務所において、又は当該児童若しくはその保護者の住所若しくは居所において、児童福祉司若しくは児童委員に指導させ、又は市町村、都道府県以外の者の設置する児童家庭支援センター、都道府県以外の障害者の日常生活及び社会生活を総合的に支援するための法律第五条第十八項に規定する一般相談支援事業若しくは特定相談支援事業（次条第一項第二号及び第三十四条の七において「障害者等相談支援事業」という。）を行う者その他当該指導を適切に行うことができる者として厚生労働省令で定めるものに委託して指導させること。

三　児童及び妊産婦の福祉に関し、情報を提供すること、相談（専門的な知識及び技術を必要とするものを除く。）に応ずること、調査及び指導（医学的、心理学的、教育学的、社会学的及び精神保健上の判定を必要とする場合を除く。）を行うことその他の支援（専門的な知識及び技術を必要とするものを除く。）を行うことを要すると認める者（次条の措置を要すると認める者を除く。）は、これを市町村に送致すること。

四　第二十五条の七第一項第二号又は前条第二号の措置が適当であると認める者は、これを福祉事務所に送致すること。

五　保育の利用等が適当であると認める者は、これをそれぞれその保育の利用等に係る都道府県又は市町村の長に報告し、又は通知すること。

六　児童自立生活援助の実施が適当であると認める児童は、これをその実施に係る都道府県知事に報告すること。

七　第二十一条の六の規定による措置が適当であると認める者は、これをその措置に係る市町村の長に報告し、又は通知すること。
八　放課後児童健全育成事業、子育て短期支援事業、養育支援訪問事業、地域子育て支援拠点事業、子育て援助活動支援事業、子ども・子育て支援法第五十九条第一号に掲げる事業その他市町村が実施する児童の健全な育成に資する事業の実施が適当であると認める者は、これをその事業の実施に係る市町村の長に通知すること。

② 前項第一号の規定による報告書には、児童の住所、氏名、年齢、履歴、性行、健康状態及び家庭環境、同号に規定する措置についての当該児童及びその保護者の意向その他児童の福祉増進に関し、参考となる事項を記載しなければならない。

〔都道府県の採るべき措置〕

第二七条　都道府県は、前条第一項第一号の規定による報告又は少年法第十八条第二項の規定による送致のあつた児童につき、次の各号のいずれかの措置を採らなければならない。
一　児童又はその保護者に訓戒を加え、又は誓約書を提出させること。
二　児童又はその保護者を児童相談所その他の関係機関若しくは関係団体の事業所若しくは事務所に通わせ当該事業所若しくは事務所において、又は当該児童若しくはその保護者の住所若しくは居所において、児童福祉司、知的障害者福祉司、社会福祉主事、児童委員若しくは当該都道府県の設置する児童家庭支援センター若しくは当該都道府県が行う障害者等相談支援事業に係る職員に指導させ、又は市町村、当該都道府県以外の者の設置する児童家庭支援センター、当該都道府県以外の障害者等相談支援事業を行う者若しくは前条第一項第二号に規定する厚生労働省令で定める者に委託して指導させること。
三　児童を小規模住居型児童養育事業を行う者若しくは里親に委託し、又は乳児院、児童養護施設、障害児入所施設、児童心理治療施設若しくは児童自立支援施設に入所させること。
四　家庭裁判所の審判に付することが適当であると認める児童は、これを家庭裁判所に送致すること。

② 都道府県は、肢体不自由のある児童又は重症心身障害児については、前項第三号の措置に代えて、指定発達支援医療機関に対し、これらの児童を入院させて障害児入所施設（第四十二条第二号に規定する医療型障害児入所施設に限る。）におけると同様な治療等を行うことを委託することができる。

③ 都道府県知事は、少年法第十八条第二項の規定による送致のあつた児童につき、第一項の措置を採るにあたつては、家庭裁判所の決定による指示に従わなければならない。

④ 第一項第三号又は第二項の措置は、児童に親権を行う者（第四十七条第一項の規定により親権を行う児童福祉施設の長を除く。以下同じ。）又は未成年後見人があるときは、前項の場合を除いては、その親権を行う者又は未成年後見人の意に反して、これを採ることができない。

⑤ 都道府県知事は、第一項第二号若しくは第三号若しくは第二項の措置を解除し、停止し、又は他の措置に変更する場合には、児童相談所長の意見を聴かなければならない。

⑥ 都道府県知事は、政令の定めるところにより、第一項第一号から第三号までの措置（第三項の規定により採るもの及び第二十八条第一項第一号又は第二号ただし書の規定により採るものを除く。）若しくは第二項の措置を採る場合又は第一

項第二号若しくは第三号若しくは第二項の措置を解除し、停止し、若しくは他の措置に変更する場合には、都道府県児童福祉審議会の意見を聴かなければならない。

〔同前〕

第二七条の二　都道府県は、少年法第二十四条第一項又は第二十六条の四第一項の規定により同法第二十四条第一項第二号の保護処分の決定を受けた児童につき、当該決定に従つて児童自立支援施設に入所させる措置（保護者の下から通わせて行うものを除く。）又は児童養護施設に入所させる措置を採らなければならない。

② 前項に規定する措置は、この法律の適用については、前条第一項第三号の児童自立支援施設又は児童養護施設に入所させる措置とみなす。ただし、同条第四項及び第六項（措置を解除し、停止し、又は他の措置に変更する場合に係る部分を除く。）並びに第二十八条の規定の適用については、この限りでない。

〔家庭裁判所への送致〕

第二七条の三　都道府県知事は、たまたま児童の行動の自由を制限し、又はその自由を奪うような強制的措置を必要とするときは、第三十三条、第三十三条の二及び第四十七条の規定により認められる場合を除き、事件を家庭裁判所に送致しなければならない。

〔守秘義務〕

第二七条の四　第二十六条第一項第二号又は第二十七条第一項第二号の規定により行われる指導（委託に係るものに限る。）の事務に従事する者又は従事していた者は、その事務に関して知り得た秘密を漏らしてはならない。

〔保護者の児童虐待等の場合の措置〕

第二八条　保護者が、その児童を虐待し、著しくその監護を怠り、その他保護者に監護させることが著しく当該児童の福祉を害する場合において、第二十七条第一項第三号の措置を採ることが児童の親権を行う者又は未成年後見人の意に反するときは、都道府県は、次の各号の措置を採ることができる。

一　保護者が親権を行う者又は未成年後見人であるときは、家庭裁判所の承認を得て、第二十七条第一項第三号の措置を採ること。

二　保護者が親権を行う者又は未成年後見人でないときは、その児童を親権を行う者又は未成年後見人に引き渡すこと。ただし、その児童を親権を行う者又は未成年後見人に引き渡すことが児童の福祉のため不適当であると認めるときは、家庭裁判所の承認を得て、第二十七条第一項第三号の措置を採ること。

② 前項第一号及び第二号ただし書の規定による措置の期間は、当該措置を開始した日から二年を超えてはならない。ただし、当該措置に係る保護者に対する指導措置（第二十七条第一項第二号の措置をいう。以下この条並びに第三十三条第二項及び第九項において同じ。）の効果等に照らし、当該措置を継続しなければ保護者がその児童を虐待し、著しくその監護を怠り、その他著しく当該児童の福祉を害するおそれがあると認めるときは、都道府県は、家庭裁判所の承認を得て、当該期間を更新することができる。

③ 都道府県は、前項ただし書の規定による更新に係る承認の申立てをした場合において、やむを得ない事情があるときは、当該措置の期間が満了した後も、当該申立てに対する審判が確定するまでの間、引き続き当該措置を採ることができる。ただし、当該申立てを却下する審判があつた場合は、当該審判の結果を考慮してもなお当該措置を採る必要があると認めるときに限る。

④ 家庭裁判所は、第一項第一号若しくは第二号ただし書又は第二項ただし書の承認（以下「措置に関する承認」という。）の申立てがあつた場合は、都道府県に対し、期限を定めて、当該申立てに係る保護者に対する指導措置を採るよう勧告すること、当該申立てに係る保護者に対する指導措置に関し報告及び意見を求めること、又は当該申立てに係る児童及びその保護者に関する必要な資料の提出を求めることができる。

⑤ 家庭裁判所は、前項の規定による勧告を行つたときは、その旨を当該保護者に通知するものとする。

⑥ 家庭裁判所は、措置に関する承認の申立てに対する承認の審判をする場合において、当該措置の終了後の家庭その他の環境の調整を行うため当該保護者に対する指導措置を採ることが相当であると認めるときは、都道府県に対し、当該指導措置を採るよう勧告することができる。

⑦ 家庭裁判所は、第四項の規定による勧告を行つた場合において、措置に関する承認の申立てを却下する審判をするときであつて、家庭その他の環境の調整を行うため当該勧告に係る当該保護者に対する指導措置を採ることが相当であると認めるときは、都道府県に対し、当該指導措置を採るよう勧告することができる。

⑧ 第五項の規定は、前二項の規定による勧告について準用する。

〔同前―調査質問等〕

第二九条 都道府県知事は、前条の規定による措置をとるため、必要があると認めるときは、児童委員又は児童の福祉に関する事務に従事する職員をして、児童の住所若しくは居所又は児童の従業する場所に立ち入り、必要な調査又は質問をさせることができる。この場合においては、その身分を証明する証票を携帯させ、関係者の請求があつたときは、これを提示させなければならない。

〔同居児童報告義務〕

第三〇条 四親等内の児童以外の児童を、その親権を行う者又は未成年後見人から離して、自己の家庭（単身の世帯を含む。）に、三月（乳児については、一月）を超えて同居させる意思をもつて同居させた者又は継続して二月以上（乳児については、二十日以上）同居させた者（法令の定めるところにより児童を委託された者及び児童を単に下宿させた者を除く。）は、同居を始めた日から三月以内（乳児については、一月以内）に、市町村長を経て、都道府県知事に届け出なければならない。ただし、その届出期間内に同居をやめたときは、この限りでない。

② 前項に規定する届出をした者が、その同居をやめたときは、同居をやめた日から一月以内に、市町村長を経て、都道府県知事に届け出なければならない。

③ 保護者は、経済的理由等により、児童をそのもとにおいて養育しがたいときは、市町村、都道府県の設置する福祉事務所、児童相談所、児童福祉司又は児童委員に相談しなければならない。

〔里親等に対する指示等〕

第三〇条の二 都道府県知事は、小規模住居型児童養育事業を行う者、里親（第二十七条第一項第三号の規定により委託を受けた里親に限る。第三十三条の八第二項、第三十三条の十、第三十三条の十四第二項、第四十四条の三、第四十五条の二、第四十六条第一項、第四十七条、第四十八条及び第四十八条の三において同じ。）及び児童福祉施設の長並びに前条第一項に規定する者に、児童の保護について、必要な指示をし、又は必要な報告をさせることができる。

〔児童福祉施設への措置等〕

第三一条　都道府県等は、第二十三条第一項本文の規定により母子生活支援施設に入所した児童については、その保護者から申込みがあり、かつ、必要があると認めるときは、満二十歳に達するまで、引き続きその者を母子生活支援施設において保護することができる。

②　都道府県は、第二十七条第一項第三号の規定により小規模住居型児童養育事業を行う者若しくは里親に委託され、又は児童養護施設、障害児入所施設（第四十二条第一号に規定する福祉型障害児入所施設に限る。）、児童心理治療施設若しくは児童自立支援施設に入所した児童については満二十歳に達するまで、引き続き同項第三号の規定による委託を継続し、若しくはその者をこれらの児童福祉施設に在所させ、又はこれらの措置を相互に変更する措置を採ることができる。

③　都道府県は、第二十七条第一項第三号の規定により障害児入所施設（第四十二条第二号に規定する医療型障害児入所施設に限る。）に入所した児童又は第二十七条第二項の規定による委託により指定発達支援医療機関に入院した肢体不自由のある児童若しくは重症心身障害児については満二十歳に達するまで、引き続きその者をこれらの児童福祉施設に在所させ、若しくは同項の規定による委託を継続し、又はこれらの措置を相互に変更する措置を採ることができる。

④　都道府県は、延長者（児童以外の満二十歳に満たない者のうち、次の各号のいずれかに該当するものをいう。）について、第二十七条第一項第一号から第三号まで又は第二項の措置を採ることができる。

一　第二項からこの項までの規定による措置が採られている者

二　第三十三条第八項から第十一項までの規定による一時保護が行われている者（前号に掲げる者を除く。）

⑤　前各項の規定による保護又は措置は、この法律の適用については、母子保護の実施又は第二十七条第一項第一号から第三号まで若しくは第二項の規定による措置とみなす。

⑥　第二項から第四項までの場合においては、都道府県知事は、児童相談所長の意見を聴かなければならない。

〔権限の委任〕

第三二条　都道府県知事は、第二十七条第一項若しくは第二項の措置を採る権限又は児童自立生活援助の実施の権限の全部又は一部を児童相談所長に委任することができる。

②　都道府県知事又は市町村長は、第二十一条の六の措置を採る権限又は助産の実施若しくは母子保護の実施の権限、第二十三条第一項ただし書に規定する保護の権限並びに第二十四条の二から第二十四条の七まで及び第二十四条の二十の規定による権限の全部又は一部を、それぞれその管理する福祉事務所の長に委任することができる。

③　市町村長は、保育所における保育を行うことの権限並びに第二十四条第三項の規定による調整及び要請、同条第四項の規定による勧奨及び支援並びに同条第五項又は第六項の規定による措置に関する権限の全部又は一部を、その管理する福祉事務所の長又は当該市町村に置かれる教育委員会に委任することができる。

〔一時保護〕

第三三条　児童相談所長は、必要があると認めるときは、第二十六条第一項の措置を採るに至るまで、児童の安全を迅速に確保し適切な保護を図るため、又は児童の心身の状況、その置かれている環境その他の状況を把握するため、児童の一時保護を行い、又は適当な者に委託して、当該一時保護を行わせることができる。

② 都道府県知事は、必要があると認めるときは、第二十七条第一項又は第二項の措置（第二十八条第四項の規定による勧告を受けて採る指導措置を除く。）を採るに至るまで、児童の安全を迅速に確保し適切な保護を図るため、又は児童の心身の状況、その置かれている環境その他の状況を把握するため、児童相談所長をして、児童の一時保護を行わせ、又は適当な者に当該一時保護を行うことを委託させることができる。

③ 前二項の規定による一時保護の期間は、当該一時保護を開始した日から二月を超えてはならない。

④ 前項の規定にかかわらず、児童相談所長又は都道府県知事は、必要があると認めるときは、引き続き第一項又は第二項の規定による一時保護を行うことができる。

⑤ 前項の規定により引き続き一時保護を行うことが当該児童の親権を行う者又は未成年後見人の意に反する場合においては、児童相談所長又は都道府県知事が引き続き一時保護を行おうとするとき、及び引き続き一時保護を行つた後二月を超えて引き続き一時保護を行おうとするときごとに、児童相談所長又は都道府県知事は、家庭裁判所の承認を得なければならない。ただし、当該児童に係る第二十八条第一項第一号若しくは第二号ただし書の承認の申立て又は当該児童の親権者に係る第三十三条の七の規定による親権喪失若しくは親権停止の審判の請求若しくは当該児童の未成年後見人に係る第三十三条の九の規定による未成年後見人の解任の請求がされている場合は、この限りでない。

⑥ 児童相談所長又は都道府県知事は、前項本文の規定による引き続いての一時保護に係る承認の申立てをした場合において、やむを得ない事情があるときは、一時保護を開始した日から二月を経過した後又は同項の規定により引き続き一時保護を行つた後二月を経過した後も、当該申立てに対する審判が確定するまでの間、引き続き一時保護を行うことができる。ただし、当該申立てを却下する審判があつた場合は、当該審判の結果を考慮してもなお引き続き一時保護を行う必要があると認めるときに限る。

⑦ 前項本文の規定により引き続き一時保護を行つた場合において、第五項本文の規定による引き続いての一時保護に係る承認の申立てに対する審判が確定した場合における同項の規定の適用については、同項中「引き続き一時保護を行おうとするとき、及び引き続き一時保護を行つた」とあるのは、「引き続いての一時保護に係る承認の申立てに対する審判が確定した」とする。

⑧ 児童相談所長は、特に必要があると認めるときは、第一項の規定により一時保護が行われた児童については満二十歳に達するまでの間、次に掲げる措置を採るに至るまで、引き続き一時保護を行い、又は一時保護を行わせることができる。

一 第三十一条第四項の規定による措置を要すると認める者は、これを都道府県知事に報告すること。

二 児童自立生活援助の実施が適当であると認める満二十歳未満義務教育終了児童等は、これをその実施に係る都道府県知事に報告すること。

⑨ 都道府県知事は、特に必要があると認めるときは、第二項の規定により一時保護が行われた児童については満二十歳に達するまでの間、第三十一条第四項の規定による措置（第二十八条第四項の規定による勧告を受けて採る指導措置を除く。第十一項において同じ。）を採るに至るまで、児童相談所長をして、引き続き一時保護を行わせ、又は一時保護を行うことを委託させることができる。

⑩ 児童相談所長は、特に必要があると認めるときは、第八項

各号に掲げる措置を採るに至るまで、保護延長者（児童以外の満二十歳に満たない者のうち、第三十一条第二項から第四項までの規定による措置が採られているものをいう。以下この項及び次項において同じ。）の安全を迅速に確保し適切な保護を図るため、又は保護延長者の心身の状況、その置かれている環境その他の状況を把握するため、保護延長者の一時保護を行い、又は適当な者に委託して、当該一時保護を行わせることができる。

⑪　都道府県知事は、特に必要があると認めるときは、第三十一条第四項の規定による措置を採るに至るまで、保護延長者の安全を迅速に確保し適切な保護を図るため、又は保護延長者の心身の状況、その置かれている環境その他の状況を把握するため、児童相談所長をして、保護延長者の一時保護を行わせ、又は適当な者に当該一時保護を行うことを委託させることができる。

⑫　第八項から前項までの規定による一時保護は、この法律の適用については、第一項又は第二項の規定による一時保護とみなす。

〔一時保護中の児童の親権等〕

第三三条の二　児童相談所長は、一時保護が行われた児童で親権を行う者又は未成年後見人のないものに対し、親権を行う者又は未成年後見人があるに至るまでの間、親権を行う。ただし、民法第七百九十七条の規定による縁組の承諾をするには、厚生労働省令の定めるところにより、都道府県知事の許可を得なければならない。

②　児童相談所長は、一時保護が行われた児童で親権を行う者又は未成年後見人のあるものについても、監護、教育及び懲戒に関し、その児童の福祉のため必要な措置を採ることができる。

③　前項の児童の親権を行う者又は未成年後見人は、同項の規定による措置を不当に妨げてはならない。

④　第二項の規定による措置は、児童の生命又は身体の安全を確保するため緊急の必要があると認めるときは、その親権を行う者又は未成年後見人の意に反しても、これをとることができる。

〔一時保護中の児童の所持物の保管〕

第三三条の二の二　児童相談所長は、一時保護が行われた児童の所持する物であつて、一時保護中本人に所持させることが児童の福祉を損なうおそれがあるものを保管することができる。

②　児童相談所長は、前項の規定により保管する物で、腐敗し、若しくは滅失するおそれがあるもの又は保管に著しく不便なものは、これを売却してその代価を保管することができる。

③　児童相談所長は、前二項の規定により保管する物について当該児童以外の者が返還請求権を有することが明らかな場合には、これをその権利者に返還しなければならない。

④　児童相談所長は、前項に規定する返還請求権を有する者を知ることができないとき、又はその者の所在を知ることができないときは、返還請求権を有する者は、六月以内に申し出るべき旨を公告しなければならない。

⑤　前項の期間内に同項の申出がないときは、その物は、当該児童相談所を設置した都道府県に帰属する。

⑥　児童相談所長は、一時保護を解除するときは、第三項の規定により返還する物を除き、その保管する物を当該児童に返還しなければならない。この場合において、当該児童に交付することが児童の福祉のため不適当であると認めるときは、これをその保護者に交付することができる。

⑦　第一項の規定による保管、第二項の規定による売却及び第四項の規定による公告に要する費用は、その物の返還を受ける者があるときは、その者の負担とする。

〔一時保護中の児童の遺留物の保管等〕

第三三条の三　児童相談所長は、一時保護が行われている間に児童が逃走し、又は死亡した場合において、遺留物があるときは、これを保管し、かつ、前条第三項の規定により権利者に返還しなければならない物を除き、これを当該児童の保護者若しくは親族又は相続人に交付しなければならない。

②　前条第二項、第四項、第五項及び第七項の規定は、前項の場合に、これを準用する。

〔措置の解除に係る説明等〕

第三三条の四　都道府県知事、市町村長、福祉事務所長又は児童相談所長は、次の各号に掲げる措置又は助産の実施、母子保護の実施若しくは児童自立生活援助の実施を解除する場合には、あらかじめ、当該各号に定める者に対し、当該措置又は助産の実施、母子保護の実施若しくは児童自立生活援助の実施の解除の理由について説明するとともに、その意見を聴かなければならない。ただし、当該各号に定める者から当該措置又は助産の実施、母子保護の実施若しくは児童自立生活援助の実施の解除の申出があつた場合その他厚生労働省令で定める場合においては、この限りでない。

一　第二十一条の六、第二十四条第五項及び第六項、第二十五条の七第一項第二号、第二十五条の八第二号、第二十六条第一項第二号並びに第二十七条第一項第二号の措置　当該措置に係る児童の保護者

二　助産の実施　当該助産の実施に係る妊産婦

三　母子保護の実施　当該母子保護の実施に係る児童の保護者

四　第二十七条第一項第三号及び第二項の措置　当該措置に係る児童の親権を行う者又はその未成年後見人

五　児童自立生活援助の実施　当該児童自立生活援助の実施に係る満二十歳未満義務教育終了児童等又は満二十歳以上義務教育終了児童等

〔行政手続法の適用除外〕

第三三条の五　第二十一条の六、第二十四条第五項若しくは第六項、第二十五条の七第一項第二号、第二十五条の八第二号、第二十六条第一項第二号若しくは第二十七条第一項第二号若しくは第三号若しくは第二項の措置を解除する処分又は助産の実施、母子保護の実施若しくは児童自立生活援助の実施の解除については、行政手続法第三章（第十二条及び第十四条を除く。）の規定は、適用しない。

〔児童自立生活援助〕

第三三条の六　都道府県は、その区域内における満二十歳未満義務教育終了児童等の自立を図るため必要がある場合において、その満二十歳未満義務教育終了児童等から申込みがあつたときは、自ら又は児童自立生活援助事業を行う者（都道府県を除く。次項において同じ。）に委託して、その満二十歳未満義務教育終了児童等に対し、厚生労働省令で定めるところにより、児童自立生活援助を行わなければならない。ただし、やむを得ない事由があるときは、その他の適切な援助を行わなければならない。

②　満二十歳未満義務教育終了児童等であつて児童自立生活援助の実施を希望するものは、厚生労働省令の定めるところにより、入居を希望する住居その他厚生労働省令の定める事項を記載した申込書を都道府県に提出しなければならない。この場合において、児童自立生活援助事業を行う者は、厚生労働省令の定めるところにより、満二十歳未満義務教育終了児

童等の依頼を受けて、当該申込書の提出を代わつて行うことができる。
③　都道府県は、満二十歳未満義務教育終了児童等が特別な事情により当該都道府県の区域外の住居への入居を希望するときは、当該住居への入居について必要な連絡及び調整を図らなければならない。
④　都道府県は、第二十五条の七第一項第三号若しくは第二項第四号、第二十五条の八第四号若しくは第二十六条第一項第六号の規定による報告を受けた児童又は第三十三条第八項第二号の規定による報告を受けた満二十歳未満義務教育終了児童等について、必要があると認めるときは、これらの者に対し、児童自立生活援助の実施の申込みを勧奨しなければならない。
⑤　都道府県は、満二十歳未満義務教育終了児童等の住居の選択及び児童自立生活援助事業の適正な運営の確保に資するため、厚生労働省令の定めるところにより、その区域内における児童自立生活援助事業を行う者、当該事業の運営の状況その他の厚生労働省令の定める事項に関し情報の提供を行わなければならない。
⑥　第一項から第三項まで及び前項の規定は、満二十歳以上義務教育終了児童等について準用する。この場合において、第一項中「行わなければならない。ただし、やむを得ない事由があるときは、その他の適切な援助を行わなければならない」とあるのは「行うよう努めなければならない」と、第三項中「図らなければならない」とあるのは「図るよう努めなければならない」と読み替えるものとする。

〔特別養子適格確認の請求〕

第三十三条の六の二　児童相談所長は、児童について、家庭裁判所に対し、養親としての適格性を有する者との間における特別養子縁組について、家事事件手続法（平成二十三年法律第五十二号）第百六十四条第二項に規定する特別養子適格の確認を請求することができる。
②　児童相談所長は、前項の規定による請求に係る児童について、特別養子縁組によつて養親となることを希望する者が現に存しないときは、養子縁組里親その他の適当な者に対し、当該児童に係る民法第八百十七条の二第一項に規定する請求を行うことを勧奨するよう努めるものとする。

〔特別養子適格の確認の審判〕

第三十三条の六の三　児童相談所長は、児童に係る特別養子適格の確認の審判事件（家事事件手続法第三条の五に規定する特別養子適格の確認の審判事件をいう。）の手続に参加することができる。
②　前項の規定により手続に参加する児童相談所長は、家事事件手続法第四十二条第七項に規定する利害関係参加人とみなす。

〔親権喪失等の審判の請求又は取消し〕

第三十三条の七　児童の親権者に係る民法第八百三十四条本文、第八百三十四条の二第一項、第八百三十五条又は第八百三十六条の規定による親権喪失、親権停止若しくは管理権喪失の審判の請求又はこれらの審判の取消しの請求は、これらの規定に定める者のほか、児童相談所長も、これを行うことができる。

〔未成年後見人選任の請求〕

第三十三条の八　児童相談所長は、親権を行う者のない児童について、その福祉のため必要があるときは、家庭裁判所に対し未成年後見人の選任を請求しなければならない。
②　児童相談所長は、前項の規定による未成年後見人の選任の請求に係る児童（小規模住居型児童養育事業を行う者若しく

は里親に委託中、児童福祉施設に入所中又は一時保護中の児童を除く。）に対し、親権を行う者又は未成年後見人があるに至るまでの間、親権を行う。ただし、民法第七百九十七条の規定による縁組の承諾をするには、厚生労働省令の定めるところにより、都道府県知事の許可を得なければならない。

〔未成年後見人解任の請求〕

第三三条の九　児童の未成年後見人に、不正な行為、著しい不行跡その他後見の任務に適しない事由があるときは、民法第八百四十六条の規定による未成年後見人の解任の請求は、同条に定める者のほか、児童相談所長も、これを行うことができる。

〔調査研究の推進〕

第三三条の九の二　国は、要保護児童の保護に係る事例の分析その他要保護児童の健全な育成に資する調査及び研究を推進するものとする。

第七節　被措置児童等虐待の防止等

〔被措置児童等虐待〕

第三三条の一〇　この法律で、被措置児童等虐待とは、小規模住居型児童養育事業に従事する者、里親若しくはその同居人、乳児院、児童養護施設、障害児入所施設、児童心理治療施設若しくは児童自立支援施設の長、その職員その他の従業者、指定発達支援医療機関の管理者その他の従業者、第十二条の四に規定する児童を一時保護する施設を設けている児童相談所の所長、当該施設の職員その他の従業者又は第三十三条第一項若しくは第二項の委託を受けて児童の一時保護を行う業務に従事する者（以下「施設職員等」と総称する。）が、委託された児童、入所する児童又は一時保護が行われた児童（以下「被措置児童等」という。）について行う次に掲げる行為をいう。

一　被措置児童等の身体に外傷が生じ、又は生じるおそれのある暴行を加えること。

二　被措置児童等にわいせつな行為をすること又は被措置児童等をしてわいせつな行為をさせること。

三　被措置児童等の心身の正常な発達を妨げるような著しい減食又は長時間の放置、同居人若しくは生活を共にする他の児童による前二号又は次号に掲げる行為の放置その他の施設職員等としての養育又は業務を著しく怠ること。

四　被措置児童等に対する著しい暴言又は著しく拒絶的な対応その他の被措置児童等に著しい心理的外傷を与える言動を行うこと。

〔虐待等の禁止〕

第三三条の一一　施設職員等は、被措置児童等虐待その他被措置児童等の心身に有害な影響を及ぼす行為をしてはならない。

〔被措置児童等虐待に係る通告〕

第三三条の一二　被措置児童等虐待を受けたと思われる児童を発見した者は、速やかに、これを都道府県の設置する福祉事務所、児童相談所、第三十三条の十四第一項若しくは第二項に規定する措置を講ずる権限を有する都道府県の行政機関（以下この節において「都道府県の行政機関」という。）、都道府県児童福祉審議会若しくは市町村又は児童委員を介して、都道府県の設置する福祉事務所、児童相談所、都道府県の行政機関、都道府県児童福祉審議会若しくは市町村に通告しなければならない。

②　被措置児童等虐待を受けたと思われる児童を発見した者は、当該被措置児童等虐待を受けたと思われる児童が、児童虐待を受けたと思われる児童にも該当する場合において、前

項の規定による通告をしたときは、児童虐待の防止等に関する法律第六条第一項の規定による通告をすることを要しない。

③　被措置児童等は、被措置児童等虐待を受けたときは、その旨を児童相談所、都道府県の行政機関又は都道府県児童福祉審議会に届け出ることができる。

④　刑法の秘密漏示罪の規定その他の守秘義務に関する法律の規定は、第一項の規定による通告（虚偽であるもの及び過失によるものを除く。次項において同じ。）をすることを妨げるものと解釈してはならない。

⑤　施設職員等は、第一項の規定による通告をしたことを理由として、解雇その他不利益な取扱いを受けない。

〔守秘義務〕

第三三条の一三　都道府県の設置する福祉事務所、児童相談所、都道府県の行政機関、都道府県児童福祉審議会又は市町村が前条第一項の規定による通告又は同条第三項の規定による届出を受けた場合においては、当該通告若しくは届出を受けた都道府県の設置する福祉事務所若しくは児童相談所の所長、所員その他の職員、都道府県の行政機関若しくは市町村の職員、都道府県児童福祉審議会の委員若しくは臨時委員又は当該通告を仲介した児童委員は、その職務上知り得た事項であつて当該通告又は届出をした者を特定させるものを漏らしてはならない。

〔都道府県の講ずべき措置〕

第三三条の一四　都道府県は、第三十三条の十二第一項の規定による通告、同条第三項の規定による届出若しくは第三項若しくは次条第一項の規定による通知を受けたとき又は相談に応じた児童について必要があると認めるときは、速やかに、当該被措置児童等の状況の把握その他当該通告、届出、通知又は相談に係る事実について確認するための措置を講ずるものとする。

②　都道府県は、前項に規定する措置を講じた場合において、必要があると認めるときは、小規模住居型児童養育事業、里親、乳児院、児童養護施設、障害児入所施設、児童心理治療施設、児童自立支援施設、指定発達支援医療機関、第十二条の四に規定する児童を一時保護する施設又は第三十三条第一項若しくは第二項の委託を受けて一時保護を行う者における事業若しくは業務の適正な運営又は適切な養育を確保することにより、当該通告、届出、通知又は相談に係る被措置児童等に対する被措置児童等虐待の防止並びに当該被措置児童等及び当該被措置児童等と生活を共にする他の被措置児童等の保護を図るため、適切な措置を講ずるものとする。

③　都道府県の設置する福祉事務所、児童相談所又は市町村が第三十三条の十二第一項の規定による通告若しくは同条第三項の規定による届出を受けたとき、又は児童虐待の防止等に関する法律に基づく措置を講じた場合において、第一項の措置が必要であると認めるときは、都道府県の設置する福祉事務所の長、児童相談所の所長又は市町村の長は、速やかに、都道府県知事に通知しなければならない。

〔都道府県児童福祉審議会の知事への通知等〕

第三三条の一五　都道府県児童福祉審議会は、第三十三条の十二第一項の規定による通告又は同条第三項の規定による届出を受けたときは、速やかに、その旨を都道府県知事に通知しなければならない。

②　都道府県知事は、前条第一項又は第二項に規定する措置を講じたときは、速やかに、当該措置の内容、当該被措置児童等の状況その他の厚生労働省令で定める事項を都道府県児童福祉審議会に報告しなければならない。

③　都道府県児童福祉審議会は、前項の規定による報告を受けたときは、その報告に係る事項について、都道府県知事に対し、意見を述べることができる。

④　都道府県児童福祉審議会は、前項に規定する事務を遂行するため特に必要があると認めるときは、施設職員等その他の関係者に対し、出席説明及び資料の提出を求めることができる。

〔公表〕

第三三条の一六　都道府県知事は、毎年度、被措置児童等虐待の状況、被措置児童等虐待があつた場合に講じた措置その他厚生労働省令で定める事項を公表するものとする。

〔調査及び研究〕

第三三条の一七　国は、被措置児童等虐待の事例の分析を行うとともに、被措置児童等虐待の予防及び早期発見のための方策並びに被措置児童等虐待があつた場合の適切な対応方法に資する事項についての調査及び研究を行うものとする。

第八節　情報公表対象支援の利用に資する情報の報告及び公表

〔報告及び公表〕

第三三条の一八　指定障害児通所支援事業者及び指定障害児相談支援事業者並びに指定障害児入所施設等の設置者（以下この条において「対象事業者」という。）は、指定通所支援、指定障害児相談支援又は指定入所支援（以下この条において「情報公表対象支援」という。）の提供を開始しようとするとき、その他厚生労働省令で定めるときは、厚生労働省令で定めるところにより、情報公表対象支援情報（その提供する情報公表対象支援の内容及び情報公表対象支援を提供する事業者又は施設の運営状況に関する情報であつて、情報公表対象支援を利用し、又は利用しようとする障害児の保護者が適切かつ円滑に当該情報公表対象支援を利用する機会を確保するために公表されることが適当なものとして厚生労働省令で定めるものをいう。第八項において同じ。）を、当該情報公表対象支援を提供する事業所又は施設の所在地を管轄する都道府県知事に報告しなければならない。

②　都道府県知事は、前項の規定による報告を受けた後、厚生労働省令で定めるところにより、当該報告の内容を公表しなければならない。

③　都道府県知事は、前項の規定による公表を行うため必要があると認めるときは、第一項の規定による報告が真正であることを確認するのに必要な限度において、当該報告をした対象事業者に対し、当該報告の内容について、調査を行うことができる。

④　都道府県知事は、対象事業者が第一項の規定による報告をせず、若しくは虚偽の報告をし、又は前項の規定による調査を受けず、若しくは調査を妨げたときは、期間を定めて、当該対象事業者に対し、その報告を行い、若しくはその報告の内容を是正し、又はその調査を受けることを命ずることができる。

⑤　都道府県知事は、指定障害児相談支援事業者に対して前項の規定による処分をしたときは、遅滞なく、その旨をその指定をした市町村長に通知しなければならない。

⑥　都道府県知事は、指定障害児通所支援事業者又は指定障害児入所施設の設置者が第四項の規定による命令に従わないときは、当該指定障害児通所支援事業者又は指定障害児入所施設の指定を取り消し、又は期間を定めてその指定の全部若しくは一部の効力を停止することができる。

⑦　都道府県知事は、指定障害児相談支援事業者が第四項の規

定による命令に従わない場合において、当該指定障害児相談支援事業者の指定を取り消し、又は期間を定めてその指定の全部若しくは一部の効力を停止することが適当であると認めるときは、理由を付して、その旨をその指定をした市町村長に通知しなければならない。

⑧　都道府県知事は、情報公表対象支援を利用し、又は利用しようとする障害児の保護者が適切かつ円滑に当該情報公表対象支援を利用する機会の確保に資するため、情報公表対象支援の質及び情報公表対象支援に従事する従業者に関する情報（情報公表対象支援情報に該当するものを除く。）であつて厚生労働省令で定めるものの提供を希望する対象事業者から提供を受けた当該情報について、公表を行うよう配慮するものとする。

第九節　障害児福祉計画

〔基本方針〕

第三三条の一九　厚生労働大臣は、障害児通所支援、障害児入所支援及び障害児相談支援（以下この項、次項並びに第三十三条の二十二第一項及び第二項において「障害児通所支援等」という。）の提供体制を整備し、障害児通所支援等の円滑な実施を確保するための基本的な指針（以下この条、次条第一項及び第三十三条の二十二第一項において「基本指針」という。）を定めるものとする。

②　基本指針においては、次に掲げる事項を定めるものとする。

一　障害児通所支援等の提供体制の確保に関する基本的事項

二　障害児通所支援等の提供体制の確保に係る目標に関する事項

三　次条第一項に規定する市町村障害児福祉計画及び第三十三条の二十二第一項に規定する都道府県障害児福祉計画の作成に関する事項

四　その他障害児通所支援等の円滑な実施を確保するために必要な事項

③　基本指針は、障害者の日常生活及び社会生活を総合的に支援するための法律第八十七条第一項に規定する基本指針と一体のものとして作成することができる。

④　厚生労働大臣は、基本指針の案を作成し、又は基本指針を変更しようとするときは、あらかじめ、障害児及びその家族その他の関係者の意見を反映させるために必要な措置を講ずるものとする。

⑤　厚生労働大臣は、障害児の生活の実態、障害児を取り巻く環境の変化その他の事情を勘案して必要があると認めるときは、速やかに基本指針を変更するものとする。

⑥　厚生労働大臣は、基本指針を定め、又はこれを変更したときは、遅滞なく、これを公表しなければならない。

〔市町村障害児福祉計画〕

第三三条の二〇　市町村は、基本指針に即して、障害児通所支援及び障害児相談支援の提供体制の確保その他障害児通所支援及び障害児相談支援の円滑な実施に関する計画（以下「市町村障害児福祉計画」という。）を定めるものとする。

②　市町村障害児福祉計画においては、次に掲げる事項を定めるものとする。

一　障害児通所支援及び障害児相談支援の提供体制の確保に係る目標に関する事項

二　各年度における指定通所支援又は指定障害児相談支援の種類ごとの必要な見込量

③　市町村障害児福祉計画においては、前項各号に掲げるもののほか、次に掲げる事項について定めるよう努めるものとす

る。

一　前項第二号の指定通所支援又は指定障害児相談支援の種類ごとの必要な見込量の確保のための方策

二　前項第二号の指定通所支援又は指定障害児相談支援の提供体制の確保に係る医療機関、教育機関その他の関係機関との連携に関する事項

④　市町村障害児福祉計画は、当該市町村の区域における障害児の数及びその障害の状況を勘案して作成されなければならない。

⑤　市町村は、当該市町村の区域における障害児の心身の状況、その置かれている環境その他の事情を正確に把握した上で、これらの事情を勘案して、市町村障害児福祉計画を作成するよう努めるものとする。

⑥　市町村障害児福祉計画は、障害者の日常生活及び社会生活を総合的に支援するための法律第八十八条第一項に規定する市町村障害福祉計画と一体のものとして作成することができる。

⑦　市町村障害児福祉計画は、障害者基本法（昭和四十五年法律第八十四号）第十一条第三項に規定する市町村障害者計画、社会福祉法第百七条第一項に規定する市町村地域福祉計画その他の法律の規定による計画であつて障害児の福祉に関する事項を定めるものと調和が保たれたものでなければならない。

⑧　市町村は、市町村障害児福祉計画を定め、又は変更しようとするときは、あらかじめ、住民の意見を反映させるために必要な措置を講ずるよう努めるものとする。

⑨　市町村は、障害者の日常生活及び社会生活を総合的に支援するための法律第八十九条の三第一項に規定する協議会を設置したときは、市町村障害児福祉計画を定め、又は変更しようとする場合において、あらかじめ、当該協議会の意見を聴くよう努めなければならない。

⑩　障害者基本法第三十六条第四項の合議制の機関を設置する市町村は、市町村障害児福祉計画を定め、又は変更しようとするときは、あらかじめ、当該機関の意見を聴かなければならない。

⑪　市町村は、市町村障害児福祉計画を定め、又は変更しようとするときは、第二項に規定する事項について、あらかじめ、都道府県の意見を聴かなければならない。

⑫　市町村は、市町村障害児福祉計画を定め、又は変更したときは、遅滞なく、これを都道府県知事に提出しなければならない。

〔同前―変更等〕

第三三条の二一　市町村は、定期的に、前条第二項各号に掲げる事項（市町村障害児福祉計画に同条第三項各号に掲げる事項を定める場合にあつては、当該各号に掲げる事項を含む。）について、調査、分析及び評価を行い、必要があると認めるときは、当該市町村障害児福祉計画を変更することその他の必要な措置を講ずるものとする。

〔都道府県障害児福祉計画〕

第三三条の二二　都道府県は、基本指針に即して、市町村障害児福祉計画の達成に資するため、各市町村を通ずる広域的な見地から、障害児通所支援等の提供体制の確保その他障害児通所支援等の円滑な実施に関する計画（以下「都道府県障害児福祉計画」という。）を定めるものとする。

②　都道府県障害児福祉計画においては、次に掲げる事項を定めるものとする。

一　障害児通所支援等の提供体制の確保に係る目標に関する事項

二　当該都道府県が定める区域ごとの各年度の指定通所支援又は指定障害児相談支援の種類ごとの必要な見込量
三　各年度の指定障害児入所施設等の必要入所定員総数
③　都道府県障害児福祉計画においては、前項各号に掲げる事項のほか、次に掲げる事項について定めるよう努めるものとする。
一　前項第二号の区域ごとの指定通所支援の種類ごとの必要な見込量の確保のための方策
二　前項第二号の区域ごとの指定通所支援又は指定障害児相談支援の質の向上のために講ずる措置に関する事項
三　指定障害児入所施設等の障害児入所支援の質の向上のために講ずる措置に関する事項
四　前項第二号の区域ごとの指定通所支援の提供体制の確保に係る医療機関、教育機関その他の関係機関との連携に関する事項
④　都道府県障害児福祉計画は、障害者の日常生活及び社会生活を総合的に支援するための法律第八十九条第一項に規定する都道府県障害福祉計画と一体のものとして作成することができる。
⑤　都道府県障害児福祉計画は、障害者基本法第十一条第二項に規定する都道府県障害者計画、社会福祉法第百八条第一項に規定する都道府県地域福祉支援計画その他の法律の規定による計画であつて障害児の福祉に関する事項を定めるものと調和が保たれたものでなければならない。
⑥　都道府県は、障害者の日常生活及び社会生活を総合的に支援するための法律第八十九条の三第一項に規定する協議会を設置したときは、都道府県障害児福祉計画を定め、又は変更しようとする場合において、あらかじめ、当該協議会の意見を聴くよう努めなければならない。
⑦　都道府県は、都道府県障害児福祉計画を定め、又は変更しようとするときは、あらかじめ、障害者基本法第三十六条第一項の合議制の機関の意見を聴かなければならない。
⑧　都道府県は、都道府県障害児福祉計画を定め、又は変更したときは、遅滞なく、これを厚生労働大臣に提出しなければならない。

〔同前―変更等〕
第三三条の二三　都道府県は、定期的に、前条第二項各号に掲げる事項（都道府県障害児福祉計画に同条第三項各号に掲げる事項を定める場合にあつては、当該各号に掲げる事項を含む。）について、調査、分析及び評価を行い、必要があると認めるときは、当該都道府県障害児福祉計画を変更することその他の必要な措置を講ずるものとする。

〔都道府県知事の助言等〕
第三三条の二四　都道府県知事は、市町村に対し、市町村障害児福祉計画の作成上の技術的事項について必要な助言をすることができる。
②　厚生労働大臣は、都道府県に対し、都道府県障害児福祉計画の作成の手法その他都道府県障害児福祉計画の作成上の重要な技術的事項について必要な助言をすることができる。

〔国の援助〕
第三三条の二五　国は、市町村又は都道府県が、市町村障害児福祉計画又は都道府県障害児福祉計画に定められた事業を実施しようとするときは、当該事業が円滑に実施されるように必要な助言その他の援助の実施に努めるものとする。

第十節　雑則

〔児童保護のための禁止行為〕
第三四条　何人も、次に掲げる行為をしてはならない。

一　身体に障害又は形態上の異常がある児童を公衆の観覧に供する行為
二　児童にこじきをさせ、又は児童を利用してこじきをする行為
三　公衆の娯楽を目的として、満十五歳に満たない児童にかるわざ又は曲馬をさせる行為
四　満十五歳に満たない児童に戸々について、又は道路その他これに準ずる場所で歌謡、遊芸その他の演技を業務としてさせる行為
四の二　児童に午後十時から午前三時までの間、戸々について、又は道路その他これに準ずる場所で物品の販売、配布、展示若しくは拾集又は役務の提供を業務としてさせる行為
四の三　戸々について、又は道路その他これに準ずる場所で物品の販売、配布、展示若しくは拾集又は役務の提供を業務として行う満十五歳に満たない児童を、当該業務を行うために、風俗営業等の規制及び業務の適正化等に関する法律（昭和二十三年法律第百二十二号）第二条第四項の接待飲食等営業、同条第六項の店舗型性風俗特殊営業及び同条第九項の店舗型電話異性紹介営業に該当する営業を営む場所に立ち入らせる行為
五　満十五歳に満たない児童に酒席に侍する行為を業務としてさせる行為
六　児童に淫《いん》行をさせる行為
七　前各号に掲げる行為をするおそれのある者その他児童に対し、刑罰法令に触れる行為をなすおそれのある者に、情を知つて、児童を引き渡す行為及び当該引渡し行為のなされるおそれがあるの情を知つて、他人に児童を引き渡す行為
八　成人及び児童のための正当な職業紹介の機関以外の者が、営利を目的として、児童の養育をあつせんする行為
九　児童の心身に有害な影響を与える行為をさせる目的をもつて、これを自己の支配下に置く行為

②　児童養護施設、障害児入所施設、児童発達支援センター又は児童自立支援施設においては、それぞれ第四十一条から第四十三条まで及び第四十四条に規定する目的に反して、入所した児童を酷使してはならない。

〔政令への委任〕

第三四条の二　この法律に定めるもののほか、福祉の保障に関し必要な事項は、政令でこれを定める。

第三章　事業、養育里親及び養子縁組里親並びに施設

〔都道府県による障害児通所支援事業等〕

第三四条の三　都道府県は、障害児通所支援事業又は障害児相談支援事業（以下「障害児通所支援事業等」という。）を行うことができる。

②　国及び都道府県以外の者は、厚生労働省令で定めるところにより、あらかじめ、厚生労働省令で定める事項を都道府県知事に届け出て、障害児通所支援事業等を行うことができる。

③　国及び都道府県以外の者は、前項の規定により届け出た事項に変更が生じたときは、変更の日から一月以内に、その旨を都道府県知事に届け出なければならない。

④　国及び都道府県以外の者は、障害児通所支援事業等を廃止し、又は休止しようとするときは、あらかじめ、厚生労働省令で定める事項を都道府県知事に届け出なければならない。

〔国・都道府県以外の者による児童自立生活援助事業等〕

第三四条の四　国及び都道府県以外の者は、厚生労働省令の定

めるところにより、あらかじめ、厚生労働省令で定める事項を都道府県知事に届け出て、児童自立生活援助事業又は小規模住居型児童養育事業を行うことができる。

② 国及び都道府県以外の者は、前項の規定により届け出た事項に変更を生じたときは、変更の日から一月以内に、その旨を都道府県知事に届け出なければならない。

③ 国及び都道府県以外の者は、児童自立生活援助事業又は小規模住居型児童養育事業を廃止し、又は休止しようとするときは、あらかじめ、厚生労働省令で定める事項を都道府県知事に届け出なければならない。

〔都道府県知事による監督〕

第三四条の五　都道府県知事は、児童の福祉のために必要があると認めるときは、障害児通所支援事業等、児童自立生活援助事業若しくは小規模住居型児童養育事業を行う者に対して、必要と認める事項の報告を求め、又は当該職員に、関係者に対して質問させ、若しくはその事務所若しくは施設に立ち入り、設備、帳簿書類その他の物件を検査させることができる。

② 第十八条の十六第二項及び第三項の規定は、前項の場合について準用する。

〔事業の停止等〕

第三四条の六　都道府県知事は、障害児通所支援事業等、児童自立生活援助事業又は小規模住居型児童養育事業を行う者が、この法律若しくはこれに基づく命令若しくはこれらに基づいてする処分に違反したとき、その事業に関し不当に営利を図り、若しくはその事業に係る児童の処遇につき不当な行為をしたとき、又は障害児通所支援事業者が第二十一条の七の規定に違反したときは、その者に対し、その事業の制限又は停止を命ずることができる。

〔受託義務〕

第三四条の七　障害者等相談支援事業、小規模住居型児童養育事業又は児童自立生活援助事業を行う者は、第二十六条第一項第二号、第二十七条第一項第二号若しくは第三号又は第三十三条の六第一項（同条第六項において準用する場合を含む。）の規定による委託を受けたときは、正当な理由がない限り、これを拒んではならない。

〔市町村等による放課後児童健全育成事業〕

第三四条の八　市町村は、放課後児童健全育成事業を行うことができる。

② 国、都道府県及び市町村以外の者は、厚生労働省令で定めるところにより、あらかじめ、厚生労働省令で定める事項を市町村長に届け出て、放課後児童健全育成事業を行うことができる。

③ 国、都道府県及び市町村以外の者は、前項の規定により届け出た事項に変更を生じたときは、変更の日から一月以内に、その旨を市町村長に届け出なければならない。

④ 国、都道府県及び市町村以外の者は、放課後児童健全育成事業を廃止し、又は休止しようとするときは、あらかじめ、厚生労働省令で定める事項を市町村長に届け出なければならない。

〔放課後児童健全育成事業の基準〕

第三四条の八の二　市町村は、放課後児童健全育成事業の設備及び運営について、条例で基準を定めなければならない。この場合において、その基準は、児童の身体的、精神的及び社会的な発達のために必要な水準を確保するものでなければならない。

② 市町村が前項の条例を定めるに当たつては、放課後児童健全育成事業に従事する者及びその員数については厚生労働省

令で定める基準に従い定めるものとし、その他の事項については厚生労働省令で定める基準を参酌するものとする。

③　放課後児童健全育成事業を行う者は、第一項の基準を遵守しなければならない。

〔報告、立入検査等〕

第三四条の八の三　市町村長は、前条第一項の基準を維持するため、放課後児童健全育成事業を行う者に対して、必要と認める事項の報告を求め、又は当該職員に、関係者に対して質問させ、若しくはその事業を行う場所に立ち入り、設備、帳簿書類その他の物件を検査させることができる。

②　第十八条の十六第二項及び第三項の規定は、前項の場合について準用する。

③　市町村長は、放課後児童健全育成事業が前条第一項の基準に適合しないと認められるに至つたときは、その事業を行う者に対し、当該基準に適合するために必要な措置を採るべき旨を命ずることができる。

④　市町村長は、放課後児童健全育成事業を行う者が、この法律若しくはこれに基づく命令若しくはこれらに基づいてする処分に違反したとき、又はその事業に関し不当に営利を図り、若しくはその事業に係る児童の処遇につき不当な行為をしたときは、その者に対し、その事業の制限又は停止を命ずることができる。

〔市町村による子育て短期支援事業〕

第三四条の九　市町村は、厚生労働省令で定めるところにより、子育て短期支援事業を行うことができる。

〔市町村による乳児家庭全戸訪問事業等〕

第三四条の一〇　市町村は、第二十一条の十の二第一項の規定により乳児家庭全戸訪問事業又は養育支援訪問事業を行う場合には、社会福祉法の定めるところにより行うものとする。

〔地域子育て支援拠点事業〕

第三四条の一一　市町村、社会福祉法人その他の者は、社会福祉法の定めるところにより、地域子育て支援拠点事業を行うことができる。

②　地域子育て支援拠点事業に従事する者は、その職務を遂行するに当たつては、個人の身上に関する秘密を守らなければならない。

〔一時預かり事業〕

第三四条の一二　市町村、社会福祉法人その他の者は、厚生労働省令の定めるところにより、あらかじめ、厚生労働省令で定める事項を都道府県知事に届け出て、一時預かり事業を行うことができる。

②　市町村、社会福祉法人その他の者は、前項の規定により届け出た事項に変更を生じたときは、変更の日から一月以内に、その旨を都道府県知事に届け出なければならない。

③　市町村、社会福祉法人その他の者は、一時預かり事業を廃止し、又は休止しようとするときは、あらかじめ、厚生労働省令で定める事項を都道府県知事に届け出なければならない。

〔一時預かり事業者〕

第三四条の一三　一時預かり事業を行う者は、その事業を実施するために必要なものとして厚生労働省令で定める基準を遵守しなければならない。

〔報告、立入検査等〕

第三四条の一四　都道府県知事は、前条の基準を維持するため、一時預かり事業を行う者に対して、必要と認める事項の報告を求め、又は当該職員に、関係者に対して質問させ、若しくはその事業を行う場所に立ち入り、設備、帳簿書類その他の物件を検査させることができる。

②　第十八条の十六第二項及び第三項の規定は、前項の場合について準用する。

③　都道府県知事は、一時預かり事業が前条の基準に適合しないと認められるに至つたときは、その事業を行う者に対し、当該基準に適合するために必要な措置を採るべき旨を命ずることができる。

④　都道府県知事は、一時預かり事業を行う者が、この法律若しくはこれに基づく命令若しくはこれらに基づいてする処分に違反したとき、又はその事業に関し不当に営利を図り、若しくはその事業に係る乳児若しくは幼児の処遇につき不当な行為をしたときは、その者に対し、その事業の制限又は停止を命ずることができる。

〔市町村による家庭的保育事業等〕

第三四条の一五　市町村は、家庭的保育事業等を行うことができる。

②　国、都道府県及び市町村以外の者は、厚生労働省令の定めるところにより、市町村長の認可を得て、家庭的保育事業等を行うことができる。

③　市町村長は、家庭的保育事業等に関する前項の認可の申請があつたときは、次条第一項の条例で定める基準に適合するかどうかを審査するほか、次に掲げる基準（当該認可の申請をした者が社会福祉法人又は学校法人である場合にあつては、第四号に掲げる基準に限る。）によつて、その申請を審査しなければならない。

一　当該家庭的保育事業等を行うために必要な経済的基礎があること。

二　当該家庭的保育事業等を行う者（その者が法人である場合にあつては、経営担当役員（業務を執行する社員、取締役、執行役又はこれらに準ずる者をいう。第三十五条第五項第二号において同じ。）とする。）が社会的信望を有すること。

三　実務を担当する幹部職員が社会福祉事業に関する知識又は経験を有すること。

四　次のいずれにも該当しないこと。

イ　申請者が、禁錮以上の刑に処せられ、その執行を終わり、又は執行を受けることがなくなるまでの者であるとき。

ロ　申請者が、この法律その他国民の福祉に関する法律で政令で定めるものの規定により罰金の刑に処せられ、その執行を終わり、又は執行を受けることがなくなるまでの者であるとき。

ハ　申請者が、労働に関する法律の規定であつて政令で定めるものにより罰金の刑に処せられ、その執行を終わり、又は執行を受けることがなくなるまでの者であるとき。

ニ　申請者が、第五十八条第二項の規定により認可を取り消され、その取消しの日から起算して五年を経過しない者（当該認可を取り消された者が法人である場合においては、当該取消しの処分に係る行政手続法第十五条の規定による通知があつた日前六十日以内に当該法人の役員（業務を執行する社員、取締役、執行役又はこれらに準ずる者をいい、相談役、顧問その他いかなる名称を有する者であるかを問わず、法人に対し業務を執行する社員、取締役、執行役又はこれらに準ずる者と同等以上の支配力を有するものと認められる者を含む。ホにおいて同じ。）又はその事業を管理する者その他の政令で定める使用人（以下この号及び第三十五条第五項第四号において「役員等」という。）であつた者で当該取消しの日から起算して五年を経過しないものを含み、当該認可を取り消された者が法人でない場合においては、当該通知があつた日前六十日以内に当該事業を行う者の管理者であつた者で当該取消しの日から起算して五年を経過しないものを含む。）であるとき。ただし、当該認可の取消しが、家庭的保育事業等の認可の取消しのうち当該認可の取消しの処分の理由となつた事実及び当該事実の発生を防止するための当該家庭的保育事業等を行う者による業務管理体制の整備についての取組の状況その他の当該事実に関して当該家庭的保育事業等を行う者が有していた責任の程度を考慮して、ニ本文に規定する認可の取消しに該当しないこととすることが相当であると認められるものとして厚生労働省令で定めるものに該当する場合を除く。

ホ　申請者と密接な関係を有する者（申請者（法人に限る。以下ホにおいて同じ。）の役員に占めるその役員の割合が二分の一を超え、若しくは当該申請者の株式の所有その他の事由を通じて当該申請者の事業を実質的に支配し、若しくはその事業に重要な影響を与える関係にある者として厚生労働省令で定めるもの（以下ホにおいて「申請者の親会社等」という。）、申請者の親会社等の役員と同一の者がその役員に占める割合が二分の一を超え、若しくは申請者の親会社等が株式の所有その他の事由を通じてその事業を実質的に支配し、若しくはその事業に重要な影響を与える関係にある者として厚生労働省令で定めるもの又は当該申請者の役員と同一の者がその役員に占める割合が二分の一を超え、若しくは当該申請者が株式の所有その他の事由を通じてその事業を実質的に支配し、若しくはその事業に重要な影響を与える関係にある者として厚生労働省令で定める密接な関係を有する法人をいう。）が、第三十五条第五項第四号ホにおいて同じ。）のうち、当該申請者と厚生労働省令で定める密接な関係を有する法人をいう。）が、第五十八条第二項の規定により認可を取り消され、その取消しの日から起算して五年を経過していないとき。ただし、当該認可の取消しが、家庭的保育事業等の認可の取消しのうち当該認可の取消しの処分の理由となつた事実及び当該事実の発生を防止するための当該家庭的保育事業等を行う者による業務管理体制の整備についての取組の状況その他の当該事実に関して当該家庭的保育事業等を行う者が有していた責任の程度を考慮して、ホ本文に規定する認可の取消しに該当しないこととすることが相当であると認められるものとして厚生労働省令で定めるものに該当する場合を除く。

ヘ　申請者が、第五十八条第二項の規定による認可の取消しの処分に係る行政手続法第十五条の規定による通知があつた日から当該処分をする日又は処分をしないことを決定する日までの間に第七項の規定による事業の廃止をした者（当該廃止について相当の理由がある者を除く。）で、当該事業の廃止の承認の日から起算して五年を経過しないものであるとき。

ト　申請者が、第三十四条の十七第一項の規定による検査が行われた日から聴聞決定予定日（当該検査の結果に基づき第五十八条第二項の規定による認可の取消しの処分に係る聴聞を行うか否かの決定をすることが見込まれる日として厚生労働省令で定めるところにより市町村長が当該申請者に当該検査が行われた日から十日以内に特定の日を通知した場合における当該特定の日をいう。）までの間に第七項の規定による事業の廃止をした者（当該廃止について相当の理由がある者を除く。）で、当該事業の廃止の承認の日から起算して五年を経過しないものであるとき。

チ　へに規定する期間内に第七項の規定による事業の廃止の承認の申請があつた場合において、申請者が、への通知の日前六十日以内に当該申請に係る法人（当該事業の廃止について相当の理由がある法人を除く。）の役員等又は当該申請に係る法人でない事業を行う者（当該事業の廃止について相当の理由があるものを除く。）の管理者であつた者で、当該事業の廃止の承認の日から起算して五年を経過しないものであるとき。

リ　申請者が、認可の申請前五年以内に保育に関し不正又は著しく不当な行為をした者であるとき。

ヌ　申請者が、法人で、その役員等のうちにイからニまで又はへからリまでのいずれかに該当する者のあるものであるとき。

ル　申請者が、法人でない者で、その管理者がイからニまで又はへからリまでのいずれかに該当する者であるとき。

④　市町村長は、第二項の認可をしようとするときは、あらかじめ、市町村児童福祉審議会を設置している場合にあつてはその意見を、その他の場合にあつては児童の保護者その他児童福祉に係る当事者の意見を聴かなければならない。

⑤　市町村長は、第三項に基づく審査の結果、その申請が次条第一項の条例で定める基準に適合しており、かつ、その事業を行う者が第三項各号に掲げる基準（その者が社会福祉法人又は学校法人である場合にあつては、同項第四号に掲げる基準に限る。）に該当すると認めるときは、第二項の認可をするものとする。ただし、市町村長は、当該申請に係る家庭的保育事業等の所在地を含む教育・保育提供区域（子ども・子育て支援法第六十一条第二項第一号の規定により当該市町村が定める教育・保育提供区域とする。以下この項において同じ。）における特定地域型保育事業所（同法第二十九条第三項第一号に規定する特定地域型保育事業所をいい、事業所内保育事業における同法第四十三条第一項に規定する労働者等の監護する小学校就学前子どもに係る部分を除く。以下この項において同じ。）の利用定員の総数（同法第十九条第一項第三号に掲げる小学校就学前子どもの区分に係るものに限る。）が、同法第六十一条第一項の規定により当該市町村が定める市町村子ども・子育て支援事業計画において定める当該教育・保育提供区域の特定地域型保育事業所に係る必要利用定員総数（同法第十九条第一項第三号に掲げる小学校就学前子どもの区分に係るものに限る。）に既に達しているか、又は当該申請に係る家庭的保育事業等の開始によつてこれを超えることになると認めるとき、その他の当該市町村子ども・子育て支援事業計画の達成に支障を生ずるおそれがある場合として厚生労働省令で定める場合に該当すると認めるときは、第二項の認可をしないことができる。

⑥　市町村長は、家庭的保育事業等に関する第二項の申請に係る認可をしないときは、速やかにその旨及び理由を通知しなければならない。

⑦　国、都道府県及び市町村以外の者は、家庭的保育事業等を廃止し、又は休止しようとするときは、厚生労働省令の定めるところにより、市町村長の承認を受けなければならない。

〔家庭的保育事業等の基準〕

第三四条の一六　市町村は、家庭的保育事業等の設備及び運営について、条例で基準を定めなければならない。この場合において、その基準は、児童の身体的、精神的及び社会的な発達のために必要な保育の水準を確保するものでなければならない。

② 市町村が前項の条例を定めるに当たつては、次に掲げる事項については厚生労働省令で定める基準に従い定めるものとし、その他の事項については厚生労働省令で定める基準を参酌するものとする。

一 家庭的保育事業等に従事する者及びその員数

二 家庭的保育事業等の運営に関する事項であつて、児童の適切な処遇の確保及び秘密の保持並びに児童の健全な発達に密接に関連するものとして厚生労働省令で定めるもの

③ 家庭的保育事業等を行う者は、第一項の基準を遵守しなければならない。

〔報告、立入検査等〕

第三四条の一七 市町村長は、前条第一項の基準を維持するため、家庭的保育事業等を行う者に対して、必要と認める事項の報告を求め、又は当該職員に、関係者に対して質問させ、若しくは家庭的保育事業等を行う場所に立ち入り、設備、帳簿書類その他の物件を検査させることができる。

② 第十八条の十六第二項及び第三項の規定は、前項の場合について準用する。

③ 市町村長は、家庭的保育事業等が前条第一項の基準に適合しないと認められるに至つたときは、その事業を行う者に対し、当該基準に適合するために必要な措置を採るべき旨を勧告し、又はその事業を行う者がその勧告に従わず、かつ、児童福祉に有害であると認められるときは、必要な改善を命ずることができる。

④ 市町村長は、家庭的保育事業等が、前条第一項の基準に適合せず、かつ、児童福祉に著しく有害であると認められるときは、その事業を行う者に対し、その事業の制限又は停止を命ずることができる。

〔国・都道府県以外の者による病児保育事業〕

第三四条の一八 国及び都道府県以外の者は、厚生労働省令で定めるところにより、あらかじめ、厚生労働省令で定める事項を都道府県知事に届け出て、病児保育事業を行うことができる。

② 国及び都道府県以外の者は、前項の規定により届け出た事項に変更を生じたときは、変更の日から一月以内に、その旨を都道府県知事に届け出なければならない。

③ 国及び都道府県以外の者は、病児保育事業を廃止し、又は休止しようとするときは、あらかじめ、厚生労働省令で定める事項を都道府県知事に届け出なければならない。

〔報告、立入検査等〕

第三四条の一八の二 都道府県知事は、児童の福祉のために必要があると認めるときは、病児保育事業を行う者に対して、必要と認める事項の報告を求め、又は当該職員に、関係者に対して質問させ、若しくはその事業を行う場所に立ち入り、設備、帳簿書類その他の物件を検査させることができる。

② 第十八条の十六第二項及び第三項の規定は、前項の場合について準用する。

③ 都道府県知事は、病児保育事業を行う者が、この法律若しくはこれに基づく命令若しくはこれらに基づいてする処分に違反したとき、又はその事業に関し不当に営利を図り、若しくはその事業に係る児童の処遇につき不当な行為をしたときは、その者に対し、その事業の制限又は停止を命ずることができる。

〔国・都道府県以外の者による子育て援助活動支援授業〕

第三四条の一八の三 国及び都道府県以外の者は、社会福祉法の定めるところにより、子育て援助活動支援事業を行うこと

ができる。

② 子育て援助活動支援事業に従事する者は、その職務を遂行するに当たつては、個人の身上に関する秘密を守らなければならない。

〔養育里親名簿等〕

第三四条の一九　都道府県知事は、第二十七条第一項第三号の規定により児童を委託するため、厚生労働省令で定めるところにより、養育里親名簿及び養子縁組里親名簿を作成しておかなければならない。

〔養育里親等の欠格事由〕

第三四条の二〇　本人又はその同居人が次の各号のいずれかに該当する者は、養育里親及び養子縁組里親となることができない。

一　禁錮以上の刑に処せられ、その執行を終わり、又は執行を受けることがなくなるまでの者

二　この法律、児童買春、児童ポルノに係る行為等の規制及び処罰並びに児童の保護等に関する法律（平成十一年法律第五十二号）その他国民の福祉に関する法律で政令で定めるものの規定により罰金の刑に処せられ、その執行を終わり、又は執行を受けることがなくなるまでの者

三　児童虐待又は被措置児童等虐待を行つた者その他児童の福祉に関し著しく不適当な行為をした者

② 都道府県知事は、養育里親若しくは養子縁組里親又はその同居人が前項各号のいずれかに該当するに至つたときは、当該養育里親又は養子縁組里親を直ちに養育里親名簿又は養子縁組里親名簿から抹消しなければならない。

〔厚生労働省令への委任〕

第三四条の二一　この法律に定めるもののほか、養育里親名簿又は養子縁組里親名簿の登録のための手続その他養育里親又は養子縁組里親に関し必要な事項は、厚生労働省令で定める。

〔児童福祉施設の設置〕

第三五条　国は、政令の定めるところにより、児童福祉施設（助産施設、母子生活支援施設、保育所及び幼保連携型認定こども園を除く。）を設置するものとする。

② 都道府県は、政令の定めるところにより、児童福祉施設（幼保連携型認定こども園を除く。以下この条、第四十五条、第四十六条、第四十九条、第五十条第九号、第五十一条第七号、第五十六条の二、第五十七条及び第五十八条において同じ。）を設置しなければならない。

③ 市町村は、厚生労働省令の定めるところにより、あらかじめ、厚生労働省令で定める事項を都道府県知事に届け出て、児童福祉施設を設置することができる。

④ 国、都道府県及び市町村以外の者は、厚生労働省令の定めるところにより、都道府県知事の認可を得て、児童福祉施設を設置することができる。

⑤ 都道府県知事は、保育所に関する前項の認可の申請があつたときは、第四十五条第一項の条例で定める基準（保育所に係るものに限る。第八項において同じ。）に適合するかどうかを審査するほか、次に掲げる基準（当該認可の申請をした者が社会福祉法人又は学校法人である場合にあつては、第四号に掲げる基準に限る。）によつて、その申請を審査しなければならない。

一　当該保育所を経営するために必要な経済的基礎があること。

二　当該保育所の経営者（その者が法人である場合にあつては、経営担当役員とする。）が社会的信望を有すること。

三　実務を担当する幹部職員が社会福祉事業に関する知識又

は経験を有すること。
四　次のいずれにも該当しないこと。
イ　申請者が、禁錮以上の刑に処せられ、その執行を終わり、又は執行を受けることがなくなるまでの者であるとき。
ロ　申請者が、この法律その他国民の福祉若しくは学校教育に関する法律で政令で定めるものの規定により罰金の刑に処せられ、その執行を終わり、又は執行を受けることがなくなるまでの者であるとき。
ハ　申請者が、労働に関する法律の規定であつて政令で定めるものにより罰金の刑に処せられ、その執行を終わり、又は執行を受けることがなくなるまでの者であるとき。
ニ　申請者が、第五十八条第一項の規定により認可を取り消され、その取消しの日から起算して五年を経過しない者（当該認可を取り消された者が法人である場合においては、当該取消しの処分に係る行政手続法第十五条の規定による通知があつた日前六十日以内に当該法人の役員等であつた者で当該取消しの日から起算して五年を経過しないものを含み、当該認可を取り消された者が法人でない場合においては、当該通知があつた日前六十日以内に当該保育所の管理者であつた者で当該取消しの日から起算して五年を経過しないものを含む。）であるとき。ただし、当該認可の取消しが、保育所の設置の認可の取消しのうち当該認可の取消しの処分の理由となつた事実及び当該事実の発生を防止するための当該保育所の設置者による業務管理体制の整備についての取組の状況その他の当該事実に関して当該保育所の設置者が有していた責任の程度を考慮して、ニ本文に規定する認可の取消しに該当しないこととすることが相当であると認められるものとして厚生労働省令で定めるものに該当する場合を除く。
ホ　申請者と密接な関係を有する者が、第五十八条第一項の規定により認可を取り消され、その取消しの日から起算して五年を経過していないとき。ただし、当該認可の取消しが、保育所の設置の認可の取消しのうち当該認可の取消しの処分の理由となつた事実及び当該事実の発生を防止するための当該保育所の設置者による業務管理体制の整備についての取組の状況その他の当該事実に関して当該保育所の設置者が有していた責任の程度を考慮して、ホ本文に規定する認可の取消しに該当しないこととすることが相当であると認められるものとして厚生労働省令で定めるものに該当する場合を除く。
ヘ　申請者が、第五十八条第一項の規定による認可の取消しの処分に係る行政手続法第十五条の規定による通知があつた日から当該処分をする日又は処分をしないことを決定する日までの間に第十二項の規定による保育所の廃止をした者（当該廃止について相当の理由がある者を除く。）で、当該保育所の廃止の承認の日から起算して五年を経過しないものであるとき。
ト　申請者が、第四十六条第一項の規定による検査が行われた日から聴聞決定予定日（当該検査の結果に基づき第五十八条第一項の規定による認可の取消しの処分に係る聴聞を行うか否かの決定をすることが見込まれる日として厚生労働省令で定めるところにより都道府県知事が当該申請者に当該検査が行われた日から十日以内に特定の日を通知した場合における当該特定の日をいう。）までの間に第十二項の規定による保育所の廃止をした者（当該廃止について相当の理由がある者を除く。）で、当該保育所の廃止の承認の日から起算して五年を経過しないものであるとき。

チ　へに規定する期間内に第十二項の規定による保育所の廃止の承認の申請があつた場合において、申請者が、への通知の日前六十日以内に当該申請に係る法人（当該保育所の廃止について相当の理由がある法人を除く。）の役員等又は当該申請に係る法人でない保育所（当該保育所の廃止について相当の理由があるものを除く。）の管理者であつた者で、当該保育所の廃止の承認の日から起算して五年を経過しないものであるとき。

リ　申請者が、認可の申請前五年以内に保育に関し不正又は著しく不当な行為をした者であるとき。

ヌ　申請者が、法人で、その役員等のうちにイからニまで又はへからリまでのいずれかに該当する者のあるものであるとき。

ル　申請者が、法人でない者で、その管理者がイからニまで又はへからリまでのいずれかに該当する者であるとき。

⑥　都道府県知事は、第四項の規定により保育所の設置の認可をしようとするときは、あらかじめ、都道府県児童福祉審議会の意見を聴かなければならない。

⑦　都道府県知事は、第四項の規定により保育所の設置の認可をしようとするときは、厚生労働省令で定めるところにより、あらかじめ、当該認可の申請に係る保育所が所在する市町村の長に協議しなければならない。

⑧　都道府県知事は、第五項に基づく審査の結果、その申請が第四十五条第一項の条例で定める基準に適合しており、かつ、その設置者が第五項各号に掲げる基準（その者が社会福祉法人又は学校法人である場合にあつては、同項第四号に掲げる基準に限る。）に該当すると認めるときは、第四項の認可をするものとする。ただし、都道府県知事は、当該申請に係る保育所の所在地を含む区域（子ども・子育て支援法第六十二条第二項第一号の規定により当該都道府県が定める区域とする。以下この項において同じ。）における特定教育・保育施設（同法第二十七条第一項に規定する特定教育・保育施設をいう。以下この項において同じ。）の利用定員の総数（同法第十九条第一項第二号及び第三号に掲げる小学校就学前子どもに係るものに限る。）が、同法第六十二条第一項の規定により当該都道府県が定める都道府県子ども・子育て支援事業支援計画において定める当該区域の特定教育・保育施設に係る必要利用定員総数（同法第十九条第一項第二号及び第三号に掲げる小学校就学前子どもの区分に係るものに限る。）に既に達しているか、又は当該申請に係る保育所の設置によつてこれを超えることになると認めるとき、その他の当該都道府県子ども・子育て支援事業支援計画の達成に支障を生ずるおそれがある場合として厚生労働省令で定める場合に該当すると認めるときは、第四項の認可をしないことができる。

⑨　都道府県知事は、保育所に関する第四項の申請に係る認可をしないときは、速やかにその旨及び理由を通知しなければならない。

⑩　児童福祉施設には、児童福祉施設の職員の養成施設を附置することができる。

⑪　市町村は、児童福祉施設を廃止し、又は休止しようとするときは、その廃止又は休止の日の一月前（当該児童福祉施設が保育所である場合には三月前）までに、厚生労働省令で定める事項を都道府県知事に届け出なければならない。

⑫　国、都道府県及び市町村以外の者は、児童福祉施設を廃止し、又は休止しようとするときは、厚生労働省令の定めるところにより、都道府県知事の承認を受けなければならない。

〔助産施設〕

第三六条　助産施設は、保健上必要があるにもかかわらず、経済的理由により、入院助産を受けることができない妊産婦を入所させて、助産を受けさせることを目的とする施設とする。

〔乳児院〕

第三七条　乳児院は、乳児（保健上、安定した生活環境の確保その他の理由により特に必要のある場合には、幼児を含む。）を入院させて、これを養育し、あわせて退院した者について相談その他の援助を行うことを目的とする施設とする。

〔母子生活支援施設〕

第三八条　母子生活支援施設は、配偶者のない女子又はこれに準ずる事情にある女子及びその者の監護すべき児童を入所させて、これらの者を保護するとともに、これらの者の自立の促進のためにその生活を支援し、あわせて退所した者について相談その他の援助を行うことを目的とする施設とする。

〔保育所〕

第三九条　保育所は、保育を必要とする乳児・幼児を日々保護者の下から通わせて保育を行うことを目的とする施設（利用定員が二十人以上であるものに限り、幼保連携型認定こども園を除く。）とする。

②　保育所は、前項の規定にかかわらず、特に必要があるときは、保育を必要とするその他の児童を日々保護者の下から通わせて保育することができる。

〔幼保連携型認定こども園〕

第三九条の二　幼保連携型認定こども園は、義務教育及びその後の教育の基礎を培うものとしての満三歳以上の幼児に対する教育（教育基本法（平成十八年法律第百二十号）第六条第一項に規定する法律に定める学校において行われる教育をいう。）及び保育を必要とする乳児・幼児に対する保育を一体的に行い、これらの乳児又は幼児の健やかな成長が図られるよう適当な環境を与えて、その心身の発達を助長することを目的とする施設とする。

②　幼保連携型認定こども園に関しては、この法律に定めるもののほか、認定こども園法の定めるところによる。

〔児童厚生施設〕

第四〇条　児童厚生施設は、児童遊園、児童館等児童に健全な遊びを与えて、その健康を増進し、又は情操をゆたかにすることを目的とする施設とする。

〔児童養護施設〕

第四一条　児童養護施設は、保護者のない児童（乳児を除く。ただし、安定した生活環境の確保その他の理由により特に必要のある場合には、乳児を含む。以下この条において同じ。）、虐待されている児童その他環境上養護を要する児童を入所させて、これを養護し、あわせて退所した者に対する相談その他の自立のための援助を行うことを目的とする施設とする。

〔障害児入所施設〕

第四二条　障害児入所施設は、次の各号に掲げる区分に応じ、障害児を入所させて、当該各号に定める支援を行うことを目的とする施設とする。

一　福祉型障害児入所施設　保護、日常生活の指導及び独立自活に必要な知識技能の付与

二　医療型障害児入所施設　保護、日常生活の指導、独立自

活に必要な知識技能の付与及び治療

〔児童発達支援センター〕

第四三条　児童発達支援センターは、次の各号に掲げる区分に応じ、障害児を日々保護者の下から通わせて、当該各号に定める支援を提供することを目的とする施設とする。

一　福祉型児童発達支援センター　日常生活における基本的動作の指導、独立自活に必要な知識技能の付与又は集団生活への適応のための訓練

二　医療型児童発達支援センター　日常生活における基本的動作の指導、独立自活に必要な知識技能の付与又は集団生活への適応のための訓練及び治療

〔児童心理治療施設〕

第四三条の二　児童心理治療施設は、家庭環境、学校における交友関係その他の環境上の理由により社会生活への適応が困難となつた児童を、短期間、入所させ、又は保護者の下から通わせて、社会生活に適応するために必要な心理に関する治療及び生活指導を主として行い、あわせて退所した者について相談その他の援助を行うことを目的とする施設とする。

〔児童自立支援施設〕

第四四条　児童自立支援施設は、不良行為をなし、又はなすおそれのある児童及び家庭環境その他の環境上の理由により生活指導等を要する児童を入所させ、又は保護者の下から通わせて、個々の児童の状況に応じて必要な指導を行い、その自立を支援し、あわせて退所した者について相談その他の援助を行うことを目的とする施設とする。

〔児童家庭支援センター〕

第四四条の二　児童家庭支援センターは、地域の児童の福祉に関する各般の問題につき、児童に関する家庭その他からの相談のうち、専門的な知識及び技術を必要とするものに応じ、必要な助言を行うとともに、市町村の求めに応じ、技術的助言その他必要な援助を行うほか、第二十六条第一項第二号及び第二十七条第一項第二号の規定による指導を行い、あわせて児童相談所、児童福祉施設等との連絡調整その他厚生労働省令の定める援助を総合的に行うことを目的とする施設とする。

②　児童家庭支援センターの職員は、その職務を遂行するに当たつては、個人の身上に関する秘密を守らなければならない。

〔事業者等の責務〕

第四四条の三　第六条の三各項に規定する事業を行う者、里親及び児童福祉施設（指定障害児入所施設及び指定通所支援に係る児童発達支援センターを除く。）の設置者は、児童、妊産婦その他これらの事業を利用する者又は当該児童福祉施設に入所する者の人格を尊重するとともに、この法律又はこの法律に基づく命令を遵守し、これらの者のため忠実にその職務を遂行しなければならない。

〔施設の設備・運営の基準〕

第四五条　都道府県は、児童福祉施設の設備及び運営について、条例で基準を定めなければならない。この場合において、その基準は、児童の身体的、精神的及び社会的な発達のために必要な生活水準を確保するものでなければならない。

②　都道府県が前項の条例を定めるに当たつては、次に掲げる事項については厚生労働省令で定める基準に従い定めるものとし、その他の事項については厚生労働省令で定める基準を参酌するものとする。

一　児童福祉施設に配置する従業者及びその員数

二　児童福祉施設に係る居室及び病室の床面積その他児童福祉施設の設備に関する事項であつて児童の健全な発達に密

接に関連するものとして厚生労働省令で定めるもの

三　児童福祉施設の運営に関する事項であつて、保育所における保育の内容その他児童（助産施設にあつては、妊産婦）の適切な処遇の確保及び秘密の保持、妊産婦の安全の確保並びに児童の健全な発達に密接に関連するものとして厚生労働省令で定めるもの

③　児童福祉施設の設置者は、第一項の基準を遵守しなければならない。

④　児童福祉施設の設置者は、児童福祉施設の設備及び運営についての水準の向上を図ることに努めるものとする。

〔里親の行う養育の基準〕

第四五条の二　厚生労働大臣は、里親の行う養育について、基準を定めなければならない。この場合において、その基準は、児童の身体的、精神的及び社会的な発達のために必要な生活水準を確保するものでなければならない。

②　里親は、前項の基準を遵守しなければならない。

〔報告、立入検査等〕

第四六条　都道府県知事は、第四十五条第一項及び前条第一項の基準を維持するため、児童福祉施設の設置者、児童福祉施設の長及び里親に対して、必要な報告を求め、児童の福祉に関する事務に従事する職員に、関係者に対して質問させ、若しくはその施設に立ち入り、設備、帳簿書類その他の物件を検査させることができる。

②　第十八条の十六第二項及び第三項の規定は、前項の場合について準用する。

③　都道府県知事は、児童福祉施設の設備又は運営が第四十五条第一項の基準に達しないときは、その施設の設置者に対し、必要な改善を勧告し、又はその施設の設置者がその勧告に従わず、かつ、児童福祉に有害であると認められるときは、必要な改善を命ずることができる。

④　都道府県知事は、児童福祉施設の設備又は運営が第四十五条第一項の基準に達せず、かつ、児童福祉に著しく有害であると認められるときは、都道府県児童福祉審議会の意見を聴き、その施設の設置者に対し、その事業の停止を命ずることができる。

〔受託義務等〕

第四六条の二　児童福祉施設の長は、都道府県知事又は市町村長（第三十二条第三項の規定により第二十四条第五項又は第六項の規定による措置に関する権限が当該市町村に置かれる教育委員会に委任されている場合にあつては、当該教育委員会）からこの法律の規定に基づく措置又は助産の実施若しくは母子保護の実施のための委託を受けたときは、正当な理由がない限り、これを拒んではならない。

②　保育所若しくは認定こども園の設置者又は家庭的保育事業等を行う者は、第二十四条第三項の規定により行われる調整及び要請に対し、できる限り協力しなければならない。

〔施設の長の親権代行〕

第四七条　児童福祉施設の長は、入所中の児童で親権を行う者又は未成年後見人のないものに対し、親権を行う者又は未成年後見人があるに至るまでの間、親権を行う。ただし、民法第七百九十七条の規定による縁組の承諾をするには、厚生労働省令の定めるところにより、都道府県知事の許可を得なければならない。

②　児童相談所長は、小規模住居型児童養育事業を行う者又は里親に委託中の児童で親権を行う者又は未成年後見人のないものに対し、親権を行う者又は未成年後見人があるに至るまでの間、親権を行う。ただし、民法第七百九十七条の規定による縁組の承諾をするには、厚生労働省令の定めるところに

より、都道府県知事の許可を得なければならない。

③　児童福祉施設の長、その住居において養育を行う第六条の三第八項に規定する厚生労働省令で定める者又は里親は、入所中又は受託中の児童で親権を行う者又は未成年後見人のあるものについても、監護、教育及び懲戒に関し、その児童の福祉のため必要な措置をとることができる。ただし、体罰を加えることはできない。

④　前項の児童の親権を行う者又は未成年後見人は、同項の規定による措置を不当に妨げてはならない。

⑤　第三項の規定による措置は、児童の生命又は身体の安全を確保するため緊急の必要があると認めるときは、その親権を行う者又は未成年後見人の意に反しても、これをとることができる。この場合において、児童福祉施設の長、小規模住居型児童養育事業を行う者又は里親は、速やかに、そのとった措置について、当該児童等に係る通所給付決定若しくは入所給付決定、第二十一条の六、第二十四条第五項若しくは第六項若しくは第二十七条第一項第三号の措置、助産の実施若しくは母子保護の実施又は当該児童に係る子ども・子育て支援法第二十条第四項に規定する教育・保育給付認定を行った都道府県又は市町村の長に報告しなければならない。

〔入所中の児童の教育〕

第四八条　児童養護施設、障害児入所施設、児童心理治療施設及び児童自立支援施設の長、その住居において養育を行う第六条の三第八項に規定する厚生労働省令で定める者並びに里親は、学校教育法に規定する保護者に準じて、その施設に入所中又は受託中の児童を就学させなければならない。

〔施設の長による相談及び助言〕

第四八条の二　乳児院、母子生活支援施設、児童養護施設、児童心理治療施設及び児童自立支援施設の長は、その行う児童の保護に支障がない限りにおいて、当該施設の所在する地域の住民につき、児童の養育に関する相談に応じ、及び助言を行うよう努めなければならない。

〔親子関係の再統合支援〕

第四八条の三　乳児院、児童養護施設、障害児入所施設、児童心理治療施設及び児童自立支援施設の長並びに小規模住居型児童養育事業を行う者及び里親は、当該施設に入所し、又は小規模住居型児童養育事業を行う者若しくは里親に委託された児童及びその保護者に対して、市町村、児童相談所、児童家庭支援センター、教育機関、医療機関その他の関係機関との緊密な連携を図りつつ、親子の再統合のための支援その他の当該児童が家庭（家庭における養育環境と同様の養育環境及び良好な家庭的環境を含む。）で養育されるために必要な措置を採らなければならない。

〔保育所の情報提供等〕

第四八条の四　保育所は、当該保育所が主として利用される地域の住民に対してその行う保育に関し情報の提供を行い、並びにその行う保育に支障がない限りにおいて、乳児、幼児等の保育に関する相談に応じ、及び助言を行うよう努めなければならない。

②　保育所に勤務する保育士は、乳児、幼児等の保育に関する相談に応じ、及び助言を行うために必要な知識及び技能の修得、維持及び向上に努めなければならない。

〔命令への委任〕

第四九条　この法律で定めるもののほか、児童自立生活援助事業、放課後児童健全育成事業、乳児家庭全戸訪問事業、養育支援訪問事業、地域子育て支援拠点事業、一時預かり事業、小規模住居型児童養育事業、家庭的保育事業、小規模保育事業、居宅訪問型保育事業、事業所内保育事業、病児保育事業及び子育て援助活動支援事業並びに児童福祉施設の職員その他児童福祉施設に関し必要な事項は、命令で定める。

第四章　費用

〔国庫の支弁〕

第四九条の二　国庫は、都道府県が、第二十七条第一項第三号に規定する措置により、国の設置する児童福祉施設に入所させた者につき、その入所後に要する費用を支弁する。

〔都道府県の支弁〕

第五〇条　次に掲げる費用は、都道府県の支弁とする。

一　都道府県児童福祉審議会に要する費用
二　児童福祉司及び児童委員に要する費用
三　児童相談所に要する費用（第九号の費用を除く。）
四　削除
五　第二十条の措置に要する費用
五の二　小児慢性特定疾病医療費の支給に要する費用
五の三　小児慢性特定疾病児童等自立支援事業に要する費用
六　都道府県の設置する助産施設又は母子生活支援施設において市町村が行う助産の実施又は母子保護の実施に要する費用（助産の実施又は母子保護の実施につき第四十五条第一項の基準を維持するために要する費用をいう。次号及び次条第三号において同じ。）
六の二　都道府県が行う助産の実施又は母子保護の実施に要する費用
六の三　障害児入所給付費、高額障害児入所給付費若しくは特定入所障害児食費等給付費又は障害児入所医療費（以下「障害児入所給付費等」という。）の支給に要する費用
七　都道府県が、第二十七条第一項第三号に規定する措置を採つた場合において、入所又は委託に要する費用及び入所後の保護又は委託後の養育につき、第四十五条第一項又は第四十五条の二第一項の基準を維持するために要する費用（国の設置する乳児院、児童養護施設、障害児入所施設、児童心理治療施設又は児童自立支援施設に入所させた児童につき、その入所後に要する費用を除く。）
七の二　都道府県が、第二十七条第二項に規定する措置を採つた場合において、委託及び委託後の治療等に要する費用
七の三　都道府県が行う児童自立生活援助（満二十歳未満義務教育終了児童等に係るものに限る。）の実施に要する費用
八　一時保護に要する費用
九　児童相談所の設備並びに都道府県の設置する児童福祉施設の設備及び職員の養成施設に要する費用

〔市町村の支弁〕

第五一条　次に掲げる費用は、市町村の支弁とする。

一　障害児通所給付費、特例障害児通所給付費若しくは高額障害児通所給付費又は肢体不自由児通所医療費の支給に要する費用
二　第二十一条の六の措置に要する費用
三　市町村が行う助産の実施又は母子保護の実施に要する費用（都道府県の設置する助産施設又は母子生活支援施設に係るものを除く。）
四　第二十四条第五項又は第六項の措置（都道府県若しくは市町村の設置する保育所若しくは幼保連携型認定こども園又は都道府県若しくは市町村の行う家庭的保育事業等に係るものに限る。）に要する費用
五　第二十四条第五項又は第六項の措置（都道府県及び市町村以外の者の設置する保育所若しくは幼保連携型認定こども園又は都道府県及び市町村以外の者の行う家庭的保育事

業等に係るものに限る。）に要する費用

六　障害児相談支援給付費又は特例障害児相談支援給付費の支給に要する費用

七　市町村の設置する児童福祉施設の設備及び職員の養成施設に要する費用

八　市町村児童福祉審議会に要する費用

〔市町村の支弁を要しない場合〕

第五二条　第二十四条第五項又は第六項の規定による措置に係る児童が、子ども・子育て支援法第二十七条第一項、第二十八条第一項（第二号に係るものを除く。）、第二十九条第一項又は第三十条第一項（第二号に係るものを除く。）の規定により施設型給付費、特例施設型給付費、地域型保育給付費又は特例地域型保育給付費の支給を受けることができる保護者の児童であるときは、市町村は、その限度において、前条第四号又は第五号の規定による費用の支弁をすることを要しない。

〔国庫の負担〕

第五三条　国庫は、第五十条（第一号から第三号まで及び第九号を除く。）及び第五十一条（第四号、第七号及び第八号を除く。）に規定する地方公共団体の支弁する費用に対しては、政令の定めるところにより、その二分の一を負担する。

第五四条　削除

〔都道府県の負担〕

第五五条　都道府県は、第五十一条第一号から第三号まで、第五号及び第六号の費用に対しては、政令の定めるところにより、その四分の一を負担しなければならない。

〔費用の徴収等〕

第五六条　第四十九条の二に規定する費用を国庫が支弁した場合においては、厚生労働大臣は、本人又はその扶養義務者（民法に定める扶養義務者をいう。以下同じ。）から、都道府県知事の認定するその負担能力に応じ、その費用の全部又は一部を徴収することができる。

②　第五十条第五号、第六号、第六号の二若しくは第七号から第七号の三までに規定する費用を支弁した都道府県又は第五十一条第二号から第五号までに規定する費用を支弁した市町村の長は、本人又はその扶養義務者から、その負担能力に応じ、その費用の全部又は一部を徴収することができる。

③　前項の規定による徴収金の収納の事務については、収入の確保及び本人又はその扶養義務者の便益の増進に寄与すると認める場合に限り、政令で定めるところにより、私人に委託することができる。

④　都道府県知事又は市町村長は、第一項の規定による負担能力の認定又は第二項の規定による費用の徴収に関し必要があると認めるときは、本人又はその扶養義務者の収入の状況につき、本人若しくはその扶養義務者に対し報告を求め、又は官公署に対し必要な書類の閲覧若しくは資料の提供を求めることができる。

⑤　第一項又は第二項の規定による費用の徴収は、これを本人又はその扶養義務者の居住地又は財産所在地の都道府県又は市町村に嘱託することができる。

⑥　第一項又は第二項の規定により徴収される費用を、指定の期限内に納付しない者があるときは、第一項に規定する費用については国税の、第二項に規定する費用については地方税の滞納処分の例により処分することができる。この場合における徴収金の先取特権の順位は、国税及び地方税に次ぐものとする。

⑦　保育所又は幼保連携型認定こども園の設置者が、次の各号に掲げる乳児又は幼児の保護者から、善良な管理者と同一の

注意をもつて、当該各号に定める額のうち当該保護者が当該保育所又は幼保連携型認定こども園に支払うべき金額に相当する金額の支払を受けることに努めたにもかかわらず、なお当該保護者が当該金額の全部又は一部を支払わない場合において、当該保育所又は幼保連携型認定こども園における保育に支障が生じ、又は生ずるおそれがあり、かつ、市町村が第二十四条第一項の規定により当該保育所における保育を行うため必要であると認めるとき又は同条第二項の規定により当該幼保連携型認定こども園における保育を確保するため必要であると認めるときは、市町村は、当該設置者の請求に基づき、地方税の滞納処分の例によりこれを処分することができる。この場合における徴収金の先取特権の順位は、国税及び地方税に次ぐものとする。

一　子ども・子育て支援法第二十七条第一項に規定する特定教育・保育を受けた乳児又は幼児　同条第三項第一号に掲げる額から同条第五項の規定により支払がなされた額を控除して得た額（当該支払がなされなかつたときは、同号に掲げる額）又は同法第二十八条第二項第一号の規定による特例施設型給付費の額及び同号に規定する政令で定める額を限度として市町村が定める額（当該市町村が定める額が現に当該特定教育・保育に要した費用の額を超えるときは、当該現に特定教育・保育に要した費用の額）の合計額

二　子ども・子育て支援法第二十八条第一項第二号に規定する特別利用保育を受けた幼児　同条第二項第二号の規定による特例施設型給付費の額及び同号に規定する市町村が定める額（当該市町村が定める額が現に当該特別利用保育に要した費用の額を超えるときは、当該現に特別利用保育に要した費用の額）の合計額から同条第四項において準用する同法第二十七条第五項の規定により支払がなされた額を控除して得た額（当該支払がなされなかつたときは、当該合計額）

⑧　家庭的保育事業等を行う者が、次の各号に掲げる乳児又は幼児の保護者から、善良な管理者と同一の注意をもつて、当該各号に定める額のうち当該保護者が当該家庭的保育事業等を行う者に支払うべき金額に相当する金額の支払を受けることに努めたにもかかわらず、なお当該保護者が当該金額の全部又は一部を支払わない場合において、当該家庭的保育事業等による保育に支障が生じ、又は生ずるおそれがあり、かつ、市町村が第二十四条第二項の規定により当該家庭的保育事業等による保育を確保するため必要であると認めるときは、市町村は、当該家庭的保育事業等を行う者の請求に基づき、地方税の滞納処分の例によりこれを処分することができる。この場合における徴収金の先取特権の順位は、国税及び地方税に次ぐものとする。

一　子ども・子育て支援法第二十九条第一項に規定する特定地域型保育（同法第三十条第一項第二号に規定する特別利用地域型保育（次号において「特別利用地域型保育」という。）及び同項第三号に規定する特定利用地域型保育（第三号において「特定利用地域型保育」という。）を除く。）を受けた乳児又は幼児　同法第二十九条第三項第一号に掲げる額から同条第五項の規定により支払がなされた額を控除して得た額（当該支払がなされなかつたときは、同号に掲げる額）又は同法第三十条第二項第一号の規定による特例地域型保育給付費の額及び同号に規定する政令で定める額を限度として市町村が定める額（当該市町村が定める額が現に当該特定地域型保育に要した費用の額を超えるときは、当該現に特定地域型保育に要した費用の額）の合計額

二　特別利用地域型保育を受けた幼児　子ども・子育て支援

法第三十条第二項第二号の規定による特例地域型保育給付費の額及び同号に規定する市町村が定める額（当該市町村が定める額が現に当該特別利用地域型保育に要した費用の額を超えるときは、当該現に特別利用地域型保育に要した費用の額）の合計額から同条第四項において準用する同法第二十九条第五項の規定により支払がなされた額を控除して得た額（当該支払がなされなかつたときは、当該合計額）

三　特定利用地域型保育を受けた幼児　子ども・子育て支援法第三十条第二項第三号の規定による特例地域型保育給付費の額及び同号に規定する市町村が定める額（当該市町村が定める額が現に当該特定利用地域型保育に要した費用の額を超えるときは、当該現に特定利用地域型保育に要した費用の額）の合計額から同条第四項において準用する同法第二十九条第五項の規定により支払がなされた額を控除して得た額（当該支払がなされなかつたときは、当該合計額）

〔都道府県・市町村の補助金〕

第五六条の二　都道府県及び市町村は、次の各号に該当する場合においては、第三十五条第四項の規定により、国、都道府県及び市町村以外の者が設置する児童福祉施設（保育所を除く。以下この条において同じ。）について、その新設（社会福祉法第三十一条第一項の規定により設立された社会福祉法人が設置する児童福祉施設の新設に限る。）、修理、改造、拡張又は整備（以下「新設等」という。）に要する費用の四分の三以内を補助することができる。ただし、一の児童福祉施設について都道府県及び市町村が補助する金額の合計額は、当該児童福祉施設の新設等に要する費用の四分の三を超えてはならない。

一　その児童福祉施設が、社会福祉法第三十一条第一項の規定により設立された社会福祉法人、日本赤十字社又は公益社団法人若しくは公益財団法人の設置するものであること。

二　その児童福祉施設が主として利用される地域において、この法律の規定に基づく障害児入所給付費の支給、入所させる措置又は助産の実施若しくは母子保護の実施を必要とする児童、その保護者又は妊産婦の分布状況からみて、同種の児童福祉施設が必要とされるにかかわらず、その地域に、国、都道府県又は市町村の設置する同種の児童福祉施設がないか、又はあつてもこれが十分でないこと。

②　前項の規定により、児童福祉施設に対する補助がなされたときは、厚生労働大臣、都道府県知事及び市町村長は、その補助の目的が有効に達せられることを確保するため、当該児童福祉施設に対して、第四十六条及び第五十八条第一項に規定するもののほか、次に掲げる権限を有する。

一　その児童福祉施設の予算が、補助の効果をあげるために不適当であると認めるときは、その予算について必要な変更をすべき旨を指示すること。

二　その児童福祉施設の職員が、この法律若しくはこれに基づく命令又はこれらに基づいてする処分に違反したときは、当該職員を解職すべき旨を指示すること。

③　国庫は、第一項の規定により都道府県が障害児入所施設又は児童発達支援センターについて補助した金額の三分の二以内を補助することができる。

〔同前―返還〕

第五六条の三　都道府県及び市町村は、次に掲げる場合においては、補助金の交付を受けた児童福祉施設の設置者に対して、既に交付した補助金の全部又は一部の返還を命ずることができる。

一　補助金の交付条件に違反したとき。

二　詐欺その他の不正な手段をもつて、補助金の交付を受けたとき。

三　児童福祉施設の経営について、営利を図る行為があつたとき。

四　児童福祉施設が、この法律若しくはこれに基く命令又はこれらに基いてする処分に違反したとき。

〔児童委員に要する費用の一部補助〕

第五六条の四　国庫は、第五十条第二号に規定する児童委員に要する費用のうち、厚生労働大臣の定める事項に関するものについては、予算の範囲内で、その一部を補助することができる。

〔市町村整備計画の作成〕

第五六条の四の二　市町村は、保育を必要とする乳児・幼児に対し、必要な保育を確保するために必要があると認めるときは、当該市町村における保育所及び幼保連携型認定こども園（次項第一号及び第二号並びに次条第二項において「保育所等」という。）の整備に関する計画（以下「市町村整備計画」という。）を作成することができる。

② 市町村整備計画においては、おおむね次に掲げる事項について定めるものとする。

一　保育提供区域（市町村が、地理的条件、人口、交通事情その他の社会的条件、保育を提供するための施設の整備の状況その他の条件を総合的に勘案して定める区域をいう。以下同じ。）ごとの当該保育提供区域における保育所等の整備に関する目標及び計画期間

二　前号の目標を達成するために必要な保育所等を整備する事業に関する事項

三　その他厚生労働省令で定める事項

③ 市町村整備計画は、子ども・子育て支援法第六十一条第一項に規定する市町村子ども・子育て支援事業計画と調和が保たれたものでなければならない。

④ 市町村は、市町村整備計画を作成し、又はこれを変更したときは、次条第一項の規定により当該市町村整備計画を厚生労働大臣に提出する場合を除き、遅滞なく、都道府県にその写しを送付しなければならない。

〔市町村整備計画に基づく事業等〕

第五六条の四の三　市町村は、次項の交付金を充てて市町村整備計画に基づく事業又は事務（同項において「事業等」という。）の実施をしようとするときは、当該市町村整備計画を、当該市町村の属する都道府県の知事を経由して、厚生労働大臣に提出しなければならない。

② 国は、市町村に対し、前項の規定により提出された市町村整備計画に基づく事業等（国、都道府県及び市町村以外の者が設置する保育所等に係るものに限る。）の実施に要する経費に充てるため、保育所等の整備の状況その他の事項を勘案して厚生労働省令で定めるところにより、予算の範囲内で、交付金を交付することができる。

③ 前二項に定めるもののほか、前項の交付金の交付に関し必要な事項は、厚生労働省令で定める。

〔準用規定〕

第五六条の五　社会福祉法第五十八条第二項から第四項までの規定は、国有財産特別措置法（昭和二十七年法律第二百十九号）第二条第二項第二号の規定又は同法第三条第一項第四号及び同条第二項の規定により普通財産の譲渡又は貸付けを受けた児童福祉施設に準用する。

第五章　国民健康保険団体連合会の児童福祉法関係業務

（連合会の業務）

第五六条の五の二　連合会は、国民健康保険法の規定による業務のほか、第二十四条の三第十一項（第二十四条の七第二項において準用する場合を含む。）の規定により都道府県から委託を受けて行う障害児入所給付費及び特定入所障害児食費等給付費又は第二十一条の五の七第十四項及び第二十四条の二十六第六項の規定により市町村から委託を受けて行う障害児通所給付費及び障害児相談支援給付費の審査及び支払に関する業務を行う。

（議決権の特例）

第五六条の五の三　連合会が前条の規定により行う業務（次条において「児童福祉法関係業務」という。）については、国民健康保険法第八十六条において準用する同法第二十九条の規定にかかわらず、厚生労働省令で定めるところにより、規約をもつて議決権に関する特段の定めをすることができる。

（経理の区分）

第五六条の五の四　連合会は、児童福祉法関係業務に係る経理については、その他の経理と区分して整理しなければならない。

第六章　審査請求

（審査請求）

第五六条の五の五　市町村の障害児通所給付費又は特例障害児通所給付費に係る処分に不服がある障害児の保護者は、都道府県知事に対して審査請求をすることができる。

②　前項の審査請求については、障害者の日常生活及び社会生活を総合的に支援するための法律第八章（第九十七条第一項を除く。）の規定を準用する。この場合において、必要な技術的読替えは、政令で定める。

第七章　雑則

（地方公共団体相互の連絡調整等）

第五六条の六　地方公共団体は、児童の福祉を増進するため、障害児通所給付費、特例障害児通所給付費、高額障害児通所給付費、障害児相談支援給付費、特例障害児相談支援給付費、介護給付費等、障害児入所給付費、高額障害児入所給付費又は特定入所障害児食費等給付費の支給、第二十一条の六、第二十四条第五項若しくは第六項又は第二十七条第一項若しくは第二項の規定による措置及び保育の利用等並びにその他の福祉の保障が適切に行われるように、相互に連絡及び調整を図らなければならない。

②　地方公共団体は、人工呼吸器を装着している障害児その他の日常生活を営むために医療を要する状態にある障害児が、その心身の状況に応じた適切な保健、医療、福祉その他の各関連分野の支援を受けられるよう、保健、医療、福祉その他の各関連分野の支援を行う機関との連絡調整を行うための体制の整備に関し、必要な措置を講ずるように努めなければならない。

③　児童自立生活援助事業又は放課後児童健全育成事業を行う者及び児童福祉施設の設置者は、その事業を行い、又はその施設を運営するに当たつては、相互に連携を図りつつ、児童及びその家庭からの相談に応ずることその他の地域の実情に応じた積極的な支援を行うように努めなければならない。

（市町村の措置）

第五六条の七　市町村は、必要に応じ、公有財産（地方自治法第二百三十八条第一項に規定する公有財産をいう。次項において同じ。）の貸付けその他の必要な措置を積極的に講ずることにより、社会福祉法人その他の多様な事業者の能力を活用した保育所の設置又は運営を促進し、保育の利用に係る供給を効率的かつ計画的に増大させるものとする。

② 市町村は、必要に応じ、公有財産の貸付けその他の必要な措置を積極的に講ずることにより、社会福祉法人その他の多様な事業者の能力を活用した放課後児童健全育成事業の実施を促進し、放課後児童健全育成事業に係る供給を効率的かつ計画的に増大させるものとする。

③ 国及び都道府県は、前二項の市町村の措置に関し、必要な支援を行うものとする。

〔公私連携型保育所〕

第五六条の八 市町村長は、当該市町村における保育の実施に対する需要の状況等に照らし適当であると認めるときは、公私連携型保育所（次項に規定する協定に基づき、当該市町村から必要な設備の貸付け、譲渡その他の協力を得て、当該市町村との連携の下に保育及び子育て支援事業（以下この条において「保育等」という。）を行う保育所をいう。以下この条において同じ。）の運営を継続的かつ安定的に行うことができる能力を有するものであると認められるもの（法人に限る。）を、その申請により、公私連携型保育所の設置及び運営を目的とする法人（以下この条において「公私連携保育法人」という。）として指定することができる。

② 市町村長は、前項の規定による指定（第十一項において単に「指定」という。）をしようとするときは、あらかじめ、当該指定をしようとする法人と、次に掲げる事項を定めた協定（以下この条において単に「協定」という。）を締結しなければならない。

一 協定の目的となる公私連携型保育所の名称及び所在地

二 公私連携型保育所における保育等に関する基本的事項

三 市町村による必要な設備の貸付け、譲渡その他の協力に関する基本的事項

四 協定の有効期間

五 協定に違反した場合の措置

六 その他公私連携型保育所の設置及び運営に関し必要な事項

③ 公私連携保育法人は、第三十五条第四項の規定にかかわらず、市町村長を経由し、都道府県知事に届け出ることにより、公私連携型保育所を設置することができる。

④ 市町村長は、公私連携保育法人が前項の規定による届出をした際に、当該公私連携保育法人が協定に基づき公私連携型保育所における保育等を行うために設備の整備を必要とする場合には、当該協定に定めるところにより、当該公私連携保育法人に対し、当該設備を無償又は時価よりも低い対価で貸し付け、又は譲渡するものとする。

⑤ 前項の規定は、地方自治法第九十六条及び第二百三十七条から第二百三十八条の五までの規定の適用を妨げない。

⑥ 公私連携保育法人は、第三十五条第十二項の規定による廃止又は休止の承認の申請を行おうとするときは、市町村長を経由して行わなければならない。この場合において、当該市町村長は、当該申請に係る事項に関し意見を付することができる。

⑦ 市町村長は、公私連携型保育所の運営を適切にさせるため、必要があると認めるときは、公私連携保育法人若しくは公私連携型保育所の長に対して、必要な報告を求め、又は当該職員に、関係者に対して質問させ、若しくはその施設に立ち入り、設備、帳簿書類その他の物件を検査させることができる。

⑧　第十八条の十六第二項及び第三項の規定は、前項の場合について準用する。
⑨　第七項の規定により、公私連携保育法人若しくは公私連携型保育所の長に対し報告を求め、又は当該職員に、関係者に対し質問させ、若しくは公私連携型保育所に立入検査をさせた市町村長は、当該公私連携型保育所につき、第四十六条第三項又は第四項の規定による処分が行われる必要があると認めるときは、理由を付して、その旨を都道府県知事に通知しなければならない。
⑩　市町村長は、公私連携型保育所が正当な理由なく協定に従つて保育等を行つていないと認めるときは、公私連携保育法人に対し、協定に従つて保育等を行うことを勧告することができる。
⑪　市町村長は、前項の規定により勧告を受けた公私連携保育法人が当該勧告に従わないときは、指定を取り消すことができる。
⑫　公私連携保育法人は、前項の規定による指定の取消しの処分を受けたときは、当該処分に係る公私連携型保育所について、第三十五条第十二項の規定による廃止の承認を都道府県知事に申請しなければならない。
⑬　公私連携保育法人は、前項の規定による廃止の承認の申請をしたときは、当該申請の日前一月以内に保育等を受けていた者であつて、当該廃止の日以後においても引き続き当該保育等に相当する保育等の提供を希望する者に対し、必要な保育等が継続的に提供されるよう、他の保育所及び認定こども園その他関係者との連絡調整その他の便宜の提供を行わなければならない。

〔課税除外〕
第五七条　都道府県、市町村その他の公共団体は、左の各号に掲げる建物及び土地に対しては、租税その他の公課を課することができない。但し、有料で使用させるものについては、この限りでない。
一　主として児童福祉施設のために使う建物
二　前号に掲げる建物の敷地その他主として児童福祉施設のために使う土地

〔不正利得の徴収〕
第五七条の二　市町村は、偽りその他不正の手段により障害児通所給付費、特例障害児通所給付費若しくは高額障害児通所給付費若しくは肢体不自由児通所医療費又は障害児相談支援給付費若しくは特例障害児相談支援給付費（以下この章において「障害児通所給付費等」という。）の支給を受けた者があるときは、その者から、その障害児通所給付費等の額に相当する金額の全部又は一部を徴収することができる。
②　市町村は、指定障害児通所支援事業者等又は指定障害児相談支援事業者が、偽りその他不正の行為により障害児通所給付費、肢体不自由児通所医療費又は障害児相談支援給付費の支給を受けたときは、当該指定障害児通所支援事業者等又は指定障害児相談支援事業者に対し、その支払つた額につき返還させるほか、その返還させる額に百分の四十を乗じて得た額を支払わせることができる。
③　都道府県は、偽りその他不正の手段により小児慢性特定疾病医療費又は障害児入所給付費等の支給を受けた者があるときは、その者から、その小児慢性特定疾病医療費又は障害児入所給付費等の額に相当する金額の全部又は一部を徴収することができる。
④　都道府県は、指定小児慢性特定疾病医療機関が、偽りその他不正の行為により小児慢性特定疾病医療費の支給を受けたときは、当該指定小児慢性特定疾病医療機関に対し、その支

払つた額につき返還させるほか、その返還させる額に百分の四十を乗じて得た額を支払わせることができる。

⑤　都道府県は、指定障害児入所施設等が、偽りその他不正の行為により障害児入所給付費若しくは特定入所障害児食費等給付費又は障害児入所医療費の支給を受けたときは、当該指定障害児入所施設等に対し、その支払つた額につき返還させるほか、その返還させる額に百分の四十を乗じて得た額を支払わせることができる。

⑥　前各項の規定による徴収金は、地方自治法第二百三十一条の三第三項に規定する法律で定める歳入とする。

〔支給に関する報告等〕

第五七条の三　市町村は、障害児通所給付費等の支給に関して必要があると認めるときは、障害児の保護者若しくは障害児の属する世帯の世帯主その他その世帯に属する者又はこれらの者であつた者に対し、報告若しくは文書その他の物件の提出若しくは提示を命じ、又は当該職員に質問させることができる。

②　都道府県は、小児慢性特定疾病医療費の支給に関して必要があると認めるときは、小児慢性特定疾病児童の保護者若しくは成年患者若しくは小児慢性特定疾病児童等の属する世帯の世帯主その他その世帯に属する者又はこれらの者であつた者に対し、報告若しくは文書その他の物件の提出若しくは提示を命じ、又は当該職員に質問させることができる。

③　都道府県は、障害児入所給付費等の支給に関して必要があると認めるときは、障害児の保護者若しくは障害児の属する世帯の世帯主その他その世帯に属する者又はこれらの者であつた者に対し、報告若しくは文書その他の物件の提出若しくは提示を命じ、又は当該職員に質問させることができる。

④　第十九条の十六第二項の規定は前三項の規定による質問について、同条第三項の規定は前三項の規定による権限について準用する。

〔立入検査等〕

第五七条の三の二　市町村は、障害児通所給付費等の支給に関して必要があると認めるときは、当該障害児通所給付費等の支給に係る障害児通所支援若しくは障害児相談支援を行う者若しくはこれらを使用する者若しくはこれらの者であつた者に対し、報告若しくは文書その他の物件の提出若しくは提示を命じ、又は当該職員に、関係者に対し質問させ、若しくは当該障害児通所支援若しくは障害児相談支援の事業を行う事業所若しくは施設に立ち入り、その設備若しくは帳簿書類その他の物件を検査させることができる。

②　第十九条の十六第二項の規定は前項の規定による質問又は検査について、同条第三項の規定は前項の規定による権限について準用する。

〔報告等〕

第五七条の三の三　厚生労働大臣又は都道府県知事は、障害児通所給付費等の支給に関して必要があると認めるときは、当該障害児通所給付費等の支給に係る障害児の保護者又は障害児の保護者であつた者に対し、当該障害児通所給付費等の支給に係る障害児通所支援若しくは障害児相談支援の内容に関し、報告若しくは文書その他の物件の提出若しくは提示を命じ、又は当該職員に質問させることができる。

②　厚生労働大臣は、小児慢性特定疾病医療費の支給に関して緊急の必要があると認めるときは、当該都道府県の知事との密接な連携の下に、当該小児慢性特定疾病医療費の支給に係る小児慢性特定疾病児童の保護者若しくは成年患者又はこれらの者であつた者に対し、当該小児慢性特定疾病医療費の支給に係る小児慢性特定疾病医療支援の内容に関し、報告若し

くは文書その他の物件の提出若しくは提示を命じ、又は当該職員に質問させることができる。

③　厚生労働大臣は、障害児入所給付費等の支給に関して必要があると認めるときは、当該障害児入所給付費等の支給に係る障害児の保護者又は障害児の保護者であつた者に対し、当該障害児入所給付費等の支給に係る障害児入所支援の内容に関し、報告若しくは文書その他の物件の提出若しくは提示を命じ、又は当該職員に質問させることができる。

④　厚生労働大臣又は都道府県知事は、障害児通所給付費等の支給に関して必要があると認めるときは、障害児通所支援若しくは障害児相談支援を行つた者若しくはこれを使用した者に対し、その行つた障害児通所支援若しくは障害児相談支援に関し、報告若しくは当該障害児通所支援若しくは障害児相談支援の提供の記録、帳簿書類その他の物件の提出若しくは提示を命じ、又は当該職員に関係者に対し質問させることができる。

⑤　厚生労働大臣は、小児慢性特定疾病医療費の支給に関して緊急の必要があると認めるときは、当該都道府県の知事との密接な連携の下に、小児慢性特定疾病医療支援を行つた者又はこれを使用した者に対し、その行つた小児慢性特定疾病医療支援に関し、報告若しくは当該小児慢性特定疾病医療支援の提供の記録、帳簿書類その他の物件の提出若しくは提示を命じ、又は当該職員に関係者に対し質問させることができる。

⑥　厚生労働大臣は、障害児入所給付費等の支給に関して必要があると認めるときは、障害児入所支援を行つた者若しくはこれを使用した者に対し、その行つた障害児入所支援に関し、報告若しくは当該障害児入所支援の提供の記録、帳簿書類その他の物件の提出若しくは提示を命じ、又は当該職員に関係者に対し質問させることができる。

⑦　第十九条の十六第二項の規定は前各項の規定による質問について、同条第三項の規定は前各項の規定による権限について準用する。

〔事務の委託等〕

第五七条の三の四　市町村及び都道府県は、次に掲げる事務の一部を、法人であつて厚生労働省令で定める要件に該当し、当該事務を適正に実施することができると認められるものとして都道府県知事が指定するもの（以下「指定事務受託法人」という。）に委託することができる。

一　第五十七条の三第一項及び第三項、第五十七条の三の二第一項並びに前条第一項及び第四項に規定する事務（これらの規定による命令及び質問の対象となる者並びに立入検査の対象となる事業所及び施設の選定に係るもの並びに当該命令及び当該立入検査を除く。）

二　その他厚生労働省令で定める事務（前号括弧書に規定するものを除く。）

②　指定事務受託法人の役員若しくは職員又はこれらの職にあつた者は、正当な理由なしに、当該委託事務に関して知り得た秘密を漏らしてはならない。

③　指定事務受託法人の役員又は職員で、当該委託事務に従事するものは、刑法その他の罰則の適用については、法令により公務に従事する職員とみなす。

④　市町村又は都道府県は、第一項の規定により事務を委託したときは、厚生労働省令で定めるところにより、その旨を公示しなければならない。

⑤　第十九条の十六第二項の規定は、第一項の規定により委託を受けて行う第五十七条の三第一項及び第三項、第五十七条の三の二第一項並びに前条第一項及び第四項の規定による質

問について準用する。
⑥　前各項に定めるもののほか、指定事務受託法人に関し必要な事項は、政令で定める。

〔資料の提供等〕

第五七条の四　市町村は、障害児通所給付費等の支給に関して必要があると認めるときは、障害児の保護者又は障害児の属する世帯の世帯主その他その世帯に属する者の資産又は収入の状況につき、官公署に対し必要な文書の閲覧若しくは資料の提供を求め、又は銀行、信託会社その他の機関若しくは障害児の保護者の雇用主その他の関係人に報告を求めることができる。
②　都道府県は、小児慢性特定疾病医療費の支給に関して必要があると認めるときは、小児慢性特定疾病児童の保護者若しくは成年患者又は小児慢性特定疾病児童等の属する世帯の世帯主その他その世帯に属する者の資産又は収入の状況につき、官公署に対し必要な文書の閲覧若しくは資料の提供を求め、又は銀行、信託会社その他の機関若しくは小児慢性特定疾病児童等の保護者の雇用主その他の関係人に報告を求めることができる。
③　都道府県は、障害児入所給付費等の支給に関して必要があると認めるときは、障害児の保護者又は障害児の属する世帯の世帯主その他その世帯に属する者の資産又は収入の状況につき、官公署に対し必要な文書の閲覧若しくは資料の提供を求め、又は銀行、信託会社その他の機関若しくは障害児の保護者の雇用主その他の関係人に報告を求めることができる。

〔連合会に対する監督〕

第五七条の四の二　連合会について国民健康保険法第百六条及び第百八条の規定を適用する場合において、これらの規定中「事業」とあるのは、「事業（児童福祉法（昭和二十二年法律第百六十四号）第五十六条の五の三に規定する児童福祉法関係業務を含む。）」とする。

〔課税及び差押の除外〕

第五七条の五　租税その他の公課は、この法律により支給を受けた金品を標準として、これを課することができない。
②　小児慢性特定疾病医療費、障害児通所給付費等及び障害児入所給付費等を受ける権利は、譲り渡し、担保に供し、又は差し押さえることができない。
③　前項に規定するもののほか、この法律による支給金品は、既に支給を受けたものであるとないとにかかわらず、これを差し押さえることができない。

〔認可の取消し〕

第五八条　第三十五条第四項の規定により設置した児童福祉施設が、この法律若しくはこの法律に基づいて発する命令又はこれらに基づいてなす処分に違反したときは、都道府県知事は、同項の認可を取り消すことができる。
②　第三十四条の十五第二項の規定により開始した家庭的保育事業等が、この法律若しくはこの法律に基づいて発する命令又はこれらに基づいてなす処分に違反したときは、市町村長は、同項の認可を取り消すことができる。

〔認可外施設に対する立入検査、勧告、事業停止命令〕

第五九条　都道府県知事は、児童の福祉のため必要があると認めるときは、第六条の三第九項から第十二項まで若しくは第三十六条から第四十四条まで（第三十九条の二を除く。）に規定する業務を目的とする施設であつて第三十五条第三項の届出若しくは認定こども園法第十六条の届出をしていないもの又は第三十四条の十五第二項若しくは第三十五条第四項の認可若しくは認定こども園法第十七条第一項の認可を受けていないもの（前条の規定により児童福祉施設若しくは家庭的保育事業等の認可を取り消されたもの又は認定こども園法第二十二条第一項の規定により幼保連携型認定こども園の認可を取り消されたものを含む。）については、その施設の設置者若しくは管理者に対し、必要と認める事項の報告を求め、又は当該職員をして、その事務所若しくは施設に立ち入り、その施設の設備若しくは運営について必要な調査若しくは質問をさせることができる。この場合においては、その身分を証明する証票を携帯させなければならない。

② 第十八条の十六第三項の規定は、前項の場合について準用する。

③ 都道府県知事は、児童の福祉のため必要があると認めるときは、第一項に規定する施設の設置者に対し、その施設の設備又は運営の改善その他の勧告をすることができる。

④ 都道府県知事は、前項の勧告を受けた施設の設置者がその勧告に従わなかつたときは、その旨を公表することができる。

⑤ 都道府県知事は、第一項に規定する施設について、児童の福祉のため必要があると認めるときは、都道府県児童福祉審議会の意見を聴き、その事業の停止又は施設の閉鎖を命ずることができる。

⑥ 都道府県知事は、児童の生命又は身体の安全を確保するため緊急を要する場合で、あらかじめ都道府県児童福祉審議会の意見を聴くいとまがないときは、当該手続を経ないで前項の命令をすることができる。

⑦ 都道府県知事は、第三項の勧告又は第五項の命令をした場合には、その旨を当該施設の所在地の市町村長に通知するものとする。

〔認可外保育所の届出〕

第五九条の二　第六条の三第九項から第十二項までに規定する業務又は第三十九条第一項に規定する業務を目的とする施設（少数の乳児又は幼児を対象とするものその他の厚生労働省令で定めるものを除く。）であつて第三十四条の十五第二項若しくは第三十五条第四項の認可又は認定こども園法第十七条第一項の認可を受けていないもの（第五十八条の規定により児童福祉施設若しくは家庭的保育事業等の認可を取り消されたもの又は認定こども園法第二十二条第一項の規定により幼保連携型認定こども園の認可を取り消されたものを含む。）については、その施設の設置者は、その事業の開始の日（第五十八条の規定により児童福祉施設若しくは家庭的保育事業等の認可を取り消された施設又は認定こども園法第二十二条第一項の規定により幼保連携型認定こども園の認可を取り消された施設にあつては、当該認可の取消しの日）から一月以内に、次に掲げる事項を都道府県知事に届け出なければならない。

一　施設の名称及び所在地
二　設置者の氏名及び住所又は名称及び所在地
三　建物その他の設備の規模及び構造
四　事業を開始した年月日
五　施設の管理者の氏名及び住所
六　その他厚生労働省令で定める事項

② 前項に規定する施設の設置者は、同項の規定により届け出た事項のうち厚生労働省令で定めるものに変更を生じたときは、変更の日から一月以内に、その旨を都道府県知事に届け出なければならない。その事業を廃止し、又は休止したときも、同様とする。

③ 都道府県知事は、前二項の規定による届出があつたときは、当該届出に係る事項を当該施設の所在地の市町村長に通知するものとする。

〔掲示事項〕

第五九条の二の二 前条第一項に規定する施設の設置者は、次に掲げる事項を当該施設において提供されるサービスを利用しようとする者の見やすい場所に掲示しなければならない。

一 設置者の氏名又は名称及び施設の管理者の氏名

二 建物その他の設備の規模及び構造

三 その他厚生労働省令で定める事項

〔契約内容等の説明〕

第五九条の二の三 第五十九条の二第一項に規定する施設の設置者は、当該施設において提供されるサービスを利用しようとする者からの申込みがあつた場合には、その者に対し、当該サービスを利用するための契約の内容及びその履行に関する事項について説明するように努めなければならない。

〔書面の交付〕

第五九条の二の四 第五十九条の二第一項に規定する施設の設置者は、当該施設において提供されるサービスを利用するための契約が成立したときは、その利用者に対し、遅滞なく、次に掲げる事項を記載した書面を交付しなければならない。

一 設置者の氏名及び住所又は名称及び所在地

二 当該サービスの提供につき利用者が支払うべき額に関する事項

三 その他厚生労働省令で定める事項

〔運営状況の報告等〕

第五九条の二の五 第五十九条の二第一項に規定する施設の設置者は、毎年、厚生労働省令で定めるところにより、当該施設の運営の状況を都道府県知事に報告しなければならない。

② 都道府県知事は、毎年、前項の報告に係る施設の運営の状況その他第五十九条の二第一項に規定する施設に関し児童の福祉のため必要と認める事項を取りまとめ、これを各施設の所在地の市町村長に通知するとともに、公表するものとする。

〔市町村長への協力要請〕

第五九条の二の六 都道府県知事は、第五十九条、第五十九条の二及び前条に規定する事務の執行及び権限の行使に関し、市町村長に対し、必要な協力を求めることができる。

〔町村の一部事務組合・広域連合〕

第五九条の二の七 町村が一部事務組合又は広域連合を設けて福祉事務所を設置した場合には、この法律の適用については、その一部事務組合又は広域連合を福祉事務所を設置する町村とみなす。

〔助産、母子保護の実施に変更があった場合〕

第五九条の三 町村の福祉事務所の設置又は廃止により助産の実施及び母子保護の実施に係る都道府県又は市町村に変更があつた場合においては、この法律又はこの法律に基づいて発する命令の規定により、変更前の当該助産の実施若しくは母子保護の実施に係る都道府県又は市町村の長がした行為は、変更後の当該助産の実施若しくは母子保護の実施に係る都道府県又は市町村の長がした行為とみなす。ただし、変更前に行われ、又は行われるべきであつた助産の実施若しくは母子保護の実施に関する費用の支弁及び負担については、変更がなかつたものとする。

〔指定都市等における特例〕

第五九条の四 この法律中都道府県が処理することとされている事務で政令で定めるものは、指定都市及び中核市並びに児童相談所を設置する市（特別区を含む。以下この項において同じ。）として政令で定める市（以下「児童相談所設置市」という。）においては、政令で定めるところにより、指定都市若しくは中核市又は児童相談所設置市（以下「指定都市等」という。）が処理するものとする。この場合においては、この法律中都道府県に関する規定は、指定都市等に関する規定として指定都市等に適用があるものとする。

② 前項の規定により指定都市等の長がした処分（地方自治法第二条第九項第一号に規定する第一号法定受託事務（次項及び第五十九条の六において「第一号法定受託事務」という。）に係るものに限る。）に係る審査請求についての都道府県知事の裁決に不服がある者は、厚生労働大臣に対して再審査請求をすることができる。

③ 指定都市等の長が第一項の規定によりその処理することとされた事務のうち第一号法定受託事務に係る処分をする権限をその補助機関である職員又はその管理に属する行政機関の長に委任した場合において、委任を受けた職員又は行政機関の長がその委任に基づいてした処分につき、地方自治法第二百五十五条の二第二項の再審査請求の裁決があつたときは、当該裁決に不服がある者は、同法第二百五十二条の十七の四第五項から第七項までの規定の例により、厚生労働大臣に対して再々審査請求をすることができる。

④ 都道府県知事は、児童相談所設置市の長に対し、当該児童相談所の円滑な運営が確保されるように必要な勧告、助言又は援助をすることができる。

⑤ この法律に定めるもののほか、児童相談所設置市に関し必要な事項は、政令で定める。

〔緊急時における厚生労働大臣の事務執行〕

第五十九条の五　第十九条の十六第一項、第二十一条の三第一項、第三十四条の五第一項、第三十四条の六、第四十六条及び第五十九条の規定により都道府県知事の権限に属するものとされている事務は、児童の利益を保護する緊急の必要があると厚生労働大臣が認める場合にあつては、厚生労働大臣又は都道府県知事が行うものとする。

② 前項の場合においては、この法律の規定中都道府県知事に関する規定（当該事務に係るものに限る。）は、厚生労働大臣に関する規定として厚生労働大臣に適用があるものとする。この場合において、第四十六条第四項中「都道府県児童福祉審議会の意見を聴き、その施設の」とあるのは「その施設の」と、第五十九条第五項中「都道府県児童福祉審議会の意見を聴き、その事業の」とあるのは「その事業の」とする。

③ 第一項の場合において、厚生労働大臣又は都道府県知事が当該事務を行うときは、相互に密接な連携の下に行うものとする。

〔事務の区分〕

第五十九条の六　第五十六条第一項の規定により都道府県が処理することとされている事務は、第一号法定受託事務とする。

〔主務省令〕

第五十九条の七　この法律における主務省令は、厚生労働省令とする。ただし、第二十一条の九各号に掲げる事業に該当する事業のうち厚生労働大臣以外の大臣が所管するものに関する事項については、厚生労働大臣及びその事業を所管する大臣の発する命令とする。

〔権限の委任〕

第五十九条の八　この法律に規定する厚生労働大臣の権限は、厚生労働省令で定めるところにより、地方厚生局長に委任することができる。

② 前項の規定により地方厚生局長に委任された権限は、厚生労働省令で定めるところにより、地方厚生支局長に委任することができる。

第八章　罰則

〔禁止行為違反〕

第六〇条　第三十四条第一項第六号の規定に違反した者は、十年以下の懲役若しくは三百万円以下の罰金に処し、又はこれを併科する。

② 第三十四条第一項第一号から第五号まで又は第七号から第九号までの規定に違反した者は、三年以下の懲役若しくは百万円以下の罰金に処し、又はこれを併科する。

③ 第三十四条第二項の規定に違反した者は、一年以下の懲役又は五十万円以下の罰金に処する。

④ 児童を使用する者は、児童の年齢を知らないことを理由として、前三項の規定による処罰を免れることができない。ただし、過失のないときは、この限りでない。

⑤ 第一項及び第二項（第三十四条第一項第七号又は第九号の規定に違反した者に係る部分に限る。）の罪は、刑法第四条の二の例に従う。

〔守秘義務違反〕

第六〇条の二　小児慢性特定疾病審査会の委員又はその委員であつた者が、正当な理由がないのに、職務上知り得た小児慢性特定疾病医療支援を行つた者の業務上の秘密又は個人の秘密を漏らしたときは、一年以下の懲役又は百万円以下の罰金に処する。

② 第五十六条の五の五第二項において準用する障害者の日常生活及び社会生活を総合的に支援するための法律第九十八条第一項に規定する不服審査会の委員若しくは連合会の役員若しくは職員又はこれらの者であつた者が、正当な理由がないのに、職務上知り得た障害児通所支援、障害児入所支援又は障害児相談支援を行つた者の業務上の秘密又は個人の秘密を漏らしたときは、一年以下の懲役又は百万円以下の罰金に処する。

③ 第二十一条の五の六第四項（第二十一条の五の八第三項において準用する場合を含む。）又は第五十七条の三の四第二項の規定に違反した者は、一年以下の懲役又は百万円以下の罰金に処する。

〔同前〕

第六一条　児童相談所において、相談、調査及び判定に従事した者が、正当の理由なく、その職務上取り扱つたことについて知得した人の秘密を漏らしたときは、これを一年以下の懲役又は五十万円以下の罰金に処する。

〔同前〕

第六一条の二　第十八条の二十二の規定に違反した者は、一年以下の懲役又は五十万円以下の罰金に処する。

② 前項の罪は、告訴がなければ公訴を提起することができない。

〔同前〕

第六一条の三　第十一条第五項、第十八条の八第四項、第十八条の十二第一項、第二十一条の十の二第四項、第二十一条の十二、第二十五条の五又は第二十七条の四の規定に違反した者は、一年以下の懲役又は五十万円以下の罰金に処する。

〔事業停止、閉鎖命令違反〕

第六一条の四　第四十六条第四項又は第五十九条第五項の規定による事業の停止又は施設の閉鎖の命令に違反した者は、六月以下の懲役若しくは禁錮又は五十万円以下の罰金に処する。

〔職務執行妨害等〕

第六一条の五　正当の理由がないのに、第二十九条の規定による児童委員若しくは児童の福祉に関する事務に従事する職員の職務の執行を拒み、妨げ、若しくは忌避し、又はその質問に対して答弁をせず、若しくは虚偽の答弁をし、若しくは児童に答弁をさせず、若しくは虚偽の答弁をさせた者は、五十万円以下の罰金に処する。

〔報告義務違反等〕

第六一条の六　正当の理由がないのに、第十八条の十六第一項の規定による報告をせず、若しくは虚偽の報告をし、同項の規定による質問に対して答弁をせず、若しくは虚偽の答弁をし、又は同項の規定による立入り若しくは検査を拒み、妨げ、若しくは忌避した場合には、その違反行為をした指定試験機関の役員又は職員は、三十万円以下の罰金に処する。

〔名称使用停止違反等〕

第六二条　次の各号のいずれかに該当する者は、三十万円以下の罰金に処する。

一　第十八条の十九第二項の規定により保育士の名称の使用の停止を命ぜられた者で、当該停止を命ぜられた期間中に、保育士の名称を使用したもの

二　第十八条の二十三の規定に違反した者

三　正当の理由がないのに、第二十一条の十四第一項の規定による報告をせず、若しくは虚偽の報告をし、同項の規定による質問に対して答弁をせず、若しくは虚偽の答弁をし、又は同項の規定による立入り若しくは検査を拒み、妨げ、若しくは忌避した者

四　正当の理由がないのに、第十九条の十六第一項、第二十一条の五の二十二第一項（同条第二項において準用する場合を含む。）、第二十一条の五の二十七第一項（第二十四条の十九の二において準用する場合を含む。）、第二十四条の十五第一項、第二十四条の三十四第一項若しくは第二十四条の三十九第一項の規定による報告若しくは物件の提出若しくは提示をせず、若しくは虚偽の報告若しくは虚偽の物件の提出若しくは提示をし、これらの規定による質問に対して答弁をせず、若しくは虚偽の答弁をし、又はこれらの規定による立入り若しくは検査を拒み、妨げ、若しくは忌避した者

五　第三十条第一項に規定する届出を怠つた者

六　正当の理由がないのに、第五十七条の三の三第一項から第三項までの規定による報告若しくは物件の提出若しくは提示をせず、若しくは虚偽の報告若しくは虚偽の物件の提出若しくは提示をし、又はこれらの規定による当該職員の質問若しくは第五十七条の三の四第一項の規定により委託を受けた指定事務受託法人の職員の第五十七条の三の三第一項の規定による質問に対して、答弁せず、若しくは虚偽の答弁をした者

七　正当の理由がないのに、第五十九条第一項の規定による報告をせず、若しくは虚偽の報告をし、同項の規定による立入調査を拒み、妨げ、若しくは忌避し、又は同項の規定による質問に対して答弁をせず、若しくは虚偽の答弁をした者

〔陳述拒否、虚偽陳述等〕

第六二条の二　正当の理由がないのに、第五十六条の五の五第二項において準用する障害者の日常生活及び社会生活を総合的に支援するための法律第百三条第一項の規定による処分に違反して、出頭せず、陳述をせず、報告をせず、若しくは虚偽の陳述若しくは報告をし、又は診断その他の調査をしなかつた者は、三十万円以下の罰金に処する。ただし、第五十六条の五の五第二項において準用する同法第九十八条第一項に規定する不服審査会の行う審査の手続における請求人又は第五十六条の五の五第二項において準用する同法第百二条の規

定により通知を受けた市町村その他の利害関係人は、この限りでない。

〔両罰規定〕

第六二条の三　法人の代表者又は法人若しくは人の代理人、使用人その他の従業者が、その法人又は人の業務に関して、第六十条第一項から第三項まで及び第六十二条第四号の違反行為をしたときは、行為者を罰するほか、その法人又は人に対しても、各本条の罰金刑を科する。

〔届出義務違反等〕

第六二条の四　第五十九条の二第一項又は第二項の規定による届出をせず、又は虚偽の届出をした者は、五十万円以下の過料に処する。

〔過料〕

第六二条の五　次の各号のいずれかに該当する者は、十万円以下の過料に処する。

一　正当な理由がなく、第五十六条第四項（同条第二項の規定による第五十条第五号、第六号、第六号の二若しくは第七号の三又は第五十一条第三号に規定する費用の徴収に関する部分を除く。）の規定による報告をせず、又は虚偽の報告をした者

二　第五十七条の三の三第四項から第六項までの規定による報告若しくは物件の提出若しくは提示をせず、若しくは虚偽の報告若しくは虚偽の物件の提出若しくは提示をし、又はこれらの規定による当該職員の質問に対して、答弁せず、若しくは虚偽の答弁をした者

三　第五十七条の三の四第一項の規定により委託を受けた指定事務受託法人の職員の第五十七条の三の三第四項の規定による質問に対して、答弁せず、又は虚偽の答弁をした者

〔同前〕

第六二条の六　都道府県は、条例で、次の各号のいずれかに該当する者に対し十万円以下の過料を科する規定を設けることができる。

一　第十九条の六第二項の規定による医療受給者証又は第二十四条の四第二項の規定による入所受給者証の返還を求められてこれに応じない者

二　正当の理由がないのに、第五十七条の三第二項若しくは第三項の規定による報告若しくは物件の提出若しくは提示をせず、若しくは虚偽の報告若しくは虚偽の物件の提出若しくは提示をし、又はこれらの規定による当該職員の質問若しくは第五十七条の三の四第一項の規定により委託を受けた指定事務受託法人の職員の第五十七条の三第三項の規定による質問に対して答弁をせず、若しくは虚偽の答弁をした者

〔同前〕

第六二条の七　市町村は、条例で、次の各号のいずれかに該当する者に対し十万円以下の過料を科する規定を設けることができる。

一　第二十一条の五の八第二項又は第二十一条の五の九第二項の規定による通所受給者証の提出又は返還を求められてこれに応じない者

二　正当の理由がないのに、第五十七条の三第一項の規定による報告若しくは物件の提出若しくは提示をせず、若しくは虚偽の報告若しくは虚偽の物件の提出若しくは提示をし、又は同項の規定による当該職員の質問若しくは第五十七条の三の四第一項の規定により委託を受けた指定事務受託法人の職員の第五十七条の三第一項の規定による質問に対して、答弁せず、若しくは虚偽の答弁をした者

三　正当の理由がないのに、第五十七条の三の二第一項の規

定による報告若しくは物件の提出若しくは提示をせず、若しくは虚偽の報告若しくは虚偽の物件の提出若しくは提示をし、又は同項の規定による当該職員の質問若しくは第五十七条の三の四第一項の規定により委託を受けた指定事務受託法人の職員の第五十七条の三の二第一項の規定による質問に対して、答弁せず、若しくは虚偽の答弁をし、若しくは同項の規定による検査を拒み、妨げ、若しくは忌避した者

附　則（抄）

第六十三条　この法律は、昭和二十三年一月一日から、これを施行する。〔後略〕

第六十三条の二　児童相談所長は、当分の間、第二十六条第一項に規定する児童のうち身体障害者福祉法第十五条第四項の規定により身体障害者手帳の交付を受けた十五歳以上の者について、障害者の日常生活及び社会生活を総合的に支援するための法律第五条第十一項に規定する障害者支援施設（次条において「障害者支援施設」という。）に入所すること又は障害福祉サービス（同法第四条第一項に規定する障害者のみを対象とするものに限る。次条において同じ。）を利用することが適当であると認めるときは、その旨を身体障害者福祉法第九条又は障害者の日常生活及び社会生活を総合的に支援するための法律第十九条第二項若しくは第三項に規定する市町村の長に通知することができる。

第六十三条の三　児童相談所長は、当分の間、第二十六条第一項に規定する児童のうち十五歳以上の者について、障害者支援施設に入所すること又は障害福祉サービスを利用することが適当であると認めるときは、その旨を知的障害者福祉法第九条又は障害者の日常生活及び社会生活を総合的に支援するための法律第十九条第二項若しくは第三項に規定する市町村の長に通知することができる。

第七一条　満十四歳以上の児童で、学校教育法第九十六条の規定により、義務教育の課程又はこれと同等以上と認める課程を修了した者については、第三十四条第一項第三号から第五号までの規定は、これを適用しない。

第七二条　国は、当分の間、都道府県（第五十九条の四第一項の規定により、都道府県が処理することとされている第五十六条の二第一項の事務を指定都市等が処理する場合にあつては、当該指定都市等を含む。以下この項及び第七項において同じ。）に対し、第五十六条の二第三項の規定により国がその費用について補助することができる知的障害児施設等の新設等で日本電信電話株式会社の株式の売払収入の活用による社会資本の整備の促進に関する特別措置法（昭和六十二年法律第八十六号。以下「社会資本整備特別措置法」という。）第二条第一項第二号に該当するものにつき、社会福祉法第三十一条第一項の規定により設立された社会福祉法人、日本赤十字社又は公益社団法人若しくは公益財団法人に対し当該都道府県が補助する費用に充てる資金について、予算の範囲内において、第五十六条の二第三項の規定（この規定による国の補助の割合について、この規定と異なる定めをした法令の規定がある場合には、当該異なる定めをした法令の規定を含む。以下同じ。）により国が補助することができる金額に相当する金額を無利子で貸し付けることができる。

② 国は、当分の間、都道府県又は市町村に対し、児童家庭支援センターの新設、修理、改造、拡張又は整備で社会資本整備特別措置法第二条第一項第二号に該当するものに要する費用に充てる資金の一部を、予算の範囲内において、無利子で貸し付けることができる。

③　国は、当分の間、都道府県又は指定都市等に対し、児童の保護を行う事業又は児童の健全な育成を図る事業を目的とする施設の新設、修理、改造、拡張又は整備（第五十六条の二第三項の規定により国がその費用について補助するものを除く。）で社会資本整備特別措置法第二条第一項第二号に該当するものにつき、当該都道府県又は指定都市等が自ら行う場合にあつてはその要する費用に充てる資金の一部を、指定都市等以外の市町村又は社会福祉法人が行う場合にあつてはその者に対し当該都道府県又は指定都市等が補助する費用に充てる資金の一部を、予算の範囲内において、無利子で貸し付けることができる。

④　国は、当分の間、都道府県、市町村又は長期にわたり医療施設において療養を必要とする児童（以下「長期療養児童」という。）の療養環境の向上のために必要な事業を行う者に対し、長期療養児童の家族が宿泊する施設の新設、修理、改造、拡張又は整備で社会資本整備特別措置法第二条第一項第二号に該当するものに要する費用に充てる資金の一部を、予算の範囲内において、無利子で貸し付けることができる。

⑤　前各項の国の貸付金の償還期間は、五年（二年以内の据置期間を含む。）以内で政令で定める期間とする。

⑥　前項に定めるもののほか、第一項から第四項までの規定による貸付金の償還方法、償還期限の繰上げその他償還に関し必要な事項は、政令で定める。

⑦　国は、第一項の規定により都道府県に対し貸付けを行つた場合には、当該貸付けの対象である事業について、第五十六条の二第三項の規定による当該貸付金に相当する金額の補助を行うものとし、当該補助については、当該貸付金の償還時において、当該貸付金の償還金に相当する金額を交付することにより行うものとする。

⑧　国は、第二項から第四項までの規定により都道府県、市町村又は長期療養児童の療養環境の向上のために必要な事業を行う者に対し貸付けを行つた場合には、当該貸付けの対象である事業について、当該貸付金に相当する金額の補助を行うものとし、当該補助については、当該貸付金の償還時において、当該貸付金の償還金に相当する金額を交付することにより行うものとする。

⑨　都道府県、市町村又は長期療養児童の療養環境の向上のために必要な事業を行う者が、第一項から第四項までの規定による貸付けを受けた無利子貸付金について、第五項及び第六項の規定に基づき定められる償還期限を繰り上げて償還を行つた場合（政令で定める場合を除く。）における前二項の規定の適用については、当該償還は、当該償還期限の到来時に行われたものとみなす。

第七三条　第二十四条第三項の規定の適用については、当分の間、同項中「市町村は、保育の需要に応ずるに足りる保育所、認定こども園（子ども・子育て支援法第二十七条第一項の確認を受けたものに限る。以下この項及び第四十六条の二第二項において同じ。）又は家庭的保育事業等が不足し、又は不足するおそれがある場合その他必要と認められる場合には、保育所、認定こども園」とあるのは、「市町村は、保育所、認定こども園（子ども・子育て支援法第二十七条第一項の確認を受けたものに限る。以下この項及び第四十六条の二第二項において同じ。）」とするほか、必要な技術的読替えは、政令で定める。

②　第四十六条の二第一項の規定の適用については、当分の間、同項中「第二十四条第五項」とあるのは「保育所における保育を行うことの権限及び第二十四条第五項」と、「母子保護の実施のための委託」とあるのは「母子保護の実施のた

めの委託若しくは保育所における保育を行うことの委託」とするほか、必要な技術的読替えは、政令で定める。

附則（平成九年法律第七四）（抄）

（児童福祉法の一部改正に伴う経過措置）

第五条　この法律の施行の際現に存する旧法の規定による母子寮、養護施設又は教護院は、それぞれ新法第三五条の規定により設置された母子生活支援施設、児童養護施設又は児童自立支援施設とみなす。

②　この法律の施行の際現に存する旧法の規定による虚弱児施設は、新法第三十五条の規定により設置された児童養護施設とみなす。

第六条　旧法第四十八条第二項の規定により旧法第四十四条に規定する教護院の長が発行した同項の証明書の効力については、なお従前の例による。

第七条　当分の間、児童自立支援施設の長は、入所中学校教育法（昭和二十二年法律第二十六号）の規定による小学校又は中学校に準ずる教科を修めた児童に対し、修了の事実を証する証明書を発行することができる。この場合において、児童自立支援施設の長は、当該教科に関する事項については、文部科学大臣の勧告に従わなければならない。

②　前項の証明書の効力については、旧法第四十八条第四項の規定の例による。

⑮ 児童福祉法施行令（抜粋）

（昭和二三年三月三一日政令第七四号）

施行　昭和二三年三月三一日
適用　昭和二三年一月一日
最終改正　令和二年七月八日政令第二一九号

第一章　総則

〔児童等〕

第一条　児童福祉法（昭和二十二年法律第百六十四号。以下「法」という。）第六条の二第二項の政令で定める児童等は、同項に規定する指定小児慢性特定疾病医療機関に通い、又は入院する小児慢性特定疾病（同条第一項に規定する小児慢性特定疾病をいう。第二十二条第一項第二号ロにおいて同じ。）にかかつている児童等（法第六条の二第一項に規定する児童等をいう。ただし、児童以外の満二十歳に満たない者については、満十八歳に達する日前から引き続き指定小児慢性特定疾病医療支援（法第十九条の二第一項に規定する指定小児慢性特定疾病医療支援をいう。第二十二条第一項において同じ。）を受けているものに限る。）とする。

〔措置等〕

第一条の二　法第六条の三第一項第一号の政令で定める措置は、児童を小規模住居型児童養育事業を行う者若しくは里親に委託する措置又は児童養護施設、児童心理治療施設若しくは児童自立支援施設に入所させる措置とする。

②　法第六条の三第一項第一号の政令で定める者は、前項に規定する措置を解除された者以外の者であつて、都道府県知事

がその者の自立のために同条第一項に規定する児童自立生活援助が必要と認めたものとする。

（心理に関する指導をつかさどる所員の数）

第一条の三　法第十二条の三第七項の政令で定める基準は、同項の所員の数が第三条第一項第一号に掲げる業務を行う児童福祉司の数として同号に定める数を二で除して得た数（その数に一に満たない端数があるときは、これを一に切り上げる。）以上の数であつて、法による保護を要する児童の数、交通事情等を考慮したものであることとする。

（児童相談所の設置等）

第二条　都道府県が児童相談所を設置し、又はその設備の規模及び構造等を変更したときは、都道府県知事は、厚生労働省令の定めるところにより、その旨を厚生労働大臣に報告しなければならない。

②　都道府県が児童相談所に法第十二条の四に規定する児童を一時保護する施設を設置し、又はその設備の規模及び構造等を変更したときは、都道府県知事は、厚生労働省令の定めるところにより、その旨を厚生労働大臣に報告しなければならない。

（児童福祉司の数）

第三条　法第十三条第二項の政令で定める基準は、各年度において、同条第一項の規定により置かれる児童福祉司（以下「児童福祉司」という。）の数が、次の各号に掲げる業務を行う児童福祉司の数として当該各号に定める数を合計した数以上の数であつて、法による保護を要する児童の数、交通事情等を考慮したものであることとする。

一　次号及び第三号に掲げる業務以外の業務　イ及びロに掲げる数を合計した数

イ　各児童相談所の管轄区域における人口（最近の国勢調査の結果によるものとする。ロ(2)において同じ。）を三万で除して得た数（その数に一に満たない端数があるときは、これを一に切り上げる。）を合計した数

ロ　各児童相談所につき、(1)に掲げる件数から(2)に掲げる件数を控除して得た件数（その件数が零を下回るときは、零とする。）を四十で除して得た数（その数に一に満たない端数があるときは、これを一に切り上げる。）を合計した数

(1)　当該年度の前々年度において当該児童相談所が児童虐待（児童虐待の防止等に関する法律（平成十二年法律第八十二号）第二条に規定する児童虐待をいう。(2)において同じ。）に係る相談に応じた件数

(2)　当該年度の前々年度において全国の児童相談所が応じた児童虐待に係る相談の全国の人口一人当たりの件数として厚生労働省令で定める数に当該児童相談所の管轄区域における人口を乗じて得た件数

二　法第十一条第一項第二号トに規定する里親に関する業務　当該都道府県が設置する児童相談所の数

三　法第十一条第一項第一号の規定による市町村相互間の連絡調整等、同項第三号の規定による広域的な対応が必要な業務、法第十四条第二項の規定による担当区域内の児童に関する状況の通知及び意見の申出その他児童相談所の管轄区域内における関係機関との連絡調整　都道府県の区域内の市町村（特別区を含み、地方自治法（昭和二十二年法律第六十七号）第二百五十二条の十九第一項の指定都市（以下「指定都市」という。）及び法第五十九条の四第一項の児童相談所設置市（以下「児童相談所設置市」という。）を除く。）の数を三十で除して得た数（その数に一に満たない端数があるときは、これを一に切り上げる。）

②　法第十三条第七項の政令で定める基準は、各児童相談所につき、同項に規定する指導教育担当児童福祉司の数が児童福祉司の数を六で除して得た数（その数に一に満たない端数があるときは、これを四捨五入する。）であることとする。

〔指定児童福祉司養成施設等の指定〕

第三条の二　法第十三条第三項第一号の施設又は講習会（以下この条及び第四十五条の三において「指定児童福祉司養成施設等」という。）の指定は、厚生労働省令で定める基準に適合する施設又は講習会について行うものとする。

②　指定児童福祉司養成施設等の指定を受けようとする施設の設置者又は講習会の実施者（以下この条において「設置者等」という。）は、厚生労働省令で定める事項を記載した申請書を、当該施設の所在地又は講習会の開催地（以下この条において「所在地等」という。）の都道府県知事に提出しなければならない。この場合において、設置者等が法人（地方公共団体を除く。）であるときは、申請書に定款、寄付行為その他の規約を添えなければならない。

③　指定児童福祉司養成施設等の設置者等は、前項の申請書の記載事項（厚生労働省令で定めるものに限る。）を変更しようとするときは、当該指定児童福祉司養成施設等の所在地等の都道府県知事に申請し、その承認を得なければならない。

④　指定児童福祉司養成施設等の設置者等は、第二項の申請書の記載事項（前項の厚生労働省令で定めるもの以外のものであつて厚生労働省令で定めるものに限る。）に変更が生じたときは、変更のあつた日から起算して一月以内に、当該指定児童福祉司養成施設等の所在地等の都道府県知事に届け出なければならない。

⑤　法第十三条第三項第一号の指定を受けた施設の長は、毎学年開始後三月以内に、厚生労働省令で定める事項を、当該施設の所在地の都道府県知事に報告しなければならない。

⑥　法第十三条第三項第一号の指定を受けた講習会の実施者は、当該講習会の実施後一月以内に、厚生労働省令で定める事項を、当該講習会の開催地の都道府県知事に報告しなければならない。

⑦　都道府県知事は、法及びこの政令の施行に必要があると認めるときは、その必要な限度で、指定児童福祉司養成施設等の長に対し、教育方法、設備その他の事項に関し報告を求め、若しくは指導をし、又は当該職員に、その帳簿書類その他の物件を検査させることができる。

⑧　前項の規定による検査を行う場合においては、当該職員は、その身分を示す証明書を携帯し、関係者の請求があるときは、これを提示しなければならない。

⑨　第七項の規定による権限は、犯罪捜査のために認められたものと解釈してはならない。

⑩　都道府県知事は、指定児童福祉司養成施設等につき、第一項の規定に基づく厚生労働省令で定める基準に該当しなくなつたと認めるとき、若しくは第七項の規定による指導に従わないとき、又は次項の規定による申請があつたときは、その指定を取り消すことができる。

⑪　指定児童福祉司養成施設等の設置者等は、指定の取消しを求めようとするときは、学年の開始月又は講習会の実施月の二月前までに、厚生労働省令で定める事項を、当該指定児童福祉司養成施設等の所在地等の都道府県知事に提出しなければならない。

第二章　保育士

〔欠格事由〕

第四条　法第十八条の五第三号の政令で定める法律の規定は、

次のとおりとする。
一　社会福祉法（昭和二十六年法律第四十五号）第百三十一条及び第百三十二条の規定
二　児童扶養手当法（昭和三十六年法律第二百三十八号）第三十五条の規定
三　特別児童扶養手当等の支給に関する法律（昭和三十九年法律第百三十四号）第四十一条の規定
四　児童手当法（昭和四十六年法律第七十三号）第三十一条の規定
五　児童買春、児童ポルノに係る行為等の規制及び処罰並びに児童の保護等に関する法律（平成十一年法律第五十二号）第四条から第七条まで及び第十一条の規定
六　児童虐待の防止等に関する法律第十八条及び第十九条の規定
七　就学前の子どもに関する教育、保育等の総合的な提供の推進に関する法律（平成十八年法律第七十七号。以下「認定こども園法」という。）第六章の規定
八　平成二十二年度等における子ども手当の支給に関する法律（平成二十二年法律第十九号）第三十三条の規定
九　平成二十三年度における子ども手当の支給等に関する特別措置法（平成二十三年法律第百七号）第三十七条の規定
十　子ども・子育て支援法（平成二十四年法律第六十五号）第八十三条から第八十五条までの規定
十一　国家戦略特別区域法（平成二十五年法律第百七号。以下「特区法」という。）第十二条の五第十五項及び第十七項から第十九項までの規定
十二　民間あっせん機関による養子縁組のあっせんに係る児童の保護等に関する法律（平成二十八年法律第百十号）第五章の規定

（指定保育士養成施設の指定）

第五条　法第十八条の六第一号の指定保育士養成施設（以下「指定保育士養成施設」という。）の指定は、厚生労働省令で定める基準に適合する施設について行うものとする。
②　指定保育士養成施設の指定を受けようとする施設の設置者は、厚生労働省令で定める事項を記載した申請書を、当該施設の所在地の都道府県知事に提出しなければならない。この場合において、設置者が法人（地方公共団体を除く。）であるときは、申請書に定款、寄付行為その他の規約を添えなければならない。
③　指定保育士養成施設の設置者は、前項の申請書の記載事項（厚生労働省令で定めるものに限る。）を変更しようとするときは、当該施設の所在地の都道府県知事に申請し、その承認を得なければならない。
④　指定保育士養成施設の設置者は、第二項の申請書の記載事項（前項の厚生労働省令で定めるもの以外のものであって厚生労働省令で定めるものに限る。）に変更が生じたときは、変更のあつた日から起算して一月以内に、当該施設の所在地の都道府県知事に届け出なければならない。
⑤　指定保育士養成施設の長は、毎学年開始後三月以内に、厚生労働省令で定める事項を、当該施設の所在地の都道府県知事に報告しなければならない。
⑥　都道府県知事は、指定保育士養成施設につき、第一項の規定に基づく厚生労働省令で定める基準に該当しなくなつたと認めるとき、若しくは法第十八条の七第一項に規定する指導に従わないとき、又は次項の規定による申請があつたときは、その指定を取り消すことができる。
⑦　指定保育士養成施設の設置者は、指定の取消しを求めようとするときは、学年の開始月二月前までに、厚生労働省令で

定める事項を、当該施設の所在地の都道府県知事に提出しなければならない。

（保育士試験委員の選任）

第六条　都道府県知事は、法第十八条の八第三項の保育士試験委員を選任しようとするときは、厚生労働省令で定める要件を備える者のうちから選任しなければならない。

（指定試験機関の指定）

第七条　法第十八条の九第一項の指定試験機関（以下「指定試験機関」という。）の指定は、厚生労働省令で定めるところにより、同項の試験事務（以下「試験事務」という。）を行おうとする者の申請により行う。

②　都道府県知事は、前項の申請が次の要件を満たしていると認めるときでなければ、指定試験機関の指定をしてはならない。

一　職員、設備、試験事務の実施の方法その他の事項についての試験事務の実施に関する計画が、試験事務の適正かつ確実な実施のために適切なものであること。

二　前号の試験事務の実施に関する計画の適正かつ確実な実施に必要な経理的及び技術的な基礎を有するものであること。

③　都道府県知事は、第一項の申請が次のいずれかに該当するときは、指定試験機関の指定をしてはならない。

一　申請者が、一般社団法人又は一般財団法人以外の者であること。

二　申請者が、その行う試験事務以外の業務により試験事務を公正に実施することができないおそれがあること。

三　申請者が、第十二条の規定により指定を取り消され、その取消しの日から起算して二年を経過しない者であること。

四　申請者が、国家戦略特別区域法施行令（平成二十六年政令第九十九号。以下「特区法施行令」という。）第八条第一項又は第二項（第七号に係る部分を除く。）の規定により指定を取り消され、その取消しの日から起算して二年を経過しない者であること。

五　申請者の役員のうちに、次のいずれかに該当する者があること。

イ　法に違反して、又は特区法第十二条の五第十五項若しくは第十七項から第十九項までの規定により、刑に処せられ、その執行を終わり、又は執行を受けることがなくなつた日から起算して二年を経過しない者

ロ　法第十八条の十第二項の規定による命令により解任され、その解任の日から起算して二年を経過しない者

ハ　特区法第十二条の五第八項において準用する法第十八条の十第二項の規定による命令により解任され、その解任の日から起算して二年を経過しない者

（指定試験機関による保育士試験委員の選任）

第八条　指定試験機関は、法第十八条の十一第一項の保育士試験委員を選任しようとするときは、厚生労働省令で定める要件を備える者のうちから選任しなければならない。

（事業報告書等）

第九条　指定試験機関は、毎事業年度の経過後三月以内に、その事業年度の事業報告書及び収支決算書を作成し、都道府県知事に提出しなければならない。

（帳簿の備え付け等）

第一〇条　指定試験機関は、厚生労働省令で定めるところにより、試験事務に関する事項で厚生労働省令で定めるものを記載した帳簿を備え、これを保存しなければならない。

（試験事務の休廃止）

第一一条　指定試験機関は、都道府県知事の許可を受けなければ、試験事務の全部又は一部を休止し、又は廃止してはならない。

〔指定の取消し等〕

第一二条　都道府県知事は、指定試験機関が第七条第三項各号（第三号及び第四号を除く。）のいずれかに該当するに至つたときは、その指定を取り消さなければならない。

② 都道府県知事は、指定試験機関が次のいずれかに該当するに至つたときは、その指定を取り消し、又は期間を定めて試験事務の全部若しくは一部の停止を命ずることができる。

一　法第十八条の十第二項（法第十八条の十一第二項において準用する場合を含む。）、法第十八条の十三第二項又は法第十八条の十五の規定による命令に違反したとき。

二　法第十八条の十一第一項又は第十八条の十四の規定に違反したとき。

三　法第十八条の十三第一項の認可を受けた試験事務規程によらないで試験事務を行つたとき。

四　第七条第二項各号の要件を満たさなくなつたと認められるとき。

五　第八条、第九条又は第十一条の規定に違反したとき。

六　次条第一項の条件に違反したとき。

七　特区法施行令第八条第一項又は第二項（第七号に係る部分を除く。）の規定により指定を取り消されたとき。

〔指定等の条件〕

第一三条　法第十八条の九第一項、法第十八条の十第一項、法第十八条の十三第一項若しくは法第十八条の十四又は第十一条の規定による指定、認可又は許可には、条件を付し、及びこれを変更することができる。

② 前項の条件は、当該指定、認可又は許可に係る事項の確実な実施を図るため必要な最小限度のものに限り、かつ、当該指定、認可又は許可を受ける者に不当な義務を課することとなるものであつてはならない。

〔都道府県知事による試験事務の実施等〕

第一四条　都道府県知事は、指定試験機関が第十一条の規定による許可を受けて試験事務の全部若しくは一部を休止したとき、第十二条第二項の規定により指定試験機関に対し試験事務の全部若しくは一部の停止を命じたとき、又は指定試験機関が天災その他の事由により試験事務の全部若しくは一部を実施することが困難となつた場合において必要があると認めるときは、試験事務の全部又は一部を自ら行うものとする。

〔公示〕

第一五条　都道府県知事は、次の場合には、その旨を公示しなければならない。

一　法第十八条の九第一項の規完による指定をしたとき。

二　第十一条の規定による許可をしたとき。

三　第十二条の規定により指定を取り消し、又は試験事務の全部若しくは一部の停止を命じたとき。

四　前条の規定により試験事務の全部若しくは一部を自ら行うこととするとき、又は自ら行つていた試験事務の全部若しくは一部を行わないこととするとき。

〔保育士の登録〕

第一六条　保育士の登録を受けようとする者は、申請書に法第十八条の六各号のいずれかに該当することを証する書類を添え、その者が同条第一号に該当する場合は住所地の都道府県知事に、同条第二号に該当する場合は当該保育士試験を行つた都道府県知事（指定試験機関が行つた保育士試験を受けた場合にあつては、当該保育士試験の実施に関する事務の全部又は一部を当該指定試験機関に行わせることとした都道府県知事）に提出しなければならない。

〔登録証の変更〕

第一七条　保育士は、保育士登録証（以下「登録証」という。）の記載事項に変更を生じたときは、遅滞なく、登録証の書換え交付を申請しなければならない。

②　前項の申請をするには、申請書に申請の原因となる事実を証する書類及び登録証を添え、これを登録を行つた都道府県知事に提出しなければならない。

〔登録証の再交付〕

第一八条　保育士は、登録証を破り、汚し、又は失つたときは、登録証の再交付を申請することができる。

②　前項の申請をするには、申請書を登録を行つた都道府県知事に提出しなければならない。

③　登録証を破り、又は汚した保育士が第一項の申請をするには、申請書にその登録証を添えなければならない。

④　保育士は、第一項の申請をした後、失つた登録証を発見したときは、速やかに、これを登録を行つた都道府県知事に返納しなければならない。

〔登録証の返納〕

第一九条　保育士は、登録を取り消されたときは、遅滞なく、登録証を登録を行つた都道府県知事に返納しなければならない。

〔登録の取消しの通知〕

第二〇条　都道府県知事は、他の都道府県知事の登録を受けた保育士について、登録の取消しを適当と認めるときは、理由を付して、登録を行つた都道府県知事に、その旨を通知しなければならない。

〔厚生労働省令への委任〕

第二一条　この章に定めるもののほか、指定保育士養成施設、保育士試験、指定試験機関、保育士の登録その他保育士に関し必要な事項は、厚生労働省令で定める。

第三章　福祉の保障

〔保育の実施等〕

第二八条　市町村長（特別区の区長を含む。以下同じ。）又は都道府県知事は、法第二十五条の八第三号に規定する保育の利用等又は法第二十七条第一項第三号若しくは第二項の措置を解除し、停止し、又は他の保育の利用等若しくは措置に変更する場合においては、現にその保護に当たつている児童福祉施設の長、家庭的保育事業等を行う者又は法第六条の二の二第三項に規定する指定発達支援医療機関の長の意見を参考としなければならない。法第三十一条第一項から第三項までに規定する児童について、これらの規定により、満二十歳に達するまで、又はその者が社会生活に順応することができるようになるまで、引き続きその者を児童福祉施設に在所させ、若しくは法第二十七条第二項の規定による委託を継続し、又はこれらの措置を相互に変更する措置を採る場合においても、同様とする。

第四章　事業、養育里親及び児童福祉施設

第三五条　法第三十四条の十五第三項第四号ロの政令で定める法律は、第二十二条の五第七号、第八号、第十二号から第十九号まで及び第二十一号に掲げる法律とする。

第三五条の二　法第三十四条の十五第三項第四号ハの政令で定める法律の規定は、第二十二条の六各号に掲げる規定とする。

〔使用人〕

第三五条の三　法第三十四条の十五第三項第四号ニの政令で定

める使用人は、申請者の行う家庭的保育事業等を管理する者及び申請者の設置する保育所の管理者とする。

〔市町村長による実地検査〕

第三五条の四　市町村長は、当該職員をして、一年に一回以上、国及び都道府県以外の者が行う家庭的保育事業等が法第三十四条の十六第一項の規定に基づき定められた基準を遵守しているかどうかを実地につき検査させなければならない。

第三五条の五　法第三十四条の二十第一項第二号の政令で定める法律は、次のとおりとする。

一　児童扶養手当法
二　特別児童扶養手当等の支給に関する法律
三　児童手当法
四　平成二十二年度等における子ども手当の支給に関する法律
五　平成二十三年度における子ども手当の支給等に関する特別措置法
六　第二十二条の五第八号、第十七号、第十九号、第二十一号及び第二十三号に掲げる法律

第三六条　都道府県は、法第三十五条第二項の規定により、児童自立支援施設を設置しなければならない。

第三六条の二　法第三十五条第五項第四号ロの政令で定める法律は、次のとおりとする。

一　学校教育法
二　教育職員免許法（昭和二十四年法律第百四十七号）
三　第二十二条の五第七号、第八号、第十二号から第十九号まで及び第二十一号に掲げる法律

第三六条の三　法第三十五条第五項第四号ハの政令で定める法律の規定は、第二十二条の六各号に掲げる規定とする。

〔児童福祉施設の管理〕

第三七条　国、都道府県又は市町村の設置する児童福祉施設（幼保連携型認定こども園を除く。以下この条及び次条において同じ。）及び児童福祉施設の職員の養成施設は、法第四十九条の規定により、それぞれ厚生労働大臣、都道府県知事又は市町村長が、これを管理する。

〔都道府県知事による実地検査〕

第三八条　都道府県知事は、当該職員をして、一年に一回以上、国以外の者の設置する児童福祉施設が法第四十五条第一項の規定に基づき定められた基準を遵守しているかどうかを実地につき検査させなければならない。

附　則（抄）

第四八条　この政令は、昭和二十三年一月一日から、これを適用する。〔後略〕

附　則（令和元年八月三〇日政令第八三号）

〔施行期日〕

1　この政令は、令和二年七月一日から施行する。

〔許可、認可、措置等の効力〕

2　この政令の施行の際現に効力を有する都道府県知事又は都道府県が設置する児童相談所の所長その他の機関（以下「都道府県知事等」という。）が行った許可、認可、措置等の処分その他の行為又は現に都道府県知事等に対して行っている許可、認可、措置等の申請その他の行為で、この政令の施行の日（以下「施行日」という。）以後児童福祉法施行令第四十五条の三及び児童虐待の防止等に関する法律施行令（平成十二年政令第四百七十二号）第二条の規定により、この政令による改正後の児童福祉法施行令第四十五条の二に規定する市（特別区を含む。以下「児童相談所設置市」という。）

の長又は児童相談所設置市が設置する児童相談所の所長その他の機関（以下「児童相談所設置市の長等」という。）が管理し、及び執行することとなる事務に係るものは、施行日以後においては、当該児童相談所設置市の長等の行った許可、認可、措置等の処分その他の行為又は当該児童相談所設置氏の長等に対して行った許可、認可、措置等の申請その他の行為とみなす。

附　則（令和二年二月一九日政令第三一号）（抄）

（施行期日）

1　この政令は、令和二年七月一日から施行する。

（経過措置）

2　第一条の規定による改正後の児童福祉法施行令第二十五条の十三第一項第三号及び第二十七条の十三第一項第三号の規定は、この政令の施行の日（以下「施行日」という。）以後に行われる児童福祉法第二十一条の五の二十九第一項に規定する肢体不自由児通所医療及び同法第二十四条の二十第一項に規定する障害児入所医療（以下「肢体不自由児通所医療等」という。）について適用し、施行日前に行われた肢体不自由児通所医療等については、なお従前の例による。

附　則（令和二年三月二七日政令第六二号）

（施行期日）

1　この政令は、令和二年四月一日から施行する。

（心理に関する指導をつかさどる所員の数に関する経過措置）

2　この政令の施行の日から令和六年三月三十一日までの間における第一条の規定による改正後の児童福祉法施行令第一条の三の規定の適用については、同乗中「二で除して」とあるのは、「三で除して」とする。

附　則（令和二年七月八日政令第二一九号）

この政令は、雇用保険法等の一部を改正する法律附則第一条第三号に掲げる規定の施行の日（令和二年九月一日）から施行する。

⑯児童福祉法施行規則（抜粋）（昭和二三年三月三一日厚生省令第一一号）

施行　昭和二三年三月三一日
（適用　昭和二三年一月一日）
最終改正　令和二年九月八日厚生労働省令第一五六号

第一章　総則

第一条　児童福祉法（昭和二十二年法律第百六十四号。以下「法」という。）第六条の二の二第二項に規定する厚生労働省令で定める施設は、法第四十三条に規定する児童発達支援センターその他の次条に定める便宜の供与を適切に行うことができる施設とする。

第一条の二　法第六条の二の二第二項に規定する厚生労働省令で定める便宜は、日常生活における基本的な動作の指導、知識技能の付与及び集団生活への適応訓練の実施とする。

第一条の二の二　法第六条の二の二第四項に規定する厚生労働省令で定める施設は、法第四十三条に規定する児童発達支援センターその他の生活能力の向上のために必要な訓練、社会との交流の促進その他の便宜を適切に供与することができる施設とする。

第一条の二の三　法第六条の二の二第五項に規定する厚生労働省令で定める状態は、次に掲げる状態とする。

一　人工呼吸器を装着している状態その他の日常生活を営むために医療を要する状態

二　重い疾病のため感染症にかかるおそれがある状態

第一条の二の五　法第六条の二の二第六項に規定する厚生労働省令で定める施設は、乳児院、保育所、児童養護施設、学校教育法（昭和二十二年法律第二十六号）に規定する幼稚園（以下「幼稚園」という。）、小学校（義務教育学校の前期課程を含む。）及び特別支援学校、就学前の子どもに関する教育、保育等の総合的な提供の推進に関する法律（平成十八年法律第七十七号。以下「認定こども園法」という。）第二条第六項に規定する認定こども園（以下「認定こども園」という。）（保育所又は幼稚園であるものを除く。第二十四条及び第三十六条の三十五第一項を除き、以下同じ。）その他児童が集団生活を営む施設として市町村が認める施設とする。

〔子育て短期支援事業〕

第一条の二の九　法第六条の三第三項に規定する子育て短期支援事業は、短期入所生活援助事業及び夜間養護等事業とする。

〔夜間養護等事業〕

第一条の三　夜間養護等事業とは、保護者が仕事その他の理由により平日の夜間又は休日に不在となり家庭において児童を養育することが困難となつた場合その他緊急の必要がある場合において、市町村長が適当と認めたときに、当該児童につき、次条第一項に定める施設において必要な保護を行う事業をいう。

②　前項の保護の期間は、当該保護者が仕事その他の理由により不在となる期間又は同項の緊急の必要がなくなるまでの期間とする。ただし、市町村長は、必要があると認めるときは、その期間を延長することができる。

第一条の四　法第六条の三第三項に規定する厚生労働省令で定める施設は、乳児院、母子生活支援施設、児童養護施設その他の前二条に定める保護（次項において「保護」という。）を適切に行うことができる施設とする。

② 法第六条の三第三項に規定する厚生労働省令で定める者は、里親、保護を適切に行うことができる者として市町村長が適当と認めた者その他の保護を適切に行うことができる者とする。

〔乳児家庭全戸訪問事業〕

第一条の五　法第六条の三第四項に規定する乳児家庭全戸訪問事業は、原則として生後四月に至るまでの乳児のいる家庭について、市町村長が当該事業の適切な実施を図るために行う研修（市町村長が指定する都道府県知事その他の機関が行う研修を含む。）を受講した者をして訪問させることにより、子育てに関する情報の提供並びに乳児及びその保護者の心身の状況及び養育環境の把握を行うほか、養育についての相談に応じ、助言その他の援助を行うものとする。

〔養育支援訪問事業〕

第一条の六　法第六条の三第五項に規定する養育支援訪問事業は、要支援児童等（同項に規定する要支援児童等をいう。以下この条において同じ。）に対する支援の状況を把握しつつ、必要に応じて関係者との連絡調整を行う者の総括の下に、保育士、保健師、助産師、看護師その他の養育に関する相談及び指導についての専門的知識及び経験を有する者であつて、かつ、市町村長が当該事業の適切な実施を図るために行う研修（市町村長が指定する都道府県知事その他の機関が行う研修を含む。）を受講したものをして、要支援児童等の居宅において、養育に関する相談及び指導を行わせることを基本として行うものとする。

〔地域子育て支援拠点事業〕

第一条の七　法第六条の三第六項に規定する地域子育て支援拠点事業は、次に掲げる基準に従い、地域の乳児又は幼児（以下「乳幼児」という。）及びその保護者が相互の交流を行う場所を開設し、当該場所において、適当な設備を備える等により、子育てについての相談、情報の提供、助言その他の援助を行うもの（市町村（特別区を含む。以下同じ。）又はその委託等を受けた者が行うものに限る。）とする。

一　子育て支援に関して意欲のある者であつて、子育てに関する知識と経験を有するものを配置すること。

二　おおむね十組の乳幼児及びその保護者が一度に利用することが差し支えない程度の十分な広さを有すること。ただし、保育所その他の施設であつて、児童の養育及び保育（法第六条の三第七項に規定する保育をいう。以下同じ。）に関する専門的な支援を行うものについては、この限りでない。

三　原則として、一日に三時間以上、かつ、一週間に三日以上開設すること。

〔一時預かり事業〕

第一条の八　法第六条の三第七項に規定する一時預かり事業は、家庭において保育を受けることが一時的に困難となつた乳幼児について、主として昼間において、保育所、幼稚園、認定こども園その他の場所において、一時的に預かり、必要な保護を行うもの（特定の乳幼児のみを対象とするものを除く。）とする。

〔小規模住居型児童養育事業の養育〕

第一条の九　法第六条の三第八項に規定する小規模住居型児童養育事業において行われる養育は、同項に規定する厚生労働省令で定める者（以下「養育者」という。）の住居において、複数の委託児童（法第二十七条第一項第三号の規定により、小規模住居型児童養育事業を行う者（以下「小規模住居型児童養育事業者」という。）に委託された児童をいう。以下この条から第一条の三十までにおいて同じ。）が養育者の家庭を構成する一員として相互の交流を行いつつ、委託児童の自主性を尊重し、基本的な生活習慣を確立するとともに、豊かな人間性及び社会性を養い、委託児童の自立を支援することを目的として行われなければならない。

〔差別的取扱いの禁止〕

第一条の一一　養育者等は、委託児童に対し、自らの子若しくは他の児童と比して、又は委託児童の国籍、信条若しくは社会的身分によつて、差別的取扱いをしてはならない。

〔虐待等の禁止〕

第一条の一二　養育者等は、委託児童に対し、法第三十三条の十各号に掲げる行為その他委託児童の心身に有害な影響を与える行為をしてはならない。

〔懲戒権の濫用禁止〕

第一条の一三　養育者は、委託児童又は法第三十一条第二項の規定により引き続き委託を継続されている者（以下この条において「委託児童等」という。）に対し法第四十七条第三項の規定により懲戒に関しその委託児童等の福祉のために必要な措置を採るときは、身体的苦痛を与え、人格を辱める等その権限を濫用してはならない。

〔養育者等〕

第一条の一四　小規模住居型児童養育事業者は、小規模住居型児童養育事業を行う住居ごとに、二人の養育者及び一人以上の補助者を置かなければならない。

② 前項の二人の養育者は、一の家族を構成しているものでなければならない。

③ 前二項の規定にかかわらず、委託児童の養育にふさわしい家庭的環境が確保される場合には、当該小規模住居型児童養育事業を行う住居に置くべき者を、一人の養育者及び二人以上の補助者とすることができる。

④ 養育者は、当該小規模住居型児童養育事業を行う住居に生活の本拠を置く者でなければならない。

〔設備〕

第一条の一五　小規模住居型児童養育事業を行う住居には、委託児童、養育者及びその家族が、健康で安全な日常生活を営む上で必要な設備を設けなければならない。

〔入居定員〕

第一条の一九　小規模住居型児童養育事業を行う住居の委託児童の定員は、五人又は六人とする。

② 小規模住居型児童養育事業を行う住居において同時に養育する委託児童の人数は、委託児童の定員を超えることができない。ただし、災害その他のやむを得ない事情がある場合は、この限りでない。

〔非常災害への対策〕

第一条の二〇　小規模住居型児童養育事業者は、軽便消火器等の消火用具、非常口その他非常災害に必要な設備を設けるとともに、非常災害に対する具体的計画を立て、これに対する不断の注意と訓練をするように努めなければならない。

〔義務教育等〕

第一条の二一　養育者は、委託児童に対し、学校教育法の規定に基づく義務教育のほか、必要な教育を受けさせるよう努めなければならない。

〔衛生管理等〕

第一条の二二　養育者は、委託児童の使用する食器その他の設備又は飲用する水について、衛生的な管理に努め、又は衛生上必要な措置を講じなければならない。

② 養育者は、常に委託児童の健康の状況に注意し、必要に応じて健康保持のための適切な措置を採らなければならない。

〔食事の提供等〕

第一条の二三　委託児童への食事の提供は、当該委託児童について、その栄養の改善及び健康の増進を図るとともに、その日常生活における食事についての正しい理解と望ましい習慣を養うことを目的として行わなければならない。

〔給付金として支払を受けた金銭の管理〕

第一条の二三の二　小規模住居型児童養育事業者は、委託児童に係る厚生労働大臣が定める給付金（以下この条において「給付金」という。）の支給を受けたときは、給付金として支払を受けた金銭を次に掲げるところにより管理しなければならない。

一　当該委託児童に係る当該金銭及びこれに準ずるもの（これらの運用により生じた収益を含む。以下この条において「委託児童に係る金銭」という。）をその他の財産と区分すること。

二　委託児童に係る金銭を給付金の支給の趣旨に従つて用いること。

三　委託児童に係る金銭の収支の状況を明らかにする帳簿を整備すること。

四　当該委託児童の委託が解除された場合には、速やかに、委託児童に係る金銭を当該委託児童に取得させること。

〔自立支援計画〕

第一条の二四　養育者は、児童相談所長があらかじめ当該養育者並びにその養育する委託児童及びその保護者の意見を聴いて当該委託児童ごとに作成する自立支援計画に従つて、当該委託児童を養育しなければならない。

〔守秘義務〕

第一条の二五　養育者等は、正当な理由がなく、その業務上知り得た委託児童又はその家族の秘密を漏らしてはならない。

②　小規模住居型児童養育事業者は、養育者等であつた者が、正当な理由がなく、その業務上知り得た委託児童又はその家族の秘密を漏らすことがないよう、必要な措置を講じなければならない。

〔小規模住居型児童養育事業者帳簿の整備〕

第一条の二六　小規模住居型児童養育事業者は、養育者等、財産、収支及び委託児童の養育の状況を明らかにする帳簿を整備しておかなければならない。

〔苦情への対応〕

第一条の二七　養育者は、その行つた養育に関する委託児童からの苦情その他の意思表示に対し、迅速かつ適切に対応しなければならない。

②　小規模住居型児童養育事業者は、前項の意思表示への対応のうち特に苦情の解決に係るものについては、その公正な解決を図るために、苦情の解決に当たつて養育者等以外の者を関与させなければならない。

〔養育の質の改善〕

第一条の二八　小規模住居型児童養育事業者は、自らその行う養育の質の評価を行うとともに、定期的に外部の者による評価を受けて、それらの結果を公表し、常にその改善を図るよう努めなければならない。

〔定期調査〕

第一条の二九　小規模住居型児童養育事業者は、都道府県知事からの求めに応じ、委託児童の状況について、定期的に都道府県知事の調査を受けなければならない。

〔支援体制の確保〕

第一条の三〇　小規模住居型児童養育事業者は、緊急時の対応等を含め、委託児童の状況に応じた適切な養育を行うことができるよう、児童の通学する学校、児童相談所、児童福祉施設、児童家庭支援センター、児童委員、公共職業安定所、警察等関係機関との連携その他の適切な支援体制を確保しなければならない。

第一条の三十一　法第六条の三第八項に規定する厚生労働省令で定める者は、養育里親であつて、法第三十四条の二十第一項各号に規定する者並びに精神の機能の障害により養育者の業務を適正に行うに当たつて必要な認知、判断及び意思疎通を適切に行うことができない者のいずれにも該当しない者のうち、次の各号に規定する者のいずれかに該当するものとする。

一　養育里親として二年以上同時に二人以上の委託児童（法第二十七条第一項第三号の規定により里親に委託された児童をいう。以下この条及び第一条の三十七において同じ。）の養育の経験を有する者

二　養育里親として五年以上登録している者であつて、通算して五人以上の委託児童の養育の経験を有するもの

三　乳児院、児童養護施設、児童心理治療施設又は児童自立支援施設において児童の養育に三年以上従事した者

四　都道府県知事が前各号に掲げる者と同等以上の能力を有すると認めた者

②　補助者は、法第三十四条の二十第一項各号に規定する者並びに精神の機能の障害により養育者の業務を適正に行うに当たつて必要な認知、判断及び意思疎通を適切に行うことができない者のいずれにも該当しない者でなければならない。

第一条の三十二　法第六条の三第九項第一号に規定する厚生労働省令で定める者は、市町村長が行う研修（市町村長が指定する都道府県知事その他の機関が行う研修を含む。）を修了した保育士（国家戦略特別区域法（平成二十五年法律第百七号。以下「特区法」という。）第十二条の五第五項に規定する事業実施区域内にある家庭的保育事業を行う場所にあつては、保育士又は当該事業実施区域に係る国家戦略特別区域限定保育士）又は保育士と同等以上の知識及び経験を有すると市町村長が認める者とする。

第一条の三十二の二　法第六条の三第十二項第一号ハに規定する厚生労働省令で定める組合は、次の各号のいずれかに該当するものとする。

一　全国健康保険協会

二　健康保険組合

三　健康保険組合連合会

四　国民健康保険組合

五　国民健康保険団体連合会

六　国家公務員共済組合

七　国家公務員共済組合連合会

八　地方公務員共済組合

九　全国市町村職員共済組合連合会

十　地方公務員共済組合連合会

十一　日本私立学校振興・共済事業団

十二　その他前各号に掲げる組合に相当するもの

②　法第六条の三第十二項第一号ハに規定する厚生労働省令で定める者は、前項各号に掲げる組合の構成員とする

第一条の三十二の三　法第六条の三第十三項に規定する厚生労働省令で定める施設は、家庭的保育事業等（法第二十四条第二項に規定する家庭的保育事業等をいう。以下同じ。）の用に供する施設、児童の居宅その他保育を適切に行うことができる施設とする。

〔子育て援助活動支援事業〕

第一条の三十二の四　法第六条の三第十四項に規定する子育て援助活動支援事業は、同項各号に掲げる援助のいずれか又は全てを受けることを希望する者と同項に規定する援助希望者か

らなる会員組織を設立し、当該会員組織に係る業務の実施、援助を受けることを希望する者と援助希望者との連絡及び調整並びに援助希望者への講習の実施その他の必要な支援を行うことにより、地域における育児に係る相互援助活動の推進及び多様な需要への対応を行うもの（市町村又はその委託等を受けた者が行うものに限る。）とする。

第一条の三三　法第六条の四第一号に規定する厚生労働省令で定める人数は、四人とする。

第一条の三四　法第六条の四第一号に規定する厚生労働省令で定める研修（以下「養育里親研修」という。）は、厚生労働大臣が定める基準を満たす課程により行うこととする。

第一条の三五　法第六条の四第一号に規定する厚生労働省令で定める要件は、次のいずれにも該当する者であることとする。

一　要保護児童（法第六条の三第八項に規定する要保護児童をいう。以下同じ。）の養育についての理解及び熱意並びに要保護児童に対する豊かな愛情を有していること。

二　経済的に困窮していないこと（要保護児童の親族である場合を除く。）。

三　養育里親研修を修了したこと。

〔専門里親〕

第一条の三六　専門里親とは、次条に掲げる要件に該当する養育里親であつて、次の各号に掲げる要保護児童のうち、都道府県知事がその養育に関し特に支援が必要と認めたものを養育するものとして養育里親名簿に登録されたものをいう。

一　児童虐待の防止等に関する法律（平成十二年法律第八十二号）第二条に規定する児童虐待等の行為により心身に有害な影響を受けた児童

二　非行のある又は非行に結び付くおそれのある行動をする児童

三　身体障害、知的障害又は精神障害がある児童

〔専門里親の要件〕

第一条の三七　専門里親は、次に掲げる要件に該当する者とする。

一　次に掲げる要件のいずれかに該当すること。

イ　養育里親として三年以上の委託児童の養育の経験を有する者であること。

ロ　三年以上児童福祉事業に従事した者であつて、都道府県知事が適当と認めたものであること。

ハ　都道府県知事がイ又はロに該当する者と同等以上の能力を有すると認めた者であること。

二　専門里親研修（専門里親となることを希望する者（以下「専門里親希望者」という。）が必要な知識及び経験を修得するために受けるべき研修であつて、厚生労働大臣が定めるものをいう。以下同じ。）の課程を修了していること。

三　委託児童の養育に専念できること。

第一章の四　保育士

〔欠格事由〕

第六条の二　法第十八条の五第一号の厚生労働省令で定める者は、精神の機能の障害により保育士の業務を適正に行うに当たって必要な認知、判断及び意思疎通を適切に行うことができない者とする。

〔指定保育士養成施設の基準〕

第六条の二の二　令第五条第一項に規定する厚生労働省令で定める基準は、次のとおりとする。

一　入所資格を有する者は、学校教育法による高等学校若しくは中等教育学校を卒業した者、指定保育士養成施設の指

定を受けようとする学校が大学である場合における当該大学が同法第九十条第二項の規定により当該大学に入学させた者若しくは通常の課程による十二年の学校教育を修了した者（通常の課程以外の課程によりこれに相当する学校教育を修了した者を含む。）又は文部科学大臣においてこれと同等以上の資格を有すると認定した者であること。
二　修業年限は、二年以上であること。
三　厚生労働大臣の定める修業教科目及び単位数を有し、かつ、厚生労働大臣の定める方法により履修させるものであること。
四　保育士の養成に適当な建物及び設備を有すること。
五　学生の定員は、百人以上であること。
六　一学級の学生数は、五十人以下であること。
七　専任の教員は、おおむね、学生数四十人につき一人以上を置くものであること。
八　教員は、その担当する科目に関し、学校教育法第百四条に規定する修士若しくは博士の学位を有する者又はこれと同等以上の学識経験若しくは教育上の能力を有すると認められる者であること。
九　管理及び維持の方法が確実であること。

② 都道府県知事は、前項第一号に規定する者のほか、満十八歳以上の者であつて児童福祉施設において二年以上児童の保護に従事した者に入所資格を与える学校その他の施設につき、当該学校その他の施設が同項各号（第一号を除く。）に該当する場合に限り、同項第一号の規定にかかわらず、指定保育士養成施設の指定をすることができる。

③ 都道府県知事は、その経営の状況等から見て、保育士の養成に支障を生じさせるおそれがないと認められる学校その他の施設につき、当該学校その他の施設が第一項各号（第五号（前項に規定する学校その他の施設にあつては、第一号及び第五号。以下この項において同じ。）を除く。）に該当する場合に限り、同項第五号の規定にかかわらず、指定保育士養成施設の指定をすることができる。

〔卒業証明書〕

第六条の六　指定保育士養成施設の長は、第六条の二の二第一項第三号の規定による修業教科目及び単位数を同号の規定による方法により履修して卒業する者に対し、第一号様式により、指定保育士養成施設卒業証明書を交付しなければならない。

〔受験資格〕

第六条の九　保育士試験を受けようとする者は、次の各号のいずれかに該当する者でなければならない。
一　学校教育法による大学に二年以上在学して六十二単位以上修得した者又は高等専門学校を卒業した者その他その者に準ずるものとして厚生労働大臣の定める者
二　学校教育法による高等学校若しくは中等教育学校を卒業した者、同法第九十条第二項の規定により大学への入学を認められた者若しくは通常の課程による十二年の学校教育を修了した者（通常の課程以外の課程によりこれに相当する学校教育を修了した者を含む。）又は文部科学大臣においてこれと同等以上の資格を有すると認定した者であつて、児童福祉施設において、二年以上児童の保護に従事した者
三　児童福祉施設において、五年以上児童の保護に従事した者
四　前各号に掲げる者のほか、厚生労働大臣の定める基準に従い、都道府県知事において適当な資格を有すると認めた者

〔試験科目〕

第六条の一〇　保育士試験は、筆記試験及び実技試験によって行い、実技試験は、筆記試験の全てに合格した者について行う。

② 筆記試験は、次の科目について行う。

一 保育原理
二 教育原理及び社会的養護
三 児童家庭福祉
四 社会福祉
五 保育の心理学
六 子どもの保健
七 子どもの食と栄養
八 保育実習理論

③ 実技試験は、保育実習実技について行う。

〔受験科目の一部免除〕

第六条の一一　都道府県知事は、前条第二項各号に規定する科目のうち、既に合格した科目（国家戦略特別区域限定保育士試験において合格した科目を含む。）のある者に対しては、その申請により、当該科目に合格した日の属する年度の翌々年度までに限り当該科目の受験を免除することができる。ただし、次の表の上欄に掲げる者に対しては、その申請により、それぞれ同表の下欄に掲げる期間に限り当該科目の受験を延長して免除することができる。

免除の期間を延長することができる者	延長することができる期間
当該科目に合格した日の属する年度の翌々年度までの間に、保育所、幼稚園、認定こども園その他の場所において、児童の保育又は法第三十九条の二第一項に規定する満三歳以上の幼児に対する教育に直接従事する職員として一年以上かつ千四百四十時間以上勤務した経験を有する者	一年間
当該科目に合格した日の属する年度から起算して三年度を経過した年度までの間に、保育所、幼稚園、認定こども園その他の場所において、児童の保育又は法第三十九条の二第一項に規定する満三歳以上の幼児に対する教育に直接従事する職員として二年以上かつ二千八百八十時間以上勤務した経験を有する者	二年間

② 都道府県知事は、前条第二項各号に規定する科目のうち、厚生労働大臣の指定する学校その他の施設において、その指定する科目を専修した者に対しては、その申請により、当該科目の受験を免除することができる。

③ 都道府県知事は、社会福祉士、介護福祉士又は精神保健福祉士であって、保育士試験を受けようとする者に対しては、その申請により、前条第二項第二号（社会的養護に限る。）、第三号及び第四号に規定する科目の受験を免除することができる。

④ 前三項の規定により、前条第二項各号に規定する科目の免除を受けようとする者は、前三項に該当することを証する書類を添えて、都道府県知事に申請しなければならない。

〔全部免除〕

第六条の一一の二　都道府県知事は、厚生労働大臣が定める基準に該当する者に対しては、その者の申請により、筆記試験及び実技試験の全部を免除することができる。

② 前項の免除を受けようとする者は、前項に規定する基準に該当することを証する書類を添えて、都道府県知事に申請し

なければならない。

〔受験手続〕
第六条の一二　保育士試験を受けようとする者は、本籍地都道府県名（日本国籍を有していない者については、その国籍）、連絡先、氏名及び生年月日を記載した申請書に次に掲げる書類を添えて、都道府県知事に提出しなければならない。

一　第六条の九各号のいずれかに該当することを証する書類
二　写真

〔合格通知〕
第六条の一三　都道府県知事は、保育士試験又はその科目の一部に合格した者に対し、その旨を通知しなければならない。

〔不正受験〕
第六条の一四　都道府県知事は、不正の方法によつて保育士試験若しくは国家戦略特別区域限定保育士試験を受けようとした者又は保育士試験若しくは国家戦略特別区域限定保育士試験に関する規定に違反した者に対しては、保育士試験の受験を停止し、又はその合格を無効とするものとする。

②　都道府県知事は、前項の規定に該当する者に対しては、三年以内において期間を定め、保育士試験を受けさせないことができる。

〔保育士の登録〕
第六条の三〇　法第十八条の十八第一項の厚生労働省令で定める事項は、次のとおりとする。

一　登録番号及び登録年月日
二　本籍地都道府県名（日本国籍を有しない者については、その国籍）
三　法第十八条の六各号のいずれに該当するかの別及び当該要件に該当するに至つた年月

〔登録審査〕
第六条の三二　都道府県知事は、令第十六条の申請があつたときは、申請書の記載事項を審査し、当該申請者が保育士となる資格を有すると認めたときは、保育士登録簿に登録し、かつ、当該申請者に第六号様式による保育士登録証（以下「登録証」という。）を交付する。

第二章　福祉の保障

〔関係機関との連携〕
第二五条の二八　市町村の設置した要保護児童対策地域協議会（市町村が地方公共団体（市町村を除く。）と共同して設置したものを含む。）に係る要保護児童対策調整機関は、法第二十五条の二第六項の規定に基づき、職員の能力の向上のための研修の機会の確保に努めるとともに、専門的な知識及び技術に基づき同条第五項の業務に係る事務を適切に行うことができる者として第三項に規定する者（以下この条において「調整担当者」という。）を置くものとする。

②　地方公共団体（市町村を除く。）の設置した要保護児童対策地域協議会（当該地方公共団体が市町村と共同して設置したものを除く。）に係る要保護児童対策調整機関は、法第二十五条の二第七項の規定に基づき、職員の能力の向上のための研修の機会の確保に努めるとともに、調整担当者を置くように努めなければならない。

③　法第二十五条の二第六項に規定する厚生労働省令で定めるものは、児童福祉司たる資格を有する者又はこれに準ずる者として次の各号のいずれかに該当する者とする。

一　保健師
二　助産師
三　看護師

四　保育士（特区法第十二条の五第五項に規定する事業実施区域内にある市町村の設置した要保護児童対策地域協議会（市町村が地方公共団体（市町村を除く。）と共同して設置したものを含む。）に係る要保護児童対策調整機関にあっては、保育士又は当該事業実施区域に係る国家戦略特別区域限定保育士）

五　教育職員免許法に規定する普通免許状を有する者

六　児童福祉施設の設備及び運営に関する基準第二十一条第六項に規定する児童指導員

（義務教育終了児童等に対する援助）

第三六条の二　都道府県は、法第三十三条の六第一項（同条第六項において準用する場合を含む。）の規定に基づき、法第六条の三第一項第一号に規定する満二十歳未満義務教育終了児童等（以下「満二十歳未満義務教育終了児童等」という。）又は同項第二号に規定する満二十歳以上義務教育終了児童等（以下「満二十歳以上義務教育終了児童等」という。）に対し、同項に規定する児童自立生活援助（以下「児童自立生活援助」という。）を行うときは、当該満二十歳未満義務教育終了児童等又は満二十歳以上義務教育終了児童等が自立した生活を営むことができるよう、当該満二十歳未満義務教育終了児童等若しくは満二十歳以上義務教育終了児童等の身体及び精神の状況並びにその置かれている環境に応じて適切な児童自立生活援助を行い、又は児童自立生活援助を行うことを委託して行うものとする。

（児童自立生活援助事業等）

第三六条の三　法第六条の三第一項に規定する児童自立生活援助事業は、満二十歳未満義務教育終了児童等又は満二十歳以上義務教育終了児童等が自立した日常生活及び社会生活を営むことができるよう、児童自立生活援助を行い、あわせて、児童自立生活援助の実施を解除された者につき相談その他の援助を行うものでなければならない。

（児童自立生活援助事業者）

第三六条の四　児童自立生活援助事業を行う者（以下「児童自立生活援助事業者」という。）は、児童自立生活援助事業の利用者（児童自立生活援助事業を行う住居（以下「児童自立生活援助事業所」という。）に入居している者（以下「入居者」という。）及び児童自立生活援助の実施を解除された者であって相談その他の援助を受ける者をいう。以下同じ。）に対し、就業に関する相談、その適性に応じた職場の開拓、就職後における職場への定着のために必要な指導その他の必要な支援を行うものとする。

②　児童自立生活援助事業者は、利用者に対し、対人関係、健康管理、余暇活用及び家事その他の利用者が自立した日常生活及び社会生活を営むために必要な事項に関する相談、指導その他の援助を行うものとする。

（虐待等の防止措置）

第三六条の五　児童自立生活援助事業者は、利用者の人権の擁護、虐待の防止等のため、責任者を設置する等必要な体制の整備を行うとともに、その職員に対し、研修を実施する等の措置を講じなければならない。

（差別的取扱いの禁止）

第三六条の六　児童自立生活援助事業者は、利用者の国籍、信条、社会的身分又は入居に要する費用を負担するか否かによって、差別的取扱いをしてはならない。

（虐待等の禁止）

第三六条の七　児童自立生活援助事業に従事する職員は、利用者に対し、法第三十三条の十各号に掲げる行為その他利用者の心身に有害な影響を与える行為をしてはならない。

〔職員〕

第三六条の八　児童自立生活援助事業者は、児童自立生活援助事業所ごとに、指導員（児童自立生活援助事業所において、主として児童自立生活援助を行う者をいう。以下同じ。）及び管理者を置かなければならない。ただし、管理者は、指導員を兼ねることができる。

② 指導員の数は、次のとおりとする。

一　入居者の数が六までは、三以上。ただし、その二人を除き、補助員（指導員が行う児童自立生活援助について指導員を補助する者をいう。以下この条及び第三十六条の三十一第一項第七号において同じ。）をもつてこれに代えることができる。

二　入居者の数が六を超えるときは、三に、入居者が六を超えて三又はその端数を増すごとに一を加えて得た数以上。ただし、その得た数から一を減じた数を除き、補助員をもつてこれに代えることができる。

③ 指導員は、法第三十四条の二十第一項各号に規定する者並びに精神の機能の障害により指導員の業務を適正に行うに当たつて必要な認知、判断及び意思疎通を適切に行うことができない者のいずれにも該当しない者であつて、児童の自立支援に熱意を有し、かつ、次の各号に規定する者のいずれかに該当するものでなければならない。

一　児童指導員の資格を有する者

二　保育士（特区法第十二条の五第五項に規定する事業実施区域内にある児童自立生活援助事業所にあつては、保育士又は当該事業実施区域に係る国家戦略特別区域限定保育士）の資格を有する者

三　二年以上児童福祉事業に従事した者

四　都道府県知事が前各号に掲げる者と同等以上の能力を有すると認めた者

④ 補助員は、法第三十四条の二十第一項各号に規定する者並びに精神の機能の障害により補助員の業務を適正に行うに当たつて必要な認知、判断及び意思疎通を適切に行うことができない者のいずれにも該当しない者でなければならない。

〔設備の基準〕

第三六条の九　児童自立生活援助事業所の設備の基準は、次のとおりとする。

一　入居者の居室その他入居者が日常生活を営む上で必要な設備及び食堂等入居者が相互に交流を図ることができる設備を設けること。

二　入居者の居室の一室の定員は、これをおおむね二人以下とし、その面積は、一人につき四・九五平方メートル以上とすること。

三　男女の居室を別にすること。

四　第一号に掲げる設備は、職員が入居者に対して適切な援助及び生活指導を行うことができるものであること。

五　入居者の保健衛生に関する事項及び安全について十分考慮されたものでなければならないこと。

〔費用〕

第三六条の一〇　児童自立生活援助事業者は、児童自立生活援助を提供した際には、食事の提供に要する費用及び居住に要する費用その他の日常生活に要する費用のうち入居者に負担させることが適当と認められる費用の額の支払を受けることができる。

② 前項の費用の額は、入居者の経済的負担を勘案した適正な額とするよう配慮しなければならない。また、当該額は、運営規程に定めた額を超えてはならない。

③ 児童自立生活援助事業者は、第一項の費用の額に係る児童

自立生活援助の提供に当たつては、あらかじめ、入居者に対し、当該児童自立生活援助の内容及び費用について説明を行い、入居者の同意を得なければならない。

〔入居定員〕

第三六条の一四　児童自立生活援助事業所の入居定員は、五人以上二十人以下とする。

②　児童自立生活援助事業者は、入居定員を超えて入居させてはならない。ただし、災害その他のやむを得ない事情がある場合は、この限りでない。

第三章　事業、養育里親及び養子縁組里親並びに施設

〔一時預かり事業の基準等〕

第三六条の三五　法第三十四条の十三に規定する厚生労働省令で定める基準は、次の各号に掲げる場合に応じ、当該各号に定めるところによる。

一　保育所、幼稚園、認定こども園その他の場所（以下この号において「保育所等」という。）において、主として保育所等に通っていない、又は在籍していない乳幼児に対して一時預かり事業を行う場合（次号から第四号までに掲げる場合を除く。以下この号において「一般型一時預かり事業」という。）次に掲げる全ての要件を満たすこと。

イ　児童福祉施設の設備及び運営に関する基準第三十二条の規定に準じ、一般型一時預かり事業の対象とする乳幼児の年齢及び人数に応じて、必要な設備（医務室、調理室及び屋外遊技場を除く。）を設けること。

ロ　児童福祉施設の設備及び運営に関する基準第三十三条第二項の規定に準じ、一般型一時預かり事業の対象とする乳幼児の年齢及び人数に応じて、当該乳幼児の処遇を行う職員として保育士（特区報第十二条の五第五項に規定する事業実施区域内にある一般型一時預かり事業を行う場所にあつては、保育士又は当該事業実施区域に係る国家戦略特別区域限定保育士。以下このロ及びハにおいて同じ。）その他市町村長が行う研修（市町村長が指定する都道府県知事その他の機関が行う研修を含む。）を修了した者を置くこととし、そのうち半数以上は保育士（当該一般型一時預かり事業を利用している乳幼児の人数が一日当たり平均三人以下である場合にあつては、第一条の三十二に規定する研修と同等以上の内容を有すると認められるものを修了した者を含む。ハにおいて同じ。）であること。ただし、当該職員の数は、二人を下ることはできないこと。

ハ　ロに規定する職員は、専ら当該一般型一時預かり事業に従事するものでなければならないこと。ただし、次のいずれかに該当する場合は、専ら当該一般型一時預かり事業に従事する職員を一人とすることはができること。

(1)　当該一般型一時預かり事業と保育所等とが一体的に運営されている場合であつて、当該一般型一時預かり事業を行うに当たつて当該保育所等の職員（保育その他の子育て支援に従事する職員に限る。）による支援を受けることができ、かつ、専ら当該一般型一時預かり事業に従事する職員が保育士であるとき

(2)　当該一般型一時預かり事業を利用している乳幼児の人数が一日当たり平均三人以下である場合であつて、保育所等を利用している乳幼児の保育が現に行われている乳児室、ほふく室、保育室又は遊戯室において当該一般型一時預かり事業が実施され、かつ、当該一般型一時預かり事業を行うに当たつて当該保育所等の保育士による支援を受けることができるとき

ニ　児童福祉施設の設備及び運営に関する基準第三十五条の規定に準じ、事業を実施すること。
ホ　食事の提供を行う場合（施設外で調理し運搬する方法により行う場合を含む。次号ホにおいて同じ。）においては、当該施設において行うことが必要な調理のための加熱、保存等の調理機能を有する設備を備えること。
二　幼稚園又は認定こども園（以下この号において「幼稚園等」という。）において、主として幼稚園等に在籍している満三歳以上の幼児に対して一時預かり事業を行う場合（以下この号において「幼稚園型一時預かり事業」という。）　次に掲げる全ての要件を満たすこと。
イ　児童福祉施設の設備及び運営に関する基準第三十二条の規定に準じ、幼稚園型一時預かり事業の対象とする幼児の年齢及び人数に応じて、必要な設備（調理室及び屋外遊戯場を除く。）を設けること。
ロ　児童福祉施設の設備及び運営に関する基準第三十三条第二項の規定に準じ、幼稚園型一時預かり事業の対象とする幼児の年齢及び人数に応じて、当該幼児の処遇を行う職員として保育士（特区法第十二条の五第五項に規定する事業実施区域内にある幼稚園型一時預かり事業を行う場所にあつては、保育士又は当該事業実施区域に係る国家戦略特別区域限定保育士。以下このロ及びハただし書において同じ。）、幼稚園の教諭の普通免許状（教育職員免許法に規定する普通免許状をいう。）を有する者（以下この号において「幼稚園教諭普通免許状所有者」という。）その他市町村長が行う研修（市町村長が指定する都道府県知事その他の機関が行う研修を含む。）を修了した者を置くこととし、そのうち半数以上は保育士又は幼稚園教諭普通免許状所有者であること。ただし、当該職員の数は、二人を下ることはできないこと。
ハ　ロに規定する職員は、専ら当該幼稚園型一時預かり事業に従事するものでなければならないこと。ただし、当該幼稚園型一時預かり事業と幼稚園等とが一体的に運営されている場合であつて、当該幼稚園型一時預かり事業を行うに当たつて当該幼稚園等の職員（保育士又は幼稚園教諭普通免許状所有者に限る。）による支援を受けることができるときは、専ら当該幼稚園型一時預かり事業に従事する職員を一人とすることができること。
ニ　次に掲げる施設の区分に応じ、それぞれ次に定めるものに準じ、事業を実施すること。
(1)　幼稚園又は幼保連携型認定こども園以外の認定こども園　学校教育法第二十五条の規定に基づき文部科学大臣が定める幼稚園の教育課程その他の教育内容に関する事項
(2)　幼保連携型認定こども園　認定こども園法第十条第一項の規定に基づき主務大臣が定める幼保連携型認定こども園の教育課程その他の教育及び保育の内容に関する事項
ホ　食事の提供を行う場合においては、当該施設において行うことが必要な調理のための加熱、保存等の調理機能を有する設備を備えること。
三　保育所、認定こども園又は家庭的保育事業等（居宅訪問型保育事業を除く。以下この号において同じ。）を行う事業所において、当該施設又は事業を利用する児童の数（以下この号において「利用児童数」という。）が当該施設又は事業に係る利用定員の総数に満たない場合であつて、当該利用定員の総数から当該利用児童数を除いた数の乳幼児を対象として一時預かり事業を行うとき　次に掲げる施設又は事業所の区分に応じ、それぞれ次に定めるものに準じ、事業を実施すること。
イ　保育所　児童福祉施設の設備及び運営に関する基準（保育所に係るものに限る。）
ロ　幼保連携型認定こども園以外の認定こども園　認定こども園法第三条第二項に規定する主務大臣が定める施設の設備及び運営に関する基準
ハ　幼保連携型認定こども園　幼保連携型認定こども園の学級の編制、職員、設備及び運営に関する基準（平成二十六年内閣府・文部科学省・厚生労働省令第一号）
ニ　家庭的保育事業等を行う事業所　家庭的保育事業等の設備及び運営に関する基準（平成二十六年厚生労働省令第六十一号）（居宅訪問型保育事業に係るものを除く。）
四　乳幼児の居宅において一時預かり事業を行う場合　家庭的保育事業等の設備及び運営に関する基準（居宅訪問型保育事業に係るものに限る。）に準じ、事業を実施すること。
②　一時預かり事業を行う者は、当該事業の実施による事故の発生又はその再発の防止に努めるとともに、事故が発生した場合は、速やかに当該事実を都道府県知事に報告しなければならない。

〔国・都道府県以外の者による病児保育事業の届出事項〕
第三六条の三八　法第三十四条の十八第一項に規定する厚生労働省令で定める事項は、次のとおりとする。
一　事業の種類及び内容
二　経営者の氏名及び住所（法人であるときは、その名称及び主たる事務所の所在地）
三　条例、定款その他の基本約款
四　職員の定数及び職務の内容
五　主な職員の氏名及び経歴
六　事業を行おうとする区域（市町村の委託を受けて事業を行おうとする者にあつては、当該市町村の名称を含む。）
七　事業の用に供する施設の名称、種類、所在地及び利用定員
八　建物その他設備の規模及び構造並びにその図面
九　事業開始の予定年月日
②　法第三十四条の十八第一項の規定による届出を行おうとする者は、収支予算書及び事業計画書を都道府県知事に提出しなければならない。ただし、都道府県知事が、インターネットを利用してこれらの内容を閲覧することができる場合は、この限りでない。

〔養育里親の申請事項〕
第三六条の四一　養育里親となることを希望する者（以下「養育里親希望者」という。）は、その居住地の都道府県知事に、次に掲げる事項を記載した申請書を提出しなければならない。
一　養育里親希望者の住所、氏名、性別、生年月日、個人番号、職業及び健康状態
二　養育里親希望者の同居人の氏名、性別、生年月日、個人番号、職業及び健康状態
三　養育里親研修を修了した年月日又は修了する見込みの年月日
四　養育里親になることを希望する理由
五　一年以内の期間を定めて、要保護児童を養育することを希望する場合にはその旨
六　従前に里親であつたことがある者はその旨及び他の都道府県において里親であつた場合には当該都道府県名
七　その他都道府県知事が必要と認める事項

〔児童家庭支援センターの援助〕

第三八条の二　法第四十四条の二第一項に規定する厚生労働省令で定める援助は、訪問等の方法による児童及び家庭に係る状況把握、当該児童及び家庭に係る援助計画の作成その他の児童又はその保護者等に必要な援助とする。

⑰児童福祉施設の設置及び運営に関する基準（抜粋）

（昭和二三年一二月二九日）
（厚生省令第六三号）

施行　昭和二三年一二月二九日
（題名改正＝平成二三年厚生労働省令第一二七号）
最終改正　令和二年三月三一日厚生労働省令第七二号

第一章　総則

（趣旨）

第一条　児童福祉法（昭和二十二年法律第百六十四号。以下「法」という。）第四十五条第二項の厚生労働省令で定める基準（以下「設備運営基準」という。）は、次の各号に掲げる基準に応じ、それぞれ当該各号に定める規定による基準とする。

一　法第四十五条第一項の規定により、同条第二項第一号に掲げる事項について都道府県が条例を定めるに当たつて従うべき基準　第八条ただし書（入所している者の保護に直接従事する職員に係る部分に限る。）、第十七条、第二十一条、第二十二条、第二十二条の二第一項、第二十七条、第二十七条の二第一項、第二十八条、第三十条第二項、第三十三条第一項（第三十条第一項において準用する場合を含む。）及び第二項、第三十八条、第四十二条、第四十二条の二第一項、第四十三条、第四十九条、第五十八条、第六十三条、第六十九条、第七十三条、第七十四条第一項、第八十条、第八十一条第一項、第八十二条、第八十三条、第八十八条の三、第九十条並びに第九十四条から第九十七

条までの規定による基準

二　法第四十五条第一項の規定により、同条第二項第二号に掲げる事項について都道府県が条例を定めるに当たつて従うべき基準　第八条ただし書（入所している者の居室及び各施設に特有の設備に係る部分に限る。）、第十九条第一号（寝室及び観察室に係る部分に限る。）、第二号及び第三号、第二十条第一号（乳幼児の養育のための専用の室に係る部分に限る。）及び第二号、第二十六条第一号（母子室に係る部分に限る。）、第二号（母子室を一世帯につき一室以上とする部分に限る。）及び第三号、第三十二条第一号（乳児室及びほふく室に係る部分に限る。）（第三十条第一項において準用する場合を含む。）、第二号（第三十条第一項において準用する場合を含む。）、第三号（第三十条第一項において準用する場合を含む。）、第五号（保育室及び遊戯室に係る部分に限る。）（第三十条第一項において準用する場合を含む。）及び第六号（保育室及び遊戯室に係る部分に限る。）（第三十条第一項において準用する場合を含む。）、第四十一条第一号（居室に係る部分に限る。）（第七十九条第二項において準用する場合を含む。）及び第二号（面積に係る部分に限る。）（第七十九条第二項において準用する場合を含む。）、第四十八条第一号（居室に係る部分に限る。）及び第七号（面積に係る部分に限る。）、第五十七条第一号（病室に係る部分に限る。）、第六十二条第一号（指導訓練室及び遊戯室に係る部分に限る。）、第二号（面積に係る部分に限る。）及び第三号、第六十八条第一号（病室に係る部分に限る。）、第七十二条第一号（居室に係る部分に限る。）及び第二号（面積に係る部分に限る。）並びに附則第九十四条第一項の規定による基準

三　法第四十五条第一項の規定により、同条第二項第三号に掲げる事項について都道府県が条例を定めるに当たつて従うべき基準　第九条から第九条の三まで、第十一条、第十四条の二、第十五条、第十九条第一号（調理室に係る部分に限る。）、第二十六条第二号（調理設備に係る部分に限る。）、第三十二条第一号（調理室に係る部分に限る。）（第三十条第一項において準用する場合を含む。）及び第五号（調理室に係る部分に限る。）（第三十条第一項において準用する場合を含む。）、第三十二条の二（第三十条第一項において準用する場合を含む。）、第三十五条、第四十一条第一号（調理室に係る部分に限る。）（第七十九条第二項において準用する場合を含む。）、第四十八条第一号（調理室に係る部分に限る。）、第五十七条第一号（給食施設に係る部分に限る。）、第六十二条第一号（調理室に係る部分に限る。）及び第六号（調理室に係る部分に限る。）、第六十八条第一号（調理室に係る部分に限る。）並びに第七十二条第一号（調理室に係る部分に限る。）の規定による基準

四　法第四十五条第一項の規定により、同条第二項各号に掲げる事項以外の事項について都道府県が条例を定めるに当たつて参酌すべき基準　この省令に定める基準のうち、前三号に定める規定による基準以外のもの

②　設備運営基準は、都道府県知事の監督に属する児童福祉施設に入所している者が、明るくて、衛生的な環境において、素養があり、かつ、適切な訓練を受けた職員（児童福祉施設の長を含む。以下同じ。）の指導により、心身ともに健やかにして、社会に適応するように育成されることを保障するものとする。

③　厚生労働大臣は、設備運営基準を常に向上させるように努めるものとする。

（最低基準の目的）

第二条　法第四十五条第一項の規定により都道府県が条例で定める基準（以下「最低基準」という。）は、都道府県知事の監督に属する児童福祉施設に入所している者が、明るくて、衛生的な環境において、素養があり、かつ、適切な訓練を受けた職員の指導により、心身ともに健やかにして、社会に適応するように育成されることを保障するものとする。

（最低基準の向上）

第三条　都道府県知事は、その管理に属する法第八条第二項に規定する都道府県児童福祉審議会（社会福祉法（昭和二十六年法律第四十五号）第十二条第一項の規定により同法第七条第一項に規定する地方社会福祉審議会（以下この項において「地方社会福祉審議会」という。）に児童福祉に関する事項を調査審議させる都道府県にあつては、地方社会福祉審議会）の意見を聴き、その監督に属する児童福祉施設に対し、最低基準を超えて、その設備及び運営を向上させるように勧告することができる。

②　都道府県は、最低基準を常に向上させるように努めるものとする。

（最低基準と児童福祉施設）

第四条　児童福祉施設は、最低基準を超えて、常に、その設備及び運営を向上させなければならない。

②　最低基準を超えて、設備を有し、又は運営をしている児童福祉施設においては、最低基準を理由として、その設備又は運営を低下させてはならない。

（児童福祉施設の一般原則）

第五条　児童福祉施設は、入所している者の人権に十分配慮するとともに、一人一人の人格を尊重して、その運営を行わなければならない。

②　児童福祉施設は、地域社会との交流及び連携を図り、児童の保護者及び地域社会に対し、当該児童福祉施設の運営の内容を適切に説明するよう努めなければならない。

③　児童福祉施設は、その運営の内容について、自ら評価を行い、その結果を公表するよう努めなければならない。

④　児童福祉施設には、法に定めるそれぞれの施設の目的を達成するために必要な設備を設けなければならない。

⑤　児童福祉施設の構造設備は、採光、換気等入所している者の保健衛生及びこれらの者に対する危害防止に十分な考慮を払つて設けられなければならない。

（児童福祉施設と非常災害）

第六条　児童福祉施設においては、軽便消火器等の消火用具、非常口その他非常災害に必要な設備を設けるとともに、非常災害に対する具体的計画を立て、これに対する不断の注意と訓練をするように努めなければならない。

②　前項の訓練のうち、避難及び消火に対する訓練は、少なくとも毎月一回は、これを行わなければならない。

（児童福祉施設における職員の一般的要件）

第七条　児童福祉施設に入所している者の保護に従事する職員は、健全な心身を有し、豊かな人間性と倫理観を備え、児童福祉事業に熱意のある者であつて、できる限り児童福祉事業の理論及び実際について訓練を受けた者でなければならない。

（児童福祉施設の職員の知識及び技能の向上等）

第七条の二　児童福祉施設の職員は、常に自己研鑽《さん》に励み、法に定めるそれぞれの施設の目的を達成するために必要な知識及び技能の修得、維持及び向上に努めなければならない。

②　児童福祉施設は、職員に対し、その資質の向上のための研修の機会を確保しなければならない。

（他の社会福祉施設を併せて設置するときの設備及び職員の基

準）

第八条　児童福祉施設は、他の社会福祉施設を併せて設置するときは、必要に応じ当該児童福祉施設の設備及び職員の一部を併せて設置する社会福祉施設の設備及び職員に兼ねることができる。ただし、入所している者の居室及び各施設に特有の設備並びに入所している者の保護に直接従事する職員については、この限りでない。

（入所した者を平等に取り扱う原則）

第九条　児童福祉施設においては、入所している者の国籍、信条、社会的身分又は入所に要する費用を負担するか否かによつて、差別的取扱いをしてはならない。

（虐待等の禁止）

第九条の二　児童福祉施設の職員は、入所中の児童に対し、法第三十三条の十各号に掲げる行為その他当該児童の心身に有害な影響を与える行為をしてはならない。

（懲戒に係る権限の濫用禁止）

第九条の三　児童福祉施設の長は、入所中の児童等（法第三十三条の七に規定する児童等をいう。以下この条において同じ。）に対し法第四十七条第一項本文の規定により親権を行う場合であつて懲戒するとき又は同条第三項の規定により懲戒に関しその児童等の福祉のために必要な措置を採るときは、身体的苦痛を与え、人格を辱める等その権限を濫用してはならない。

（衛生管理等）

第一〇条　児童福祉施設に入所している者の使用する設備、食器等又は飲用に供する水については、衛生的な管理に努め、又は衛生上必要な措置を講じなければならない。

②　児童福祉施設は、当該児童福祉施設において感染症又は食中毒が発生し、又はまん延しないように必要な措置を講ずるよう努めなければならない。

③　児童福祉施設（助産施設、保育所及び児童厚生施設を除く。）においては、入所している者の希望等を勘案し、清潔を維持することができるよう適切に、入所している者を入浴させ、又は清拭しなければならない。

④　児童福祉施設には、必要な医薬品その他の医療品を備えるとともに、それらの管理を適正に行わなければならない。

（食事）

第一一条　児童福祉施設（助産施設を除く。以下この項において同じ。）において、入所している者に食事を提供するときは、当該児童福祉施設内で調理する方法（第八条の規定により、当該児童福祉施設の調理室を兼ねている他の社会福祉施設の調理室において調理する方法を含む。）により行わなければならない。

②　児童福祉施設において、入所している者に食事を提供するときは、その献立は、できる限り、変化に富み、入所している者の健全な発育に必要な栄養量を含有するものでなければならない。

③　食事は、前項の規定によるほか、食品の種類及び調理方法について栄養並びに入所している者の身体的状況及び嗜好を考慮したものでなければならない。

④　調理は、あらかじめ作成された献立に従つて行わなければならない。ただし、少数の児童を対象として家庭的な環境の下で調理するときは、この限りでない。

⑤　児童福祉施設は、児童の健康な生活の基本としての食を営む力の育成に努めなければならない。

（入所した者及び職員の健康診断）

第一二条　児童福祉施設（児童厚生施設及び児童家庭支援センターを除く。第四項を除き、以下この条において同じ。）の長は、入所した者に対し、入所時の健康診断、少なくとも一年に二回の定期健康診断及び臨時の健康診断を、学校保健安全法（昭和三十三年法律第五十六号）に規定する健康診断に準じて行わなければならない。

② 児童福祉施設の長は、前項の規定にかかわらず、次の表の上欄に掲げる健康診断が行われた場合であつて、当該健康診断がそれぞれ同表の下欄に掲げる健康診断の全部又は一部に相当すると認められるときは、同欄に掲げる健康診断の全部又は一部を行わないことができる。この場合において、児童福祉施設の長は、それぞれ同表の上欄に掲げる健康診断の結果を把握しなければならない。

児童相談所等における児童の入所前の健康診断	入所した児童に対する入所時の健康診断
児童が通学する学校における健康診断	定期の健康診断又は臨時の健康診断

③ 第一項の健康診断をした医師は、その結果必要な事項を母子健康手帳又は入所した者の健康を記録する表に記入するとともに、必要に応じ入所の措置又は助産の実施、母子保護の実施若しくは保育の提供若しくは法第二十四条第五項若しくは第六項の規定による措置を解除又は停止する等必要な手続をとることを、児童福祉施設の長に勧告しなければならない。

④ 児童福祉施設の職員の健康診断に当たつては、特に入所している者の食事を調理する者につき、綿密な注意を払わなければならない。

（給付金として支払を受けた金銭の管理）

第十二条の二 乳児院、児童養護施設、障害児入所施設、児童心理治療施設及び児童自立支援施設は、当該施設の設置者が入所中の児童に係る厚生労働大臣が定める給付金（以下この条において「給付金」という。）の支給を受けたときは、給付金として支払を受けた金銭を次に掲げるところにより管理しなければならない。

一 当該児童に係る当該金銭及びこれに準ずるもの（これらの運用により生じた収益を含む。以下この条において「児童に係る金銭」という。）をその他の財産と区分すること。

二 児童に係る金銭を給付金の支給の趣旨に従つて用いること。

三 児童に係る金銭の収支の状況を明らかにする帳簿を整備すること。

四 当該児童が退所した場合には、速やかに、児童に係る金銭を当該児童に取得させること。

（児童福祉施設内部の規程）

第十三条 児童福祉施設（保育所を除く。）においては、次に掲げる事項のうち必要な事項につき規程を設けなければならない。

一 入所する者の援助に関する事項

二 その他施設の管理についての重要事項

② 保育所は、次の各号に掲げる施設の運営についての重要事項に関する規程を定めておかなければならない。

一 施設の目的及び運営の方針

二 提供する保育の内容

三 職員の職種、員数及び職務の内容

四 保育の提供を行う日及び時間並びに提供を行わない日

五 保護者から受領する費用の種類、支払を求める理由及びその額

六 乳児、満三歳に満たない幼児及び満三歳以上の幼児の区分ごとの利用定員

七 保育所の利用の開始、終了に関する事項及び利用に当

たっての留意事項
八　緊急時等における対応方法
九　非常災害対策
十　虐待の防止のための措置に関する事項
十一　保育所の運営に関する重要事項

（児童福祉施設に備える帳簿）

第一四条　児童福祉施設には、職員、財産、収支及び入所している者の処遇の状況を明らかにする帳簿を整備しておかなければならない。

（秘密保持等）

第一四条の二　児童福祉施設の職員は、正当な理由がなく、その業務上知り得た利用者又はその家族の秘密を漏らしてはならない。

② 児童福祉施設は、職員であつた者が、正当な理由がなく、その業務上知り得た利用者又はその家族の秘密を漏らすことがないよう、必要な措置を講じなければならない。

（苦情への対応）

第一四条の三　児童福祉施設は、その行つた援助に関する入所している者又はその保護者等からの苦情に迅速かつ適切に対応するために、苦情を受け付けるための窓口を設置する等の必要な措置を講じなければならない。

② 乳児院、児童養護施設、障害児入所施設、児童発達支援センター、児童心理治療施設及び児童自立支援施設は、前項の必要な措置として、苦情の公正な解決を図るために、苦情の解決に当たつて当該児童福祉施設の職員以外の者を関与させなければならない。

③ 児童福祉施設は、その行つた援助に関し、当該措置又は助産の実施、母子保護の実施若しくは保育の提供若しくは法第二十四条第五項若しくは第六項の規定による措置に係る都道府県又は市町村から指導又は助言を受けた場合は、当該指導又は助言に従つて必要な改善を行わなければならない。

④ 児童福祉施設は、社会福祉法第八十三条に規定する運営適正化委員会が行う同法第八十五条第一項の規定による調査にできる限り協力しなければならない。

第二章　助産施設

（種類）

第一五条　助産施設は、第一種助産施設及び第二種助産施設とする。

② 第一種助産施設とは、医療法（昭和二十三年法律第二百五号）の病院又は診療所である助産施設をいう。

③ 第二種助産施設とは、医療法の助産所である助産施設をいう。

（入所させる妊産婦）

第一六条　助産施設には、法第二十二条第一項に規定する妊産婦を入所させて、なお余裕のあるときは、その他の妊産婦を入所させることができる。

第三章　乳児院

（設備の基準）

第一九条　乳児院（乳児又は幼児（以下「乳幼児」という。）十人未満を入所させる乳児院を除く。）の設備の基準は、次のとおりとする。

一　寝室、観察室、診察室、病室、ほふく室、相談室、調理室、浴室及び便所を設けること。
二　寝室の面積は、乳幼児一人につき二・四七平方メートル以上であること。
三　観察室の面積は、乳児一人につき一・六五平方メートル以上であること。

第二〇条　乳幼児十人未満を入所させる乳児院の設備の基準は、次のとおりとする。

一　乳幼児の養育のための専用の室及び相談室を設けること。

二　乳幼児の養育のための専用の室の面積は、一室につき九・九一平方メートル以上とし、乳幼児一人につき二・四七平方メートル以上であること。

（職員）

第二一条　乳児院（乳幼児十人未満を入所させる乳児院を除く。）には、小児科の診療に相当の経験を有する医師又は嘱託医、看護師、個別対応職員、家庭支援専門相談員、栄養士及び調理員を置かなければならない。ただし、調理業務の全部を委託する施設にあつては調理員を置かないことができる。

②　家庭支援専門相談員は、社会福祉士若しくは精神保健福祉士の資格を有する者、乳児院において乳幼児の養育に五年以上従事した者又は法第十三条第三項各号のいずれかに該当する者でなければならない。

③　心理療法を行う必要があると認められる乳幼児又はその保護者十人以上に心理療法を行う場合には、心理療法担当職員を置かなければならない。

④　心理療法担当職員は、学校教育法（昭和二十二年法律第二十六号）の規定による大学（短期大学を除く。）において、心理学を専修する学科若しくはこれに相当する課程を修めて卒業した者であつて、個人及び集団心理療法の技術を有するもの又はこれと同等以上の能力を有すると認められる者でなければならない。

⑤　看護師の数は、乳児及び満二歳に満たない幼児おおむね一・六人につき一人以上、満二歳以上満三歳に満たない幼児おおむね二人につき一人以上、満三歳以上の幼児おおむね四人につき一人以上（これらの合計数が七人未満であるときは、七人以上）とする。

⑥　看護師は、保育士（国家戦略特別区域法（平成二十五年法律第百七号。以下「特区法」という。）第十二条の五第五項に規定する事業実施区域内にある乳児院にあつては、保育士又は当該事業実施区域に係る国家戦略特別区域限定保育士。次項及び次条第二項において同じ。）又は児童指導員（児童の生活指導を行う者をいう。以下同じ。）をもつてこれに代えることができる。ただし、乳幼児十人の乳児院には二人以上、乳幼児が十人を超える場合は、おおむね十人増すごとに一人以上看護師を置かなければならない。

⑦　前項に規定する保育士のほか、乳幼児二十人以下を入所させる施設には、保育士を一人以上置かなければならない。

第二二条　乳幼児十人未満を入所させる乳児院には、嘱託医、看護師、家庭支援専門相談員及び調理員又はこれに代わるべき者を置かなければならない。

②　看護師の数は、七人以上とする。ただし、その一人を除き、保育士又は児童指導員をもつてこれに代えることができる。

（乳児院の長の資格等）

第二二条の二　乳児院の長は、次の各号のいずれかに該当し、かつ、厚生労働大臣が指定する者が行う乳児院の運営に関し必要な知識を習得させるための研修を受けた者であつて、人格が高潔で識見が高く、乳児院を適切に運営する能力を有するものでなければならない。

一　医師であつて、小児保健に関して学識経験を有する者

二　社会福祉士の資格を有する者

三　乳児院の職員として三年以上勤務した者

四　都道府県知事（指定都市にあつては指定都市の市長とし、児童相談所設置市にあつては児童相談所設置市の長とする。第二十七条の二第一項第四号、第二十八条第一号、第三十八条第二項第一号、第四十三条第一号、第八十二条第三号、第九十四条及び第九十六条を除き、以下同じ。）が前各号に掲げる者と同等以上の能力を有すると認める者であつて、次に掲げる期間の合計が三年以上であるもの又は厚生労働大臣が指定する講習会の課程を修了したもの

イ　法第十二条の三第二項第六号に規定する児童福祉司（以下「児童福祉司」という。）となる資格を有する者にあつては、児童福祉事業（国、都道府県又は市町村の内部組織における児童福祉に関する事務を含む。）に従事した期間

ロ　社会福祉主事となる資格を有する者にあつては、社会福祉事業に従事した期間

ハ　社会福祉施設の職員として勤務した期間（イ又はロに掲げる期間に該当する期間を除く。）

②　乳児院の長は、二年に一回以上、その資質の向上のための厚生労働大臣が指定する者が行う研修を受けなければならない。ただし、やむを得ない理由があるときは、この限りでない。

（養育）

第二十三条　乳児院における養育は、乳幼児の心身及び社会性の健全な発達を促進し、その人格の形成に資することとなるものでなければならない。

②　養育の内容は、乳幼児の年齢及び発達の段階に応じて必要な授乳、食事、排泄《せつ》、沐《もく》浴、入浴、外気浴、睡眠、遊び及び運動のほか、健康状態の把握、第十二条第一項に規定する健康診断及び必要に応じ行う感染症等の予防処置を含むものとする。

③　乳児院における家庭環境の調整は、乳幼児の家庭の状況に応じ、親子関係の再構築等が図られるように行わなければならない。

（乳児の観察）

第二十四条　乳児院（乳幼児十人未満を入所させる乳児院を除く。）においては、乳児が入所した日から、医師又は嘱託医が適当と認めた期間、これを観察室に入室させ、その心身の状況を観察しなければならない。

（自立支援計画の策定）

第二十四条の二　乳児院の長は、第二十三条第一項の目的を達成するため、入所中の個々の乳幼児について、乳幼児やその家庭の状況等を勘案して、その自立を支援するための計画を策定しなければならない。

（業務の質の評価等）

第二十四条の三　乳児院は、自らその行う法第三十七条に規定する業務の質の評価を行うとともに、定期的に外部の者による評価を受けて、それらの結果を公表し、常にその改善を図らなければならない。

（関係機関との連携）

第二十五条　乳児院の長は、児童相談所及び必要に応じ児童家庭支援センター、児童委員、保健所、市町村保健センター等関係機関と密接に連携して乳幼児の養育及び家庭環境の調整に当たらなければならない。

第四章　母子生活支援施設

（設備の基準）

第二十六条　母子生活支援施設の設備の基準は、次のとおりとす

る。
一　母子室、集会、学習等を行う室及び相談室を設けること。
二　母子室は、これに調理設備、浴室及び便所を設けるものとし、一世帯につき一室以上とすること。
三　母子室の面積は、三十平方メートル以上であること。
四　乳幼児を入所させる母子生活支援施設には、付近にある保育所又は児童厚生施設が利用できない等必要があるときは、保育所に準ずる設備を設けること。
五　乳幼児三十人未満を入所させる母子生活支援施設には、静養室を、乳幼児三十人以上を入所させる母子生活支援施設には、医務室及び静養室を設けること。

（職員）

第二七条　母子生活支援施設には、母子支援員（母子生活支援施設において母子の生活支援を行う者をいう。以下同じ。）、嘱託医、少年を指導する職員及び調理員又はこれに代わるべき者を置かなければならない。

②　心理療法を行う必要があると認められる母子十人以上に心理療法を行う場合には、心理療法担当職員を置かなければならない。

③　心理療法担当職員は、学校教育法の規定による大学（短期大学を除く。）において、心理学を専修する学科若しくはこれに相当する課程を修めて卒業した者であつて、個人及び集団心理療法の技術を有するもの又はこれと同等以上の能力を有すると認められる者でなければならない。

④　配偶者からの暴力を受けたこと等により個別に特別な支援を行う必要があると認められる母子に当該支援を行う場合には、個別対応職員を置かなければならない。

⑤　母子支援員の数は、母子十世帯以上二十世帯未満を入所させる母子生活支援施設においては二人以上、母子二十世帯以上を入所させる母子生活支援施設においては三人以上とする。

⑥　少年を指導する職員の数は、母子二十世帯以上を入所させる母子生活支援施設においては、二人以上とする。

（母子生活支援施設の長の資格等）

第二七条の二　母子生活支援施設の長は、次の各号のいずれかに該当し、かつ、厚生労働大臣が指定する者が行う母子生活支援施設の運営に関し必要な知識を習得させるための研修を受けた者であつて、人格が高潔で識見が高く、母子生活支援施設を適切に運営する能力を有するものでなければならない。
一　医師であつて、精神保健又は小児保健に関して学識経験を有する者
二　社会福祉士の資格を有する者
三　母子生活支援施設の職員として三年以上勤務した者
四　都道府県知事（指定都市にあつては指定都市の市長とし、中核市にあつては中核市の市長とする。）が前各号に掲げる者と同等以上の能力を有すると認める者であつて、次に掲げる期間の合計が三年以上であるもの又は厚生労働大臣が指定する講習会の課程を修了したもの
イ　児童福祉司となる資格を有する者にあつては、児童福祉事業（国、都道府県又は市町村の内部組織における児童福祉に関する事務を含む。）に従事した期間
ロ　社会福祉主事となる資格を有する者にあつては、社会福祉事業に従事した期間
ハ　社会福祉施設の職員として勤務した期間（イ又はロに掲げる期間に該当する期間を除く。）

②　母子生活支援施設の長は、二年に一回以上、その資質の向

上のための厚生労働大臣が指定する者が行う研修を受けなければならない。ただし、やむを得ない理由があるときは、この限りでない。

（母子支援員の資格）

第二八条　母子支援員は、次の各号のいずれかに該当する者でなければならない。

一　都道府県知事の指定する児童福祉施設の職員を養成する学校その他の養成施設を卒業した者（学校教育法の規定による専門職大学の前期課程を修了した者を含む。第三十八条第二項第一号及び第四十三条第一項第一号において同じ。）

二　保育士（特区法第十二条の五第五項に規定する事業実施区域内にある母子生活支援施設にあつては、保育士又は当該事業実施区域に係る国家戦略特別区域限定保育士。第三十条第二項において同じ。）の資格を有する者

三　社会福祉士の資格を有する者

四　精神保健福祉士の資格を有する者

五　学校教育法の規定による高等学校若しくは中等教育学校を卒業した者、同法第九十条第二項の規定により大学への入学を認められた者若しくは通常の課程による十二年の学校教育を修了した者（通常の課程以外の課程によりこれに相当する学校教育を修了した者を含む。）又は文部科学大臣がこれと同等以上の資格を有すると認定した者であつて、二年以上児童福祉事業に従事したもの

（生活支援）

第二九条　母子生活支援施設における生活支援は、母子を共に入所させる施設の特性を生かしつつ、親子関係の再構築等及び退所後の生活の安定が図られるよう、個々の母子の家庭生活及び稼働の状況に応じ、就労、家庭生活及び児童の養育に関する相談、助言及び指導並びに関係機関との連絡調整を行う等の支援により、その自立の促進を目的とし、かつ、その私生活を尊重して行わなければならない。

（自立支援計画の策定）

第二九条の二　母子生活支援施設の長は、前条の目的を達成するため、入所中の個々の母子について、母子やその家庭の状況等を勘案して、その自立を支援するための計画を策定しなければならない。

（業務の質の評価等）

第二九条の三　母子生活支援施設は、自らその行う法第三十八条に規定する業務の質の評価を行うとともに、定期的に外部の者による評価を受けて、それらの結果を公表し、常にその改善を図らなければならない。

（保育所に準ずる設備）

第三〇条　第二十六条第四号の規定により、母子生活支援施設に、保育所に準ずる設備を設けるときは、保育所に関する規定（第三十三条第二項を除く。）を準用する。

②　保育所に準ずる設備の保育士の数は、乳幼児おおむね三十人につき一人以上とする。ただし、一人を下ることはできない。

（関係機関との連携）

第三一条　母子生活支援施設の長は、福祉事務所、母子・父子自立支援員、児童の通学する学校、児童相談所、母子・父子福祉団体及び公共職業安定所並びに必要に応じ児童家庭支援センター、婦人相談所等関係機関と密接に連携して、母子の保護及び生活支援に当たらなければならない。

第五章　保育所

（設備の基準）

第三二条 保育所の設備の基準は、次のとおりとする。

一 乳児又は満二歳に満たない幼児を入所させる保育所には、乳児室又はほふく室、医務室、調理室及び便所を設けること。

二 乳児室の面積は、乳児又は前号の幼児一人につき一・六五平方メートル以上であること。

三 ほふく室の面積は、乳児又は第一号の幼児一人につき三・三平方メートル以上であること。

四 乳児室又はほふく室には、保育に必要な用具を備えること。

五 満二歳以上の幼児を入所させる保育所には、保育室又は遊戯室、屋外遊戯場（保育所の付近にある屋外遊戯場に代わるべき場所を含む。次号において同じ。）、調理室及び便所を設けること。

六 保育室又は遊戯室の面積は、前号の幼児一人につき一・九八平方メートル以上、屋外遊戯場の面積は、前号の幼児一人につき三・三平方メートル以上であること。

七 保育室又は遊戯室には、保育に必要な用具を備えること。

八 乳児室、ほふく室、保育室又は遊戯室（以下「保育室等」という。）を二階に設ける建物は、次のイ、ロ及びへの要件に、保育室等を三階以上に設ける建物は、次に掲げる要件に該当するものであること。

イ 耐火建築物（建築基準法（昭和二十五年法律第二百一号）第二条第九号の二に規定する耐火建築物をいう。以下この号において同じ。）又は準耐火建築物（同条第九号の三に規定する準耐火建築物をいい、同号ロに該当するものを除く。）（保育室等を三階以上に設ける建物にあつては、耐火建築物）であること。

ロ 保育室等が設けられている次の表の上欄に掲げる階に応じ、同表の中欄に掲げる区分ごとに、それぞれ同表の下欄に掲げる施設又は設備が一以上設けられていること。

階	区分	施設又は設備
二階	常用	1 屋内階段 2 屋外階段
	避難用	1 建築基準法施行令（昭和二十五年政令第三百三十八号）第百二十三条第一項各号又は同条第三項各号に規定する構造の屋内階段（ただし、同条第一項の場合においては、当該階段の構造は、建築物の一階から二階までの部分に限り、屋内と階段室とは、バルコニー又は付室を通じて連絡することとし、かつ、同条第三項第三号、第四号及び第十号を満たすものとする。） 2 待避上有効なバルコニー 3 建築基準法第二条第七号の二に規定する準耐火構造の屋外傾斜路又はこれに準ずる設備 4 屋外階段
三階	常用	1 建築基準法施行令第百二十三条第一項各号又は同条第三項各号に規定する構造の屋内階段 2 屋外階段
	避難用	1 建築基準法施行令第百二十三条第一項各号又は同条第三項各号に規定する構造の屋内階段（ただし、同条第一項

		の場合においては、当該階段の構造は、建築物の一階から三階までの部分に限り、屋内と階段室とは、バルコニー又は付室を通じて連絡することとし、かつ、同条第三項第三号、第四号及び第十号を満たすものとする。） 2　建築基準法第二条第七号に規定する耐火構造の屋外傾斜路又はこれに準ずる設備 3　屋外階段
四階以上	常用	1　建築基準法施行令第百二十三条第一項各号又は同条第三項各号に規定する構造の屋内階段 2　建築基準法施行令第百二十三条第二項各号に規定する構造の屋外階段
	避難用	1　建築基準法施行令第百二十三条第一項各号又は同条第三項各号に規定する構造の屋内階段（ただし、同条第一項の場合においては、当該階段の構造は、建築物の一階から保育室等が設けられている階までの部分に限り、屋内と階段室とは、バルコニー又は付室（階段室が同条第三項第二号に規定する構造を有する場合を除き、同号に規定する構造を有するものに限る。）を通じて連絡することとし、かつ、同条第三項第三号、第四号及び第十号を満たすものとする。） 2　建築基準法第二条第七号に規定する

		耐火構造の屋外傾斜路 3　建築基準法施行令第百二十三条第二項各号に規定する構造の屋外階段

ハ　ロに掲げる施設及び設備が避難上有効な位置に設けられ、かつ、保育室等の各部分からその一に至る歩行距離が三十メートル以下となるように設けられていること。

ニ　保育所の調理室（次に掲げる要件のいずれかに該当するものを除く。ニにおいて同じ。）以外の部分と保育所の調理室の部分が建築基準法第二条第七号に規定する耐火構造の床若しくは壁又は建築基準法施行令第百十二条第一項に規定する特定防火設備で区画されていること。この場合において、換気、暖房又は冷房の設備の風道が、当該床若しくは壁を貫通する部分又はこれに近接する部分に防火上有効にダンパーが設けられていること。

(1)　スプリンクラー設備その他これに類するもので自動式のものが設けられていること。

(2)　調理用器具の種類に応じて有効な自動消火装置が設けられ、かつ、当該調理室の外部への延焼を防止するために必要な措置が講じられていること。

ホ　保育所の壁及び天井の室内に面する部分の仕上げを不燃材料でしていること。

ヘ　保育室等その他乳幼児が出入し、又は通行する場所に、乳幼児の転落事故を防止する設備が設けられていること。

ト　非常警報器具又は非常警報設備及び消防機関へ火災を通報する設備が設けられていること。

チ　保育所のカーテン、敷物、建具等で可燃性のものについて防炎処理が施されていること。

（保育所の設備の基準の特例）

第三十二条の二　次の各号に掲げる要件を満たす保育所は、第十一条第一項の規定にかかわらず、当該保育所の満三歳以上の幼児に対する食事の提供について、当該保育所外で調理し搬入する方法により行うことができる。この場合において、当該保育所は、当該食事の提供について当該方法によることとしてもなお当該保育所において行うことが必要な調理のための加熱、保存等の調理機能を有する設備を備えるものとする。

一　幼児に対する食事の提供の責任が当該保育所にあり、その管理者が、衛生面、栄養面等業務上必要な注意を果たし得るような体制及び調理業務の受託者との契約内容が確保されていること。

二　当該保育所又は他の施設、保健所、市町村等の栄養士により、献立等について栄養の観点からの指導が受けられる体制にある等、栄養士による必要な配慮が行われること。

三　調理業務の受託者を、当該保育所における給食の趣旨を十分に認識し、衛生面、栄養面等、調理業務を適切に遂行できる能力を有する者とすること。

四　幼児の年齢及び発達の段階並びに健康状態に応じた食事の提供や、アレルギー、アトピー等への配慮、必要な栄養素量の給与等、幼児の食事の内容、回数及び時機に適切に応じることができること。

五　食を通じた乳幼児の健全育成を図る観点から、乳幼児の発育及び発達の過程に応じて食に関し配慮すべき事項を定めた食育に関する計画に基づき食事を提供するよう努めること。

（職員）

第三十三条　保育所には、保育士（特区法第十二条の四第五項に規定する事業実施区域内にある保育所にあつては、保育士又は当該事業実施区域に係る国家戦略特別区域限定保育士。次項において同じ。）、嘱託医及び調理員を置かなければならない。ただし、調理業務の全部を委託する施設にあつては、調理員を置かないことができる。

②　保育士の数は、乳児おおむね三人につき一人以上、満一歳以上満三歳に満たない幼児おおむね六人につき一人以上、満三歳以上満四歳に満たない幼児おおむね二十人につき一人以上、満四歳以上の幼児おおむね三十人につき一人以上とする。ただし、保育所一につき二人を下ることはできない。

（保育時間）

第三十四条　保育所における保育時間は、一日につき八時間を原則とし、その地方における乳幼児の保護者の労働時間その他家庭の状況等を考慮して、保育所の長がこれを定める。

（保育の内容）

第三十五条　保育所における保育は、養護及び教育を一体的に行うことをその特性とし、その内容については、厚生労働大臣が定める指針に従う。

（保護者との連絡）

第三十六条　保育所の長は、常に入所している乳幼児の保護者と密接な連絡をとり、保育の内容等につき、その保護者の理解及び協力を得るよう努めなければならない。

（業務の質の評価等）

第三十六条の二　保育所は、自らその行う法第三十九条に規定する業務の質の評価を行い、常にその改善を図らなければならない。

②　保育所は、定期的に外部の者による評価を受けて、それらの結果を公表し、常にその改善を図るよう努めなければならない。

第六章　児童厚生施設

（設備の基準）

第三七条　児童厚生施設の設備の基準は、次のとおりとする。
一　児童遊園等屋外の児童厚生施設には、広場、遊具及び便所を設けること。
二　児童館等屋内の児童厚生施設には、集会室、遊戯室、図書室及び便所を設けること。

（職員）

第三八条　児童厚生施設には、児童の遊びを指導する者を置かなければならない。
②　児童の遊びを指導する者は、次の各号のいずれかに該当する者でなければならない。
一　都道府県知事の指定する児童福祉施設の職員を養成する学校その他の養成施設を卒業した者
二　保育士（特区法第十二条の五第五項に規定する事業実施区域内にある児童厚生施設にあつては、保育士又は当該事業実施区域に係る国家戦略特別区域限定保育士）の資格を有する者
三　社会福祉士の資格を有する者
四　学校教育法の規定による高等学校若しくは中等教育学校を卒業した者、同法第九十条第二項の規定により大学への入学を認められた者若しくは通常の課程による十二年の学校教育を修了した者（通常の課程以外の課程によりこれに相当する学校教育を修了した者を含む。）又は文部科学大臣がこれと同等以上の資格を有すると認定した者であつて、二年以上児童福祉事業に従事したもの
五　教育職員免許法（昭和二十四年法律第百四十七号）に規定する幼稚園、小学校、中学校、義務教育学校、高等学校又は中等教育学校の教諭の免許状を有する者
六　次のいずれかに該当する者であつて、児童厚生施設の設置者（地方公共団体以外の者が設置する児童厚生施設にあつては、都道府県知事）が適当と認めたもの
イ　学校教育法の規定による大学において、社会福祉学、心理学、教育学、社会学、芸術学若しくは体育学を専修する学科又はこれらに相当する課程を修めて卒業した者（当該学科又は当該課程を修めて同法の規定による専門職大学の前期課程を修了した者を含む。）
ロ　学校教育法の規定による大学において、社会福祉学、心理学、教育学、社会学、芸術学若しくは体育学を専修する学科又はこれらに相当する課程において優秀な成績で単位を修得したことにより、同法第百二条第二項の規定により大学院への入学が認められた者
ハ　学校教育法の規定による大学院において、社会福祉学、心理学、教育学、社会学、芸術学若しくは体育学を専攻する研究科又はこれらに相当する課程を修めて卒業した者
ニ　外国の大学において、社会福祉学、心理学、教育学、社会学、芸術学若しくは体育学を専修する学科又はこれらに相当する課程を修めて卒業した者

（遊びの指導を行うに当たつて遵守すべき事項）

第三九条　児童厚生施設における遊びの指導は、児童の自主性、社会性及び創造性を高め、もつて地域における健全育成活動の助長を図るようこれを行うものとする。

（保護者との連絡）

第四〇条　児童厚生施設の長は、必要に応じ児童の健康及び行動につき、その保護者に連絡しなければならない。

第七章　児童養護施設

（設備の基準）

第四一条　児童養護施設の設備の基準は、次のとおりとする。

一　児童の居室、相談室、調理室、浴室及び便所を設けること。

二　児童の居室の一室の定員は、これを四人以下とし、その面積は、一人につき四・九五平方メートル以上とすること。ただし、乳幼児のみの居室の一室の定員は、これを六人以下とし、その面積は、一人につき三・三平方メートル以上とする。

三　入所している児童の年齢等に応じ、男子と女子の居室を別にすること。

四　便所は、男子用と女子用とを別にすること。ただし、少数の児童を対象として設けるときは、この限りでない。

五　児童三十人以上を入所させる児童養護施設には、医務室及び静養室を設けること。

六　入所している児童の年齢、適性等に応じ職業指導に必要な設備（以下「職業指導に必要な設備」という。）を設けること。

（職員）

第四二条　児童養護施設には、児童指導員、嘱託医、保育士（特区法第十二条の五第五項に規定する事業実施区域内にある児童養護施設にあつては、保育士又は当該事業実施区域に係る国家戦略特別区域限定保育士。第六項及び第四十六条において同じ。）、個別対応職員、家庭支援専門相談員、栄養士及び調理員並びに乳児が入所している施設にあつては看護師を置かなければならない。ただし、児童四十人以下を入所させる施設にあつては栄養士を、調理業務の全部を委託する施設にあつては調理員を置かないことができる。

②　家庭支援専門相談員は、社会福祉士若しくは精神保健福祉士の資格を有する者、児童養護施設において児童の指導に五年以上従事した者又は法第十三条第三項各号のいずれかに該当する者でなければならない。

③　心理療法を行う必要があると認められる児童十人以上に心理療法を行う場合には、心理療法担当職員を置かなければならない。

④　心理療法担当職員は、学校教育法の規定による大学（短期大学を除く。）において、心理学を専修する学科若しくはこれに相当する課程を修めて卒業した者であつて、個人及び集団心理療法の技術を有するもの又はこれと同等以上の能力を有すると認められる者でなければならない。

⑤　実習設備を設けて職業指導を行う場合には、職業指導員を置かなければならない。

⑥　児童指導員及び保育士の総数は、通じて、満二歳に満たない幼児おおむね一・六人につき一人以上、満二歳以上満三歳に満たない幼児おおむね二人につき一人以上、満三歳以上の幼児おおむね四人につき一人以上、少年おおむね五・五人につき一人以上とする。ただし、児童四十五人以下を入所させる施設にあつては、更に一人以上を加えるものとする。

⑦　看護師の数は、乳児おおむね一・六人につき一人以上とする。ただし、一人を下ることはできない。

（児童養護施設の長の資格等）

第四二条の二　児童養護施設の長は、次の各号のいずれかに該当し、かつ、厚生労働大臣が指定する者が行う児童養護施設の運営に関し必要な知識を習得させるための研修を受けた者であつて、人格が高潔で識見が高く、児童養護施設を適切に運営する能力を有するものでなければならない。

一　医師であつて、精神保健又は小児保健に関して学識経験を有する者
二　社会福祉士の資格を有する者
三　児童養護施設の職員として三年以上勤務した者
四　都道府県知事が前各号に掲げる者と同等以上の能力を有すると認める者であつて、次に掲げる期間の合計が三年以上であるもの又は厚生労働大臣が指定する講習会の課程を修了したもの
イ　児童福祉司となる資格を有する者にあつては、児童福祉事業（国、都道府県又は市町村の内部組織における児童福祉に関する事務を含む。）に従事した期間
ロ　社会福祉主事となる資格を有する者にあつては、社会福祉事業に従事した期間
ハ　社会福祉施設の職員として勤務した期間（イ又はロに掲げる期間に該当する期間を除く。）
②　児童養護施設の長は、二年に一回以上、その資質の向上のための厚生労働大臣が指定する者が行う研修を受けなければならない。ただし、やむを得ない理由があるときは、この限りでない。

（児童指導員の資格）

第四三条　児童指導員は、次の各号のいずれかに該当する者でなければならない。
一　都道府県知事の指定する児童福祉施設の職員を養成する学校その他の養成施設を卒業した者
二　社会福祉士の資格を有する者
三　精神保健福祉士の資格を有する者
四　学校教育法の規定による大学（短期大学を除く。次号において同じ。）において、社会福祉学、心理学、教育学若しくは社会学を専修する学科又はこれらに相当する課程を修めて卒業した者
五　学校教育法の規定による大学において、社会福祉学、心理学、教育学又は社会学に関する科目の単位を優秀な成績で修得したことにより、同法第百二条第二項の規定により大学院への入学を認められた者
六　学校教育法の規定による大学院において、社会福祉学、心理学、教育学若しくは社会学を専攻する研究科又はこれらに相当する課程を修めて卒業した者
七　外国の大学において、社会福祉学、心理学、教育学若しくは社会学を専修する学科又はこれらに相当する課程を修めて卒業した者
八　学校教育法の規定による高等学校若しくは中等教育学校を卒業した者、同法第九十条第二項の規定により大学への入学を認められた者若しくは通常の課程による十二年の学校教育を修了した者（通常の課程以外の課程によりこれに相当する学校教育を修了した者を含む。）又は文部科学大臣がこれと同等以上の資格を有すると認定した者であつて、二年以上児童福祉事業に従事したもの
九　教育職員免許法に規定する幼稚園、小学校、中学校、義務教育学校、高等学校又は中等教育学校の教諭の免許状を有する者であつて、都道府県知事が適当と認めたもの
十　三年以上児童福祉事業に従事した者であつて、都道府県知事が適当と認めたもの
②　前項第一号の指定は、児童福祉法施行規則（昭和二十三年厚生省令第十一号）別表に定める教育内容に適合する学校又は施設について行うものとする。

（養護）

第四四条　児童養護施設における養護は、児童に対して安定した生活環境を整えるとともに、生活指導、学習指導、職業指

導及び家庭環境の調整を行いつつ児童を養育することにより、児童の心身の健やかな成長とその自立を支援することを目的として行わなければならない。

（生活指導、学習指導、職業指導及び家庭環境の調整）
第四五条　児童養護施設における生活指導は、児童の自主性を尊重しつつ、基本的生活習慣を確立するとともに豊かな人間性及び社会性を養い、かつ、将来自立した生活を営むために必要な知識及び経験を得ることができるように行わなければならない。
②　児童養護施設における学習指導は、児童がその適性、能力等に応じた学習を行うことができるよう、適切な相談、助言、情報の提供等の支援により行わなければならない。
③　児童養護施設における職業指導は、勤労の基礎的な能力及び態度を育てるとともに、児童がその適性、能力等に応じた職業選択を行うことができるよう、適切な相談、助言、情報の提供等及び必要に応じ行う実習、講習等の支援により行わなければならない。
④　児童養護施設における家庭環境の調整は、児童の家庭の状況に応じ、親子関係の再構築等が図られるように行わなければならない。

（自立支援計画の策定）
第四五条の二　児童養護施設の長は、第四十四条の目的を達成するため、入所中の個々の児童について、児童やその家庭の状況等を勘案して、その自立を支援するための計画を策定しなければならない。

（業務の質の評価等）
第四五条の三　児童養護施設は、自らその行う法第四十一条に規定する業務の質の評価を行うとともに、定期的に外部の者による評価を受けて、それらの結果を公表し、常にその改善を図らなければならない。

（児童と起居を共にする職員）
第四六条　児童養護施設の長は、児童指導員及び保育士のうち少なくとも一人を児童と起居を共にさせなければならない。

（関係機関との連携）
第四七条　児童養護施設の長は、児童の通学する学校及び児童相談所並びに必要に応じ児童家庭支援センター、児童委員、公共職業安定所等関係機関と密接に連携して児童の指導及び家庭環境の調整に当たらなければならない。

第八章　福祉型障害児入所施設

（設備の基準）
第四八条　福祉型障害児入所施設の設備の基準は、次のとおりとする。
一　児童の居室、調理室、浴室、便所、医務室及び静養室を設けること。ただし、児童三十人未満を入所させる施設であつて主として知的障害のある児童を入所させるものにあつては医務室を、児童三十人未満を入所させる施設であつて主として盲児又はろうあ児（以下「盲ろうあ児」という。）を入所させるものにあつては医務室及び静養室を設けないことができる。
二　主として知的障害のある児童を入所させる福祉型障害児入所施設には、職業指導に必要な設備を設けること。
三　主として盲児を入所させる福祉型障害児入所施設には、次の設備を設けること。
イ　遊戯室、訓練室、職業指導に必要な設備及び音楽に関する設備
ロ　浴室及び便所の手すり並びに特殊表示等身体の機能の不自由を助ける設備

四　主としてろうあ児を入所させる福祉型障害児入所施設には、遊戯室、訓練室、職業指導に必要な設備及び映像に関する設備を設けること。
五　主として肢体不自由のある児童を入所させる福祉型障害児入所施設には、次の設備を設けること。
イ　訓練室及び屋外訓練場
ロ　浴室及び便所の手すり等身体の機能の不自由を助ける設備
六　主として盲児を入所させる福祉型障害児入所施設又は主として肢体不自由のある児童を入所させる福祉型障害児入所施設においては、階段の傾斜を緩やかにすること。
七　児童の居室の一室の定員は、これを四人以下とし、その面積は、一人につき四・九五平方メートル以上とすること。ただし、乳幼児のみの居室の一室の定員は、これを六人以下とし、その面積は、一人につき三・三平方メートル以上とする。
八　入所している児童の年齢等に応じ、男子と女子の居室を別にすること。
九　便所は、男子用と女子用とを別にすること。

（職員）
第四九条　主として知的障害のある児童（自閉症を主たる症状とする児童（以下「自閉症児」という。）を除く。次項及び第三項において同じ。）を入所させる福祉型障害児入所施設には、嘱託医、児童指導員、保育士（特区法第十二条の五第五項に規定する事業実施区域内にある福祉型障害児入所施設にあつては、保育士又は当該事業実施区域に係る国家戦略特別区域限定保育士。以下この条において同じ。）、栄養士、調理員及び児童発達支援管理責任者（障害児通所支援又は障害児入所支援の提供の管理を行う者として厚生労働大臣が定めるものをいう。以下同じ。）を置かなければならない。ただし、児童四十人以下を入所させる施設にあつては栄養士を、調理業務の全部を委託する施設にあつては調理員を置かないことができる。
②　主として知的障害のある児童を入所させる福祉型障害児入所施設の嘱託医は、精神科又は小児科の診療に相当の経験を有する者でなければならない。
③　主として知的障害のある児童を入所させる福祉型障害児入所施設の児童指導員及び保育士の総数は、通じておおむね児童の数を四・三で除して得た数以上とする。ただし、児童三十人以下を入所させる施設にあつては、更に一以上を加えるものとする。
④　主として自閉症児を入所させる福祉型障害児入所施設には、第一項に規定する職員並びに医師及び看護職員（保健師、助産師、看護師又は准看護師をいう。以下この条及び第六十三条において同じ。）を置かなければならない。ただし、児童四十人以下を入所させる施設にあつては栄養士を、調理業務の全部を委託する施設にあつては調理員を置かないことができる。
⑤　主として自閉症児を入所させる福祉型障害児入所施設の嘱託医については、第二項の規定を準用する。
⑥　主として自閉症児を入所させる福祉型障害児入所施設の児童指導員及び保育士の総数については、第三項の規定を準用する。
⑦　主として自閉症児を入所させる福祉型障害児入所施設の医師は、児童を対象とする精神科の診療に相当の経験を有する者でなければならない。
⑧　主として自閉症児を入所させる福祉型障害児入所施設の看護職員の数は、児童おおむね二十人につき一人以上とする。

⑨　主として盲ろうあ児を入所させる福祉型障害児入所施設については、第一項の規定を準用する。

⑩　主として盲ろうあ児を入所させる福祉型障害児入所施設の嘱託医は、眼科又は耳鼻咽喉科の診療に相当の経験を有する者でなければならない。

⑪　主として盲ろうあ児を入所させる福祉型障害児入所施設の児童指導員及び保育士の総数は、通じて、乳幼児おおむね四人につき一人以上、少年おおむね五人につき一人以上とする。ただし、児童三十五人以下を入所させる施設にあつては、更に一人以上を加えるものとする。

⑫　主として肢体不自由のある児童を入所させる福祉型障害児入所施設には、第一項に規定する職員及び看護職員を置かなければならない。ただし、児童四十人以下を入所させる施設にあつては栄養士を、調理業務の全部を委託する施設にあつては調理員を置かないことができる。

⑬　主として肢体不自由のある児童を入所させる福祉型障害児入所施設の児童指導員及び保育士の総数は、通じておおむね児童の数を三・五で除して得た数以上とする。

⑭　心理指導を行う必要があると認められる児童五人以上に心理指導を行う場合には心理指導担当職員を、職業指導を行う場合には職業指導員を置かなければならない。

⑮　心理指導担当職員は、学校教育法の規定による大学（短期大学を除く。）において、心理学を専修する学科若しくはこれに相当する課程を修めて卒業した者であつて、個人及び集団心理療法の技術を有するもの又はこれと同等以上の能力を有すると認められる者でなければならない。

（生活指導及び学習指導）

第五〇条　福祉型障害児入所施設における生活指導は、児童が日常の起居の間に、当該福祉型障害児入所施設を退所した後、できる限り社会に適応するようこれを行わなければならない。

②　福祉型障害児入所施設における学習指導については、第四十五条第二項の規定を準用する。

（職業指導を行うに当たつて遵守すべき事項）

第五一条　福祉型障害児入所施設における職業指導は、児童の適性に応じ、児童が将来できる限り健全な社会生活を営むことができるようこれを行わなければならない。

②　前項に規定するほか、福祉型障害児入所施設における職業指導については、第四十五条第三項の規定を準用する。

（入所支援計画の作成）

第五二条　福祉型障害児入所施設の長は、児童の保護者及び児童の意向、児童の適性、児童の障害の特性その他の事情を踏まえた計画を作成し、これに基づき児童に対して障害児入所支援を提供するとともに、その効果について継続的な評価を実施することその他の措置を講ずることにより児童に対して適切かつ効果的に障害児入所支援を提供しなければならない。

（児童と起居を共にする職員）

第五三条　福祉型障害児入所施設（主として盲ろうあ児を入所させる福祉型障害児入所施設を除く。）については、第四十六条の規定を準用する。

（保護者等との連絡）

第五四条　福祉型障害児入所施設の長は、児童の保護者に児童の性質及び能力を説明するとともに、児童の通学する学校及び必要に応じ当該児童を取り扱つた児童福祉司又は児童委員と常に密接な連絡をとり、児童の生活指導、学習指導及び職業指導につき、その協力を求めなければならない。

（心理学的及び精神医学的診査）

第五五条　主として知的障害のある児童を入所させる福祉型障害児入所施設においては、入所している児童を適切に保護するため、随時心理学的及び精神医学的診査を行わなければならない。ただし、児童の福祉に有害な実験にわたつてはならない。

（入所した児童に対する健康診断）

第五六条　主として盲ろうあ児を入所させる福祉型障害児入所施設においては、第十二条第一項に規定する入所時の健康診断に当たり、特に盲ろうあの原因及び機能障害の状況を精密に診断し、治療可能な者については、できる限り治療しなければならない。

②　主として肢体不自由のある児童を入所させる福祉型障害児入所施設においては、第十二条第一項に規定する入所時の健康診断に当たり、整形外科的診断により肢体の機能障害の原因及びその状況を精密に診断し、入所を継続するか否かを考慮しなければならない。

第八章の二　医療型障害児入所施設

（設備の基準）

第五七条　医療型障害児入所施設の設備の基準は、次のとおりとする。

一　医療型障害児入所施設には、医療法に規定する病院として必要な設備のほか、訓練室及び浴室を設けること。

二　主として自閉症児を入所させる医療型障害児入所施設には、静養室を設けること。

三　主として肢体不自由のある児童を入所させる医療型障害児入所施設には、屋外訓練場、ギブス室、特殊手工芸等の作業を指導するに必要な設備、義肢装具を製作する設備を設けること。ただし、義肢装具を製作する設備は、他に適当な設備がある場合は、これを設けることを要しないこと。

四　主として肢体不自由のある児童を入所させる医療型障害児入所施設においては、階段の傾斜を緩やかにするほか、浴室及び便所の手すり等身体の機能の不自由を助ける設備を設けること。

（職員）

第五八条　主として自閉症児を入所させる医療型障害児入所施設には、医療法に規定する病院として必要な職員のほか、児童指導員、保育士（特区法第十二条の五第五項に規定する事業実施区域内にある医療型障害児入所施設にあつては、保育士又は当該事業実施区域に係る国家戦略特別区域限定保育士。次項及び第五項において同じ。）及び児童発達支援管理責任者を置かなければならない。

②　主として自閉症児を入所させる医療型障害児入所施設の児童指導員及び保育士の総数は、通じておおむね児童の数を六・七で除して得た数以上とする。

③　主として肢体不自由のある児童を入所させる医療型障害児入所施設には、第一項に規定する職員及び理学療法士又は作業療法士を置かなければならない。

④　主として肢体不自由のある児童を入所させる医療型障害児入所施設の長及び医師は、肢体の機能の不自由な者の療育に関して相当の経験を有する医師でなければならない。

⑤　主として肢体不自由のある児童を入所させる医療型障害児入所施設の児童指導員及び保育士の総数は、通じて、乳幼児おおむね十人につき一人以上、少年おおむね二十人につき一人以上とする。

⑥　主として重症心身障害児（法第七条第二項に規定する重症心身障害児をいう。以下同じ。）を入所させる医療型障害児

入所施設には、第三項に規定する職員及び心理指導を担当する職員を置かなければならない。

⑦　主として重症心身障害児を入所させる医療型障害児入所施設の長及び医師は、内科、精神科、医療法施行令（昭和二十三年政令第三百二十六号）第三条の二第一項第一号ハ及びニ(2)の規定により神経と組み合わせた名称を診療科名とする診療科、小児科、外科、整形外科又はリハビリテーション科の診療に相当の経験を有する医師でなければならない。

（心理学的及び精神医学的診査）

第五九条　主として自閉症児を入所させる医療型障害児入所施設における心理学的及び精神医学的診査については、第五十五条の規定を準用する。

（入所した児童に対する健康診断）

第六〇条　主として肢体不自由のある児童を入所させる医療型障害児入所施設においては、第十二条第一項に規定する入所時の健康診断に当たり、整形外科的診断により肢体の機能障害の原因及びその状況を精密に診断し、入所を継続するか否かを考慮しなければならない。

（児童と起居を共にする職員等）

第六一条　医療型障害児入所施設（主として重症心身障害児を入所させる施設を除く。以下この項において同じ。）における児童と起居を共にする職員、生活指導、学習指導及び職業指導並びに医療型障害児入所施設の長の保護者等との連絡については、第四十六条、第五十条、第五十一条及び第五十四条の規定を準用する。

②　医療型障害児入所施設の長の計画の作成については、第五十二条の規定を準用する。

第八章の三　福祉型児童発達支援センター

（設備の基準）

第六二条　福祉型児童発達支援センターの設備の基準は、次のとおりとする。

一　福祉型児童発達支援センター（主として重症心身障害児を通わせる福祉型児童発達支援センターを除く。以下この号において同じ。）には、指導訓練室、遊戯室、屋外遊戯場（福祉型児童発達支援センターの付近にある屋外遊戯場に代わるべき場所を含む。）、医務室、相談室、調理室、便所並びに児童発達支援の提供に必要な設備及び備品を設けること。

二　福祉型児童発達支援センター（主として難聴児を通わせる福祉型児童発達支援センター及び主として重症心身障害児を通わせる福祉型児童発達支援センターを除く。次号において同じ。）の指導訓練室の一室の定員は、これをおおむね十人とし、その面積は、児童一人につき二・四七平方メートル以上とすること。

三　福祉型児童発達支援センターの遊戯室の面積は、児童一人につき一・六五平方メートル以上とすること。

四　主として知的障害のある児童を通わせる福祉型児童発達支援センターには、静養室を設けること。

五　主として難聴児を通わせる福祉型児童発達支援センターには、聴力検査室を設けること。

六　主として重症心身障害児を通わせる福祉型児童発達支援センターには、指導訓練室、調理室、便所並びに児童発達支援の提供に必要な設備及び備品を設けること。

（職員）

第六三条　福祉型児童発達支援センター（主として難聴児を通

わせる福祉型児童発達支援センター及び主として重症心身障害児を通わせる福祉型児童発達支援センターを除く。次項において同じ。）には、嘱託医、児童指導員、保育士（特区法第十二条の五第五項に規定する事業実施区域内にある福祉型児童発達支援センターにあつては、保育士又は当該事業実施区域に係る国家戦略特別区域限定保育士。以下この条において同じ。）、栄養士、調理員及び児童発達支援管理責任者のほか、日常生活を営むのに必要な機能訓練を行う場合には、機能訓練担当職員（日常生活を営むのに必要な機能訓練を担当する職員をいう。以下同じ。）を置かなければならない。ただし、児童四十人以下を通わせる施設にあつては栄養士を、調理業務の全部を委託する施設にあつては調理員を置かないことができる。

② 福祉型児童発達支援センターの児童指導員、保育士及び機能訓練担当職員の総数は、通じておおむね児童の数を四で除して得た数以上とする。

③ 主として知的障害のある児童を通わせる福祉型児童発達支援センターの嘱託医は、精神科又は小児科の診療に相当の経験を有する者でなければならない。

④ 主として難聴児を通わせる福祉型児童発達支援センターには、第一項に規定する職員及び言語聴覚士を置かなければならない。ただし、児童四十人以下を通わせる施設にあつては栄養士を、調理業務の全部を委託する施設にあつては調理員を置かないことができる。

⑤ 主として難聴児を通わせる福祉型児童発達支援センターの嘱託医は、眼科又は耳鼻咽喉科の診療に相当の経験を有する者でなければならない。

⑥ 主として難聴児を通わせる福祉型児童発達支援センターの児童指導員、保育士、言語聴覚士及び機能訓練担当職員の総数は、通じておおむね児童の数を四で除して得た数以上とする。ただし、言語聴覚士の数は、四人以上でなければならない。

⑦ 主として重症心身障害児を通わせる福祉型児童発達支援センターには、第一項に規定する職員及び看護職員を置かなければならない。ただし、児童四十人以下を通わせる施設にあつては栄養士を、調理業務の全部を委託する施設にあつては調理員を置かないことができる。

⑧ 主として重症心身障害児を通わせる福祉型児童発達支援センターの嘱託医は、内科、精神科、医療法施行令第三条の二第一項第一号ハ及びニ(2)の規定により神経と組み合わせた名称を診療科名とする診療科、小児科、外科、整形外科又はリハビリテーション科の診療に相当の経験を有する者でなければならない。

⑨ 主として重症心身障害児を通わせる福祉型児童発達支援センターの児童指導員、保育士、看護職員及び機能訓練担当職員の数は、通じておおむね児童の数を四で除して得た数以上とする。ただし、機能訓練担当職員の数は、一人以上でなければならない。

（生活指導及び計画の作成）

第六四条　福祉型児童発達支援センターにおける生活指導及び福祉型児童発達支援センターの長の計画の作成については、第五十条第一項及び第五十二条の規定を準用する。

（保護者等との連絡）

第六五条　福祉型児童発達支援センターの長は、児童の保護者に児童の性質及び能力を説明するとともに、必要に応じ当該児童を取り扱つた児童福祉司又は児童委員と常に密接な連絡をとり、児童の生活指導につき、その協力を求めなければならない。

（入所した児童に対する健康診断）

第六六条　主として難聴児を通わせる福祉型児童発達支援センターにおいては、第十二条第一項に規定する入所時の健康診断に当たり、特に難聴の原因及び機能障害の状況を精密に診断し、治療可能な者については、できる限り治療しなければならない。

（心理学的及び精神医学的診査）

第六七条　主として知的障害のある児童を通わせる福祉型児童発達支援センターにおける心理学的及び精神医学的診査については、第五十五条の規定を準用する。

第八章の四　医療型児童発達支援センター

（設備の基準）

第六八条　医療型児童発達支援センターの設備の基準は、次のとおりとする。

一　医療法に規定する診療所として必要な設備のほか、指導訓練室、屋外訓練場、相談室及び調理室を設けること。

二　階段の傾斜を緩やかにするほか、浴室及び便所の手すり等身体の機能の不自由を助ける設備を設けること。

（職員）

第六九条　医療型児童発達支援センターには、医療法に規定する診療所として必要な職員のほか、児童指導員、保育士（特区法第十二条の五第五項に規定する事業実施区域内にある医療型児童発達支援センターにあつては、保育士又は当該事業実施区域に係る国家戦略特別区域限定保育士）、看護師、理学療法士又は作業療法士及び児童発達支援管理責任者を置かなければならない。

（入所した児童に対する健康診断）

第七〇条　医療型児童発達支援センターにおいては、第十二条第一項に規定する入所時の健康診断に当たり、整形外科的診断により肢体の機能障害の原因及びその状況を精密に診断し、入所を継続するか否かを考慮しなければならない。

（生活指導等）

第七一条　医療型児童発達支援センターにおける生活指導並びに医療型児童発達支援センターの長の保護者等との連絡及び計画の作成については、第五十条第一項、第五十二条及び第六十五条の規定を準用する。

第九章　児童心理治療施設

（設備の基準）

第七二条　児童心理治療施設の設備の基準は、次のとおりとする。

一　児童の居室、医務室、静養室、遊戯室、観察室、心理検査室、相談室、工作室、調理室、浴室及び便所を設けること。

二　児童の居室の一室の定員は、これを四人以下とし、その面積は、一人につき四・九五平方メートル以上とすること。

三　男子と女子の居室は、これを別にすること。

四　便所は、男子用と女子用とを別にすること。ただし、少数の児童を対象として設けるときは、この限りでない。

（職員）

第七三条　児童心理治療施設には、医師、心理療法担当職員、児童指導員、保育士（特区法第十二条の五第五項に規定する事業実施区域内にある児童心理治療施設にあつては、保育士又は当該事業実施区域に係る国家戦略特別区域限定保育士。第六項において同じ。）、看護師、個別対応職員、家庭支援専門相談員、栄養士及び調理員を置かなければならない。ただし、調理業務の全部を委託する施設にあつては、調理員を置かないことができる。

② 医師は、精神科又は小児科の診療に相当の経験を有する者でなければならない。

③ 心理療法担当職員は、学校教育法の規定による大学（短期大学を除く。以下この項において同じ。）において、心理学を専修する学科若しくはこれに相当する課程を修めて卒業した者又は同法の規定による大学において、心理学に関する科目の単位を優秀な成績で修得したことにより、同法第百二条第二項の規定により大学院への入学を認められた者であつて、個人及び集団心理療法の技術を有し、かつ、心理療法に関する一年以上の経験を有するものでなければならない。

④ 家庭支援専門相談員は、社会福祉士若しくは精神保健福祉士の資格を有する者、児童心理治療施設において児童の指導に五年以上従事した者又は法第十三条第三項各号のいずれかに該当する者でなければならない。

⑤ 心理療法担当職員の数は、おおむね児童十人につき一人以上とする。

⑥ 児童指導員及び保育士の総数は、通じておおむね児童四・五人につき一人以上とする。

（児童心理治療施設の長の資格等）

第七四条　児童心理治療施設の長は、次の各号のいずれかに該当し、かつ、厚生労働大臣が指定する者が行う児童心理治療施設の運営に関し必要な知識を習得させるための研修を受けた者であつて、人格が高潔で識見が高く、児童心理治療施設を適切に運営する能力を有するものでなければならない。

一　医師であつて、精神保健又は小児保健に関して学識経験を有する者

二　社会福祉士の資格を有する者

三　児童心理治療施設の職員として三年以上勤務した者

四　都道府県知事が前各号に掲げる者と同等以上の能力を有すると認める者であつて、次に掲げる期間の合計が三年以上であるもの又は厚生労働大臣が指定する講習会の課程を修了したもの

イ　児童福祉司となる資格を有する者にあつては、児童福祉事業（国、都道府県又は市町村の内部組織における児童福祉に関する事務を含む。）に従事した期間

ロ　社会福祉主事となる資格を有する者にあつては、社会福祉事業に従事した期間

ハ　社会福祉施設の職員として勤務した期間（イ又はロに掲げる期間に該当する期間を除く。）

② 児童心理治療施設の長は、二年に一回以上、その資質の向上のための厚生労働大臣が指定する者が行う研修を受けなければならない。ただし、やむを得ない理由があるときは、この限りでない。

（心理療法、生活指導及び家庭環境の調整）

第七五条　児童心理治療施設における心理療法及び生活指導は、児童の社会的適応能力の回復を図り、児童が、当該児童心理治療施設を退所した後、健全な社会生活を営むことができるようにすることを目的として行わなければならない。

② 児童心理治療施設における家庭環境の調整は、児童の保護者に児童の状態及び能力を説明するとともに、児童の家庭の状況に応じ、親子関係の再構築等が図られるように行わなければならない。

（自立支援計画の策定）

第七六条　児童心理治療施設の長は、前条第一項の目的を達成するため、入所中の個々の児童について、児童やその家庭の状況等を勘案して、その自立を支援するための計画を策定し

なければならない。

（業務の質の評価等）

第七六条の二　児童心理治療施設は、自らその行う法第四十三条の五に規定する業務の質の評価を行うとともに、定期的に外部の者による評価を受けて、それらの結果を公表し、常にその改善を図らなければならない。

（児童と起居を共にする職員）

第七七条　児童心理治療施設については、第四十六条の規定を準用する。

（関係機関との連携）

第七八条　児童心理治療施設の長は、児童の通学する学校及び児童相談所並びに必要に応じ児童家庭支援センター、児童委員、保健所、市町村保健センター等関係機関と密接に連携して児童の指導及び家庭環境の調整に当たらなければならない。

第十章　児童自立支援施設

（設備の基準）

第七九条　児童自立支援施設の学科指導に関する設備については、小学校、中学校又は特別支援学校の設備の設置基準に関する学校教育法の規定を準用する。ただし、学科指導を行わない場合にあつてはこの限りでない。

②　前項に規定する設備以外の設備については、第四十一条（第二号ただし書を除く。）の規定を準用する。ただし、男子と女子の居室は、これを別にしなければならない。

（職員）

第八〇条　児童自立支援施設には、児童自立支援専門員（児童自立支援施設において児童の自立支援を行う者をいう。以下同じ。）、児童生活支援員（児童自立支援施設において児童の生活支援を行う者をいう。以下同じ。）、嘱託医及び精神科の診療に相当の経験を有する医師又は嘱託医、個別対応職員、家庭支援専門相談員、栄養士並びに調理員を置かなければならない。ただし、児童四十人以下を入所させる施設にあつては栄養士を、調理業務の全部を委託する施設にあつては調理員を置かないことができる。

②　家庭支援専門相談員は、社会福祉士若しくは精神保健福祉士の資格を有する者、児童自立支援施設において児童の指導に五年以上従事した者又は法第十三条第三項各号のいずれかに該当する者でなければならない。

③　心理療法を行う必要があると認められる児童十人以上に心理療法を行う場合には、心理療法担当職員を置かなければならない。

④　心理療法担当職員は、学校教育法の規定による大学（短期大学を除く。以下この項において同じ。）において、心理学を専修する学科若しくはこれに相当する課程を修めて卒業した者又は同法の規定による大学において、心理学に関する科目の単位を優秀な成績で修得したことにより、同法第百二条第二項の規定により大学院への入学を認められた者であつて、個人及び集団心理療法の技術を有し、かつ、心理療法に関する一年以上の経験を有するものでなければならない。

⑤　実習設備を設けて職業指導を行う場合には、職業指導員を置かなければならない。

⑥　児童自立支援専門員及び児童生活支援員の総数は、通じておおむね児童四・五人につき一人以上とする。

（児童自立支援施設の長の資格等）

第八一条　児童自立支援施設の長は、次の各号のいずれかに該当し、かつ、厚生労働省組織規則（平成十三年厚生労働省令第一号）第六百二十二条に規定する児童自立支援専門員養成所（以下「養成所」という。）が行う児童自立支援施設の運営に関し必要な知識を習得させるための研修又はこれに相当する研修を受けた者であつて、人格が高潔で識見が高く、児童自立支援施設を適切に運営する能力を有するものでなければならない。
一　医師であつて、精神保健に関して学識経験を有する者
二　社会福祉士の資格を有する者
三　児童自立支援専門員の職にあつた者等児童自立支援事業に五年以上（養成所が行う児童自立支援専門員として必要な知識及び技能を習得させるための講習の課程（以下「講習課程」という。）を修了した者にあつては、三年以上）従事した者
四　都道府県知事が前各号に掲げる者と同等以上の能力を有すると認める者であつて、次に掲げる期間の合計が五年以上（養成所が行う講習課程を修了した者にあつては、三年以上）であるもの
イ　児童福祉司となる資格を有する者にあつては、児童福祉事業（国、都道府県、指定都市又は児童相談所設置市の内部組織における児童福祉に関する事務を含む。）に従事した期間
ロ　社会福祉主事となる資格を有する者にあつては、社会福祉事業に従事した期間
ハ　社会福祉施設の職員として勤務した期間（イ又はロに掲げる期間に該当する期間を除く。）
②　児童自立支援施設の長は、二年に一回以上、その資質の向上のための厚生労働大臣が指定する者が行う研修を受けなければならない。ただし、やむを得ない理由があるときは、この限りでない。

（児童自立支援専門員の資格）

第八二条　児童自立支援専門員は、次の各号のいずれかに該当する者でなければならない。
一　医師であつて、精神保健に関して学識経験を有する者
二　社会福祉士の資格を有する者
三　都道府県知事の指定する児童自立支援専門員を養成する学校その他の養成施設を卒業した者（学校教育法の規定による専門職大学の前期課程を修了した者を含む。）
四　学校教育法の規定による大学（短期大学を除く。以下この号において同じ。）において、社会福祉学、心理学、教育学若しくは社会学を専修する学科若しくはこれらに相当する課程を修めて卒業した者又は同法の規定による大学において、社会福祉学、心理学、教育学若しくは社会学に関する科目の単位を優秀な成績で修得したことにより、同法第百二条第二項の規定により大学院への入学を認められた者であつて、一年以上児童自立支援事業に従事したもの又は前条第一項第四号イからハまでに掲げる期間の合計が二年以上であるもの
五　学校教育法の規定による大学院において、社会福祉学、心理学、教育学若しくは社会学を専攻する研究科又はこれらに相当する課程を修めて卒業した者であつて、一年以上児童自立支援事業に従事したもの又は前条第一項第四号イからハまでに掲げる期間の合計が二年以上であるもの
六　外国の大学において、社会福祉学、心理学、教育学若しくは社会学を専修する学科又はこれらに相当する課程を修めて卒業した者であつて、一年以上児童自立支援事業に従事したもの又は前条第一項第四号イからハまでに掲げる期間の合計が二年以上であるもの
七　学校教育法の規定による高等学校若しくは中等教育学校を卒業した者、同法第九十条第二項の規定により大学への

入学を認められた者若しくは通常の課程による十二年の学校教育を修了した者（通常の課程以外の課程によりこれに相当する学校教育を修了した者を含む。）又は文部科学大臣がこれと同等以上の資格を有すると認定した者であつて、三年以上児童自立支援事業に従事したもの又は前条第一項第四号イからハまでに掲げる期間の合計が五年以上であるもの

八　教育職員免許法に規定する小学校、中学校、義務教育学校、高等学校又は中等教育学校の教諭の免許状を有する者であつて、一年以上児童自立支援事業に従事したもの又は二年以上教員としてその職務に従事したもの

② 前項第三号の指定については、第四十三条第二項の規定を準用する。

（児童生活支援員の資格）

第八三条　児童生活支援員は、次の各号のいずれかに該当する者でなければならない。

一　保育士（特区法第十二条の五第五項に規定する事業実施区域内にある児童自立支援施設にあつては、保育士又は当該事業実施区域に係る国家戦略特別区域限定保育士）の資格を有する者

二　社会福祉士の資格を有する者

三　三年以上児童自立支援事業に従事した者

（生活指導、職業指導、学科指導及び家庭環境の調整）

第八四条　児童自立支援施設における生活指導及び職業指導は、すべて児童がその適性及び能力に応じて、自立した社会人として健全な社会生活を営んでいくことができるよう支援することを目的として行わなければならない。

② 学科指導については、学校教育法の規定による学習指導要領を準用する。ただし、学科指導を行わない場合にあつてはこの限りでない。

③ 生活指導、職業指導及び家庭環境の調整については、第四十五条（第二項を除く。）の規定を準用する。

（自立支援計画の策定）

第八四条の二　児童自立支援施設の長は、前条第一項の目的を達成するため、入所中の個々の児童について、児童やその家庭の状況等を勘案して、その自立を支援するための計画を策定しなければならない。

（業務の質の評価等）

第八四条の三　児童自立支援施設は、自らその行う法第四十四条に規定する業務の質の評価を行うとともに、定期的に外部の者による評価を受けて、それらの結果を公表し、常にその改善を図らなければならない。

（児童と起居を共にする職員）

第八五条　児童自立支援施設の長は、児童自立支援専門員及び児童生活支援員のうち少なくとも一人を児童と起居を共にさせなければならない。

第八六条　削除

（関係機関との連携）

第八七条　児童自立支援施設の長は、児童の通学する学校及び児童相談所並びに必要に応じ児童家庭支援センター、児童委員、公共職業安定所等関係機関と密接に連携して児童の指導及び家庭環境の調整に当たらなければならない。

（心理学的及び精神医学的診査等）

第八八条　児童自立支援施設においては、入所している児童の自立支援のため、随時心理学的及び精神医学的診査並びに教育評価（学科指導を行う場合に限る。）を行わなければならない。

第十一章　児童家庭支援センター

（設備の基準）
第八八条の二　児童家庭支援センターには相談室を設けなければならない。

（職員）
第八八条の三　児童家庭支援センターには、法第四十四条の二第一項に規定する業務（次条において「支援」という。）を担当する職員を置かなければならない。
②　前項の職員は、法第十三条第三項各号のいずれかに該当する者でなければならない。

（支援を行うに当たつて遵守すべき事項）
第八八条の四　児童家庭支援センターにおける支援に当たつては、児童、保護者その他の意向の把握に努めるとともに、懇切を旨としなければならない。
②　児童家庭支援センターにおいて、児童相談所、福祉事務所、児童福祉施設、民生委員、児童委員、母子・父子自立支援員、母子・父子福祉団体、公共職業安定所、婦人相談員、保健所、市町村保健センター、精神保健福祉センター、学校等との連絡調整を行うに当たつては、その他の支援を迅速かつ的確に行うことができるよう円滑にこれを行わなければならない。
③　児童家庭支援センターにおいては、その附置されている施設との緊密な連携を行うとともに、その支援を円滑に行えるよう必要な措置を講じなければならない。

附　則（抄）

（施行の期日）
第八九条　この省令は、公布の日から、施行する。

（保育所の職員配置に係る特例）
第九四条　保育の需要に応ずるに足りる保育所、認定こども園（子ども・子育て支援法（平成二十四年法律第六十五号）第二十七条第一項の確認を受けたものに限る。）又は家庭的保育事業等が不足していることに鑑み、当分の間、第三十三条第二項ただし書の規定を適用しないことができる。この場合において、同項本文の規定により必要な保育士が一人となる時は、当該保育士に加えて、都道府県知事（指定都市にあつては当該指定都市の市長とし、中核市にあつては当該中核市の市長とする。）が保育士と同等の知識及び経験を有すると認める者を置かなければならない。

第九五条　前条の事情に鑑み、当分の間、第三十三条第二項に規定する保育士の数の算定については、幼稚園教諭若しくは小学校教諭又は養護教諭の普通免許状（教育職員免許法第四条第二項に規定する普通免許状をいう。）を有する者を、保育士とみなすことができる。

第九六条　第九十四条の事情に鑑み、当分の間、一日につき八時間を超えて開所する保育所において、開所時間を通じて必要となる保育士の総数が、当該保育所に係る利用定員の総数に応じて置かなければならない保育士の数を超えるときは、第三十三条第二項に規定する保育士の数の算定については、都道府県知事（指定都市にあつては当該指定都市の市長とし、中核市にあつては当該中核市の市長とする。）が保育士と同等の知識及び経験を有すると認める者を、開所時間を通じて必要となる保育士の総数から利用定員の総数に応じて置かなければならない保育士の数を差し引いて得た数の範囲で、保育士とみなすことができる。

第九七条　前二条の規定を適用する時は、保育士（法第十八条の十八第一項の登録を受けた者をいい、児童福祉施設最低基準の一部を改正する省令（平成十年厚生省令第五十一号）附則第二項又は前二条の規定により保育士とみなされる者を除く。）を、保育士の数（前二条の規定の適用がないとした場合の第三十三条第二項により算定されるものをいう。）の三分の二以上、置かなければならない。

⑱家庭的保育事業等の設備及び運営に関する基準

（平成二六年四月三〇日厚生労働省令第六一号）

施行　平成二七年四月一日
最終改正　令和二年三月二六日厚生労働省令第四〇号

第一章　総則

（趣旨）

第一条　児童福祉法（昭和二十二年法律第百六十四号。以下「法」という。）第三十四条の十六第二項の厚生労働省令で定める基準（以下「設備運営基準」という。）は、次の各号に掲げる基準に応じ、それぞれ当該各号に定める規定による基準とする。

一　法第三十四条の十六第一項の規定により、同条第二項第一号に掲げる事項について市町村（特別区を含む。以下同じ。）が条例を定めるに当たって従うべき基準　第十条ただし書（保育に直接従事する職員に係る部分に限る。）、第二十三条、第二十九条、第三十一条、第三十四条、第三十九条、第四十四条、第四十七条及び附則第六条から第九条までの規定による基準

二　法第三十四条の十六第一項の規定により、同条第二項第二号に掲げる事項について市町村が条例を定めるに当たって従うべき基準　第六条、第十一条から第十三条まで、第十五条、第十六条、第二十条、第二十二条第四号（調理設備に係る部分に限る。）、第二十五条（第三十条、第三十二条、第三十六条、第四十一条、第四十六条及び第四十八条

において準用する場合を含む。）、第二十七条、第二十八条第一号（調理設備に係る部分に限る。）（第三十二条及び第四十八条において準用する場合を含む。）及び第四号（調理設備に係る部分に限る。）（第三十二条及び第四十八条において準用する場合を含む。）、第三十三条第一号（調理設備に係る部分に限る。）及び第四号（調理設備に係る部分に限る。）、第三十五条、第三十七条、第四十条、第四十三条第一号（調理室に係る部分に限る。）及び第五号（調理室に係る部分に限る。）、第四十五条並びに附則第二条から第五条までの規定による基準

三　法第三十四条の十六第一項の規定により、同条第二項第一号及び第二号に掲げる事項以外の事項について市町村が条例を定めるに当たって参酌すべき基準　この省令に定める基準のうち、前二号に定める規定による基準以外のもの

②　設備運営基準は、市町村長（特別区の長を含む。以下同じ。）の監督に属する家庭的保育事業等（法第二十四条第二項に規定する家庭的保育事業等をいう。以下同じ。）を利用している乳児又は幼児（満三歳に満たない者に限り、法第六条の三第九項第二号、同条第十項第二号、同条第十一項第二号又は同条第十二項第二号の規定に基づき保育が必要と認められる児童であって満三歳以上のものについて保育を行う場合にあっては、当該児童を含む。以下同じ。）（以下「利用乳幼児」という。）が、明るくて、衛生的な環境において、素養があり、かつ、適切な訓練を受けた職員（家庭的保育事業等を行う事業所（以下「家庭的保育事業所等」という。）の管理者を含む。以下同じ。）が保育を提供することにより、心身ともに健やかに育成されることを保障するものとする。

③　厚生労働大臣は、設備運営基準を常に向上させるように努めるものとする。

（最低基準の目的）

第二条　法第三十四条の十六第一項の規定により市町村が条例で定める基準（以下「最低基準」という。）は、利用乳幼児が、明るくて、衛生的な環境において、素養があり、かつ、適切な訓練を受けた職員が保育を提供することにより、心身ともに健やかに育成されることを保障するものとする。

（最低基準の向上）

第三条　市町村長は、その管理に属する法第八条第四項に規定する市町村児童福祉審議会を設置している場合にあってはその意見を、その他の場合にあっては児童の保護者その他児童福祉に係る当事者の意見を聴き、その監督に属する家庭的保育事業等を行う者（以下「家庭的保育事業者等」という。）に対し、最低基準を超えて、その設備及び運営を向上させるように勧告することができる。

②　市町村は、最低基準を常に向上させるように努めるものとする。

（最低基準と家庭的保育事業者等）

第四条　家庭的保育事業者等は、最低基準を超えて、常に、その設備及び運営を向上させなければならない。

②　最低基準を超えて、設備を有し、又は運営をしている家庭的保育事業者等においては、最低基準を理由として、その設備又は運営を低下させてはならない。

（家庭的保育事業者等の一般原則）

第五条　家庭的保育事業者等は、利用乳幼児の人権に十分配慮するとともに、一人一人の人格を尊重して、その運営を行わなければならない。

②　家庭的保育事業者等は、地域社会との交流及び連携を図り、利用乳幼児の保護者及び地域社会に対し、当該家庭的保育事業等の運営の内容を適切に説明するよう努めなければな

らない。

③　家庭的保育事業者等は、自らその行う保育の質の評価を行い、常にその改善を図らなければならない。

④　家庭的保育事業者等は、定期的に外部の者による評価を受けて、それらの結果を公表し、常にその改善を図るよう努めなければならない。

⑤　家庭的保育事業所等（居宅訪問型保育事業を行う場所を除く。次項、次条第二号、第十四条第二項及び第三項、第十五条第一項並びに第十六条において同じ。）には、法に定めるそれぞれの事業の目的を達成するために必要な設備を設けなければならない。

⑥　家庭的保育事業所等の構造設備は、採光、換気等利用乳幼児の保健衛生及び利用乳幼児に対する危害防止に十分な考慮を払って設けられなければならない。

（保育所等との連携）

第六条　家庭的保育事業者等（居宅訪問型保育事業を行う者（以下「居宅訪問型保育事業者」という。）を除く。以下この条、第七条第一項、第十四条第一項及び第二項、第十五条第一項、第二項及び第五項、第十六条並びに第十七条第一項から第三項までにおいて同じ。）は、利用乳幼児に対する保育が適正かつ確実に行われ、及び、家庭的保育事業者等による保育の提供の終了後も満三歳以上の児童に対して必要な教育（教育基本法（平成十八年法律第百二十号）第六条第一項に規定する法律に定める学校において行われる教育をいう。第三号において同じ。）又は保育が継続的に提供されるよう、次に掲げる事項（国家戦略特別区域法（平成二十五年法律第百七号。以下「特区法」という。）第十二条の四第一項に規定する国家戦略特別区域小規模保育事業を行う事業者（以下「国家戦略特別区域小規模保育事業者」という。）にあっては、第一号及び第二号に掲げる事項）に係る連携協力を行う保育所、幼稚園又は認定こども園（以下「連携施設」という。）を適切に確保しなければならない。ただし、離島その他の地域であって、連携施設の確保が著しく困難であると市町村が認めるものにおいて家庭的保育事業等（居宅訪問型保育事業を除く。第十六条第二項第三号において同じ。）を行う家庭的保育事業者等については、この限りでない。

一　利用乳幼児に集団保育を体験させるための機会の設定、保育の適切な提供に必要な家庭的保育事業者等に対する相談、助言その他の保育の内容に関する支援を行うこと。

二　必要に応じて、代替保育（家庭的保育事業所等の職員の病気、休暇等により保育を提供することができない場合に、当該家庭的保育事業者等に代わって提供する保育をいう。以下この条において同じ。）を提供すること。

三　当該家庭的保育事業者等により保育の提供を受けていた利用乳幼児（事業所内保育事業（法第六条の三第十二項に規定する事業所内保育事業をいう。以下同じ。）の利用乳幼児にあっては、第四十二条に規定するその他の乳児又は幼児に限る。以下この号において同じ。）を、当該保育の提供の終了に際して、当該利用乳幼児に係る保護者の希望に基づき、引き続き当該連携施設において受け入れて教育又は保育を提供すること。

②　市町村長は、家庭的保育事業者等による代替保育の提供に係る連携施設の確保が著しく困難であると認める場合であって、次の各号に掲げる要件の全てを満たすと認めるときは、前項第二号の規定を適用しないこととすることができる。

一　家庭的保育事業者等と次項の連携協力を行う者との間でそれぞれの役割の分担及び責任の所在が明確化されていること。

二　次項の連携協力を行う者の本来の業務の遂行に支障が生じないようにするための措置が講じられていること。

③　前項の場合において、家庭的保育事業者等は、次の各号に掲げる場合の区分に応じ、それぞれ当該各号に定める者を第一項第二号に掲げる事項に係る連携協力を行う者として適切に確保しなければならない。

一　当該家庭的保育事業者等が家庭的保育事業等を行う場所又は事業所（次号において「事業実施場所」という。）以外の場所又は事業所において代替保育が提供される場合　第二十七条に規定する小規模保育事業A型若しくは小規模保育事業B型又は事業所内保育事業を行う者（次号において「小規模保育事業A型事業者等」という。）

二　事業実施場所において代替保育が提供される場合　事業の規模等を勘案して小規模保育事業A型事業者等と同等の能力を有すると市町村が認める者

④　市町村長は、次のいずれかに該当するときは、第一項第三号の規定を適用しないこととすることができる。

一　市町村長が、法第二十四条第三項の規定による調整を行うに当たって、家庭的保育事業者等による保育の提供を受けていた利用乳幼児を優先的に取り扱う措置その他の家庭的保育事業者等による保育の提供の終了に際して、利用乳幼児に係る保護者の希望に基づき、引き続き必要な教育又は保育が提供されるよう必要な措置を講じているとき

二　家庭的保育事業者等による第一項第三号に掲げる事項に係る連携施設の確保が、著しく困難であると認めるとき（前号に該当する場合を除く。）

⑤　前項（第二号に該当する場合に限る。）の場合において、家庭的保育事業者等は、法第五十九条第一項に規定する施設のうち、次に掲げるもの（入所定員が二十人以上のものに限る。）であって、市町村長が適当と認めるものを第一項第三号に掲げる事項に係る連携協力を行う者として適切に確保しなければならない。

一　子ども・子育て支援法（平成二十四年法律第六十五号）第五十九条の二第一項の規定による助成を受けている者の設置する施設（法第六条の三第十二項に規定する業務を目的とするものに限る。）

二　法第六条の三第十二項及び第三十九条第一項に規定する業務を目的とする施設であって、法第六条の三第九項第一号に規定する保育を必要とする乳児・幼児の保育を行うことに要する費用に係る地方公共団体の補助を受けているもの

（家庭的保育事業者等と非常災害）

第七条　家庭的保育事業者等は、軽便消火器等の消火用具、非常口その他非常災害に必要な設備を設けるとともに、非常災害に対する具体的計画を立て、これに対する不断の注意と訓練をするように努めなければならない。

②　前項の訓練のうち、避難及び消火に対する訓練は、少なくとも毎月一回は、これを行わなければならない。

（家庭的保育事業者等の職員の一般的要件）

第八条　家庭的保育事業等において利用乳幼児の保育に従事する職員は、健全な心身を有し、豊かな人間性と倫理観を備え、児童福祉事業に熱意のある者であって、できる限り児童福祉事業の理論及び実際について訓練を受けた者でなければならない。

（家庭的保育事業者等の職員の知識及び技能の向上等）

第九条　家庭的保育事業者等の職員は、常に自己研鑽《さん》に励み、法に定めるそれぞれの事業の目的を達成するために必要な知識及び技能の修得、維持及び向上に努めなければならない。

② 家庭的保育事業者等は、職員に対し、その資質の向上のための研修の機会を確保しなければならない。

（他の社会福祉施設等を併せて設置するときの設備及び職員の基準）

第一〇条 家庭的保育事業所等は、他の社会福祉施設等を併せて設置するときは、必要に応じ当該家庭的保育事業所等の設備及び職員の一部を併せて設置する他の社会福祉施設等の設備及び職員に兼ねることができる。ただし、保育室及び各事業所に特有の設備並びに利用乳幼児の保育に直接従事する職員については、この限りでない。

（利用乳幼児を平等に取り扱う原則）

第一一条 家庭的保育事業者等は、利用乳幼児の国籍、信条、社会的身分又は利用に要する費用を負担するか否かによって、差別的取扱いをしてはならない。

（虐待等の禁止）

第一二条 家庭的保育事業者等の職員は、利用乳幼児に対し、法第三十三条の十各号に掲げる行為その他当該利用乳幼児の心身に有害な影響を与える行為をしてはならない。

（懲戒に係る権限の濫用禁止）

第一三条 家庭的保育事業者等は、利用乳幼児に対し法第四十七条第三項の規定により懲戒に関しその利用乳幼児の福祉のために必要な措置を採るときは、身体的苦痛を与え、人格を辱める等その権限を濫用してはならない。

（衛生管理等）

第一四条 家庭的保育事業者等は、利用乳幼児の使用する設備、食器等又は飲用に供する水について、衛生的な管理に努め、又は衛生上必要な措置を講じなければならない。

② 家庭的保育事業者等は、家庭的保育事業所等において感染症又は食中毒が発生し、又はまん延しないように必要な措置を講ずるよう努めなければならない。

③ 家庭的保育事業所等には、必要な医薬品その他の医療品を備えるとともに、それらの管理を適正に行わなければならない。

④ 居宅訪問型保育事業者は、保育に従事する職員の清潔の保持及び健康状態について、必要な管理を行わなければならない。

⑤ 居宅訪問型保育事業者は、居宅訪問型保育事業所の設備及び備品について、衛生的な管理に努めなければならない。

（食事）

第一五条 家庭的保育事業者等は、利用乳幼児に食事を提供するときは、家庭的保育事業所等内で調理する方法（第十条の規定により、当該家庭的保育事業所等の調理設備又は調理室を兼ねている他の社会福祉施設等の調理室において調理する方法を含む。）により行わなければならない。

② 家庭的保育事業者等は、利用乳幼児に食事を提供するときは、その献立は、できる限り、変化に富み、利用乳幼児の健全な発育に必要な栄養量を含有するものでなければならない。

③ 食事は、前項の規定によるほか、食品の種類及び調理方法について栄養並びに利用乳幼児の身体的状況及び嗜好を考慮したものでなければならない。

④ 調理は、あらかじめ作成された献立に従って行わなければならない。

⑤ 家庭的保育事業者等は、利用乳幼児の健康な生活の基本としての食を営む力の育成に努めなければならない。

（食事の提供の特例）

第一六条 次の各号に掲げる要件を満たす家庭的保育事業者等は、前条第一項の規定にかかわらず、当該家庭的保育事業者等の利用乳幼児に対する食事の提供について、次項に規定する施設（以下「搬入施設」という。）において調理し家庭的保育事業所等に搬入する方法により行うことができる。この場合において、当該家庭的保育事業者等は、当該食事の提供について当該方法によることとしてもなお当該家庭的保育事業所等において行うことが必要な調理のための加熱、保存等の調理機能を有する設備を備えなければならない。

一　利用乳幼児に対する食事の提供の責任が当該家庭的保育事業者等にあり、その管理者が、衛生面、栄養面等業務上必要な注意を果たし得るような体制及び調理業務の受託者との契約内容が確保されていること。

二　当該家庭的保育事業所等又はその他の施設、保健所、市町村等の栄養士により、献立等について栄養の観点からの指導が受けられる体制にある等、栄養士による必要な配慮が行われること。

三　調理業務の受託者を、当該家庭的保育事業者等による給食の趣旨を十分に認識し、衛生面、栄養面等、調理業務を適切に遂行できる能力を有する者とすること。

四　利用乳幼児の年齢及び発達の段階並びに健康状態に応じた食事の提供や、アレルギー、アトピー等への配慮、必要な栄養素量の給与等、利用乳幼児の食事の内容、回数及び時機に適切に応じることができること。

五　食を通じた利用乳幼児の健全育成を図る観点から、利用乳幼児の発育及び発達の過程に応じて食に関し配慮すべき事項を定めた食育に関する計画に基づき食事を提供するよう努めること。

②　搬入施設は、次の各号に掲げるいずれかの施設とする。

一　連携施設

二　当該家庭的保育事業者等と同一の法人又は関連法人が運営する小規模保育事業（法第六条の三第十項に規定する小規模保育事業をいう。以下同じ。）若しくは事業所内保育事業を行う事業所、社会福祉施設、医療機関等

三　学校給食法（昭和二十九年法律第百六十号）第三条第二項に規定する義務教育諸学校又は同法第六条に規定する共同調理場（家庭的保育事業者等が離島その他の地域であって、第一号及び第二号に掲げる搬入施設の確保が著しく困難であると市町村が認めるものにおいて家庭的保育事業等を行う場合に限る。）

四　保育所、幼稚園、認定こども園等から調理業務を受託している事業者のうち、当該家庭的保育事業者等による給食の趣旨を十分に認識し、衛生面、栄養面等、調理業務を適切に遂行できる能力を有するとともに、利用乳幼児の年齢及び発達の段階並びに健康状態に応じた食事の提供や、アレルギー、アトピー等への配慮、必要な栄養素量の給与等、利用乳幼児の食事の内容、回数及び時機に適切に応じることができる者として市町村が適当と認めるもの（家庭的保育事業者が第二十二条に規定する家庭的保育事業を行う場所（第二十三条第二項に規定する家庭的保育者の居宅に限る。附則第二条第二項において同じ。）において家庭的保育事業を行う場合に限る。）

（利用乳幼児及び職員の健康診断）

第一七条　家庭的保育事業者等は、利用乳幼児に対し、利用開始時の健康診断、少なくとも一年に二回の定期健康診断及び臨時の健康診断を、学校保健安全法（昭和三十三年法律第五十六号）に規定する健康診断に準じて行わなければならない。

②　家庭的保育事業者等は、前項の規定にかかわらず、児童相談所等における乳児又は幼児（以下「乳幼児」という。）の

利用開始前の健康診断が行われた場合であって、当該健康診断が利用乳幼児に対する利用開始時の健康診断の全部又は一部に相当すると認められるときは、利用開始時の健康診断の全部又は一部を行わないことができる。この場合において、家庭的保育事業者等は、児童相談所等における乳幼児の利用開始前の健康診断の結果を把握しなければならない。

③ 第一項の健康診断をした医師は、その結果必要な事項を母子健康手帳又は利用乳幼児の健康を記録する表に記入するとともに、必要に応じ保育の提供又は法第二十四条第六項の規定による措置を解除又は停止する等必要な手続をとることを、家庭的保育事業者等に勧告しなければならない。

④ 家庭的保育事業等の職員の健康診断に当たっては、特に利用乳幼児の食事を調理する者につき、綿密な注意を払わなければならない。

（家庭的保育事業所等内部の規程）

第一八条 家庭的保育事業者等は、次の各号に掲げる事業の運営についての重要事項に関する規程を定めておかなければならない。

一 事業の目的及び運営の方針
二 提供する保育の内容
三 職員の職種、員数及び職務の内容
四 保育の提供を行う日及び時間並びに提供を行わない日
五 保護者から受領する費用の種類、支払を求める理由及びその額
六 乳児、幼児の区分ごとの利用定員（国家戦略特別区域小規模保育事業者にあっては、乳児、満三歳に満たない幼児及び満三歳以上の幼児の区分ごとの利用定員）
七 家庭的保育事業等の利用の開始、終了に関する事項及び利用に当たっての留意事項
八 緊急時等における対応方法
九 非常災害対策
十 虐待の防止のための措置に関する事項
十一 その他家庭的保育事業等の運営に関する重要事項

（家庭的保育事業所等に備える帳簿）

第一九条 家庭的保育事業所等には、職員、財産、収支及び利用乳幼児の処遇の状況を明らかにする帳簿を整備しておかなければならない。

（秘密保持等）

第二〇条 家庭的保育事業者等の職員は、正当な理由がなく、その業務上知り得た利用乳幼児又はその家族の秘密を漏らしてはならない。

② 家庭的保育事業者等は、職員であった者が、正当な理由がなく、その業務上知り得た利用乳幼児又はその家族の秘密を漏らすことがないよう、必要な措置を講じなければならない。

（苦情への対応）

第二一条 家庭的保育事業者等は、その行った保育に関する利用乳幼児又はその保護者等からの苦情に迅速かつ適切に対応するために、苦情を受け付けるための窓口を設置する等の必要な措置を講じなければならない。

② 家庭的保育事業者等は、その行った保育に関し、当該保育の提供又は法第二十四条第六項の規定による措置に係る市町村から指導又は助言を受けた場合は、当該指導又は助言に従って必要な改善を行わなければならない。

第二章 家庭的保育事業

（設備の基準）

第二二条 家庭的保育事業は、次条第二項に規定する家庭的保

育者の居宅その他の場所（保育を受ける乳幼児の居宅を除く。）であって、次の各号に掲げる要件を満たすものとして、市町村長が適当と認める場所（次条において「家庭的保育事業を行う場所」という。）で実施するものとする。
一　乳幼児の保育を行う専用の部屋を設けること。
二　前号に掲げる専用の部屋の面積は、九・九平方メートル（保育する乳幼児が三人を超える場合は、九・九平方メートルに三人を超える人数一人につき三・三平方メートルを加えた面積）以上であること。
三　乳幼児の保健衛生上必要な採光、照明及び換気の設備を有すること。
四　衛生的な調理設備及び便所を設けること。
五　同一の敷地内に乳幼児の屋外における遊戯等に適した広さの庭（付近にあるこれに代わるべき場所を含む。次号において同じ。）があること。
六　前号に掲げる庭の面積は、満二歳以上の幼児一人につき、三・三平方メートル以上であること。
七　火災報知器及び消火器を設置するとともに、消火訓練及び避難訓練を定期的に実施すること。

（職員）

第二三条　家庭的保育事業を行う場所には、次項に規定する家庭的保育者、嘱託医及び調理員を置かなければならない。ただし、次の各号のいずれかに該当する場合には、調理員を置かないことができる。
一　調理業務の全部を委託する場合
二　第十六条第一項の規定により搬入施設から食事を搬入する場合

②　家庭的保育者（法第六条の三第九項第一号に規定する家庭的保育者をいう。以下同じ。）は、市町村長が行う研修（市町村長が指定する都道府県知事その他の機関が行う研修を含む。）を修了した保育士（特区法第十二条の五第五項に規定する事業実施区域内にある家庭的保育事業を行う場所にあっては、保育士又は当該事業実施区域に係る国家戦略特別区域限定保育士）又は保育士と同等以上の知識及び経験を有すると市町村長が認める者であって、次の各号のいずれにも該当する者とする。
一　保育を行っている乳幼児の保育に専念できる者
二　法第十八条の五各号及び法第三十四条の二十第一項第三号のいずれにも該当しない者

③　家庭的保育者一人が保育することができる乳幼児の数は、三人以下とする。ただし、家庭的保育者が、家庭的保育補助者（市町村長が行う研修（市町村長が指定する都道府県知事その他の機関が行う研修を含む。）を修了した者であって、家庭的保育者を補助するものをいう。第三十四条第二項において同じ。）とともに保育する場合には、五人以下とする。

（保育時間）

第二四条　家庭的保育事業における保育時間は、一日につき八時間を原則とし、乳幼児の保護者の労働時間その他家庭の状況等を考慮して、家庭的保育事業を行う者（次条及び第二十六条において「家庭的保育事業者」という。）が定めるものとする。

（保育の内容）

第二五条　家庭的保育事業者は、児童福祉施設の設備及び運営に関する基準（昭和二十三年厚生省令第六十三号）第三十五条に規定する厚生労働大臣が定める指針に準じ、家庭的保育事業の特性に留意して、保育する乳幼児の心身の状況等に応じた保育を提供しなければならない。

（保護者との連絡）

第二六条　家庭的保育事業者は、常に保育する乳幼児の保護者と密接な連絡をとり、保育の内容等につき、その保護者の理解及び協力を得るよう努めなければならない。

第三章　小規模保育事業

第一節　通則

（小規模保育事業の区分）

第二七条　小規模保育事業は、小規模保育事業A型、小規模保育事業B型及び小規模保育事業C型とする。

第二節　小規模保育事業A型

（設備の基準）

第二八条　小規模保育事業A型を行う事業所（以下「小規模保育事業所A型」という。）の設備の基準は、次のとおりとする。

一　乳児又は満二歳に満たない幼児を利用させる小規模保育事業所A型には、乳児室又はほふく室、調理設備及び便所を設けること。

二　乳児室又はほふく室の面積は、乳児又は前号の幼児一人につき三・三平方メートル以上であること。

三　乳児室又はほふく室には、保育に必要な用具を備えること。

四　満二歳以上の幼児を利用させる小規模保育事業所A型には、保育室又は遊戯室、屋外遊戯場（当該事業所の付近にある屋外遊戯場に代わるべき場所を含む。次号並びに第三十三条第四号及び第五号において同じ。）、調理設備及び便所を設けること。

五　保育室又は遊戯室の面積は、前号の幼児一人につき一・九八平方メートル以上、屋外遊戯場の面積は、前号の幼児一人につき三・三平方メートル以上であること。

六　保育室又は遊戯室には、保育に必要な用具を備えること。

七　乳児室、ほふく室、保育室又は遊戯室（以下「保育室等」という。）を二階に設ける建物は、次のイ、ロ及びヘの要件に、保育室等を三階以上に設ける建物は、次の各号に掲げる要件に該当するものであること。

イ　建築基準法（昭和二十五年法律第二百一号）第二条第九号の二に規定する耐火建築物又は同条第九号の三に規定する準耐火建築物であること。

ロ　保育室等が設けられている次の表の上欄に掲げる階に応じ、同表の中欄に掲げる区分ごとに、それぞれ同表の下欄に掲げる施設又は設備が一以上設けられていること。

階	区分	施設又は設備
二階	常用	1　屋内階段 2　屋外階段
	避難用	1　建築基準法施行令（昭和二十五年政令第三百三十八号）第百二十三条第一項各号又は同条第三項各号に規定する構造の屋内階段 2　待避上有効なバルコニー 3　建築基準法第二条第七号の二に規定する準耐火構造の屋外傾斜路又はこれに準ずる設備 4　屋外階段

階	区分	構造
三階	常用	1　建築基準法施行令第百二十三条第一項各号又は同条第三項各号に規定する構造の屋内階段 2　屋外階段
	避難用	1　建築基準法施行令第百二十三条第一項各号又は同条第三項各号に規定する構造の屋内階段 2　建築基準法第二条第七号に規定する耐火構造の屋外傾斜路又はこれに準ずる設備 3　屋外階段
四階以上の階	常用	1　建築基準法施行令第百二十三条第一項各号又は同条第三項各号に規定する構造の屋内階段 2　建築基準法施行令第百二十三条第二項各号に規定する構造の屋外階段
	避難用	1　建築基準法施行令第百二十三条第一項各号又は同条第三項各号に規定する構造の屋内階段（ただし、同条第一項の場合においては、当該階段の構造は、建築物の一階から保育室等が設けられている階までの部分に限り、屋内と階段室とは、バルコニー又は付室（階段室が同条第三項第二号に規定する構造を有する場合を除き、同号に規定する構造を有するものに限る。）を通じて連絡することとし、かつ、同条第三項第三号、第四号及び第十号を満たすものとする。） 2　建築基準法第二条第七号に規定する耐火構造の屋外傾斜路 3　建築基準法施行令第百二十三条第二項各号に規定する構造の屋外階段

ハ　ロに掲げる施設及び設備が避難上有効な位置に設けられ、かつ、保育室等の各部分からその一に至る歩行距離が三十メートル以下となるように設けられていること。

ニ　小規模保育事業所A型の調理設備（次に掲げる要件のいずれかに該当するものを除く。以下このニにおいて同じ。）以外の部分と小規模保育事業所A型の調理設備の部分が建築基準法第二条第七号に規定する耐火構造の床若しくは壁又は建築基準法施行令第百十二条第一項に規定する特定防火設備で区画されていること。この場合において、換気、暖房又は冷房の設備の風道が、当該床若しくは壁を貫通する部分又はこれに近接する部分に防火上有効にダンパーが設けられていること。

(1)　スプリンクラー設備その他これに類するもので自動式のものが設けられていること。

(2)　調理用器具の種類に応じて有効な自動消火装置が設けられ、かつ、当該調理設備の外部への延焼を防止するために必要な措置が講じられていること。

ホ　小規模保育事業所A型の壁及び天井の室内に面する部分の仕上げを不燃材料でしていること。

ヘ　保育室等その他乳幼児が出入し、又は通行する場所に、乳幼児の転落事故を防止する設備が設けられていること。

ト　非常警報器具又は非常警報設備及び消防機関へ火災を通報する設備が設けられていること。

チ　小規模保育事業所A型のカーテン、敷物、建具等で可燃性のものについて防炎処理が施されていること。

（職員）

第二九条　小規模保育事業所A型には、保育士（特区法第十二条の五第五項に規定する事業実施区域内にある小規模保育事業所A型にあっては、保育士又は当該事業実施区域に係る国家戦略特別区域限定保育士。次項において同じ。）、嘱託医及び調理員を置かなければならない。ただし、調理業務の全部を委託する小規模保育事業所A型又は第十六条第一項の規定により搬入施設から食事を搬入する小規模保育事業所A型にあっては、調理員を置かないことができる。

② 保育士の数は、次の各号に掲げる区分に応じ、当該各号に定める数の合計数に一を加えた数以上とする。

一　乳児　おおむね三人につき一人

二　満一歳以上満三歳に満たない幼児　おおむね六人につき一人

三　満三歳以上満四歳に満たない児童　おおむね二十人につき一人（法第六条の三第十項第二号又は特区法第十二条の四第一項の規定に基づき受け入れる場合に限る。次号において同じ。）

四　満四歳以上の児童　おおむね三十人につき一人

③ 前項に規定する保育士の数の算定に当たっては、当該小規模保育事業所A型に勤務する保健師、看護師又は准看護師を、一人に限り、保育士とみなすことができる。

（準用）

第三〇条　第二十四条から第二十六条までの規定は、小規模保育事業A型について準用する。この場合において、第二十四条中「家庭的保育事業を行う者（次条及び第二十六条において「家庭的保育事業者」という。）」とあるのは「小規模保育事業A型を行う者（第三十条において準用する次条及び第二十六条において「小規模保育事業者（A型）」という。）」と、第二十五条及び第二十六条中「家庭的保育事業者」とあるのは「小規模保育事業者（A型）」とする。

第三節　小規模保育事業B型

（職員）

第三一条　小規模保育事業B型を行う事業所（以下「小規模保育事業所B型」という。）には、保育士（特区法第十二条の五第五項に規定する事業実施区域内にある小規模保育事業所B型にあっては、保育士又は当該事業実施区域に係る国家戦略特別区域限定保育士。次項において同じ。）その他保育に従事する職員として市町村長が行う研修（市町村長が指定する都道府県知事その他の機関が行う研修を含む。）を修了した者（以下この条において「保育従事者」という。）、嘱託医及び調理員を置かなければならない。ただし、調理業務の全部を委託する小規模保育事業所B型又は第十六条第一項の規定により搬入施設から食事を搬入する小規模保育事業所B型にあっては、調理員を置かないことができる。

② 保育従事者の数は、次の各号に掲げる乳幼児の区分に応じ、当該各号に定める数の合計数に一を加えた数以上とし、そのうち半数以上は保育士とする。

一　乳児　おおむね三人につき一人

二　満一歳以上満三歳に満たない幼児　おおむね六人につき一人

三　満三歳以上満四歳に満たない児童　おおむね二十人につき一人（法第六条の三第十項第二号又は特区法第十二条の四第一項の規定に基づき受け入れる場合に限る。次号において同じ。）

四　満四歳以上の児童　おおむね三十人につき一人
③　前項に規定する保育士の数の算定に当たっては、当該小規模保育事業所Ｂ型に勤務する保健師、看護師又は准看護師を、一人に限り、保育士とみなすことができる。

（準用）
第三十二条　第二十四条から第二十六条まで及び第二十八条の規定は、小規模保育事業Ｂ型について準用する。この場合において、第二十四条中「家庭的保育事業を行う者（次条及び第二十六条において「家庭的保育事業者」という。）」とあるのは「小規模保育事業Ｂ型を行う者（第三十二条において準用する次条及び第二十六条において「小規模保育事業者（Ｂ型）」という。）」と、第二十五条及び第二十六条中「家庭的保育事業者」とあるのは「小規模保育事業者（Ｂ型）」と、第二十八条中「小規模保育事業所Ａ型」とあるのは「小規模保育事業所Ｂ型」とする。

第四節　小規模保育事業Ｃ型

（設備の基準）
第三十三条　小規模保育事業Ｃ型を行う事業所（以下「小規模保育事業所Ｃ型」という。）の設備の基準は、次のとおりとする。
一　乳児又は満二歳に満たない幼児を利用させる小規模保育事業所Ｃ型には、乳児室又はほふく室、調理設備及び便所を設けること。
二　乳児室又はほふく室の面積は、乳児又は前号の幼児一人につき三・三平方メートル以上であること。
三　乳児室又はほふく室には、保育に必要な用具を備えること。
四　満二歳以上の幼児を利用させる小規模保育事業所Ｃ型には、保育室又は遊戯室、屋外遊戯場、調理設備及び便所を設けること。
五　保育室又は遊戯室の面積は、満二歳以上の幼児一人につき三・三平方メートル以上、屋外遊戯場の面積は、前号の幼児一人につき三・三平方メートル以上であること。
六　保育室又は遊戯室には、保育に必要な用具を備えること。
七　保育室等を二階以上に設ける建物は、第二十八条第七号に掲げる要件に該当するものであること。

（職員）
第三十四条　小規模保育事業所Ｃ型には、家庭的保育者、嘱託医及び調理員を置かなければならない。ただし、調理業務の全部を委託する小規模保育事業所Ｃ型又は第十六条第一項の規定により搬入施設から食事を搬入する小規模保育事業所Ｃ型にあっては、調理員を置かないことができる。
②　家庭的保育者一人が保育することができる乳幼児の数は、三人以下とする。ただし、家庭的保育者が、家庭的保育補助者とともに保育する場合には、五人以下とする。

（利用定員）
第三十五条　小規模保育事業所Ｃ型は、法第六条の三第十項の規定にかかわらず、その利用定員を六人以上十人以下とする。

（準用）
第三十六条　第二十四条から第二十六条までの規定は、小規模保育事業Ｃ型について準用する。この場合において、第二十四条中「家庭的保育事業を行う者（次条及び第二十六条において「家庭的保育事業者」という。）」とあるのは「小規模保育事業Ｃ型を行う者（第三十六条において準用する次条及び第二十六条において「小規模保育事業者（Ｃ型）」という。）」と、第二十五条及び第二十六条中「家庭的保育事業者」とあるのは「小規模保育事業者（C型）」とする。

第四章　居宅訪問型保育事業

（居宅訪問型保育事業）

第三七条　居宅訪問型保育事業者は、次の各号に掲げる保育を提供するものとする。

一　障害、疾病等の程度を勘案して集団保育が著しく困難であると認められる乳幼児に対する保育

二　子ども・子育て支援法第三十四条第五項又は第四十六条第五項の規定による便宜の提供に対応するために行う保育

三　法第二十四条第六項に規定する措置に対応するために行う保育

四　母子家庭等（母子及び父子並びに寡婦福祉法（昭和三十九年法律第百二十九号）第六条第五項に規定する母子家庭等をいう。）の乳幼児の保護者が夜間及び深夜の勤務に従事する場合又は保護者の疾病、疲労その他の身体上、精神上若しくは環境上の理由により家庭において乳幼児を養育することが困難な場合への対応等、保育の必要の程度及び家庭等の状況を勘案し、居宅訪問型保育を提供する必要性が高いと市町村が認める乳幼児に対する保育

五　離島その他の地域であって、居宅訪問型保育事業以外の家庭的保育事業等の確保が困難であると市町村が認めるものにおいて行う保育

（設備及び備品）

第三八条　居宅訪問型保育事業者が当該事業を行う事業所には、事業の運営を行うために必要な広さを有する専用の区画を設けるほか、保育の実施に必要な設備及び備品等を備えなければならない。

（職員）

第三九条　居宅訪問型保育事業において家庭的保育者一人が保育することができる乳幼児の数は一人とする。

（居宅訪問型保育連携施設）

第四〇条　居宅訪問型保育事業者は、第三十七条第一号に規定する乳幼児に対する保育を行う場合にあっては、当該乳幼児の障害、疾病等の状態に応じ、適切な専門的な支援その他の便宜の供与を受けられるよう、あらかじめ、連携する障害児入所施設（法第四十二条に規定する障害児入所施設をいう。）その他の市町村の指定する施設（この条において「居宅訪問型保育連携施設」という。）を適切に確保しなければならない。ただし、離島その他の地域であって、居宅訪問型保育連携施設の確保が著しく困難であると市町村が認めるものにおいて居宅訪問型保育事業を行う居宅訪問型保育事業者については、この限りでない。

（準用）

第四一条　第二十四条から第二十六条までの規定は、居宅訪問型保育事業について準用する。この場合において、第二十四条中「家庭的保育事業を行う者（次条及び第二十六条において「家庭的保育事業者」という。）」とあるのは「居宅訪問型保育事業者」と、第二十五条及び第二十六条中「家庭的保育事業者」とあるのは「居宅訪問型保育事業者」とする。

第五章　事業所内保育事業

（利用定員の設定）

第四二条　事業所内保育事業を行う者（以下この章において「事業所内保育事業者」という。）は、次の表の上欄に掲げる利用定員の区分に応じ、それぞれ同表の下欄に定めるその他の乳児又は幼児（法第六条の三第十二項第一号イ、ロ又はハに規定するその他の乳児又は幼児をいう。）の数を踏まえて

市町村が定める乳幼児数以上の定員枠を設けなくてはならない。

利用定員数	その他の乳児又は幼児の数
一人以上五人以下	一人
六人以上七人以下	二人
八人以上十人以下	三人
十一人以上十五人以下	四人
十六人以上二十人以下	五人
二十一人以上二十五人以下	六人
二十六人以上三十人以下	七人
三十一人以上四十人以下	十人
四十一人以上五十人以下	十二人
五十一人以上六十人以下	十五人
六十一人以上七十人以下	二十人
七十一人以上	二十人

（設備の基準）

第四三条　事業所内保育事業（利用定員が二十人以上のものに限る。以下この条、第四十五条及び第四十六条において「保育所型事業所内保育事業」という。）を行う事業所（以下「保育所型事業所内保育事業所」という。）の設備の基準は、次のとおりとする。

一　乳児又は満二歳に満たない幼児を入所させる保育所型事業所内保育事業所には、乳児室又はほふく室、医務室、調理室（当該保育所型事業所内保育事業所を設置及び管理する事業主が事業場に附属して設置する炊事場を含む。第五号において同じ。）及び便所を設けること。

二　乳児室の面積は、乳児又は前号の幼児一人につき一・六五平方メートル以上であること。

三　ほふく室の面積は、乳児又は第一号の幼児一人につき三・三平方メートル以上であること。

四　乳児室又はほふく室には、保育に必要な用具を備えること。

五　満二歳以上の幼児（法第六条の三第十二項第二号の規定に基づき保育が必要と認められる児童であって満三歳以上のものを受け入れる場合にあっては、当該児童を含む。以下この章において同じ。）を入所させる保育所型事業所内保育事業所には、保育室又は遊戯室、屋外遊戯場（保育所型事業所内保育事業所の付近にある屋外遊戯場に代わるべき場所を含む。次号において同じ。）、調理室及び便所を設けること。

六　保育室又は遊戯室の面積は、前号の幼児一人につき一・九八平方メートル以上、屋外遊戯場の面積は、前号の幼児一人につき三・三平方メートル以上であること。

七　保育室又は遊戯室には、保育に必要な用具を備えること。

八　保育室等を二階に設ける建物は、次のイ、ロ及びハの要件に、保育室等を三階以上に設ける建物は、次の各号に掲げる要件に該当するものであること。

イ　建築基準法第二条第九号の二に規定する耐火建築物又は同条第九号の三に規定する準耐火建築物であること。

ロ　保育室等が設けられている次の表の上欄に掲げる階に応じ、同表の中欄に掲げる区分ごとに、それぞれ同表の下欄に掲げる施設又は設備が一以上設けられていること。

階	区分	施設又は設備
二階	常用	1　屋内階段 2　屋外階段
	避難用	1　建築基準法施行令第百二十三条第一項各号又は同条第三項各号に規定する構造の屋内階段 2　待避上有効なバルコニー 3　建築基準法第二条第七号の二に規定する準耐火構造の屋外傾斜路又はこれに準ずる設備 4　屋外階段
三階	常用	1　建築基準法施行令第百二十三条第一項各号又は同条第三項各号に規定する構造の屋内階段 2　屋外階段
	避難用	1　建築基準法施行令第百二十三条第一項各号又は同条第三項各号に規定する構造の屋内階段 2　建築基準法第二条第七号に規定する耐火構造の屋外傾斜路又はこれに準ずる設備 3　屋外階段
	常用	1　建築基準法施行令第百二十三条第一項各号又は同条第三項各号に規定する構造の屋内階段 2　建築基準法施行令第百二十三条第二項各号に規定する構造の屋外階段
四階以上の階	避難用	1　建築基準法施行令第百二十三条第一項各号又は同条第三項各号に規定する構造の屋内階段（ただし、同条第一項の場合においては、当該階段の構造は、建築物の一階から保育室等が設けられている階までの部分に限り、屋内と階段室とは、バルコニー又は付室（階段室が同条第三項第二号に規定する構造を有する場合を除き、同号に規定する構造を有するものに限る。）を通じて連絡することとし、かつ、同条第三項第三号、第四号及び第十号を満たすものとする。） 2　建築基準法第二条第七号に規定する耐火構造の屋外傾斜路 3　建築基準法施行令第百二十三条第二項各号に規定する構造の屋外階段

ハ　ロに掲げる施設及び設備が避難上有効な位置に設けられ、かつ、保育室等の各部分からその一に至る歩行距離が三十メートル以下となるように設けられていること。

ニ　保育所型事業所内保育事業所の調理室（次に掲げる要件のいずれかに該当するものを除く。以下このニにおいて同じ。）以外の部分と保育所型事業所内保育事業所の調理室の部分が建築基準法第二条第七号に規定する耐火構造の床若しくは壁又は建築基準法施行令第百十二条第一項に規定する特定防火設備で区画されていること。この場合において、換気、暖房又は冷房の設備の風道が、当該床若しくは壁を貫通する部分又はこれに近接する部分に防火上有効にダンパーが設けられていること。
(1) スプリンクラー設備その他これに類するもので自動式のものが設けられていること。
(2) 調理用器具の種類に応じて有効な自動消火装置が設けられ、かつ、当該調理室の外部への延焼を防止するために必要な措置が講じられていること。
ホ　保育所型事業所内保育事業所の壁及び天井の室内に面する部分の仕上げを不燃材料でしていること。
ヘ　保育室等その他乳幼児が出入し、又は通行する場所に、乳幼児の転落事故を防止する設備が設けられていること。
ト　非常警報器具又は非常警報設備及び消防機関へ火災を通報する設備が設けられていること。
チ　保育所型事業所内保育事業所のカーテン、敷物、建具等で可燃性のものについて防炎処理が施されていること。

（職員）

第四四条　保育所型事業所内保育事業所には、保育士（特区法第十二条の五第五項に規定する事業実施区域内にある保育所型事業所内保育事業所にあっては、保育士又は当該事業実施区域に係る国家戦略特別区域限定保育士。次項において同じ。）、嘱託医及び調理員を置かなければならない。ただし、調理業務の全部を委託する保育所型事業所内保育事業所又は第十六条第一項の規定により搬入施設から食事を搬入する保育所型事業所内保育事業所にあっては、調理員を置かないことができる。

②　保育士の数は、次の各号に掲げる区分に応じ、当該各号に定める数の合計数以上とする。ただし、保育所型事業所内保育事業所一につき二人を下回ることはできない。

一　乳児　おおむね三人につき一人
二　満一歳以上満三歳に満たない幼児　おおむね六人につき一人
三　満三歳以上満四歳に満たない児童　おおむね二十人につき一人（法第六条の三第十二項第二号の規定に基づき受け入れる場合に限る。次号において同じ。）
四　満四歳以上の児童　おおむね三十人につき一人

③　前項に規定する保育士の数の算定に当たっては、当該保育所型事業所内保育事業所に勤務する保健師、看護師又は准看護師を一人に限り、保育士とみなすことができる。

（連携施設に関する特例）

第四五条　保育所型事業所内保育事業を行う者にあっては、連携施設の確保に当たって、第六条第一項第一号及び第二号に係る連携協力を求めることを要しない。

②　保育所型事業所内保育事業を行う者のうち、法第六条の三第十二項第二号に規定する事業を行うものであって、市町村長が適当と認めるもの（附則第三条において「特例保育所型事業所内保育事業者」という。）については、第六条第一項本文の規定にかかわらず、連携施設の確保をしないことができる。

（準用）

第四六条　第二十四条から第二十六条までの規定は、保育所型事業所内保育事業について準用する。この場合において、第二十四条中「家庭的保育事業を行う者（第四十六条において準用する次条及び第二十六条において「保育所型事業所内保育事業者」という。）」と、第二十五条及び第二十六条中「家庭的保育事業者」とあるのは「保育所型事業所内保育事業者」とする。

（職員）

第四七条　事業所内保育事業（利用定員が十九人以下のものに限る。以下この条及び次条において「小規模型事業所内保育事業」という。）を行う事業所（以下この条及び次条において「小規模型事業所内保育事業所」という。）には、保育士（特区法第十二条の五第五項に規定する事業実施区域内にある小規模型事業所内保育事業所にあっては、保育士又は当該事業実施区域に係る国家戦略特別区域限定保育士。次項において同じ。）その他保育に従事する職員として市町村長が行う研修（市町村長が指定する都道府県知事その他の機関が行う研修を含む。）を修了した者（以下この条において「保育従事者」という。）、嘱託医及び調理員を置かなければならない。ただし、調理業務の全部を委託する小規模型事業所内保育事業所又は第十六条第一項の規定により搬入施設から食事を搬入する小規模型事業所内保育事業所にあっては、調理員を置かないことができる。

② 保育従事者の数は、次の各号に掲げる区分に応じ、当該各号に定める数の合計数に一を加えた数以上とし、そのうち半数以上は保育士とする。

一　乳児　おおむね三人につき一人

二　満一歳以上満三歳に満たない幼児　おおむね六人につき一人

三　満三歳以上満四歳に満たない児童　おおむね二十人につき一人（法第六条の三第十二項第二号の規定に基づき受け入れる場合に限る。次号において同じ。）

四　満四歳以上の児童　おおむね三十人につき一人

③ 前項に規定する保育士の数の算定に当たっては、当該小規模型事業所内保育事業所に勤務する保健師、看護師又は准看護師を、一人に限り、保育士とみなすことができる。

（準用）

第四八条　第二十四条から第二十六条まで及び第二十八条の規定は、小規模型事業所内保育事業について準用する。この場合において、第二十四条中「家庭的保育事業を行う者（次条及び第二十六条において「家庭的保育事業者」という。）」とあるのは「小規模型事業所内保育事業を行う者（第四十八条において準用する次条及び第二十六条において「小規模型事業所内保育事業者」という。）」と、第二十五条及び第二十六条中「家庭的保育事業者」とあるのは「小規模型事業所内保育事業者」と、第二十八条中「小規模保育事業所A型」とあるのは「小規模型事業所内保育事業所」と、同条第一号中「調理設備」とあるのは「調理設備（当該小規模型事業所内保育事業所を設置及び管理する事業主が事業場に附属して設置する炊事場を含む。第四号において同じ。）」と、同条第四号中「次号」とあるのは「第四十八条において準用する第二十八条第五号」とする。

附　則

（施行期日）

第一条　この省令は、子ども・子育て支援法及び就学前の子どもに関する教育、保育等の総合的な提供の推進に関する法律の一部を改正する法律の施行に伴う関係法律の整備等に関する法律（平成二十四年法律第六十七号）の施行の日〔平27・4・1〕（以下「施行日」という。）から施行する。

（食事の提供の経過措置）

第二条　この省令の施行の日の前日において現に存する法第三十九条第一項に規定する業務を目的とする施設若しくは事業を行う者（次項において「施設等」という。）が、施行日後に家庭的保育事業等の認可を得た場合においては、この省令の施行の日から起算して五年を経過する日までの間は、第十五条、第二十二条第四号（調理設備に係る部分に限る。）、第二十三条第一項本文（調理員に係る部分に限る。）、第二十八条第一号（調理設備に係る部分に限る。）（第三十二条及び第四十八条において準用する場合を含む。）及び第四号（調理設備に係る部分に限る。）（第三十二条及び第四十八条において準用する場合を含む。）、第二十九条第一項本文（調理員に係る部分に限る。）、第三十一条第一項本文（調理員に係る部分に限る。）、第三十三条第一号（調理設備に係る部分に限る。）及び第四号（調理設備に係る部分に限る。）、第三十四条第一項本文（調理員に係る部分に限る。）、第四十三条第一号（調理室に係る部分に限る。）及び第五号（調理室に係る部分に限る。）、第四十四条第一項本文（調理員に係る部分に限る。）並びに第四十七条第一項本文（調理員に係る業務に限る。）の規定は、適用しないことができる。

② 前項の規定にかかわらず、施行日後に家庭的保育事業の認可を得た施設等については、この省令の施行の日から起算して十年を経過する日までの間は、第十五条、第二十二条第四号（調理設備に係る部分に限る。）及び第二十三条第一項本文（調理員に係る部分に限る。）の規定は、適用しないことができる。この場合において、当該施設等は、第一条第二項に規定する利用乳幼児への食事の提供を同項に規定する家庭的保育事業所等内で調理する方法（第十条の規定により、当該家庭的保育事業所等の調理設備又は調理室を兼ねている他の社会福祉施設等の調理施設において調理する方法を含む。）により行うために必要な体制を確保するよう努めなければならない。

（連携施設に関する経過措置）

第三条　家庭的保育事業者等（特例保育所型事業所内保育事業者は除く。）は、連携施設の確保が著しく困難であって、子ども・子育て支援法第五十九条第四号に規定する事業による支援その他の必要な適切な支援を行うことができると市町村が認める場合は、第六条第一項本文の規定にかかわらず、この省令の施行の日から起算して十年を経過する日までの間、連携施設の確保をしないことができる。

（小規模保育事業B型等に関する経過措置）

第四条　第三十一条及び第四十七条の規定の適用については、第二十三条第二項に規定する家庭的保育者又は同条第三項に規定する家庭的保育補助者は、この省令の施行の日から起算して五年を経過する日までの間、第三十一条第一項及び第四十七条第一項に規定する保育従事者とみなす。

（利用定員に関する経過措置）

第五条　小規模保育事業C型にあっては、第三十五条の規定にかかわらず、この省令の施行の日から起算して五年を経過する日までの間、その利用定員を六人以上十五人以下とすることができる。

（小規模保育事業所A型及び保育所型事業所内保育事業所の職員配置に係る特例）

第六条　保育の需要に応ずるに足りる保育所、認定こども園（子ども・子育て支援法第二十七条第一項の確認を受けたものに限る。）又は家庭的保育事業等が不足していることに鑑み、当分の間、第二十九条第二項各号又は第四十四条第二項各号に定める数の合計数が一となる時は、第二十九条第二項又は第四十四条第二項に規定する保育士の数は一人以上とすることができる。ただし、配置される保育士の数が一人となる時は、当該保育士に加えて、保育士と同等の知識及び経験を有すると市町村長が認める者を置かなければならない。

第七条　前条の事情に鑑み、当分の間、第二十九条第二項又は

第四十四条第二項に規定する保育士の数の算定については、幼稚園教諭若しくは小学校教諭又は養護教諭の普通免許状（教育職員免許法（昭和二十四年法律第百四十七号）第四条第二項に規定する普通免許状をいう。）を有する者を、保育士とみなすことができる。

第八条　附則第六条の事情に鑑み、当分の間、一日につき八時間を超えて開所する小規模保育事業所A型又は保育所型事業所内保育事業所（以下この条において「小規模保育事業所A型等」という。）において、開所時間を通じて必要となる保育士の総数が当該小規模保育事業所A型等に係る利用定員の総数に応じて置かなければならない保育士の数を超えるときは、第二十九条第二項又は第四十四条第二項に規定する保育士の数の算定については、保育士と同等の知識及び経験を有すると市町村長が認める者を、開所時間を通じて必要となる保育士の総数から利用定員の総数に応じて置かなければならない保育士の数を差し引いて得た数の範囲で、保育士とみなすことができる。

第九条　前二条の規定を適用する時は、保育士（法第十八条の十八第一項の登録を受けた者をいい、第二十九条第三項若しくは第四十四条第三項又は前二条の規定により保育士とみなされる者を除く。）を、保育士の数（前二条の規定の適用がないとした場合の第二十九条第二項又は第四十四条第二項により算定されるものをいう。）の三分の二以上、置かなければならない。

⑲保育所保育指針

（平成二九年三月三一日
厚生労働省告示第一一七号
平成三〇年四月一日施行）

第一章　総則

この指針は、児童福祉施設の設備及び運営に関する基準（昭和二十三年厚生省令第六十三号。以下「設備運営基準」という。）第三十五条の規定に基づき、保育所における保育の内容に関する事項及びこれに関連する運営に関する事項を定めるものである。各保育所は、この指針において規定される保育の内容に係る基本原則に関する事項等を踏まえ、各保育所の実情に応じて創意工夫を図り、保育所の機能及び質の向上に努めなければならない。

1　保育所保育に関する基本原則

(1)　保育所の役割

ア　保育所は、児童福祉法（昭和二十二年法律第一六四号）第三十九条の規定に基づき、保育を必要とする子どもの保育を行い、その健全な心身の発達を図ることを目的とする児童福祉施設であり、入所する子どもの最善の利益を考慮し、その福祉を積極的に増進することに最もふさわしい生活の場でなければならない。

イ　保育所は、その目的を達成するために、保育に関する専門性を有する職員が、家庭との緊密な連携の下に、子どもの状況や発達過程を踏まえ、保育所における環境を通して、養護及び教育を一体的に行うことを特性としている。

ウ　保育所は、入所する子どもを保育するとともに、家庭や地域の様々な社会資源との連携を図りながら、入所する子どもの保護者に対する支援及び地域の子育て家庭に対する支援等を行う役割を担うものである。

エ　保育所における保育士は、児童福祉法第十八条の四の規定を踏まえ、保育所の役割及び機能が適切に発揮されるように、倫理観に裏付けられた専門的知識、技術及び判断をもって、子どもを保育するとともに、子どもの保護者に対する保育に関する指導を行うものであり、その職責を遂行するための専門性の向上に絶えず努めなければならない。

(2)　保育の目標

ア　保育所は、子どもが生涯にわたる人間形成にとって極めて重要な時期に、その生活時間の大半を過ごす場である。このため、保育所の保育は、子どもが現在を最も良く生き、望ましい未来をつくり出す力の基礎を培うために、次の目標を目指して行わなければならない。

(ア)　十分に養護の行き届いた環境の下に、くつろいだ雰囲気の中で子どもの様々な欲求を満たし、生命の保持及び情緒の安定を図ること。

(イ)　健康、安全など生活に必要な基本的な習慣や態度を養い、心身の健康の基礎を培うこと。

(ウ)　人との関わりの中で、人に対する愛情と信頼感、そして人権を大切にする心を育てるとともに、自主、自立及び協調の態度を養い、道徳性の芽生えを培うこと。

(エ)　生命、自然及び社会の事象についての興味や関心を育て、それらに対する豊かな心情や思考力の芽生えを培うこと。

(オ)　生活の中で、言葉への興味や関心を育て、話したり、聞いたり、相手の話を理解しようとするなど、言葉の豊かさを養うこと。

(カ)　様々な体験を通して、豊かな感性や表現力を育み、創造性の芽生えを培うこと。

イ　保育所は、入所する子どもの保護者に対し、その意向を受け止め、子どもと保護者の安定した関係に配慮し、保育所の特性や保育士等の専門性を生かして、その援助に当たらなければならない。

(3)　保育の方法

保育の目標を達成するために、保育士等は、次の事項に留意して保育しなければならない。

ア　一人一人の子どもの状況や家庭及び地域社会での生活の実態を把握するとともに、子どもが安心感と信頼感をもって活動できるよう、子どもの主体としての思いや願いを受け止めること。

イ　子どもの生活のリズムを大切にし、健康、安全で情緒の安定した生活ができる環境や、自己を十分に発揮できる環境を整えること。

ウ　子どもの発達について理解し、一人一人の発達過程に応じて保育すること。その際、子どもの個人差に十分配慮すること。

エ　子ども相互の関係づくりや互いに尊重する心を大切にし、集団における活動を効果あるものにするよう援助すること。

オ　子どもが自発的・意欲的に関われるような環境を構成し、子どもの主体的な活動や子ども相互の関わりを大切にすること。特に、乳幼児期にふさわしい体験が得られるように、生活や遊びを通して総合的に保育すること。

カ　一人一人の保護者の状況やその意向を理解、受容し、それぞれの親子関係や家庭生活等に配慮しながら、様々な機会をとらえ、適切に援助すること。

(4)　保育の環境

保育の環境には、保育士等や子どもなどの人的環境、施設や遊具などの物的環境、更には自然や社会の事象などがある。保育所は、こうした人、物、場などの環境が相互に関連し合い、子どもの生活が豊かなものとなるよう、次の事項に留意しつつ、計画的に環境を構成し、工夫して保育しなければならない。

ア　子ども自らが環境に関わり、自発的に活動し、様々な経験を積んでいくことができるよう配慮すること。

イ　子どもの活動が豊かに展開されるよう、保育所の設備や環境を整え、保育所の保健的環境や安全の確保などに努めること。

ウ　保育室は、温かな親しみとくつろぎの場となるとともに、生き生きと活動できる場となるように配慮すること。

エ　子どもが人と関わる力を育てていくため、子ども自らが周囲の子どもや大人と関わっていくことができる環境を整えること。

(5)　保育所の社会的責任

ア　保育所は、子どもの人権に十分配慮するとともに、子ども一人一人の人格を尊重して保育を行わなければならない。

イ　保育所は、地域社会との交流や連携を図り、保護者や地域社会に、当該保育所が行う保育の内容を適切に説明するよう努めなければならない。

ウ　保育所は、入所する子ども等の個人情報を適切に取り扱うとともに、保護者の苦情などに対し、その解決を図るよう努めなければならない。

2　養護に関する基本的事項

(1)　養護の理念

保育における養護とは、子どもの生命の保持及び情緒の安定を図るために保育士等が行う援助や関わりであり、保育所における保育は、養護及び教育を一体的に行うことをその特性とするものである。保育所における保育全体を通じて、養護に関するねらい及び内容を踏まえた保育が展開されなければならない。

(2)　養護に関わるねらい及び内容

ア　生命の保持

(ア)　ねらい

①　一人一人の子どもが、快適に生活できるようにする。

②　一人一人の子どもが、健康で安全に過ごせるようにする。

③　一人一人の子どもの生理的欲求が、十分に満たされるようにする。

④　一人一人の子どもの健康増進が、積極的に図られるようにする。

(イ)　内　容

①　一人一人の子どもの平常の健康状態や発育及び発達状態を的確に把握し、異常を感じる場合は、速やかに適切に対応する。

②　家庭との連携を密にし、嘱託医等との連携を図りながら、子どもの疾病や事故防止に関する認識を深め、保健的で安全な保育環境の維持及び向上に努める。

③　清潔で安全な環境を整え、適切な援助や応答的な関わりを通して子どもの生理的欲求を満たしていく。また、家庭と協力しながら、子どもの発達過程等に応じた適切な生活のリズムがつくられていくようにする。

④　子どもの発達過程等に応じて、適度な運動と休息を取ることができるようにする。また、食事、排泄《せつ》、衣類の着脱、身の回りを清潔にすることなどについて、子どもが意欲的に生活できるよう適切に援助する。

イ　情緒の安定

(ア)　ねらい

①　一人一人の子どもが、安定感をもって過ごせるようにする。

②　一人一人の子どもが、自分の気持ちを安心して表すことができるようにする。

③　一人一人の子どもが、周囲から主体として受け止められ、主体として育ち、自分を肯定する気持ちが育まれていくようにする。

④　一人一人の子どもがくつろいで共に過ごし、心身の疲れが癒されるようにする。

(イ)　内容

①　一人一人の子どもの置かれている状態や発達過程などを的確に把握し、子どもの欲求を適切に満たしながら、応答的な触れ合いや言葉がけを行う。

②　一人一人の子どもの気持ちを受容し、共感しながら、子どもとの継続的な信頼関係を築いていく。

③　保育士等との信頼関係を基盤に、一人一人の子どもが主体的に活動し、自発性や探索意欲などを高めるとともに、自分への自信をもつことができるよう成長の過程を見守り、適切に働きかける。

④　一人一人の子どもの生活のリズム、発達過程、保育時間などに応じて、活動内容のバランスや調和を図りながら、適切な食事や休息が取れるようにする。

３　保育の計画及び評価

(1)　全体的な計画の作成

ア　保育所は、１の(2)に示した保育の目標を達成するために、各保育所の保育の方針や目標に基づき、子どもの発達過程を踏まえて、保育の内容が組織的・計画的に構成され、保育所の生活の全体を通して、総合的に展開されるよう、全体的な計画を作成しなければならない。

イ　全体的な計画は、子どもや家庭の状況、地域の実態、保育時間などを考慮し、子どもの育ちに関する長期的見通しをもって適切に作成されなければならない。

ウ　全体的な計画は、保育所保育の全体像を包括的に示すものとし、これに基づく指導計画、保健計画、食育計画等を通じて、各保育所が創意工夫して保育できるよう、作成されなければならない。

(2)　指導計画の作成

ア　保育所は、全体的な計画に基づき、具体的な保育が適切に展開されるよう、子どもの生活や発達を見通した長期的な指導計画と、それに関連しながら、より具体的な子どもの日々の生活に即した短期的な指導計画を作成しなければならない。

イ　指導計画の作成に当たっては、第二章及びその他の関連する章に示された事項のほか、子ども一人一人の発達過程や状況を十分に踏まえるとともに、次の事項に留意しなければならない。

(ア)　三歳未満児については、一人一人の子どもの生育歴、心身の発達、活動の実態等に即して、個別的な計画を作成すること。

(イ)　三歳以上児については、個の成長と、子ども相互の関係や協同的な活動が促されるよう配慮すること。

(ウ)　異年齢で構成される組やグループでの保育においては、一人一人の子どもの生活や経験、発達過程などを把握し、適切な援助や環境構成ができるよう配慮すること。

ウ　指導計画においては、保育所の生活における子どもの発達過程を見通し、生活の連続性、季節の変化などを考慮し、子どもの実態に即した具体的なねらい及び内容を設定すること。また、具体的なねらいが達成されるよう、子どもの生活する姿や発想を大切にして適切な環境を構成し、子どもが主体的に活動できるようにすること。

エ　一日の生活のリズムや在園時間が異なる子どもが共に過ごすことを踏まえ、活動と休息、緊張感と解放感等の調和を図るよう配慮すること。

オ　午睡は生活のリズムを構成する重要な要素であり、安心して眠ることのできる安全な睡眠環境を確保するとともに、在園時間が異なることや、睡眠時間は子どもの発達の状況や個人によって差があることから、一律とならないよう配慮すること。

カ　長時間にわたる保育については、子どもの発達過程、生活のリズム及び心身の状態に十分配慮して、保育の内容や方法、職員の協力体制、家庭との連携などを指導計画に位置付けること。

キ　障害のある子どもの保育については、一人一人の子どもの発達過程や障害の状態を把握し、適切な環境の下で、障害のある子どもが他の子どもとの生活を通して共に成長できるよう、指導計画の中に位置付けること。また、子どもの状況に応じた保育を実施する観点から、家庭や関係機関と連携した支援のための計画を個別に作成するなど適切な対応を図ること。

(3)　指導計画の展開

指導計画に基づく保育の実施に当たっては、次の事項に留意しなければならない。

ア　施設長、保育士など、全職員による適切な役割分担と協力体制を整えること。

イ　子どもが行う具体的な活動は、生活の中で様々に変化することに留意して、子どもが望ましい方向に向かって自ら活動を展開できるよう必要な援助を行うこと。

ウ　子どもの主体的な活動を促すためには、保育士等が多様な関わりをもつことが重要であることを踏まえ、子どもの情緒の安定や発達に必要な豊かな体験が得られるよう援助すること。

エ　保育士等は、子どもの実態や子どもを取り巻く状況の変化などに即して保育の過程を記録するとともに、これらを踏まえ、指導計画に基づく保育の内容の見直しを行い、改善を図ること。

(4)　保育内容等の評価

ア　保育士等の自己評価

(ア)　保育士等は、保育の計画や保育の記録を通して、自らの保育実践を振り返り、自己評価することを通して、その専門性の向上や保育実践の改善に努めなければならない。

(イ) 保育士等による自己評価に当たっては、子どもの活動内容やその結果だけでなく、子どもの心の育ちや意欲、取り組む過程などにも十分配慮するよう留意すること。

(ウ) 保育士等は、自己評価における自らの保育実践の振り返りや職員相互の話し合い等を通じて、専門性の向上及び保育の質の向上のための課題を明確にするとともに、保育所全体の保育の内容に関する認識を深めること。

イ　保育所の自己評価

(ア) 保育所は、保育の質の向上を図るため、保育の計画の展開や保育士等の自己評価を踏まえ、当該保育所の保育の内容等について、自ら評価を行い、その結果を公表するよう努めなければならない。

(イ) 保育所が自己評価を行うに当たっては、地域の実情や保育所の実態に即して、適切に評価の観点や項目等を設定し、全職員による共通理解をもって取り組むよう留意すること。

(ウ) 設備運営基準第三十六条の趣旨を踏まえ、保育の内容等の評価に関し、保護者及び地域住民等の意見を聴くことが望ましいこと。

(5) 評価を踏まえた計画の改善

ア　保育所は、評価の結果を踏まえ、当該保育所の保育の内容等の改善を図ること。

イ　保育の計画に基づく保育、保育の内容の評価及びこれに基づく改善という一連の取組により、保育の質の向上が図られるよう、全職員が共通理解をもって取り組むことに留意すること。

4　幼児教育を行う施設として共有すべき事項

(1) 育みたい資質・能力

ア　保育所においては、生涯にわたる生きる力の基礎を培うため、1の(2)に示す保育の目標を踏まえ、次に掲げる資質・能力を一体的に育むよう努めるものとする。

(ア) 豊かな体験を通じて、感じたり、気付いたり、分かったり、できるようになったりする「知識及び技能の基礎」

(イ) 気付いたことや、できるようになったことなどを使い、考えたり、試したり、工夫したり、表現したりする「思考力、判断力、表現力等の基礎」

(ウ) 心情、意欲、態度が育つ中で、よりよい生活を営もうとする「学びに向かう力、人間性等」

イ　アに示す資質・能力は、第二章に示すねらい及び内容に基づく保育活動全体によって育むものである。

(2) 幼児期の終わりまでに育ってほしい姿

次に示す「幼児期の終わりまでに育ってほしい姿」は、第二章に示すねらい及び内容に基づく保育活動全体を通して資質・能力が育まれている子どもの小学校就学時の具体的な姿であり、保育士等が指導を行う際に考慮するものである。

ア　健康な心と体

保育所の生活の中で、充実感をもって自分のやりたいことに向かって心と体を十分に働かせ、見通しをもって行動し、自ら健康で安全な生活をつくり出すようになる。

イ　自立心

身近な環境に主体的に関わり様々な活動を楽しむ中で、しなければならないことを自覚し、自分の力で行うために考えたり、工夫したりしながら、諦めずにやり遂げることで達成感を味わい、自信をもって行動するようになる。

ウ　協同性

友達と関わる中で、互いの思いや考えなどを共有し、共通の目的の実現に向けて、考えたり、工夫したり、協力したりし、充実感をもってやり遂げるようになる。

エ　道徳性・規範意識の芽生え

友達と様々な体験を重ねる中で、してよいことや悪いことが分かり、自分の行動を振り返ったり、友達の気持ちに共感したりし、相手の立場に立って行動するようになる。また、きまりを守る必要性が分かり、自分の気持ちを調整し、友達と折り合いを付けながら、きまりをつくったり、守ったりするようになる。

オ　社会生活との関わり

家族を大切にしようとする気持ちをもつとともに、地域の身近な人と触れ合う中で、人との様々な関わり方に気付き、相手の気持ちを考えて関わり、自分が役に立つ喜びを感じ、地域に親しみをもつようになる。また、保育所内外の様々な環境に関わる中で、遊びや生活に必要な情報を取り入れ、情報に基づき判断したり、情報を伝え合ったり、活用したりするなど、情報を役立てながら活動するようになるとともに、公共の施設を大切に利用するなどして、社会とのつながりなどを意識するようになる。

カ　思考力の芽生え

身近な事象に積極的に関わる中で、物の性質や仕組みなどを感じ取ったり、気付いたりし、考えたり、予想したり、工夫したりするなど、多様な関わりを楽しむようになる。また、友達の様々な考えに触れる中で、自分と異なる考えがあることに気付き、自ら判断したり、考え直したりするなど、新しい考えを生み出す喜びを味わいながら、自分の考えをよりよいものにするようになる。

キ　自然との関わり・生命尊重

自然に触れて感動する体験を通して、自然の変化などを感じ取り、好奇心や探究心をもって考え言葉などで表現しながら、身近な事象への関心が高まるとともに、自然への愛情や畏敬の念をもつようになる。また、身近な動植物に心を動かされる中で、生命の不思議さや尊さに気付き、身近な動植物への接し方を考え、命あるものとしていたわり、大切にする気持ちをもって関わるようになる。

ク　数量や図形、標識や文字などへの関心・感覚

遊びや生活の中で、数量や図形、標識や文字などに親しむ体験を重ねたり、標識や文字の役割に気付いたりし、自らの必要感に基づきこれらを活用し、興味や関心、感覚をもつようになる。

ケ　言葉による伝え合い

保育士等や友達と心を通わせる中で、絵本や物語などに親しみながら、豊かな言葉や表現を身に付け、経験したことや考えたことなどを言葉で伝えたり、相手の話を注意して聞いたりし、言葉による伝え合いを楽しむようになる。

コ　豊かな感性と表現

心を動かす出来事などに触れ感性を働かせる中で、様々な素材の特徴や表現の仕方などに気付き、感じたことや考えたことを自分で表現したり、友達同士で表現する過程を楽しんだりし、表現する喜びを味わい、意欲をもつようになる。

第二章　保育の内容

この章に示す「ねらい」は、第一章の1の⑵に示された保育の目標をより具体化したものであり、子どもが保育所において、安定した生活を送り、充実した活動ができるように、保育を通じて育みたい資質・能力を、子どもの生活する姿から捉えたものである。また、「内容」は、「ねらい」を達成するために、子どもの生活やその状況に応じて保育士等が適切に行う事項と、保育士等が援助して子どもが環境に関わって経験する事項を示したものである。

保育における「養護」とは、子どもの生命の保持及び情緒の安定を図るために保育士等が行う援助や関わりであり、「教育」とは、子どもが健やかに成長し、その活動がより豊かに展開されるための発達の援助である。本章では、保育士等が、「ねらい」及び「内容」を具体的に把握するため、主に教育に関わる側面からの視点を示しているが、実際の保育においては、養護と教育が一体となって展開されることに留意する必要がある。

1　乳児保育に関わるねらい及び内容

⑴　基本的事項

ア　乳児期の発達については、視覚、聴覚などの感覚や、座る、はう、歩くなどの運動機能が著しく発達し、特定の大人との応答的な関わりを通じて、情緒的な絆《きずな》が形成されるといった特徴がある。これらの発達の特徴を踏まえて、乳児保育は、愛情豊かに、応答的に行われることが特に必要である。

イ　本項においては、この時期の発達の特徴を踏まえ、乳児保育の「ねらい」及び「内容」については、身体的発達に関する視点「健やかに伸び伸びと育つ」、社会的発達に関する視点「身近な人と気持ちが通じ合う」及び精神的発達に関する視点「身近なものと関わり感性が育つ」としてまとめ、示している。

ウ　本項の各視点において示す保育の内容は、第一章の2に示された養護における「生命の保持」及び「情緒の安定」に関わる保育の内容と、一体となって展開されるものであることに留意が必要である。

⑵　ねらい及び内容

ア　健やかに伸び伸びと育つ

健康な心と体を育て、自ら健康で安全な生活をつくり出す力の基盤を培う。

(ア)　ねらい

①　身体感覚が育ち、快適な環境に心地よさを感じる。

②　伸び伸びと体を動かし、はう、歩くなどの運動をしようとする。

③　食事、睡眠等の生活のリズムの感覚が芽生える。

(イ)　内　容

①　保育士等の愛情豊かな受容の下で、生理的・心理的欲求を満たし、心地よく生活をする。

②　一人一人の発育に応じて、はう、立つ、歩くなど、十分に体を動かす。

③　個人差に応じて授乳を行い、離乳を進めていく中で、様々な食品に少しずつ慣れ、食べることを楽しむ。

④　一人一人の生活のリズムに応じて、安全な環境の下で十分に午睡をする。

⑤　おむつ交換や衣服の着脱などを通じて、清潔になることの心地よさを感じる。

(ウ) 内容の取扱い

上記の取扱いに当たっては、次の事項に留意する必要がある。

① 心と体の健康は、相互に密接な関連があるものであることを踏まえ、温かい触れ合いの中で、心と体の発達を促すこと。特に、寝返り、お座り、はいはい、つかまり立ち、伝い歩きなど、発育に応じて、遊びの中で体を動かす機会を十分に確保し、自ら体を動かそうとする意欲が育つようにすること。

② 健康な心と体を育てるためには望ましい食習慣の形成が重要であることを踏まえ、離乳食が完了期へと徐々に移行する中で、様々な食品に慣れるようにするとともに、和やかな雰囲気の中で食べる喜びや楽しさを味わい、進んで食べようとする気持ちが育つようにすること。なお、食物アレルギーのある子どもへの対応については、嘱託医等の指示や協力の下に適切に対応すること。

イ 身近な人と気持ちが通じ合う

受容的・応答的な関わりの下で、何かを伝えようとする意欲や身近な大人との信頼関係を育て、人と関わる力の基盤を培う。

(ア) ねらい

① 安心できる関係の下で、身近な人と共に過ごす喜びを感じる。

② 体の動きや表情、発声等により、保育士等と気持ちを通わせようとする。

③ 身近な人と親しみ、関わりを深め、愛情や信頼感が芽生える。

(イ) 内容

① 子どもからの働きかけを踏まえた、応答的な触れ合いや言葉がけによって、欲求が満たされ、安定感をもって過ごす。

② 体の動きや表情、発声、喃語《なん》等を優しく受け止めてもらい、保育士等とのやり取りを楽しむ。

③ 生活や遊びの中で、自分の身近な人の存在に気付き、親しみの気持ちを表す。

④ 保育士等による語りかけや歌いかけ、発声や喃語《なん》等への応答を通じて、言葉の理解や発語の意欲が育つ。

⑤ 温かく、受容的な関わりを通じて、自分を肯定する気持ちが芽生える。

(ウ) 内容の取扱い

上記の取扱いに当たっては、次の事項に留意する必要がある。

① 保育士等との信頼関係に支えられて生活を確立していくことが人と関わる基盤となることを考慮して、子どもの多様な感情を受け止め、温かく受容的・応答的に関わり、一人一人に応じた適切な援助を行うようにすること。

② 身近な人に親しみをもって接し、自分の感情などを表し、それに相手が応答する言葉を聞くことを通して、次第に言葉が獲得されていくことを考慮して、楽しい雰囲気の中での保育士等との関わり合いを大切にし、ゆっくりと優しく話しかけるなど、積極的に言葉のやり取りを楽しむことができるようにすること。

ウ 身近なものと関わり感性が育つ

身近な環境に興味や好奇心をもって関わり、感じたことや考えたことを表現する力の基盤を培う。

(ア) ねらい

① 身の回りのものに親しみ、様々なものに興味や関心をもつ。

② 見る、触れる、探索するなど、身近な環境に自分から関わろうとする。

③ 身体の諸感覚による認識が豊かになり、表情や手足、体の動き等で表現する。

(イ) 内容

① 身近な生活用具、玩具や絵本などが用意された中で、身の回りのものに対する興味や好奇心をもつ。

② 生活や遊びの中で様々なものに触れ、音、形、色、手触りなどに気付き、感覚の働きを豊かにする。

③ 保育士等と一緒に様々な色彩や形のものや絵本などを見る。

④ 玩具や身の回りのものを、つまむ、つかむ、たたく、引っ張るなど、手や指を使って遊ぶ。

⑤ 保育士等のあやし遊びに機嫌よく応じたり、歌やリズムに合わせて手足や体を動かして楽しんだりする。

(ウ) 内容の取扱い

上記の取扱いに当たっては、次の事項に留意する必要がある。

① 玩具などは、音質、形、色、大きさなど子どもの発達状態に応じて適切なものを選び、その時々の子どもの興味や関心を踏まえるなど、遊びを通して感覚の発達が促されるものとなるように工夫すること。なお、安全な環境の下で、子どもが探索意欲を満たして自由に遊べるよう、身の回りのものについては、常に十分な点検を行うこと。

② 乳児期においては、表情、発声、体の動きなどで、感情を表現することが多いことから、これらの表現しようとする意欲を積極的に受け止めて、子どもが様々な活動を楽しむことを通して表現が豊かになるようにすること。

(3) 保育の実施に関わる配慮事項

ア 乳児は疾病への抵抗力が弱く、心身の機能の未熟さに伴う疾病の発生が多いことから、一人一人の発育及び発達状態や健康状態についての適切な判断に基づく保健的な対応を行うこと。

イ 一人一人の子どもの生育歴の違いに留意しつつ、欲求を適切に満たし、特定の保育士が応答的に関わるように努めること。

ウ 乳児保育に関わる職員間の連携や嘱託医との連携を図り、第三章に示す事項を踏まえ、適切に対応すること。栄養士及び看護師等が配置されている場合は、その専門性を生かした対応を図ること。

エ 保護者との信頼関係を築きながら保育を進めるとともに、保護者からの相談に応じ、保護者への支援に努めていくこと。

オ 担当の保育士が替わる場合には、子どものそれまでの生育歴や発達過程に留意し、職員間で協力して対応すること。

2 一歳以上三歳未満児の保育に関わるねらい及び内容

(1) 基本的事項

ア この時期においては、歩き始めから、歩く、走る、跳ぶなどへと、基本的な運動機能が次第に発達し、排泄《せつ》の自立のための身体的機能も整うようになる。つまむ、めくるなどの指先の機能も発達し、食事、衣類の着脱なども、保育士等の援助の下で自分で行うようになる。発声も明瞭になり、語彙も増加し、自分の意思や欲求を言葉で表出できるようになる。このように自分でできることが増えてくる時期であることから、保育士等は、子どもの生活の安定を図りながら、自分でしようとする気持ちを尊重し、温かく見守るとともに、愛情豊かに、応答的に関わることが必要である。

イ　本項においては、この時期の発達の特徴を踏まえ、保育の「ねらい」及び「内容」について、心身の健康に関する領域「健康」、人との関わりに関する領域「人間関係」、身近な環境との関わりに関する領域「環境」、言葉の獲得に関する領域「言葉」及び感性と表現に関する領域「表現」としてまとめ、示している。

ウ　本項の各領域において示す保育の内容は、第一章の2に示された養護における「生命の保持」及び「情緒の安定」に関わる保育の内容と、一体となって展開されるものであることに留意が必要である。

(2) ねらい及び内容

ア　健康

健康な心と体を育て、自ら健康で安全な生活をつくり出す力を養う。

(ア) ねらい

① 明るく伸び伸びと生活し、自分から体を動かすことを楽しむ。

② 自分の体を十分に動かし、様々な動きをしようとする。

③ 健康、安全な生活に必要な習慣に気付き、自分でしてみようとする気持ちが育つ。

(イ) 内容

① 保育士等の愛情豊かな受容の下で、安定感をもって生活をする。

② 食事や午睡、遊びと休息など、保育所における生活のリズムが形成される。

③ 走る、跳ぶ、登る、押す、引っ張るなど全身を使う遊びを楽しむ。

④ 様々な食品や調理形態に慣れ、ゆったりとした雰囲気の中で食事や間食を楽しむ。

⑤ 身の回りを清潔に保つ心地よさを感じ、その習慣が少しずつ身に付く。

⑥ 保育士等の助けを借りながら、衣類の着脱を自分でしようとする。

⑦ 便器での排泄《せつ》に慣れ、自分で排泄《せつ》ができるようになる。

(ウ) 内容の取扱い

上記の取扱いに当たっては、次の事項に留意する必要がある。

① 心と体の健康は、相互に密接な関連があるものであることを踏まえ、子どもの気持ちに配慮した温かい触れ合いの中で、心と体の発達を促すこと。特に、一人一人の発育に応じて、体を動かす機会を十分に確保し、自ら体を動かそうとする意欲が育つようにすること。

② 健康な心と体を育てるためには望ましい食習慣の形成が重要であることを踏まえ、ゆったりとした雰囲気の中で食べる喜びや楽しさを味わい、進んで食べようとする気持ちが育つようにすること。なお、

食物アレルギーのある子どもへの対応については、嘱託医等の指示や協力の下に適切に対応すること。
③　排泄《せつ》の習慣については、一人一人の排尿間隔等を踏まえ、おむつが汚れていないときに便器に座らせるなどにより、少しずつ慣れさせるようにすること。
④　食事、排泄《せつ》、睡眠、衣類の着脱、身の回りを清潔にすることなど、生活に必要な基本的な習慣については、一人一人の状態に応じ、落ち着いた雰囲気の中で行うようにし、子どもが自分でしようとする気持ちを尊重すること。また、基本的な生活習慣の形成に当たっては、家庭での生活経験に配慮し、家庭との適切な連携の下で行うようにすること。

イ　人間関係

他の人々と親しみ、支え合って生活するために、自立心を育て、人と関わる力を養う。

(ア)　ねらい

①　保育所での生活を楽しみ、身近な人と関わる心地よさを感じる。
②　周囲の子ども等への興味や関心が高まり、関わりをもとうとする。
③　保育所の生活の仕方に慣れ、きまりの大切さに気付く。

(イ)　内　容

①　保育士等や周囲の子ども等との安定した関係の中で、共に過ごす心地よさを感じる。
②　保育士等の受容的・応答的な関わりの中で、欲求を適切に満たし、安定感をもって過ごす。
③　身の回りに様々な人がいることに気付き、徐々に他の子どもと関わりをもって遊ぶ。
④　保育士等の仲立ちにより、他の子どもとの関わり方を少しずつ身につける。
⑤　保育所の生活の仕方に慣れ、きまりがあることや、その大切さに気付く。
⑥　生活や遊びの中で、年長児や保育士等の真似をしたり、ごっこ遊びを楽しんだりする。

(ウ)　内容の取扱い

上記の取扱いに当たっては、次の事項に留意する必要がある。

①　保育士等との信頼関係に支えられて生活を確立するとともに、自分で何かをしようとする気持ちが旺盛になる時期であることに鑑み、そのような子どもの気持ちを尊重し、温かく見守るとともに、愛情豊かに、応答的に関わり、適切な援助を行うようにすること。
②　思い通りにいかない場合等の子どもの不安定な感情の表出については、保育士等が受容的に受け止めるとともに、そうした気持ちから立ち直る経験や感情をコントロールすることへの気付き等につなげていけるように援助すること。
③　この時期は自己と他者との違いの認識がまだ十分ではないことから、子どもの自我の育ちを見守るとともに、保育士等が仲立ちとなって、自分の気持ちを相手に伝えることや相手の気持ちに気付くことの大切さなど、友達の気持ちや友達との関わり方を丁寧に伝えていくこと。

ウ　環　境

周囲の様々な環境に好奇心や探究心をもって関わり、

それらを生活に取り入れていこうとする力を養う。

(ア) ねらい

① 身近な環境に親しみ、触れ合う中で、様々なものに興味や関心をもつ。

② 様々なものに関わる中で、発見を楽しんだり、考えたりしようとする。

③ 見る、聞く、触るなどの経験を通して、感覚の働きを豊かにする。

(イ) 内　容

① 安全で活動しやすい環境での探索活動等を通して、見る、聞く、触れる、嗅ぐ、味わうなどの感覚の働きを豊かにする。

② 玩具、絵本、遊具などに興味をもち、それらを使った遊びを楽しむ。

③ 身の回りの物に触れる中で、形、色、大きさ、量などの物の性質や仕組みに気付く。

④ 自分の物と人の物の区別や、場所的感覚など、環境を捉える感覚が育つ。

⑤ 身近な生き物に気付き、親しみをもつ。

⑥ 近隣の生活や季節の行事などに興味や関心をもつ。

(ウ) 内容の取扱い

上記の取扱いに当たっては、次の事項に留意する必要がある。

① 玩具などは、音質、形、色、大きさなど子どもの発達状態に応じて適切なものを選び、遊びを通して感覚の発達が促されるように工夫すること。

② 身近な生き物との関わりについては、子どもが命を感じ、生命の尊さに気付く経験へとつながるものであることから、そうした気付きを促すような関わりとなるようにすること。

③ 地域の生活や季節の行事などに触れる際には、社会とのつながりや地域社会の文化への気付きにつながるものとなることが望ましいこと。その際、保育所内外の行事や地域の人々との触れ合いなどを通して行うこと等も考慮すること。

エ　言葉

経験したことや考えたことなどを自分なりの言葉で表現し、相手の話す言葉を聞こうとする意欲や態度を育て、言葉に対する感覚や言葉で表現する力を養う。

(ア) ねらい

① 言葉遊びや言葉で表現する楽しさを感じる。

② 人の言葉や話などを聞き、自分でも思ったことを伝えようとする。

③ 絵本や物語等に親しむとともに、言葉のやり取りを通じて身近な人と気持ちを通わせる。

(イ) 内　容

① 保育士等の応答的な関わりや話しかけにより、自ら言葉を使おうとする。

② 生活に必要な簡単な言葉に気付き、聞き分ける。

③ 親しみをもって日常の挨拶に応じる。

④ 絵本や紙芝居を楽しみ、簡単な言葉を繰り返したり、模倣をしたりして遊ぶ。

⑤ 保育士等とごっこ遊びをする中で、言葉のやり取りを楽しむ。

⑥ 保育士等を仲立ちとして、生活や遊びの中で友達との言葉のやり取りを楽しむ。

⑦ 保育士等や友達の言葉や話に興味や関心をもっ

て、聞いたり、話したりする。

(ウ)　内容の取扱い

上記の取扱いに当たっては、次の事項に留意する必要がある。

①　身近な人に親しみをもって接し、自分の感情などを伝え、それに相手が応答し、その言葉を聞くことを通して、次第に言葉が獲得されていくものであることを考慮して、楽しい雰囲気の中で保育士等との言葉のやり取りができるようにすること。

②　子どもが自分の思いを言葉で伝えるとともに、他の子どもの話などを聞くことを通して、次第に話を理解し、言葉による伝え合いができるようになるよう、気持ちや経験等の言語化を行うことを援助するなど、子ども同士の関わりの仲立ちを行うようにすること。

③　この時期は、片言から、二語文、ごっこ遊びでのやり取りができる程度へと、大きく言葉の習得が進む時期であることから、それぞれの子どもの発達の状況に応じて、遊びや関わりの工夫など、保育の内容を適切に展開することが必要であること。

オ　表　現

感じたことや考えたことを自分なりに表現することを通して、豊かな感性や表現する力を養い、創造性を豊かにする。

(ア)　ねらい

①　身体の諸感覚の経験を豊かにし、様々な感覚を味わう。

②　感じたことや考えたことなどを自分なりに表現しようとする。

③　生活や遊びの様々な体験を通して、イメージや感性が豊かになる。

(イ)　内　容

①　水、砂、土、紙、粘土など様々な素材に触れて楽しむ。

②　音楽、リズムやそれに合わせた体の動きを楽しむ。

③　生活の中で様々な音、形、色、手触り、動き、味、香りなどに気付いたり、感じたりして楽しむ。

④　歌を歌ったり、簡単な手遊びや全身を使う遊びを楽しんだりする。

⑤　保育士等からの話や、生活や遊びの中での出来事を通して、イメージを豊かにする。

⑥　生活や遊びの中で、興味のあることや経験したことなどを自分なりに表現する。

(ウ)　内容の取扱い

上記の取扱いに当たっては、次の事項に留意する必要がある。

①　子どもの表現は、遊びや生活の様々な場面で表出されているものであることから、それらを積極的に受け止め、様々な表現の仕方や感性を豊かにする経験となるようにすること。

②　子どもが試行錯誤しながら様々な表現を楽しむことや、自分の力でやり遂げる充実感などに気付くよう、温かく見守るとともに、適切に援助を行うようにすること。

③　様々な感情の表現等を通じて、子どもが自分の感情や気持ちに気付くようになる時期であることに鑑み、受容的な関わりの中で自信をもって表現をする

ことや、諦めずに続けた後の達成感等を感じられるような経験が蓄積されるようにすること。

④　身近な自然や身の回りの事物に関わる中で、発見や心が動く経験が得られるよう、諸感覚を働かせることを楽しむ遊びや素材を用意するなど保育の環境を整えること。

(3)　保育の実施に関わる配慮事項

ア　特に感染症にかかりやすい時期であるので、体の状態、機嫌、食欲などの日常の状態の観察を十分に行うとともに、適切な判断に基づく保健的な対応を心がけること。

イ　探索活動が十分できるように、事故防止に努めながら活動しやすい環境を整え、全身を使う遊びなど様々な遊びを取り入れること。

ウ　自我が形成され、子どもが自分の感情や気持ちに気付くようになる重要な時期であることに鑑み、情緒の安定を図りながら、子どもの自発的な活動を尊重するとともに促していくこと。

エ　担当の保育士が替わる場合には、子どものそれまでの経験や発達過程に留意し、職員間で協力して対応すること。

3　三歳以上児の保育に関するねらい及び内容

(1)　基本的事項

ア　この時期においては、運動機能の発達により、基本的な動作が一通りできるようになるとともに、基本的な生活習慣もほぼ自立できるようになる。理解する語彙数が急激に増加し、知的興味や関心も高まってくる。仲間と遊び、仲間の中の一人という自覚が生じ、集団的な遊びや協同的な活動も見られるようになる。これらの発達の特徴を踏まえて、この時期の保育においては、個の成長と集団としての活動の充実が図られるようにしなければならない。

イ　本項においては、この時期の発達の特徴を踏まえ、保育の「ねらい」及び「内容」について、心身の健康に関する領域「健康」、人との関わりに関する領域「人間関係」、身近な環境との関わりに関する領域「環境」、言葉の獲得に関する領域「言葉」及び感性と表現に関する領域「表現」としてまとめ、示している。

ウ　本項の各領域において示す保育の内容は、第一章の2に示された養護における「生命の保持」及び「情緒の安定」に関わる保育の内容と、一体となって展開されるものであることに留意が必要である。

(2)　ねらい及び内容

ア　健康

健康な心と体を育て、自ら健康で安全な生活をつくり出す力を養う。

(ア)　ねらい

①　明るく伸び伸びと行動し、充実感を味わう。

②　自分の体を十分に動かし、進んで運動しようとする。

③　健康、安全な生活に必要な習慣や態度を身に付け、見通しをもって行動する。

(イ)　内　容

①　保育士等や友達と触れ合い、安定感をもって行動する。

②　いろいろな遊びの中で十分に体を動かす。

③　進んで戸外で遊ぶ。

④　様々な活動に親しみ、楽しんで取り組む。

⑤　保育士等や友達と食べることを楽しみ、食べ物への興味や関心をもつ。
⑥　健康な生活のリズムを身に付ける。
⑦　身の回りを清潔にし、衣服の着脱、食事、排泄《せつ》などの生活に必要な活動を自分でする。
⑧　保育所における生活の仕方を知り、自分たちで生活の場を整えながら見通しをもって行動する。
⑨　自分の健康に関心をもち、病気の予防などに必要な活動を進んで行う。
⑩　危険な場所、危険な遊び方、災害時などの行動の仕方が分かり、安全に気を付けて行動する。

(ウ)　内容の取扱い
上記の取扱いに当たっては、次の事項に留意する必要がある。

①　心と体の健康は、相互に密接な関連があるものであることを踏まえ、子どもが保育士等や他の子どもとの温かい触れ合いの中で自己の存在感や充実感を味わうことなどを基盤として、しなやかな心と体の発達を促すこと。特に、十分に体を動かす気持ちよさを体験し、自ら体を動かそうとする意欲が育つようにすること。

②　様々な遊びの中で、子どもが興味や関心、能力に応じて全身を使って活動することにより、体を動かす楽しさを味わい、自分の体を大切にしようとする気持ちが育つようにすること。その際、多様な動きを経験する中で、体の動きを調整するようにすること。

③　自然の中で伸び伸びと体を動かして遊ぶことにより、体の諸機能の発達が促されることに留意し、子どもの興味や関心が戸外にも向くようにすること。その際、子どもの動線に配慮した園庭や遊具の配置などを工夫すること。

④　健康な心と体を育てるためには食育を通じた望ましい食習慣の形成が大切であることを踏まえ、子どもの食生活の実情に配慮し、和やかな雰囲気の中で保育士等や他の子どもと食べる喜びや楽しさを味わったり、様々な食べ物への興味や関心をもったりするなどし、食の大切さに気付き、進んで食べようとする気持ちが育つようにすること。

⑤　基本的な生活習慣の形成に当たっては、家庭での生活経験に配慮し、子どもの自立心を育て、子どもが他の子どもと関わりながら主体的な活動を展開する中で、生活に必要な習慣を身に付け、次第に見通しをもって行動できるようにすること。

⑥　安全に関する指導に当たっては、情緒の安定を図り、遊びを通して安全についての構えを身に付け、危険な場所や事物などが分かり、安全についての理解を深めるようにすること。また、交通安全の習慣を身に付けるようにするとともに、避難訓練などを通して、災害などの緊急時に適切な行動がとれるようにすること。

イ　人間関係
他の人々と親しみ、支え合って生活するために、自立心を育て、人と関わる力を養う。

(ア)　ねらい
①　保育所の生活を楽しみ、自分の力で行動することの充実感を味わう。
②　身近な人と親しみ、関わりを深め、工夫したり、

協力したりして一緒に活動する楽しさを味わい、愛情や信頼感をもつ。

③　社会生活における望ましい習慣や態度を身に付ける。

(イ)　内　容

①　保育士等や友達と共に過ごすことの喜びを味わう。

②　自分で考え、自分で行動する。

③　自分でできることは自分でする。

④　いろいろな遊びを楽しみながら物事をやり遂げようとする気持ちをもつ。

⑤　友達と積極的に関わりながら喜びや悲しみを共感し合う。

⑥　自分の思ったことを相手に伝え、相手の思っていることに気付く。

⑦　友達のよさに気付き、一緒に活動する楽しさを味わう。

⑧　友達と楽しく活動する中で、共通の目的を見いだし、工夫したり、協力したりなどする。

⑨　よいことや悪いことがあることに気付き、考えながら行動する。

⑩　友達との関わりを深め、思いやりをもつ。

⑪　友達と楽しく生活する中できまりの大切さに気付き、守ろうとする。

⑫　共同の遊具や用具を大切にし、皆で使う。

⑬　高齢者をはじめ地域の人々などの自分の生活に関係の深いいろいろな人に親しみをもつ。

(ウ)　内容の取扱い

上記の取扱いに当たっては、次の事項に留意する必要がある。

①　保育士等との信頼関係に支えられて自分自身の生活を確立していくことが人と関わる基盤となることを考慮し、子どもが自ら周囲に働き掛けることにより多様な感情を体験し、試行錯誤しながら諦めずにやり遂げることの達成感や、前向きな見通しをもって自分の力で行うことの充実感を味わうことができるよう、子どもの行動を見守りながら適切な援助を行うようにすること。

②　一人一人を生かした集団を形成しながら人と関わる力を育てていくようにすること。その際、集団の生活の中で、子どもが自己を発揮し、保育士等や他の子どもに認められる体験をし、自分のよさや特徴に気付き、自信をもって行動できるようにすること。

③　子どもが互いに関わりを深め、協同して遊ぶようになるため、自ら行動する力を育てるとともに、他の子どもと試行錯誤しながら活動を展開する楽しさや共通の目的が実現する喜びを味わうことができるようにすること。

④　道徳性の芽生えを培うに当たっては、基本的な生活習慣の形成を図るとともに、子どもが他の子どもとの関わりの中で他人の存在に気付き、相手を尊重する気持ちをもって行動できるようにし、また、自然や身近な動植物に親しむことなどを通して豊かな心情が育つようにすること。特に、人に対する信頼感や思いやりの気持ちは、葛藤やつまずきをも体験し、それらを乗り越えることにより次第に芽生えてくることに配慮すること。

⑤　集団の生活を通して、子どもが人との関わりを深め、規範意識の芽生えが培われることを考慮し、子どもが保育士等との信頼関係に支えられて自己を発揮する中で、互いに思いを主張し、折り合いを付ける体験をし、きまりの必要性などに気付き、自分の気持ちを調整する力が育つようにすること。
⑥　高齢者をはじめ地域の人々などの自分の生活に関係の深いいろいろな人と触れ合い、自分の感情や意志を表現しながら共に楽しみ、共感し合う体験を通して、これらの人々などに親しみをもち、人と関わることの楽しさや人の役に立つ喜びを味わうことができるようにすること。また、生活を通して親や祖父母などの家族の愛情に気付き、家族を大切にしようとする気持ちが育つようにすること。

ウ　環　境

周囲の様々な環境に好奇心や探究心をもって関わり、それらを生活に取り入れていこうとする力を養う。

(ア)　ねらい

①　身近な環境に親しみ、自然と触れ合う中で様々な事象に興味や関心をもつ。
②　身近な環境に自分から関わり、発見を楽しんだり、考えたりし、それを生活に取り入れようとする。
③　身近な事象を見たり、考えたり、扱ったりする中で、物の性質や数量、文字などに対する感覚を豊かにする。

(イ)　内　容

①　自然に触れて生活し、その大きさ、美しさ、不思議さなどに気付く。
②　生活の中で、様々な物に触れ、その性質や仕組みに興味や関心をもつ。
③　季節により自然や人間の生活に変化のあることに気付く。
④　自然などの身近な事象に関心をもち、取り入れて遊ぶ。
⑤　身近な動植物に親しみをもって接し、生命の尊さに気付き、いたわったり、大切にしたりする。
⑥　日常生活の中で、我が国や地域社会における様々な文化や伝統に親しむ。
⑦　身近な物を大切にする。
⑧　身近な物や遊具に興味をもって関わり、自分なりに比べたり、関連付けたりしながら考えたり、試したりして工夫して遊ぶ。
⑨　日常生活の中で数量や図形などに関心をもつ。
⑩　日常生活の中で簡単な標識や文字などに関心をもつ。
⑪　生活に関係の深い情報や施設などに興味や関心をもつ。
⑫　保育所内外の行事において国旗に親しむ。

(ウ)　内容の取扱い

上記の取扱いに当たっては、次の事項に留意する必要がある。

①　子どもが、遊びの中で周囲の環境と関わり、次第に周囲の世界に好奇心を抱き、その意味や操作の仕方に関心をもち、物事の法則性に気付き、自分なりに考えることができるようになる過程を大切にすること。また、他の子どもの考えなどに触れて新しい考えを生み出す喜びや楽しさを味わい、自分の考え

をよりよいものにしようとする気持ちが育つようにすること。

② 幼児期において自然のもつ意味は大きく、自然の大きさ、美しさ、不思議さなどに直接触れる体験を通して、子どもの心が安らぎ、豊かな感情、好奇心、思考力、表現力の基礎が培われることを踏まえ、子どもが自然との関わりを深めることができるよう工夫すること。

③ 身近な事象や動植物に対する感動を伝え合い、共感し合うことなどを通して自分から関わろうとする意欲を育てるとともに、様々な関わり方を通してそれらに対する親しみや畏敬の念、生命を大切にする気持ち、公共心、探究心などが養われるようにすること。

④ 文化や伝統に親しむ際には、正月や節句など我が国の伝統的な行事、国歌、唱歌、わらべうたや我が国の伝統的な遊びに親しんだり、異なる文化に触れる活動に親しんだりすることを通じて、社会とのつながりの意識や国際理解の意識の芽生えなどが養われるようにすること。

⑤ 数量や文字などに関しては、日常生活の中で子ども自身の必要感に基づく体験を大切にし、数量や文字などに関する興味や関心、感覚が養われるようにすること。

エ　言　葉

経験したことや考えたことなどを自分なりの言葉で表現し、相手の話す言葉を聞こうとする意欲や態度を育て、言葉に対する感覚や言葉で表現する力を養う。

(ア)　ねらい

① 自分の気持ちを言葉で表現する楽しさを味わう。

② 人の言葉や話などをよく聞き、自分の経験したことや考えたことを話し、伝え合う喜びを味わう。

③ 日常生活に必要な言葉が分かるようになるとともに、絵本や物語などに親しみ、言葉に対する感覚を豊かにし、保育士等や友達と心を通わせる。

(イ)　内　容

① 保育士等や友達の言葉や話に興味や関心をもち、親しみをもって聞いたり、話したりする。

② したり、見たり、聞いたり、感じたり、考えたりなどしたことを自分なりに言葉で表現する。

③ したいこと、してほしいことを言葉で表現したり、分からないことを尋ねたりする。

④ 人の話を注意して聞き、相手に分かるように話す。

⑤ 生活の中で必要な言葉が分かり、使う。

⑥ 親しみをもって日常の挨拶をする。

⑦ 生活の中で言葉の楽しさや美しさに気付く。

⑧ いろいろな体験を通じてイメージや言葉を豊かにする。

⑨ 絵本や物語などに親しみ、興味をもって聞き、想像をする楽しさを味わう。

⑩ 日常生活の中で、文字などで伝える楽しさを味わう。

(ウ)　内容の取扱い

上記の取扱いに当たっては、次の事項に留意する必要がある。

① 言葉は、身近な人に親しみをもって接し、自分の感情や意志などを伝え、それに相手が応答し、その

言葉を聞くことを通して次第に獲得されていくものであることを考慮して、子どもが保育士等や他の子どもと関わることにより心を動かされるような体験をし、言葉を交わす喜びを味わえるようにすること。

② 子どもが自分の思いを言葉で伝えるとともに、保育士等や他の子どもなどの話を興味をもって注意して聞くことを通して次第に話を理解するようになっていき、言葉による伝え合いができるようにすること。

③ 絵本や物語などで、その内容と自分の経験とを結び付けたり、想像を巡らせたりするなど、楽しみを十分に味わうことによって、次第に豊かなイメージをもち、言葉に対する感覚が養われるようにすること。

④ 子どもが生活の中で、言葉の響きやリズム、新しい言葉や表現などに触れ、これらを使う楽しさを味わえるようにすること。その際、絵本や物語に親しんだり、言葉遊びなどをしたりすることを通して、言葉が豊かになるようにすること。

⑤ 子どもが日常生活の中で、文字などを使いながら思ったことや考えたことを伝える喜びや楽しさを味わい、文字に対する興味や関心をもつようにすること。

オ　表　現

感じたことや考えたことを自分なりに表現することを通して、豊かな感性や表現する力を養い、創造性を豊かにする。

(ア)　ねらい

① いろいろなものの美しさなどに対する豊かな感性をもつ。

② 感じたことや考えたことを自分なりに表現して楽しむ。

③ 生活の中でイメージを豊かにし、様々な表現を楽しむ。

(イ)　内　容

① 生活の中で様々な音、形、色、手触り、動きなどに気付いたり、感じたりするなどして楽しむ。

② 生活の中で美しいものや心を動かす出来事に触れ、イメージを豊かにする。

③ 様々な出来事の中で、感動したことを伝え合う楽しさを味わう。

④ 感じたこと、考えたことなどを音や動きなどで表現したり、自由にかいたり、つくったりなどする。

⑤ いろいろな素材に親しみ、工夫して遊ぶ。

⑥ 音楽に親しみ、歌を歌ったり、簡単なリズム楽器を使ったりなどする楽しさを味わう。

⑦ かいたり、つくったりすることを楽しみ、遊びに使ったり、飾ったりなどする。

⑧ 自分のイメージを動きや言葉などで表現したり、演じて遊んだりするなどの楽しさを味わう。

(ウ)　内容の取扱い

上記の取扱いに当たっては、次の事項に留意する必要がある。

① 豊かな感性は、身近な環境と十分に関わる中で美しいもの、優れたもの、心を動かす出来事などに出会い、そこから得た感動を他の子どもや保育士等と共有し、様々に表現することなどを通して養われる

ようにすること。その際、風の音や雨の音、身近にある草や花の形や色など自然の中にある音、形、色などに気付くようにすること。

② 子どもの自己表現は素朴な形で行われることが多いので、保育士等はそのような表現を受容し、子ども自身の表現しようとする意欲を受け止めて、子どもが生活の中で子どもらしい様々な表現を楽しむことができるようにすること。

③ 生活経験や発達に応じ、自ら様々な表現を楽しみ、表現する意欲を十分に発揮させることができるように、遊具や用具などを整えたり、様々な素材や表現の仕方に親しんだり、他の子どもの表現に触れられるよう配慮したりし、表現する過程を大切にして自己表現を楽しめるように工夫すること。

(3) 保育の実施に関わる配慮事項

ア 第一章の4の(2)に示す「幼児期の終わりまでに育ってほしい姿」が、ねらい及び内容に基づく活動全体を通して資質・能力が育まれている子どもの小学校就学時の具体的な姿であることを踏まえ、指導を行う際には適宜考慮すること。

イ 子どもの発達や成長の援助をねらいとした活動の時間については、意識的に保育の計画等において位置付けて、実施することが重要であること。なお、そのような活動の時間については、保護者の就労状況等に応じて子どもが保育所で過ごす時間がそれぞれ異なることに留意して設定すること。

ウ 特に必要な場合には、各領域に示すねらいの趣旨に基づいて、具体的な内容を工夫し、それを加えても差し支えないが、その場合には、それが第一章の1に示す保育所保育に関する基本原則を逸脱しないよう慎重に配慮する必要があること。

4 保育の実施に関して留意すべき事項

(1) 保育全般に関わる配慮事項

ア 子どもの心身の発達及び活動の実態などの個人差を踏まえるとともに、一人一人の子どもの気持ちを受け止め、援助すること。

イ 子どもの健康は、生理的・身体的な育ちとともに、自主性や社会性、豊かな感性の育ちとがあいまってもたらされることに留意すること。

ウ 子どもが自ら周囲に働きかけ、試行錯誤しつつ自分の力で行う活動を見守りながら、適切に援助すること。

エ 子どもの入所時の保育に当たっては、できるだけ個別的に対応し、子どもが安定感を得て、次第に保育所の生活になじんでいくようにするとともに、既に入所している子どもに不安や動揺を与えないようにすること。

オ 子どもの国籍や文化の違いを認め、互いに尊重する心を育てるようにすること。

カ 子どもの性差や個人差にも留意しつつ、性別などによる固定的な意識を植え付けることがないようにすること。

(2) 小学校との連携

ア 保育所においては、保育所保育が、小学校以降の生活や学習の基盤の育成につながることに配慮し、幼児期にふさわしい生活を通じて、創造的な思考や主体的な生活態度などの基礎を培うようにすること。

イ 保育所保育において育まれた資質・能力を踏まえ、小学校教育が円滑に行われるよう、小学校教師との意見交換や合同の研究の機会などを設け、第一章の4の(2)に示す「幼児期の終わりまでに育って欲しい姿」を共有するなど連携を図り、保育所保育と小学校教育との円滑な接続を図るよう努めること。

ウ　子どもに関する情報共有に関して、保育所に入所している子どもの就学に際し、市町村の支援の下に、子どもの育ちを支えるための資料が保育所から小学校へ送付されるようにすること。

(3)　家庭及び地域社会との連携

子どもの生活の連続性を踏まえ、家庭及び地域社会と連携して保育が展開されるよう配慮すること。その際、家庭や地域の機関及び団体の協力を得て、地域の自然、高齢者や異年齢の子ども等を含む人材、行事、施設等の地域の資源を積極的に活用し、豊かな生活体験をはじめ保育内容の充実が図られるよう配慮すること。

第三章　健康及び安全

保育所保育において、子どもの健康及び安全の確保は、子どもの生命の保持と健やかな生活の基本であり、一人一人の子どもの健康の保持及び増進並びに安全の確保とともに、保育所全体における健康及び安全の確保に努めることが重要となる。

また、子どもが、自らの体や健康に関心をもち、心身の機能を高めていくことが大切である。

このため、第一章及び第二章等の関連する事項に留意し、次に示す事項を踏まえ、保育を行うこととする。

1　子どもの健康支援

(1)　子どもの健康状態並びに発育及び発達状態の把握

ア　子どもの心身の状態に応じて保育するために、子どもの健康状態並びに発育及び発達状態について、定期的・継続的に、また、必要に応じて随時、把握すること。

イ　保護者からの情報とともに、登所時及び保育中を通じて子どもの状態を観察し、何らかの疾病が疑われる状態や傷害が認められた場合には、保護者に連絡するとともに、嘱託医と相談するなど適切な対応を図ること。看護師等が配置されている場合には、その専門性を生かした対応を図ること。

ウ　子どもの心身の状態等を観察し、不適切な養育の兆候が見られる場合には、市町村や関係機関と連携し、児童福祉法第二十五条に基づき、適切な対応を図ること。また、虐待が疑われる場合には、速やかに市町村又は児童相談所に通告し、適切な対応を図ること。

(2)　健康増進

ア　子どもの健康に関する保健計画を全体的な計画に基づいて作成し、全職員がそのねらいや内容を踏まえ、一人一人の子どもの健康の保持及び増進に努めていくこと。

イ　子どもの心身の健康状態や疾病等の把握のために、嘱託医等により定期的に健康診断を行い、その結果を記録し、保育に活用するとともに、保護者が子どもの状態を理解し、日常生活に活用できるようにすること。

(3)　疾病等への対応

ア　保育中に体調不良や傷害が発生した場合には、その子どもの状態等に応じて、保護者に連絡するとともに、適宜、嘱託医や子どものかかりつけ医等と相談し、適切な処置を行うこと。看護師等が配置されている場合には、その専門性を生かした対応を図ること。

イ　感染症やその他の疾病の発生予防に努め、その発生や疑いがある場合には、必要に応じて嘱託医、市町村、保健所等に連絡し、その指示に従うとともに、保護者や全職員に連絡し、予防等について協力を求めること。また、感染症に関する保育所の対応方法等について、あらかじめ関係機関の協力を得ておくこと。看護師等が配置されている場合には、その専門性を生かした対応を図ること。

ウ　アレルギー疾患を有する子どもの保育については、保護者と連携し、医師の診断及び指示に基づき、適切な対応を行うこと。また、食物アレルギーに関して、関係機関と連携して、当該保育所の体制構築など、安全な環境の整備を行うこと。看護師や栄養士等が配置されている場合には、その専門性を生かした対応を図ること。

エ　子どもの疾病等の事態に備え、医務室等の環境を整え、救急用の薬品、材料等を適切な管理の下に常備し、全職員が対応できるようにしておくこと。

2　食育の推進

(1)　保育所の特性を生かした食育

ア　保育所における食育は、健康な生活の基本としての「食を営む力」の育成に向け、その基礎を培うことを目標とすること。

イ　子どもが生活と遊びの中で、意欲をもって食に関わる体験を積み重ね、食べることを楽しみ、食事を楽しみ合う子どもに成長していくことを期待するものであること。

ウ　乳幼児期にふさわしい食生活が展開され、適切な援助が行われるよう、食事の提供を含む食育計画を全体的な計画に基づいて作成し、その評価及び改善に努めること。栄養士が配置されている場合は、専門性を生かした対応を図ること。

(2)　食育の環境の整備等

ア　子どもが自らの感覚や体験を通して、自然の恵みとしての食材や食の循環・環境への意識、調理する人への感謝の気持ちが育つように、子どもと調理員等との関わりや、調理室など食に関わる保育環境に配慮すること。

イ　保護者や地域の多様な関係者との連携及び協働の下で、食に関する取組が進められること。また、市町村の支援の下に、地域の関係機関等との日常的な連携を図り、必要な協力が得られるよう努めること。

ウ　体調不良、食物アレルギー、障害のある子どもなど、一人一人の子どもの心身の状態等に応じ、嘱託医、かかりつけ医等の指示や協力の下に適切に対応すること。栄養士が配置されている場合は、専門性を生かした対応を図ること。

3　環境及び衛生管理並びに安全管理

(1)　環境及び衛生管理

ア　施設の温度、湿度、換気、採光、音などの環境を常に適切な状態に保持するとともに、施設内外の設備及び用具等の衛生管理に努めること。

イ　施設内外の適切な環境の維持に努めるとともに、子ども及び全職員が清潔を保つようにすること。また、職員は衛生知識の向上に努めること。

(2)　事故防止及び安全対策

ア　保育中の事故防止のために、子どもの心身の状態等を踏まえつつ、施設内外の安全点検に努め、安全対策のために全職員の共通理解や体制づくりを図るとともに、家庭や地域の関係機関の協力の下に安全指導を行うこと。

イ　事故防止の取組を行う際には、特に、睡眠中、プール活動・水遊び中、食事中等の場面では重大事故が発生しやすいことを踏まえ、子どもの主体的な活動を大切にしつつ、施設内外の環境の配慮や指導の工夫を行うなど、必要な対策を講じること。

ウ　保育中の事故の発生に備え、施設内外の危険箇所の点検や訓練を実施するとともに、外部からの不審者等の侵入防止のための措置や訓練など不測の事態に備えて必要な対応を行うこと。また、子どもの精神保健面における対応に留意すること。

4　災害への備え

(1)　施設・設備等の安全確保

ア　防火設備、避難経路等の安全性が確保されるよう、定期的にこれらの安全点検を行うこと。

イ　備品、遊具等の配置、保管を適切に行い、日頃から、安全環境の整備に努めること。

(2)　災害発生時の対応体制及び避難への備え

ア　火災や地震などの災害の発生に備え、緊急時の対応の具体的内容及び手順、職員の役割分担、避難訓練計画等に関するマニュアルを作成すること。

イ　定期的に避難訓練を実施するなど、必要な対応を図ること。

ウ　災害の発生時に、保護者等への連絡及び子どもの引渡しを円滑に行うため、日頃から保護者との密接な連携に努め、連絡体制や引渡し方法等について確認をしておくこと。

(3)　地域の関係機関等との連携

ア　市町村の支援の下に、地域の関係機関との日常的な連携を図り、必要な協力が得られるよう努めること。

イ　避難訓練については、地域の関係機関や保護者との連携の下に行うなど工夫すること。

第四章　子育て支援

保育所における保護者に対する子育て支援は、全ての子どもの健やかな育ちを実現することができるよう、第一章及び第二章等の関連する事項を踏まえ、子どもの育ちを家庭と連携して支援していくとともに、保護者及び地域が有する子育てを自ら実践する力の向上に資するよう、次の事項に留意するものとする。

1　保育所における子育て支援に関する基本的事項

(1)　保育所の特性を生かした子育て支援

ア　保護者に対する子育て支援を行う際には、各地域や家庭の実態等を踏まえるとともに、保護者の気持ちを受け止め、相互の信頼関係を基本に、保護者の自己決定を尊重すること。

イ　保育及び子育てに関する知識や技術など、保育士等の専門性や、子どもが常に存在する環境など、保育所の特性を生かし、保護者が子どもの成長に気付き子育ての喜びを感じられるように努めること。

(2)　子育て支援に関して留意すべき事項

ア　保護者に対する子育て支援における地域の関係機関等との連携及び協働を図り、保育所全体の体制構築に努めること。

イ　子どもの利益に反しない限りにおいて、保護者や子どものプライバシーを保護し、知り得た事柄の秘密を保持すること。

2　保育所を利用している保護者に対する子育て支援

(1)　保護者との相互理解

ア　日常の保育に関連した様々な機会を活用し子どもの日々の様子の伝達や収集、保育所保育の意図の説明などを通じて、保護者との相互理解を図るよう努めること。

イ　保育の活動に対する保護者の積極的な参加は、保護者の子育てを自ら実践する力の向上に寄与することから、これを促すこと。

(2) 保護者の状況に配慮した個別の支援

ア　保護者の就労と子育ての両立等を支援するため、保護者の多様化した保育の需要に応じ、病児保育事業など多様な事業を実施する場合には、保護者の状況に配慮するとともに、子どもの福祉が尊重されるよう努め、子どもの生活の連続性を考慮すること。

イ　子どもに障害や発達上の課題が見られる場合には、市町村や関係機関と連携及び協力を図りつつ、保護者に対する個別の支援を行うよう努めること。

ウ　外国籍家庭など、特別な配慮を必要とする家庭の場合には、状況等に応じて個別の支援を行うよう努めること。

(3) 不適切な養育等が疑われる家庭への支援

ア　保護者に育児不安等が見られる場合には、保護者の希望に応じて個別の支援を行うよう努めること。

イ　保護者に不適切な養育等が疑われる場合には、市町村や関係機関と連携し、要保護児童対策地域協議会で検討するなど適切な対応を図ること。また、虐待が疑われる場合には、速やかに市町村又は児童相談所に通告し、適切な対応を図ること。

3 地域の保護者等に対する子育て支援

(1) 地域に開かれた子育て支援

ア　保育所は、児童福祉法第四十八条の四の規定に基づき、その行う保育に支障がない限りにおいて、地域の実情や当該保育所の体制等を踏まえ、地域の保護者等に対して、保育所保育の専門性を生かした子育て支援を積極的に行うよう努めること。

イ　地域の子どもに対する一時預かり事業などの活動を行う際には、一人一人の子どもの心身の状態などを考慮するとともに、日常の保育との関連に配慮するなど、柔軟に活動を展開できるようにすること。

(2) 地域の関係機関等との連携

ア　市町村の支援を得て、地域の関係機関等との積極的な連携及び協働を図るとともに、子育て支援に関する地域の人材と積極的に連携を図るよう努めること。

イ　地域の要保護児童への対応など、地域の子どもを巡る諸課題に対し、要保護児童対策地域協議会など関係機関等と連携及び協力して取り組むよう努めること。

第五章　職員の資質向上

第一章から前章までに示された事項を踏まえ、保育所は、質の高い保育を展開するため、絶えず、一人一人の職員についての資質向上及び職員全体の専門性の向上を図るよう努めなければならない。

1 職員の資質向上に関する基本的事項

(1) 保育所職員に求められる専門性

子どもの最善の利益を考慮し、人権に配慮した保育を行うためには、職員一人一人の倫理観、人間性並びに保育所職員としての職務及び責任の理解と自覚が基盤となる。

各職員は、自己評価に基づく課題等を踏まえ、保育所内外の研修等を通じて、保育士・看護師・調理員・栄養士等、それぞれの職務内容に応じた専門性を高めるため、必要な知識及び技術の修得、維持及び向上に努めなければならない。

(2)　保育の質の向上に向けた組織的な取組
　保育所においては、保育の内容等に関する自己評価等を通じて把握した、保育の質の向上に向けた課題に組織的に対応するため、保育内容の改善や保育士等の役割分担の見直し等に取り組むとともに、それぞれの職位や職務内容等に応じて、各職員が必要な知識及び技能を身につけられるよう努めなければならない。

2　施設長の責務

(1)　施設長の責務と専門性の向上
　施設長は、保育所の役割や社会的責任を遂行するために、法令等を遵守し、保育所を取り巻く社会情勢等を踏まえ、施設長としての専門性等の向上に努め、当該保育所における保育の質及び職員の専門性向上のために必要な環境の確保に努めなければならない。

(2)　職員の研修機会の確保等
　施設長は、保育所の全体的な計画や、各職員の研修の必要性等を踏まえて、体系的・計画的な研修機会を確保するとともに、職員の勤務体制の工夫等により、職員が計画的に研修等に参加し、その専門性の向上が図られるよう努めなければならない。

3　職員の研修等

(1)　職場における研修
　職員が日々の保育実践を通じて、必要な知識及び技術の修得、維持及び向上を図るとともに、保育の課題等への共通理解や協働性を高め、保育所全体としての保育の質の向上を図っていくためには、日常的に職員同士が主体的に学び合う姿勢と環境が重要であり、職場内での研修の充実が図られなければならない。

(2)　外部研修の活用
　各保育所における保育の課題への的確な対応や、保育士等の専門性の向上を図るためには、職場内での研修に加え、関係機関等による研修の活用が有効であることから、必要に応じて、こうした外部研修への参加機会が確保されるよう努めなければならない。

4　研修の実施体制等

(1)　体系的な研修計画の作成
　保育所においては、当該保育所における保育の課題や各職員のキャリアパス等も見据えて、初任者から管理職員までの職位や職務内容等を踏まえた体系的な研修計画を作成しなければならない。

(2)　組織内での研修成果の活用
　外部研修に参加する職員は、自らの専門性の向上を図るとともに、保育所における保育の課題を理解し、その解決を実践できる力を身に付けることが重要である。また、研修で得た知識及び技能を他の職員と共有することにより、保育所全体としての保育実践の質及び専門性の向上につなげていくことが求められる。

(3)　研修の実施に関する留意事項
　施設長等は保育所全体としての保育実践の質及び専門性の向上のために、研修の受講は特定の職員に偏ることなく行われるよう、配慮する必要がある。また、研修を修了した職員については、その職務内容等において、当該研修の成果等が適切に勘案されることが望ましい。

⑳保育所保育指針の適用に際しての留意事項について

（平成三〇年三月三〇日　子保発〇三三〇第二号
各都道府県民生主管部（局）長　各指定都市・中核市
民生主管部（局）長宛
厚生労働省子ども家庭局保育課長通知）

平成三十年四月一日より保育所保育指針（平成二十九年厚生労働省告示第百十七号。以下「保育所保育指針」という。）が適用されるが、その適用に際しての留意事項は、下記のとおりであるため、十分御了知の上、貴管内の市区町村、保育関係者等に対して遅滞なく周知し、その運用に遺漏のないよう御配慮願いたい。

なお、本通知は、地方自治法（昭和二十二年法律第六十七号）第二百四十五条の四第一項の規定に基づく技術的助言である。

また、本通知をもって、「保育所保育指針の施行に際しての留意事項について」（平成二十年三月二十八日付け雇児保発第〇三二八〇〇一号厚生労働省雇用均等・児童家庭局保育課長通知）を廃止する。

記

1　保育所保育指針の適用について

(1)　保育所保育指針の保育現場等への周知について

平成三十年四月一日より保育所保育指針が適用されるに当たり、その趣旨及び内容が、自治体の職員、保育所、家庭的保育事業者等及び認可外保育施設の保育関係者、指定保育士養成施設の関係者、子育て中の保護者等に十分理解され、保育現場における保育の実践、保育士養成課程の教授内容等に十分反映されるよう、改めて周知を図られたい。

なお、周知に当たっては、保育所保育指針の内容の解説、保育を行う上での留意点等を記載した「保育所保育指針解説」を厚生労働省のホームページに公開しているので、当該解説を活用されたい。

○　保育所保育指針解説

http://www.mhlw.go.jp/file/06-Seisakujouhou-11900000-Koyoukintoujidoukateikyoku/kaisetu.pdf

(2)　保育所保育指針に関する指導監査について

「児童福祉行政指導監査の実施について」（平成十二年四月二十五日付け児発第四七一号厚生省児童家庭局長通知）に基づき、保育所保育指針に関する保育所の指導監査を実施する際には、以下①から③までの内容に留意されたい。

①保育所保育指針において、具体的に義務や努力義務が課せられている事項を中心に実施すること。

②他の事項に関する指導監査とは異なり、保育の内容及び運営体制について、各保育所の創意工夫や取組を尊重しつつ、取組の結果のみではなく、取組の過程（※1）に着目して実施すること。

（※1．保育所保育指針第1章の3(1)から(5)までに示す、全体的な計画の作成、指導計画の作成、指導計画の展開、保育の内容等の評価及び評価を踏まえた計画の改善等）

③保育所保育指針の参考資料として取りまとめた「保育所保育指針解説」のみを根拠とした指導等を行うことのないよう留意すること。

2　小学校との連携について

保育所においては、保育所保育指針に示すとおり、保育士等が、自らの保育実践の過程を振り返り、子どもの心の育ちに、意欲等について理解を深め、専門性の向上及び保育実践の改善に努めることが求められる。また、その内容が小学校（義務教育学校の前期課程及び特別支援学校の小学部を含む。以下同じ。）に適切に引き継がれ、保育所保育において育まれた資質・能力を踏まえて小学校教育が円滑に行われるよう、保育所と小学校との間で「幼児期の終わりまでに育ってほしい姿」を共有するなど、小学校との連携を図ることが重要である。

このような認識の下、保育所と小学校との連携を確保するという観点から、保育所から小学校に子どもの育ちを支えるための資料として、従前より保育所児童保育要録が送付されるよう求めているが、保育所保育指針第2章の4⑵「小学校との連携」に示す内容を踏まえ、今般、保育所児童保育要録について、

・養護及び教育が一体的に行われるという保育所保育の特性を踏まえた記載事項

・「幼児期の終わりまでに育ってほしい姿」の活用、特別な配慮を要する子どもに関する記載内容等の取扱い上の注意事項

等について見直し（※2）を行った。見直し後の保育所児童保育要録の取扱い等については、以下⑴及び⑵に示すとおりであるので留意されたい。

（※2．見直しの趣旨等については、別添2「保育所児童保育要録の見直し等について（検討の整理）（二〇一八（平成三十）年二月七日保育所児童保育要録の見直し検討会）」参照）

⑴　保育所児童保育要録の取扱いについて

ア　記載事項

保育所児童保育要録には、別添1「保育所児童保育要録に記載する事項」に示す事項を記載すること。

なお、各市区町村においては、地域の実情等を踏まえ、別紙資料を参考として様式を作成し、管内の保育所に配布すること。

イ　実施時期

本通知を踏まえた保育所児童保育要録の作成は、平成三十年度から実施すること。なお、平成三十年度の保育所児童保育要録の様式を既に用意している場合には、必ずしも新たな様式により保育所児童保育要録を作成する必要はないこと。

ウ　取扱い上の注意

(ア)　保育所児童保育要録の作成、送付及び保存については、以下①から③までの取扱いに留意すること。また、各市区町村においては、保育所児童保育要録が小学校に送付されることについて市区町村教育委員会にあらかじめ周知を行うなど、市区町村教育委員会との連携を図ること。

①　保育所児童保育要録は、最終年度の子どもについて作成すること。作成に当たっては、施設長の責任の下、担当の保育士が記載すること。

②　子どもの就学に際して、作成した保育所児童保育要録の抄本又は写しを就学先の小学校の校長に送付すること。

③　保育所においては、作成した保育所児童保育要録の原本等について、その子どもが小学校を卒業するまでの間保存することが望ましいこと。

(イ)　保育所児童保育要録の作成に当たっては、保護者と

記載するとともに、その送付について、入所時や懇談会等を通して、保護者に周知しておくことが望ましいこと。その際には、個人情報保護及び情報開示の在り方に留意すること。

(ウ) 障害や発達上の課題があるなど特別な配慮を要する子どもについて「保育の過程と子どもの育ちに関する事項」及び「最終年度に至るまでの育ちに関する事項」を記載する際には、診断名及び障害の特性のみではなく、その子どもが育ってきた過程について、その子どもの抱える生活上の課題、人との関わりにおける困難等に応じて行われてきた保育における工夫及び配慮を考慮した上で記載すること。

なお、地域の身近な場所で一貫して効果的に支援する体制を構築する観点から、保育所、児童発達支援センター等の関係機関で行われてきた支援が就学以降も継続するように、保護者の意向及び個人情報の取扱いに留意しながら、必要に応じて、保育所における支援の情報を小学校と共有することが考えられること。

(エ) 配偶者からの暴力の被害者と同居する子どもについては、保育児童保育要録の記述を通じて就学先の小学校名や所在地等の情報が配偶者（加害者）に伝わることが懸念される場合がある。このような特別の事情がある場合には、「配偶者からの暴力の被害者の子どもの就学について（通知）」（平成二十一年七月十三日付け二一生参学第七号文部科学省生涯学習政策局男女共同参画学習課長・文部科学省初等中等教育局初等中等教育企画課長連名通知）を参考に、関係機関等との連携を図りながら、適切に情報を取り扱うこと。

(オ) 保育士等の専門性の向上や負担感の軽減を図る観点から、情報の適切な管理を図りつつ、情報通信技術の活用により保育所児童保育要録に係る事務の改善を検討することも重要であること。なお、保育所児童保育要録について、情報通信技術を活用して書面の作成、送付及び保存を行うことは、現行の制度上も可能であること。

(カ) 保育所児童保育要録は、児童の氏名、生年月日等の個人情報を含むものであるため、個人情報の保護に関する法律（平成十五年法律第五十七号）等を踏まえて適切に個人情報を取り扱うこと。なお、個人情報の保護に関する法令上の取扱いは以下の①及び②のとおりである。

① 公立の保育所については、各市区町村が定める個人情報保護条例に準じた取扱いとすること。

② 私立の保育所については、個人情報の保護に関する法律第二条第五項に規定する個人情報取扱事業者に該当し、原則として個人情報を第三者に提供する際には本人の同意が必要となるが、保育所保育指針第2章の4⑵ウに基づいて保育所児童保育要録を送付する場合においては、同法第二十三条第一項第一号に掲げる法令に基づく場合に該当するため、第三者提供について本人（保護者）の同意は不要であること。

エ 保育所型認定こども園における取扱い

保育所型認定こども園においては、「幼保連携型認定こども園園児指導要録の改善及び認定こども園こども要録の作成等に関する留意事項等について（通知）」（平成三十年三月三十日付け府子本第三一五号・二九初幼教第一七号・子保発〇三三〇第三号内閣府子ども・子育て本部参事官（認定こども園担当）・文部科学省初等中等教育局幼児教育課長・厚生労働省子ども家庭局保育課長連名通知）を参考にして、各市区町村と相談しつつ、各設置者等の創意工夫の下、同通知に基づく認定こども園こども要録（以下「認定こども園こども要録」という。）を作成することも可能であること。その際、送付及び保存についても同通知に準じて取り扱うこと。また、認定こども園こども要録を作成した場合には、同一の子どもについて、保育所児童保育要録を作成する必要はないこと。

(2)　保育所と小学校との間の連携の促進体制について

保育所と小学校との間の連携を一層促進するためには、地域における就学前後の子どもの育ち等について、地域の関係者が理解を共有することが重要であり、

・保育所、幼稚園、認定こども園、小学校等の関係者が参加する合同研修会、連絡協議会等を設置するなど、関係者の交流の機会を確保すること、

・保育所、幼稚園、認定こども園、小学校等の管理職が連携及び交流の意義及び重要性を理解し、組織として取組を進めること

等が有効と考えられるため、各自治体において、関係部局と連携し、これらの取組を積極的に支援・推進すること。

別添１

保育所児童保育要録に記載する事項

（別紙資料１「様式の参考例」を参照）

○　入所に関する記録

1　児童の氏名、性別、生年月日及び現住所
2　保護者の氏名及び現住所
3　児童の保育期間（入所及び卒所年月日）
4　児童の就学先（小学校名）
5　保育所及び所在地
6　施設長及び担当保育士氏名

○　保育に関する記録

保育に関する記録は、保育所において作成した様々な記録の内容を踏まえて、最終年度（小学校就学の始期に達する直前の年度）の一年間における保育の過程と子どもの育ちを要約し、就学に際して保育所と小学校が子どもに関する情報を共有し、子どもの育ちを支えるための資料としての性格を持つものとすること。

また、保育所における保育は、養護及び教育を一体的に行うことをその特性とするものであり、保育所における保育全体を通じて、養護に関するねらい及び内容を踏まえた保育が展開されることを念頭に置き、記載すること。

①　保育の過程と子どもの育ちに関する事項

最終年度における保育の過程及び子どもの育ちについて、次の視点から記入すること。

(1)　最終年度の重点

年度当初に、全体的な計画に基づき長期の見通しとして設定したものを記入すること。

(2)　個人の重点

一年間を振り返って、子どもの指導について特に重視してきた点を記入すること。

(3)　保育の展開と子どもの育ち

次の事項について記入すること。

①　最終年度の一年間の保育における指導の過程及び子ど

もの発達の姿について、以下の事項を踏まえ記入すること。

・保育所保育指針第2章「保育の内容」に示された各領域のねらいを視点として、子どもの発達の実情から向上が著しいと思われるもの。その際、他の子どもとの比較や一定の基準に対する達成度についての評定によって捉えるものではないことに留意すること。

・保育所の生活を通して全体的、総合的に捉えた子どもの発達の姿。

② 就学後の指導に必要と考えられる配慮事項等について記入すること。

③ 記入に当たっては、特に小学校における子どもの指導に生かされるよう、保育所保育指針第1章「総則」に示された「幼児期の終わりまでに育ってほしい姿」を活用して子どもに育まれている資質・能力を捉え、指導の過程と育ちつつある姿をわかりやすく記入するように留意すること。その際、別紙資料1に示す「幼児期の終わりまでに育ってほしい姿について」を参照するなどして、「幼児期の終わりまでに育ってほしい姿」の趣旨や内容を十分に理解するとともに、これらが到達すべき目標ではないことに留意し、項目別に子どもの育ちつつある姿を記入するのではなく、全体的かつ総合的に捉えて記入すること。

(4) 特に配慮すべき事項

子どもの健康の状況等、就学後の指導における配慮が必要なこととして、特記すべき事項がある場合に記入すること。

② 最終年度に至るまでの育ちに関する事項

子どもの入所時から最終年度に至るまでの育ちに関して、最終年度における保育の過程と子どもの育ちの姿を理解する上で、特に重要と考えられることを記入すること。

（様式の参考例）

（別紙）

幼児期の終わりまでに育ってほしい姿について　〔略〕

別添2

保育所児童保育要録の見直し等について（検討の整理）

〔略〕

別添資料1
（様式の参考例）

保育所児童保育要録（入所に関する記録）

<table>
<tr><td rowspan="3">児　童</td><td>ふりがな
氏　名</td><td colspan="2"></td><td rowspan="2">性　別</td><td rowspan="2"></td></tr>
<tr><td></td><td colspan="2">年　　月　　日生</td></tr>
<tr><td>現住所</td><td colspan="4"></td></tr>
<tr><td rowspan="2">保護者</td><td>ふりがな
氏　名</td><td colspan="4"></td></tr>
<tr><td>現住所</td><td colspan="4"></td></tr>
<tr><td>入　所</td><td colspan="2">年　　月　　日</td><td>卒　所</td><td colspan="2">年　　月　　日</td></tr>
<tr><td>就学先</td><td colspan="5"></td></tr>
<tr><td colspan="2">保育所名
及び所在地</td><td colspan="4"></td></tr>
<tr><td colspan="2">施　設　長
氏　名</td><td colspan="4"></td></tr>
<tr><td colspan="2">担当保育士
氏　名</td><td colspan="4"></td></tr>
</table>

（様式の参考例）

保育所児童保育要録（保育に関する記録）

本資料は、就学に際して保育所と小学校（義務教育学校の前期課程及び特別支援学校の小学部を含む。）が子どもに関する情報を共有し、子どもの育ちを支えるための資料である。

ふりがな	
氏　名	
生年月日	年　　月　　日
性　別	

ねらい（発達を捉える視点）	
健康	明るく伸び伸びと行動し、充実感を味わう。
	自分の体を十分に動かし、進んで運動しようとする。
	健康、安全な生活に必要な習慣や態度を身に付け、見通しをもって行動する。
人間関係	保育所の生活を楽しみ、自分の力で行動することの充実感を味わう。
	身近な人と親しみ、関わりを深め、工夫したり、協力したりして一緒に活動する楽しさを味わい、愛情や信頼感をもつ。
	社会生活における望ましい習慣や態度を身に付ける。
環境	身近な環境と親しみ、自然と触れ合う中で様々な事象に興味や関心をもつ。
	身近な環境に自分から関わり、発見を楽しんだり、考えたりし、それを生活に取り入れようとする。
	身近な事象を見たり、考えたり、扱ったりする中で、物の性質や数量、文字などに対する感覚を豊かにする。
言葉	自分の気持ちを言葉で表現する楽しさを味わう。
	人の言葉や話などをよく聞き、自分の経験したことや考えたことを話し、伝え合う喜びを味わう。
	日常生活に必要な言葉が分かるようになるとともに、絵本や物語などに親しみ、言葉に対する感覚を豊かにし、保育士等や友達と心を通わせる。
表現	いろいろなものの美しさなどに対する豊かな感性をもつ。
	感じたことや考えたことを自分なりに表現して楽しむ。
	生活の中でイメージを豊かにし、様々な表現を楽しむ。

保育の過程と子どもの育ちに関する事項
（最終年度の重点）
（個人の重点）
（保育の展開と子どもの育ち）
（特に配慮すべき事項）

最終年度に至るまでの育ちに関する事項

幼児期の終わりまでに育ってほしい姿 ※各項目の内容等については、別紙に示す「幼児期の終わりまでに育ってほしい姿について」を参照すること。
健康な心と体
自立心
協同性
道徳性・規範意識の芽生え
社会生活との関わり
思考力の芽生え
自然との関わり・生命尊重
数量や図形、標識や文字などへの関心・感覚
言葉による伝え合い
豊かな感性と表現

保育所における保育は、養護及び教育を一体的に行うことをその特性とするものであり、保育所における保育全体を通じて、養護に関するねらい及び内容を踏まえた保育が展開されることを念頭に置き、次の各事項を記入すること。

○保育の過程と子どもの育ちに関する事項

＊最終年度の重点：年度当初に、全体的な計画に基づき長期の見通しとして設定したものを記入すること。

＊個人の重点：１年間を振り返って、子どもの指導について特に重視してきた点を記入すること。

＊保育の展開と子どもの育ち：最終年度の１年間の保育における指導の過程と子どもの発達の姿（保育所保育指針第２章「保育の内容」に示された各領域のねらいを視点として、子どもの発達の実情から向上が著しいと思われるもの）を、保育所の生活を通して全体的、総合的に捉えて記入すること。その際、他の子どもとの比較や一定の基準に対する達成度についての評定によって捉えるものではないことに留意すること。あわせて、就学後の指導に必要と考えられる配慮事項等について記入すること。別紙を参照し、「幼児期の終わりまでに育ってほしい姿」を活用して子どもに育まれている資質・能力を捉え、指導の過程と育ちつつある姿をわかりやすく記入するように留意すること。

＊特に配慮すべき事項：子どもの健康の状況等、就学後の指導において配慮が必要なこととして、特記すべき事項がある場合に記入すること。

○最終年度に至るまでの育ちに関する事項

子どもの入所時から最終年度に至るまでの育ちに関し、最終年度における保育の過程と子どもの育ちの姿を理解する上で、特に重要と考えられることを記入すること。

第4章　こども園・幼保共通

㉑就学前の子どもに関する教育、保育等の総合的な提供の推進に関する法律

（平成一八年六月一五日法律第七七号）

施行　平成一八年一〇月一日

最終改正　令和元年六月七日法律第二六条

第一章　総則

（目的）

第一条　この法律は、幼児期の教育及び保育が生涯にわたる人格形成の基礎を培う重要なものであること並びに我が国における急速な少子化の進行並びに家庭及び地域を取り巻く環境の変化に伴い小学校就学前の子どもの教育及び保育に対する需要が多様なものとなっていることに鑑み、地域における創意工夫を生かしつつ、小学校就学前の子どもに対する教育及び保育並びに保護者に対する子育て支援の総合的な提供を推進するための措置を講じ、もって地域において子どもが健やかに育成される環境の整備に資することを目的とする。

（定義）

第二条　この法律において「子ども」とは、小学校就学の始期に達するまでの者をいう。

②　この法律において「幼稚園」とは、学校教育法（昭和二十二年法律第二十六号）第一条に規定する幼稚園をいう。

③　この法律において「保育所」とは、児童福祉法（昭和二十二年法律第百六十四号）第三十九条第一項に規定する保育所をいう。

④　この法律において「保育機能施設」とは、児童福祉法第五十九条第一項に規定する施設のうち同法第三十九条第一項に規定する業務を目的とするもの（少数の子どもを対象とするものその他の主務省令で定めるものを除く。）をいう。

⑤　この法律において「保育所等」とは、保育所又は保育機能施設をいう。

⑥　この法律において「認定こども園」とは、次条第一項又は第三項の認定を受けた施設、同条第十一項の規定による公示がされた施設及び幼保連携型認定こども園をいう。

⑦　この法律において「幼保連携型認定こども園」とは、義務教育及びその後の教育の基礎を培うものとしての満三歳以上の子どもに対する教育並びに保育を必要とする子どもに対する保育を一体的に行い、これらの子どもの健やかな成長が図られるよう適当な環境を与えて、その心身の発達を助長するとともに、保護者に対する子育ての支援を行うことを目的として、この法律の定めるところにより設置される施設をいう。

⑧　この法律において「教育」とは、教育基本法（平成十八年法律第百二十号）第六条第一項に規定する法律に定める学校（第九条において単に「学校」という。）において行われる教育をいう。

⑨　この法律において「保育」とは、児童福祉法第六条の三第七項に規定する保育をいう。

⑩　この法律において「保育を必要とする子ども」とは、児童福祉法第六条の三第九項第一号に規定する保育を必要とする乳児・幼児をいう。

⑪　この法律において「保護者」とは、児童福祉法第六条に規定する保護者をいう。

⑫　この法律において「子育て支援事業」とは、地域の子ども

の養育に関する各般の問題につき保護者からの相談に応じ必要な情報の提供及び助言を行う事業、保護者の疾病その他の理由により家庭において養育を受けることが一時的に困難となった地域の子どもに対する保育を行う事業、地域の子どもの養育に関する援助を受けることを希望する保護者と当該援助を行うことを希望する民間の団体若しくは個人との連絡及び調整を行う事業又は地域の子どもの養育に関する援助を行う民間の団体若しくは個人に対する必要な情報の提供及び助言を行う事業であって主務省令で定めるものをいう。

第二章　幼保連携型認定こども園以外の認定こども園に関する認定手続等

（幼保連携型認定こども園以外の認定こども園の認定等）

第三条　幼稚園又は保育所等の設置者（都道府県及び地方自治法（昭和二十二年法律第六十七号）第二百五十二条の十九条第一項の指定都市又は同法第二百五十二条の二十二第一項の中核市（以下「指定都市等」という。）を除く。）は、その設置する幼稚園又は保育所等が都道府県（当該幼稚園又は保育所等が指定都市等所在施設（指定都市等の区域内に所在する施設であって、都道府県が単独で又は他の地方公共団体と共同して設立する公立大学法人（地方独立行政法人法（平成十五年法律第百十八号）第六十八条第一項に規定する公立大学法人をいう。以下同じ。）が設置する施設以外のものをいう。以下同じ。）である場合にあっては、当該指定都市等）の条例で定める要件に適合している旨の都道府県知事（当該幼稚園又は保育所等が指定都市等所在施設である場合にあっては、当該指定都市等の長）（保育所に係る児童福祉法の規定による認可その他の処分をする権限に係る事務を地方自治法第百八十条の二の規定に基づく都道府県知事又は指定都市等の長の委任を受けて当該都道府県又は指定都市等の教育委員会が行う場合その他の主務省令で定める場合にあっては、都道府県又は指定都市等の教育委員会。以下この章及び第四章において同じ。）の認定を受けることができる。

②　前項の条例で定める要件は、次に掲げる基準に従い、かつ、主務大臣が定める施設の設備及び運営に関する基準を参酌して定めるものとする。

一　当該施設が幼稚園である場合にあっては、幼稚園教育要領（学校教育法第二十五条の規定に基づき幼稚園に関して文部科学大臣が定める事項をいう。第十条第二項において同じ。）に従って編成された教育課程に基づく教育を行うほか、当該教育のための時間の終了後、当該幼稚園に在籍している子どものうち保育を必要とする子どもに該当する者に対する教育を行うこと。

二　当該施設が保育所等である場合にあっては、保育を必要とする子どもに対する保育を行うほか、当該保育を必要とする子ども以外の満三歳以上の子ども（当該施設が保育所である場合にあっては、当該保育所が所在する市町村（特別区を含む。以下同じ。）における児童福祉法第二十四条第四項に規定する保育の利用に対する需要の状況に照らして適当と認められる数の子どもに限る。）を保育し、かつ、満三歳以上の子どもに対し学校教育法第二十三条各号に掲げる目標が達成されるよう保育を行うこと。

三　子育て支援事業のうち、当該施設の所在する地域における教育及び保育に対する需要に照らし当該地域において実施することが必要と認められるものを、保護者の要請に応じ適切に提供し得る体制の下で行うこと。

③　幼稚園及び保育機能施設のそれぞれの用に供される建物及びその附属設備が一体的に設置されている場合における当該

幼稚園及び保育機能施設（以下「連携施設」という。）の設置者（都道府県及び指定都市等を除く。）は、その設置する連携施設が都道府県（当該連携施設が指定都市等所在施設である場合にあっては、当該指定都市等）の条例で定める要件に適合している旨の都道府県知事（当該連携施設が指定都市等所在施設である場合にあっては、当該指定都市等の長）の認定を受けることができる。

④ 前項の条例で定める要件は、次に掲げる基準に従い、かつ、主務大臣が定める施設の設備及び運営に関する基準を参酌して定めるものとする。

一 次のいずれかに該当する施設であること。

イ 当該連携施設を構成する保育機能施設において、満三歳以上の子どもに対し学校教育法第二十三条各号に掲げる目標が達成されるよう保育を行い、かつ、当該保育を実施するに当たり当該連携施設を構成する幼稚園との緊密な連携協力体制が確保されていること。

ロ 当該連携施設を構成する保育機能施設に入所していた子どもを引き続き当該連携施設を構成する幼稚園に入園させて一貫した教育及び保育を行うこと。

二 子育て支援事業のうち、当該連携施設の所在する地域における教育及び保育に対する需要に照らし当該地域において実施することが必要と認められるものを、保護者の要請に応じ適切に提供し得る体制の下で行うこと。

⑤ 都道府県知事（指定都市等所在施設である幼稚園若しくは保育所等又は連携施設については、当該指定都市等の長。第八項及び第九項、次条第一項、第七条第一項及び第二項並びに第八条第一項において同じ。）は、国（国立大学法人法（平成十五年法律第百十二号）第二条第一項に規定する国立大学法人を含む。以下同じ。）、市町村（指定都市等を除く。）及び公立大学法人以外の者から、第一項又は第三項の認定の申請があったときは、第一項又は第三項の条例で定める要件に適合するかどうかを審査するほか、次に掲げる基準（当該認定の申請をした者が学校法人（私立学校法（昭和二十四年法律第二百七十号）第三条に規定する学校法人をいう。以下同じ。）又は社会福祉法人（社会福祉法（昭和二十六年法律第四十五号）第二十二条に規定する社会福祉法人をいう。以下同じ。）である場合にあっては、第四号に掲げる基準に限る。）によって、その申請を審査しなければならない。

一 第一項若しくは第三項の条例で定める要件に適合する設備又はこれに要する資金及び当該申請に係る施設の経営に必要な財産を有すること。

二 当該申請に係る施設を設置する者（その者が法人である場合にあっては、経営担当役員（業務を執行する社員、取締役、執行役又はこれらに準ずる者をいう。）とする。次号において同じ。）が当該施設を経営するために必要な知識又は経験を有すること。

三 当該申請に係る施設を設置する者が社会的信望を有すること。

四 次のいずれにも該当するものでないこと。

イ 申請者が、禁錮以上の刑に処せられ、その執行を終わり、又は執行を受けることがなくなるまでの者であるとき。

ロ 申請者が、この法律その他国民の福祉若しくは学校教育に関する法律で政令で定めるものの規定により罰金の刑に処せられ、その執行を終わり、又は執行を受けることがなくなるまでの者であるとき。

ハ 申請者が、労働に関する法律の規定であって政令で定めるものにより罰金の刑に処せられ、その執行を終わり、又は執行を受けることがなくなるまでの者であるとき。

ニ　申請者が、第七条第一項の規定により認定を取り消され、その取消しの日から起算して五年を経過しない者（当該認定を取り消された者が法人である場合においては、当該取消しの処分に係る行政手続法（平成五年法律第八十八号）第十五条の規定による通知があった日前六十日以内に当該法人の役員（業務を執行する社員、取締役、執行役又はこれらに準ずる者をいい、相談役、顧問その他いかなる名称を有する者であるかを問わず、法人に対し業務を執行する社員、取締役、執行役又はこれらに準ずる者と同等以上の支配力を有するものと認められる者を含む。ホ及び第十七条第二項第七号において同じ。）又はその事業を管理する者その他の政令で定める使用人（以下この号において「役員等」という。）であった者で当該取消しの日から起算して五年を経過しないものを含み、当該認定を取り消された者が法人でない場合においては、当該通知があった日前六十日以内に当該事業の管理者であった者で当該取消しの日から起算して五年を経過しないものを含む。）であるとき。ただし、当該認定の取消しが、認定こども園の認定の取消しのうち当該認定の取消しの処分の理由となった事実及び当該事実の発生を防止するための当該認定こども園の設置者による業務管理体制の整備についての取組の状況その他の当該事実に関して当該認定こども園の設置者が有していた責任の程度を考慮して、ニ本文に規定する認定の取消しに該当しないこととすることが相当であると認められるものとして主務省令で定めるものに該当する場合を除く。

ホ　申請者と密接な関係を有する者（申請者（法人に限る。以下ホにおいて同じ。）の役員に占めるその役員の割合が二分の一を超え、若しくは当該申請者の株式の所有その他の事由を通じて当該申請者の事業を実質的に支配し、若しくはその事業に重要な影響を与える関係にある者として主務省令で定めるもの（以下ホにおいて「申請者の親会社等」という。）、申請者の親会社等の役員と同一の者がその役員に占める割合が二分の一を超え、若しくは申請者の親会社等が株式の所有その他の事由を通じてその事業を実質的に支配し、若しくはその事業に重要な影響を与える関係にある者として主務省令で定めるもの又は当該申請者の役員と同一の者がその役員に占める割合が二分の一を超え、若しくは当該申請者が株式の所有その他の事由を通じてその事業を実質的に支配し、若しくはその事業に重要な影響を与える関係にある者として主務省令で定めるもののうち、当該申請者と主務省令で定める密接な関係を有する法人をいう。）が、第七条第一項の規定により認定を取り消され、その取消しの日から起算して五年を経過していないとき。ただし、当該認定の取消しが、認定こども園の認定の取消しのうち当該認定の取消しの処分の理由となった事実及び当該事実の発生を防止するための当該認定こども園の設置者による業務管理体制の整備についての取組の状況その他の当該事実に関して当該認定こども園の設置者が有していた責任の程度を考慮して、ホ本文に規定する認定の取消しに該当しないこととすることが相当であると認められるものとして主務省令で定めるものに該当する場合を除く。

へ　申請者が、認定の申請前五年以内に教育又は保育に関し不正又は著しく不当な行為をした者であるとき。
ト　申請者が、法人で、その役員等のうちにイからニまで又はへのいずれかに該当する者のあるものであるとき。
チ　申請者が、法人でない者で、その管理者がイからニまで又はへのいずれかに該当する者であるとき。

⑥　都道府県知事は、第一項又は第三項の認定をしようとするときは、主務省令で定めるところにより、あらかじめ、当該認定の申請に係る施設が所在する市町村の長に協議しなければならない。

⑦　指定都市等の長は、第一項又は第三項の認定をしようとするときは、あらかじめ、都道府県知事に協議しなければならない。

⑧　都道府県知事は、第一項又は第三項及び第五項に基づく審査の結果、その申請が第一項又は第三項の条例で定める要件に適合しており、かつ、その申請をした者が第五項各号に掲げる基準（その者が学校法人又は社会福祉法人である場合にあっては、同項第四号に掲げる基準に限る。）に該当すると認めるとき（その申請をした者が国、市町村（指定都市等を除く。）又は公立大学法人である場合にあっては、その申請が第一項又は第三項の条例で定める要件に適合していると認めるとき）は、第一項又は第三項の認定をするものとする。ただし、次に掲げる要件のいずれかに該当するとき、その他の都道府県子ども・子育て支援事業支援計画（子ども・子育て支援法（平成二十四年法律第六十五号）第六十二条第一項の規定により当該都道府県が定める都道府県子ども・子育て支援事業支援計画をいう。以下この項及び第十七条第六項において同じ。）（指定都市等の長が第一項又は第三項の認定を行う場合にあっては、同法第六十一条第一項の規定により当該指定都市等が定める市町村子ども・子育て支援事業計画。以下この項において同じ。）の達成に支障を生ずるおそれがある場合として主務省令で定める場合に該当すると認めるときは、第一項又は第三項の認定をしないことができる。

一　当該申請に係る施設の所在地を含む区域（子ども・子育て支援法第六十二条第二項第一号の規定により当該都道府県が定める区域（指定都市等の長が第一項又は第三項の認定を行う場合にあっては、同法第六十一条第二項第一号の規定により当該指定都市等が定める教育・保育提供区域）をいう。以下この項において同じ。）における特定教育・保育施設（同法第二十七条第一項に規定する特定教育・保育施設をいう。以下この項及び第十七条第六項において同じ。）の利用定員の総数（同法第十九条第一項第一号に掲げる小学校就学前子どもに係るものに限る。）が、都道府県子ども・子育て支援事業支援計画において定める当該区域の特定教育・保育施設の必要利用定員総数（同号に掲げる小学校就学前子どもに係るものに限る。）に既に達しているか、又は当該申請に係る施設の認定によってこれを超えることになると認めるとき。

二　当該申請に係る施設の所在地を含む区域における特定教育・保育施設の利用定員の総数（子ども・子育て支援法第十九条第一項第二号に掲げる小学校就学前子どもに係るものに限る。）が、都道府県子ども・子育て支援事業支援計画において定める当該区域の特定教育・保育施設の必要利用定員総数（同号に掲げる小学校就学前子どもに係るものに限る。）に既に達しているか、又は当該申請に係る施設の認定によってこれを超えることになると認めるとき。

三　当該申請に係る施設の所在地を含む区域における特定教育・保育施設の利用定員の総数（子ども・子育て支援法第

十九条第一項第三号に掲げる小学校就学前子どもに係るものに限る。）が、都道府県子ども・子育て支援事業支援計画において定める当該区域の特定教育・保育施設の必要利用定員総数（同号に掲げる小学校就学前子どもに係るものに限る。）に既に達しているか、又は当該申請に係る施設の認定によってこれを超えることになると認めるとき。

⑨　都道府県知事は、第一項又は第三項の認定をしない場合には、申請者に対し、速やかに、その旨及び理由を通知しなければならない。

⑩　指定都市等の長は、第一項又は第三項の認定をしたときは、速やかに都道府県知事に、次条第一項に規定する申請書の写しを送付しなければならない。

⑪　都道府県知事又は指定都市等の長は、当該都道府県又は指定都市等が設置する施設のうち、第一項又は第三項の当該都道府県又は指定都市等の条例で定める要件に適合していると認めるものについては、これを公示するものとする。

⑫　指定都市等の長は、前項の規定による公示をしたときは、速やかに、次条第一項各号に掲げる事項を記載した書類を都道府県知事に提出しなければならない。

（認定の申請）

第四条　前条第一項又は第三項の認定を受けようとする者は、次に掲げる事項を記載した申請書に、その申請に係る施設が同条第一項又は第三項の条例で定める要件に適合していることを証する書類を添付して、これを都道府県知事に提出しなければならない。

一　氏名又は名称及び住所並びに法人にあっては、その代表者の氏名

二　施設の名称及び所在地

三　保育を必要とする子どもに係る利用定員（満三歳未満の者に係る利用定員及び満三歳以上の者に係る利用定員に区分するものとする。）

四　保育を必要とする子ども以外の子どもに係る利用定員（満三歳未満の者に係る利用定員及び満三歳以上の者に係る利用定員に区分するものとする。）

五　その他主務省令で定める事項

②　前条第三項の認定に係る前項の申請については、連携施設を構成する幼稚園の設置者と保育機能施設の設置者とが異なる場合には、これらの者が共同して行わなければならない。

第五条　削除

（教育及び保育の内容）

第六条　第三条第一項又は第三項の認定を受けた施設及び同条第十一項の規定による公示がされた施設の設置者は、当該施設において教育又は保育を行うに当たっては、第十条第一項の幼保連携型認定こども園の教育課程その他の教育及び保育の内容に関する事項を踏まえて行わなければならない。

（認定の取消し）

第七条　都道府県知事は、次の各号のいずれかに該当するときは、第三条第一項又は第三項の認定を取り消すことができる。

一　第三条第一項又は第三項の認定を受けた施設がそれぞれ同条第一項又は第三項の条例で定める要件を欠くに至ったと認めるとき。

二　第三条第一項又は第三項の認定を受けた施設の設置者が第二十九条第一項の規定による届出をせず、又は虚偽の届出をしたとき。

三　第三条第一項又は第三項の認定を受けた施設の設置者が第三十条第一項又は第三項の規定による報告をせず、又は虚偽の報告をしたとき。

四　第三条第一項又は第三項の認定を受けた施設の設置者が同条第五項第四号イからハまで、ト又はチのいずれかに該当するに至ったとき。

五　第三条第一項又は第三項の認定を受けた施設の設置者が不正の手段により同条第一項又は第三項の認定を受けたとき。

六　その他第三条第一項又は第三項の認定を受けた施設の設置者がこの法律、学校教育法、児童福祉法、私立学校法、社会福祉法若しくは私立学校振興助成法（昭和五十年法律第六十一号）又はこれらの法律に基づく命令の規定に違反したとき。

② 都道府県知事は、前項の規定により認定を取り消したときは、その旨を公表しなければならない。

③ 都道府県知事又は指定都市等の長は、第三条第十一項の規定による公示がされた施設が同条第一項又は第三項の当該都道府県又は指定都市等の条例で定める要件を欠くに至ったと認めるときは、同条第十一項の規定によりされた公示を取り消し、その旨を公示しなければならない。

（関係機関の連携の確保）

第八条　都道府県知事は、第三条第一項又は第三項の規定により認定を行おうとするとき及び前条第一項の規定により認定の取消しを行おうとするときは、あらかじめ、学校教育法又は児童福祉法の規定により当該認定又は取消しに係る施設の設置又は運営に関して認可その他の処分をする権限を有する地方公共団体の機関（当該機関が当該都道府県知事である場合を除く。）に協議しなければならない。

② 地方公共団体の長及び教育委員会は、認定こども園に関する事務が適切かつ円滑に実施されるよう、相互に緊密な連携を図りながら協力しなければならない。

第三章　幼保連携型認定こども園

（教育及び保育の目標）

第九条　幼保連携型認定こども園においては、第二条第七項に規定する目的を実現するため、子どもに対する学校としての教育及び児童福祉施設（児童福祉法第七条第一項に規定する児童福祉施設をいう。次条第二項において同じ。）としての保育並びにその実施する保護者に対する子育て支援事業の相互の有機的な連携を図りつつ、次に掲げる目標を達成するよう当該教育及び当該保育を行うものとする。

一　健康、安全で幸福な生活のために必要な基本的な習慣を養い、身体諸機能の調和的発達を図ること。

二　集団生活を通じて、喜んでこれに参加する態度を養うとともに家族や身近な人への信頼感を深め、自主、自律及び協同の精神並びに規範意識の芽生えを養うこと。

三　身近な社会生活、生命及び自然に対する興味を養い、それらに対する正しい理解と態度及び思考力の芽生えを養うこと。

四　日常の会話や、絵本、童話等に親しむことを通じて、言葉の使い方を正しく導くとともに、相手の話を理解しようとする態度を養うこと。

五　音楽、身体による表現、造形等に親しむことを通じて、豊かな感性と表現力の芽生えを養うこと。

六　快適な生活環境の実現及び子どもと保育教諭その他の職員との信頼関係の構築を通じて、心身の健康の確保及び増進を図ること。

（教育及び保育の内容）

第一〇条　幼保連携型認定こども園の教育課程その他の教育及び保育の内容に関する事項は、第二条第七項に規定する目的及び前条に規定する目標に従い、主務大臣が定める。

② 主務大臣が前項の規定により幼保連携型認定こども園の教育課程その他の教育及び保育の内容に関する事項を定めるに当たっては、幼稚園教育要領及び児童福祉法第四十五条第二項の規定に基づき児童福祉施設に関して厚生労働省令で定める基準（同項第三号に規定する保育所における保育の内容に係る部分に限る。）との整合性の確保並びに小学校（学校教育法第一条に規定する小学校をいう。）及び義務教育学校（学校教育法第一条に規定する義務教育学校をいう。）における教育との円滑な接続に配慮しなければならない。

③ 幼保連携型認定こども園の設置者は、第一項の教育及び保育の内容に関する事項を遵守しなければならない。

（入園資格）

第一一条 幼保連携型認定こども園に入園することのできる者は、満三歳以上の子ども及び満三歳未満の保育を必要とする子どもとする。

（設置者）

第一二条 幼保連携型認定こども園は、国、地方公共団体（公立大学法人を含む。第十七条第一項において同じ。）、学校法人及び社会福祉法人のみが設置することができる。

（設備及び運営の基準）

第一三条 都道府県（指定都市等所在地施設である幼保連携型認定こども園（都道府県が設置するものを除く。）については、当該指定都市等。次項及び第二十五条において同じ。）は、幼保連携型認定こども園の設備及び運営について、条例で基準を定めなければならない。この場合において、その基準は、子どもの身体的、精神的及び社会的な発達のために必要な教育及び保育の水準を確保するものでなければならない。

② 都道府県が前項の条例を定めるに当たっては、次に掲げる事項については主務省令で定める基準に従い定めるものとし、その他の事項については主務省令で定める基準を参酌するものとする。

一 幼保連携型認定こども園における学級の編制並びに幼保連携型認定こども園に配置する園長、保育教諭その他の職員及びその員数

二 幼保連携型認定こども園に係る保育室の床面積その他幼保連携型認定こども園の設備に関する事項であって、子どもの健全な発達に密接に関連するものとして主務省令で定めるもの

三 幼保連携型認定こども園の運営に関する事項であって、子どもの適切な処遇の確保及び秘密の保持並びに子どもの健全な発達に密接に関連するものとして主務省令で定めるもの

③ 主務大臣は、前項に規定する主務省令で定める基準を定め、又は変更しようとするとき、並びに同項第二号及び第三号の主務省令を定め、又は変更しようとするときは、子ども・子育て支援法第七十二条に規定する子ども・子育て会議の意見を聴かなければならない。

④ 幼保連携型認定こども園の設置者は、第一項の基準を遵守しなければならない。

⑤ 幼保連携型認定こども園の設置者は、幼保連携型認定こども園の設備及び運営についての水準の向上を図ることに努めるものとする。

（職員）

第一四条 幼保連携型認定こども園には、園長及び保育教諭を置かなければならない。

② 幼保連携型認定こども園には、前項に規定するもののほ

か、副園長、教頭、主幹保育教諭、指導保育教諭、主幹養護教諭、養護教諭、主幹栄養教諭、栄養教諭、事務職員、養護助教諭その他必要な職員を置くことができる。
③　園長は、園務をつかさどり、所属職員を監督する。
④　副園長は、園長を助け、命を受けて園務をつかさどる。
⑤　副園長は、園長に事故があるときはその職務を代理し、園長が欠けたときはその職務を行う。この場合において、副園長が二人以上あるときは、あらかじめ園長が定めた順序で、その職務を代理し、又は行う。
⑥　教頭は、園長（副園長を置く幼保連携型認定こども園にあっては、園長及び副園長）を助け、園務を整理し、並びに必要に応じ園児（幼保連携型認定こども園に在籍する子どもをいう。以下同じ。）の教育及び保育（満三歳未満の園児については、その保育。以下この条において同じ。）をつかさどる。
⑦　教頭は、園長（副園長を置く幼保連携型認定こども園にあっては、園長及び副園長）に事故があるときは園長の職務を代理し、園長（副園長を置く幼保連携型認定こども園にあっては、園長及び副園長）が欠けたときは園長の職務を行う。この場合において、教頭が二人以上あるときは、あらかじめ園長が定めた順序で、園長の職務を代理し、又は行う。
⑧　主幹保育教諭は、園長（副園長又は教頭を置く幼保連携型認定こども園にあっては、園長及び副園長又は教頭。第十一項及び第十三項において同じ。）を助け、命を受けて園務の一部を整理し、並びに園児の教育及び保育をつかさどる。
⑨　指導保育教諭は、園児の教育及び保育をつかさどり、並びに保育教諭その他の職員に対して、教育及び保育の改善及び充実のために必要な指導及び助言を行う。
⑩　保育教諭は、園児の教育及び保育をつかさどる。
⑪　主幹養護教諭は、園長を助け、命を受けて園務の一部を整理し、及び園児（満三歳以上の園児に限る。以下この条において同じ。）の養護をつかさどる。
⑫　養護教諭は、園児の養護をつかさどる。
⑬　主幹栄養教諭は、園長を助け、命を受けて園務の一部を整理し、並びに園児の栄養の指導及び管理をつかさどる。
⑭　栄養教諭は、園児の栄養の指導及び管理をつかさどる。
⑮　事務職員は、事務をつかさどる。
⑯　助保育教諭は、保育教諭の職務を助ける。
⑰　講師は、保育教諭又は助保育教諭に準ずる職務に従事する。
⑱　養護助教諭は、養護教諭の職務を助ける。
⑲　特別の事情のあるときは、第一項の規定にかかわらず、保育教諭に代えて助保育教諭又は講師を置くことができる。

（職員の資格）

第一五条　主幹保育教諭、指導保育教諭、保育教諭及び講師（保育教諭に準ずる職務に従事するものに限る。）は、幼稚園の教諭の普通免許状（教育職員免許法（昭和二十四年法律第百四十七号）第四条第二項に規定する普通免許状をいう。以下この条において同じ。）を有し、かつ、児童福祉法第十八条の十八第一項の登録（第四項及び第三十九条において単に「登録」という。）を受けた者でなければならない。
②　主幹養護教諭及び養護教諭は、養護教諭の普通免許状を有する者でなければならない。
③　主幹栄養教諭及び栄養教諭は、栄養教諭の普通免許状を有する者でなければならない。
④　助保育教諭及び講師（助保育教諭に準ずる職務に従事するものに限る。）は、幼稚園の助教諭の臨時免許状（教育職員免許法第四条第四項に規定する臨時免許状をいう。次項にお

いて同じ。）を有し、かつ、登録を受けた者でなければならない。

⑤　養護助教諭は、養護助教諭の臨時免許状を有する者でなければならない。

⑥　前各項に定めるもののほか、職員の資格に関する事項は、主務省令で定める。

（設置等の届出）

第一六条　市町村（指定都市等を除く。以下この条及び次条第五項において同じ。）（市町村が単独で又は他の市町村と共同して設立する公立大学法人を含む。）は、その設置した幼保連携型認定こども園を設置しようとするとき、又はその設置した幼保連携型認定こども園の廃止、休止若しくは設置者の変更その他政令で定める事項（同条第一項及び第三十四条第六項において「廃止等」という。）を行おうとするときは、あらかじめ、都道府県知事に届け出なければならない。

（設置等の認可）

第一七条　国及び地方公共団体以外の者は、幼保連携型認定こども園を設置しようとするとき、又はその設置した幼保連携型認定こども園の廃止等を行おうとするときは、都道府県知事（指定都市等の区域内に所在する幼保連携型認定こども園については、当該指定都市等の長。次項、第三項、第六項及び第七項並びに次条第一項において同じ。）の認可を受けなければならない。

②　都道府県知事は、前項の設置の認可の申請があったときは、第十三条第一項の条例で定める基準に適合するかどうかを審査するほか、次に掲げる基準によって、その申請を審査しなければならない。

一　申請者が、この法律その他国民の福祉若しくは学校教育に関する法律で政令で定めるものの規定により罰金の刑に処せられ、その執行を終わり、又は執行を受けることがなくなるまでの者であるとき。

二　申請者が、労働に関する法律の規定であって政令で定めるものにより罰金の刑に処せられ、その執行を終わり、又は執行を受けることがなくなるまでの者であるとき。

三　申請者が、第二十二条第一項の規定により認可を取り消され、その取消しの日から起算して五年を経過しない者であるとき。ただし、当該認可の取消しが、幼保連携型認定こども園の認可の取消しのうち当該認可の取消しの処分の理由となった事実及び当該事実の発生を防止するための当該幼保連携型認定こども園の設置者による業務管理体制の整備についての取組の状況その他の当該事実に関して当該幼保連携型認定こども園の設置者が有していた責任の程度を考慮して、この号本文に規定する認可の取消しに該当しないこととすることが相当であると認められるものとして主務省令で定めるものに該当する場合を除く。

四　申請者が、第二十二条第一項の規定による認可の取消しの処分に係る行政手続法第十五条の規定による通知があった日から当該処分をする日又は処分をしないことを決定する日までの間に前項の規定による幼保連携型認定こども園の廃止をした者（当該廃止について相当の理由がある者を除く。）で、当該幼保連携型認定こども園の廃止の認可の日から起算して五年を経過しないものであるとき。

五　申請者が、第十九条第一項の規定による検査が行われた日から聴聞決定予定日（当該検査の結果に基づき第二十二条第一項の規定による認可の取消しの処分に係る聴聞を行うか否かの決定をすることが見込まれる日として主務省令で定めるところにより都道府県知事が当該申請者に当該検査が行われた日から十日以内に特定の日を通知した場合における当該特定の日をいう。）までの間に前項の規定による幼保連携型認定こども園の廃止をした者（当該廃止について相当の理由がある者を除く。）で、当該幼保連携型認定こども園の廃止の認可の日から起算して五年を経過しないものであるとき。

六　申請者が、認可の申請前五年以内に教育又は保育に関し不正又は著しく不当な行為をした者であるとき。

七　申請者の役員又はその長のうちに次のいずれかに該当する者があるとき。

イ　禁錮以上の刑に処せられ、その執行を終わり、又は執行を受けることがなくなるまでの者

ロ　第一号、第二号又は前号に該当する者

ハ　第二十二条第一項の規定により認可を取り消された幼保連携型認定こども園において、当該取消しの処分に係る行政手続法第十五条の規定による通知があった日前六十日以内にその幼保連携型認定こども園の設置者の役員又はその園長であった者で当該取消しの日から起算して五年を経過しないもの（当該認可の取消しが、幼保連携型認定こども園の認可の取消しのうち当該認可の取消しの処分の理由となった事実及び当該事実の発生を防止するための当該幼保連携型認定こども園の設置者による業務管理体制の整備についての取組の状況その他の当該事実に関して当該幼保連携型認定こども園の設置者が有していた責任の程度を考慮して、この号に規定する認可の取消しに該当しないこととすることが相当であると認められるものとして主務省令で定めるものに該当する場合を除く。）

ニ　第四号に規定する期間内に前項の規定により廃止した幼保連携型認定こども園（当該廃止について相当の理由がある幼保連携型認定こども園を除く。）において、同号の通知の日前六十日以内にその設置者の役員又はその長であった者で当該廃止の認可の日から起算して五年を経過しないもの

③　都道府県知事は、第一項の認可をしようとするときは、あらかじめ、第二十五条に規定する審議会その他の合議制の機関の意見を聴かなければならない。

④　指定都市等の長は、第一項の認可をしようとするときは、あらかじめ、都道府県知事に協議しなければならない。

⑤　都道府県知事は、第一項の設置の認可をしようとするときは、主務省令で定めるところにより、あらかじめ、当該認可の申請に係る幼保連携型認定こども園を設置しようとする場所を管轄する市町村の長に協議しなければならない。

⑥　都道府県知事は、第一項及び第二項に基づく審査の結果、その申請が第十三条第一項の条例で定める基準に適合しており、かつ、第二項各号に掲げる基準に該当しないと認めるときは、第一項の設置の認可をするものとする。ただし、次に掲げる要件のいずれかに該当するとき、その他の都道府県子ども・子育て支援事業支援計画（指定都市等の長が同項の設置の認可を行う場合にあっては、子ども・子育て支援法第六十一条第一項の規定により当該指定都市等が定める市町村子ども・子育て支援事業計画。以下この項において同じ。）の達成に支障を生ずるおそれがある場合として主務省令で定める場合に該当すると認めるときは、第一項の設置の認可をしないことができる。

一　当該申請に係る幼保連携型認定こども園を設置しようとする場所を含む区域（子ども・子育て支援法第六十二条第二項第一号の規定により当該都道府県が定める区域（指定都市等の長が第一項の設置の許可を行う場合にあっては、

同法第六十一条第二項第一号の規定により当該指定都市等が定める教育・保育提供区域）をいう。以下この項において同じ。）における特定教育・保育施設の利用定員の総数（子ども・子育て支援法第十九条第一項第一号に掲げる小学校就学前子どもに係るものに限る。）が、都道府県子ども・子育て支援事業支援計画において定める当該区域の特定教育・保育施設の必要利用定員総数（同号に掲げる小学校就学前子どもに係るものに限る。）に既に達しているか、又は当該申請に係る設置の認可によってこれを超えることになると認めるとき。

二　当該申請に係る幼保連携型認定こども園を設置しようとする場所を含む区域における特定教育・保育施設の利用定員の総数（子ども・子育て支援法第十九条第一項第二号に掲げる小学校就学前子どもに係るものに限る。）が、都道府県子ども・子育て支援事業支援計画において定める当該区域の特定教育・保育施設の必要利用定員総数（同号に掲げる小学校就学前子どもに係るものに限る。）に既に達しているか、又は当該申請に係る設置の認可によってこれを超えることになると認めるとき。

三　当該申請に係る幼保連携型認定こども園を設置しようとする場所を含む区域における特定教育・保育施設の利用定員の総数（子ども・子育て支援法第十九条第一項第三号に掲げる小学校就学前子どもに係るものに限る。）が、都道府県子ども・子育て支援事業支援計画において定める当該区域の特定教育・保育施設の必要利用定員総数（同号に掲げる小学校就学前子どもに係るものに限る。）に既に達しているか、又は当該申請に係る設置の認可によってこれを超えることになると認めるとき。

⑦　都道府県知事は、第一項の設置の認可をしない場合には、申請者に対し、速やかに、その旨及び理由を通知しなければならない。

（都道府県知事への情報の提供）

第一八条　第十六条の届出を行おうとする者又は前条第一項の認可を受けようとする者は、第四条第一項各号に掲げる事項を記載した書類を都道府県知事に提出しなければならない。

②　指定都市等の長は、前条第一項の認可をしたときは、速やかに、都道府県知事に、前項の書類の写しを送付しなければならない。

③　指定都市等の長は、当該指定都市等（当該指定都市等が単独で又は他の市町村と共同して設立する公立大学法人を含む。）が幼保連携型認定こども園を設置したときは、速やかに、第四条第一項各号に掲げる事項を記載した書類を都道府県知事に提出しなければならない。

（報告の徴収等）

第一九条　都道府県知事（指定都市等所在施設である幼保連携型認定こども園（都道府県が設置するものを除く。）については、当該指定都市等の長。第二十八条から第三十条まで並びに第三十四条第三項及び第九項を除き、以下同じ。）は、この法律を施行するため必要があると認めるときは、幼保連携型認定こども園の設置者若しくは園長に対して、必要と認める事項の報告を求め、又は当該職員に関係者に対して質問させ、若しくはその施設に立ち入り、設備、帳簿書類その他の物件を検査させることができる。

②　前項の規定による立入検査を行う場合においては、当該職員は、その身分を示す証明書を携帯し、関係者の請求があるときは、これを提示しなければならない。

③　第一項の規定による立入検査の権限は、犯罪捜査のために認められたものと解釈してはならない。

（改善勧告及び改善命令）

第二〇条　都道府県知事は、幼保連携型認定こども園の設置者が、この法律又はこの法律に基づく命令若しくは条例の規定に違反したときは、当該設置者に対し、必要な改善を勧告し、又は当該設置者がその勧告に従わず、かつ、園児の教育上又は保育上有害であると認められるときは、必要な改善を命ずることができる。

（事業停止命令）

第二一条　都道府県知事は、次の各号のいずれかに該当する場合においては、幼保連携型認定こども園の事業の停止又は施設の閉鎖を命ずることができる。

一　幼保連携型認定こども園の設置者が、この法律又はこの法律に基づく命令若しくは条例の規定に故意に違反し、かつ、園児の教育上又は保育上著しく有害であると認められるとき。

二　幼保連携型認定こども園の設置者が前条の規定による命令に違反したとき。

三　正当な理由がないのに、六月以上休止したとき。

②　都道府県知事は、前項の規定により事業の停止又は施設の閉鎖の命令をしようとするときは、あらかじめ、第二十五条に規定する審議会その他の合議制の機関の意見を聴かなければならない。

（認可の取消し）

第二二条　都道府県知事は、幼保連携型認定こども園の設置者が、この法律若しくはこの法律に基づく命令若しくは条例の規定又はこれらに基づいてする処分に違反したときは、第十七条第一項の認可を取り消すことができる。

②　都道府県知事は、前項の規定による認可の取消しをしようとするときは、あらかじめ、第二十五条に規定する審議会その他の合議制の機関の意見を聴かなければならない。

（運営の状況に関する評価等）

第二三条　幼保連携型認定こども園の設置者は、主務省令で定めるところにより当該幼保連携型認定こども園における教育及び保育並びに子育て支援事業（以下「教育及び保育等」という。）の状況その他の運営の状況について評価を行い、その結果に基づき幼保連携型認定こども園の運営の改善を図るため必要な措置を講ずるよう努めなければならない。

（運営の状況に関する情報の提供）

第二四条　幼保連携型認定こども園の設置者は、当該幼保連携型認定こども園に関する保護者及び地域住民その他の関係者の理解を深めるとともに、これらの者との連携及び協力の推進に資するため、当該幼保連携型認定こども園における教育及び保育等の状況その他の当該幼保連携型認定こども園の運営の状況に関する情報を積極的に提供するものとする。

（都道府県における合議制の機関）

第二五条　第十七条第三項、第二十一条第二項及び第二十二条第二項の規定によりその権限に属させられた事項を調査審議するため、都道府県に、条例で幼保連携型認定こども園に関する審議会その他の合議制の機関を置くものとする。

（学校教育法の準用）

第二六条　学校教育法第五条、第六条本文、第七条、第九条、第十条、第八十一条第一項及び第百三十七条の規定は、幼保連携型認定こども園について準用する。この場合において、同法第十条中「私立学校」とあるのは「国（国立大学法人法第二条第一項に規定する国立大学法人を含む。）及び地方公共団体（公立大学法人を含む。）以外の者の設置する幼保連携型認定こども園（就学前の子どもに関する教育、保育等の総合的な提供の推進に関する法律第二条第七項に規定する幼保連携型認定こども園をいう。以下同じ。）」と、「大学及び高等専門学校以外の学校にあつては都道府県知事」とあるのは「都道府県知事（指定都市等（同法第三条第一項に規定する指定都市等をいう。以下この条において同じ。）の区域内にあつては、当該指定都市等の長）」と、同法第八十一条第一項中「該当する幼児、児童及び生徒」とあるのは「該当する就学前の子どもに関する教育、保育等の総合的な提供の推進に関する法律第十四条第六項に規定する園児（以下この項において単に「園児」という。）」と、「必要とする幼児、児童及び生徒」とあるのは「必要とする園児」と、「文部科学大臣」とあるのは「同法第三十六条第一項に規定する主務大臣」と、「ものとする」とあるのは「ものとする。この場合において、特別支援学校においては、幼保連携型認定こども園の要請に応じて、園児の教育に関し必要な助言又は援助を行うよう努めるものとする」と、同法第百三十七条中「学校教育上」とあるのは「幼保連携型認定こども園の運営上」と読み替えるものとするほか、必要な技術的読替えは、政令で定める。

（学校保健安全法の準用）

第二七条　学校保健安全法（昭和三十三年法律第五十六号）第三条から第十条まで、第十三条から第二十一条まで、第二十三条及び第二十六条から第三十一条までの規定は、幼保連携型認定こども園について準用する。この場合において、これらの規定中「文部科学省令」とあるのは「就学前の子どもに関する教育、保育等の総合的な提供の推進に関する法律第三十六条第二項に規定する主務省令」と読み替えるほか、同法第九条中「学校教育法第十六条」とあるのは「就学前の子どもに関する教育、保育等の総合的な提供の推進に関する法律第二条第十一項」と、「第二十四条及び第三十条」とあるのは「第三十条」と、「第十三条から」と、同法第十七条第二項中「第十一条から」とあるのは「第十三条から」と、「第十一条の健康診断に関するものについては政令で、第十三条」とあるのは「第十三条」と読み替えるものとするほか、必要な技術的読替えは、政令で定める。

第四章　認定こども園に関する情報の提供等

（教育・保育等に関する情報の提供）

第二八条　都道府県知事は、第三条第一項若しくは第三項の認定をしたとき、同条第十項の申請書の写しの送付を受けたとき、同条第十二項の書類の提出を受けたとき、第十六条の届出を受けたとき、第十七条第一項の認可をしたとき、第十八条第二項の書類の写しの送付を受けたとき又は同条第三項の書類の提出を受けたときは、インターネットの利用、印刷物の配布その他適切な方法により、これらに係る施設において提供されるサービスを利用しようとする者に対し、第四条第一項各号に掲げる事項及び教育保育概要（当該施設において行われる教育及び保育等の概要をいう。次条第一項において同じ。）についてその周知を図るものとする。第三条第十一項の規定による公示を行う場合及び都道府県（都道府県が単独で又は他の地方公共団体と共同して設立する公立大学法人を含む。）が幼保連携認定こども園を設置する場合も、同様とする。

（変更の届出）

第二九条　認定こども園の設置者（都道府県及び指定都市を除く。次条において同じ。）は、第四条第一項各号に掲げる事項及び教育保育概要として前条の規定により周知された事項の変更（主務省令で定める軽微な変更を除く。）をしようとするときは、あらかじめ、その旨を都道府県知事（当該認定こども園が指定都市所在施設である場合にあっては当該指定都市等の長。次条第一項及び第三項において同じ。）に届け出なければならない。

② 指定都市等の長は、前項の規定による届出を受けたときは、速やかに、都道府県知事に、当該届出に係る書類の写しを送付しなければならない。

③ 指定都市等の長は、当該指定都市等が設置する認定こども園について第一項に規定する変更を行ったときは、当該変更に係る事項を記載した書類を都道府県知事に提出しなければならない。

④ 都道府県知事は、第一項の規定による届出があったとき、第二項の規定による書類の写しの送付を受けたとき、又は前項の規定による書類の提出を受けたときは、前条に規定する方法により、同条に規定する者に対し、第一項に規定する変更に係る事項についてその周知を図るものとする。都道府県が設置する認定こども園について同項に規定する変更を行う場合も、同様とする。

（報告の徴収等）

第三〇条　認定こども園の設置者は、毎年、主務省令で定めるところにより、その運営の状況を都道府県知事に報告しなければならない。

② 指定都市等の長は、前項の規定による報告を受けたときは、速やかに、都道府県知事に、当該報告に係る書類の写しを送付しなければならない。

③ 第十九条第一項に定めるもののほか、都道府県知事は、認定こども園の適正な運営を確保するため必要があると認めるときは、その設置者に対し、認定こども園の運営に関し必要な報告を求めることができる。

（名称の使用制限）

第三一条　何人も、認定こども園でないものについて、認定こども園という名称又はこれと紛らわしい名称を用いてはならない。

② 何人も、幼保連携型認定こども園でないものについて、幼保連携型認定こども園という名称又はこれと紛らわしい名称を用いてはならない。

第五章　雑則

（学校教育法の特例）

第三二条　認定こども園である幼稚園又は認定こども園である連携施設を構成する幼稚園に係る学校教育法第二十四条、第二十五条並びに第二十七条第三項及び第四項の規定の適用については、同法第二十四条中「努めるものとする」とあるのは「努めるとともに、就学前の子どもに関する教育、保育等の総合的な提供の推進に関する法律（平成十八年法律第七十七号）第二条第十二項に規定する子育て支援事業（以下単に「子育て支援事業」という。）を行うものとする」と、同法第二十五条中「保育内容」とあるのは「保育内容（子育て支援事業を含む。）」と、同法第二十七条第四項から第七項まで及び第十一項中「園務」とあるのは「園務（子育て支援事業を含む。）」とする。

（児童福祉法の特例）

第三三条　第三条第一項の認定を受けた公私連携型保育所（児童福祉法第五十六条の八第一項に規定する公私連携型保育所をいう。）に係る同法第五十六条の八の規定の適用については、同法第一項中「保育及び」とあるのは、「保育（満三歳以上の子どもに対し学校教育法第二十三条各号に掲げる目標が達成されるよう保育を行うことを含む。）及び」とする。

（公私連携幼保連携型認定こども園に関する特例）

第三四条 市町村長（特別区の区長を含む。以下この条におて同じ。）は、当該市町村における保育の実施に対する需要の状況等に照らし適当であると認めるときは、公私連携幼保連携型認定こども園（次項に規定する協定に基づき、当該市町村から必要な設備の貸付け、譲渡その他の協力を得て、当該市町村との連携の下に教育及び保育等を行う幼保連携型認定こども園をいう。以下この条において同じ。）の運営を継続的かつ安定的に行うことができる能力を有するものであると認められるもの（学校法人又は社会福祉法人に限る。）を、その申請により、公私連携幼保連携型認定こども園の設置及び運営を目的とする法人（以下この条において「公私連携法人」という。）として指定することができる。

② 市町村長は、前項の規定による指定（第十一項及び第十四項において単に「指定」という。）をしようとするときは、あらかじめ、当該指定をしようとする法人と、次に掲げる事項を定めた協定（以下この条において単に「協定」という。）を締結しなければならない。

一 協定の目的となる公私連携幼保連携型認定こども園の名称及び所在地

二 公私連携幼保連携型認定こども園における教育及び保育等に関する基本的事項

三 市町村による必要な設備の貸付け、譲渡その他の協力に関する基本的事項

四 協定の有効期間

五 協定に違反した場合の措置

六 その他公私連携幼保連携型認定こども園の設置及び運営に関し必要な事項

③ 公私連携法人は、第十七条第一項の規定にかかわらず、市町村長を経由し、都道府県知事に届け出ることにより、公私連携幼保連携型認定こども園を設置することができる。

④ 市町村長は、公私連携法人が前項の規定による届出をした際に、当該公私連携法人が協定に基づき公私連携幼保連携型認定こども園における教育及び保育等を行うために設備の整備を必要とする場合には、当該協定に定めるところにより、当該公私連携法人に対し、当該設備を無償若しくは時価よりも低い対価で貸し付け、又は譲渡するものとする。

⑤ 前項の規定は、地方自治法第九十六条及び第二百三十七条から第二百三十八条の五までの規定の適用を妨げない。

⑥ 公私連携法人は、第十七条第一項の規定による廃止等の認可の申請を行おうとするときは、市町村長を経由して行わなければならない。この場合において、当該市町村長は、当該申請に係る事項に関し意見を付すことができる。

⑦ 市町村長は、公私連携幼保連携型認定こども園の運営を適切にさせるため必要があると認めるときは、公私連携法人若しくは園長に対して必要と認める事項の報告を求め、又は当該職員に関係者に対して質問させ、若しくはその施設に立ち入り、設備、帳簿書類その他の物件を検査させることができる。

⑧ 第十九条第二項及び第三項の規定は、前項の規定による立入検査について準用する。

⑨ 第七項の規定により、公私連携法人若しくは園長に対し報告を求め、又は当該職員に関係者に対し質問させ、若しくは公私連携幼保連携型認定こども園に立入検査をさせた市町村長（指定都市等の長を除く。）は、当該公私連携幼保連携型認定こども園につき、第二十条又は第二十一条第一項の規定による処分が行われる必要があると認めるときは、理由を付して、その旨を都道府県知事に通知しなければならない。

⑩　市町村長は、公私連携幼保連携型認定こども園が正当な理由なく協定に従って教育及び保育等を行っていないと認めるときは、公私連携法人に対し、協定に従って教育及び保育等を行うことを勧告することができる。

⑪　市町村長は、前項の規定により勧告を受けた公私連携法人が当該勧告に従わないときは、指定を取り消すことができる。

⑫　公私連携法人は、前項の規定による指定の取消しの処分を受けたときは、当該処分に係る公私連携幼保連携型認定こども園について、第十七条第一項の規定による廃止の認可を都道府県知事に申請しなければならない。

⑬　公私連携法人は、前項の規定による廃止の認可の申請をしたときは、当該申請の日前一月以内に教育及び保育等を受けていた者であって、当該廃止の日以後においても引き続き当該教育及び保育等に相当する教育及び保育等の提供を希望する者に対し、必要な教育及び保育等が継続的に提供されるよう、他の幼保連携型認定こども園その他関係者との連絡調整その他の便宜の提供を行わなければならない。

⑭　指定都市等の長が指定を行う公私連携法人に対する第三項の規定の適用については、同項中「市町村長を経由し、都道府県知事」とあるのは、「指定都市等の長」とし、第六項の規定は、適用しない。

（緊急時における主務大臣の事務執行）

第三五条　第十九条第一項、第二十条及び第二十一条第一項の規定により都道府県知事の権限に属するものとされている事務は、園児の利益を保護する緊急の必要があると主務大臣が認める場合にあっては、主務大臣又は都道府県知事が行うものとする。この場合においては、この法律の規定中都道府県知事に関する規定（当該事務に係るもの（同条第二項を除く。）に限る。）は、主務大臣に関する規定として主務大臣に適用があるものとする。

②　前項の場合において、主務大臣又は都道府県知事が当該事務を行うときは、相互に密接な連携の下に行うものとする。

（主務大臣等）

第三六条　この法律における主務大臣は、内閣総理大臣、文部科学大臣及び厚生労働大臣とする。

②　この法律における主務省令は、主務大臣の発する命令とする。

（政令等への委任）

第三七条　この法律に規定するもののほか、この法律の施行のため必要な事項で、地方公共団体の機関が処理しなければならないものについては政令で、その他のものについては主務省令で定める。

第六章　罰則

第三八条　第二十一条第一項の規定による事業の停止又は施設の閉鎖の命令に違反した者は、六月以下の懲役若しくは禁錮又は五十万円以下の罰金に処する。

第三九条　次の各号のいずれかに該当する場合には、その違反行為をした者は、三十万円以下の罰金に処する。

一　第十五条第一項又は第四項の規定に違反して、相当の免許状を有しない者又は登録を受けていない者を主幹保育教諭、指導保育教諭、保育教諭、助保育教諭又は講師に任命し、又は雇用したとき。

二　第十五条第一項又は第四項の規定に違反して、相当の免許状を有せず、又は登録を受けていないにもかかわらず主幹保育教諭、指導保育教諭、保育教諭、助保育教諭又は講師となったとき。

三　第十五条第二項、第三項又は第五項の規定に違反して、相当の免許状を有しない者を主幹養護教諭、養護教諭、主幹栄養教諭、栄養教諭又は養護助教諭に任命し、又は雇用したとき。

四　第十五条第二項、第三項又は第五項の規定に違反して、相当の免許状を有しないにもかかわらず主幹養護教諭、養護教諭、主幹栄養教諭、栄養教諭又は養護助教諭となったとき。

五　第三十一条第一項の規定に違反して、認定こども園という名称又はこれと紛らわしい名称を用いたとき。

六　第三十一条第二項の規定に違反して、幼保連携型認定こども園という名称又はこれと紛らわしい名称を用いたとき。

附　則（抄）

（施行期日）

①　この法律は、平成十八年十月一日から施行する。

（幼保連携型認定こども園に係る保育室の床面積の特例）

②　都道府県又は指定都市等が第十三条第一項の規定により条例を定めるに当たっては、保育の実施に対する需要その他の条件を考慮して主務省令で定める基準に照らして主務大臣が指定する地域にあっては、政令で定める日までの間、同条第二項の規定にかかわらず、幼保連携型認定こども園に係る保育室の床面積については、同項に規定する主務省令で定める基準を標準として定めるものとする。

附　則（平成二四年法律六六）（抄）

（施行期日）

第一条　この法律は、子ども・子育て支援法（平成二十四年法律第六十五号）の施行の日〔平27・4・1〕から施行する。〔後略〕

（検討）

第二条　政府は、幼稚園の教諭の免許及び保育士の資格について、一体化を含め、その在り方について検討を加え、必要があると認めるときは、その結果に基づいて所要の措置を講ずるものとする。

②　政府は、前項に定める事項のほか、この法律の施行後五年を目途として、この法律の施行の状況を勘案し、必要があると認めるときは、この法律による改正後の就学前の子どもに関する教育、保育等の総合的な提供の推進に関する法律（以下「新認定こども園法」という。）の規定について検討を加え、その結果に基づいて所要の措置を講ずるものとする。

（保育教諭等の資格の特例）

第五条　施行日から起算して十年間は、新認定こども園法第十五条第一項の規定にかかわらず、幼稚園の教諭の普通免許状（教育職員免許法（昭和二十四年法律第百四十七号）第四条第二項に規定する普通免許状をいう。）を有する者又は児童福祉法（昭和二十二年法律第百六十四号）第十八条の十八第一項の登録（第三項において単に「登録」という。）を受けた者は、主幹保育教諭、指導保育教諭、保育教諭又は講師（保育教諭に準ずる職務に従事するものに限る。）となることができる。

②　施行日から起算して十年間は、新認定こども園法第十五条第四項の規定にかかわらず、幼稚園の助教諭の臨時免許状（教育職員免許法第四条第四項に規定する臨時免許状をいう。）を有する者は、助保育教諭又は講師（助保育教諭に準ずる職務に従事するものに限る。）となることができる。

③　施行日から起算して十年間は、教育職員免許法及び教育公

務員特例法の一部を改正する法律（平成十九年法律第九十八号）附則第二条第七項に規定する旧免許状所持者であって、同条第二項に規定する更新講習修了確認を受けずに同条第三項に規定する修了確認期限を経過し、その後に同項第三号に規定する免許管理者による確認を受けていないもの（登録を受けている者に限る。）については、同条第七項の規定は、適用しない。

㉒就学前の子どもに関する教育、保育等の総合的な提供の推進に関する法律第三条第二項及び第四項の規定に基づき内閣総理大臣、文部科学大臣及び厚生労働大臣が定める施設の設備及び運営に関する基準

（平成二六年七月三一日
内閣府・文部科学省・厚生労働省告示第二号）

施行　平成二七年四月一日
最終改正　平成三一年三月一五日内閣府・文部科学省・厚生労働省告示第一号

第一　趣旨

就学前の子どもに関する教育、保育等の総合的な提供の推進に関する法律（以下「法」という。）は、幼保連携型認定こども園の設置及び運営に関し必要な事項を定めるとともに、幼稚園及び保育所等のうち、就学前の子どもに対する教育及び保育並びに保護者に対する子育て支援を総合的に提供する機能を備える施設を認定こども園として認定する仕組みを設けるものである。

この幼保連携型認定こども園以外の認定こども園（以下「認定こども園」という。）については、地域の実情に応じた選択が可能となるよう、次に掲げる類型を認めるものである。

一　幼稚園型認定こども園

次のいずれかに該当する施設をいう。

1　幼稚園教育要領（平成二十九年文部科学省告示第六十二号）に従って編成された教育課程に基づく教育を

行うほか、当該教育のための時間の終了後、在籍している子どものうち保育を必要とする子どもに該当する者に対する教育を行う幼稚園

2　幼稚園及び保育機能施設のそれぞれの用に供される建物及びその附属設備が一体的に設置されている施設であって、次のいずれかに該当するもの

イ　当該施設を構成する保育機能施設において、満三歳以上の子どもに対し学校教育法（昭和二十二年法律第二十六号）第二十三条各号に掲げる目標が達成されるよう保育を行い、かつ、当該保育を実施するに当たり当該施設を構成する幼稚園との緊密な連携協力体制が確保されていること。

ロ　当該施設を構成する保育機能施設に入所していた子どもを引き続き当該施設を構成する幼稚園に入園させて一貫した教育及び保育を行うこと。

二　保育所型認定こども園

保育を必要とする子どもに対する保育を行うほか、当該保育を必要とする子ども以外の満三歳以上の子どもを保育し、かつ、満三歳以上の子どもに対し学校教育法第二十三条各号に掲げる目標が達成されるよう保育を行う保育所

三　地方裁量型認定こども園

保育を必要とする子どもに対する保育を行うほか、当該保育を必要とする子ども以外の満三歳以上の子どもを保育し、かつ、満三歳以上の子どもに対し学校教育法第二十三条各号に掲げる目標が達成されるよう保育を行う保育機能施設

このように多様な類型の認定こども園を認めると同時に、いずれの類型の認定こども園においても、子どもの健やかな育ちを中心に置き、認定こども園に求められる機能の質を確保する必要がある。このため、法においては、認定こども園の認定の基準について、主務大臣が定める基準を参酌して都道府県（指定都市所在施設である幼稚園若しくは保育所等又は連携施設については、当該指定都市等）の条例で定めることとしたものである。

第二　職員配置

一　認定こども園には、満一歳未満の子どもおおむね三人につき一人以上、満一歳以上満三歳未満の子どもおおむね六人につき一人以上、満三歳以上満四歳未満の子どもおおむね二十人につき一人以上、満四歳以上の子どもおおむね三十人につき一人以上の教育及び保育に従事する者を置かなければならない。ただし、常時二人を下回ってはならない。

二　満三歳以上の子どもであって、幼稚園と同様に一日に四時間程度利用するもの（以下「教育時間相当利用児」という。）及び保育所と同様に一日に八時間程度利用するもの（以下「教育及び保育時間相当利用児」という。）に共通の四時間程度の利用時間（以下「共通利用時間」という。）については、満三歳以上の子どもについて学級を編制し、各学級ごとに少なくとも一人の職員（以下「学級担任」という。）に担当させなければならない。この場合において、一学級の子どもの数は三十五人以下を原則とする。

第三　職員資格

一　第二の一により認定こども園に置くものとされる職員のうち満三歳未満の子どもの保育に従事する者は、保育士（当該認定こども園が国家戦略特別区域法（平成二十五年法律第百七号）第十二条の五第五項に規定する事業実施区

域内にある場合にあっては、保育士又は国家戦略特別区域限定保育士。以下同じ。）の資格を有する者でなければならない。

二　第二の一により認定こども園に置くものとされる職員のうち満三歳以上の子どもの教育及び保育に従事する者は、幼稚園の教員免許状及び保育士の資格を併有する者であることが望ましいが、幼稚園の教員免許状及び保育士の資格を併有しない場合においては、そのいずれかを有する者でなければならない。

三　二の規定にかかわらず、学級担任は、幼稚園の教員免許状を有する者でなければならない。ただし、保育所型認定こども園又は地方裁量型認定こども園の認定を受ける場合であって学級担任を幼稚園の教員免許状を有する者とすることが困難であるときは、保育士の資格を有する者であって、その意欲、適性及び能力等を考慮して適当と認められるものを、その者が幼稚園の教員免許状の取得に向けた努力を行っている場合に限り、学級担任とすることができる。

四　二の規定にかかわらず、満三歳以上の子どものうち教育及び保育時間相当利用児の保育に従事する者は、保育士の資格を有する者でなければならない。ただし、幼稚園型認定こども園又は地方裁量型認定こども園の認定を受ける場合であって当該教育及び保育時間相当利用児の保育に従事する者を保育士の資格を有する者とすることが困難であるときは、幼稚園の教員免許状を有する者であって、その意欲、適性及び能力等を考慮して適当と認められるものを、その者が保育士の資格の取得に向けた努力を行っている場合に限り、当該教育及び保育時間相当利用児の保育に従事する者とすることができる。

五　認定こども園の長は、教育及び保育並びに子育て支援を提供する機能を総合的に発揮させるよう管理及び運営を行う能力を有しなければならない。

第四　施設設備

一　法第三条第三項の幼稚園及び保育機能施設については、それぞれの用に供される建物及びその附属設備（以下「建物等」という。）が同一の敷地内又は隣接する敷地内にあることが望ましいが、建物等が同一の敷地内又は隣接する敷地内にない場合においては、次に掲げる要件を満たさなければならない。

1　子どもに対する教育及び保育の適切な提供が可能であること。

2　子どもの移動時の安全が確保されていること。

二　認定こども園の園舎の面積（満三歳未満の子どもの保育を行う場合にあっては、満二歳以上満三歳未満の子どもの保育の用に供する保育室、遊戯室その他の施設設備の面積及び満二歳未満の子どもの保育の用に供する乳児室、ほふく室その他の施設設備の面積を除く。）は、次の表に掲げる基準を満たさなければならない。ただし、既存施設が保育所型認定こども園又は地方裁量型認定こども園の認定を受ける場合であって、四本文（満二歳未満の子どもの保育を行う場合にあっては四本文及び九）に規定する基準を満たすときは、この限りでない。

学級数	面積（平方メートル）
一学級	180
二学級以上	320＋100×（学級数－2）

三　認定こども園には、保育室又は遊戯室、屋外遊戯場及び

調理室を設けなければならない。

四　三の保育室又は遊戯室の面積は、満二歳以上の子ども一人につき一・九八平方メートル以上でなければならない。ただし、満三歳以上の子どもについては、既存施設が幼稚園型認定こども園又は地方裁量型認定こども園の認定を受ける場合であって、その園舎の面積（満三歳未満の子どもの保育を行う場合にあっては、満二歳以上満三歳未満の子どもの保育の用に供する保育室、遊戯室その他の施設設備の面積及び満二歳未満の子どもの保育の用に供する乳児室、ほふく室その他の施設設備の面積を除く。）が二本文に規定する基準を満たすときは、この限りでない。

五　三の屋外遊戯場の面積は、次に掲げる基準を満たさなければならない。ただし、既存施設が保育所型認定こども園又は地方裁量型認定こども園の認定を受ける場合であって、1の基準を満たすときは、2の基準を満たすことを要しない。また、既存施設が幼稚園型認定こども園又は地方裁量型認定こども園の認定を受ける場合であって、2の基準を満たすときは、1の基準を満たすことを要しない。

1　満二歳以上の子ども一人につき三・三平方メートル以上であること。

2　次の表に掲げる面積に満二歳以上満三歳未満の子どもについて1により算定した面積を加えた面積以上であること。

学級数	面積（平方メートル）
二学級以下	330＋30×（学級数－1）
三学級以上	400＋80×（学級数－3）

六　保育所型認定こども園又は地方裁量型認定こども園にあっては、屋外遊戯場を次に掲げる要件を満たす当該認定こども園の付近にある適当な場所に代えることができる。

1　子どもが安全に利用できる場所であること。

2　利用時間を日常的に確保できる場所であること。

3　子どもに対する教育及び保育の適切な提供が可能な場所であること。

4　五による屋外遊戯場の面積を満たす場所であること。

七　認定こども園は、当該認定こども園の子どもに食事を提供するときは、当該認定こども園内で調理する方法により行わなければならない。ただし、満三歳以上の子どもに対する食事の提供については、次に掲げる要件を満たす場合に限り、当該認定こども園外で調理し搬入する方法により行うことができる。この場合において、当該認定こども園は、当該食事の提供について当該方法によることとしてもなお当該認定こども園において行うことが必要な調理のための加熱、保存等の調理機能を有する設備を備えるものとする。

1　子どもに対する食事の提供の責任が当該認定こども園にあり、その管理者が、衛生面や栄養面等業務上必要な注意を果たし得るような体制及び調理業務を受託する者との契約内容が確保されていること。

2　当該認定こども園又は他の施設、保健所、市町村等に配置されている栄養士により、献立等について栄養の観点からの指導が受けられる体制にある等、栄養士による必要な配慮が行われること。

3　受託業者については、認定こども園における給食の趣旨を十分に認識し、衛生面、栄養面等、調理業務を適切に遂行できる能力を有する者とすること。

4　子どもの年齢及び発達の段階並びに健康状態に応じた食事の提供や、アレルギー、アトピー等への配慮、必要な栄養素量の給与など、子どもの食事の内容、回数及び時機に適切に応じることができること。

5　食を通じた子どもの健全育成を図る観点から、子どもの発育及び発達の過程に応じて食に関し配慮すべき事項を定めた食育に関する計画に基づき食事を提供するよう努めること。

八　幼稚園型認定こども園の子どもに対する食事の提供について、当該幼稚園型認定こども園内で調理する方法により行う子どもの数が二十人に満たない場合においては、当該食事の提供を行う幼稚園型認定こども園は、三の規定にかかわらず、調理室を備えないことができる。この場合において、当該幼稚園型認定こども園においては、当該食事の提供について当該方法により行うために必要な調理設備を備えなければならない。

九　認定こども園において満二歳未満の子どもの保育を行う場合には、三により置くものとされる施設に加え、乳児室又はほふく室を設けなければならない。この場合において、乳児室の面積は満二歳未満の子ども一人につき一・六五平方メートル以上、ほふく室の面積は満二歳未満の子ども一人につき三・三平方メートル以上でなければならない。

第五　教育及び保育の内容

認定こども園における教育及び保育の内容は、法第六条に基づき、幼保連携型認定こども園教育・保育要領（平成二十九年／内閣府／文部科学省／厚生労働省／告示第一号）を踏まえるとともに、幼稚園教育要領及び保育所保育指針（平成二十九年厚生労働省告示第百十七号）に基づかなければならない。また、子どもの一日の生活のリズムや集団生活の経験年数が異なること等の認定こども園に固有の事情に配慮したものでなければならない。

一　教育及び保育の基本及び目標

認定こども園における教育及び保育は、〇歳から小学校就学前までの全ての子どもを対象とし、一人一人の子どもの発達の過程に即した援助の一貫性や生活の連続性を重視しつつ、満三歳以上の子どもに対する学校教育法第二十三条各号に掲げる目標の達成に向けた教育の提供と、家庭において養育されることが困難な子どもに対する保育の提供という二つの機能が一体として展開されなければならない。

このため、認定こども園は、次に掲げる幼稚園教育要領及び保育所保育指針の目標が達成されるように教育及び保育を提供しなければならない。

1　十分に養護の行き届いた環境の下に、くつろいだ雰囲気の中で子どもの様々な欲求を適切に満たし、生命の保持及び情緒の安定を図るようにすること。

2　健康、安全で幸福な生活のための基本的な生活習慣や態度を育て、健全な心身の基礎を培うようにすること。

3　人とのかかわりの中で、人に対する愛情と信頼感、そして人権を大切にする心を育てるとともに、自立と協同の態度及び道徳性の芽生えを培うようにすること。

4　自然などの身近な事象への興味や関心を育て、それらに対する豊かな心情や思考力の芽生えを培うようにすること。

5　日常生活の中で、言葉への興味や関心を育て、喜んで話したり、聞いたりする態度や豊かな言葉の感覚を養うようにすること。

6　多様な体験を通して豊かな感性を育て、創造性を豊かにするようにすること。

認定こども園は、この教育及び保育の目標を達成するため、子どもの発達の状況等に応じ、より具体化した教育及び保育のねらい及び内容を定め、子どもの主体的な活動を促し、乳幼児期にふさわしい生活が展開されるように環境を構成し、子どもが発達に必要な体験を得られるようにしなければならない。

二　認定こども園として配慮すべき事項

認定こども園において教育及び保育を行うに当たっては、次の事項について特に配慮しなければならない。

1　当該認定こども園の利用を始めた年齢により集団生活の経験年数が異なる子どもがいることに配慮する等、○歳から小学校就学前までの一貫した教育及び保育を子どもの発達の連続性を考慮して展開していくこと。

2　子どもの一日の生活の連続性及びリズムの多様性に配慮するとともに、保護者の生活形態を反映した子どもの利用時間及び登園日数の違いを踏まえ、一人一人の子どもの状況に応じ、教育及び保育の内容やその展開について工夫をすること。

3　共通利用時間において、幼児期の特性を踏まえ、環境を通して行う教育活動の充実を図ること。

4　保護者及び地域の子育てを自ら実践する力を高める観点に立って子育て支援事業を実施すること。

三　教育及び保育の計画並びに指導計画

認定こども園における教育及び保育については、二に掲げる認定こども園として配慮すべき事項を踏まえつつ、園として目指すべき目標、理念や運営の方針を明確にしなければならない。

また、認定こども園においては、教育及び保育を一体的に提供するため、次に掲げる点に留意して、幼稚園における教育課程及び保育所における保育計画の双方の性格を併せ持つ教育及び保育の内容に関する全体的な計画を作成するとともに、年、学期、月、週、日々の指導計画を作成し、教育及び保育を適切に展開しなければならない。

1　教育時間相当利用児と教育及び保育時間相当利用児がいるため、指導計画の作成に当たり、子どもの一日の生活時間に配慮し、活動と休息、緊張感と解放感等の調和を図ること。

2　共通利用時間における教育及び保育の「ねらい及び内容」については、幼稚園教育要領及び保育所保育指針に基づき実施し、指導計画に定めた具体的なねらいを達成すること。

3　家庭や地域において異年齢の子どもとかかわる機会が減少していることを踏まえ、満三歳以上の子どもについては、学級による集団活動とともに、満三歳未満の子どもを含む異年齢の子どもによる活動を、発達の状況にも配慮しつつ適切に組み合わせて設定するなどの工夫をすること。

4　受験等を目的とした単なる知識や特別な技能の早期獲得のみを目指すような、いわゆる早期教育となることのないように配慮すること。

四　環境の構成

認定こども園における園舎、保育室、屋外遊戯場、遊具、教材等の環境の構成に当たっては、次に掲げる点に留意しなければならない。

1　○歳から小学校就学前までの様々な年齢の子どもの発達の特性を踏まえ、満三歳未満の子どもについては特に健康、安全や発達の確保を十分に図るとともに、満三歳以上の子どもについては同一学年の子どもで編制される学級による集団活動の中で遊びを中心とする子どもの主体的な活動を通して発達を促す経験が得られるよう工夫をすること。

2　利用時間が異なる多様な子どもがいることを踏まえ、家庭や地域、認定こども園における生活の連続性を確保するため、子どもの生活が安定するよう一日の生活のリズムを整えるよう工夫をすること。特に満三歳未満の子どもについては睡眠時間等の個人差に配慮するとともに、満三歳以上の子どもについては集中して遊ぶ場と家庭的な雰囲気の中でくつろぐ場との適切な調和等の工夫をすること。

3　共通利用時間については、子ども一人一人の行動の理解と予測に基づき計画的に環境を構成するとともに、集団とのかかわりの中で、自己を発揮し、子ども同士の学びあいが深まり広がるように子どもの教育及び保育に従事する者のかかわりを工夫すること。

4　子どもの教育及び保育に従事する者が子どもにとって重要な環境となっていることを念頭に置き、子どもとその教育及び保育に従事する者の信頼関係を十分に築き、子どもとともによりよい教育及び保育の環境を創造すること。

五　日々の教育及び保育の指導における留意点

認定こども園における日々の教育及び保育の指導に際しては、次に掲げる点に留意しなければならない。

1　○歳から小学校就学前までの子どもの発達の連続性を十分理解した上で、生活や遊びを通して総合的な指導を行うこと。

2　子どもの発達の個人差、施設の利用を始めた年齢の違いなどによる集団生活の経験年数の差、家庭環境等を踏まえ、一人一人の子どもの発達の特性や課題に十分留意すること。特に満三歳未満の子どもについては、大人への依存度が極めて高い等の特性があることから、個別的な対応を図ること。また、子どもの集団生活への円滑な接続について、家庭との連携及び協力を図る等十分留意すること。

3　一日の生活のリズムや利用時間が異なる子どもが共に過ごすことを踏まえ、子どもに不安や動揺を与えないようにする等の配慮を行うこと。

4　共通利用時間においては、同年代の子どもとの集団生活の中で遊びを中心とする子どもの主体的な活動を通して発達を促す経験が得られるように、環境の構成、子どもの教育及び保育に従事する者の指導等の工夫をすること。

5　乳幼児期の食事は、子どもの健やかな発育及び発達に欠かせない重要なものであることから、望ましい食習慣の定着を促すとともに、子ども一人一人の状態に応じた摂取法や摂取量のほか、食物アレルギー等への適切な対応に配慮すること。また、楽しく食べる経験や食に関する様々な体験活動等を通じて、食事をすることへの興味や関心を高め、健全な食生活を実践する力の基礎を培う食育の取組を行うこと。さらに、利用時間の相違により食事を摂る子どもと摂らない子どもがいることにも配慮すること。

6　午睡は生活のリズムを構成する重要な要素であり、安心して眠ることのできる環境を確保するとともに、利用時間が異なることや、睡眠時間は子どもの発達の状況や個人によって差があることから、一律とならないよう配慮すること。

7 健康状態、発達の状況、家庭環境等から特別に配慮を要する子どもについて、一人一人の状況を的確に把握し、専門機関との連携を含め、適切な環境の下で健やかな発達が図られるよう留意すること。

8 家庭との連携においては、子どもの心身の健全な発達を図るために、日々の子どもの状況を的確に把握するとともに、家庭と認定こども園とで日常の子どもの様子を適切に伝え合い、十分な説明に努める等、日常的な連携を図ること。その際、職員間の連絡・協力体制を築き、家庭からの信頼を得られるようにすること。

また、教育及び保育活動に対する保護者の積極的な参加は、保護者の子育てを自ら実践する力の向上に寄与するだけでなく、地域社会における家庭や住民の子育てを自ら実践する力の向上及び子育ての経験の継承につながることから、これを促すこと。その際、保護者の生活形態が異なることを踏まえ、全ての保護者の相互理解が深まるように配慮すること。

六 小学校教育との連携

認定こども園は、次に掲げる点に留意して、小学校教育との連携を図らなければならない。

1 子どもの発達や学びの連続性を確保する観点から、小学校教育への円滑な接続に向けた教育及び保育の内容の工夫を図り、連携を通じた質の向上を図ること。

2 地域の小学校等との交流活動や合同の研修の実施等を通じ、認定こども園の子どもと小学校等の児童及び認定こども園と小学校等の職員同士の交流を積極的に進めること。

3 全ての子どもについて指導要録の抄本又は写し等の子どもの育ちを支えるための資料の送付により連携する等、教育委員会、小学校等との積極的な情報の共有と相互理解を深めること。

第六 保育者の資質向上等

認定こども園は、次に掲げる点に留意して、子どもの教育及び保育に従事する者の資質向上等を図らなければならない。

一 子どもの教育及び保育に従事する者の資質は教育及び保育の要であり、自らその向上に努めることが重要であること。

二 教育及び保育の質の確保及び向上を図るためには日々の指導計画の作成や教材準備、研修等が重要であり、これらに必要な時間について、午睡の時間や休業日の活用、非常勤職員の配置等、様々な工夫を行うこと。

三 幼稚園の教員免許状を有する者と保育士資格を有する者との相互理解を図ること。

四 認定こども園においては、教育及び保育に加え、保護者の子育てを自ら実践する力の向上につながるような子育て支援事業等多様な業務が展開されるため、認定こども園の長も含め、職員に対する当該認定こども園の内外の研修の幅を広げること。

その際、認定こども園の内外での適切な研修計画を作成し、研修を実施するとともに、当該認定こども園の内外での研修の機会を確保できるよう、勤務体制の組み立て等に配慮すること。

五 認定こども園の長には、認定こども園を一つの園として多様な機能を一体的に発揮させる能力や地域の人材及び資源を活用していく調整能力が求められるため、こうした能力を向上させること。

第七　子育て支援

認定こども園における子育て支援事業については、次に掲げる点に留意して実施されなければならない。

一　単に保護者の育児を代わって行うのではなく、教育及び保育に関する専門性を十分に活用し、子育て相談や親子の集いの場の提供等の保護者への支援を通して保護者自身の子育てを自ら実践する力の向上を積極的に支援すること。
また、子育て世帯からの相談を待つだけでなく、認定こども園から地域の子育て世帯に対して働きかけていくような取組も有意義であること。

二　子育て支援事業としては、子育て相談や親子の集いの場の提供、家庭における養育が一時的に困難となった子どもに対する保育の提供等多様な事業が考えられるが、例えば子育て相談や親子の集う場を週三日以上開設する等保護者が利用を希望するときに利用可能な体制を確保すること。

三　子どもの教育及び保育に従事する者が研修等により子育て支援に必要な能力を涵養し、その専門性と資質を向上させていくとともに、地域の子育てを支援するボランティア、NPO、専門機関等と連携する等様々な地域の人材や社会資源を活かしていくこと。

第八　管理運営等

一　認定こども園は、多様な機能を一体的に提供するため、一人の認定こども園の長を置き、全ての職員の協力を得ながら一体的な管理運営を行わなければならない。この場合、幼稚園型認定こども園のうち第一の一の2に掲げるものにおいては、幼稚園又は保育機能施設の施設長とは別に認定こども園の長を置くこと又はこれらの施設長のいずれかが認定こども園の長を兼ねることが考えられる。

二　認定こども園における保育を必要とする子どもに対する教育及び保育の時間は、一日につき八時間を原則とし、子どもの保護者の労働時間その他の家庭の状況等を考慮して認定こども園の長が定めなければならない。
認定こども園の開園日数及び開園時間は、保育を必要とする子どもに対する教育及び保育を適切に提供できるよう、保護者の就労の状況等の地域の実情に応じて定めなければならない。

三　認定こども園は、保護者が多様な施設を適切に選択できるよう、情報開示に努めなければならない。

四　認定こども園は、児童虐待防止の観点から特別の支援を要する家庭、ひとり親家庭又は低所得家庭の子どもや、障害のある子どもなど特別な配慮が必要な子どもの利用が排除されることのないよう、入園する子どもの選考を公正に行わなければならない。
また、認定こども園は、地方公共団体との連携を図り、こうした子どもの受入れに適切に配慮しなければならない。

五　認定こども園は、耐震、防災、防犯等子どもの健康及び安全を確保する体制を整えなければならない。
また、認定こども園において事故等が発生した場合の補償を円滑に行うことができるよう、適切な保険や共済制度への加入を通じて、補償の体制を整えなければならない。

六　認定こども園は、自己評価、外部評価等において子どもの視点に立った評価を行い、その結果の公表等を通じて教育及び保育の質の向上に努めなければならない。

七　認定こども園は、その建物又は敷地の公衆の見やすい場所に、当該施設が認定こども園である旨の表示をしなければならない。

附　則

（施行期日）

① この告示は、就学前の子どもに関する教育、保育等の総合的な提供の推進に関する法律の一部を改正する法律（平成二十四年法律第六十六号）の施行の日（以下「施行日」という。）〔平27・4・1〕から施行する。

（経過措置）

② 施行日から起算して五年間は、第二の一の規定にかかわらず、施行日の前日において現に存する認定こども園の職員配置については、なお従前の例によることができる。

（認定こども園の職員資格に関する特例）

③ 園児の登園又は降園の時間帯その他の園児が少数である時間帯において、第二の一本文により認定こども園に置かなければならない職員の数が一人となる場合には、当分の間、第三の一、二及び四の規定にかかわらず、第二の一により認定こども園に置くものとされる職員のうち一人は、都道府県知事が幼稚園の教員免許状又は保育士の資格を有する者と同等の知識及び経験を有すると認める者にすることができる。

④ 第三の一及び四（ただし書の規定を適用する場合を除く。）により置かなければならない保育士の資格を有する者については、当分の間、幼稚園の教員免許状又は小学校教諭若しくは養護教諭の普通免許状（教育職員免許法（昭和二十四年法律第百四十七号）第四条第二項に規定する普通免許状をいう。次項及び附則第七項において同じ。）を有する者（現に当該施設において主幹養護教諭及び養護教諭として従事している者を除く。次項及び附則第七項において同じ。）をもって代えることができる。

⑤ 第三の二により置かなければならない幼稚園の教員免許状又は保育士の資格を有する者については、当分の間、小学校教諭又は養護教諭の普通免許状を有する者をもって代えることができる。この場合において、当該者は補助者として従事する場合を除き、教育課程に基づく教育に従事してはならない。

⑥ 一日につき八時間を超えて開所する認定こども園において、開所時間を通じて必要となる職員の総数が、利用定員に応じて置かなければならない職員の数を超える場合における第三の一、二及び四により置かなければならない幼稚園の教員免許状又は保育士の資格を有する者については、当分の間、開所時間を通じて必要となる職員の総数から、利用定員に応じて置かなければならない職員の数を差し引いて得た数の範囲で、都道府県知事が幼稚園の教員免許状又は保育士の資格を有する者と同等の知識及び経験を有すると認める者をもって代えることができる。この場合において、当該者は補助者として従事する場合を除き、教育課程に基づく教育に従事してはならない。

⑦ 次の表の上欄に掲げる規定により同表の中欄に掲げる者について同表の下欄に掲げる者をもって代える場合においては、同表の下欄に掲げる者の総数は、第二の一により認定こども園に置くものとされる職員の数の三分の一を超えてはならない。

附則第四項	第三の一及び四（ただし書の規定を適用する場合を除く。）により置かなければならない保育士の資格を有する者	幼稚園の教員免許状又は小学校教諭若しくは養護教諭の普通免許状を有する者
附則第五項	第三の二により置かなければならない幼稚園	小学校教諭又は養護教諭の普通免許状を有す

	の教員免許状又は保育士の資格を有する者	る者
附則第六項	第三の一、二及び四により置かなければならない幼稚園の教員免許状又は保育士の資格を有する者	都道府県知事が幼稚園の教員免許状又は保育士の資格を有する者と同等の知識及び経験を有すると認める者

㉓幼保連携型認定こども園教育・保育要領

（平成二九年三月三一日
内閣府・文部科学省・厚生労働省告示第一号）

施行　平成三〇年四月一日

第一章　総則

第1　幼保連携型認定こども園における教育及び保育の基本及び目標等

1　幼保連携型認定こども園における教育及び保育の基本

乳幼児期の教育及び保育は、子どもの健全な心身の発達を図りつつ生涯にわたる人格形成の基礎を培う重要なものであり、幼保連携型認定こども園における教育及び保育は、就学前の子どもに関する教育、保育等の総合的な提供の推進に関する法律（平成十八年法律第七十七号。以下「認定こども園法」という。）第二条第七項に規定する目的及び第九条に掲げる目標を達成するため、乳幼児期全体を通して、その特性及び保護者や地域の実態を踏まえ、環境を通して行うものであることを基本とし、家庭や地域での生活を含めた園児の生活全体が豊かなものとなるように努めなければならない。

このため保育教諭等は、園児との信頼関係を十分に築き、園児が自ら安心して身近な環境に主体的に関わり、環境との関わり方や意味に気付き、これらを取り込もうとして、試行錯誤したり、考えたりするようになる幼児期の教育における見方・考え方を生かし、その活動が豊かに展開されるよう環境を整え、園児と共によりよい教育及び保育の環境を創造するように努めるものとする。これらを踏まえ、次に示す事項を重視して教育及び保育を行わなければならない。

(1) 乳幼児期は周囲への依存を基盤にしつつ自立に向かうものであることを考慮して、周囲との信頼関係に支えられた生活の中で、園児一人一人が安心感と信頼感をもっていろいろな活動に取り組む体験を十分に積み重ねられるようにすること。

(2) 乳幼児期においては生命の保持が図られ安定した情緒の下で自己を十分に発揮することにより発達に必要な体験を得ていくものであることを考慮して、園児の主体的な活動を促し、乳幼児期にふさわしい生活が展開されるようにすること。

(3) 乳幼児期における自発的な活動としての遊びは、心身の調和のとれた発達の基礎を培う重要な学習であることを考慮して、遊びを通しての指導を中心として第二章に示すねらいが総合的に達成されるようにすること。

(4) 乳幼児期における発達は、心身の諸側面が相互に関連し合い、多様な経過をたどって成し遂げられていくものであること、また、園児の生活経験がそれぞれ異なることなどを考慮して、園児一人一人の特性や発達の過程に応じ、発達の課題に即した指導を行うようにすること。

その際、保育教諭等は、園児の主体的な活動が確保されるよう、園児一人一人の行動の理解と予想に基づき、計画的に環境を構成しなければならない。この場合において、保育教諭等は、園児と人やものとの関わりが重要であることを踏まえ、教材を工夫し、物的・空間的環境を構成しなければならない。また、園児一人一人の活動の場面に応じて、様々な役割を果たし、その活動を豊かにしなければならない。

なお、幼保連携型認定こども園における教育及び保育は、園児が入園してから修了するまでの在園期間全体を通して行われるものであり、この章の第3に示す幼保連携型認定こども園として特に配慮すべき事項を十分に踏まえて行うものとする。

2 幼保連携型認定こども園における教育及び保育の目標

幼保連携型認定こども園は、家庭との連携を図りながら、この章の第1の1に示す幼保連携型認定こども園における教育及び保育の基本に基づいて一体的に展開される幼保連携型認定こども園における生活を通して、生きる力の基礎を育成するよう認定こども園法第九条に規定する幼保連携型認定こども園の教育及び保育の目標の達成に努めなければならない。幼保連携型認定こども園は、このことにより、義務教育及びその後の教育の基礎を培うとともに、子どもの最善の利益を考慮しつつ、その生活を保障し、保護者と共に園児を心身ともに健やかに育成するものとする。

なお、認定こども園法第九条に規定する幼保連携型認定こども園の教育及び保育の目標については、発達や学びの連続性及び生活の連続性の観点から、小学校就学の始期に達するまでの時期を通じ、その達成に向けて努力すべき目当てとなるものであることから、満三歳未満の園児の保育にも当てはまることに留意するものとする。

3 幼保連携型認定こども園の教育及び保育において育みたい資質・能力及び「幼児期の終わりまでに育ってほしい姿」

(1) 幼保連携型認定こども園においては、生きる力の基礎を育むため、この章の1に示す幼保連携型認定こども園の教育及び保育の基本を踏まえ、次に掲げる資質・能力を一体的に育むよう努めるものとする。
ア　豊かな体験を通じて、感じたり、気付いたり、分かったり、できるようになったりする「知識及び技能の基礎」
イ　気付いたことや、できるようになったことなどを使い、考えたり、試したり、工夫したり、表現したりする「思考力、判断力、表現力等の基礎」
ウ　心情、意欲、態度が育つ中で、よりよい生活を営もうとする「学びに向かう力、人間性等」
(2)　(1)に示す資質・能力は、第二章に示すねらい及び内容に基づく活動全体によって育むものである。
(3)　次に示す「幼児期の終わりまでに育ってほしい姿」は、第二章に示すねらい及び内容に基づく活動全体を通して資質・能力が育まれている園児の幼保連携型認定こども園修了時の具体的な姿であり、保育教諭等が指導を行う際に考慮するものである。
ア　健康な心と体
幼保連携型認定こども園における生活の中で、充実感をもって自分のやりたいことに向かって心と体を十分に働かせ、見通しをもって行動し、自ら健康で安全な生活をつくり出すようになる。
イ　自立心
身近な環境に主体的に関わり様々な活動を楽しむ中で、しなければならないことを自覚し、自分の力で行うために考えたり、工夫したりしながら、諦めずにやり遂げることで達成感を味わい、自信をもって行動するようになる。
ウ　協同性
友達と関わる中で、互いの思いや考えなどを共有し、共通の目的の実現に向けて、考えたり、工夫したり、協力したりし、充実感をもってやり遂げるようになる。
エ　道徳性・規範意識の芽生え
友達と様々な体験を重ねる中で、してよいことや悪いことが分かり、自分の行動を振り返ったり、友達の気持ちに共感したりし、相手の立場に立って行動するようになる。また、きまりを守る必要性が分かり、自分の気持ちを調整し、友達と折り合いを付けながら、きまりをつくったり、守ったりするようになる。
オ　社会生活との関わり
家族を大切にしようとする気持ちをもつとともに、地域の身近な人と触れ合う中で、人との様々な関わり方に気付き、相手の気持ちを考えて関わり、自分が役に立つ喜びを感じ、地域に親しみをもつようになる。また、幼保連携型認定こども園内外の様々な環境に関わる中で、遊びや生活に必要な情報を取り入れ、情報に基づき判断したり、情報を伝え合ったり、活用したりするなど、情報を役立てながら活動するようになるとともに、公共の施設を大切に利用するなどして、社会とのつながりなどを意識するようになる。
カ　思考力の芽生え
身近な事象に積極的に関わる中で、物の性質や仕組みなどを感じ取ったり、気付いたりし、考えたり、予想したり、工夫したりするなど、多様な関わりを楽しむようになる。また、友達の様々な考えに触れる中で、自分と異なる考えがあることに気付き、自ら判断したり、考え直したりするなど、新しい考えを生み出す喜びを味わいながら、自分の考えをよりよいものにするようになる。
キ　自然との関わり・生命尊重

自然に触れて感動する体験を通して、自然の変化などを感じ取り、好奇心や探究心をもって考え言葉などで表現しながら、身近な事象への関心が高まるとともに、自然への愛情や畏敬の念をもつようになる。また、身近な動植物に心を動かされる中で、生命の不思議さや尊さに気付き、身近な動植物への接し方を考え、命あるものとしていたわり、大切にする気持ちをもって関わるようになる。

ク　数量や図形、標識や文字などへの関心・感覚

遊びや生活の中で、数量や図形、標識や文字などに親しむ体験を重ねたり、標識や文字の役割に気付いたりし、自らの必要感に基づきこれらを活用し、興味や関心、感覚をもつようになる。

ケ　言葉による伝え合い

保育教諭等や友達と心を通わせる中で、絵本や物語などに親しみながら、豊かな言葉や表現を身に付け、経験したことや考えたことなどを言葉で伝えたり、相手の話を注意して聞いたりし、言葉による伝え合いを楽しむようになる。

コ　豊かな感性と表現

心を動かす出来事などに触れ感性を働かせる中で、様々な素材の特徴や表現の仕方などに気付き、感じたことや考えたことを自分で表現したり、友達同士で表現する過程を楽しんだりし、表現する喜びを味わい、意欲をもつようになる。

第2　教育及び保育の内容並びに子育ての支援等に関する全体的な計画等

1　教育及び保育の内容並びに子育ての支援等に関する全体的な計画の作成等

(1)　教育及び保育の内容並びに子育ての支援等に関する全体的な計画の役割

各幼保連携型認定こども園においては、教育基本法（平成十八年法律第百二十号）、児童福祉法（昭和二十二年法律第百六十四号）及び認定こども園法その他の法令並びにこの幼保連携型認定こども園教育・保育要領の示すところに従い、教育と保育を一体的に提供するため、創意工夫を生かし、園児の心身の発達と幼保連携型認定こども園、家庭及び地域の実態に即応した適切な教育及び保育の内容並びに子育ての支援等に関する全体的な計画を作成するものとする。

教育及び保育の内容並びに子育ての支援等に関する全体的な計画とは、教育と保育を一体的に捉え、園児の入園から修了までの在園期間の全体にわたり、幼保連携型認定こども園の目標に向かってどのような過程をたどって教育及び保育を進めていくかを明らかにするものであり、子育ての支援と有機的に連携し、園児の園生活全体を捉え、作成する計画である。

各幼保連携型認定こども園においては、「幼児期の終わりまでに育ってほしい姿」を踏まえ教育及び保育の内容並びに子育ての支援等に関する全体的な計画を作成すること、その実施状況を評価して改善を図っていくこと、また実施に必要な人的又は物的な体制を確保するとともにその改善を図っていくことなどを通して、教育及び保育の内容並びに子育ての支援等に関する全体的な計画に基づき組織的かつ計画的に各幼保連携型認定こども園の教育及び保育活動の質の向上を図っていくこと（以下「カリキュラム・マネジメント」という。）に努めるものとする。

(2)　各幼保連携型認定こども園の教育及び保育の目標と教育

及び保育の内容並びに子育ての支援等に関する全体的な計画の作成

教育及び保育の内容並びに子育ての支援等に関する全体的な計画の作成に当たっては、幼保連携型認定こども園の教育及び保育において育みたい資質・能力を踏まえつつ、各幼保連携型認定こども園の教育及び保育の目標を明確にするとともに、教育及び保育の内容並びに子育ての支援等に関する全体的な計画の作成についての基本的な方針が家庭や地域とも共有されるよう努めるものとする。

(3)　教育及び保育の内容並びに子育ての支援等に関する全体的な計画の作成上の基本的事項

ア　幼保連携型認定こども園における生活の全体を通して第二章に示すねらいが総合的に達成されるよう、教育課程に係る教育期間や園児の生活経験や発達の過程などを考慮して具体的なねらいと内容を組織するものとする。この場合においては、特に、自我が芽生え、他者の存在を意識し、自己を抑制しようとする気持ちが生まれるなどの乳幼児期の発達の特性を踏まえ、入園から修了に至るまでの長期的な視野をもって充実した生活が展開できるように配慮するものとする。

イ　幼保連携型認定こども園の満三歳以上の園児の教育課程に係る教育週数は、特別の事情のある場合を除き、三十九週を下ってはならない。

ウ　幼保連携型認定こども園の一日の教育課程に係る教育時間は、四時間を標準とする。ただし、園児の心身の発達の程度や季節などに適切に配慮するものとする。

エ　幼保連携型認定こども園の保育を必要とする子どもに該当する園児に対する教育及び保育の時間（満三歳以上の保育を必要とする子どもに該当する園児については、この章の第2の1の(3)ウに規定する教育時間を含む。）は、一日につき八時間を原則とし、園長がこれを定める。ただし、その地方における園児の保護者の労働時間その他家庭の状況等を考慮するものとする。

(4)　教育及び保育の内容並びに子育ての支援等に関する全体的な計画の実施上の留意事項

各幼保連携型認定こども園においては、園長の方針の下に、園務分掌に基づき保育教諭等職員が適切に役割を分担しつつ、相互に連携しながら、教育及び保育の内容並びに子育ての支援等に関する全体的な計画や指導の改善を図るものとする。また、各幼保連携型認定こども園が行う教育及び保育等に係る評価については、教育及び保育の内容並びに子育ての支援等に関する全体的な計画の作成、実施、改善が教育及び保育活動や園運営の中核となることを踏まえ、カリキュラム・マネジメントと関連付けながら実施するよう留意するものとする。

(5)　小学校教育との接続に当たっての留意事項

ア　幼保連携型認定こども園においては、その教育及び保育が、小学校以降の生活や学習の基盤の育成につながることに配慮し、乳幼児期にふさわしい生活を通して、創造的な思考や主体的な生活態度などの基礎を培うようにするものとする。

イ　幼保連携型認定こども園の教育及び保育において育まれた資質・能力を踏まえ、小学校教育が円滑に行われるよう、小学校の教師との意見交換や合同の研究の機会などを設け、「幼児期の終わりまでに育ってほしい姿」を共有するなど連携を図り、幼保連携型認定こども園における教育及び保育と小学校教育との円滑な接続を図るよう努めるものとする。

2　指導計画の作成と園児の理解に基づいた評価

(1)　指導計画の考え方

幼保連携型認定こども園における教育及び保育は、園児が自ら意欲をもって環境と関わることによりつくり出される具体的な活動を通して、その目標の達成を図るものである。

幼保連携型認定こども園においてはこのことを踏まえ、乳幼時期にふさわしい生活が展開され、適切な指導が行われるよう、調和のとれた組織的、発展的な指導計画を作成し、園児の活動に沿った柔軟な指導を行わなければならない。

(2)　指導計画の作成上の基本的事項

ア　指導計画は、園児の発達に即して園児一人一人が乳幼児期にふさわしい生活を展開し、必要な体験を得られるようにするために、具体的に作成するものとする。

イ　指導計画の作成に当たっては、次に示すところにより、具体的なねらい及び内容を明確に設定し、適切な環境を構成することなどにより活動が選択・展開されるようにするものとする。

(ア)　具体的なねらい及び内容は、幼保連携型認定こども園の生活における園児の発達の過程を見通し、園児の生活の連続性、季節の変化などを考慮して、園児の興味や関心、発達の実情などに応じて設定すること。

(イ)　環境は、具体的なねらいを達成するために適切なものとなるように構成し、園児が自らその環境に関わることにより様々な活動を展開しつつ必要な体験を得られるようにすること。その際、園児の生活する姿や発想を大切にし、常にその環境が適切なものとなるようにすること。

(ウ)　園児の行う具体的な活動は、生活の流れの中で様々に変化するものであることに留意し、園児が望ましい方向に向かって自ら活動を展開していくことができるよう必要な援助をすること。

その際、園児の実態及び園児を取り巻く状況の変化などに即して指導の過程についての評価を適切に行い、常に指導計画の改善を図るものとする。

(3)　指導計画の作成上の留意事項

指導計画の作成に当たっては、次の事項に留意するものとする。

ア　園児の生活は、入園当初の一人一人の遊びや保育教諭等との触れ合いを通して幼保連携型認定こども園の生活に親しみ、安定していく時期から、他の園児との関わりの中で園児の主体的な活動が深まり、園児が互いに必要な存在であることを認識するようになる。その後、園児同士や学級全体で目的をもって協同して幼保連携型認定こども園の生活を展開し、深めていく時期などに至るまでの過程を様々に経ながら広げられていくものである。これらを考慮し、活動がそれぞれの時期にふさわしく展開されるようにすること。

また、園児の入園当初の教育及び保育に当たっては、既に在園している園児に不安や動揺を与えないようにしつつ、可能な限り個別的に対応し、園児が安定感を得て、次第に幼保連携型認定こども園の生活になじんでいくよう配慮すること。

イ　長期的に発達を見通した年、学期、月などにわたる長期の指導計画やこれとの関連を保ちながらより具体的な園児の生活に即した週、日などの短期の指導計画を作成し、適切な指導が行われるようにすること。特に、週、日などの短期の指導計画については、園児の生活のリズムに配慮し、園児の意識や興味の連続性のある活動が相互に関連して幼保連携型認定こども園の生活の自然な流れの中に組み込まれるようにすること。

ウ　園児が様々な人やものとの関わりを通して、多様な体験をし、心身の調和のとれた発達を促すようにしていくこと。その際、園児の発達に即して主体的・対話的で深い学びが実現するようにするとともに、心を動かされる体験が次の活動を生み出すことを考慮し、一つ一つの体験が相互に結び付き、幼保連携型認定こども園の生活が充実するようにすること。

エ　言語に関する能力の発達と思考力等の発達が関連していることを踏まえ、幼保連携型認定こども園における生活全体を通して、園児の発達を踏まえた言語環境を整え、言語活動の充実を図ること。

オ　園児が次の活動への期待や意欲をもつことができるよう、園児の実態を踏まえながら、保育教諭等や他の園児と共に遊びや生活の中で見通しをもったり、振り返ったりするよう工夫すること。

カ　行事の指導に当たっては、幼保連携型認定こども園の生活の自然な流れの中で生活に変化や潤いを与え、園児が主体的に楽しく活動できるようにすること。なお、それぞれの行事については教育及び保育における価値を十分検討し、適切なものを精選し、園児の負担にならないようにすること。

キ　乳幼児期は直接的な体験が重要であることを踏まえ、視聴覚教材やコンピュータなど情報機器を活用する際には、幼保連携型認定こども園の生活では得難い体験を補完するなど、園児の体験との関連を考慮すること。

ク　園児の主体的な活動を促すためには、保育教諭等が多様な関わりをもつことが重要であることを踏まえ、保育教諭等は、理解者、共同作業者など様々な役割を果たし、園児の情緒の安定や発達に必要な豊かな体験が得られるよう、活動の場面に応じて、園児の人権や園児一人一人の個人差等に配慮した適切な指導を行うようにすること。

ケ　園児の行う活動は、個人、グループ、学級全体などで多様に展開されるものであることを踏まえ、幼保連携型認定こども園全体の職員による協力体制を作りながら、園児一人一人が興味や欲求を十分に満足させるよう適切な援助を行うようにすること。

コ　園児の生活は、家庭を基盤として地域社会を通じて次第に広がりをもつものであることに留意し、家庭との連携を十分に図るなど、幼保連携型認定こども園における生活が家庭や地域社会と連続性を保ちつつ展開されるようにするものとする。その際、地域の自然、高齢者や異年齢の子どもなどを含む人材、行事や公共施設などの地域の資源を積極的に活用し、園児が豊かな生活体験を得られるように工夫するものとする。また、家庭との連携に当たっては、保護者との情報交換の機会を設けたり、保護者と園児との活動の機会を設けたりなどすることを通じて、保護者の乳幼児期の教育及び保育に関する理解が深まるよう配慮するものとする。

サ　地域や幼保連携型認定こども園の実態等により、幼保連携型認定こども園間に加え、幼稚園、保育所等の保育施設、小学校、中学校、高等学校及び特別支援学校などとの間の連携や交流を図るものとする。特に、小学校教育との円滑な接続のため、幼保連携型認定こども園の園児と小学校の児童との交流の機会を積極的に設けるようにするものとする。また、障害のある園児児童生徒との交流及び共同学習の機会を設け、共に尊重し合いながら協働して生活していく態度を育むよう努めるものとする。

(4) 園児の理解に基づいた評価の実施

園児一人一人の発達の理解に基づいた評価の実施に当たっては、次の事項に配慮するものとする。

ア 指導の過程を振り返りながら園児の理解を進め、園児一人一人のよさや可能性などを把握し、指導の改善に生かすようにすること。その際、他の園児との比較や一定の基準に対する達成度についての評定によって捉えるものではないことに留意すること。

イ 評価の妥当性や信頼性が高められるよう創意工夫を行い、組織的かつ計画的な取組を推進するとともに、次年度又は小学校等にその内容が適切に引き継がれるようにすること。

3 特別な配慮を必要とする園児への指導

(1) 障害のある園児などへの指導

障害のある園児などへの指導に当たっては、集団の中で生活することを通して全体的な発達を促していくことに配慮し、適切な環境の下で、障害のある園児が他の園児との生活を通して共に成長できるよう、特別支援学校などの助言又は援助を活用しつつ、個々の園児の障害の状態などに応じた指導内容や指導方法の工夫を組織的かつ計画的に行うものとする。また、家庭、地域及び医療や福祉、保健等の業務を行う関係機関との連携を図り、長期的な視点で園児への教育及び保育的支援を行うために、個別の教育及び保育支援計画を作成し活用することに努めるとともに、個々の園児の実態を的確に把握し、個別の指導計画を作成し活用することに努めるものとする。

(2) 海外から帰国した園児や生活に必要な日本語の習得に困難のある園児の幼保連携型認定こども園の生活への適応

海外から帰国した園児や生活に必要な日本語の習得に困難のある園児については、安心して自己を発揮できるよう配慮するなど個々の園児の実態に応じ、指導内容や指導方法の工夫を組織的かつ計画的に行うものとする。

第3 幼保連携型認定こども園として特に配慮すべき事項

幼保連携型認定こども園における教育及び保育を行うに当たっては、次の事項について特に配慮しなければならない。

① 当該幼保連携型認定こども園に入園した年齢により集団生活の経験年数が異なる園児がいることに配慮する等、〇歳から小学校就学前までの一貫した教育及び保育を園児の発達や学びの連続性を考慮して展開していくこと。特に満三歳以上については入園する園児が多いことや同一学年の園児で編制される学級の中で生活することなどを踏まえ、家庭や他の保育施設等との連携や引継ぎを円滑に行うとともに、環境の工夫をすること。

② 園児の一日の生活の連続性及びリズムの多様性に配慮するとともに、保護者の生活形態を反映した園児の在園時間の長短、入園時期や登園日数の違いを踏まえ、園児一人一人の状況に応じ、教育及び保育の内容やその展開について工夫をすること。特に入園及び年度当初においては、家庭との連携の下、園児一人一人の生活の仕方やリズムに十分に配慮して一日の自然な生活の流れをつくり出していくようにすること。

③ 環境を通して行う教育及び保育の活動の充実を図るため、幼保連携型認定こども園における教育及び保育の環境の構成に当たっては、乳幼児期の特性及び保護者や地域の実態を踏

まえ、次の事項に留意すること。

(1) ○歳から小学校就学前までの様々な年齢の園児の発達の特性を踏まえ、満三歳未満の園児については特に健康、安全や発達の確保を十分に図るとともに、満三歳以上の園児については同一学年の園児で編制される学級による集団活動の中で遊びを中心とする園児の主体的な活動を通して発達や学びを促す経験が得られるよう工夫をすること。特に、満三歳以上の園児同士が共に育ち、学び合いながら、豊かな体験を積み重ねることができるよう工夫をすること。

(2) 在園時間が異なる多様な園児がいることを踏まえ、園児の生活が安定するよう、家庭や地域、幼保連携型認定こども園における生活の連続性を確保するとともに、一日の生活のリズムを整えるよう工夫をすること。特に満三歳未満の園児については睡眠時間等の個人差に配慮するとともに、満三歳以上の園児については集中して遊ぶ場と家庭的な雰囲気の中でくつろぐ場との適切な調和等の工夫をすること。

(3) 家庭や地域において異年齢の子どもと関わる機会が減少していることを踏まえ、満三歳以上の園児については、学級による集団活動とともに、満三歳未満の園児を含む異年齢の園児による活動を、園児の発達の状況にも配慮しつつ適切に組み合わせて設定するなどの工夫をすること。

(4) 満三歳以上の園児については、特に長期的な休業中、園児が過ごす家庭や園などの生活の場が異なることを踏まえ、それぞれの多様な生活経験が長期的な休業などの終了後等の園生活に生かされるよう工夫をすること。

④ 指導計画を作成する際には、この章に示す指導計画の作成上の留意事項を踏まえるとともに、次の事項にも特に配慮すること。

(1) 園児の発達の個人差、入園した年齢の違いなどによる集団生活の経験年数の差、家庭環境等を踏まえ、園児一人一人の発達の特性や課題に十分留意すること。特に満三歳未満の園児については、大人への依存度が極めて高い等の特性があることから、個別的な対応を図ること。また、園児の集団生活への円滑な接続について、家庭等との連携及び協力を図る等十分留意すること。

(2) 園児の発達の連続性を考慮した教育及び保育を展開する際には、次の事項に留意すること。

ア　満三歳未満の園児については、園児一人一人の生育歴、心身の発達、活動の実態等に即して、個別的な計画を作成すること。

イ　満三歳以上の園児については、個の成長と、園児相互の関係や協同的な活動が促されるよう考慮すること。

ウ　異年齢で構成されるグループ等での指導に当たっては、園児一人一人の生活や経験、発達の過程などを把握し、適切な指導や環境の構成ができるよう考慮すること。

(3) 一日の生活のリズムや在園時間が異なる園児が共に過ごすことを踏まえ、活動と休息、緊張感と解放感等の調和を図るとともに、園児に不安や動揺を与えないようにする等の配慮を行うこと。その際、担当の保育教諭等が替わる場合には、園児の様子等引継ぎを行い、十分な連携を図ること。

(4) 午睡は生活のリズムを構成する重要な要素であり、安心して眠ることのできる安全な午睡環境を確保するとともに、在園時間が異なることや、睡眠時間は園児の発達の状況や個人によって差があることから、一律とならないよう配慮すること。

(5) 長時間にわたる教育及び保育については、園児の発達の過程、生活のリズム及び心身の状態に十分配慮して、保育の内容や方法、職員の協力体制、家庭との連携などを指導計画に位置付けること。

⑤ 生命の保持や情緒の安定を図るなど養護の行き届いた環境の下、幼保連携型認定こども園における教育及び保育を展開すること。

(1) 園児一人一人が、快適にかつ健康で安全に過ごせるようにするとともに、その生理的欲求が十分に満たされ、健康増進が積極的に図られるようにするため、次の事項に留意すること。

ア 園児一人一人の平常の健康状態や発育及び発達の状態を的確に把握し、異常を感じる場合は、速やかに適切に対応すること。

イ 家庭との連携を密にし、学校医等との連携を図りながら、園児の疾病や事故防止に関する認識を深め、保健的で安全な環境の維持及び向上に努めること。

ウ 清潔で安全な環境を整え、適切な援助や応答的な関わりを通して、園児の生理的欲求を満たしていくこと。また、家庭と協力しながら、園児の発達の過程等に応じた適切な生活のリズムがつくられていくようにすること。

エ 園児の発達の過程等に応じて、適度な運動と休息をとることができるようにすること。また、食事、排泄《せつ》、睡眠、衣類の着脱、身の回りを清潔にすることなどについて、園児が意欲的に生活できるよう適切に援助すること。

(2) 園児一人一人が安定感をもって過ごし、自分の気持ちを安心して表すことができるようにするとともに、周囲から主体として受け止められ主体として育ち、自分を肯定する気持ちが育まれていくようにし、くつろいで共に過ごし、心身の疲れが癒やされるようにするため、次の事項に留意すること。

ア 園児一人一人の置かれている状態や発達の過程などを的確に把握し、園児の欲求を適切に満たしながら、応答的な触れ合いや言葉掛けを行うこと。

イ 園児一人一人の気持ちを受容し、共感しながら、園児との継続的な信頼関係を築いていくこと。

ウ 保育教諭等との信頼関係を基盤に、園児一人一人が主体的に活動し、自発性や探索意欲などを高めるとともに、自分への自信をもつことができるよう成長の過程を見守り、適切に働き掛けること。

エ 園児一人一人の生活のリズム、発達の過程、在園時間などに応じて、活動内容のバランスや調和を図りながら、適切な食事や休息がとれるようにすること。

⑥ 園児の健康及び安全は、園児の生命の保持と健やかな生活の基本であり、幼保連携型認定こども園の生活全体を通して健康や安全に関する管理や指導、食育の推進等に十分留意すること。

⑦ 保護者に対する子育ての支援に当たっては、この章に示す幼保連携型認定こども園における教育及び保育の基本及び目標を踏まえ、子どもに対する学校としての教育及び児童福祉施設としての保育並びに保護者に対する子育ての支援について相互に有機的な連携が図られるようにすること。また、幼保連携型認定こども園の目的の達成に資するため、保護者が子どもの成長に気付き子育ての喜びが感じられるよう、幼保連携型認定こども園の特性を生かした子育ての支援に努めること。

第二章　ねらい及び内容並びに配慮事項

この章に示すねらいは、幼保連携型認定こども園の教育及び保育において育みたい資質・能力を園児の生活する姿から捉えたものであり、内容は、ねらいを達成するために指導する事項である。各視点や領域は、この時期の発達の特徴を踏まえ、教育及び保育のねらい及び内容を乳幼児の発達の側面から、乳児は三つの視点として、幼児は五つの領域としてまとめ、示したものである。内容の取扱いは、園児の発達を踏まえた指導を行うに当たって留意すべき事項である。

各視点や領域に示すねらいは、幼保連携型認定こども園における生活の全体を通じ、園児が様々な体験を積み重ねる中で相互に関連をもちながら次第に達成に向かうものであること、内容は、園児が環境に関わって展開する具体的な活動を通して総合的に指導されるものであることに留意しなければならない。

また、「幼児期の終わりまでに育ってほしい姿」が、ねらい及び内容に基づく活動全体を通して資質・能力が育まれている園児の幼保連携型認定こども園修了時の具体的な姿であることを踏まえ、指導を行う際に考慮するものとする。

なお、特に必要な場合には、各視点や領域に示すねらいの趣旨に基づいて適切な、具体的な内容を工夫し、それを加えても差し支えないが、その場合には、それが第一章の第1に示す幼保連携型認定こども園の教育及び保育の基本及び目標を逸脱しないよう慎重に配慮する必要がある。

第1　乳児期の園児の保育に関するねらい及び内容

基本的事項

① 乳児期の発達については、視覚、聴覚などの感覚や、座る、はう、歩くなどの運動機能が著しく発達し、特定の大人との応答的な関わりを通じて、情緒的な絆《きずな》が形成されるといった特徴がある。これらの発達の特徴を踏まえて、乳児期の園児の保育は、愛情豊かに、応答的に行われることが特に必要である。

② 本項においては、この時期の発達の特徴を踏まえ、乳児期の園児の保育のねらい及び内容については、身体的発達に関する視点「健やかに伸び伸びと育つ」、社会的発達に関する視点「身近な人と気持ちが通じ合う」及び精神的発達に関する視点「身近なものと関わり感性が育つ」としてまとめ、示している。

ねらい及び内容

健やかに伸び伸びと育つ

〔健康な心と体を育て、自ら健康で安全な生活をつくり出す力の基盤を培う。〕

1　ねらい

(1) 身体感覚が育ち、快適な環境に心地よさを感じる。
(2) 伸び伸びと体を動かし、はう、歩くなどの運動をしようとする。
(3) 食事、睡眠等の生活のリズムの感覚が芽生える。

2　内容

(1) 保育教諭等の愛情豊かな受容の下で、生理的・心理的欲求を満たし、心地よく生活をする。
(2) 一人一人の発育に応じて、はう、立つ、歩くなど、十分に体を動かす。
(3) 個人差に応じて授乳を行い、離乳を進めていく中で、様々な食品に少しずつ慣れ、食べることを楽しむ。

(4) 一人一人の生活のリズムに応じて、安全な環境の下で十分に午睡をする。

(5) おむつ交換や衣服の着脱などを通じて、清潔になることの心地よさを感じる。

3 内容の取扱い

上記の取扱いに当たっては、次の事項に留意する必要がある。

(1) 心と体の健康は、相互に密接な関連があるものであることを踏まえ、温かい触れ合いの中で、心と体の発達を促すこと。特に、寝返り、お座り、はいはい、つかまり立ち、伝い歩きなど、発育に応じて、遊びの中で体を動かす機会を十分に確保し、自ら体を動かそうとする意欲が育つようにすること。

(2) 健康な心と体を育てるためには望ましい食習慣の形成が重要であることを踏まえ、離乳食が完了期へと徐々に移行する中で、様々な食品に慣れるようにするとともに、和やかな雰囲気の中で食べる喜びや楽しさを味わい、進んで食べようとする気持ちが育つようにすること。なお、食物アレルギーのある園児への対応については、学校医等の指示や協力の下に適切に対応すること。

身近な人と気持ちが通じ合う

〔受容的・応答的な関わりの下で、何かを伝えようとする意欲や身近な大人との信頼関係を育て、人と関わる力の基盤を培う。〕

1 ねらい

(1) 安心できる関係の下で、身近な人と共に過ごす喜びを感じる。

(2) 体の動きや表情、発声等により、保育教諭等と気持ちを通わせようとする。

(3) 身近な人と親しみ、関わりを深め、愛情や信頼感が芽生える。

2 内容

(1) 園児からの働き掛けを踏まえた、応答的な触れ合いや言葉掛けによって、欲求が満たされ、安定感をもって過ごす。

(2) 体の動きや表情、発声、喃《なん》語等を優しく受け止めてもらい、保育教諭等とのやり取りを楽しむ。

(3) 生活や遊びの中で、自分の身近な人の存在に気付き、親しみの気持ちを表す。

(4) 保育教諭等による語り掛けや歌い掛け、発声や喃《なん》語等への応答を通じて、言葉の理解や発語の意欲が育つ。

(5) 温かく、受容的な関わりを通じて、自分を肯定する気持ちが芽生える。

3 内容の取扱い

上記の取扱いに当たっては、次の事項に留意する必要がある。

(1) 保育教諭等との信頼関係に支えられて生活を確立していくことが人と関わる基盤となることを考慮して、園児の多様な感情を受け止め、温かく受容的・応答的に関わり、一人一人に応じた適切な援助を行うようにすること。

(2) 身近な人に親しみをもって接し、自分の感情などを表し、それに相手が応答する言葉を聞くことを通して、次第に言葉が獲得されていくことを考慮して、楽しい雰囲気の中での保育教諭等との関わり合いを大切にし、ゆっくりと優しく話し掛けるなど、積極的に言葉のやり取りを楽しむことができるようにすること。

身近なものと関わり感性が育つ

〔身近な環境に興味や好奇心をもって関わり、感じたことや考えたことを表現する力の基盤を培う。〕

1　ねらい

(1)　身の回りのものに親しみ、様々なものに興味や関心をもつ。

(2)　見る、触れる、探索するなど、身近な環境に自分から関わろうとする。

(3)　身体の諸感覚による認識が豊かになり、表情や手足、体の動き等で表現する。

2　内容

(1)　身近な生活用具、玩具や絵本などが用意された中で、身の回りのものに対する興味や好奇心をもつ。

(2)　生活や遊びの中で様々なものに触れ、音、形、色、手触りなどに気付き、感覚の働きを豊かにする。

(3)　保育教諭等と一緒に様々な色彩や形のものや絵本などを見る。

(4)　玩具や身の回りのものを、つまむ、つかむ、たたく、引っ張るなど、手や指を使って遊ぶ。

(5)　保育教諭等のあやし遊びに機嫌よく応じたり、歌やリズムに合わせて手足や体を動かして楽しんだりする。

3　内容の取扱い

上記の取扱いに当たっては、次の事項に留意する必要がある。

(1)　玩具などは、音質、形、色、大きさなど園児の発達状態に応じて適切なものを選び、その時々の園児の興味や関心を踏まえるなど、遊びを通して感覚の発達が促されるものとなるように工夫すること。なお、安全な環境の下で、園児が探索意欲を満たして自由に遊べるよう、身の回りのものについては常に十分な点検を行うこと。

(2)　乳児期においては、表情、発声、体の動きなどで、感情を表現することが多いことから、これらの表現しようとする意欲を積極的に受け止めて、園児が様々な活動を楽しむことを通して表現が豊かになるようにすること。

第2　満一歳以上満三歳未満の園児の保育に関するねらい及び内容

基本的事項

1　この時期においては、歩き始めから、歩く、走る、跳ぶなどへと、基本的な運動機能が次第に発達し、排泄《せつ》の自立のための身体的機能も整うようになる。つまむ、めくるなどの指先の機能も発達し、食事、衣類の着脱なども、保育教諭等の援助の下で自分で行うようになる。発声も明瞭になり、語彙も増加し、自分の意思や欲求を言葉で表出できるようになる。このように自分でできることが増えてくる時期であることから、保育教諭等は、園児の生活の安定を図りながら、自分でしようとする気持ちを尊重し、温かく見守るとともに、愛情豊かに、応答的に関わることが必要である。

2　本項においては、この時期の発達の特徴を踏まえ、保育のねらい及び内容について、心身の健康に関する領域「健康」、人との関わりに関する領域「人間関係」、身近な環境との関わりに関する領域「環境」、言葉の獲得に関する領域「言葉」及び感性と表現に関する領域「表現」としてまとめ、示している。

ねらい及び内容

健康

〔健康な心と体を育て、自ら健康で安全な生活をつくり出す力を養う。〕

1　ねらい

(1)　明るく伸び伸びと生活し、自分から体を動かすことを楽しむ。

(2)　自分の体を十分に動かし、様々な動きをしようとする。

(3)　健康、安全な生活に必要な習慣に気付き、自分でしてみようとする気持ちが育つ。

2　内容

(1)　保育教諭等の愛情豊かな受容の下で、安定感をもって生活をする。

(2)　食事や午睡、遊びと休息など、幼保連携型認定こども園における生活のリズムが形成される。

(3)　走る、跳ぶ、登る、押す、引っ張るなど全身を使う遊びを楽しむ。

(4)　様々な食品や調理形態に慣れ、ゆったりとした雰囲気の中で食事や間食を楽しむ。

(5)　身の回りを清潔に保つ心地よさを感じ、その習慣が少しずつ身に付く。

(6)　保育教諭等の助けを借りながら、衣類の着脱を自分でしようとする。

(7)　便器での排泄《せつ》に慣れ、自分で排泄《せつ》ができるようになる。

3　内容の取扱い

上記の取扱いに当たっては、次の事項に留意する必要がある。

(1)　心と体の健康は、相互に密接な関連があるものであることを踏まえ、園児の気持ちに配慮した温かい触れ合いの中で、心と体の発達を促すこと。特に、一人一人の発育に応じて、体を動かす機会を十分に確保し、自ら体を動かそうとする意欲が育つようにすること。

(2)　健康な心と体を育てるためには望ましい食習慣の形成が重要であることを踏まえ、ゆったりとした雰囲気の中で食べる喜びや楽しさを味わい、進んで食べようとする気持ちが育つようにすること。なお、食物アレルギーのある園児への対応については、学校医等の指示や協力の下に適切に対応すること。

(3)　排泄《せつ》の習慣については、一人一人の排尿間隔等を踏まえ、おむつが汚れていないときに便器に座らせるなどにより、少しずつ慣れさせるようにすること。

(4)　食事、排泄《せつ》、睡眠、衣類の着脱、身の回りを清潔にすることなど、生活に必要な基本的な習慣については、一人一人の状態に応じ、落ち着いた雰囲気の中で行うようにし、園児が自分でしようとする気持ちを尊重すること。また、基本的な生活習慣の形成に当たっては、家庭での生活経験に配慮し、家庭との適切な連携の下で行うようにすること。

人間関係

〔他の人々と親しみ、支え合って生活するために、自立心を育て、人と関わる力を養う。〕

1　ねらい

(1)　幼保連携型認定こども園での生活を楽しみ、身近な人と関わる心地よさを感じる。

(2)　周囲の園児等への興味・関心が高まり、関わりをもとうとする。

(3)　幼保連携型認定こども園の生活の仕方に慣れ、きまりの大切さに気付く。

2　内容

(1)　保育教諭等や周囲の園児等との安定した関係の中で、共に過ごす心地よさを感じる。
(2)　保育教諭等の受容的・応答的な関わりの中で、欲求を適切に満たし、安定感をもって過ごす。
(3)　身の回りに様々な人がいることに気付き、徐々に他の園児と関わりをもって遊ぶ。
(4)　保育教諭等の仲立ちにより、他の園児との関わり方を少しずつ身につける。
(5)　幼保連携型認定こども園の生活の仕方に慣れ、きまりがあることや、その大切さに気付く。
(6)　生活や遊びの中で、年長児や保育教諭等の真似をしたり、ごっこ遊びを楽しんだりする。

3　内容の取扱い

上記の取扱いに当たっては、次の事項に留意する必要がある。

(1)　保育教諭等との信頼関係に支えられて生活を確立するとともに、自分で何かをしようとする気持ちが旺盛になる時期であることに鑑み、そのような園児の気持ちを尊重し、温かく見守るとともに、愛情豊かに、応答的に関わり、適切な援助を行うようにすること。
(2)　思い通りにいかない場合等の園児の不安定な感情の表出については、保育教諭等が受容的に受け止めるとともに、そうした気持ちから立ち直る経験や感情をコントロールすることへの気付き等につなげていけるように援助すること。
(3)　この時期は自己と他者との違いの認識がまだ十分ではないことから、園児の自我の育ちを見守るとともに、保育教諭等が仲立ちとなって、自分の気持ちを相手に伝えることや相手の気持ちに気付くことの大切さなど、友達の気持ちや友達との関わり方を丁寧に伝えていくこと。

環境

〔周囲の様々な環境に好奇心や探究心をもって関わり、それらを生活に取り入れていこうとする力を養う。〕

1　ねらい

(1)　身近な環境に親しみ、触れ合う中で、様々なものに興味や関心をもつ。
(2)　様々なものに関わる中で、発見を楽しんだり、考えたりしようとする。
(3)　見る、聞く、触るなどの経験を通して、感覚の働きを豊かにする。

2　内容

(1)　安全で活動しやすい環境での探索活動等を通して、見る、聞く、触れる、嗅ぐ、味わうなどの感覚の働きを豊かにする。
(2)　玩具、絵本、遊具などに興味をもち、それらを使った遊びを楽しむ。
(3)　身の回りの物に触れる中で、形、色、大きさ、量などの物の性質や仕組みに気付く。
(4)　自分の物と人の物の区別や、場所的感覚など、環境を捉える感覚が育つ。
(5)　身近な生き物に気付き、親しみをもつ。
(6)　近隣の生活や季節の行事などに興味や関心をもつ。

3　内容の取扱い

上記の取扱いに当たっては、次の事項に留意する必要がある。

(1)　玩具などは、音質、形、色、大きさなど園児の発達状態に応じて適切なものを選び、遊びを通して感覚の発達が促されるように工夫すること。

(2) 身近な生き物との関わりについては、園児が命を感じ、生命の尊さに気付く経験へとつながるものであることから、そうした気付きを促すような関わりとなるようにすること。

(3) 地域の生活や季節の行事などに触れる際には、社会とのつながりや地域社会の文化への気付きにつながるものとなることが望ましいこと。その際、幼保連携型認定こども園内外の行事や地域の人々との触れ合いなどを通して行うこと等も考慮すること。

言葉

〔経験したことや考えたことなどを自分なりの言葉で表現し、相手の話す言葉を聞こうとする意欲や態度を育て、言葉に対する感覚や言葉で表現する力を養う。〕

1 ねらい

(1) 言葉遊びや言葉で表現する楽しさを感じる。

(2) 人の言葉や話などを聞き、自分でも思ったことを伝えようとする。

(3) 絵本や物語等に親しむとともに、言葉のやり取りを通じて身近な人と気持ちを通わせる。

2 内容

(1) 保育教諭等の応答的な関わりや話し掛けにより、自ら言葉を使おうとする。

(2) 生活に必要な簡単な言葉に気付き、聞き分ける。

(3) 親しみをもって日常の挨拶に応じる。

(4) 絵本や紙芝居を楽しみ、簡単な言葉を繰り返したり、模倣をしたりして遊ぶ。

(5) 保育教諭等とごっこ遊びをする中で、言葉のやり取りを楽しむ。

(6) 保育教諭等を仲立ちとして、生活や遊びの中で友達との言葉のやり取りを楽しむ。

(7) 保育教諭等や友達の言葉や話に興味や関心をもって、聞いたり、話したりする。

3 内容の取扱い

上記の取扱いに当たっては、次の事項に留意する必要がある。

(1) 身近な人に親しみをもって接し、自分の感情などを伝え、それに相手が応答し、その言葉を聞くことを通して、次第に言葉が獲得されていくものであることを考慮して、楽しい雰囲気の中で保育教諭等との言葉のやり取りができるようにすること。

(2) 園児が自分の思いを言葉で伝えるとともに、他の園児の話などを聞くことを通して、次第に話を理解し、言葉による伝え合いができるようになるよう、気持ちや経験等の言語化を行うことを援助するなど、園児同士の関わりの仲立ちを行うようにすること。

(3) この時期は、片言から、二語文、ごっこ遊びでのやり取りができる程度へと、大きく言葉の習得が進む時期であることから、それぞれの園児の発達の状況に応じて、遊びや関わりの工夫など、保育の内容を適切に展開することが必要であること。

表現

〔感じたことや考えたことを自分なりに表現することを通して、豊かな感性や表現する力を養い、創造性を豊かにする。〕

1 ねらい

(1) 身体の諸感覚の経験を豊かにし、様々な感覚を味わう。

(2) 感じたことや考えたことなどを自分なりに表現しようとする。
(3) 生活や遊びの様々な体験を通して、イメージや感性が豊かになる。

2 内容

(1) 水、砂、土、紙、粘土など様々な素材に触れて楽しむ。
(2) 音楽、リズムやそれに合わせた体の動きを楽しむ。
(3) 生活の中で様々な音、形、色、手触り、動き、味、香りなどに気付いたり、感じたりして楽しむ。
(4) 歌を歌ったり、簡単な手遊びや全身を使う遊びを楽しんだりする。
(5) 保育教諭等からの話や、生活や遊びの中での出来事を通して、イメージを豊かにする。
(6) 生活や遊びの中で、興味のあることや経験したことなどを自分なりに表現する。

3 内容の取扱い

上記の取扱いに当たっては、次の事項に留意する必要がある。

(1) 園児の表現は、遊びや生活の様々な場面で表出されているものであることから、それらを積極的に受け止め、様々な表現の仕方や感性を豊かにする経験となるようにすること。
(2) 園児が試行錯誤しながら様々な表現を楽しむことや、自分の力でやり遂げる充実感などに気付くよう、温かく見守るとともに、適切に援助を行うようにすること。
(3) 様々な感情の表現等を通じて、園児が自分の感情や気持ちに気付くようになる時期であることに鑑み、受容的な関わりの中で自信をもって表現をすることや、諦めずに続けた後の達成感等を感じられるような経験が蓄積されるようにすること。
(4) 身近な自然や身の回りの事物に関わる中で、発見や心が動く経験が得られるよう、諸感覚を働かせることを楽しむ遊びや素材を用意するなど保育の環境を整えること。

第3　満三歳以上の園児の教育及び保育に関するねらい及び内容

基本的事項

1　この時期においては、運動機能の発達により、基本的な動作が一通りできるようになるとともに、基本的な生活習慣もほぼ自立できるようになる。理解する語彙数が急激に増加し、知的興味や関心も高まってくる。仲間と遊び、仲間の中の一人という自覚が生じ、集団的な遊びや協同的な活動も見られるようになる。これらの発達の特徴を踏まえて、この時期の教育及び保育においては、個の成長と集団としての活動の充実が図られるようにしなければならない。

2　本項においては、この時期の発達の特徴を踏まえ、教育及び保育のねらい及び内容について、心身の健康に関する領域「健康」、人との関わりに関する領域「人間関係」、身近な環境との関わりに関する領域「環境」、言葉の獲得に関する領域「言葉」及び感性と表現に関する領域「表現」としてまとめ、示している。

ねらい及び内容

健　康

〔健康な心と体を育て、自ら健康で安全な生活をつくり出す力を養う。〕

1 **ねらい**

(1) 明るく伸び伸びと行動し、充実感を味わう。
(2) 自分の体を十分に動かし、進んで運動しようとする。
(3) 健康、安全な生活に必要な習慣や態度を身に付け、見通しをもって行動する。

2 **内容**

(1) 保育教諭等や友達と触れ合い、安定感をもって行動する。
(2) いろいろな遊びの中で十分に体を動かす。
(3) 進んで戸外で遊ぶ。
(4) 様々な活動に親しみ、楽しんで取り組む。
(5) 保育教諭等や友達と食べることを楽しみ、食べ物への興味や関心をもつ。
(6) 健康な生活のリズムを身に付ける。
(7) 身の回りを清潔にし、衣服の着脱、食事、排泄《せつ》などの生活に必要な活動を自分でする。
(8) 幼保連携型認定こども園における生活の仕方を知り、自分たちで生活の場を整えながら見通しをもって行動する。
(9) 自分の健康に関心をもち、病気の予防などに必要な活動を進んで行う。
(10) 危険な場所、危険な遊び方、災害時などの行動の仕方が分かり、安全に気を付けて行動する。

3 **内容の取扱い**

上記の取扱いに当たっては、次の事項に留意する必要がある。

(1) 心と体の健康は、相互に密接な関連があるものであることを踏まえ、園児が保育教諭等や他の園児との温かい触れ合いの中で自己の存在感や充実感を味わうことなどを基盤として、しなやかな心と体の発達を促すこと。特に、十分に体を動かす気持ちよさを体験し、自ら体を動かそうとする意欲が育つようにすること。

(2) 様々な遊びの中で、園児が興味や関心、能力に応じて全身を使って活動することにより、体を動かす楽しさを味わい、自分の体を大切にしようとする気持ちが育つようにすること。その際、多様な動きを経験する中で、体の動きを調整するようにすること。

(3) 自然の中で伸び伸びと体を動かして遊ぶことにより、体の諸機能の発達が促されることに留意し、園児の興味や関心が戸外にも向くようにすること。その際、園児の動線に配慮した園庭や遊具の配置などを工夫すること。

(4) 健康な心と体を育てるためには食育を通じた望ましい食習慣の形成が大切であることを踏まえ、園児の食生活の実情に配慮し、和やかな雰囲気の中で保育教諭等や他の園児と食べる喜びや楽しさを味わったり、様々な食べ物への興味や関心をもったりするなどし、食の大切さに気付き、進んで食べようとする気持ちが育つようにすること。

(5) 基本的な生活習慣の形成に当たっては、家庭での生活経験に配慮し、園児の自立心を育て、園児が他の園児と関わりながら主体的な活動を展開する中で、生活に必要な習慣を身に付け、次第に見通しをもって行動できるようにすること。

(6) 安全に関する指導に当たっては、情緒の安定を図り、遊びを通して安全についての構えを身に付け、危険な場所や事物などが分かり、安全についての理解を深めるようにすること。また、交通安全の習慣を身に付けるようにするとともに、避難訓練などを通して、災害などの緊急時に適切な行動がとれるようにすること。

人間関係

〔他の人々と親しみ、支え合って生活するために、自立心を育て、人と関わる力を養う。〕

1　ねらい

(1)　幼保連携型認定こども園の生活を楽しみ、自分の力で行動することの充実感を味わう。

(2)　身近な人と親しみ、関わりを深め、工夫したり、協力したりして一緒に活動する楽しさを味わい、愛情や信頼感をもつ。

(3)　社会生活における望ましい習慣や態度を身に付ける。

2　内容

(1)　保育教諭等や友達と共に過ごすことの喜びを味わう。

(2)　自分で考え、自分で行動する。

(3)　自分でできることは自分でする。

(4)　いろいろな遊びを楽しみながら物事をやり遂げようとする気持ちをもつ。

(5)　友達と積極的に関わりながら喜びや悲しみを共感し合う。

(6)　自分の思ったことを相手に伝え、相手の思っていることに気付く。

(7)　友達のよさに気付き、一緒に活動する楽しさを味わう。

(8)　友達と楽しく活動する中で、共通の目的を見いだし、工夫したり、協力したりなどする。

(9)　よいことや悪いことがあることに気付き、考えながら行動する。

(10)　友達との関わりを深め、思いやりをもつ。

(11)　友達と楽しく生活する中できまりの大切さに気付き、守ろうとする。

(12)　共同の遊具や用具を大切にし、皆で使う。

(13)　高齢者をはじめ地域の人々などの自分の生活に関係の深いいろいろな人に親しみをもつ。

3　内容の取扱い

上記の取扱いに当たっては、次の事項に留意する必要がある。

(1)　保育教諭等との信頼関係に支えられて自分自身の生活を確立していくことが人と関わる基盤となることを考慮し、園児が自ら周囲に働き掛けることにより多様な感情を体験し、試行錯誤しながら諦めずにやり遂げることの達成感や、前向きな見通しをもって自分の力で行うことの充実感を味わうことができるよう、園児の行動を見守りながら適切な援助を行うようにすること。

(2)　一人一人を生かした集団を形成しながら人と関わる力を育てていくようにすること。その際、集団の生活の中で、園児が自己を発揮し、保育教諭等や他の園児に認められる体験をし、自分のよさや特徴に気付き、自信をもって行動できるようにすること。

(3)　園児が互いに関わりを深め、協同して遊ぶようになるため、自ら行動する力を育てるようにするとともに、他の園児と試行錯誤しながら活動を展開する楽しさや共通の目的が実現する喜びを味わうことができるようにすること。

(4)　道徳性の芽生えを培うに当たっては、基本的な生活習慣の形成を図るとともに、園児が他の園児との関わりの中で他人の存在に気付き、相手を尊重する気持ちをもって行動できるようにし、また、自然や身近な動植物に親しむことなどを通して豊かな心情が育つようにすること。特に、人に対する信頼感や思いやりの気持ちは、葛藤やつまずきをも体験し、それらを乗り越えることにより次第に芽生えてくることに配慮すること。

(5) 集団の生活を通して、園児が人との関わりを深め、規範意識の芽生えが培われることを考慮し、園児が保育教諭等との信頼関係に支えられて自己を発揮する中で、互いに思いを主張し、折り合いを付ける体験をし、きまりの必要性などに気付き、自分の気持ちを調整する力が育つようにすること。

(6) 高齢者をはじめ地域の人々などの自分の生活に関係の深いいろいろな人と触れ合い、自分の感情や意志を表現しながら共に楽しみ、共感し合う体験を通して、これらの人々などに親しみをもち、人と関わることの楽しさや人の役に立つ喜びを味わうことができるようにすること。また、生活を通して親や祖父母などの家族の愛情に気付き、家族を大切にしようとする気持ちが育つようにすること。

環境

〔周囲の様々な環境に好奇心や探究心をもって関わり、それらを生活に取り入れていこうとする力を養う。〕

1 ねらい

(1) 身近な環境に親しみ、自然と触れ合う中で様々な事象に興味や関心をもつ。

(2) 身近な環境に自分から関わり、発見を楽しんだり、考えたりし、それを生活に取り入れようとする。

(3) 身近な事象を見たり、考えたり、扱ったりする中で、物の性質や数量、文字などに対する感覚を豊かにする。

2 内容

(1) 自然に触れて生活し、その大きさ、美しさ、不思議さなどに気付く。

(2) 生活の中で、様々な物に触れ、その性質や仕組みに興味や関心をもつ。

(3) 季節により自然や人間の生活に変化のあることに気付く。

(4) 自然などの身近な事象に関心をもち、取り入れて遊ぶ。

(5) 身近な動植物に親しみをもって接し、生命の尊さに気付き、いたわったり、大切にしたりする。

(6) 日常生活の中で、我が国や地域社会における様々な文化や伝統に親しむ。

(7) 身近な物を大切にする。

(8) 身近な物や遊具に興味をもって関わり、自分なりに比べたり、関連付けたりしながら考えたり、試したりして工夫して遊ぶ。

(9) 日常生活の中で数量や図形などに関心をもつ。

(10) 日常生活の中で簡単な標識や文字などに関心をもつ。

(11) 生活に関係の深い情報や施設などに興味や関心をもつ。

(12) 幼保連携型認定こども園内外の行事において国旗に親しむ。

3 内容の取扱い

上記の取扱いに当たっては、次の事項に留意する必要がある。

(1) 園児が、遊びの中で周囲の環境と関わり、次第に周囲の世界に好奇心を抱き、その意味や操作の仕方に関心をもち、物事の法則性に気付き、自分なりに考えることができるようになる過程を大切にすること。また、他の園児の考えなどに触れて新しい考えを生み出す喜びや楽しさを味わい、自分の考えをよりよいものにしようとする気持ちが育つようにすること。

(2) 幼児期において自然のもつ意味は大きく、自然の大きさ、美しさ、不思議さなどに直接触れる体験を通して、園児の心が安らぎ、豊かな感情、好奇心、思考力、表現力の基礎が培われることを踏まえ、園児が自然との関わりを深めることができるよう工夫すること。

(3)　身近な事象や動植物に対する感動を伝え合い、共感し合うことなどを通して自分から関わろうとする意欲を育てるとともに、様々な関わり方を通してそれらに対する親しみや畏敬の念、生命を大切にする気持ち、公共心、探究心などが養われるようにすること。

(4)　文化や伝統に親しむ際には、正月や節句など我が国の伝統的な行事、国歌、唱歌、わらべうたや我が国の伝統的な遊びに親しんだり、異なる文化に触れる活動に親しんだりすることを通じて、社会とのつながりの意識や国際理解の意識の芽生えなどが養われるようにすること。

(5)　数量や文字などに関しては、日常生活の中で園児自身の必要感に基づく体験を大切にし、数量や文字などに関する興味や関心、感覚が養われるようにすること。

言　葉

〔経験したことや考えたことなどを自分なりの言葉で表現し、相手の話す言葉を聞こうとする意欲や態度を育て、言葉に対する感覚や言葉で表現する力を養う。〕

1　ねらい

(1)　自分の気持ちを言葉で表現する楽しさを味わう。

(2)　人の言葉や話などをよく聞き、自分の経験したことや考えたことを話し、伝え合う喜びを味わう。

(3)　日常生活に必要な言葉が分かるようになるとともに、絵本や物語などに親しみ、言葉に対する感覚を豊かにし、保育教諭等や友達と心を通わせる。

2　内容

(1)　保育教諭等や友達の言葉や話に興味や関心をもち、親しみをもって聞いたり、話したりする。

(2)　したり、見たり、聞いたり、感じたり、考えたりなどしたことを自分なりに言葉で表現する。

(3)　したいこと、してほしいことを言葉で表現したり、分からないことを尋ねたりする。

(4)　人の話を注意して聞き、相手に分かるように話す。

(5)　生活の中で必要な言葉が分かり、使う。

(6)　親しみをもって日常の挨拶をする。

(7)　生活の中で言葉の楽しさや美しさに気付く。

(8)　いろいろな体験を通じてイメージや言葉を豊かにする。

(9)　絵本や物語などに親しみ、興味をもって聞き、想像をする楽しさを味わう。

(10)　日常生活の中で、文字などで伝える楽しさを味わう。

3　内容の取扱い

上記の取扱いに当たっては、次の事項に留意する必要がある。

(1)　言葉は、身近な人に親しみをもって接し、自分の感情や意志などを伝え、それに相手が応答し、その言葉を聞くことを通して次第に獲得されていくものであることを考慮して、園児が保育教諭等や他の園児と関わることにより心を動かされるような体験をし、言葉を交わす喜びを味わえるようにすること。

(2)　園児が自分の思いを言葉で伝えるとともに、保育教諭等や他の園児などの話を興味をもって注意して聞くことを通して次第に話を理解するようになっていき、言葉による伝え合いができるようにすること。

(3)　絵本や物語などで、その内容と自分の経験とを結び付けたり、想像を巡らせたりするなど、楽しみを十分に味わうことによって、次第に豊かなイメージをもち、言葉に対する感覚が養われるようにすること。

(4) 園児が生活の中で、言葉の響きやリズム、新しい言葉や表現などに触れ、これらを使う楽しさを味わえるようにすること。その際、絵本や物語に親しんだり、言葉遊びなどをしたりすることを通して、言葉が豊かになるようにすること。

(5) 園児が日常生活の中で、文字などを使いながら思ったことや考えたことを伝える喜びや楽しさを味わい、文字に対する興味や関心をもつようにすること。

表現

〔感じたことや考えたことを自分なりに表現することを通して、豊かな感性や表現する力を養い、創造性を豊かにする。〕

1　ねらい

(1) いろいろなものの美しさなどに対する豊かな感性をもつ。

(2) 感じたことや考えたことを自分なりに表現して楽しむ。

(2) 生活の中でイメージを豊かにし、様々な表現を楽しむ。

2　内　容

(1) 生活の中で様々な音、形、色、手触り、動きなどに気付いたり、感じたりするなどして楽しむ。

(2) 生活の中で美しいものや心を動かす出来事に触れ、イメージを豊かにする。

(3) 様々な出来事の中で、感動したことを伝え合う楽しさを味わう。

(4) 感じたこと、考えたことなどを音や動きなどで表現したり、自由にかいたり、つくったりなどする。

(5) いろいろな素材に親しみ、工夫して遊ぶ。

(6) 音楽に親しみ、歌を歌ったり、簡単なリズム楽器を使ったりなどする楽しさを味わう。

(7) かいたり、つくったりすることを楽しみ、遊びに使ったり、飾ったりなどする。

(8) 自分のイメージを動きや言葉などで表現したり、演じて遊んだりするなどの楽しさを味わう。

3　内容の取扱い

上記の取扱いに当たっては、次の事項に留意する必要がある。

(1) 豊かな感性は、身近な環境と十分に関わる中で美しいもの、優れたもの、心を動かす出来事などに出会い、そこから得た感動を他の園児や保育教諭等と共有し、様々に表現することなどを通して養われるようにすること。その際、風の音や雨の音、身近にある草や花の形や色など自然の中にある音、形、色などに気付くようにすること。

(2) 幼児期の自己表現は素朴な形で行われることが多いので、保育教諭等はそのような表現を受容し、園児自身の表現しようとする意欲を受け止めて、園児が生活の中で園児らしい様々な表現を楽しむことができるようにすること。

(3) 生活経験や発達に応じ、自ら様々な表現を楽しみ、表現する意欲を十分に発揮させることができるように、遊具や用具などを整えたり、様々な素材や表現の仕方に親しんだり、他の園児の表現に触れられるよう配慮したりし、表現する過程を大切にして自己表現を楽しめるように工夫すること。

第4　教育及び保育の実施に関する配慮事項

① 満三歳未満の園児の保育の実施については、以下の事項に配慮するものとする。

(1) 乳児は疾病への抵抗力が弱く、心身の機能の未熟さに伴う疾病の発生が多いことから、一人一人の発育及び発達状態や健康状態についての適切な判断に基づく保健的な対応を行うこと。また、一人一人の園児の生育歴の違いに留意しつつ、欲求を適切に満たし、特定の保育教諭等が応答的に関わるように努めること。更に、乳児期の園児の保育に関わる職員間の連携や学校医との連携を図り、第三章に示す事項を踏まえ、適切に対応すること。栄養士及び看護師等が配置されている場合は、その専門性を生かした対応を図ること。乳児期の園児の保育においては特に、保護者との信頼関係を築きながら保育を進めるとともに、保護者からの相談に応じ支援に努めていくこと。なお、担当の保育教諭等が替わる場合には、園児のそれまでの生育歴や発達の過程に留意し、職員間で協力して対応すること。

(2)　満一歳以上満三歳未満の園児は、特に感染症にかかりやすい時期であるので、体の状態、機嫌、食欲などの日常の状態の観察を十分に行うとともに、適切な判断に基づく保健的な対応を心掛けること。また、探索活動が十分できるように、事故防止に努めながら活動しやすい環境を整え、全身を使う遊びなど様々な遊びを取り入れること。更に、自我が形成され、園児が自分の感情や気持ちに気付くようになる重要な時期であることに鑑み、情緒の安定を図りながら、園児の自発的な活動を尊重するとともに促していくこと。なお、担当の保育教諭等が替わる場合には、園児のそれまでの経験や発達の過程に留意し、職員間で協力して対応すること。

②　幼保連携型認定こども園における教育及び保育の全般において以下の事項に配慮するものとする。

(1)　園児の心身の発達及び活動の実態などの個人差を踏まえるとともに、一人一人の園児の気持ちを受け止め、援助すること。

(2)　園児の健康は、生理的・身体的な育ちとともに、自主性や社会性、豊かな感性の育ちとがあいまってもたらされることに留意すること。

(3)　園児が自ら周囲に働き掛け、試行錯誤しつつ自分の力で行う活動を見守りながら、適切に援助すること。

(4)　園児の入園時の教育及び保育に当たっては、できるだけ個別的に対応し、園児が安定感を得て、次第に幼保連携型認定こども園の生活になじんでいくようにするとともに、既に入園している園児に不安や動揺を与えないようにすること。

(5)　園児の国籍や文化の違いを認め、互いに尊重する心を育てるようにすること。

(6)　園児の性差や個人差にも留意しつつ、性別などによる固定的な意識を植え付けることがないようにすること。

第三章　健康及び安全

幼保連携型認定こども園における園児の健康及び安全は、園児の生命の保持と健やかな生活の基本となるものであり、第一章及び第二章の関連する事項と併せ、次に示す事項について適切に対応するものとする。その際、養護教諭や看護師、栄養教諭や栄養士等が配置されている場合には、学校医等と共に、これらの者がそれぞれの専門性を生かしながら、全職員が相互に連携し、組織的かつ適切な対応を行うことができるような体制整備や研修を行うことが必要である。

第1　健康支援

①　健康状態や発育及び発達の状態の把握

(1)　園児の心身の状態に応じた教育及び保育を行うために、

園児の健康状態や発育及び発達の状態について、定期的・継続的に、また、必要に応じて随時、把握すること。

(2) 保護者からの情報とともに、登園時及び在園時に園児の状態を観察し、何らかの疾病が疑われる状態や傷害が認められた場合には、保護者に連絡するとともに、学校医と相談するなど適切な対応を図ること。

(3) 園児の心身の状態等を観察し、不適切な養育の兆候が見られる場合には、市町村（特別区を含む。以下同じ。）や関係機関と連携し、児童福祉法第二十五条に基づき、適切な対応を図ること。また、虐待が疑われる場合には、速やかに市町村又は児童相談所に通告し、適切な対応を図ること。

② 健康増進

(1) 認定こども園法第二十七条において準用する学校保健安全法（昭和三十三年法律第五十六号）第五条の学校保健計画を作成する際は、教育及び保育の内容並びに子育ての支援等に関する全体的な計画に位置づくものとし、全ての職員がそのねらいや内容を踏まえ、園児一人一人の健康の保持及び増進に努めていくこと。

(2) 認定こども園法第二十七条において準用する学校保健安全法第十三条第一項の健康診断を行ったときは、認定こども園法第二十七条において準用する学校保健安全法第十四条の措置を行い、教育及び保育に活用するとともに、保護者が園児の状態を理解し、日常生活に活用できるようにすること。

③ 疾病等への対応

(1) 在園時に体調不良や傷害が発生した場合には、その園児の状態等に応じて、保護者に連絡するとともに、適宜、学校医やかかりつけ医等と相談し、適切な処置を行うこと。

(2) 感染症やその他の疾病の発生予防に努め、その発生や疑いがある場合には必要に応じて学校医、市町村、保健所等に連絡し、その指示に従うとともに、保護者や全ての職員に連絡し、予防等について協力を求めること。また、感染症に関する幼保連携型認定こども園の対応方法等について、あらかじめ関係機関の協力を得ておくこと。

(3) アレルギー疾患を有する園児に関しては、保護者と連携し、医師の診断及び指示に基づき、適切な対応を行うこと。また、食物アレルギーに関して、関係機関と連携して、当該幼保連携型認定こども園の体制構築など、安全な環境の整備を行うこと。

(4) 園児の疾病等の事態に備え、保健室の環境を整え、救急用の薬品、材料等を適切な管理の下に常備し、全ての職員が対応できるようにしておくこと。

第２　食育の推進

① 幼保連携型認定こども園における食育は、健康な生活の基本としての食を営む力の育成に向け、その基礎を培うことを目標とすること。

② 園児が生活と遊びの中で、意欲をもって食に関わる体験を積み重ね、食べることを楽しみ、食事を楽しみ合う園児に成長していくことを期待するものであること。

③ 乳幼児期にふさわしい食生活が展開され、適切な援助が行われるよう、教育及び保育の内容並びに子育ての支援等に関する全体的な計画に基づき、食事の提供を含む食育の計画を作成し、指導計画に位置付けるとともに、その評価及び改善に努めること。

④ 園児が自らの感覚や体験を通して、自然の恵みとしての食材や食の循環・環境への意識、調理する人への感謝の気持ち

が育つように、園児と調理員等との関わりや、調理室など食に関する環境に配慮すること。

⑤　保護者や地域の多様な関係者との連携及び協働の下で、食に関する取組が進められること。また、市町村の支援の下に、地域の関係機関等との日常的な連携を図り、必要な協力が得られるよう努めること。

⑥　体調不良、食物アレルギー、障害のある園児など、園児一人一人の心身の状態等に応じ、学校医、かかりつけ医等の指示や協力の下に適切に対応すること。

第３　環境及び衛生管理並びに安全管理

①　環境及び衛生管理

(1)　認定こども園法第二十七条において準用する学校保健安全法第六条の学校環境衛生基準に基づき幼保連携型認定こども園の適切な環境の維持に努めるとともに、施設内外の設備、用具等の衛生管理に努めること。

(2)　認定こども園法第二十七条において準用する学校保健安全法第六条の学校環境衛生基準に基づき幼保連携型認定こども園の施設内外の適切な環境の維持に努めるとともに、園児及び全職員が清潔を保つようにすること。また、職員は衛生知識の向上に努めること。

②　事故防止及び安全対策

(1)　在園時の事故防止のために、園児の心身の状態等を踏まえつつ、認定こども園法第二十七条において準用する学校保健安全法第二十七条の学校安全計画の策定等を通じ、全職員の共通理解や体制づくりを図るとともに、家庭や地域の関係機関の協力の下に安全指導を行うこと。

(2)　事故防止の取組を行う際には、特に、睡眠中、プール活動・水遊び中、食事中等の場面では重大事故が発生しやすいことを踏まえ、園児の主体的な活動を大切にしつつ、施設内外の環境の配慮や指導の工夫を行うなど、必要な対策を講じること。

(3)　認定こども園法第二十七条において準用する学校保健安全法第二十九条の危険等発生時対処要領に基づき、事故の発生に備えるとともに施設内外の危険箇所の点検や訓練を実施すること。また、外部からの不審者等の侵入防止のための措置や訓練など不測の事態に備え必要な対応を行うこと。更に、園児の精神保健面における対応に留意すること。

第４　災害への備え

①　施設・設備等の安全確保

(1)　認定こども園法第二十七条において準用する学校保健安全法第二十九条の危険等発生時対処要領に基づき、災害等の発生に備えるとともに、防火設備、避難経路等の安全性が確保されるよう、定期的にこれらの安全点検を行うこと。

(2)　備品、遊具等の配置、保管を適切に行い、日頃から、安全環境の整備に努めること。

②　災害発生時の対応体制及び避難への備え

(1)　火災や地震などの災害の発生に備え、認定こども園法第二十七条において準用する学校保健安全法第二十九条の危険等発生時対処要領を作成する際には、緊急時の対応の具体的内容及び手順、職員の役割分担、避難訓練計画等の事項を盛り込むこと。

(2)　定期的に避難訓練を実施するなど、必要な対応を図ること。

(3)　災害の発生時に、保護者等への連絡及び子どもの引渡しを円滑に行うため、日頃から保護者との密接な連携に努め、連絡体制や引渡し方法等について確認をしておくこと。

③ 地域の関係機関等との連携

(1) 市町村の支援の下に、地域の関係機関との日常的な連携を図り、必要な協力が得られるよう努めること。

(2) 避難訓練については、地域の関係機関や保護者との連携の下に行うなど工夫すること。

第四章　子育ての支援

幼保連携型認定こども園における保護者に対する子育ての支援は、子どもの利益を最優先して行うものとし、第一章及び第二章等の関連する事項を踏まえ、子どもの育ちを家庭と連携して支援していくとともに、保護者及び地域が有する子育てを自ら実践する力の向上に資するよう、次の事項に留意するものとする。

第1　子育ての支援全般に関わる事項

① 保護者に対する子育ての支援を行う際には、各地域や家庭の実態等を踏まえるとともに、保護者の気持ちを受け止め、相互の信頼関係を基本に、保護者の自己決定を尊重すること。

② 教育及び保育並びに子育ての支援に関する知識や技術など、保育教諭等の専門性や、園児が常に存在する環境など、幼保連携型認定こども園の特性を生かし、保護者が子どもの成長に気付き子育ての喜びを感じられるように努めること。

③ 保護者に対する子育ての支援における地域の関係機関等との連携及び協働を図り、園全体の体制構築に努めること。

④ 子どもの利益に反しない限りにおいて、保護者や子どものプライバシーを保護し、知り得た事柄の秘密を保持すること。

第2　幼保連携型認定こども園の園児の保護者に対する子育ての支援

① 日常の様々な機会を活用し、園児の日々の様子の伝達や収集、教育及び保育の意図の説明などを通じて、保護者との相互理解を図るよう努めること。

② 教育及び保育の活動に対する保護者の積極的な参加は、保護者の子育てを自ら実践する力の向上に寄与するだけでなく、地域社会における家庭や住民の子育てを自ら実践する力の向上及び子育ての経験の継承につながるきっかけとなる。これらのことから、保護者の参加を促すとともに、参加しやすいよう工夫すること。

③ 保護者の生活形態が異なることを踏まえ、全ての保護者の相互理解が深まるように配慮すること。その際、保護者同士が子育てに対する新たな考えに出会い気付き合えるよう工夫すること。

④ 保護者の就労と子育ての両立等を支援するため、保護者の多様化した教育及び保育の需要に応じて病児保育事業など多様な事業を実施する場合には、保護者の状況に配慮するとともに、園児の福祉が尊重されるよう努め、園児の生活の連続性を考慮すること。

⑤ 地域の実態や保護者の要請により、教育を行う標準的な時間の終了後等に希望する園児を対象に一時預かり事業などとして行う活動については、保育教諭間及び家庭との連携を密にし、園児の心身の負担に配慮すること。その際、地域の実態や保護者の事情とともに園児の生活のリズムを踏まえつつ、必要に応じて、弾力的な運用を行うこと。

⑥　園児に障害や発達上の課題が見られる場合には、市町村や関係機関と連携及び協力を図りつつ、保護者に対する個別の支援を行うよう努めること。

⑦　外国籍家庭など、特別な配慮を必要とする家庭の場合には、状況等に応じて個別の支援を行うよう努めること。

⑧　保護者に育児不安等が見られる場合には、保護者の希望に応じて個別の支援を行うよう努めること。

⑨　保護者に不適切な養育等が疑われる場合には、市町村や関係機関と連携し、要保護児童対策地域協議会で検討するなど適切な対応を図ること。また、虐待が疑われる場合には、速やかに市町村又は児童相談所に通告し、適切な対応を図ること。

第３　地域における子育て家庭の保護者等に対する支援

①　幼保連携型認定こども園において、認定こども園法第二条第十二項に規定する子育て支援事業を実施する際には、当該幼保連携型認定こども園がもつ地域性や専門性などを十分に考慮して当該地域において必要と認められるものを適切に実施すること。また、地域の子どもに対する一時預かり事業などの活動を行う際には、一人一人の子どもの心身の状態などを考慮するとともに、教育及び保育との関連に配慮するなど、柔軟に活動を展開できるようにすること。

②　市町村の支援を得て、地域の関係機関等との積極的な連携及び協働を図るとともに、子育ての支援に関する地域の人材の積極的な活用を図るよう努めること。また、地域の要保護児童への対応など、地域の子どもを巡る諸課題に対し、要保護児童対策地域協議会など関係機関等と連携及び協力して取り組むよう努めること。

③　幼保連携型認定こども園は、地域の子どもが健やかに育成される環境を提供し、保護者に対する総合的な子育ての支援を推進するため、地域における乳幼児期の教育及び保育の中心的な役割を果たすよう努めること。

㉔幼保連携型認定こども園園児指導要録の改善及び認定こども園こども要録の作成等に関する留意事項等について

平成三〇年三月三〇日　府子本第三一五号
二九初幼教第一七号
子保発〇三三〇第三号

各都道府県認定こども園担当部局　各都道府県私立学校主管部（局）　各都道府県教育委員会　各指定都市、中核市子ども・子育て支援新制度担当部局　各指定都市、中核市教育委員会　附属幼稚園、小学校及び特別支援学校を置く各国公立大学法人宛
内閣府子ども・子育て本部参事官（認定こども園担当）文部科学省初等中等教育局幼児教育課長　厚生労働省子ども家庭局保育課長通知

幼保連携型認定こども園園児指導要録（以下「園児指導要録」という。）は、園児の学籍並びに指導の過程及びその結果の要約を記録し、その後の指導及び外部に対する証明等に役立たせるための原簿となるものです。

今般の幼保連携型認定こども園教育・保育要領（平成二十九年内閣府・文部科学省・厚生労働省告示第一号）の改訂に伴い、各幼保連携型認定こども園において園児の理解に基づいた評価が適切に行われるとともに、地域に根ざした主体的かつ積極的な教育及び保育の展開の観点から、各設置者等において園児指導要録の様式が創意工夫の下決定され、また、各幼保連携型認定こども園により園児指導要録が作成されるよう、園児指導要録に記載する事項や様式の参考例についてとりまとめましたのでお知らせします。

また、幼保連携型以外の認定こども園における、園児指導要録に相当する資料（以下「認定こども園こども要録」という。）の作成等に関しての留意事項も示しましたのでお知らせします。

つきましては、下記に示す幼保連携型認定こども園における評価の基本的な考え方及び園児指導要録の改善の要旨等並びに別紙及び別添資料（様式の参考例）に関して十分御了知の上、管内・域内の関係部局並びに幼保連携型認定こども園及び幼保連携型認定こども園以外の認定こども園の関係者に対して、この通知の趣旨を十分周知されるようお願いします。

また、幼保連携型認定こども園等と小学校、義務教育学校の前期課程及び特別支援学校の小学部（以下「小学校等」という。）との緊密な連携を図る観点から、小学校等においてもこの通知の趣旨の理解が図られるようお願いします。

なお、この通知により、「認定こども園こども要録について（通知）」（平成二十一年一月二十九日付け二〇初幼教第九号・雇児保発第〇一二九〇〇一号文部科学省初等中等教育局幼児教育課長・厚生労働省雇用均等・児童家庭局保育課長連名通知）及び「幼保連携型認定こども園園児指導要録について（通知）」（平成二十七年一月二十七日付け府政共生第七三号・二六初幼教第二九号・雇児保発〇一二七第一号内閣府政策統括官（共生社会政策担当）付参事官（少子化対策担当）・文部科学省初等中等教育局幼児教育課長・厚生労働省雇用均等・児童家庭局保育課長連名通知）は廃止します。

本通知は、地方自治法（昭和二十二年法律第六十七号）第二百四十五条の四第一項の規定に基づく技術的助言であることを申し添えます。

記

1　幼保連携型認定こども園における評価の基本的な考え方

園児一人一人の発達の理解に基づいた評価の実施に当たっ

ては、次の事項に配慮すること。

(1)　指導の過程を振り返りながら園児の理解を進め、園児一人一人のよさや可能性などを把握し、指導の改善に生かすようにすること。その際、他の園児との比較や一定の基準に対する達成度についての評定によって捉えるものではないことに留意すること。

(2)　評価の妥当性や信頼性が高められるよう創意工夫を行い、組織的かつ計画的な取組を推進するとともに、次年度又は小学校等にその内容が適切に引き継がれるようにすること。

2　園児指導要録の改善の要旨

幼保連携型認定こども園における養護は教育及び保育を行う上での基盤となるものであるということを踏まえ、満三歳以上の園児に関する記録として、従前の「養護」に関わる事項は、「指導上参考となる事項」に、また、「園児の健康状態等」については、「特に配慮すべき事項」に記入するように見直したこと。さらに、従前の「園児の育ちに関わる事項」については、満三歳未満の園児に関する記録として、各年度ごとに、「養護（園児の健康の状態等も含む）」に関する事項も含め、「園児の育ちに関する事項」に記入するように見直したこと。

最終学年の記入に当たっては、これまでの記入の考え方を引き継ぐとともに、特に小学校等における児童の指導に生かされるよう、「幼児期の終わりまでに育ってほしい姿」を活用して園児に育まれている資質・能力を捉え、指導の過程と育ちつつある姿を分かりやすく記入することに留意するよう追記したこと。

3　実施時期

以上のことなどを踏まえ、様式の参考例を見直したこと。この通知を踏まえた園児指導要録の作成は、平成三十年度から実施すること。なお、平成三十年度に新たに入園（転入園含む。）、進級する園児のために園児指導要録の様式を用意している場合には様式についてはこの限りではないこと。

この通知を踏まえた園児指導要録を作成する場合、既に在園している園児の園児指導要録については、従前の園児指導要録に記載された事項を転記する必要はなく、この通知を踏まえて作成された園児指導要録と併せて保存すること。

4　取扱い上の注意

(1)　園児指導要録の作成、送付及び保存については、就学前の子どもに関する教育、保育等の総合的な提供の推進に関する法律施行規則（平成二十六年内閣府・文部科学省・厚生労働省令第二号。以下「認定こども園法施行規則」という。）第三十条並びに認定こども園法施行規則第二十六条の規定により準用する学校教育法施行規則（昭和二十二年文部省令第十一号）第二十八条第一項及び第二項前段の規定によること。なお、認定こども園法施行規則第三十条第二項により小学校等の進学先に園児指導要録の抄本又は写しを送付しなければならないことに留意すること。

(2)　園児指導要録の記載事項に基づいて外部への証明等を作成する場合には、その目的に応じて必要な事項だけを記載するよう注意すること。

(3)　配偶者からの暴力の被害者と同居する園児については、転園した園児の園児指導要録の記述を通じて転園先の園名や所在地等の情報が配偶者（加害者）に伝わることが懸念される場合がある。このような特別の事情がある場合には、「配偶者からの暴力の被害者の子どもの就学について（通知）」（平成二十一年七月十三日付け二一生参学第七号文部科学省生涯学習政策局男女共同参画学習課長・文部科学省初等中等教育局初等中等教育企画課長連名通知）を参考に、関係機関等との連携を図りながら、適切に情報を取り扱うこと。

(4) 評価の妥当性や信頼性を高めるとともに、保育教諭等の負担感の軽減を図るため、情報の適切な管理を図りつつ、情報通信技術の活用により園児指導要録等に係る事務の改善を検討することも重要であること。なお、法令に基づく文書である園児指導要録について、書面の作成、保存、送付を情報通信技術を活用して行うことは、現行の制度上も可能であること。

(5) 別添資料（様式の参考例）の用紙や文字の大きさ等については、各設置者等の判断で適宜工夫できること。

(6) 個人情報については、「個人情報の保護に関する法律」（平成十五年法律第五十七号）等を踏まえて適切に個人情報を取り扱うこと。なお、個人情報の保護に関する法令上の取扱いは以下の①及び②のとおりである。

① 公立の幼保連携型認定こども園については、各地方公共団体が定める個人情報保護条例に準じた取扱いとすること。

② 私立の幼保連携型認定こども園については、当該施設が個人情報の保護に関する法律第二条第五項に規定する個人情報取扱事業者に該当し、原則として個人情報を第三者に提供する際には本人の同意が必要となるが、認定こども園法施行規則第三十条第二項及び第三項の規定に基づいて提供する場合においては、同法第二十三条第一項第一号に掲げる法令に基づく場合に該当するため、第三者提供について本人（保護者）の同意は不要であること。

5 幼保連携型認定こども園以外の認定こども園における認定こども園こども要録の作成等の留意事項

(1) 幼保連携型認定こども園以外の認定こども園（以下「認定こども園」という。）においては、本通知「1 幼保連携型認定こども園における評価の基本的な考え方」及び「2 園児指導要録の改善の要旨」を踏まえ、別紙及び別添資料を参考に、適宜「幼保連携型認定こども園園児指導要録」を「認定こども園こども要録」に読み替える等して、各設置者等の創意工夫の下、認定こども園こども要録を作成すること。

なお、幼稚園型認定こども園以外の認定こども園において認定こども園こども要録を作成する場合には、保育所では各市区町村が保育所児童保育要録（「保育所保育指針の適用に際しての留意事項について」（平成三十年三月三十日付け子保発〇三三〇第二号厚生労働省子ども家庭局保育課長通知）に基づく保育所児童保育要録をいう。以下同じ。）の様式を作成することとされていることを踏まえ、各市区町村と相談しつつ、その様式を各設置者等において定めることが可能であること。

(2) 5(1)に関わらず、幼稚園型認定こども園においては「幼稚園及び特別支援学校幼稚部における幼児指導要録の改善等について（通知）」（平成三十年三月三十日付け二九文科初第一八一四号文部科学省初等中等教育局長通知）に基づく幼稚園幼児指導要録を作成することが、また、保育所型認定こども園においては保育所児童保育要録を作成することが可能であること。その際、送付及び保存等についても、それぞれの通知に準じて取り扱うこと。

また、認定こども園こども要録を作成した場合には、同一の子どもについて、幼稚園幼児指導要録又は保育所児童保育要録を作成する必要はないこと。

(3)　認定こども園こども要録は、学級を編制している満三歳以上の子どもについて作成すること。なお、これは、満三歳未満に関する記録を残すことを妨げるものではないこと。

(4)　子どもの進学・就学に際して、作成した認定こども園こども要録の抄本又は写しを進学・就学先の小学校等の校長に送付すること。

(5)　認定こども園においては、作成した認定こども園こども要録の原本等について、その子どもが小学校等を卒業するまでの間保存することが望ましいこと。ただし、学籍等に関する記録については、二〇年間保存することが望ましいこと。

(6)　「3　実施時期」並びに「4　取扱い上の注意」の(2)、(3)及び(4)について、認定こども園においても同様の取扱いであること。

(7)　個人情報については、個人情報の保護に関する法律等を踏まえて適切に個人情報を取り扱うこと。なお、個人情報の保護に関する法令上の取扱いは以下の①及び②のとおりである。

①　公立の認定こども園については、各地方公共団体が定める個人情報保護条例に準じた取扱いとすること。

②　私立の認定こども園については、当該施設が個人情報の保護に関する法律第二条第五項に規定する個人情報取扱事業者に該当し、原則として個人情報を第三者に提供する際には本人の同意が必要となるが、学校教育法施行規則第二十四条第二項及び第三項又は保育所保育指針第2章の4(2)ウの規定に基づいて提供する場合においては、同法第二十三条第一項第一号に掲げる法令に基づく場合に該当するため、第三者提供について本人（保護者）の同意は不要であること。

別紙
幼保連携型認定こども園園児指導要録に記載する事項

○　**学籍等に関する記録**

学籍等に関する記録は、外部に対する証明等の原簿としての性格をもつものとし、原則として、入園時及び異動の生じたときに記入すること。

1　園児の氏名、性別、生年月日及び現住所

2　保護者（親権者）氏名及び現住所

3　学籍等の記録

(1)　入園年月日

(2)　転入園年月日

他の幼保連携型認定こども園、幼稚園、特別支援学校幼稚部、保育所等から転入園してきた園児について記入すること。

(3)　転・退園年月日

他の幼保連携型認定こども園、幼稚園、特別支援学校幼稚部、保育所等へ転園する園児や退園する園児について記入すること。

(4)　修了年月日

4　入園前の状況

当該幼保連携型認定こども園に入園する前の集団生活の経験の有無等を記入すること。

5　進学・就学先等

当該幼保連携型認定こども園で修了した場合には進学・就学した小学校等について、また、当該幼保連携型認定こども園から他園等に転園した場合には転園した園等の名称

及び所在地等を記入すること。

6　園名及び所在地

7　各年度の入園（転入園）・進級時等の園児の年齢、園長の氏名、担当・学級担任の氏名

各年度に、園長の氏名及び満三歳未満の園児については担当者の氏名、満三歳以上の園児については学級担任者の氏名を記入し、それぞれ押印すること。（同一年度内に園長、担当者又は学級担任者が代わった場合には、その都度後任者の氏名を併記、押印する。）

※　満三歳以上の園児については、学級名、整理番号も記入すること。

なお、氏名の記入及び押印については、電子署名（電子署名及び認証業務に関する法律（平成十二年法律第百二号）第二条第一項に定義する「電子署名」をいう。）を行うことで替えることも可能である。

○　指導等に関する記録

指導等に関する記録は、一年間の指導の過程とその結果等を要約し、次の年度の適切な指導に資するための資料としての性格をもつものとすること。

【満三歳以上の園児に関する記録】

1　指導の重点等

当該年度における指導の過程について次の視点から記入すること。

①　学年の重点

年度当初に教育課程に基づき、長期の見通しとして設定したものを記入すること。

②　個人の重点

一年間を振り返って、当該園児の指導について特に重視してきた点を記入すること。

2　指導上参考となる事項

(1)　次の事項について記入すること。

①　一年間の指導の過程と園児の発達の姿について以下の事項を踏まえ記入すること。

・　幼保連携型認定こども園教育・保育要領に示された養護に関する事項を踏まえ、第2章第3の「ねらい及び内容」に示された各領域のねらいを視点として、当該園児の発達の実情から向上が著しいと思われるもの。その際、他の園児との比較や一定の基準に対する達成度についての評定によって捉えるものではないことに留意すること。

・　園生活を通して全体的、総合的に捉えた園児の発達の姿。

②　次の年度の指導に必要と考えられる配慮事項等について記入すること。

③　最終年度の記入に当たっては、特に小学校等における児童の指導に生かされるよう、幼保連携型認定こども園教育・保育要領第1章総則に示された「幼児期の終わりまでに育ってほしい姿」を活用して園児に育まれている資質・能力を捉え、指導の過程と育ちつつある姿を分かりやすく記入するように留意すること。その際、「幼児期の終わりまでに育ってほしい姿」が到達すべき目標ではないことに留意し、項目別に園児の育ちつつある姿を記入するのではなく、全体的かつ総合的に捉えて記入すること。

(2)　「特に配慮すべき事項」には、園児の健康の状況等、指導上特記すべき事項がある場合に記入すること。

3　出欠状況

①　教育日数

別添資料
（様式の参考例）

幼保連携型認定こども園園児指導要録（学籍等に関する記録）

年度 区分	平成　年度	平成　年度	平成　年度	平成　年度
学　級				
整理番号				

<table>
<tr><td rowspan="3">園　児</td><td rowspan="2">ふりがな
氏　名</td><td colspan="3"></td><td rowspan="2">性 別</td><td rowspan="2"></td></tr>
<tr><td colspan="3">平成　年　月　日生</td></tr>
<tr><td>現住所</td><td colspan="5"></td></tr>
<tr><td rowspan="2">保 護 者</td><td>ふりがな
氏　名</td><td colspan="5"></td></tr>
<tr><td>現住所</td><td colspan="5"></td></tr>
<tr><td>入　園</td><td>平成　年　月　日</td><td rowspan="2">入園前の
状　況</td><td colspan="4" rowspan="2"></td></tr>
<tr><td>転 入 園</td><td>平成　年　月　日</td></tr>
<tr><td>転・退園</td><td>平成　年　月　日</td><td rowspan="2">進学・就
学先等</td><td colspan="4" rowspan="2"></td></tr>
<tr><td>修　了</td><td>平成　年　月　日</td></tr>
<tr><td colspan="2">園　名
及び所在地</td><td colspan="5"></td></tr>
</table>

年度及び入園（転入園）・進級時等の園児の年齢	平成　年度 歳　か月	平成　年度 歳　か月	平成　年度 歳　か月	平成　年度 歳　か月
園　長 氏名　印				
担 当 者 氏名　印				
年度及び入園（転入園）・進級時等の園児の年齢	平成　年度 歳　か月	平成　年度 歳　か月	平成　年度 歳　か月	平成　年度 歳　か月
園　長 氏名　印				
学級担任者 氏名　印				

（様式の参考例）

幼保連携型認定こども園園児指導要録（指導等に関する記録）

ふりがな		性別		平成　　年度	平成　　年度	平成　　年度
氏名			指導の重点等	（学年の重点）	（学年の重点）	（学年の重点）
平成　　年　　月　　日生				（個人の重点）	（個人の重点）	（個人の重点）
ねらい（発達を捉える視点）						
健康	明るく伸び伸びと行動し、充実感を味わう。		指導上参考となる事項			
	自分の体を十分に動かし、進んで運動しようとする。					
	健康、安全な生活に必要な習慣や態度を身に付け、見通しをもって行動する。					
人間関係	幼保連携型認定こども園の生活を楽しみ、自分の力で行動することの充実感を味わう。					
	身近な人と親しみ、関わりを深め、工夫したり、協力したりして一緒に活動する楽しさを味わい、愛情や信頼感をもつ。					
	社会生活における望ましい習慣や態度を身に付ける。					
環境	身近な環境に親しみ、自然と触れ合う中で様々な事象に興味や関心をもつ。					
	身近な環境に自分から関わり、発見を楽しんだり、考えたりし、それを生活に取り入れようとする。					
	身近な事象を見たり、考えたり、扱ったりする中で、物の性質や数量、文字などに対する感覚を豊かにする。					
言葉	自分の気持ちを言葉で表現する楽しさを味わう。					
	人の言葉や話などをよく聞き、自分の経験したことや考えたことを話し、伝え合う喜びを味わう。					
	日常生活に必要な言葉が分かるようになるとともに、絵本や物語などに親しみ、言葉に対する感覚を豊かにし、保育教諭等や友達と心を通わせる。					
表現	いろいろなものの美しさなどに対する豊かな感性をもつ。					
	感じたことや考えたことを自分なりに表現して楽しむ。					
	生活の中でイメージを豊かにし、様々な表現を楽しむ。			（特に配慮すべき事項）	（特に配慮すべき事項）	（特に配慮すべき事項）

出欠状況	年度	年度	年度
教育日数			
出席日数			

【満3歳未満の園児に関する記録】

	平成　　年度	平成　　年度	平成　　年度	平成　　年度
園児の育ちに関する事項				

学年の重点：年度当初に、教育課程に基づき長期の見通しとして設定したものを記入
個人の重点：1年間を振り返って、当該園児の指導について特に重視してきた点を記入
指導上参考となる事項：
(1)　次の事項について記入
①1年間の指導の過程と園児の発達の姿について以下の事項を踏まえ記入すること。
・幼保連携型認定こども園教育・保育要領に示された養護に関する事項を踏まえ、第2章第3の「ねらい及び内容」に示された各領域のねらいを視点として、当該園児の発達の実情から向上が著しいと思われるもの。
その際、他の園児との比較や一定の基準に対する達成度についての評定によって捉えるものではないことに留意すること。
・園生活を通して全体的、総合的に捉えた園児の発達の姿。
②次の年度の指導に必要と考えられる配慮事項等について記入すること。
(2)「特に配慮すべき事項」には、園児の健康の状況等、指導上特記すべき事項がある場合に記入
園児の育ちに関する事項：当該園児の、次の年度の指導に特に必要と考えられる育ちに関する事項や配慮事項、健康の状況等の留意事項等について記入

（様式の参考例）

幼保連携型認定こども園園児指導要録（最終学年の指導に関する記録）

ふりがな		指導の重点等	平成　年度
氏名	平成　　年　　月　　日生		（学年の重点）
性別			（個人の重点）
ねらい（発達を捉える視点）			
健康	明るく伸び伸びと行動し、充実感を味わう。	指導上参考となる事項	
	自分の体を十分に動かし、進んで運動しようとする。		
	健康、安全な生活に必要な習慣や態度を身に付け、見通しをもって行動する。		
人間関係	幼保連携型認定こども園の生活を楽しみ、自分の力で行動することの充実感を味わう。		
	身近な人と親しみ、関わりを深め、工夫したり、協力したりして一緒に活動する楽しさを味わい、愛情や信頼感をもつ。		
	社会生活における望ましい習慣や態度を身に付ける。		
環境	身近な環境に親しみ、自然と触れ合う中で様々な事象に興味や関心をもつ。		
	身近な環境に自分から関わり、発見を楽しんだり、考えたりし、それを生活に取り入れようとする。		
	身近な事象を見たり、考えたり、扱ったりする中で、物の性質や数量、文字などに対する感覚を豊かにする。		
言葉	自分の気持ちを言葉で表現する楽しさを味わう。		
	人の言葉や話などをよく聞き、自分の経験したことや考えたことを話し、伝え合う喜びを味わう。		
	日常生活に必要な言葉が分かるようになるとともに、絵本や物語などに親しみ、言葉に対する感覚を豊かにし、保育教諭等や友達と心を通わせる。		
表現	いろいろなものの美しさなどに対する豊かな感性をもつ。		
	感じたことや考えたことを自分なりに表現して楽しむ。		
	生活の中でイメージを豊かにし、様々な表現を楽しむ。		（特に配慮すべき事項）
出欠状況	年度		
	教育日数		
	出席日数		

幼児期の終わりまでに育ってほしい姿	
	「幼児期の終わりまでに育ってほしい姿」は、幼保連携型認定こども園教育・保育要領第２章に示すねらい及び内容に基づいて、各園で、幼児期にふさわしい遊びや生活を積み重ねることにより、幼保連携型認定こども園の教育及び保育において育みたい資質・能力が育まれている園児の具体的な姿であり、特に５歳児後半に見られるようになる姿である。「幼児期の終わりまでに育ってほしい姿」は、とりわけ園児の自発的な活動としての遊びを通して、一人一人の発達の特性に応じて、これらの姿が育っていくものであり、全ての園児に同じように見られるものではないことに留意すること。
健康な心と体	幼保連携型認定こども園における生活の中で、充実感をもって自分のやりたいことに向かって心と体を十分に働かせ、見通しをもって行動し、自ら健康で安全な生活をつくり出すようになる。
自立心	身近な環境に主体的に関わり様々な活動を楽しむ中で、しなければならないことを自覚し、自分の力で行うために考えたり、工夫したりしながら、諦めずにやり遂げることで達成感を味わい、自信をもって行動するようになる。
協同性	友達と関わる中で、互いの思いや考えなどを共有し、共通の目的の実現に向けて、考えたり、工夫したり、協力したりし、充実感をもってやり遂げるようになる。
道徳性・規範意識の芽生え	友達と様々な体験を重ねる中で、してよいことや悪いことが分かり、自分の行動を振り返ったり、友達の気持ちに共感したりし、相手の立場に立って行動するようになる。また、きまりを守る必要性が分かり、自分の気持ちを調整し、友達と折り合いを付けながら、きまりをつくったり、守ったりするようになる。
社会生活との関わり	家族を大切にしようとする気持ちをもつとともに、地域の身近な人と触れ合う中で、人との様々な関わり方に気付き、相手の気持ちを考えて関わり、自分が役に立つ喜びを感じ、地域に親しみをもつようになる。また、幼保連携型認定こども園内外の様々な環境に関わる中で、遊びや生活に必要な情報を取り入れ、情報に基づき判断したり、情報を伝え合ったり、活用したりするなど、情報を役立てながら活動するようになるとともに、公共の施設を大切に利用するなどして、社会とのつながりなどを意識するようになる。
思考力の芽生え	身近な事象に積極的に関わる中で、物の性質や仕組みなどを感じ取ったり、気付いたりし、考えたり、予想したり、工夫したりするなど、多様な関わりを楽しむようになる。また、友達の様々な考えに触れる中で、自分と異なる考えがあることに気付き、自ら判断したり、考え直したりするなど、新しい考えを生み出す喜びを味わいながら、自分の考えをよりよいものにするようになる。
自然との関わり・生命尊重	自然に触れて感動する体験を通して、自然の変化などを感じ取り、好奇心や探究心をもって考え言葉などで表現しながら、身近な事象への関心が高まるとともに、自然への愛情や畏敬の念をもつようになる。また、身近な動植物に心を動かされる中で、生命の不思議さや尊さに気付き、身近な動植物への接し方を考え、命あるものとしていたわり、大切にする気持ちをもって関わるようになる。
数量や図形、標識や文字などへの関心・感覚	遊びや生活の中で、数量や図形、標識や文字などに親しむ体験を重ねたり、標識や文字の役割に気付いたりし、自らの必要感に基づきこれらを活用し、興味や関心、感覚をもつようになる。
言葉による伝え合い	保育教諭等や友達と心を通わせる中で、絵本や物語などに親しみながら、豊かな言葉や表現を身に付け、経験したことや考えたことなどを言葉で伝えたり、相手の話を注意して聞いたりし、言葉による伝え合いを楽しむようになる。
豊かな感性と表現	心を動かす出来事などに触れ感性を働かせる中で、様々な素材の特徴や表現の仕方などに気付き、感じたことや考えたことを自分で表現したり、友達同士で表現する過程を楽しんだりし、表現する喜びを味わい、意欲をもつようになる。

学年の重点：年度当初に、教育課程に基づき長期の見通しとして設定したものを記入
個人の重点：１年間を振り返って、当該園児の指導について特に重視してきた点を記入
指導上参考となる事項：
(1)　次の事項について記入
　①１年間の指導の過程と園児の発達の姿について以下の事項を踏まえ記入すること。
　・幼保連携型認定こども園教育・保育要領に示された養護に関する事項を踏まえ、第２章第３の「ねらい及び内容」に示された各領域のねらいを視点として、当該園児の発達の実情から向上が著しいと思われるもの。
　　その際、他の園児との比較や一定の基準に対する達成度についての評定によって捉えるものではないことに留意すること。
　・園生活を通して全体的、総合的に捉えた園児の発達の姿。
　②次の年度の指導に必要と考えられる配慮事項等について記入すること。
　③最終年度の記入に当たっては、特に小学校等における児童の指導に生かされるよう、幼保連携型認定こども園教育・保育要領第１章総則に示された「幼児期の終わりまでに育ってほしい姿」を活用して園児に育まれている資質・能力を捉え、指導の過程と育ちつつある姿を分かりやすく記入するように留意すること。その際、「幼児期の終わりまでに育ってほしい姿」が到達すべき目標ではないことに留意し、項目別に園児の育ちつつある姿を記入するのではなく、全体的、総合的に捉えて記入すること。
(2)「特に配慮すべき事項」には、園児の健康の状況等、指導上特記すべき事項がある場合に記入すること。

一年間に教育した総日数を記入すること。この教育日数は、原則として、幼保連携型認定こども園教育・保育要領に基づき編成した教育課程の実施日数と同日数であり、同一学年の全ての園児について同日数であること。ただし、年度の途中で入園した園児については、入園した日以降の教育日数を記入し、退園した園児については、退園した日までの教育日数を記入すること。

② 出席日数
教育日数のうち当該園児が出席した日数を記入すること。

【満三歳未満の園児に関する記録】

4 園児の育ちに関する事項
満三歳未満の園児の、次の年度の指導に特に必要と考えられる育ちに関する事項、配慮事項、健康の状況等の留意事項等について記入すること。

㉕児童虐待の防止等に関する法律（平成一二年五月二四日法律第八二号）

施行　平成一二年一一月二〇日
最終改正　令和二年六月一〇日法律第四一号
［注］令和四年四月一日施行の条文を掲載した

（目的）

第一条　この法律は、児童虐待が児童の人権を著しく侵害し、その心身の成長及び人格の形成に重大な影響を与えるとともに、我が国における将来の世代の育成にも懸念を及ぼすことにかんがみ、児童に対する虐待の禁止、児童虐待の予防及び早期発見その他の児童虐待の防止に関する国及び地方公共団体の責務、児童虐待を受けた児童の保護及び自立の支援のための措置等を定めることにより、児童虐待の防止等に関する施策を促進し、もって児童の権利利益の擁護に資することを目的とする。

（児童虐待の定義）

第二条　この法律において、「児童虐待」とは、保護者（親権を行う者、未成年後見人その他の者で、児童を現に監護するものをいう。以下同じ。）がその監護する児童（十八歳に満たない者をいう。以下同じ。）について行う次に掲げる行為をいう。

一　児童の身体に外傷が生じ、又は生じるおそれのある暴行を加えること。

二　児童にわいせつな行為をすること又は児童をしてわいせつな行為をさせること。

三　児童の心身の正常な発達を妨げるような著しい減食又は

長時間の放置、保護者以外の同居人による前二号又は次号に掲げる行為と同様の行為の放置その他の保護者としての監護を著しく怠ること。

四　児童に対する著しい暴言又は著しく拒絶的な対応、児童が同居する家庭における配偶者に対する暴力（配偶者（婚姻の届出をしていないが、事実上婚姻関係と同様の事情にある者を含む。）の身体に対する不法な攻撃であって生命又は身体に危害を及ぼすもの及びこれに準ずる心身に有害な影響を及ぼす言動をいう。）その他の児童に著しい心理的外傷を与える言動を行うこと。

（児童に対する虐待の禁止）

第三条　何人も、児童に対し、虐待をしてはならない。

（国及び地方公共団体の責務等）

第四条　国及び地方公共団体は、児童虐待の予防及び早期発見、迅速かつ適切な児童虐待を受けた児童の保護及び自立の支援（児童虐待を受けた後十八歳となった者に対する自立の支援を含む。第三項及び次条第二項において同じ。）並びに児童虐待を行った保護者に対する親子の再統合の促進への配慮その他の児童虐待を受けた児童が家庭（家庭における養育環境と同様の養育環境及び良好な家庭的環境を含む。）で生活するために必要な配慮をした適切な指導及び支援を行うため、関係省庁相互間又は関係地方公共団体相互間、市町村、児童相談所、福祉事務所、配偶者からの暴力の防止及び被害者の保護等に関する法律（平成十三年法律第三十一号）第三条第一項に規定する配偶者暴力支援センター（次条第一項において単に「配偶者暴力相談支援センター」という。）、学校及び医療機関の間その他関係機関及び民間団体の間の連携の強化、民間団体の支援、医療の提供体制の整備その他児童虐待の防止等のために必要な体制の整備に努めなければならない。

②　国及び地方公共団体は、児童相談所等関係機関の職員及び学校の教職員、児童福祉施設の職員、医師、歯科医師、保健師、助産師、看護師、弁護士その他児童の福祉に職務上関係のある者が児童虐待を早期に発見し、その他児童虐待の防止に寄与することができるよう、研修等必要な措置を講ずるものとする。

③　国及び地方公共団体は、児童虐待を受けた児童の保護及び自立の支援を専門的知識に基づき適切に行うことができるよう、児童相談所等関係機関の職員、学校の教職員、児童福祉施設の職員その他児童虐待を受けた児童の保護及び自立の支援の職務に携わる者の人材の確保及び資質の向上を図るため、研修等必要な措置を講ずるものとする。

④　国及び地方公共団体は、児童虐待の防止に資するため、児童の人権、児童虐待が児童に及ぼす影響、児童虐待に係る通告義務等について必要な広報その他の啓発活動に努めなければならない。

⑤　国及び地方公共団体は、児童虐待を受けた児童がその心身に著しく重大な被害を受けた事例の分析を行うとともに、児童虐待の予防及び早期発見のための方策、児童虐待を受けた児童のケア並びに児童虐待を行った保護者の指導及び支援のあり方、学校の教職員及び児童福祉施設の職員が児童虐待の防止に果たすべき役割その他児童虐待の防止等のために必要な事項についての調査研究及び検証を行うものとする。

⑥　児童相談所の所長は、児童虐待を受けた児童が住所又は居所を当該児童相談所の管轄区域外に移転する場合においては、当該児童の家庭環境その他の環境の変化による影響に鑑み、当該児童及び当該児童虐待を行った保護者について、その移転の前後において指導、助言その他の必要な支援が切れ

目なく行われるよう、移転先の住所又は居所を管轄する児童相談所の所長に対し、速やかに必要な情報の提供を行うものとする。この場合において、当該情報の提供を受けた児童相談所長は、児童福祉法（昭和二十二年法律第百六十四号）第二十五条の二第一項に規定する要保護児童対策地域協議会が速やかに当該情報の交換を行うことができるための措置その他の緊密な連携を図るために必要な措置を講ずるものとする。

⑦　児童の親権を行う者は、児童を心身ともに健やかに育成することについて第一義的責任を有するものであって、親権を行うに当たっては、できる限り児童の利益を尊重するよう努めなければならない。

⑧　何人も、児童の健全な成長のために、家庭（家庭における養育環境と同様の養育環境及び良好な家庭的環境を含む。）及び近隣社会の連帯が求められていることに留意しなければならない。

（児童虐待の早期発見等）

第五条　学校、児童福祉施設、病院、都道府県警察、婦人相談所、教育委員会、配偶者暴力相談支援センターその他児童の福祉に業務上関係のある団体及び学校の教職員、児童福祉施設の職員、医師、歯科医師、保健師、助産師、看護師、弁護士、警察官、婦人相談員その他児童の福祉に職務上関係のある者は、児童虐待を発見しやすい立場にあることを自覚し、児童虐待の早期発見に努めなければならない。

②　前項に規定する者は、児童虐待の予防その他の児童虐待の防止並びに児童虐待を受けた児童の保護及び自立の支援に関する国及び地方公共団体の施策に協力するよう努めなければならない。

③　第一項に規定する者は、正当な理由がなく、その職務に関して知り得た児童虐待を受けたと思われる児童に関する秘密を漏らしてはならない。

④　前項の規定その他の守秘義務に関する法律の規定は、第二項の規定による国及び地方公共団体の施策に協力するように努める義務の遵守を妨げるものと解釈してはならない。

⑤　学校及び児童福祉施設は、児童及び保護者に対して、児童虐待の防止のための教育又は啓発に努めなければならない。

（児童虐待に係る通告）

第六条　児童虐待を受けたと思われる児童を発見した者は、速やかに、これを市町村、都道府県の設置する福祉事務所若しくは児童相談所又は児童委員を介して市町村、都道府県の設置する福祉事務所若しくは児童相談所に通告しなければならない。

②　前項の規定による通告は、児童福祉法第二十五条第一項の規定による通告とみなして、同法の規定を適用する。

③　刑法（明治四十年法律第四十五号）の秘密漏示罪の規定その他の守秘義務に関する法律の規定は、第一項の規定による通告をする義務の遵守を妨げるものと解釈してはならない。

第七条　市町村、都道府県の設置する福祉事務所又は児童相談所が前条第一項の規定による通告を受けた場合においては、当該通告を受けた市町村、都道府県の設置する福祉事務所又は児童相談所の所長、所員その他の職員及び当該通告を仲介した児童委員は、その職務上知り得た事項であって当該通告をした者を特定させるものを漏らしてはならない。

（通告又は送致を受けた場合の措置）

第八条　市町村又は都道府県の設置する福祉事務所が第六条第一項の規定による通告を受けたときは、市町村又は福祉事務所の長は、必要に応じ近隣住民、学校の教職員、児童福祉施設の職員その他の者の協力を得つつ、当該児童との面会その他の当該児童の安全の確認を行うための措置を講ずるとともに、必要に応じ次に掲げる措置を採るものとする。

一　児童福祉法第二十五条の七第一項第一号若しくは第二項第一号又は第二十五条の八第一号の規定により当該児童を児童相談所に送致すること。

二　当該児童のうち次条第一項の規定による出頭の求め及び調査若しくは質問、第九条第一項の規定による立入り及び調査若しくは質問又は児童福祉法第三十三条第一項若しくは第二項の規定による一時保護の実施が適当であると認めるものを都道府県知事又は児童相談所長へ通知すること。

②　児童相談所が第六条第一項の規定による通告又は児童福祉法第二十五条の七第一項第一号若しくは第二項第一号若しくは第二十五条の八第一号の規定による送致を受けたときは、児童相談所長は、必要に応じ近隣住民、学校の教職員、児童福祉施設の職員その他の者の協力を得つつ、当該児童との面会その他の当該児童の安全の確認を行うための措置を講ずるとともに、必要に応じ次に掲げる措置を採るものとする。

一　児童福祉法第三十三条第一項の規定により当該児童の一時保護を行い、又は適当な者に委託して、当該一時保護を行わせること。

二　児童福祉法第二十六条第一項第三号の規定により当該児童のうち第六条第一項の規定による通告を受けたものを市町村に送致すること。

三　当該児童のうち児童福祉法第二十五条の八第三号に規定する保育の利用等（以下この号において「保育の利用等」という。）が適当であると認めるものをその保育の利用等に係る都道府県又は市町村の長へ報告し、又は通知すること。

四　当該児童のうち児童福祉法第六条の三第二項に規定する放課後児童健全育成事業、同条第三項に規定する子育て短期支援事業、同条第五項に規定する養育支援訪問事業、同条第六項に規定する地域子育て支援拠点事業、同条第十四項に規定する子育て援助活動支援事業、子ども・子育て支援法（平成二十四年法律第六十五号）第五十九条第一号に掲げる事業その他市町村が実施する児童の健全な育成に資する事業の実施が適当であると認めるものをその事業の実施に係る市町村の長へ通知すること。

③　前二項の児童の安全の確認を行うための措置、市町村若しくは児童相談所への送致又は一時保護を行う者は、速やかにこれを行うものとする。

（出頭要求等）

第八条の二　都道府県知事は、児童虐待が行われているおそれがあると認めるときは、当該児童の保護者に対し、当該児童を同伴して出頭することを求め、児童委員又は児童の福祉に関する事務に従事する職員をして、必要な調査又は質問をさせることができる。この場合においては、その身分を証明する証票を携帯させ、関係者の請求があったときは、これを提示させなければならない。

②　都道府県知事は、前項の規定により当該児童の保護者の出頭を求めようとするときは、厚生労働省令で定めるところにより、当該保護者に対し、出頭を求める理由となった事実の内容、出頭を求める日時及び場所、同伴すべき児童の氏名その他必要な事項を記載した書面により告知しなければならない。

③　都道府県知事は、第一項の保護者が同項の規定による出頭の求めに応じない場合は、次条第一項の規定による児童委員又は児童の福祉に関する事務に従事する職員の立入り及び調査又は質問その他の必要な措置を講ずるものとする。

（立入調査等）

第九条　都道府県知事は、児童虐待が行われているおそれがあると認めるときは、児童委員又は児童の福祉に関する事務に従事する職員をして、児童の住所又は居所に立ち入り、必要な調査又は質問をさせることができる。この場合においては、その身分を証明する証票を携帯させ、関係者の請求があったときは、これを提示させなければならない。

②　前項の規定による児童委員又は児童の福祉に関する事務に従事する職員の立入り及び調査又は質問は、児童福祉法第二十九条の規定による児童委員又は児童の福祉に関する事務に従事する職員の立入り及び調査又は質問とみなして、同法第六十一条の五の規定を適用する。

（再出頭要求等）

第九条の二　都道府県知事は、第八条の二第一項の保護者又は前条第一項の児童の保護者が正当な理由なく同項の規定による児童委員又は児童の福祉に関する事務に従事する職員の立入り又は調査を拒み、妨げ、又は忌避した場合において、児童虐待が行われているおそれがあると認めるときは、当該保護者に対し、当該児童を同伴して出頭することを求め、児童委員又は児童の福祉に関する事務に従事する職員をして、必要な調査又は質問をさせることができる。この場合においては、その身分を証明する証票を携帯させ、関係者の請求があったときは、これを提示させなければならない。

②　第八条の二第二項の規定は、前項の規定による出頭の求めについて準用する。

（臨検、捜索等）

第九条の三　都道府県知事は、第八条の二第一項の保護者又は第九条第一項の児童の保護者が正当な理由なく同項の規定による児童委員又は児童の福祉に関する事務に従事する職員の立入り又は調査を拒み、妨げ、又は忌避した場合において、児童虐待が行われている疑いがあるときは、当該児童の安全の確認を行い、又はその安全を確保するため、児童の福祉に関する事務に従事する職員をして、当該児童の住所又は居所の所在地を管轄する地方裁判所、家庭裁判所又は簡易裁判所の裁判官があらかじめ発する許可状により、当該児童の住所若しくは居所に臨検させ、又は当該児童を捜索させることができる。

②　都道府県知事は、前項の規定による臨検又は捜索をさせるときは、児童の福祉に関する事務に従事する職員をして、必要な調査又は質問をさせることができる。

③　都道府県知事は、第一項の許可状（以下「許可状」という。）を請求する場合においては、児童虐待が行われている疑いがあると認められる資料、臨検させようとする住所又は居所に当該児童が現在すると認められる資料及び当該児童の保護者が第九条第一項の規定による立入り又は調査を拒み、妨げ、又は忌避したことを証する資料を提出しなければならない。

④　前項の請求があった場合においては、地方裁判所、家庭裁判所又は簡易裁判所の裁判官は、臨検すべき場所又は捜索すべき児童の氏名並びに有効期間、その期間経過後は執行に着手することができずこれを返還しなければならない旨、交付の年月日及び裁判所名を記載し、自己の記名押印した許可状を都道府県知事に交付しなければならない。

⑤　都道府県知事は、許可状を児童の福祉に関する事務に従事する職員に交付して、第一項の規定による臨検又は捜索をさせるものとする。

⑥　第一項の規定による臨検又は捜索に係る制度は、児童虐待が保護者がその監護する児童に対して行うものであるために

他人から認知されること及び児童がその被害から自ら逃れることが困難である等の特別の事情から児童の生命又は身体に重大な危険を生じさせるおそれがあることにかんがみ特に設けられたものであることを十分に踏まえた上で、適切に運用されなければならない。

（臨検又は捜索の夜間執行の制限）

第九条の四　前条第一項の規定による臨検又は捜索は、許可状に夜間でもすることができる旨の記載がなければ、日没から日の出までの間には、してはならない。

②　日没前に開始した前条第一項の規定による臨検又は捜索は、必要があると認めるときは、日没後まで継続することができる。

（許可状の提示）

第九条の五　第九条の三第一項の規定による臨検又は捜索の許可状は、これらの処分を受ける者に提示しなければならない。

（身分の証明）

第九条の六　児童の福祉に関する事務に従事する職員は、第九条の三第一項の規定による臨検若しくは捜索又は同条第二項の規定による調査若しくは質問（以下「臨検等」という。）をするときは、その身分を示す証票を携帯し、関係者の請求があったときは、これを提示しなければならない。

（臨検又は捜索に際しての必要な処分）

第九条の七　児童の福祉に関する事務に従事する職員は、第九条の三第一項の規定による臨検又は捜索をするに当たって必要があるときは、錠をはずし、その他必要な処分をすることができる。

（臨検等をする間の出入りの禁止）

第九条の八　児童の福祉に関する事務に従事する職員は、臨検等をする間は、何人に対しても、許可を受けないでその場所に出入りすることを禁止することができる。

（責任者等の立会い）

第九条の九　児童の福祉に関する事務に従事する職員は、第九条の三第一項の規定による臨検又は捜索をするときは、当該児童の住所若しくは居所の所有者若しくは管理者（これらの者の代表者、代理人その他これらの者に代わるべき者を含む。）又は同居の親族で成年に達した者を立ち会わせなければならない。

②　前項の場合において、同項に規定する者を立ち会わせることができないときは、その隣人で成年に達した者又はその地の地方公共団体の職員を立ち会わせなければならない。

（警察署長に対する援助要請等）

第一〇条　児童相談所長は、第八条第二項の児童の安全の確認を行おうとする場合、又は同項第一号の一時保護を行おうとし、若しくは行わせようとする場合において、これらの職務の執行に際し必要があると認めるときは、当該児童の住所又は居所の所在地を管轄する警察署長に対し援助を求めることができる。都道府県知事が、第九条第一項の規定による立入り及び調査若しくは質問をさせ、又は臨検等をさせようとする場合についても、同様とする。

②　児童相談所長又は都道府県知事は、児童の安全の確認及び安全の確保に万全を期する観点から、必要に応じ迅速かつ適切に、前項の規定により警察署長に対し援助を求めなければならない。

③　警察署長は、第一項の規定による援助の求めを受けた場合において、児童の生命又は身体の安全を確認し、又は確保するため必要と認めるときは、速やかに、所属の警察官に、同項の職務の執行を援助するために必要な警察官職務執行法

（昭和二十三年法律第百三十六号）その他の法令の定めるところによる措置を講じさせるよう努めなければならない。

（調書）

第一〇条の二　児童の福祉に関する事務に従事する職員は、第九条の三第一項の規定による臨検又は捜索をしたときは、これらの処分をした年月日及びその結果を記載した調書を作成し、立会人に示し、当該立会人とともにこれに署名押印しなければならない。ただし、立会人が署名押印をせず、又は署名押印することができないときは、その旨を付記すれば足りる。

（都道府県知事への報告）

第一〇条の三　児童の福祉に関する事務に従事する職員は、臨検等を終えたときは、その結果を都道府県知事に報告しなければならない。

（行政手続法の適用除外）

第一〇条の四　臨検等に係る処分については、行政手続法（平成五年法律第八十八号）第三章の規定は、適用しない。

（審査請求の制限）

第一〇条の五　臨検等に係る処分については、審査請求をすることができない。

（行政事件訴訟の制限）

第一〇条の六　臨検等に係る処分については、行政事件訴訟法（昭和三十七年法律第百三十九号）第三十七条の四の規定による差止めの訴えを提起することができない。

（児童虐待を行った保護者に対する指導等）

第一一条　都道府県知事又は児童相談所長は、児童虐待を行った保護者について児童福祉法第二十七条第一項第二号又は第二十六条第一項第二号の規定により指導を行う場合は、当該保護者について、児童虐待の再発を防止するため、医学的又は心理学的知見に基づく指導を行うよう努めるものとする。

② 児童虐待を行った保護者について児童福祉法第二十七条第一項第二号の規定により行われる指導は、親子の再統合への配慮その他の児童虐待を受けた児童が家庭（家庭における養育環境と同様の養育環境及び良好な家庭的環境を含む。）で生活するために必要な配慮の下に適切に行われなければならない。

③ 児童虐待を行った保護者について児童福祉法第二十七条第一項第二号の措置が採られた場合においては、当該保護者は、同号の指導を受けなければならない。

④ 前項の場合において保護者が同項の指導を受けないときは、都道府県知事は、当該保護者に対し、同項の指導を受けるよう勧告することができる。

⑤ 都道府県知事は、前項の規定による勧告を受けた保護者が当該勧告に従わない場合において必要があると認めるときは、児童福祉法第三十三条第二項の規定により児童相談所長をして児童虐待を受けた児童の一時保護を行わせ、又は適当な者に当該一時保護を行うことを委託させ、同法第二十七条第一項第三号又は第二十八条第一項の規定による措置を採る等の必要な措置を講ずるものとする。

⑥ 児童相談所長は、第四項の規定による勧告を受けた保護者が当該勧告に従わず、その監護する児童に対し親権を行わせることが著しく当該児童の福祉を害する場合には、必要に応じて、適切に、児童福祉法第三十三条の七の規定による請求を行うものとする。

⑦ 都道府県は、保護者への指導（第二項の指導及び児童虐待を行った保護者に対する児童福祉法第十一条第一項第二号ニの規定による指導を言う。以下この項において同じ。）を効果的に行うため、同法第十三条第五項に規定する指導教育担

当児童福祉司に同項に規定する指導及び教育のほか保護者への指導を行う者に対する専門的技術に関する指導及び教育を行わせるとともに、第八条の二第一項の規定による調査若しくは質問、第九条第一項の規定による立入り及び調査若しくは質問、第九条の二第一項の規定による調査若しくは質問、第九条の三第一項の規定による臨検若しくは捜索又は同条第二項の規定による調査若しくは質問をした児童の福祉に関する事務に従事する職員並びに同法第三十三条第一項又は第二項の規定による児童の一時保護を行った児童福祉司以外の者に当該児童に係る保護者への指導を行わせることその他の必要な措置を講じなければならない。

（面会等の制限等）

第一二条　児童虐待を受けた児童について児童福祉法第二十七条第一項第三号の措置（以下「施設入所等の措置」という。）が採られ、又は同法第三十三条第一項若しくは第二項の規定による一時保護が行われた場合において、児童虐待の防止及び児童虐待を受けた児童の保護のため必要があると認めるときは、児童相談所長及び当該児童について施設入所等の措置が採られている場合における当該施設入所等の措置に係る同号に規定する施設の長は、厚生労働省令で定めるところにより、当該児童虐待を行った保護者について、次に掲げる行為の全部又は一部を制限することができる。

一　当該児童との面会

二　当該児童との通信

②　前項の施設の長は、同項の規定による制限を行った場合又は行わなくなった場合は、その旨を児童相談所長に通知するものとする。

③　児童虐待を受けた児童について施設入所等の措置（児童福祉法第二十八条の規定によるものに限る。）が採られ、又は同法第三十三条第一項若しくは第二項の規定による一時保護が行われた場合において、当該児童虐待を行った保護者に対し当該児童の住所又は居所を明らかにしたとすれば、当該保護者が当該児童を連れ戻すおそれがある等再び児童虐待が行われるおそれがあり、又は当該児童の保護に支障をきたすと認めるときは、児童相談所長は、当該保護者に対し、当該児童の住所又は居所を明らかにしないものとする。

第一二条の二　児童虐待を受けた児童について施設入所等の措置（児童福祉法第二十八条の規定によるものを除く。以下この項において同じ。）が採られた場合において、当該児童虐待を行った保護者に当該児童を引き渡した場合には再び児童虐待が行われるおそれがあると認められるにもかかわらず、当該保護者が当該児童の引渡しを求めること、当該保護者が前条第一項の規定による制限に従わないことその他の事情から当該児童について当該施設入所等の措置を採ることが当該保護者の意に反し、これを継続することが困難であると認めるときは、児童相談所長は、次項の報告を行うに至るまで、同法第三十三条第一項の規定により当該児童の一時保護を行い、又は適当な者に委託して、当該一時保護を行わせることができる。

②　児童相談所長は、前項の一時保護を行った、又は行わせた場合には、速やかに、児童福祉法第二十六条第一項第一号の規定に基づき、同法第二十八条の規定による施設入所等の措置を要する旨を都道府県知事に報告しなければならない。

第一二条の三　児童相談所長は、児童虐待を受けた児童について一時保護を行っている、又は適当な者に委託して、一時保護を行わせている場合（前条第一項の一時保護を行っている、又は行わせている場合を除く。）において、当該児童について施設入所等の措置を要すると認めるときであって、当該児童虐待を行った保護者に当該児童を引き渡した場合には再び児童虐待が行われるおそれがあると認められるにもかかわらず、当該保護者が当該児童の引渡しを求めること、当該保護者が第十二条第一項の規定による制限に従わないことその他の事情から当該児童について施設入所等の措置を採ることが当該保護者の意に反すると認めるときは、速やかに、同法第二十六条第一項第一号の規定に基づき、同法第二十八条の規定による施設入所等の措置を要する旨を都道府県知事に報告しなければならない。

第一二条の四　都道府県知事又は児童相談所長は、児童虐待を受けた児童について施設入所等の措置が採られ、又は児童福祉法第三十三条第一項若しくは第二項の規定による一時保護が行われ、かつ、第十二条第一項の規定により、当該児童虐待を行った保護者について、同項各号に掲げる行為の全部が制限されている場合において、児童虐待の防止及び児童虐待を受けた児童の保護のため特に必要があると認めるときは、厚生労働省令で定めるところにより、六月を超えない期間を定めて、当該保護者に対し、当該児童の住所若しくは居所、就学する学校その他の場所において当該児童の身辺につきまとい、又は当該児童の住所若しくは居所、就学する学校その他その通常所在する場所（通学路その他の当該児童が日常生活又は社会生活を営むために通常移動する経路を含む。）の付近をはいかいしてはならないことを命ずることができる。

② 都道府県知事又は児童相談所長は、前項に規定する場合において、引き続き児童虐待の防止及び児童虐待を受けた児童の保護のため特に必要があると認めるときは、六月を超えない期間を定めて、同項の規定による命令に係る期間を更新することができる。

③ 都道府県知事又は児童相談所長は、第一項の規定による命令をしようとするとき（前項の規定により第一項の規定による命令に係る期間を更新しようとするときを含む。）は、行政手続法第十三条第一項の規定による意見陳述のための手続の区分にかかわらず、聴聞を行わなければならない。

④ 第一項の規定による命令をするとき（第二項の規定により第一項の規定による命令に係る期間を更新するときを含む。）は、厚生労働省令で定める事項を記載した命令書を交付しなければならない。

⑤ 第一項の規定による命令が発せられた後に施設入所等の措置が解除され、停止され、若しくは他の措置に変更された場合、児童福祉法第三十三条第一項若しくは第二項の規定による一時保護が解除された場合又は第十二条第一項の規定による制限の全部若しくは一部が行われなくなった場合は、当該命令は、その効力を失う。同法第二十八条第三項の規定により引き続き施設入所等の措置が採られ、又は同法第三十三条第六項の規定により引き続き一時保護が行われている場合において、第一項の規定による命令が発せられたときであって、当該命令に係る期間が経過する前に同法第二十八条第二項の規定による当該施設入所等の措置の期間の更新に係る承認の申立てに対する審判又は同法第三十三条第五項本文の規定による引き続いての一時保護に係る承認の申立てに対する審判が確定したときも、同様とする。

⑥ 都道府県知事又は児童相談所長は、第一項の規定による命令をした場合において、その必要がなくなったと認めるときは、厚生労働省令で定めるところにより、その命令を取り消さなければならない。

（施設入所等の措置の解除等）

第一三条　都道府県知事は、児童虐待を受けた児童について施設入所等の措置が採られ、及び当該児童の保護者について児童福祉法第二十七条第一項第二号の措置が採られた場合において、当該児童について採られた施設入所等の措置を解除しようとするときは、当該児童の保護者について同号の指導を行うこととされた児童福祉司等の意見を聴くとともに、当該児童の保護者に対し採られた当該指導の効果、当該児童に対し再び児童虐待が行われることを予防するために採られる措置について見込まれる効果、当該児童の家庭環境その他厚生労働省令で定める事項を勘案しなければならない。

② 都道府県知事は、児童虐待を受けた児童について施設入所等の措置が採られ、又は児童福祉法第三十三条第二項の規定による一時保護が行われた場合において、当該児童について採られた施設入所等の措置又は行われた一時保護を解除するときは、当該児童の保護者に対し、親子の再統合の促進その他の児童虐待を受けた児童が家庭で生活することを支援するために必要な助言を行うことができる。

③ 都道府県知事は、前項の助言に係る事務の全部又は一部を厚生労働省令で定める者に委託することができる。

④ 前項の規定により行われる助言に係る事務に従事する者又は従事していた者は、正当な理由がなく、その事務に関して知り得た秘密を漏らしてはならない。

（施設入所等の措置の解除時の安全確認等）

第一三条の二　都道府県は、児童虐待を受けた児童について施設入所等の措置が採られ、又は児童福祉法第三十三条第二項の規定による一時保護が行われた場合において、当該児童について採られた施設入所等の措置若しくは行われた一時保護を解除するとき又は当該児童が一時的に帰宅するときは、必要と認める期間、市町村、児童福祉施設その他の関係機関との緊密な連携を図りつつ、当該児童の家庭を継続的に訪問することにより当該児童の安全の確認を行うとともに、当該児童の保護者からの相談に応じ、当該児童の養育に関する指導、助言その他の必要な支援を行うものとする。

（児童虐待を受けた児童等に対する支援）

第一三条の三　市町村は、子ども・子育て支援法第二十七条第一項に規定する特定教育・保育施設（次項において「特定教育・保育施設」という。）又は同法第四十三条第二項に規定する特定地域型保育事業（次項において「特定地域型保育事業」という。）の利用について、同法第四十二条第一項若しくは第五十四条第一項の規定により相談、助言若しくはあっせん若しくは要請を行う場合又は児童福祉法第二十四条第三項の規定により調整若しくは要請を行う場合には、児童虐待の防止に寄与するため、特別の支援を要する家庭の福祉に配慮をしなければならない。

② 特定教育・保育施設の設置者又は子ども・子育て支援法第二十九条第一項に規定する特定地域型保育事業者は、同法第三十三条第二項又は第四十五条第二項の規定により当該特定教育・保育施設を利用する児童（同法第十九条第一項第二号又は第三号に該当する児童に限る。以下この項において同じ。）又は当該特定地域型保育事業者に係る特定地域型保育事業を利用する児童を選考するときは、児童虐待の防止に寄与するため、特別の支援を要する家庭の福祉に配慮をしなければならない。

③ 国及び地方公共団体は、児童虐待を受けた児童がその年齢及び能力に応じ充分な教育が受けられるようにするため、教育の内容及び方法の改善及び充実を図る等必要な施策を講じなければならない。

④ 国及び地方公共団体は、居住の場所の確保、進学又は就業の支援その他の児童虐待を受けた者の自立の支援のための施

策を講じなければならない。

（資料又は情報の提供）

第一三条の四　地方公共団体の機関及び病院、診療所、児童福祉施設、学校その他児童の医療、福祉又は教育に関係する機関（地方公共団体の機関を除く。）並びに医師、歯科医師、保健師、助産師、看護師、児童福祉施設の職員、学校の教職員その他児童の医療、福祉又は教育に関連する職務に従事する者は、市町村長、都道府県の設置する福祉事務所の長又は児童相談所長から児童虐待に係る児童又はその保護者の心身の状況、これらの者の置かれている環境その他児童虐待の防止等に係る当該児童、その保護者その他の関係者に関する資料又は情報の提供を求められたときは、当該資料又は情報について、当該市町村長、都道府県の設置する福祉事務所の長又は児童相談所長が児童虐待の防止等に関する事務又は業務の遂行に必要な限度で利用し、かつ、利用することに相当の理由があるときは、これを提供することができる。ただし、当該資料又は情報を提供することによって、当該資料又は情報に係る児童、その保護者その他の関係者又は第三者の権利利益を不当に侵害するおそれがあると認められるときは、この限りでない。

（都道府県児童福祉審議会等への報告）

第一三条の五　都道府県知事は、児童福祉法第八条第二項に規定する都道府県児童福祉審議会（同条第一項ただし書に規定する都道府県にあっては、地方社会福祉審議会）に、第九条第一項の規定による立入り及び調査又は質問、臨検等並びに児童虐待を受けた児童に行われた同法第三十三条第一項又は第二項の規定による一時保護の実施状況、児童の心身に著しく重大な被害を及ぼした児童虐待の事例その他の厚生労働省令で定める事項を報告しなければならない。

（親権の行使に関する配慮等）

第一四条　児童の親権を行う者は、児童のしつけに際して、体罰を加えることその他民法（明治二十九年法律第八十九号）第八百二十条の規定による監護及び教育に必要な範囲を超える行為により当該児童を懲戒してはならず、当該児童の親権の適切な行使に配慮しなければならない。

②　児童の親権を行う者は、児童虐待に係る暴行罪、傷害罪その他の犯罪について、当該児童の親権を行う者であることを理由として、その責めを免れることはない。

（親権の喪失の制度の適切な運用）

第一五条　民法に規定する親権の喪失の制度は、児童虐待の防止及び児童虐待を受けた児童の保護の観点からも、適切に運用されなければならない。

（大都市等の特例）

第一六条　この法律中都道府県が処理することとされている事務で政令で定めるものは、地方自治法（昭和二十二年法律第六十七号）第二百五十二条の十九第一項の指定都市（以下「指定都市」という。）及び同法第二百五十二条の二十二第一項の中核市（以下「中核市」という。）並びに児童福祉法第五十九条の四第一項に規定する児童相談所設置市においては、政令で定めるところにより、指定都市若しくは中核市又は児童相談所設置市（以下「指定都市等」という。）が処理するものとする。この場合においては、この法律中都道府県に関する規定は、指定都市等に関する規定として指定都市等に適用があるものとする。

（罰則）

第一七条　第十二条の四第一項の規定による命令（同条第二項の規定により同条第一項の規定による命令に係る期間が更新された場合における当該命令を含む。）に違反した者は、一年以下の懲役又は百万円以下の罰金に処する。

第一八条　第十三条第四項の規定に違反した者は、一年以下の懲役又は五十万円以下の罰金に処する。

附　則（平成三〇法律五九）（抄）

（施行期日）

第一条　この法律は、平成三十四〔令和四〕年四月一日から施行する。〔後略〕

附　則（令和元法律四六）（抄）

（施行期日）

第一条　この法律は、令和二年四月一日から施行する。〔後略〕

附　則（令和二法律四一）（抄）

（施行期日）

第一条　この法律は、公布の日から起算して三月一日を経過した日から施行する。

㉖児童手当法（抜粋）（昭和四六年五月二七日法律第七三号）

施行　昭和四七年一月一日
最終改正　平成三〇年六月八日法律第四四号

第一章　総則

（目的）

第一条　この法律は、子ども・子育て支援法（平成二十四年法律第六十五号）第七条第一項に規定する子ども・子育て支援の適切な実施を図るため、父母その他の保護者が子育てについての第一義的責任を有するという基本的認識の下に、児童を養育している者に児童手当を支給することにより、家庭等における生活の安定に寄与するとともに、次代の社会を担う児童の健やかな成長に資することを目的とする。

（受給者の責務）

第二条　児童手当の支給を受けた者は、児童手当が前条の目的を達成するために支給されるものである趣旨にかんがみ、これをその趣旨に従つて用いなければならない。

（定義）

第三条　この法律において「児童」とは、十八歳に達する日以後の最初の三月三十一日までの間にある者であつて、日本国内に住所を有するもの又は留学その他の内閣府令で定める理由により日本国内に住所を有しないものをいう。

②　この法律にいう「父」には、母が児童を懐胎した当時婚姻の届出をしていないが、その母と事実上婚姻関係と同様の事情にあつた者を含むものとする。

③　この法律において「施設入所等児童」とは、次に掲げる児童をいう。

一　児童福祉法（昭和二十二年法律第百六十四号）第二十七条第一項第三号の規定により同法第六条の三第八項に規定する小規模住居型児童養育事業（以下「小規模住居型児童養育事業」という。）を行う者又は同法第六条の四に規定する里親（以下「里親」という。）に委託されている児童（内閣府令で定める短期間の委託をされている者を除く。）

二　児童福祉法第二十四条の二第一項の規定により障害児入所給付費の支給を受けて若しくは同法第二十七条第一項第三号の規定により入所措置が採られて同法第四十二条に規定する障害児入所施設（以下「障害児入所施設」という。）に入所し、若しくは同法第二十七条第二項の規定により同法第六条の二の二第三項に規定する指定発達支援医療機関（次条第一項第四号において「指定発達支援医療機関」という。）に入院し、又は同法第二十七条第一項第三号若しくは第二十七条の二第一項の規定により入所措置が採られて同法第三十七条に規定する乳児院、同法第四十一条に規定する児童養護施設、同法第四十三条の二に規定する児童心理治療施設若しくは同法第四十四条に規定する児童自立支援施設（以下「乳児院等」という。）に入所している児童（当該児童心理治療施設又は児童自立支援施設に通う者及び内閣府令で定める短期間の入所をしている者を除く。）

三　障害者の日常生活及び社会生活を総合的に支援するための法律（平成十七年法律第百二十三号）第二十九条第一項若しくは第三十条第一項の規定により同法第十九条第一項に規定する介護給付費等の支給を受けて又は身体障害者福祉法（昭和二十四年法律第二百八十三号）第十八条第二項若しくは知的障害者福祉法（昭和三十五年法律第三十七号）第十六条第一項第二号の規定により入所措置が採られて障害者支援施設（障害者の日常生活及び社会生活を総合的に支援するための法律第五条第十一項に規定する障害者支援施設をいう。以下同じ。）又はのぞみの園（独立行政法人国立重度知的障害者総合施設のぞみの園法（平成十四年法律第百六十七号）第十一条第一号の規定により独立行政法人国立重度知的障害者総合施設のぞみの園が設置する施設をいう。以下同じ。）に入所している児童（内閣府令で定める短期間の入所をしている者を除き、児童のみで構成する世帯に属している者（十五歳に達する日以後の最初の三月三十一日を経過した児童である父又は母がその子である児童と同一の施設に入所している場合における当該父又は母及びその子である児童を除く。）に限る。）

四　生活保護法（昭和二十五年法律第百四十四号）第三十条第一項ただし書の規定により同法第三十八条第二項に規定する救護施設（以下「救護施設」という。）、同条第三項に規定する更生施設（以下「更生施設」という。）若しくは同法第三十条第一項ただし書に規定する日常生活支援住居施設（次条第一項第四号において「日常生活支援住居施設」という。）に入所し、又は売春防止法（昭和三十一年法律第百十八号）第三十六条に規定する婦人保護施設（以下「婦人保護施設」という。）に入所している児童（内閣府令で定める短期間の入所をしている者を除き、児童のみで構成する世帯に属している者（十五歳に達する日以後の最初の三月三十一日を経過した児童である父又は母がその子である児童と同一の施設に入所している場合における当該父又は母及びその子である児童を除く。）に限る。）

第二章　児童手当の支給

（支給要件）
第四条　児童手当は、次の各号のいずれかに該当する者に支給する。
一　次のイ又はロに掲げる児童（以下「支給要件児童」という。）を監護し、かつ、これと生計を同じくするその父又は母（当該支給要件児童に係る未成年後見人があるときは、その未成年後見人とする。以下この項において「父母等」という。）であつて、日本国内に住所（未成年後見人が法人である場合にあつては、主たる事務所の所在地とする。）を有するもの
イ　十五歳に達する日以後の最初の三月三十一日までの間にある児童（施設入所等児童を除く。以下この章及び附則第二条第二項において「中学校修了前の児童」という。）
ロ　中学校修了前の児童を含む二人以上の児童（施設入所等児童を除く。）
二　日本国内に住所を有しない父母等がその生計を維持している支給要件児童と同居し、これを監護し、かつ、これと生計を同じくする者（当該支給要件児童と同居することが困難であると認められる場合にあつては、当該支給要件児童を監護し、かつ、これと生計を同じくする者とする。）のうち、当該支給要件児童の生計を維持している父母等が指定する者であつて、日本国内に住所を有するもの（当該支給要件児童の父母等を除く。以下「父母指定者」という。）
三　父母等又は父母指定者のいずれにも監護されず又はこれらと生計を同じくしない支給要件児童を監護し、かつ、その生計を維持する者であつて、日本国内に住所を有するもの
四　十五歳に達する日以後の最初の三月三十一日までの間にある施設入所等児童（以下「中学校修了前の施設入所等児童」という。）が委託されている小規模住居型児童養育事業を行う者若しくは里親又は中学校修了前の施設入所等児童が入所若しくは入院をしている障害児入所施設、指定発達支援医療機関、乳児院等、障害者支援施設、のぞみの園、救護施設、更生施設、日常生活支援住居施設若しくは婦人保護施設（以下「障害児入所施設等」という。）の設置者
②　前項第一号の場合において、児童を監護し、かつ、これと生計を同じくするその未成年後見人が数人あるときは、当該児童は、当該未成年後見人のうちいずれか当該児童の生計を維持する程度の高い者によつて監護され、かつ、これと生計を同じくするものとみなす。
③　第一項第一号又は第二号の場合において、父及び母、未成年後見人並びに父母指定者のうちいずれか二以上の者が当該父及び母の子である児童を監護し、かつ、これと生計を同じくするときは、当該児童は、当該父若しくは母、未成年後見人又は父母指定者のうちいずれか当該児童の生計を維持する程度の高い者によつて監護され、かつ、これと生計を同じくするものとみなす。
④　前二項の規定にかかわらず、児童を監護し、かつ、これと生計を同じくするその父若しくは母、未成年後見人又は父母指定者のうちいずれか一の者が当該児童と同居している場合（当該いずれか一の者が当該児童を監護し、かつ、これと生計を同じくするその他の父若しくは母、未成年後見人又は父母指定者と生計を同じくしない場合に限る。）は、当該児童

は、当該同居している父若しくは母、未成年後見人又は父母指定者によつて監護され、かつ、これと生計を同じくするものとみなす。

第五条　児童手当（施設入所等児童に係る部分を除く。）は、前条第一項第一号から第三号までのいずれかに該当する者の前年の所得（一月から五月までの月分の児童手当については、前々年の所得とする。）が、その者の所得税法（昭和四十年法律第三十三号）に規定する同一生計配偶者及び扶養親族（施設入所等児童を除く。以下「扶養親族等」という。）並びに同項第一号から第三号までのいずれかに該当する者の扶養親族等でない児童で同項第一号から第三号までのいずれかに該当する者が前年の十二月三十一日において生計を維持したものの有無及び数に応じて、政令で定める額以上であるときは、支給しない。ただし、同項第一号に該当する者が未成年後見人であり、かつ、法人であるときは、この限りでない。

②　前項に規定する所得の範囲及びその額の計算方法は、政令で定める。

（児童手当の額）

第六条　児童手当は、月を単位として支給するものとし、その額は、一月につき、次の各号に掲げる児童手当の区分に応じ、それぞれ当該各号に定める額とする。

一　児童手当（中学校修了前の児童に係る部分に限る。）　次のイからハまでに掲げる場合の区分に応じ、それぞれイからハまでに定める額

イ　次条の認定を受けた受給資格に係る支給要件児童の全てが三歳に満たない児童（施設入所等児童を除き、月の初日に生まれた児童については、出生の日から三年を経過しない児童とする。以下この号において同じ。）、三歳以上の児童（月の初日に生まれた児童については、出生の日から三年を経過した児童とする。）であつて十二歳に達する日以後の最初の三月三十一日までの間にある者（施設入所等児童を除く。以下この号において「三歳以上小学校修了前の児童」という。）又は十二歳に達する日以後の最初の三月三十一日を経過した児童であつて十五歳に達する日以後の最初の三月三十一日までの間にある者（施設入所等児童を除く。以下この号において「小学校修了後中学校修了前の児童」という。）である場合（ハに掲げる場合に該当する場合を除く。）　次の(1)から(3)までに掲げる場合の区分に応じ、それぞれ(1)から(3)までに定める額

(1)　当該支給要件児童の全てが三歳に満たない児童又は三歳以上小学校修了前の児童である場合　次の(i)から(iii)までに掲げる場合の区分に応じ、それぞれ(i)から(iii)までに定める額

(i)　当該支給要件児童の全てが三歳に満たない児童である場合　一万五千円に当該三歳に満たない児童の数を乗じて得た額

(ii)　当該三歳以上小学校修了前の児童が一人又は二人いる場合　一万五千円に当該三歳に満たない児童の数を乗じて得た額と、一万円に当該三歳以上小学校修了前の児童の数を乗じて得た額とを合算した額

(iii)　当該三歳以上小学校修了前の児童が三人以上いる場合　一万五千円に当該三歳に満たない児童の数を乗じて得た額と、一万五千円に当該三歳以上小学校修了前の児童の数を乗じて得た額から一万円を控除して得た額とを合算した額

(2)　当該小学校修了後中学校修了前の児童が一人いる場

合　次の(i)又は(ii)に掲げる場合の区分に応じ、それぞれ(i)又は(ii)に定める額

(i)　当該支給要件児童の全てが三歳に満たない児童又は小学校修了後中学校修了前の児童である場合　一万五千円に当該三歳に満たない児童の数を乗じて得た額と、一万円に当該小学校修了後中学校修了前の児童の数を乗じて得た額とを合算した額

(ii)　当該支給要件児童のうちに三歳以上小学校修了前の児童がいる場合　一万五千円に当該三歳に満たない児童の数を乗じて得た額、一万五千円に当該三歳以上小学校修了前の児童の数を乗じて得た額から五千円を控除して得た額及び一万円に当該小学校修了後中学校修了前の児童の数を乗じて得た額を合算した額

(3)　当該小学校修了後中学校修了前の児童が二人以上いる場合　一万五千円に当該三歳に満たない児童の数を乗じて得た額、一万五千円に当該三歳以上小学校修了前の児童の数を乗じて得た額及び一万円に当該小学校修了後中学校修了前の児童の数を乗じて得た額を合算した額

ロ　次条の認定を受けた受給資格に係る支給要件児童のうちに十五歳に達する日以後の最初の三月三十一日を経過した児童がいる場合（ハに掲げる場合に該当する場合を除く。）　次の(1)又は(2)に掲げる場合の区分に応じ、それぞれ(1)又は(2)に定める額

(1)　当該十五歳に達する日以後の最初の三月三十一日を経過した児童が一人いる場合　次の(i)又は(ii)に掲げる場合の区分に応じ、それぞれ(i)又は(ii)に定める額

(i)　当該支給要件児童の全てが三歳に満たない児童、三歳以上小学校修了前の児童又は十五歳に達する日以後の最初の三月三十一日を経過した児童である場合　一万五千円に当該三歳に満たない児童の数を乗じて得た額と、一万五千円に当該三歳以上小学校修了前の児童の数を乗じて得た額から五千円を控除して得た額（当該支給要件児童のうちに三歳以上小学校修了前の児童がいない場合には、零とする。）とを合算した額

(ii)　当該支給要件児童のうちに小学校修了後中学校修了前の児童がいる場合　一万五千円に当該三歳に満たない児童の数を乗じて得た額、一万五千円に当該三歳以上小学校修了前の児童の数を乗じて得た額及び一万円に当該小学校修了後中学校修了前の児童の数を乗じて得た額を合算した額

(2)　当該十五歳に達する日以後の最初の三月三十一日を経過した児童が二人以上いる場合　一万五千円に当該三歳に満たない児童の数を乗じて得た額、一万五千円に当該三歳以上小学校修了前の児童の数を乗じて得た額及び一万円に当該小学校修了後中学校修了前の児童の数を乗じて得た額を合算した額

ハ　児童手当の支給要件に該当する者（第四条第一項第一号に係るものに限る。）が未成年後見人であり、かつ、法人である場合　一万五千円に次条の認定を受けた受給資格に係る三歳に満たない児童の数を乗じて得た額、一万円に当該受給資格に係る三歳

以上小学校修了前の児童の数を乗じて得た額及び一万円に当該受給資格に係る小学校修了後中学校修了前の児童の数を乗じて得た額を合算した額

二　児童手当（中学校修了前の施設入所等児童に係る部分に限る。）　一万五千円に次条の認定を受けた受給資格に係る三歳に満たない施設入所等児童（月の初日に生まれた施設入所等児童については、出生の日から三年を経過しない施設入所等児童とする。）の数を乗じて得た額と、一万円に当該受給資格に係る三歳以上の施設入所等児童（月の初日に生まれた施設入所等児童については、出生の日から三年を経過した施設入所等児童とする。）であつて十五歳に達する日以後の最初の三月三十一日までの間にある者の数を乗じて得た額とを合算した額

② 児童手当の額は、国民の生活水準その他の諸事情に著しい変動が生じた場合には、変動後の諸事情に応ずるため、速やかに改定の措置が講ぜられなければならない。

（認定）

第七条　児童手当の支給要件に該当する者（第四条第一項第一号から第三号までに係るものに限る。以下「一般受給資格者」という。）は、児童手当の支給を受けようとするときは、その受給資格及び児童手当の額について、内閣府令で定めるところにより、住所地（一般受給資格者が未成年後見人であり、かつ、法人である場合にあつては、主たる事務所の所在地とする。）の市町村長（特別区の区長を含む。以下同じ。）の認定を受けなければならない。

② 児童手当の支給要件に該当する者（第四条第一項第四号に係るものに限る。以下「施設等受給資格者」という。）は、児童手当の支給を受けようとするときは、その受給資格及び児童手当の額について、内閣府令で定めるところにより、次の各号に掲げる者の区分に応じ、当該各号に定める者の認定を受けなければならない。

一　小規模住居型児童養育事業を行う者　当該小規模住居型児童養育事業を行う住居の所在地の市町村長

二　里親　当該里親の住所地の市町村長

三　障害児入所施設等の設置者　当該障害児入所施設等の所在地の市町村長

③ 前二項の認定を受けた者が、他の市町村（特別区を含む。以下同じ。）の区域内に住所（一般受給資格者が未成年後見人であり、かつ、法人である場合にあつては主たる事務所の所在地とし、施設等受給資格者が小規模住居型児童養育事業を行う者である場合にあつては当該小規模住居型児童養育事業を行う住居の所在地とし、障害児入所施設等の設置者である場合にあつては当該障害児入所施設等の所在地とする。次条第三項において同じ。）を変更した場合において、その変更後の期間に係る児童手当の支給を受けようとするときも、前二項と同様とする。

（支給及び支払）

第八条　市町村長は、前条の認定をした一般受給資格者及び施設等受給資格者（以下「受給資格者」という。）に対し、児童手当を支給する。

② 児童手当の支給は、受給資格者が前条の規定による認定の請求をした日の属する月の翌月から始め、児童手当を支給すべき事由が消滅した日の属する月で終わる。

③ 受給資格者が住所を変更した場合又は災害その他やむを得ない理由により前条の規定による認定の請求をすることができなかつた場合において、住所を変更した後又はやむを得ない理由がやんだ後十五日以内にその請求をしたときは、児童手当の支給は、前項の規定にかかわらず、受給資格者が住所

を変更した日又はやむを得ない理由により当該認定の請求をすることができなくなつた日の属する月の翌月から始める。

④　児童手当は、毎年二月、六月及び十月の三期に、それぞれの前月までの分を支払う。ただし、前支払期月に支払うべきであつた児童手当又は支給すべき事由が消滅した場合におけるその期の児童手当は、その支払期月でない月であつても、支払うものとする。

㉗少子化社会対策基本法

（平成一五年七月三〇日法律第一三三号）

施行　平成一五年九月一日

我が国における急速な少子化の進展は、平均寿命の伸長による高齢者の増加とあいまって、我が国の人口構造にひずみを生じさせ、二十一世紀の国民生活に、深刻かつ多大な影響をもたらす。我らは、紛れもなく、有史以来の未曾《ぞ》有の事態に直面している。

しかしながら、我らはともすれば高齢社会に対する対応にのみ目を奪われ、少子化という、社会の根幹を揺るがしかねない事態に対する国民の意識や社会の対応は、著しく遅れている。少子化は、社会における様々なシステムや人々の価値観と深くかかわっており、この事態を克服するためには、長期的な展望に立った不断の努力の積重ねが不可欠で、極めて長い時間を要する。急速な少子化という現実を前にして、我らに残された時間は、極めて少ない。

もとより、結婚や出産は個人の決定に基づくものではあるが、こうした事態に直面して、家庭や子育てに夢を持ち、かつ、次代の社会を担う子どもを安心して生み、育てることができる環境を整備し、子どもがひとしく心身ともに健やかに育ち、子どもを生み、育てる者が真に誇りと喜びを感じることのできる社会を実現し、少子化の進展に歯止めをかけることが、今、我らに、強く求められている。生命を尊び、豊かで安心して暮らすことのできる社会の実現に向け、新たな一歩を踏み出すことは、我らに課せられている喫緊の課題である。

ここに、少子化社会において講ぜられる施策の基本理念を明らかにし、少子化に的確に対処するための施策を総合的に推進するため、この法律を制定する。

第一章　総則

(目的)

第一条　この法律は、我が国において急速に少子化が進展しており、その状況が二十一世紀の国民生活に深刻かつ多大な影響を及ぼすものであることにかんがみ、このような事態に対し、長期的な視点に立って的確に対処するため、少子化社会において講ぜられる施策の基本理念を明らかにするとともに、国及び地方公共団体の責務、少子化に対処するために講ずべき施策の基本となる事項その他の事項を定めることにより、少子化に対処するための施策を総合的に推進し、もって国民が豊かで安心して暮らすことのできる社会の実現に寄与することを目的とする。

(施策の基本理念)

第二条　少子化に対処するための施策は、父母その他の保護者が子育てについての第一義的責任を有するとの認識の下に、国民の意識の変化、生活様式の多様化等に十分留意しつつ、男女共同参画社会の形成とあいまって、家庭や子育てに夢を持ち、かつ、次代の社会を担う子どもを安心して生み、育てることができる環境を整備することを旨として講ぜられなければならない。

② 少子化に対処するための施策は、人口構造の変化、財政の状況、経済の成長、社会の高度化その他の状況に十分配意し、長期的な展望に立って講ぜられなければならない。

③ 少子化に対処するための施策を講ずるに当たっては、子どもの安全な生活が確保されるとともに、子どもがひとしく心身ともに健やかに育つことができるよう配慮しなければならない。

④ 社会、経済、教育、文化その他あらゆる分野における施策は、少子化の状況に配慮して、講ぜられなければならない。

(国の責務)

第三条　国は、前条の施策の基本理念(次条において「基本理念」という。)にのっとり、少子化に対処するための施策を総合的に策定し、及び実施する責務を有する。

(地方公共団体の責務)

第四条　地方公共団体は、基本理念にのっとり、少子化に対処するための施策に関し、国と協力しつつ、当該地域の状況に応じた施策を策定し、及び実施する責務を有する。

(事業主の責務)

第五条　事業主は、子どもを生み、育てる者が充実した職業生活を営みつつ豊かな家庭生活を享受することができるよう、国又は地方公共団体が実施する少子化に対処するための施策に協力するとともに、必要な雇用環境の整備に努めるものとする。

(国民の責務)

第六条　国民は、家庭や子育てに夢を持ち、かつ、安心して子どもを生み、育てることができる社会の実現に資するよう努めるものとする。

(施策の大綱)

第七条　政府は、少子化に対処するための施策の指針として、総合的かつ長期的な少子化に対処するための施策の大綱を定めなければならない。

(法制上の措置等)

第八条　政府は、この法律の目的を達成するため、必要な法制上又は財政上の措置その他の措置を講じなければならない。

(年次報告)

第九条　政府は、毎年、国会に、少子化の状況及び少子化に対処するために講じた施策の概況に関する報告書を提出しなければならない。

第二章　基本的施策

（雇用環境の整備）

第一〇条　国及び地方公共団体は、子どもを生み、育てる者が充実した職業生活を営みつつ豊かな家庭生活を享受することができるよう、育児休業制度等子どもを生み、育てる者の雇用の継続を図るための制度の充実、労働時間の短縮の促進、再就職の促進、情報通信ネットワークを利用した就労形態の多様化等による多様な就労の機会の確保その他必要な雇用環境の整備のための施策を講ずるものとする。

② 国及び地方公共団体は、前項の施策を講ずるに当たっては、子どもを養育する者がその有する能力を有効に発揮することの妨げとなっている雇用慣行の是正が図られるよう配慮するものとする。

（保育サービス等の充実）

第一一条　国及び地方公共団体は、子どもを養育する者の多様な需要に対応した良質な保育サービス等が提供されるよう、病児保育、低年齢児保育、休日保育、夜間保育、延長保育及び一時保育の充実、放課後児童健全育成事業等の拡充その他の保育等に係る体制の整備並びに保育サービスに係る情報の提供の促進に必要な施策を講ずるとともに、保育所、幼稚園その他の保育サービスを提供する施設の活用による子育てに関する情報の提供及び相談の実施その他の子育て支援が図られるよう必要な施策を講ずるものとする。

② 国及び地方公共団体は、保育において幼稚園の果たしている役割に配慮し、その充実を図るとともに、前項の保育等に係る体制の整備に必要な施策を講ずるに当たっては、幼稚園と保育所との連携の強化及びこれらに係る施設の総合化に配慮するものとする。

（地域社会における子育て支援体制の整備）

第一二条　国及び地方公共団体は、地域において子どもを生み、育てる者を支援する拠点の整備を図るとともに、安心して子どもを生み、育てることができる地域社会の形成に係る活動を行う民間団体の支援、地域における子どもと他の世代との交流の促進等について必要な施策を講ずることにより、子どもを生み、育てる者を支援する地域社会の形成のための環境の整備を行うものとする。

（母子保健医療体制の充実等）

第一三条　国及び地方公共団体は、妊産婦及び乳幼児に対する健康診査、保健指導等の母子保健サービスの提供に係る体制の整備、妊産婦及び乳幼児に対し良質かつ適切な医療（助産を含む。）が提供される体制の整備等安心して子どもを生み、育てることができる母子保健医療体制の充実のために必要な施策を講ずるものとする。

② 国及び地方公共団体は、不妊治療を望む者に対し良質かつ適切な保健医療サービスが提供されるよう、不妊治療に係る情報の提供、不妊相談、不妊治療に係る研究に対する助成等必要な施策を講ずるものとする。

（ゆとりのある教育の推進等）

第一四条　国及び地方公共団体は、子どもを生み、育てる者の教育に関する心理的な負担を軽減するため、教育の内容及び方法の改善及び充実、入学者の選抜方法の改善等によりゆとりのある学校教育の実現が図られるよう必要な施策を講ずるとともに、子どもの文化体験、スポーツ体験、社会体験その他の体験を豊かにするための多様な機会の提供、家庭教育に関する学習機会及び情報の提供、家庭教育に関する相談体制の整備等子どもが豊かな人間性をはぐくむことができる社会環境を整備するために必要な施策を講ずるものとする。

（生活環境の整備）

第一五条　国及び地方公共団体は、子どもの養育及び成長に適した良質な住宅の供給並びに安心して子どもを遊ばせることができる広場その他の場所の整備を促進するとともに、子どもが犯罪、交通事故その他の危害から守られ、子どもを生み、育てる者が豊かで安心して生活することができる地域環境を整備するためのまちづくりその他の必要な施策を講ずるものとする。

（経済的負担の軽減）

第一六条　国及び地方公共団体は、子どもを生み、育てる者の経済的負担の軽減を図るため、児童手当、奨学事業及び子どもの医療に係る措置、税制上の措置その他の必要な措置を講ずるものとする。

（教育及び啓発）

第一七条　国及び地方公共団体は、生命の尊厳並びに子育てにおいて家庭が果たす役割及び家庭生活における男女の協力の重要性について国民の認識を深めるよう必要な教育及び啓発を行うものとする。

②　国及び地方公共団体は、安心して子どもを生み、育てることができる社会の形成について国民の関心と理解を深めるよう必要な教育及び啓発を行うものとする。

第三章　少子化社会対策会議

（設置及び所掌事務）

第一八条　内閣府に、特別の機関として、少子化社会対策会議（以下「会議」という。）を置く。

②　会議は、次に掲げる事務をつかさどる。

一　第七条の大綱の案を作成すること。

二　少子化社会において講ぜられる施策について必要な関係行政機関相互の調整をすること。

三　前二号に掲げるもののほか、少子化社会において講ぜられる施策に関する重要事項について審議し、及び少子化に対処するための施策の実施を推進すること。

（組織等）

第一九条　会議は、会長及び委員をもって組織する。

②　会長は、内閣総理大臣をもって充てる。

③　委員は、内閣官房長官、関係行政機関の長及び内閣府設置法（平成十一年法律第八十九号）第九条第一項に規定する特命担当大臣のうちから、内閣総理大臣が任命する。

④　会議に、幹事を置く。

⑤　幹事は、関係行政機関の職員のうちから、内閣総理大臣が任命する。

⑥　幹事は、会議の所掌事務について、会長及び委員を助ける。

⑦　前各項に定めるもののほか、会議の組織及び運営に関し必要な事項は、政令で定める。

㉘子ども・子育て支援法

（平成二四年八月二二日法律第六五号）

施行　平成二七年四月一日
最終改正　令和二年六月一〇日法律四一号

第一章　総則

（目的）

第一条　この法律は、我が国における急速な少子化の進行並びに家庭及び地域を取り巻く環境の変化に鑑み、児童福祉法（昭和二十二年法律第百六十四号）その他の子どもに関する法律による施策と相まって、子ども・子育て支援給付その他の子ども及び子どもを養育している者に必要な支援を行い、もって一人一人の子どもが健やかに成長することができる社会の実現に寄与することを目的とする。

（基本理念）

第二条　子ども・子育て支援は、父母その他の保護者が子育てについての第一義的責任を有するという基本的認識の下に、家庭、学校、地域、職域その他の社会のあらゆる分野における全ての構成員が、各々の役割を果たすとともに、相互に協力して行われなければならない。

②　子ども・子育て支援給付その他の子ども・子育て支援の内容及び水準は、全ての子どもが健やかに成長するように支援するものであって、良質かつ適切なものであり、かつ、子どもの保護者の経済的負担の軽減について適切に配慮されたものでなければならない。

③　子ども・子育て支援給付その他の子ども・子育て支援は、地域の実情に応じて、総合的かつ効率的に提供されるよう配慮して行われなければならない。

（市町村等の責務）

第三条　市町村（特別区を含む。以下同じ。）は、この法律の実施に関し、次に掲げる責務を有する。

一　子どもの健やかな成長のために適切な環境が等しく確保されるよう、子ども及びその保護者に必要な子ども・子育て支援給付及び地域子ども・子育て支援事業を総合的かつ計画的に行うこと。

二　子ども及びその保護者が、確実に子ども・子育て支援給付を受け、及び地域子ども・子育て支援事業その他の子ども・子育て支援を円滑に利用するために必要な援助を行うとともに、関係機関との連絡調整その他の便宜の提供を行うこと。

三　子ども及びその保護者が置かれている環境に応じて、子どもの保護者の選択に基づき、多様な施設又は事業者から、良質かつ適切な教育及び保育その他の子ども・子育て支援が総合的かつ効率的に提供されるよう、その提供体制を確保すること。

②　都道府県は、市町村が行う子ども・子育て支援給付及び地域子ども・子育て支援事業が適正かつ円滑に行われるよう、市町村に対する必要な助言及び適切な援助を行うとともに、子ども・子育て支援のうち、特に専門性の高い施策及び各市町村の区域を超えた広域的な対応が必要な施策を講じなければならない。

③　国は、市町村が行う子ども・子育て支援給付及び地域子ども・子育て支援事業その他この法律に基づく業務が適正かつ円滑に行われるよう、市町村及び都道府県と相互に連携を図りながら、子ども・子育て支援の提供体制の確保に関する施

策その他の必要な各般の措置を講じなければならない。

(事業主の責務)

第四条　事業主は、その雇用する労働者に係る多様な労働条件の整備その他の労働者の職業生活と家庭生活との両立が図られるようにするために必要な雇用環境の整備を行うことにより当該労働者の子育ての支援に努めるとともに、国又は地方公共団体が講ずる子ども・子育て支援に協力しなければならない。

(国民の責務)

第五条　国民は、子ども・子育て支援の重要性に対する関心と理解を深めるとともに、国又は地方公共団体が講ずる子ども・子育て支援に協力しなければならない。

(定義)

第六条　この法律において「子ども」とは、十八歳に達する日以後の最初の三月三十一日までの間にある者をいい、「小学校就学前子ども」とは、子どものうち小学校就学の始期に達するまでの者をいう。

②　この法律において「保護者」とは、親権を行う者、未成年後見人その他の者で、子どもを現に監護する者をいう。

第七条　この法律において「子ども・子育て支援」とは、全ての子どもの健やかな成長のために適切な環境が等しく確保されるよう、国若しくは地方公共団体又は地域における子育ての支援を行う者が実施する子ども及び子どもの保護者に対する支援をいう。

②　この法律において「教育」とは、満三歳以上の小学校就学前子どもに対して義務教育及びその後の教育の基礎を培うものとして教育基本法（平成十八年法律第百二十号）第六条第一項に規定する法律に定める学校において行われる教育をいう。

③　この法律において「保育」とは、児童福祉法第六条の三第七項に規定する保育をいう。

④　この法律において「教育・保育施設」とは、就学前の子どもに関する教育、保育等の総合的な提供の推進に関する法律（平成十八年法律第七十七号。以下「認定こども園法」という。）第二条第六項に規定する認定こども園（以下「認定こども園」という。）、学校教育法（昭和二十二年法律第二十六号）第一条に規定する幼稚園（認定こども園法第三条第一項又は第三項の認定を受けたもの及び同条第十一項の規定による公示がされたものを除く。以下「幼稚園」という。）及び児童福祉法第三十九条第一項に規定する保育所（認定こども園法第三条第一項の認定を受けたもの及び同条第十一項の規定による公示がされたものを除く。以下「保育所」という。）をいう。

⑤　この法律において「地域型保育」とは、家庭的保育、小規模保育、居宅訪問型保育及び事業所内保育をいい、「地域型保育事業」とは、地域型保育を行う事業をいう。

⑥　この法律において「家庭的保育」とは、児童福祉法第六条の三第九項に規定する家庭的保育事業として行われる保育をいう。

⑦　この法律において「小規模保育」とは、児童福祉法第六条の三第十項に規定する小規模保育事業として行われる保育をいう。

⑧　この法律において「居宅訪問型保育」とは、児童福祉法第六条の三第十一項に規定する居宅訪問型保育事業として行われる保育をいう。

⑨　この法律において「事業所内保育」とは、児童福祉法第六条の三第十二項に規定する事業所内保育事業として行われる保育をいう。

⑩ この法律において「子ども・子育て支援施設等」とは、次に掲げる施設又は事業をいう。
一　認定こども園（保育所等（認定こども園法第二条第五項に規定する保育所等をいう。第五号において同じ。）であるもの及び第二十七条第一項に規定する特定教育・保育施設であるものを除く。第三十条の十一第一項第一号、第五十八条の四第一項第一号、第五十八条の十第一項第二号、第五十九条第三号ロ及び第六章において同じ。）
二　幼稚園（第二十七条第一項に規定する特定教育・保育施設であるものを除く。第三十条の十一第一項第二号、第三章第二節（第五十八条の九第六項第三号ロを除く。）、第五十九条第三号ロ及び第六章において同じ。）
三　特別支援学校（学校教育法第一条に規定する特別支援学校をいい、同法第七十六条第二項に規定する幼稚部に限る。以下同じ。）
四　児童福祉法第五十九条の二第一項に規定する施設（同項の規定による届出がされたものに限り、次に掲げるものを除く。）のうち、当該施設に配置する従業者及びその員数その他の事項について内閣府令で定める基準を満たすもの
イ　認定こども園法第三条第一項又は第三項の認定を受けたもの
ロ　認定こども園法第三条第十一項の規定による公示がされたもの
ハ　第五十九条の二第一項の規定による助成を受けているもののうち政令で定めるもの
五　認定こども園、幼稚園又は特別支援学校において行われる教育・保育（教育又は保育をいう。以下同じ。）であって、次のイ又はロに掲げる当該施設の区分に応じそれぞれイ又はロに定める一日当たりの時間及び期間の範囲外において、家庭において保育を受けることが一時的に困難となった当該イ又はロに掲げる施設に在籍している小学校就学前子どもに対して行われるものを提供する事業のうち、その事業を実施するために必要なものとして内閣府令で定める基準を満たすもの
イ　認定こども園（保育所等であるものを除く。）、幼稚園又は特別支援学校　当該施設における教育に係る標準的な一日当たりの時間及び期間
ロ　認定こども園（保育所等であるものに限る。）　イに定める一日当たりの時間及び期間を勘案して内閣府令で定める一日当たりの時間及び期間
六　児童福祉法第六条の三第七項に規定する一時預かり事業（前号に掲げる事業に該当するものを除く。）
七　児童福祉法第六条の三第十三項に規定する病児保育事業のうち、当該事業に従事する従業者及びその員数その他の事項について内閣府令で定める基準を満たすもの
八　児童福祉法第六条の三第十四項に規定する子育て援助活動支援事業（同項第一号に掲げる援助を行うものに限る。）のうち、市町村が実施するものであることその他の内閣府令で定める基準を満たすもの

第二章　子ども・子育て支援給付

第一節　通則

（子ども・子育て支援給付の種類）
第八条　子ども・子育て支援給付は、子どものための現金給付、子どものための教育・保育給付及び子育てのための施設等利用給付とする。

第二節　子どものための現金給付

第九条　子どものための現金給付は、児童手当（児童手当法（昭和四十六年法律第七十三号）に規定する児童手当をいう。以下同じ。）の支給とする。

第一〇条　子どものための現金給付については、この法律に別段の定めがあるものを除き、児童手当法の定めるところによる。

第三節　子どものための教育・保育給付

第一款　通則

（子どものための教育・保育給付）

第一一条　子どものための教育・保育給付は、施設型給付費、特例施設型給付費、地域型保育給付費及び特例地域型保育給付費の支給とする。

（不正利得の徴収）

第一二条　市町村は、偽りその他不正の手段により子どものための教育・保育給付を受けた者があるときは、その者から、その子どものための教育・保育給付の額に相当する金額の全部又は一部を徴収することができる。

② 市町村は、第二十七条第一項に規定する特定教育・保育施設又は第二十九条第一項に規定する特定地域型保育事業者が、偽りその他不正の行為により第二十七条第五項（第二十八条第四項において準用する場合を含む。）又は第二十九条第五項（第三十条第四項において準用する場合を含む。）の規定による支払を受けたときは、当該特定教育・保育施設又は特定地域型保育事業者から、その支払った額につき返還させるべき額を徴収するほか、その返還させるべき額に百分の四十を乗じて得た額を徴収することができる。

③ 前二項の規定による徴収金は、地方自治法（昭和二十二年法律第六十七号）第二百三十一条の三第三項に規定する法律で定める歳入とする。

（報告等）

第一三条　市町村は、子どものための教育・保育給付に関して必要があると認めるときは、この法律の施行に必要な限度において、小学校就学前子ども、小学校就学前子どもの保護者若しくは小学校就学前子どもの属する世帯の世帯主その他その世帯に属する者又はこれらの者であった者に対し、報告若しくは文書その他の物件の提出若しくは提示を命じ、又は当該職員に質問させることができる。

② 前項の規定による質問を行う場合においては、当該職員は、その身分を示す証明書を携帯し、かつ、関係人の請求があるときは、これを提示しなければならない。

③ 第一項の規定による権限は、犯罪捜査のために認められたものと解釈してはならない。

第一四条　市町村は、子どものための教育・保育給付に関して必要があると認めるときは、この法律の施行に必要な限度において、当該子どものための教育・保育給付に係る教育・保育を行う者若しくはこれを使用する者若しくはこれらの者であった者に対し、報告若しくは文書その他の物件の提出若しくは提示を命じ、又は当該職員に関係者に対して質問させ、若しくは当該教育・保育を行う施設若しくは事業所に立ち入り、その設備若しくは帳簿書類その他の物件を検査させることができる。

② 前条第二項の規定は前項の規定による質問又は検査について、同条第三項の規定は前項の規定による権限について準用する。

（内閣総理大臣又は都道府県知事の教育・保育に関する調査等）

第一五条　内閣総理大臣又は都道府県知事は、子どものための教育・保育給付に関して必要があると認めるときは、この法律の施行に必要な限度において、子どものための教育・保育給付に係る小学校就学前子ども若しくは小学校就学前子どもの保護者又はこれらの者であった者に対し、当該子どものための教育・保育給付に係る教育・保育の内容に関し、報告若しくは文書その他の物件の提出若しくは提示を命じ、又は当該職員に質問させることができる。

② 内閣総理大臣又は都道府県知事は、子どものための教育・保育給付に関して必要があると認めるときは、この法律の施行に必要な限度において、教育・保育を行った者若しくはこれを使用した者に対し、その行った教育・保育に関し、報告若しくは当該教育・保育の提供の記録、帳簿書類その他の物件の提出若しくは提示を命じ、又は当該職員に関係者に対して質問させることができる。

③ 第十三条第二項の規定は前二項の規定による質問について、同条第三項の規定は前二項の規定による権限について、それぞれ準用する。

（資料の提供等）

第一六条　市町村は、子どものための教育・保育給付に関して必要があると認めるときは、この法律の施行に必要な限度において、小学校就学前子ども、小学校就学前子どもの保護者又は小学校就学前子どもの扶養義務者（民法（明治二十九年法律第八十九号）に規定する扶養義務者をいう。附則第六条において同じ。）の資産又は収入の状況につき、官公署に対し必要な文書の閲覧若しくは資料の提供を求め、又は銀行、信託会社その他の機関若しくは小学校就学前子どもの保護者の雇用主その他の関係人に報告を求めることができる。

（受給権の保護）

第一七条　子どものための教育・保育給付を受ける権利は、譲り渡し、担保に供し、又は差し押さえることができない。

（租税その他の公課の禁止）

第一八条　租税その他の公課は、子どものための教育・保育給付として支給を受けた金品を標準として、課することができない。

第二款　教育・保育給付認定等

（支給要件）

第一九条　子どものための教育・保育給付は、次に掲げる小学校就学前子どもの保護者に対し、その小学校就学前子どもの第二十七条第一項に規定する特定教育・保育、第二十八条第一項第二号に規定する特別利用保育、同項第三号に規定する特別利用教育、第二十九条第一項に規定する特定地域型保育又は第三十条第一項第四号に規定する特例保育の利用について行う。

一　満三歳以上の小学校就学前子ども（次号に掲げる小学校就学前子どもに該当するものを除く。）

二　満三歳以上の小学校就学前子どもであって、保護者の労働又は疾病その他の内閣府令で定める事由により家庭において必要な保育を受けることが困難であるもの

三　満三歳未満の小学校就学前子どもであって、前号の内閣府令で定める事由により家庭において必要な保育を受けることが困難であるもの

② 内閣総理大臣は、前項第二号の内閣府令を定め、又は変更しようとするときは、あらかじめ、厚生労働大臣に協議しなければならない。

（市町村の認定等）

第二〇条　前条第一項各号に掲げる小学校就学前子どもの保護者は、子どものための教育・保育給付を受けようとするときは、内閣府令で定めるところにより、市町村に対し、その小学校就学前子どもごとに、子どものための教育・保育給付を受ける資格を有すること及びその該当する同項各号に掲げる小学校就学前子どもの区分についての認定を申請し、その認定を受けなければならない。

② 前項の認定は、小学校就学前子どもの保護者の居住地の市町村が行うものとする。ただし、小学校就学前子どもの保護者が居住地を有しないとき、又は明らかでないときは、その小学校就学前子どもの保護者の現在地の市町村が行うものとする。

③ 市町村は、第一項の規定による申請があった場合において、当該申請に係る小学校就学前子どもが前条第一項第二号又は第三号に掲げる小学校就学前子どもに該当すると認めるときは、政令で定めるところにより、当該小学校就学前子どもに係る保育必要量（月を単位として内閣府令で定める期間において施設型給付費、特例施設型給付費、地域型保育給付費又は特例地域型保育給付費を支給する保育の量をいう。以下同じ。）の認定を行うものとする。

④ 市町村は、第一項及び前項の認定（以下「教育・保育給付認定」という。）を行ったときは、その結果を当該教育・保育給付認定に係る保護者（以下「教育・保育給付認定保護者」という。）に通知しなければならない。この場合において、市町村は、内閣府令で定めるところにより、当該教育・保育給付認定保護者に係る小学校就学前子ども（以下「教育・保育給付認定子ども」という。）の該当する前条第一項各号に掲げる小学校就学前子どもの区分、保育必要量その他の内閣府令で定める事項を記載した認定証（以下「支給認定証」という。）を交付するものとする。

⑤ 市町村は、第一項の規定による申請について、当該保護者が子どものための教育・保育給付を受ける資格を有すると認められないときは、理由を付して、その旨を当該申請に係る保護者に通知するものとする。

⑥ 第一項の規定による申請に対する処分は、当該申請のあった日から三十日以内にしなければならない。ただし、当該申請に係る保護者の労働又は疾病の状況の調査に日時を要することその他の特別な理由がある場合には、当該申請のあった日から三十日以内に、当該保護者に対し、当該申請に対する処分をするためになお要する期間（次項において「処理見込期間」という。）及びその理由を通知し、これを延期することができる。

⑦ 第一項の規定による申請をした日から三十日以内に当該申請に対する処分がされないとき、若しくは前項ただし書の通知がないとき、又は処理見込期間が経過した日までに当該申請に対する処分がされないときは、当該申請に係る保護者は、市町村が当該申請を却下したものとみなすことができる。

（教育・保育給付認定の有効期間）

第二一条　教育・保育給付認定は、内閣府令で定める期間（以下「教育・保育給付認定の有効期間」という。）内に限り、その効力を有する。

（届出）

第二二条　教育・保育給付認定保護者は、教育・保育給付認定の有効期間内において、内閣府令で定めるところにより、市町村に対し、その労働又は疾病の状況その他の内閣府令で定める事項を届け出、かつ、内閣府令で定める書類その他の物件を提出しなければならない。

（教育・保育給付認定の変更）

第二三条　教育・保育給付認定保護者は、現に受けている教育・保育給付認定に係る当該教育・保育給付認定子どもの該当する第十九条第一項各号に掲げる小学校就学前子どもの区分、保育必要量その他の内閣府令で定める事項を変更する必要があるときは、内閣府令で定めるところにより、市町村に対し、教育・保育給付認定の変更の認定を申請することができる。

② 市町村は、前項の規定による申請により、教育・保育給付認定保護者につき、必要があると認めるときは、教育・保育給付認定の変更の認定を行うことができる。この場合において、市町村は、当該変更の認定に係る教育・保育給付認定保護者に対し、支給認定証の提出を求めるものとする。

③ 第二十条第二項、第三項、第四項前段及び第五項から第七項までの規定は、前項の教育・保育給付認定の変更の認定について準用する。この場合において、必要な技術的読替えは、政令で定める。

④ 市町村は、職権により、教育・保育給付認定保護者につき、第十九条第一項第三号に掲げる小学校就学前子どもに該当する教育・保育給付認定子ども（以下「満三歳未満保育認定子ども」という。）が満三歳に達したときその他必要があると認めるときは、内閣府令で定めるところにより、教育・保育給付認定の変更の認定を行うことができる。この場合において、市町村は、内閣府令で定めるところにより、当該変更の認定に係る教育・保育給付認定保護者に対し、支給認定証の提出を求めるものとする。

⑤ 第二十条第二項、第三項及び第四項前段の規定は、前項の教育・保育給付認定の変更の認定について準用する。この場合において、必要な技術的読替えは、政令で定める。

⑥ 市町村は、第二項又は第四項の教育・保育給付認定の変更の認定を行った場合には、内閣府令で定めるところにより、支給認定証に当該変更の認定に係る事項を記載し、これを返還するものとする。

（教育・保育給付認定の取消し）

第二四条　教育・保育給付認定を行った市町村は、次に掲げる場合には、当該教育・保育給付認定を取り消すことができる。

一　当該教育・保育給付認定に係る満三歳未満の小学校就学前子どもが、教育・保育給付認定の有効期間内に、第十九条第一項第三号に掲げる小学校就学前子どもに該当しなくなったとき。

二　当該教育・保育給付認定保護者が、教育・保育給付認定の有効期間内に、当該市町村以外の市町村の区域内に居住地を有するに至ったと認めるとき。

三　その他政令で定めるとき。

② 前項の規定により教育・保育給付認定の取消しを行った市町村は、内閣府令で定めるところにより、当該取消しに係る教育・保育給付認定保護者に対し支給認定証の返還を求めるものとする。

（都道府県による援助等）

第二五条　都道府県は、市町村が行う第二十条、第二十三条及び前条の規定による業務に関し、その設置する福祉事務所（社会福祉法（昭和二十六年法律第四十五号）に定める福祉に関する事務所をいう。）、児童相談所又は保健所による技術的事項についての協力その他市町村に対する必要な援助を行うことができる。

（内閣府令への委任）

第二六条　この款に定めるもののほか、教育・保育給付認定の申請その他の手続に関し必要な事項は、内閣府令で定める。

第三款　施設型給付費及び地域型保育給付費等の支給

（施設型給付費の支給）

第二七条　市町村は、教育・保育給付認定子どもが、教育・保育給付認定の有効期間内において、市町村長（特別区の区長を含む。以下同じ。）が施設型給付費の支給に係る施設として確認する教育・保育施設（以下「特定教育・保育施設」という。）から当該確認に係る教育・保育（地域型保育を除き、第十九条第一項第一号に掲げる小学校就学前子どもに該当する教育・保育給付認定子どもにあっては認定こども園において受ける教育・保育（保育にあっては、同号に掲げる小学校就学前子どもに該当する教育・保育給付認定子どもに対して提供される教育に係る標準的な一日当たりの時間及び期間を勘案して内閣府令で定める一日当たりの時間及び期間の範囲内において行われるものに限る。）又は幼稚園において受ける教育に限り、同項第二号に掲げる小学校就学前子どもに該当する教育・保育給付認定子どもにあっては認定こども園において受ける教育・保育又は保育所において受ける保育に限り、満三歳未満保育認定子どもにあっては認定こども園又は保育所において受ける保育に限る。以下「特定教育・保育」という。）を受けたときは、内閣府令で定めるところにより、当該教育・保育給付認定子どもに係る教育・保育給付認定保護者に対し、当該特定教育・保育（保育にあっては、保育必要量の範囲内のものに限る。以下「支給認定教育・保育」という。）に要した費用について、施設型給付費を支給する。

②　特定教育・保育施設から支給認定教育・保育を受けようとする教育・保育給付認定子どもに係る教育・保育給付認定保護者は、内閣府令で定めるところにより、特定教育・保育施設に支給認定証を提示して当該支給認定教育・保育を当該教育・保育給付認定子どもに受けさせるものとする。ただし、緊急の場合その他やむを得ない事由のある場合については、この限りでない。

③　施設型給付費の額は、一月につき、第一号に掲げる額から第二号に掲げる額を控除して得た額（当該額が零を下回る場合には、零とする。）とする。

一　第十九条第一項各号に掲げる小学校就学前子どもの区分、保育必要量、当該特定教育・保育施設の所在する地域等を勘案して算定される特定教育・保育に通常要する費用の額を勘案して内閣総理大臣が定める基準により算定した費用の額（その額が現に当該支給認定教育・保育に要した費用の額を超えるときは、当該現に支給認定教育・保育に要した費用の額）

二　政令で定める額を限度として当該教育・保育給付認定保護者の属する世帯の所得の状況その他の事情を勘案して市町村が定める額

④　内閣総理大臣は、第一項の一日当たりの時間及び期間を定める内閣府令を定め、又は変更しようとするとき、及び前項第一号の基準を定め、又は変更しようとするときは、あらかじめ、第一項の一日当たりの時間及び期間を定める内閣府令については文部科学大臣に、前項第一号の基準については文部科学大臣及び厚生労働大臣に協議するとともに、第七十二条に規定する子ども・子育て会議の意見を聴かなければならない。

⑤　教育・保育給付認定子どもが特定教育・保育施設から支給認定教育・保育を受けたときは、市町村は、当該教育・保育給付認定子どもに係る教育・保育給付認定保護者が当該特定教育・保育施設に支払うべき当該支給認定教育・保育に要し

た費用について、施設型給付費として当該教育・保育給付認定保護者に支給すべき額の限度において、当該教育・保育給付認定保護者に代わり、当該特定教育・保育施設に支払うことができる。

⑥　前項の規定による支払があったときは、教育・保育給付認定保護者に対し施設型給付費の支給があったものとみなす。

⑦　市町村は、特定教育・保育施設から施設型給付費の請求があったときは、第三項第一号の内閣総理大臣が定める基準及び第三十四条第二項の市町村の条例で定める特定教育・保育施設の運営に関する基準（特定教育・保育の取扱いに関する部分に限る。）に照らして審査の上、支払うものとする。

⑧　前各項に定めるもののほか、施設型給付費の支給及び特定教育・保育施設の施設型給付費の請求に関し必要な事項は、内閣府令で定める。

（特例施設型給付費の支給）

第二八条　市町村は、次に掲げる場合において、必要があると認めるときは、内閣府令で定めるところにより、第一号に規定する特定教育・保育に要した費用、第二号に規定する特別利用保育に要した費用又は第三号に規定する特別利用教育に要した費用について、特例施設型給付費を支給することができる。

一　教育・保育給付認定子どもが、当該教育・保育給付認定子どもに係る教育・保育給付認定保護者が第二十条第一項の規定による申請をした日から当該教育・保育給付認定の効力が生じた日の前日までの間に、緊急その他やむを得ない理由により特定教育・保育を受けたとき。

二　第十九条第一項第一号に掲げる小学校就学前子どもに該当する教育・保育給付認定子どもが、特定教育・保育施設（保育所に限る。）から特別利用保育（同号に掲げる小学校就学前子どもに該当する教育・保育給付認定子どもに対して提供される教育に係る標準的な一日当たりの時間及び期間を勘案して内閣府令で定める一日当たりの時間及び期間の範囲内において行われる保育（地域型保育を除く。）をいう。以下同じ。）を受けたとき（地域における教育の体制の整備の状況その他の事情を勘案して必要があると市町村が認めるときに限る。）。

三　第十九条第一項第二号に掲げる小学校就学前子どもに該当する教育・保育給付認定子どもが、特定教育・保育施設（幼稚園に限る。）から特別利用教育（教育のうち同号に掲げる小学校就学前子どもに該当する教育・保育給付認定子どもに対して提供されるものをいい、特定教育・保育を除く。以下同じ。）を受けたとき。

②　特例施設型給付費の額は、一月につき、次の各号に掲げる区分に応じ、当該各号に定める額とする。

一　特定教育・保育　前条第三項第一号の内閣総理大臣が定める基準により算定した費用の額（その額が現に当該特定教育・保育に要した費用の額を超えるときは、当該現に特定教育・保育に要した費用の額）から政令で定める額を限度として当該教育・保育給付認定保護者の属する世帯の所得の状況その他の事情を勘案して市町村が定める額を控除して得た額（当該額が零を下回る場合には、零とする。）

二　特別利用保育　特別利用保育に通常要する費用の額を勘案して内閣総理大臣が定める基準により算定した費用の額（その額が現に当該特別利用保育に要した費用の額を超えるときは、当該現に特別利用保育に要した費用の額）から政令で定める額を限度として当該教育・保育給付認定保護者の属する世帯の所得の状況その他の事情を勘案して市町村が定める額を控除して得た額（当該額が零を下回る場合には、零とする。)

三　特別利用教育　特別利用教育に通常要する費用の額を勘案して内閣総理大臣が定める基準により算定した費用の額(その額が現に当該特別利用教育に要した費用の額を超えるときは、当該現に特別利用教育に要した費用の額)から政令で定める額を限度として当該教育・保育給付認定保護者の属する世帯の所得の状況その他の事情を勘案して市町村が定める額を控除して得た額(当該額が零を下回る場合には、零とする。)

③　内閣総理大臣は、第一項第二号の内閣府令を定め、又は変更しようとするとき、並びに前項第二号及び第三号の基準を定め、又は変更しようとするときは、あらかじめ、第一項第二号の内閣府令については文部科学大臣に、前項第二号及び第三号の基準については文部科学大臣及び厚生労働大臣に協議するとともに、第七十二条に規定する子ども・子育て会議の意見を聴かなければならない。

④　前条第二項及び第五項から第七項までの規定は、特例施設型給付費(第一項第一号に係るものを除く。第四十条第一項第四号において同じ。)の支給について準用する。この場合において、必要な技術的読替えは、政令で定める。

⑤　前各項に定めるもののほか、特例施設型給付費の支給及び特定教育・保育施設の特例施設型給付費の請求に関し必要な事項は、内閣府令で定める。

(地域型保育給付費の支給)

第二九条　市町村は、満三歳未満保育認定子どもが、教育・保育給付認定の有効期間内において、市町村長が地域型保育給付費の支給に係る事業を行う者として確認する地域型保育を行う事業者(以下「特定地域型保育事業者」という。)から当該確認に係る地域型保育(以下「特定地域型保育」という。)を受けたときは、内閣府令で定めるところにより、当該満三歳未満保育認定子どもに係る教育・保育給付認定保護者に対し、当該特定地域型保育(保育必要量の範囲内のものに限る。以下「満三歳未満保育認定地域型保育」という。)に要した費用について、地域型保育給付費を支給する。

②　特定地域型保育事業者から満三歳未満保育認定地域型保育を受けようとする満三歳未満保育認定子どもに係る教育・保育給付認定保護者は、内閣府令で定めるところにより、特定地域型保育事業者に支給認定証を提示して当該満三歳未満保育認定地域型保育を当該満三歳未満保育認定子どもに受けさせるものとする。ただし、緊急の場合その他やむを得ない事由のある場合については、この限りでない。

③　地域型保育給付費の額は、一月につき、第一号に掲げる額から第二号に掲げる額を控除して得た額(当該額が零を下回る場合には、零とする。)とする。

一　地域型保育の種類ごとに、保育必要量、当該地域型保育の種類に係る特定地域型保育の事業を行う事業所(以下「特定地域型保育事業所」という。)の所在する地域等を勘案して算定される当該特定地域型保育に通常要する費用の額を勘案して内閣総理大臣が定める基準により算定した費用の額(その額が現に当該満三歳未満保育認定地域型保育に要した費用の額を超えるときは、当該現に満三歳未満保育認定地域型保育に要した費用の額)

二　政令で定める額を限度として当該教育・保育給付認定保護者の属する世帯の所得の状況その他の事情を勘案して市町村が定める額

④　内閣総理大臣は、前項第一号の基準を定め、又は変更しようとするときは、あらかじめ、厚生労働大臣に協議するとともに、第七十二条に規定する子ども・子育て会議の意見を聴

かなければならない。

⑤　満三歳未満保育認定子どもが特定地域型保育事業者から満三歳未満保育認定地域型保育を受けたときは、市町村は、当該満三歳未満保育認定子どもに係る教育・保育給付認定保護者が当該特定地域型保育事業者に支払うべき当該満三歳未満保育認定地域型保育に要した費用について、地域型保育給付費として当該教育・保育給付認定保護者に支給すべき額の限度において、当該教育・保育給付認定保護者に代わり、当該特定地域型保育事業者に支払うことができる。

⑥　前項の規定による支払があったときは、教育・保育給付認定保護者に対し地域型保育給付費の支給があったものとみなす。

⑦　市町村は、特定地域型保育事業者から地域型保育給付費の請求があったときは、第三項第一号の内閣総理大臣が定める基準及び第四十六条第二項の市町村の条例で定める特定地域型保育事業の運営に関する基準（特定地域型保育の取扱いに関する部分に限る。）に照らして審査の上、支払うものとする。

⑧　前各項に定めるもののほか、地域型保育給付費の支給及び特定地域型保育事業者の地域型保育給付費の請求に関し必要な事項は、内閣府令で定める。

（特例地域型保育給付費の支給）

第三〇条　市町村は、次に掲げる場合において、必要があると認めるときは、内閣府令で定めるところにより、当該特定地域型保育（第三号に規定する特定利用地域型保育にあっては、保育必要量の範囲内のものに限る。）に要した費用又は第四号に規定する特例保育（第十九条第一項第二号又は第三号に掲げる小学校就学前子どもに該当する教育・保育給付認定子ども（以下「保育認定子ども」という。）に係るものにあっては、保育必要量の範囲内のものに限る。）に要した費用について、特例地域型保育給付費を支給することができる。

一　満三歳未満保育認定子どもが、当該満三歳未満保育認定子どもに係る教育・保育給付認定保護者が第二十条第一項の規定による申請をした日から当該教育・保育給付認定の効力が生じた日の前日までの間に、緊急その他やむを得ない理由により特定地域型保育を受けたとき。

二　第十九条第一項第一号に掲げる小学校就学前子どもに該当する教育・保育給付認定子どもが、特定地域型保育事業者から特定地域型保育（同号に掲げる小学校就学前子どもに該当する教育・保育給付認定子どもに対して提供される教育に係る標準的な一日当たりの時間及び期間を勘案して内閣府令で定める一日当たりの時間及び期間の範囲内において行われるものに限る。次項及び附則第九条第一項第三号イにおいて「特別利用地域型保育」という。）を受けたとき（地域における教育の体制の整備の状況その他の事情を勘案して必要があると市町村が認めるときに限る。）。

三　第十九条第一項第二号に掲げる小学校就学前子どもに該当する教育・保育給付認定子どもが、特定地域型保育事業者から特定利用地域型保育（特定地域型保育のうち同号に掲げる小学校就学前子どもに該当する教育・保育給付認定子どもに対して提供されるものをいう。次項において同じ。）を受けたとき（地域における同号に掲げる小学校就学前子どもに該当する教育・保育給付認定子どもに係る教育・保育の体制の整備の状況その他の事情を勘案して必要があると市町村が認めるときに限る。）。

四　特定教育・保育及び特定地域型保育の確保が著しく困難である離島その他の地域であって内閣総理大臣が定める基

準に該当するものに居住地を有する教育・保育給付認定保護者に係る教育・保育給付認定子どもが、特例保育（特定教育・保育及び特定地域型保育以外の保育をいい、第十九条第一項第一号に掲げる小学校就学前子どもに該当する教育・保育給付認定子どもに係るものにあっては、同号に掲げる小学校就学前子どもに該当する教育・保育給付認定子どもに対して提供される教育に係る標準的な一日当たりの時間及び期間を勘案して内閣府令で定める一日当たりの時間及び期間の範囲内において行われるものに限る。以下同じ。）を受けたとき。

② 特例地域型保育給付費の額は、一月につき、次の各号に掲げる区分に応じ、当該各号に定める額とする。

一 特定地域型保育（特別利用地域型保育及び特定利用地域型保育を除く。以下この号において同じ。） 前条第三項第一号の内閣総理大臣が定める基準により算定した費用の額（その額が現に当該特定地域型保育に要した費用の額を超えるときは、当該現に特定地域型保育に要した費用の額）から政令で定める額を限度として当該教育・保育給付認定保護者の属する世帯の所得の状況その他の事情を勘案して市町村が定める額を控除して得た額（当該額が零を下回る場合には、零とする。）を基準として市町村が定める額

二 特別利用地域型保育 特別利用地域型保育に通常要する費用の額を勘案して内閣総理大臣が定める基準により算定した費用の額（その額が現に当該特別利用地域型保育に要した費用の額を超えるときは、当該現に特別利用地域型保育に要した費用の額）から政令で定める額を限度として当該教育・保育給付認定保護者の属する世帯の所得の状況その他の事情を勘案して市町村が定める額を控除して得た額（当該額が零を下回る場合には、零とする。）

三 特定利用地域型保育 特定利用地域型保育に通常要する費用の額を勘案して内閣総理大臣が定める基準により算定した費用の額（その額が現に当該特定利用地域型保育に要した費用の額を超えるときは、当該現に特定利用地域型保育に要した費用の額）から政令で定める額を限度として当該教育・保育給付認定保護者の属する世帯の所得の状況その他の事情を勘案して市町村が定める額を控除して得た額（当該額が零を下回る場合には、零とする。）

四 特例保育 特例保育に通常要する費用の額を勘案して内閣総理大臣が定める基準により算定した費用の額（その額が現に当該特例保育に要した費用の額を超えるときは、当該現に特例保育に要した費用の額）から政令で定める額を限度として当該教育・保育給付認定保護者の属する世帯の所得の状況その他の事情を勘案して市町村が定める額を控除して得た額（当該額が零を下回る場合には、零とする。）を基準として市町村が定める額

③ 内閣総理大臣は、第一項第二号及び第四号の内閣府令を定め、又は変更しようとするとき、並びに前項第二号から第四号までの基準を定め、又は変更しようとするときは、あらかじめ、第一項第二号及び第四号の内閣府令については文部科学大臣に、前項第三号の基準については厚生労働大臣に、同項第二号及び第四号の基準については文部科学大臣及び厚生労働大臣に協議するとともに、第七十二条に規定する子ども・子育て会議の意見を聴かなければならない。

④ 前条第二項及び第五項から第七項までの規定は、特例地域型保育給付費（第一項第二号及び第三号に係るものに限る。第五十二条第一項第四号において同じ。）の支給について準用する。この場合において、必要な技術的読替えは、政令で定める。

⑤　前各項に定めるもののほか、特例地域型保育給付費の支給及び特定地域型保育事業者の特例地域型保育給付費の請求に関し必要な事項は、内閣府令で定める。

第四節　子育てのための施設等利用給付

第一款　通則

第三〇条の二　子育てのための施設等利用給付は、施設等利用費の支給とする。

（準用）

第三〇条の三　第十二条から第十八条までの規定は、子育てのための施設等利用給付について準用する。この場合において、必要な技術的読替えは、政令で定める。

第二款　施設等利用給付認定等

（支給要件）

第三〇条の四　子育てのための施設等利用給付は、次に掲げる小学校就学前子ども（保育認定子どもに係る教育・保育給付認定保護者が、現に施設型給付費、特例施設型給付費（第二十八条第一項第三号に係るものを除く。次条第七項において同じ。）、地域型保育給付費若しくは特例地域型保育給付費の支給を受けている場合における当該保育認定子ども又は第七条第十項第四号ハの政令で定める施設を利用している小学校就学前子どもを除く。以下この節及び第五十八条の三において同じ。）の保護者に対し、その小学校就学前子どもの第三十条の十一第一項に規定する特定子ども・子育て支援の利用について行う。

一　満三歳以上の小学校就学前子ども（次号及び第三号に掲げる小学校就学前子どもに該当するものを除く。）

二　満三歳に達する日以後の最初の三月三十一日を経過した小学校就学前子どもであって、第十九条第一項第二号の内閣府令で定める事由により家庭において必要な保育を受けることが困難であるもの

三　満三歳に達する日以後の最初の三月三十一日までの間にある小学校就学前子どもであって、第十九条第一項第二号の内閣府令で定める事由により家庭において必要な保育を受けることが困難であるもののうち、その保護者及び当該保護者と同一の世帯に属する者が第三十条の十一第一項に規定する特定子ども・子育て支援のあった月の属する年度（政令で定める場合にあっては、前年度）分の地方税法（昭和二十五年法律第二百二十六号）の規定による市町村民税（同法の規定による特別区民税を含み、同法第三百二十八条の規定によって課する所得割を除く。以下この号において同じ。）を課されない者（これに準ずる者として政令で定める者を含むものとし、当該市町村民税の賦課期日において同法の施行地に住所を有しない者を除く。次条第七項第二号において「市町村民税世帯非課税者」という。）であるもの

（市町村の認定等）

第三〇条の五　前条各号に掲げる小学校就学前子どもの保護者は、子育てのための施設等利用給付を受けようとするときは、内閣府令で定めるところにより、市町村に対し、その小学校就学前子どもごとに、子育てのための施設等利用給付を受ける資格を有すること及びその該当する同条各号に掲げる小学校就学前子どもの区分についての認定を申請し、その認定を受けなければならない。

②　前項の認定（以下「施設等利用給付認定」という。）は、小学校就学前子どもの保護者の居住地の市町村が行うものと

する。ただし、小学校就学前子どもの保護者が居住地を有しないとき、又は明らかでないときは、その小学校就学前子どもの保護者の現在地の市町村が行うものとする。

③　市町村は、施設等利用給付認定を行ったときは、内閣府令で定めるところにより、その結果その他の内閣府令で定める事項を当該施設等利用給付認定に係る保護者（以下「施設等利用給付認定保護者」という。）に通知するものとする。

④　市町村は、第一項の規定による申請について、当該保護者が子育てのための施設等利用給付を受ける資格を有すると認められないときは、理由を付して、その旨を当該申請に係る保護者に通知するものとする。

⑤　第一項の規定による申請に対する処分は、当該申請のあった日から三十日以内にしなければならない。ただし、当該申請に係る保護者の労働又は疾病の状況の調査に日時を要することその他の特別な理由がある場合には、当該申請のあった日から三十日以内に、当該保護者に対し、当該申請に対する処分をするためになお要する期間（次項において「処理見込期間」という。）及びその理由を通知し、これを延期することができる。

⑥　第一項の規定による申請をした日から三十日以内に当該申請に対する処分がされないとき、若しくは前項ただし書の規定による通知がないとき、又は処理見込期間が経過した日までに当該申請に対する処分がされないときは、当該申請に係る保護者は、市町村が当該申請を却下したものとみなすことができる。

⑦　次の各号に掲げる教育・保育給付認定保護者であって、その保育認定子どもについて現に施設型給付費、特例施設型給付費、地域型保育給付費又は特例地域型保育給付費の支給を受けていないものは、第一項の規定にかかわらず、施設等利用給付認定の申請をすることを要しない。この場合において、当該教育・保育給付認定保護者は、子育てのための施設等利用給付を受ける資格を有すること及び当該保育認定子どもが当該各号に定める小学校就学前子どもの区分に該当することについての施設等利用給付認定を受けたものとみなす。

一　第十九条第一項第二号に掲げる小学校就学前子どもに該当する教育・保育給付認定子ども（満三歳に達する日以後の最初の三月三十一日までの間にあるものを除く。）に係る教育・保育給付認定保護者　前条第二号に掲げる小学校就学前子ども

二　第十九条第一項第二号に掲げる小学校就学前子どもに該当する教育・保育給付認定子ども（満三歳に達する日以後の最初の三月三十一日までの間にあるものに限る。）又は満三歳未満保育認定子どもに係る教育・保育給付認定保護者（その者及びその者と同一の世帯に属する者が市町村民税世帯非課税者である場合に限る。）　前条第三号に掲げる小学校就学前子ども

（施設等利用給付認定の有効期間）

第三〇条の六　施設等利用給付認定は、内閣府令で定める期間（以下「施設等利用給付認定の有効期間」という。）内に限り、その効力を有する。

（届出）

第三〇条の七　施設等利用給付認定保護者は、施設等利用給付認定の有効期間内において、内閣府令で定めるところにより、市町村に対し、その労働又は疾病の状況その他の内閣府令で定める事項を届け出、かつ、内閣府令で定める書類その他の物件を提出しなければならない。

（施設等利用給付認定の変更）

第三〇条の八　施設等利用給付認定保護者は、現に受けている

施設等利用給付認定に係る小学校就学前子ども（以下「施設等利用給付認定子ども」という。）の該当する第三十条の四各号に掲げる小学校就学前子どもの区分その他の内閣府令で定める事項を変更する必要があるときは、内閣府令で定めるところにより、市町村に対し、施設等利用給付認定の変更の認定を申請することができる。

② 市町村は、前項の規定による申請により、施設等利用給付認定保護者につき、必要があると認めるときは、施設等利用給付認定の変更の認定を行うことができる。

③ 第三十条の五第二項から第六項までの規定は、前項の施設等利用給付認定の変更の認定について準用する。この場合において、必要な技術的読替えは、政令で定める。

④ 市町村は、職権により、施設等利用給付認定保護者につき、第三十条の四第三号に掲げる小学校就学前子どもに該当する施設等利用給付認定子どもが満三歳に達する日以後の最初の三月三十一日を経過した日以後引き続き同一の特定子ども・子育て支援施設等（第三十条の十一第一項に規定する特定子ども・子育て支援施設等をいう。）を利用するときその他必要があると認めるときは、内閣府令で定めるところにより、施設等利用給付認定の変更の認定を行うことができる。

⑤ 第三十条の五第二項及び第三項の規定は、前項の施設等利用給付認定の変更の認定について準用する。この場合において、必要な技術的読替えは、政令で定める。

（施設等利用給付認定の取消し）

第三〇条の九　施設等利用給付認定を行った市町村は、次に掲げる場合には、当該施設等利用給付認定を取り消すことができる。

一　当該施設等利用給付認定に係る満三歳未満の小学校就学前子どもが、施設等利用給付認定の有効期間内に、第三十条の四第三号に掲げる小学校就学前子どもに該当しなくなったとき。

二　当該施設等利用給付認定保護者が、施設等利用給付認定の有効期間内に、当該市町村以外の市町村の区域内に居住地を有するに至ったと認めるとき。

三　その他政令で定めるとき。

② 市町村は、前項の規定により施設等利用給付認定の取消しを行ったときは、理由を付して、その旨を当該取消しに係る施設等利用給付認定保護者に通知するものとする。

（内閣府令への委任）

第三〇条の一〇　この款に定めるもののほか、施設等利用給付認定の申請その他の手続に関し必要な事項は、内閣府令で定める。

第三款　施設等利用費の支給

第三〇条の一一　市町村は、施設等利用給付認定子どもが、施設等利用給付認定の有効期間内において、市町村長が施設等利用費の支給に係る施設又は事業として確認する子ども・子育て支援施設等（以下「特定子ども・子育て支援施設等」という。）から当該確認に係る教育・保育その他の子ども・子育て支援（次の各号に掲げる子ども・子育て支援施設等の区分に応じ、当該各号に定める小学校就学前子どもに該当する施設等利用給付認定子どもが受けるものに限る。以下「特定子ども・子育て支援」という。）を受けたときは、内閣府令で定めるところにより、当該施設等利用給付認定子どもに係る施設等利用給付認定保護者に対し、当該特定子ども・子育て支援に要した費用（食事の提供に要する費用その他の日常生活に要する費用のうち内閣府令で定める費用を除く。）について、施設等利用費を支給する。

一　認定こども園　第三十条の四各号に掲げる小学校就学前子ども

二　幼稚園又は特別支援学校　第三十条の四第一号若しくは第二号に掲げる小学校就学前子ども又は同条第三号に掲げる小学校就学前子ども（満三歳以上のものに限る。）

三　第七条第十項第四号から第八号までに掲げる子ども・子育て支援施設等　第三十条の四第二号又は第三号に掲げる小学校就学前子ども

② 施設等利用費の額は、一月につき、第三十条の四各号に掲げる小学校就学前子どもの区分ごとに、子どものための教育・保育給付との均衡、子ども・子育て支援施設等の利用に要する標準的な費用の状況その他の事情を勘案して政令で定めるところにより算定した額とする。

③ 施設等利用給付認定子どもが特定子ども・子育て支援施設等から特定子ども・子育て支援を受けたときは、市町村は、当該施設等利用給付認定子どもに係る施設等利用給付認定保護者が当該特定子ども・子育て支援施設等である施設の設置者又は事業を行う者（以下「特定子ども・子育て支援提供者」という。）に支払うべき当該特定子ども・子育て支援に要した費用について、施設等利用費として当該施設等利用給付認定保護者に支給すべき額の限度において、当該施設等利用給付認定保護者に代わり、当該特定子ども・子育て支援提供者に支払うことができる。

④ 前項の規定による支払があったときは、施設等利用給付認定保護者に対し施設等利用費の支給があったものとみなす。

⑤ 前各項に定めるもののほか、施設等利用費の支給に関し必要な事項は、内閣府令で定める。

第三章　特定教育・保育施設及び特定地域型保育事業者施設等

第一節　特定教育・保育施設及び特定地域型保育事業者

第一款　特定教育・保育施設並びに特定子ども・子育て支援

（特定教育・保育施設の確認）

第三十一条　第二十七条第一項の確認は、内閣府令で定めるところにより、教育・保育施設の設置者（国（国立大学法人法（平成十五年法律第百十二号）第二条第一項に規定する国立大学法人を含む。第五十八条の九第二項、第三項及び第六項、第六十五条第四号及び第五号並びに附則第七条において同じ。）及び公立大学法人（地方独立行政法人法（平成十五年法律第百十八号）第六十八条第一項に規定する公立大学法人をいう。第五十八条の四第一項第一号、第五十八条の第二項並びに第六十五条第三号及び第四号において同じ。）を除き、法人に限る。以下同じ。）の申請により、次の各号に掲げる教育・保育施設の区分に応じ、当該各号に定める小学校就学前子どもの区分ごとの利用定員を定めて、市町村長が行う。

一　認定こども園　第十九条第一項各号に掲げる小学校就学前子どもの区分

二　幼稚園　第十九条第一項第一号に掲げる小学校就学前子どもの区分

三　保育所　第十九条第一項第二号に掲げる小学校就学前子どもの区分及び同項第三号に掲げる小学校就学前子どもの区分

② 市町村長は、前項の規定により特定教育・保育施設の利用

定員を定めようとするときは、あらかじめ、第七十七条第一項の審議会その他の合議制の機関を設置している場合にあってはその意見を、その他の場合にあっては子どもの保護者その他子ども・子育て支援に係る当事者の意見を聴かなければならない。

③　市町村長は、第一項の規定により特定教育・保育施設の利用定員を定めたときは、内閣府令で定めるところにより、都道府県知事に届け出なければならない。

（特定教育・保育施設の確認の変更）

第三二条　特定教育・保育施設の設置者は、利用定員（第二十七条第一項の確認において定められた利用定員をいう。第三十四条第三項第一号を除き、以下この款において同じ。）を増加しようとするときは、あらかじめ、内閣府令で定めるところにより、当該特定教育・保育施設に係る第二十七条第一項の確認の変更を申請することができる。

②　前条第三項の規定は、前項の確認の変更の申請があった場合について準用する。この場合において、必要な技術的読替えは、政令で定める。

③　市町村長は、前項の規定により前条第三項の規定を準用する場合のほか、利用定員を変更したときは、内閣府令で定めるところにより、都道府県知事に届け出なければならない。

（特定教育・保育施設の設置者の責務）

第三三条　特定教育・保育施設の設置者は、教育・保育給付認定保護者から利用の申込みを受けたときは、正当な理由がなければ、これを拒んではならない。

②　特定教育・保育施設の設置者は、第十九条第一項各号に掲げる小学校就学前子どもの区分ごとの当該特定教育・保育施設における前項の申込みに係る教育・保育給付認定子ども及び当該特定教育・保育施設を現に利用している教育・保育給付認定子どもの総数が、当該区分に応ずる当該特定教育・保育施設の利用定員の総数を超える場合においては、内閣府令で定めるところにより、同項の申込みに係る教育・保育給付認定子どもを公正な方法で選考しなければならない。

③　内閣総理大臣は、前項の内閣府令を定め、又は変更しようとするときは、あらかじめ、文部科学大臣及び厚生労働大臣に協議しなければならない。

④　特定教育・保育施設の設置者は、教育・保育給付認定子どもに対し適切な特定教育・保育を提供するとともに、市町村、児童相談所、児童福祉法第七条第一項に規定する児童福祉施設（第四十五条第四項及び第五十八条の三第一項において「児童福祉施設」という。）、教育機関その他の関係機関との緊密な連携を図りつつ、良質な教育・保育を小学校就学前子どもの置かれている状況その他の事情に応じ、効果的に行うように努めなければならない。

⑤　特定教育・保育施設の設置者は、その提供する特定教育・保育の質の評価を行うことその他の措置を講ずることにより、特定教育・保育の質の向上に努めなければならない。

⑥　特定教育・保育施設の設置者は、小学校就学前子どもの人格を尊重するとともに、この法律及びこの法律に基づく命令を遵守し、誠実にその職務を遂行しなければならない。

（特定教育・保育施設の基準）

第三四条　特定教育・保育施設の設置者は、次の各号に掲げる教育・保育施設の区分に応じ、当該各号に定める基準（以下「教育・保育施設の認可基準」という。）を遵守しなければならない。

一　認定こども園　認定こども園法第三条第一項の規定により都道府県（地方自治法第二百五十二条の十九第一項の指定都市又は同法第二百五十二条の二十二第一項の中核市

（以下「指定都市等」という。）の区域内に所在する認定こども園（都道府県が設置するものを除く。以下「指定都市等所在認定こども園」という。）については、当該指定都市等。以下この号において同じ。）の条例で定める要件（当該認定こども園が認定こども園法第三条第一項の認定を受けたものである場合又は同項の規定により都道府県の条例で定める要件に適合しているものとして同条第十一項の規定による公示がされたものである場合に限る。）、認定こども園法第三条第三項の規定により都道府県の条例で定める要件（当該認定こども園が同項の認定を受けたものである場合又は同項の規定により都道府県の条例で定める要件に適合しているものとして同条第十一項の規定による公示がされたものである場合に限る。）又は認定こども園法第十三条第一項の規定により都道府県の条例で定める設備及び運営についての基準（当該認定こども園が幼保連携型認定こども園（認定こども園法第二条第七項に規定する幼保連携型認定こども園をいう。）である場合に限る。）

二　幼稚園　学校教育法第三条に規定する学校の設備、編制その他に関する設置基準第五十八条の四第一項第二号及び第三号並びに第五十八条の九第二項において「設置基準」という。）（幼稚園に係るものに限る。）

三　保育所　児童福祉法第四十五条第一項の規定により都道府県（指定都市等又は同法第五十九条の四第一項に規定する児童相談所設置市（以下「児童相談所設置市」という。）の区域内に所在する保育所（都道府県が設置するものを除く。第三十九条第二項及び第四十条第一項第二号において「指定都市等所在保育所」という。）については、当該指定都市等又は児童相談所設置市）の条例で定める児童福祉施設の設備及び運営についての基準（保育所に係るものに限る。）

② 特定教育・保育施設の設置者は、市町村の条例で定める特定教育・保育施設の運営に関する基準に従い、特定教育・保育（特定教育・保育施設が特別利用保育又は特別利用教育を行う場合にあっては、特別利用保育又は特別利用教育を含む。以下この款において同じ。）を提供しなければならない。

③ 市町村が前項の条例を定めるに当たっては、次に掲げる事項については内閣府令で定める基準に従い定めるものとし、その他の事項については内閣府令で定める基準を参酌するものとする。

一　特定教育・保育施設に係る利用定員（第二十七条第一項の確認において定める利用定員をいう。第七十七条第一項第一号において同じ。）

二　特定教育・保育施設の運営に関する事項であって、小学校就学前子どもの適切な処遇の確保及び秘密の保持並びに小学校就学前子どもの健全な発達に密接に関連するものとして内閣府令で定めるもの

④ 内閣総理大臣は、前項に規定する内閣府令で定める基準を定め、又は変更しようとするとき、及び同項第二号の内閣府令を定め、又は変更しようとするときは、あらかじめ、文部科学大臣及び厚生労働大臣に協議するとともに、特定教育・保育の取扱いに関する部分について第七十二条に規定する子ども・子育て会議の意見を聴かなければならない。

⑤ 特定教育・保育施設の設置者は、次条第二項の規定による利用定員の減少の届出をしたとき又は第三十六条の規定による確認の辞退をするときは、当該届出の日又は同条に規定する予告期間の開始日の前一月以内に当該特定教育・保育を受けていた者であって、当該利用定員の減少又は確認の辞退の

日以後においても引き続き当該特定教育・保育に相当する教育・保育の提供を希望する者に対し、必要な教育・保育が継続的に提供されるよう、他の特定教育・保育施設の設置者その他関係者との連絡調整その他の便宜の提供を行わなければならない。

（変更の届出等）

第三十五条　特定教育・保育施設の設置者は、設置者の住所その他の内閣府令で定める事項に変更があったときは、内閣府令で定めるところにより、十日以内に、その旨を市町村長に届け出なければならない。

②　特定教育・保育施設の設置者は、当該利用定員の減少をしようとするときは、内閣府令で定めるところにより、その利用定員の減少の日の三月前までに、その旨を市町村長に届け出なければならない。

（確認の辞退）

第三十六条　特定教育・保育施設は、三月以上の予告期間を設けて、当該特定教育・保育施設に係る第二十七条第一項の確認を辞退することができる。

（市町村長等による連絡調整又は援助）

第三十七条　市町村長は、特定教育・保育施設の設置者による第三十四条第五項に規定する便宜の提供が円滑に行われるため必要があると認めるときは、当該特定教育・保育施設の設置者及び他の特定教育・保育施設の設置者その他の関係者相互間の連絡調整又は当該特定教育・保育施設の設置者及び当該関係者に対する助言その他の援助を行うことができる。

②　都道府県知事は、同一の特定教育・保育施設の設置者について二以上の市町村長が前項の規定による連絡調整又は援助を行う場合において、当該特定教育・保育施設の設置者による第三十四条第五項に規定する便宜の提供が円滑に行われるため必要があると認めるときは、当該市町村長相互間の連絡調整又は当該特定教育・保育施設の設置者に対する市町村の区域を超えた広域的な見地からの助言その他の援助を行うことができる。

③　内閣総理大臣は、同一の特定教育・保育施設の設置者について二以上の都道府県知事が前項の規定による連絡調整又は援助を行う場合において、当該特定教育・保育施設の設置者による第三十四条第五項に規定する便宜の提供が円滑に行われるため必要があると認めるときは、当該都道府県知事相互間の連絡調整又は当該特定教育・保育施設の設置者に対する都道府県の区域を超えた広域的な見地からの助言その他の援助を行うことができる。

（報告等）

第三十八条　市町村長は、必要があると認めるときは、この法律の施行に必要な限度において、特定教育・保育施設若しくは特定教育・保育施設の設置者若しくは特定教育・保育施設の設置者であった者若しくは特定教育・保育施設の職員であった者（以下この項において「特定教育・保育施設の設置者であった者等」という。）に対し、報告若しくは帳簿書類その他の物件の提出若しくは提示を命じ、特定教育・保育施設の設置者若しくは特定教育・保育施設の職員若しくは特定教育・保育施設の設置者であった者等に対し出頭を求め、又は当該市町村の職員に関係者に対して質問させ、若しくは特定教育・保育施設、特定教育・保育施設の設置者の事務所その他特定教育・保育施設の運営に関係のある場所に立ち入り、その設備若しくは帳簿書類その他の物件を検査させることができる。

②　第十三条第二項の規定は前項の規定による質問又は検査について、同条第三項の規定は前項の規定による権限について

それぞれ準用する。

（勧告、命令等）

第三九条　市町村長は、特定教育・保育施設の設置者が、次の各号に掲げる場合に該当すると認めるときは、当該特定教育・保育施設の設置者に対し、期限を定めて、当該各号に定める措置をとるべきことを勧告することができる。

一　第三十四条第二項の市町村の条例で定める特定教育・保育施設の運営に関する基準に従って施設型給付費の支給に係る施設として適正な特定教育・保育施設の運営をしていない場合　当該基準を遵守すること。

二　第三十四条第五項に規定する便宜の提供を施設型給付費の支給に係る施設として適正に行っていない場合　当該便宜の提供を適正に行うこと。

②　市町村長（指定都市等所在認定こども園については当該指定都市等の長を除き、指定都市等所在保育所については当該指定都市等又は児童相談所設置市の長を除く。第五項において同じ。）は、特定教育・保育施設（指定都市等所在認定こども園及び指定都市等所在保育所を除く。以下この項及び第五項において同じ。）の設置者が教育・保育施設の認可基準に従って施設型給付費の支給に係る施設として適正な教育・保育施設の運営をしていないと認めるときは、遅滞なく、その旨を、当該特定教育・保育施設に係る教育・保育施設の認可等（教育・保育施設に係る認定こども園法第十七条第一項、学校教育法第四条第一項若しくは児童福祉法第三十五条第四項の認可又は認定こども園法第三条第一項若しくは第三項の認定をいう。第五項及び次条第一項第二号において同じ。）を行った都道府県知事に通知しなければならない。

③　市町村長は、第一項の規定による勧告をした場合において、その勧告を受けた特定教育・保育施設の設置者が、同項の期限内にこれに従わなかったときは、その旨を公表することができる。

④　市町村長は、第一項の規定による勧告を受けた特定教育・保育施設の設置者が、正当な理由がなくてその勧告に係る措置をとらなかったときは、当該特定教育・保育施設の設置者に対し、期限を定めて、その勧告に係る措置をとるべきことを命ずることができる。

⑤　市町村長は、前項の規定による命令をしたときは、その旨を公示するとともに、遅滞なく、その旨を、当該特定教育・保育施設に係る教育・保育施設の認可等を行った都道府県知事に通知しなければならない。

（確認の取消し等）

第四〇条　市町村長は、次の各号のいずれかに該当する場合においては、当該特定教育・保育施設に係る第二十七条第一項の確認を取り消し、又は期間を定めてその確認の全部若しくは一部の効力を停止することができる。

一　特定教育・保育施設の設置者が、第三十三条第六項の規定に違反したと認められるとき。

二　特定教育・保育施設の設置者が、教育・保育施設の認可基準に従って施設型給付費の支給に係る施設として適正な教育・保育施設の運営をすることができなくなったと当該特定教育・保育施設に係る教育・保育施設の認可等を行った都道府県知事（指定都市等所在認定こども園については当該指定都市等の長とし、指定都市等所在保育所については当該指定都市等又は児童相談所設置市の長とする。）が認めたとき。

三　特定教育・保育施設の設置者が、第三十四条第二項の市町村の条例で定める特定教育・保育施設の運営に関する基準に従って施設型給付費の支給に係る施設として適正な特定教育・保育施設の運営をすることができなくなったとき。
四　施設型給付費又は特例施設型給付費の請求に関し不正があったとき。
五　特定教育・保育施設の設置者が、第三十八条第一項の規定により報告又は帳簿書類その他の物件の提出若しくは提示を命ぜられてこれに従わず、又は虚偽の報告をしたとき。
六　特定教育・保育施設の設置者又はその職員が、第三十八条第一項の規定により出頭を求められてこれに応ぜず、同項の規定による質問に対して答弁せず、若しくは虚偽の答弁をし、又は同項の規定による検査を拒み、妨げ、若しくは忌避したとき。ただし、当該特定教育・保育施設の職員がその行為をした場合において、その行為を防止するため、当該特定教育・保育施設の設置者が相当の注意及び監督を尽くしたときを除く。
七　特定教育・保育施設の設置者が、不正の手段により第二十七条第一項の確認を受けたとき。
八　前各号に掲げる場合のほか、特定教育・保育施設の設置者が、この法律その他国民の福祉若しくは学校教育に関する法律で政令で定めるもの又はこれらの法律に基づく命令若しくは処分に違反したとき。
九　前各号に掲げる場合のほか、特定教育・保育施設の設置者が、教育・保育に関し不正又は著しく不当な行為をしたとき。
十　特定教育・保育施設の設置者の役員（業務を執行する社員、取締役、執行役又はこれらに準ずる者をいい、相談役、顧問その他いかなる名称を有する者であるかを問わず、法人に対し業務を執行する社員、取締役、執行役又はこれらに準ずる者と同等以上の支配力を有するものと認められる者を含む。以下同じ。）又はその長のうちに過去五年以内に教育・保育に関し不正又は著しく不当な行為をした者があるとき。
②　前項の規定により第二十七条第一項の確認を取り消された教育・保育施設の設置者（政令で定める者を除く。）及びこれに準ずる者として政令で定める者は、その取消しの日又はこれに準ずる日として政令で定める日から起算して五年を経過するまでの間は、第三十一条第一項の申請をすることができない。

（公示）

第四一条　市町村長は、次に掲げる場合には、遅滞なく、当該特定教育・保育施設の設置者の名称、当該特定教育・保育施設の所在地その他の内閣府令で定める事項を都道府県知事に届け出るとともに、これを公示しなければならない。
一　第二十七条第一項の確認をしたとき。
二　第三十六条の規定による第二十七条第一項の確認の辞退があったとき。
三　前条第一項の規定により第二十七条第一項の確認を取り消し、又は同項の確認の全部若しくは一部の効力を停止したとき。

（市町村によるあっせん及び要請）

第四二条　市町村は、特定教育・保育施設に関し必要な情報の提供を行うとともに、教育・保育給付認定保護者から求めがあった場合その他必要と認められる場合には、特定教育・保育施設を利用しようとする教育・保育給付認定子どもに係る教育・保育給付認定保護者の教育・保育に係る希望、当該教育・保育給付認定子どもの養育の状況、当該教育・保育給付認定保護者に必要な支援の内容その他の事情を勘案し、当該教育・保育給付認定子どもが適切に特定教育・保育施設を利用できるよう、相談に応じ、必要な助言又は特定教育・保育施設の利用についてのあっせんを行うとともに、必要に応じて、特定教育・保育施設の設置者に対し、当該教育・保育給付認定子どもの利用の要請を行うものとする。

② 特定教育・保育施設の設置者は、前項の規定により行われるあっせん及び要請に対し、協力しなければならない。

第二款　特定地域型保育事業者

（特定地域型保育事業者の確認）

第四三条　第二十九条第一項の確認は、内閣府令で定めるところにより、地域型保育事業を行う者の申請により、地域型保育の種類及び当該地域型保育の種類に係る地域型保育事業を行う事業所（以下「地域型保育事業所」という。）ごとに、第十九条第一項第三号に掲げる小学校就学前子どもに係る利用定員（事業所内保育の事業を行う事業所（以下「事業所内保育事業所」という。）にあっては、その雇用する労働者の監護する小学校就学前子どもを保育するため当該事業所内保育の事業を自ら施設を設置し、又は委託して行う事業主に係る当該小学校就学前子ども（当該事業所内保育の事業が、事業主団体に係るものにあっては事業主団体の構成員である事業主の雇用する労働者の監護する小学校就学前子どもとし、共済組合等（児童福祉法第六条の三第十二項第一号ハに規定する共済組合等をいう。）に係るものにあっては共済組合等の構成員（同号ハに規定する共済組合等の構成員をいう。）の監護する小学校就学前子どもとする。以下「労働者等の監護する小学校就学前子ども」という。）及びその他の小学校就学前子どもごとに定める第十九条第一項第三号に掲げる小学校就学前子どもに係る利用定員とする。）を定めて、市町村長が行う。

② 市町村長は、前項の規定により特定地域型保育事業（特定地域型保育を行う事業をいう。以下同じ。）の利用定員を定めようとするときは、あらかじめ、第七十七条第一項の審議会その他の合議制の機関を設置している場合にあってはその意見を、その他の場合にあっては子どもの保護者その他子ども・子育て支援に係る当事者の意見を聴かなければならない。

（特定地域型保育事業者の確認の変更）

第四四条　特定地域型保育事業者は、利用定員（第二十九条第一項の確認において定められた利用定員をいう。第四十六条第三項第一号を除き、以下この款において同じ。）を増加しようとするときは、あらかじめ、内閣府令で定めるところにより、当該特定地域型保育事業者に係る第二十九条第一項の確認の変更を申請することができる。

（特定地域型保育事業者の責務）

第四五条　特定地域型保育事業者は、教育・保育給付認定保護者から利用の申込みを受けたときは、正当な理由がなければ、これを拒んではならない。

② 特定地域型保育事業者は、前項の申込みに係る満三歳未満保育認定子ども及び当該特定地域型保育事業者に係る特定地域型保育事業を現に利用している満三歳未満保育認定子どもの総数が、その利用定員の総数を超える場合においては、内閣府令で定めるところにより、同項の申込みに係る満三歳未満保育認定子どもを公正な方法で選考しなければならない。

③ 内閣総理大臣は、前項の内閣府令を定め、又は変更しようとするときは、あらかじめ、厚生労働大臣に協議しなければならない。

④ 特定地域型保育事業者は、満三歳未満保育認定子どもに対

し適切な地域型保育を提供するとともに、市町村、教育・保育施設、児童相談所、児童福祉施設、教育機関その他の関係機関との緊密な連携を図りつつ、良質な地域型保育を小学校就学前子どもの置かれている状況その他の事情に応じ、効果的に行うように努めなければならない。

⑤　特定地域型保育事業者は、その提供する地域型保育の質の評価を行うことその他の措置を講ずることにより、地域型保育の質の向上に努めなければならない。

⑥　特定地域型保育事業者は、小学校就学前子どもの人格を尊重するとともに、この法律及びこの法律に基づく命令を遵守し、誠実にその職務を遂行しなければならない。

（特定地域型保育事業の基準）

第四六条　特定地域型保育事業者は、地域型保育の種類に応じ、児童福祉法第三十四条の十六第一項の規定により市町村の条例で定める設備及び運営についての基準（以下「地域型保育事業の認可基準」という。）を遵守しなければならない。

②　特定地域型保育事業者は、市町村の条例で定める特定地域型保育事業の運営に関する基準に従い、特定地域型保育を提供しなければならない。

③　市町村が前項の条例を定めるに当たっては、次に掲げる事項については内閣府令で定める基準に従い定めるものとし、その他の事項については内閣府令で定める基準を参酌するものとする。

一　特定地域型保育事業に係る利用定員（第二十九条第一項の確認において定める利用定員をいう。第七十七条第一項第二号において同じ。）

二　特定地域型保育事業の運営に関する事項であって、小学校就学前子どもの適切な処遇の確保及び秘密の保持等並びに小学校就学前子どもの健全な発達に密接に関連するものとして内閣府令で定めるもの

④　内閣総理大臣は、前項に規定する内閣府令で定める基準を定め、又は変更しようとするとき、及び同項第二号の内閣府令を定め、又は変更しようとするときは、あらかじめ、厚生労働大臣に協議するとともに、特定地域型保育の取扱いに関する部分について第七十二条に規定する子ども・子育て会議の意見を聴かなければならない。

⑤　特定地域型保育事業者は、次条第二項の規定による利用定員の減少の届出をしたとき又は第四十八条の規定による確認の辞退をするときは、当該届出の日又は同条に規定する予告期間の開始日の前一月以内に当該特定地域型保育を受けていた者であって、当該利用定員の減少又は確認の辞退の日以後においても引き続き当該特定地域型保育に相当する地域型保育の提供を希望する者に対し、必要な地域型保育が継続的に提供されるよう、他の特定地域型保育事業者その他関係者との連絡調整その他の便宜の提供を行わなければならない。

（変更の届出等）

第四七条　特定地域型保育事業者は、当該特定地域型保育事業所の名称及び所在地その他内閣府令で定める事項に変更があったときは、内閣府令で定めるところにより、十日以内に、その旨を市町村長に届け出なければならない。

②　特定地域型保育事業者は、当該特定地域型保育事業の利用定員の減少をしようとするときは、内閣府令で定めるところにより、その利用定員の減少の日の三月前までに、その旨を市町村長に届け出なければならない。

（確認の辞退）

第四八条　特定地域型保育事業者は、三月以上の予告期間を設けて、当該特定地域型保育事業者に係る第二十九条第一項の

確認を辞退することができる。

（市町村長等による連絡調整又は援助）

第四九条　市町村長は、特定地域型保育事業者による第四十六条第五項に規定する便宜の提供が円滑に行われるため必要があると認めるときは、当該特定地域型保育事業者及び他の特定地域型保育事業者その他の関係者相互間の連絡調整又は当該特定地域型保育事業者及び当該関係者に対する助言その他の援助を行うことができる。

②　都道府県知事は、同一の特定地域型保育事業者について二以上の市町村長が前項の規定による連絡調整又は援助を行う場合において、当該特定地域型保育事業者による第四十六条第五項に規定する便宜の提供が円滑に行われるため必要があると認めるときは、当該市町村長相互間の連絡調整又は当該特定地域型保育事業者に対する市町村の区域を超えた広域的な見地からの助言その他の援助を行うことができる。

③　内閣総理大臣は、同一の特定地域型保育事業者について二以上の都道府県知事が前項の規定による連絡調整又は援助を行う場合において、当該特定地域型保育事業者による第四十六条第五項に規定する便宜の提供が円滑に行われるため必要があると認めるときは、当該都道府県知事相互間の連絡調整又は当該特定地域型保育事業者に対する都道府県の区域を超えた広域的な見地からの助言その他の援助を行うことができる。

（報告等）

第五〇条　市町村長は、必要があると認めるときは、この法律の施行に必要な限度において、特定地域型保育事業者若しくは特定地域型保育事業者であった者若しくは特定地域型保育事業所の職員であった者（以下この項において「特定地域型保育事業者であった者等」という。）に対し、報告若しくは帳簿書類その他の物件の提出若しくは提示を命じ、特定地域型保育事業者若しくは特定地域型保育事業者であった者等に対し出頭を求め、又は当該市町村の職員に関係者に対して質問させ、若しくは特定地域型保育事業者の特定地域型保育事業所、事務所その他特定地域型保育事業に関係のある場所に立ち入り、その設備若しくは帳簿書類その他の物件を検査させることができる。

②　第十三条第二項の規定は前項の規定による質問又は検査について、同条第三項の規定は前項の規定による権限について、それぞれ準用する。

（勧告、命令等）

第五一条　市町村長は、特定地域型保育事業者が、次の各号に掲げる場合に該当すると認めるときは、当該特定地域型保育事業者に対し、期限を定めて、当該各号に定める措置をとるべきことを勧告することができる。

一　地域型保育事業の認可基準に従って地域型保育給付費の支給に係る事業を行う者として適正な地域型保育事業の運営をしていない場合　当該基準を遵守すること。

二　第四十六条第二項の市町村の条例で定める特定地域型保育事業の運営に関する基準に従って地域型保育給付費の支給に係る事業を行う者として適正な特定地域型保育事業の運営をしていない場合　当該基準を遵守すること。

三　第四十六条第五項に規定する便宜の提供を地域型保育給付費の支給に係る事業を行う者として適正に行っていない場合　当該便宜の提供を適正に行うこと。

②　市町村長は、前項の規定による勧告をした場合において、その勧告を受けた特定地域型保育事業者が、同項の期限内にこれに従わなかったときは、その旨を公表することができる。

③　市町村長は、第一項の規定による勧告を受けた特定地域型保育事業者が、正当な理由がなくてその勧告に係る措置をとらなかったときは、当該特定地域型保育事業者に対し、期限を定めて、その勧告に係る措置をとるべきことを命ずることができる。
④　市町村長は、前項の規定による命令をしたときは、その旨を公示しなければならない。

（確認の取消し等）
第五二条　市町村長は、次の各号のいずれかに該当する場合においては、当該特定地域型保育事業者に係る第二十九条第一項の確認を取り消し、又は期間を定めてその確認の全部若しくは一部の効力を停止することができる。
一　特定地域型保育事業者が、第四十五条第六項の規定に違反したと認められるとき。
二　特定地域型保育事業者が、地域型保育事業の認可基準に従って地域型保育給付費の支給に係る事業を行う者として適正な地域型保育事業の運営をすることができなくなったとき。
三　特定地域型保育事業者が、第四十六条第二項の市町村の条例で定める特定地域型保育事業の運営に関する基準に従って地域型保育給付費の支給に係る事業を行う者として適正な特定地域型保育事業の運営をすることができなくなったとき。
四　地域型保育給付費又は特例地域型保育給付費の請求に関し不正があったとき。
五　特定地域型保育事業者が、第五十条第一項の規定により報告又は帳簿書類その他の物件の提出若しくは提示を命ぜられてこれに従わず、又は虚偽の報告をしたとき。
六　特定地域型保育事業者又はその特定地域型保育事業所の職員が、第五十条第一項の規定により出頭を求められてこれに応ぜず、同項の規定による質問に対して答弁せず、若しくは虚偽の答弁をし、又は同項の規定による検査を拒み、妨げ、若しくは忌避したとき。ただし、当該特定地域型保育事業所の職員がその行為をした場合において、その行為を防止するため、当該特定地域型保育事業者が相当の注意及び監督を尽くしたときを除く。
七　特定地域型保育事業者が、不正の手段により第二十九条第一項の確認を受けたとき。
八　前各号に掲げる場合のほか、特定地域型保育事業者が、この法律その他国民の福祉に関する法律で政令で定めるもの又はこれらの法律に基づく命令若しくは処分に違反したとき。
九　前各号に掲げる場合のほか、特定地域型保育事業者が、保育に関し不正又は著しく不当な行為をしたとき。
十　特定地域型保育事業者が法人である場合において、当該法人の役員又はその事業所を管理する者その他の政令で定める使用人のうちに過去五年以内に保育に関し不正又は著しく不当な行為をした者があるとき。
十一　特定地域型保育事業者が法人でない場合において、その管理者が過去五年以内に保育に関し不正又は著しく不当な行為をした者であるとき。
②　前項の規定により第二十九条第一項の確認を取り消された地域型保育事業を行う者（政令で定める者を除く。）及びこれに準ずる者として政令で定める者は、その取消しの日又はこれに準ずる日として政令で定める日から起算して五年を経過するまでの間は、第四十三条第一項の申請をすることができない。

（公示）

第五三条　市町村長は、次に掲げる場合には、遅滞なく、当該特定地域型保育事業者の名称、当該特定地域型保育事業所の所在地その他の内閣府令で定める事項を都道府県知事に届け出るとともに、これを公示しなければならない。

一　第二十九条第一項の確認をしたとき。

二　第四十八条の規定による第二十九条第一項の確認の辞退があったとき。

三　前条第一項の規定により第二十九条第一項の確認を取り消し、又は確認の全部若しくは一部の効力を停止したとき。

（市町村によるあっせん及び要請）

第五四条　市町村は、特定地域型保育事業に関し必要な情報の提供を行うとともに、教育・保育給付認定保護者から求めがあった場合その他必要と認められる場合には、特定地域型保育事業を利用しようとする満三歳未満保育認定子どもに係る教育・保育給付認定保護者の地域型保育に係る希望、当該満三歳未満保育認定子どもの養育の状況、当該教育・保育給付認定保護者に必要な支援の内容その他の事情を勘案し、当該満三歳未満保育認定子どもが適切に特定地域型保育事業を利用できるよう、相談に応じ、必要な助言又は特定地域型保育事業の利用についてのあっせんを行うとともに、必要に応じて、特定地域型保育事業者に対し、当該満三歳未満保育認定子どもの利用の要請を行うものとする。

②　特定地域型保育事業者は、前項の規定により行われるあっせん及び要請に対し、協力しなければならない。

第三款　業務管理体制の整備等

（業務管理体制の整備等）

第五五条　特定教育・保育施設の設置者及び特定地域型保育事業者（以下「特定教育・保育提供者」という。）は、第三十三条第六項又は第四十五条第六項に規定する義務の履行が確保されるよう、内閣府令で定める基準に従い、業務管理体制を整備しなければならない。

②　特定教育・保育提供者は、次の各号に掲げる区分に応じ、当該各号に定める者に対し、内閣府令で定めるところにより、業務管理体制の整備に関する事項を届け出なければならない。

一　その確認に係る全ての教育・保育施設又は地域型保育事業所（その確認に係る地域型保育の種類が異なるものを含む。次号において同じ。）が一の市町村の区域に所在する特定教育・保育提供者　市町村長

二　その確認に係る教育・保育施設又は地域型保育事業所が二以上の都道府県の区域に所在する特定教育・保育提供者　内閣総理大臣

三　前二号に掲げる特定教育・保育提供者以外の特定教育・保育提供者　都道府県知事

③　前項の規定による届出を行った特定教育・保育提供者は、その届け出た事項に変更があったときは、内閣府令で定めるところにより、遅滞なく、その旨を当該届出を行った同項各号に定める者（以下この節において「市町村長等」という。）に届け出なければならない。

④　第二項の規定による届出を行った特定教育・保育提供者は、同項各号に掲げる区分の変更により、同項の規定により当該届出を行った市町村長等以外の市町村長等に届出を行うときは、内閣府令で定めるところにより、その旨を当該届出を行った市町村長等にも届け出なければならない。

⑤　市町村長等は、前三項の規定による届出が適正になされるよう、相互に密接な連携を図るものとする。

（報告等）

第五六条　前条第二項の規定による届出を受けた市町村長等は、当該届出を行った特定教育・保育提供者（同条第四項の規定による届出を行った特定教育・保育提供者を除く。）における同条第一項の規定による業務管理体制の整備に関して必要があると認めるときは、この法律の施行に必要な限度において、当該特定教育・保育提供者に対し、報告若しくは帳簿書類その他の物件の提出若しくは提示を命じ、当該特定教育・保育提供者若しくは当該特定教育・保育提供者の職員に対し出頭を求め、又は当該市町村長等の職員に関係者に対し質問させ、若しくは当該特定教育・保育提供者の当該確認に係る教育・保育施設若しくは地域型保育事業所、事務所その他の教育・保育の提供に関係のある場所に立ち入り、その設備若しくは帳簿書類その他の物件を検査させることができる。

②　内閣総理大臣又は都道府県知事が前項の権限を行うときは、当該特定教育・保育提供者に係る確認を行った市町村長（次条第五項において「確認市町村長」という。）と密接な連携の下に行うものとする。

③　市町村長は、その行った又はその行おうとする確認に係る特定教育・保育提供者における前条第一項の規定による業務管理体制の整備に関して必要があると認めるときは、内閣総理大臣又は都道府県知事に対し、第一項の権限を行うよう求めることができる。

④　内閣総理大臣又は都道府県知事は、前項の規定による市町村長の求めに応じて第一項の権限を行ったときは、内閣府令で定めるところにより、その結果を当該権限を行うよう求めた市町村長に通知しなければならない。

⑤　第十三条第二項の規定は第一項の規定による質問又は検査について、同条第三項の規定は第一項の規定による権限について、それぞれ準用する。

（勧告、命令等）

第五七条　第五十五条第二項の規定による届出を受けた市町村長等は、当該届出を行った特定教育・保育提供者（同条第四項の規定による届出を行った特定教育・保育提供者を除く。）が、同条第一項に規定する内閣府令で定める基準に従って施設型給付費の支給に係る施設又は地域型保育給付費の支給に係る事業を行う者として適正な業務管理体制の整備をしていないと認めるときは、当該特定教育・保育提供者に対し、期限を定めて、当該内閣府令で定める基準に従って適正な業務管理体制を整備すべきことを勧告することができる。

②　市町村長等は、前項の規定による勧告をした場合において、その勧告を受けた特定教育・保育提供者が同項の期限内にこれに従わなかったときは、その旨を公表することができる。

③　市町村長等は、第一項の規定による勧告を受けた特定教育・保育提供者が、正当な理由がなくてその勧告に係る措置をとらなかったときは、当該特定教育・保育提供者に対し、期限を定めて、その勧告に係る措置をとるべきことを命ずることができる。

④　市町村長等は、前項の規定による命令をしたときは、その旨を公示しなければならない。

⑤　内閣総理大臣又は都道府県知事は、特定教育・保育提供者が第三項の規定による命令に違反したときは、内閣府令で定めるところにより、当該違反の内容を確認市町村長に通知しなければならない。

第四款　教育・保育に関する情報の報告及び公表

第五八条　特定教育・保育提供者は、特定教育・保育施設又は特定地域型保育事業者（以下「特定教育・保育施設等」という。）の確認を受け、教育・保育の提供を開始しようとするときその他内閣府令で定めるときは、政令で定めるところにより、その提供する教育・保育に係る教育・保育情報（教育・保育の内容及び教育・保育を提供する施設又は事業者の運営状況に関する情報であって、小学校就学前子どもに教育・保育を受けさせ、又は受けさせようとする小学校就学前子どもの保護者が適切かつ円滑に教育・保育を小学校就学前子どもに受けさせる機会を確保するために公表されることが必要なものとして内閣府令で定めるものをいう。以下同じ。）を、教育・保育を提供する施設又は事業所の所在地の都道府県知事に報告しなければならない。

② 都道府県知事は、前項の規定による報告を受けた後、内閣府令で定めるところにより、当該報告の内容を公表しなければならない。

③ 都道府県知事は、第一項の規定による報告に関して必要があると認めるときは、この法律の施行に必要な限度において、当該報告をした特定教育・保育提供者に対し、教育・保育情報のうち内閣府令で定めるものについて、調査を行うことができる。

④ 都道府県知事は、特定教育・保育提供者が第一項の規定による報告をせず、若しくは虚偽の報告をし、又は前項の規定による調査を受けず、若しくは調査の実施を妨げたときは、期間を定めて、当該特定教育・保育提供者に対し、その報告を行い、若しくはその報告の内容を是正し、又はその調査を受けることを命ずることができる。

⑤ 都道府県知事は、特定教育・保育提供者に対して前項の規定による処分をしたときは、遅滞なく、その旨を、当該特定教育・保育施設等の確認をした市町村長に通知しなければならない。

⑥ 都道府県知事は、特定教育・保育提供者が、第四項の規定による命令に従わない場合において、当該特定教育・保育施設等の確認を取り消し、又は期間を定めてその確認の全部若しくは一部の効力を停止することが適当であると認めるときは、理由を付して、その旨をその確認をした市町村長に通知しなければならない。

⑦ 都道府県知事は、小学校就学前子どもに教育・保育を受けさせ、又は受けさせようとする小学校就学前子どもの保護者が適切かつ円滑に教育・保育を小学校就学前子どもに受けさせる機会の確保に資するため、教育・保育の質及び教育・保育を担当する職員に関する情報（教育・保育情報に該当するものを除く。）であって内閣府令で定めるものの提供を希望する特定教育・保育提供者から提供を受けた当該情報について、公表を行うよう配慮するものとする。

第二節　特定子ども・子育て支援施設等

（特定子ども・子育て支援施設等の確認）

第五八条の二　第三十条の十一第一項の確認は、内閣府令で定めるところにより、子ども・子育て支援施設等である施設の設置者又は事業を行う者の申請により、市町村長が行う。

（特定子ども・子育て支援提供者の責務）

第五八条の三　特定子ども・子育て支援提供者は、施設等利用給付認定子どもに対し適切な特定子ども・子育て支援を提供するとともに、市町村、児童相談所、児童福祉施設、教育機関その他の関係機関との緊密な連携を図りつつ、良質な特定子ども・子育て支援を小学校就学前子どもの置かれている状況その他の事情に応じ、効果的に行うように努めなければならない。

② 特定子ども・子育て支援提供者は、小学校就学前子どもの人格を尊重するとともに、この法律及びこの法律に基づく命令を遵守し、誠実にその職務を遂行しなければならない。

（特定子ども・子育て支援施設等の基準）

第五八条の四　特定子ども・子育て支援提供者は、次の各号に掲げる子ども・子育て支援施設等の区分に応じ、当該各号に定める基準を遵守しなければならない。

一　認定こども園　認定こども園法第三条第一項の規定により都道府県（指定都市等所在認定こども園（都道府県が単独で又は他の地方公共団体と共同して設立する公立大学法人が設置するものを除く。）については、当該指定都市等。以下この号において同じ。）の条例で定める要件（当該認定こども園が同項の認定を受けたものである場合に限る。）、同条第三項の規定により都道府県の条例で定める要件（当該認定こども園が同項の認定を受けたものである場合に限る。）又は認定こども園法第十三条第一項の規定により都道府県の条例で定める設備及び運営についての基準（当該認定こども園が幼保連携型認定こども園である場合に限る。）

二　幼稚園　設置基準（幼稚園に係るものに限る。）

三　特別支援学校　設置基準（特別支援学校に係るものに限る。）

四　第七条第十項第四号に掲げる施設　同号の内閣府令で定める基準

五　第七条第十項第五号に掲げる事業　同号の内閣府令で定める基準

六　第七条第十項第六号に掲げる事業　児童福祉法第三十四条の十三の厚生労働省令で定める基準（第五十八条の九第三項において「一時預かり事業基準」という。）

七　第七条第十項第七号に掲げる事業　同号の内閣府令で定める基準

八　第七条第十項第八号に掲げる事業　同号の内閣府令で定める基準

② 特定子ども・子育て支援提供者は、内閣府令で定める特定子ども・子育て支援施設等の運営に関する基準に従い、特定子ども・子育て支援を提供しなければならない。

③ 内閣総理大臣は、前項の内閣府令で定める特定子ども・子育て支援施設等の運営に関する基準を定め、又は変更しようとするときは、あらかじめ、文部科学大臣及び厚生労働大臣に協議しなければならない。

（変更の届出）

第五八条の五　特定子ども・子育て支援提供者は、特定子ども・子育て支援を提供する施設又は事業所の名称及び所在地その他の内閣府令で定める事項に変更があったときは、内閣府令で定めるところにより、十日以内に、その旨を市町村長に届け出なければならない。

（確認の辞退）

第五八条の六　特定子ども・子育て支援提供者は、三月以上の予告期間を設けて、当該特定子ども・子育て支援施設等に係る第三十条の十一第一項の確認を辞退することができる。

② 特定子ども・子育て支援提供者は、前項の規定による確認の辞退をするときは、同項に規定する予告期間の開始日の前一月以内に当該特定子ども・子育て支援を受けていた者であって、確認の辞退の日以後においても引き続き当該特定子ども・子育て支援に相当する教育・保育その他の子ども・子

育て支援の提供を希望する者に対し、必要な教育・保育その他の子ども・子育て支援が継続的に提供されるよう、他の特定子ども・子育て支援提供者その他関係者との連絡調整その他の便宜の提供を行わなければならない。

（市町村長等による連絡調整又は援助）

第五八条の七　市町村長は、特定子ども・子育て支援提供者による前条第二項に規定する便宜の提供が円滑に行われるため必要があると認めるときは、当該特定子ども・子育て支援提供者及び他の特定子ども・子育て支援提供者その他の関係者相互間の連絡調整又は当該特定子ども・子育て支援提供者及び当該関係者に対する助言その他の援助を行うことができる。

② 第三十七条第二項及び第三項の規定は、特定子ども・子育て支援提供者による前条第二項に規定する便宜の提供について準用する。

（報告等）

第五八条の八　市町村長は、必要があると認めるときは、この法律の施行に必要な限度において、特定子ども・子育て支援を提供する施設若しくは特定子ども・子育て支援提供者若しくは特定子ども・子育て支援提供者であった者若しくは特定子ども・子育て支援を提供する施設若しくは事業所の職員であった者（以下この項において「特定子ども・子育て支援提供者であった者等」という。）に対し、報告若しくは帳簿書類その他の物件の提出若しくは提示を命じ、特定子ども・子育て支援提供者若しくは特定子ども・子育て支援を提供する施設若しくは事業所の職員若しくは特定子ども・子育て支援提供者であった者等に対し出頭を求め、又は当該市町村の職員に関係者に対して質問させ、若しくは特定子ども・子育て支援を提供する施設若しくは事業所、特定子ども・子育て支援提供者の事務所その他特定子ども・子育て支援施設等の運営に関係のある場所に立ち入り、その設備若しくは帳簿書類その他の物件を検査させることができる。

② 第十三条第二項の規定は前項の規定による質問又は検査について、同条第三項の規定は前項の規定による権限について、それぞれ準用する。

（勧告、命令等）

第五八条の九　市町村長は、特定子ども・子育て支援提供者が、次の各号に掲げる場合に該当すると認めるときは、当該特定子ども・子育て支援提供者に対し、期限を定めて、当該各号に定める措置をとるべきことを勧告することができる。

一　第七条第十項各号（第一号から第三号まで及び第六号を除く。以下この号において同じ。）に掲げる施設又は事業の区分に応じ、当該各号の内閣府令で定める基準に従って施設等利用費の支給に係る施設又は事業として適正な特定子ども・子育て支援施設等の運営をしていない場合　当該基準を遵守すること。

二　第五十八条の四第二項の内閣府令で定める特定子ども・子育て支援施設等の運営に関する基準に従って施設等利用費の支給に係る施設又は事業として適正な特定子ども・子育て支援施設等の運営をしていない場合　当該基準を遵守すること。

三　第五十八条の六第二項に規定する便宜の提供を施設等利用費の支給に係る施設又は事業として適正に行っていない場合　当該便宜の提供を適正に行うこと。

② 市町村長は、特定子ども・子育て支援施設等である幼稚園又は特別支援学校の設置者（国及び地方公共団体（公立大学法人を含む。次項及び第六項において同じ。）を除く。）が設置基準（幼稚園又は特別支援学校に係るものに限る。）に

従って施設等利用費の支給に係る施設として適正な子ども・子育て支援施設等の運営をしていないと認めるときは、遅滞なく、その旨を、当該幼稚園又は特別支援学校に係る学校教育法第四条第一項の認可を行った都道府県知事に通知しなければならない。

③　市町村長（指定都市等又は児童相談所設置市の長を除く。）は、特定子ども・子育て支援施設等である第七条第十項第六号に掲げる事業を行う者（国及び地方公共団体を除く。）が一時預かり事業基準に従って施設等利用費の支給に係る事業として適正な子ども・子育て支援施設等の運営をしていないと認めるときは、遅滞なく、その旨を、当該同号に掲げる事業に係る児童福祉法第三十四条の十二第一項の規定による届出を受けた都道府県知事に通知しなければならない。

④　市町村長は、第一項の規定による勧告をした場合において、その勧告を受けた特定子ども・子育て支援提供者が、同項の期限内にこれに従わなかったときは、その旨を公表することができる。

⑤　市町村長は、第一項の規定による勧告を受けた特定子ども・子育て支援提供者が、正当な理由がなくてその勧告に係る措置をとらなかったときは、当該特定子ども・子育て支援提供者に対し、期限を定めて、その勧告に係る措置をとるべきことを命ずることができる。

⑥　市町村長（指定都市等所在届出保育施設（指定都市等又は児童相談所設置市の区域内に所在する第七条第十項第四号に掲げる施設をいい、都道府県が設置するものを除く。第二号及び次条第一項第二号において同じ。）については当該指定都市等又は児童相談所設置市の長を除き、指定都市等所在認定こども園において行われる第七条第十項第五号に掲げる事業については当該指定都市等の長を除き、指定都市等又は児童相談所設置市の区域内において行われる同項第六号又は第七号に掲げる事業については当該指定都市等又は児童相談所設置市の長を除く。）は、前項の規定による命令をしたときは、その旨を公示するとともに、遅滞なく、その旨を、次の各号に掲げる子ども・子育て支援施設等（国又は地方公共団体が設置し、又は行うものを除く。）の区分に応じ、当該各号に定める認可若しくは認定を行い、又は届出を受けた都道府県知事に通知しなければならない。

一　幼稚園又は特別支援学校　当該施設に係る学校教育法第四条第一項の認可

二　第七条第十項第四号に掲げる施設（指定都市等所在届出保育施設を除く。）　当該施設に係る児童福祉法第五十九条の二第一項の規定による届出

三　第七条第十項第五号に掲げる事業　当該事業が行われる次のイ又はロに掲げる施設の区分に応じ、それぞれイ又はロに定める認可又は認定

イ　認定こども園（指定都市等所在認定こども園を除く。）　当該施設に係る認定こども園法第十七条第一項の認可又は認定こども園法第三条第一項若しくは第三項の認定

ロ　幼稚園又は特別支援学校　当該施設に係る学校教育法第四条第一項の認可

四　第七条第十項第六号に掲げる事業（指定都市等又は児童相談所設置市の区域内において行われるものを除く。）　当該事業に係る児童福祉法第三十四条の十二第一項の規定による届出

五　第七条第十項第七号に掲げる事業（指定都市等又は児童相談所設置市の区域内において行われるものを除く。）　当

該事業に係る児童福祉法第三十四条の十八第一項の規定による届出

（確認の取消し等）

第五八条の一〇　市町村長は、次の各号のいずれかに該当する場合においては、当該特定子ども・子育て支援施設等に係る第三十条の十一第一項の確認を取り消し、又は期間を定めてその確認の全部若しくは一部の効力を停止することができる。

一　特定子ども・子育て支援提供者が、第五十八条の三第二項の規定に違反したと認められるとき。

二　特定子ども・子育て支援提供者（認定こども園の設置者及び第七条第十項第八号に掲げる事業を行う者を除く。）が、前条第六項各号に掲げる子ども・子育て支援施設等の区分に応じ、当該各号に定める認可若しくは認定を受け、又は届出を行った施設等利用費の支給に係る施設又は事業として適正な子ども・子育て支援施設等の運営をすることができなくなったと当該認可若しくは認定を行い、又は届出を受けた都道府県知事（指定都市等所在届出保育施設については当該指定都市等又は児童相談所設置市の長とし、指定都市等所在認定こども園において行われる第七条第十項第五号に掲げる事業については当該指定都市等の長とし、指定都市等又は児童相談所設置市の区域内において行われる同項第六号又は第七号に掲げる事業については当該指定都市等又は児童相談所設置市の長とする。）が認めたとき。

三　特定子ども・子育て支援提供者（第七条第十項第四号に掲げる施設の設置者又は同項第五号、第七号若しくは第八号に掲げる事業を行う者に限る。）が、それぞれ同項第四号、第五号、第七号又は第八号の内閣府令で定める基準に従って施設等利用費の支給に係る施設又は事業として適正な特定子ども・子育て支援施設等の運営をすることができなくなったとき。

四　特定子ども・子育て支援提供者が、第五十八条の四第二項の内閣府令で定める特定子ども・子育て支援施設等の運営に関する基準に従って施設等利用費の支給に係る施設又は事業として適正な特定子ども・子育て支援施設等の運営をすることができなくなったとき。

五　特定子ども・子育て支援提供者が、第五十八条の八第一項の規定により報告若しくは帳簿書類その他の物件の提出若しくは提示を命ぜられてこれに従わず、又は虚偽の報告をしたとき。

六　特定子ども・子育て支援提供者又は特定子ども・子育て支援を提供する施設若しくは事業所の職員が、第五十八条の八第一項の規定により出頭を求められてこれに応ぜず、同項の規定による質問に対して答弁せず、若しくは虚偽の答弁をし、又は同項の規定による検査を拒み、妨げ、若しくは忌避したとき。ただし、当該職員がその行為をした場合において、その行為を防止するため、当該特定子ども・子育て支援提供者が相当の注意及び監督を尽くしたときを除く。

七　特定子ども・子育て支援提供者が、不正の手段により第三十条の十一第一項の確認を受けたとき。

八　前各号に掲げる場合のほか、特定子ども・子育て支援提供者が、この法律その他国民の福祉若しくは学校教育に関する法律で政令で定めるもの又はこれらの法律に基づく命令若しくは処分に違反したとき。

九　前各号に掲げる場合のほか、特定子ども・子育て支援提供者が、教育・保育その他の子ども・子育て支援に関し不正又は著しく不当な行為をしたとき。

十　特定子ども・子育て支援提供者が法人である場合において、当該法人の役員若しくはその長又はその事業所を管理する者その他の政令で定める使用人のうちに過去五年以内に教育・保育その他の子ども・子育て支援に関し不正又は著しく不当な行為をした者があるとき。

十一　特定子ども・子育て支援提供者が法人でない場合において、その管理者が過去五年以内に教育・保育その他の子ども・子育て支援に関し不正又は著しく不当な行為をした者であるとき。

② 前項の規定により第三十条の十一第一項の確認を取り消された子ども・子育て支援施設等である施設の設置者又は事業を行う者（政令で定める者を除く。）及びこれに準ずる者として政令で定める者は、その取消しの日又はこれに準ずる日として政令で定める日から起算して五年を経過するまでの間は、第五十八条の二の申請をすることができない。

（公示）

第五八条の一一　市町村長は、次に掲げる場合には、遅滞なく、当該特定子ども・子育て支援を提供する施設又は事業所の名称及び所在地その他の内閣府令で定める事項を公示しなければならない。

一　第三十条の十一第一項の確認をしたとき。

二　第五十八条の六第一項の規定による第三十条の十一第一項の確認の辞退があったとき。

三　前条第一項の規定により第三十条の十一第一項の確認を取り消し、又は同項の確認の全部若しくは一部の効力を停止したとき。

（都道府県知事に対する協力要請）

第五八条の一二　市町村長は、第三十条の十一第一項及び第五十八条の八から第五十八条の十までに規定する事務の執行及び権限の行使に関し、都道府県知事に対し、必要な協力を求めることができる。

第四章　地域子ども・子育て支援事業

第五九条　市町村は、内閣府令で定めるところにより、第六十一条第一項に規定する市町村子ども・子育て支援事業計画に従って、地域子ども・子育て支援事業として、次に掲げる事業を行うものとする。

一　子ども及びその保護者が、確実に子ども・子育て支援給付を受け、及び地域子ども・子育て支援事業その他の子ども・子育て支援を円滑に利用できるよう、子ども及びその保護者の身近な場所において、地域の子ども・子育て支援に関する各般の問題につき、子ども又は子どもの保護者からの相談に応じ、必要な情報の提供及び助言を行うとともに、関係機関との連絡調整その他の内閣府令で定める便宜の提供を総合的に行う事業

二　教育・保育給付認定保護者であって、その保育認定子どもが、やむを得ない理由により利用日及び利用時間帯（当該教育・保育給付認定保護者が特定教育・保育施設等又は特例保育を行う事業者と締結した特定保育（特定教育・保育（保育に限る。）、特定地域型保育又は特例保育をいう。以下この号において同じ。）の提供に関する契約において、当該保育認定子どもが当該特定教育・保育施設等又は特例保育を行う事業者による特定保育を受ける日及び時間帯として定められた日及び時間帯をいう。）以外の日及び時間において当該特定教育・保育施設等又は特例保育を行う事業者による保育（保育必要量の範囲内のものを除く。以下この号において「時間外保育」という。）を受けたも

のに対し、内閣府令で定めるところにより、当該教育・保育給付認定保護者が支払うべき時間外保育の費用の全部又は一部の助成を行うことにより、必要な保育を確保する事業

三　教育・保育給付認定保護者又は施設等利用給付認定保護者のうち、その属する世帯の所得の状況その他の事情を勘案して市町村が定める基準に該当するものに対し、当該教育・保育給付認定保護者又は施設等利用給付認定保護者が支払うべき次に掲げる費用の全部又は一部を助成する事業

イ　当該教育・保育給付認定保護者に係る教育・保育給付認定子どもが特定教育・保育、特別利用保育、特別利用教育、特定地域型保育又は特例保育（以下このイにおいて「特定教育・保育等」という。）を受けた場合における日用品、文房具その他の特定教育・保育等に必要な物品の購入に要する費用又は特定教育・保育等に係る行事への参加に要する費用その他これらに類する費用として市町村が定めるもの

ロ　当該施設等利用給付認定保護者に係る施設等利用給付認定子どもが特定子ども・子育て支援（特定子ども・子育て支援施設等である認定こども園又は幼稚園が提供するものに限る。）を受けた場合における食事の提供に要する費用として内閣府令で定めるもの

四　特定教育・保育施設等への民間事業者の参入の促進に関する調査研究その他多様な事業者の能力を活用した特定教育・保育施設等の設置又は運営を促進するための事業

五　児童福祉法第六条の三第二項に規定する放課後児童健全育成事業

六　児童福祉法第六条の三第三項に規定する子育て短期支援事業

七　児童福祉法第六条の三第四項に規定する乳児家庭全戸訪問事業

八　児童福祉法第六条の三第五項に規定する養育支援訪問事業その他同法第二十五条の二第一項に規定する要保護児童対策地域協議会その他の者による同法第二十五条の七第一項に規定する要保護児童等に対する支援に資する事業

九　児童福祉法第六条の三第六項に規定する地域子育て支援拠点事業

十　児童福祉法第六条の三第七項に規定する一時預かり事業

十一　児童福祉法第六条の三第十三項に規定する病児保育事業

十二　児童福祉法第六条の三第十四項に規定する子育て援助活動支援事業

十三　母子保健法（昭和四十年法律第百四十一号）第十三条第一項の規定に基づき妊婦に対して健康診査を実施する事業

第四章の二　仕事・子育て両立支援事業

第五九条の二　政府は、仕事と子育てとの両立に資する子ども・子育て支援の提供体制の充実を図るため、仕事・子育て両立支援事業として、児童福祉法第五十九条の二第一項に規定する施設（同項の規定による届出がされたものに限る。）のうち同法第六条の三第十二項に規定する業務を目的とするものその他事業主と連携して当該事業主が雇用する労働者の監護する乳児又は幼児の保育を行う業務に係るものの設置者に対し、助成及び援助を行う事業を行うことができる。

②　全国的な事業主の団体は、仕事・子育て両立支援事業の内容に関し、内閣総理大臣に対して意見を申し出ることができる。

第五章　子ども・子育て支援事業計画

（基本指針）

第六〇条　内閣総理大臣は、教育・保育及び地域子ども・子育て支援事業の提供体制を整備し、子ども・子育て支援給付並びに地域子ども・子育て支援事業及び仕事・子育て両立支援事業の円滑な実施の確保その他子ども・子育て支援のための施策を総合的に推進するための基本的な指針（以下「基本指針」という。）を定めるものとする。

② 基本指針においては、次に掲げる事項について定めるものとする。

一　子ども・子育て支援の意義並びに子どものための教育・保育給付に係る教育・保育を一体的に提供する体制その他の教育・保育を提供する体制の確保、子育てのための施設等利用給付の円滑な実施の確保並びに地域子ども・子育て支援事業及び仕事・子育て両立支援事業の実施に関する基本的事項

二　次条第一項に規定する市町村子ども・子育て支援事業計画において教育・保育及び地域子ども・子育て支援事業の量の見込みを定めるに当たって参酌すべき標準その他当該市町村子ども・子育て支援事業計画及び第六十二条第一項に規定する都道府県子ども・子育て支援事業支援計画の作成に関する事項

三　児童福祉法その他の関係法律による専門的な知識及び技術を必要とする児童の福祉増進のための施策との連携に関する事項

四　労働者の職業生活と家庭生活との両立が図られるようにするために必要な雇用環境の整備に関する施策との連携に関する事項

五　前各号に掲げるもののほか、子ども・子育て支援給付並びに地域子ども・子育て支援事業及び仕事・子育て両立支援事業の円滑な実施の確保その他子ども・子育て支援のための施策の総合的な推進のために必要な事項

③ 内閣総理大臣は、基本指針を定め、又は変更しようとするときは、あらかじめ、文部科学大臣、厚生労働大臣その他の関係行政機関の長に協議するとともに、第七十二条に規定する子ども・子育て会議の意見を聴かなければならない。

④ 内閣総理大臣は、基本指針を定め、又はこれを変更したときは、遅滞なく、これを公表しなければならない。

（市町村子ども・子育て支援事業計画）

第六一条　市町村は、基本指針に即して、五年を一期とする教育・保育及び地域子ども・子育て支援事業の提供体制の確保その他この法律に基づく業務の円滑な実施に関する計画（以下「市町村子ども・子育て支援事業計画」という。）を定めるものとする。

② 市町村子ども・子育て支援事業計画においては、次に掲げる事項を定めるものとする。

一　市町村が、地理的条件、人口、交通事情その他の社会的条件、教育・保育を提供するための施設の整備の状況その他の条件を総合的に勘案して定める区域（以下「教育・保育提供区域」という。）ごとの当該教育・保育提供区域における各年度の特定教育・保育施設に係る必要利用定員総数（第十九条第一項各号に掲げる小学校就学前子どもの区分ごとの必要利用定員総数とする。）、特定地域型保育事業所（事業所内保育事業所における労働者等の監護する小学校就学前子どもに係る部分を除く。）に係る必要利用定員総数（同項第三号に掲げる小学校就学前子どもに係るものに限る。）その他の教育・保育の量の見込み並びに実施し

ようとする教育・保育の提供体制の確保の内容及びその実施時期
二　教育・保育提供区域ごとの当該教育・保育提供区域における各年度の地域子ども・子育て支援事業の量の見込み並びに実施しようとする地域子ども・子育て支援事業の提供体制の確保の内容及びその実施時期
三　子どものための教育・保育給付に係る教育・保育の一体的提供及び当該教育・保育の推進に関する体制の確保の内容
四　子育てのための施設等利用給付の円滑な実施の確保の内容
③　市町村子ども・子育て支援事業計画においては、前項各号に規定するもののほか、次に掲げる事項について定めるよう努めるものとする。
一　産後の休業及び育児休業後における特定教育・保育施設等の円滑な利用の確保に関する事項
二　保護を要する子どもの養育環境の整備、児童福祉法第四条第二項に規定する障害児に対して行われる保護並びに日常生活上の指導及び知識技能の付与その他の子どもに関する専門的な知識及び技術を要する支援に関する都道府県が行う施策との連携に関する事項
三　労働者の職業生活と家庭生活との両立が図られるようにするために必要な雇用環境の整備に関する施策との連携に関する事項
④　市町村子ども・子育て支援事業計画は、教育・保育提供区域における子どもの数、子どもの保護者の特定教育・保育施設等及び地域子ども・子育て支援事業の利用に関する意向その他の事情を勘案して作成されなければならない。
⑤　市町村は、教育・保育提供区域における子ども及びその保護者の置かれている環境その他の事情を正確に把握した上で、これらの事情を勘案して、市町村子ども・子育て支援事業計画を作成するよう努めるものとする。
⑥　市町村子ども・子育て支援事業計画は、社会福祉法第百七条第一項に規定する市町村地域福祉計画、教育基本法第十七条第二項の規定により市町村が定める教育の振興のための施策に関する基本的な計画（次条第四項において「教育振興基本計画」という。）その他の法律の規定による計画であって子どもの福祉又は教育に関する事項を定めるものと調和が保たれたものでなければならない。
⑦　市町村は、市町村子ども・子育て支援事業計画を定め、又は変更しようとするときは、あらかじめ、第七十七条第一項の審議会その他の合議制の機関を設置している場合にあってはその意見を、その他の場合にあっては子どもの保護者その他子ども・子育て支援に係る当事者の意見を聴かなければならない。
⑧　市町村は、市町村子ども・子育て支援事業計画を定め、又は変更しようとするときは、あらかじめ、インターネットの利用その他の内閣府令で定める方法により広く住民の意見を求めることその他の住民の意見を反映させるために必要な措置を講ずるよう努めるものとする。
⑨　市町村は、市町村子ども・子育て支援事業計画を定め、又は変更しようとするときは、あらかじめ、都道府県に協議しなければならない。
⑩　市町村は、市町村子ども・子育て支援事業計画を定め、又は変更したときは、遅滞なく、これを都道府県知事に提出しなければならない。

（都道府県子ども・子育て支援事業支援計画）

第六二条　都道府県は、基本指針に即して、五年を一期とする

教育・保育及び地域子ども・子育て支援事業の提供体制の確保その他この法律に基づく業務の円滑な実施に関する計画（以下「都道府県子ども・子育て支援事業支援計画」という。）を定めるものとする。

② 都道府県子ども・子育て支援事業支援計画においては、次に掲げる事項を定めるものとする。

一　都道府県が当該都道府県内の市町村が定める教育・保育提供区域を勘案して定める区域ごとの当該区域における各年度の特定教育・保育施設に係る必要利用定員総数（第十九条第一項各号に掲げる小学校就学前子どもの区分ごとの必要利用定員総数とする。）その他の教育・保育の量の見込み並びに実施しようとする教育・保育の提供体制の確保の内容及びその実施時期

二　子どものための教育・保育給付に係る教育・保育の一体的提供及び当該教育・保育の推進に関する体制の確保の内容

三　子育てのための施設等利用給付の円滑な実施の確保を図るために必要な市町村との連携に関する事項

四　特定教育・保育及び特定地域型保育を行う者並びに地域子ども・子育て支援事業に従事する者の確保及び資質の向上のために講ずる措置に関する事項

五　保護を要する子どもの養育環境の整備、児童福祉法第四条第二項に規定する障害児に対して行われる保護並びに日常生活上の指導及び知識技能の付与その他の子どもに関する専門的な知識及び技術を要する支援に関する施策の実施に関する事項

六　前号の施策の円滑な実施を図るために必要な市町村との連携に関する事項

③ 都道府県子ども・子育て支援事業支援計画においては、前項各号に掲げる事項のほか、次に掲げる事項について定めるよう努めるものとする。

一　市町村の区域を超えた広域的な見地から行う調整に関する事項

二　教育・保育情報の公表に関する事項

三　労働者の職業生活と家庭生活との両立が図られるようにするために必要な雇用環境の整備に関する施策との連携に関する事項

④ 都道府県子ども・子育て支援事業支援計画は、社会福祉法第百八条第一項に規定する都道府県地域福祉支援計画、教育基本法第十七条第二項の規定により都道府県が定める教育振興基本計画その他の法律の規定による計画であって子どもの福祉又は教育に関する事項を定めるものと調和が保たれたものでなければならない。

⑤ 都道府県は、都道府県子ども・子育て支援事業支援計画を定め、又は変更しようとするときは、あらかじめ、第七十七条第四項の審議会その他の合議制の機関を設置している場合にあってはその意見を、その他の場合にあっては子どもの保護者その他子ども・子育て支援に係る当事者の意見を聴かなければならない。

⑥ 都道府県は、都道府県子ども・子育て支援事業支援計画を定め、又は変更したときは、遅滞なく、これを内閣総理大臣に提出しなければならない。

（都道府県知事の助言等）

第六三条　都道府県知事は、市町村に対し、市町村子ども・子育て支援事業計画の作成上の技術的事項について必要な助言その他の援助の実施に努めるものとする。

② 内閣総理大臣は、都道府県に対し、都道府県子ども・子育て支援事業支援計画の作成の手法その他都道府県子ども・子

育て支援事業支援計画の作成上重要な技術的事項について必要な助言その他の援助の実施に努めるものとする。

(国の援助)

第六四条　国は、市町村又は都道府県が、市町村子ども・子育て支援事業計画又は都道府県子ども・子育て支援事業支援計画に定められた事業を実施しようとするときは、当該事業が円滑に実施されるように必要な助言その他の援助の実施に努めるものとする。

第六章　費用等

(市町村の支弁)

第六五条　次に掲げる費用は、市町村の支弁とする。

一　市町村が設置する特定教育・保育施設に係る施設型給付費及び特例施設型給付費の支給に要する費用

二　都道府県及び市町村以外の者が設置する特定教育・保育施設に係る施設型給付費及び特例施設型給付費並びに地域型保育給付費及び特例地域型保育給付費の支給に要する費用

三　市町村(市町村が単独で又は他の市町村と共同して設立する公立大学法人を含む。次号及び第五号において同じ。)が設置する特定子ども・子育て支援施設等(認定こども園、幼稚園及び特別支援学校に限る。)に係る施設等利用費の支給に要する費用

四　国、都道府県(都道府県が単独で又は他の地方公共団体と共同して設立する公立大学法人を含む。次号及び次条第二号において同じ。)又は市町村が設置し、又は行う特定子ども・子育て支援施設等(認定こども園、幼稚園及び特別支援学校を除く。)に係る施設等利用費の支給に要する費用

五　国、都道府県及び市町村以外の者が設置し、又は行う特定子ども・子育て支援施設等に係る施設等利用費の支給に要する費用

六　地域子ども・子育て支援事業に要する費用

(都道府県の支弁)

第六六条　次に掲げる費用は、都道府県の支弁とする。

一　都道府県が設置する特定教育・保育施設に係る施設型給付費及び特例施設型給付費の支給に要する費用

二　都道府県が設置する特定子ども・子育て支援施設等(認定こども園、幼稚園及び特別支援学校に限る。)に係る施設等利用費の支給に要する費用

(国の支弁)

第六六条の二　国(国立大学法人法第二条第一項に規定する国立大学法人を含む。)が設置する特定子ども・子育て支援施設等(認定こども園、幼稚園及び特別支援学校に限る。)に係る施設等利用費の支給に要する費用は、国の支弁とする。

(拠出金の施設型給付費等支給費用への充当)

第六六条の三　第六十五条の規定により市町村が支弁する同条第二号に掲げる費用のうち、国、都道府県その他の者が負担すべきものの算定の基礎となる額として政令で定めるところにより算定した額(以下「施設型給付費等負担対象額」という。)であって、満三歳未満保育認定子ども(第十九条第一項第二号に掲げる小学校就学前子どもに該当する教育・保育給付認定子どものうち、満三歳に達する日以後の最初の三月三十一日までの間にある者を含む。第六十九条第一項及び第七十条第二項において同じ。)に係るものについては、その額の六分の一を超えない範囲内で政令で定める割合に相当する額(次条第一項及び第六十八条第一項において「拠出金充当額」という。)を第六十九条第一項に規定する拠出金を

もって充てる。

② 全国的な事業主の団体は、前項の割合に関し、内閣総理大臣に対して意見を申し出ることができる。

（都道府県の負担等）

第六七条 都道府県は、政令で定めるところにより、第六十五条の規定により市町村が支弁する同条第二号に掲げる費用のうち、施設型給付費等負担対象額から拠出金充当額を控除した額の四分の一を負担する。

② 都道府県は、政令で定めるところにより、第六十五条の規定により市町村が支弁する同条第四号及び第五号に掲げる費用のうち、国及び都道府県が負担すべきものの算定の基礎となる額として政令で定めるところにより算定した額の四分の一を負担する。

③ 都道府県は、政令で定めるところにより、市町村に対し、第六十五条の規定により市町村が支弁する同条第六号に掲げる費用に充てるため、当該都道府県の予算の範囲内で、交付金を交付することができる。

（市町村に対する交付金の交付等）

第六八条 国は、政令で定めるところにより、第六十五条の規定により市町村が支弁する同条第二号に掲げる費用のうち、施設型給付費等負担対象額から拠出金充当額を控除した額の二分の一を負担するものとし、市町村に対し、国が負担する額及び拠出金充当額を合算した額を交付する。

② 国は、政令で定めるところにより、第六十五条の規定により市町村が支弁する同条第四号及び第五号に掲げる費用のうち、前条第二項の政令で定めるところにより算定した額の二分の一を負担するものとし、市町村に対し、国が負担する額を交付する。

③ 国は、政令で定めるところにより、市町村に対し、第六十五条の規定により市町村が支弁する同条第六号に掲げる費用に充てるため、予算の範囲内で、交付金を交付することができる。

（拠出金の徴収及び納付義務）

第六九条 政府は、児童手当の支給に要する費用（児童手当法第十八条第一項に規定するものに限る。次条第二項において「拠出金対象児童手当費用」という。）、第六十五条の規定により市町村が支弁する同条第二号に掲げる費用（施設型給付費等負担対象額のうち、満三歳未満保育認定子どもに係るものに相当する費用に限る。次条第二項において「拠出金対象施設型給付費等費用」という。）、地域子ども・子育て支援事業（第五十九条第二号、第五号及び第十一号に掲げるものに限る。）に要する費用（次条第二項において「拠出金対象地域子ども・子育て支援事業費用」という。）及び仕事・子育て両立支援事業に要する費用（同項において「仕事・子育て両立支援事業費用」という。）に充てるため、次に掲げる者（次項において「一般事業主」という。）から、拠出金を徴収する。

一　厚生年金保険法（昭和二十九年法律第百十五号）第八十二条第一項に規定する事業主（次号から第四号までに掲げるものを除く。）

二　私立学校教職員共済法（昭和二十八年法律第二百四十五号）第二十八条第一項に規定する学校法人等

三　地方公務員等共済組合法（昭和三十七年法律第百五十二号）第百四十四条の三第一項に規定する団体その他同法に規定する団体で政令で定めるもの

四　国家公務員共済組合法（昭和三十三年法律第百二十八号）第百二十六条第一項に規定する連合会その他同法に規定する団体で政令で定めるもの

② 一般事業主は、拠出金を納付する義務を負う。

（拠出金の額）

第七〇条 拠出金の額は、厚生年金保険法に基づく保険料の計算の基礎となる標準報酬月額及び標準賞与額（育児休業、介護休業等育児又は家族介護を行う労働者の福祉に関する法律（平成三年法律第七十六号）第二条第一号に規定する育児休業若しくは同法第二十三条第二項の育児休業に関する制度に準ずる措置若しくは同法第二十四条第一項（第二号に係る部分に限る。）の規定により同項第二号に規定する育児休業に関する制度に準じて講ずる措置による休業、国会職員の育児休業等に関する法律（平成三年法律第百八号）第三条第一項に規定する育児休業、国家公務員の育児休業等に関する法律（平成三年法律第百九号）第三条第一項（同法第二十七条第一項及び裁判所職員臨時措置法（昭和二十六年法律第二百九十九号）（第七号に係る部分に限る。）において準用する場合を含む。）に規定する育児休業若しくは地方公務員の育児休業等に関する法律（平成三年法律第百十号）第二条第一項に規定する育児休業又は厚生年金保険法第二十三条の三第一項に規定する産前産後休業をしている被用者について、当該育児休業若しくは休業又は当該産前産後休業をしたことにより、厚生年金保険法に基づき保険料の徴収を行わないこととされた場合にあっては、当該被用者に係るものを除く。次項において「賦課標準」という。）に拠出金率を乗じて得た額の総額とする。

② 前項の拠出金率は、拠出金対象児童手当費用、拠出金対象施設型給付費等費用及び拠出金対象地域子ども・子育て支援事業費用の予想総額並びに仕事・子育て両立支援事業費用の予定額、賦課標準の予想総額並びに第六十八条第一項の規定により国が負担する額（満三歳未満保育認定子どもに係るものに限る。）、同条第三項の規定により国が交付する額及び児童手当法第十八条第一項の規定により国庫が負担する額等の予想総額に照らし、おおむね五年を通じ財政の均衡を保つことができるものでなければならないものとし、千分の四・五以内において、政令で定める。

③ 内閣総理大臣は、前項の規定により拠出金率を定めようとするときは、あらかじめ、厚生労働大臣に協議しなければならない。

④ 全国的な事業主の団体は、第一項の拠出金率に関し、内閣総理大臣に対して意見を申し出ることができる。

（拠出金の徴収方法）

第七一条 拠出金の徴収については、厚生年金保険の保険料その他の徴収金の徴収の例による。

② 前項の拠出金及び当該拠出金に係る厚生年金保険の保険料その他の徴収金の例により徴収する徴収金（以下「拠出金等」という。）の徴収に関する政府の権限で政令で定めるものは、厚生労働大臣が行う。

③ 前項の規定により厚生労働大臣が行う権限のうち、国税滞納処分の例による処分その他政令で定めるものに係る事務は、政令で定めるところにより、日本年金機構（以下この条において「機構」という。）に行わせるものとする。

④ 厚生労働大臣は、前項の規定により機構に行わせるものとしたその権限に係る事務について、機構による当該権限に係る事務の実施が困難と認める場合その他政令で定める場合には、当該権限を自ら行うことができる。この場合において、厚生労働大臣は、その権限の一部を、政令で定めるところにより、財務大臣に委任することができる。

⑤ 財務大臣は、政令で定めるところにより、前項の規定により委任された権限を、国税庁長官に委任する。

⑥　国税庁長官は、政令で定めるところにより、前項の規定により委任された権限の全部又は一部を当該権限に係る拠出金等を納付する義務を負う者（次項において「納付義務者」という。）の事業所又は事務所の所在地を管轄する国税局長に委任することができる。

⑦　国税局長は、政令で定めるところにより、前項の規定により委任された権限の全部又は一部を当該権限に係る納付義務者の事業所又は事務所の所在地を管轄する税務署長に委任することができる。

⑧　厚生労働大臣は、第三項で定めるもののほか、政令で定めるところにより、第二項の規定による権限のうち厚生労働省令で定めるものに係る事務（当該権限を行使する事務を除く。）を機構に行わせるものとする。

⑨　政府は、拠出金等の取立てに関する事務を、当該拠出金等の取立てについて便宜を有する法人で政令で定めるものに取り扱わせることができる。

⑩　第一項から第八項までの規定による拠出金等の徴収並びに前項の規定による拠出金等の取立て及び政府への納付について必要な事項は、政令で定める。

第七章　子ども・子育て会議等

（設置）

第七十二条　内閣府に、子ども・子育て会議（以下この章において「会議」という。）を置く。

（権限）

第七十三条　会議は、この法律又は他の法律によりその権限に属させられた事項を処理するほか、内閣総理大臣の諮問に応じ、この法律の施行に関する重要事項を調査審議する。

②　会議は、前項に規定する重要事項に関し内閣総理大臣その他の関係各大臣に意見を述べることができる。

③　会議は、この法律に基づく施策の実施状況を調査審議し、必要があると認めるときは、内閣総理大臣その他の関係各大臣に意見を述べることができる。

（会議の組織及び運営）

第七十四条　会議は、委員二十五人以内で組織する。

②　会議の委員は、子どもの保護者、都道府県知事、市町村長、事業主を代表する者、労働者を代表する者、子ども・子育て支援に関する事業に従事する者及び子ども・子育て支援に関し学識経験のある者のうちから、内閣総理大臣が任命する。

③　委員は、非常勤とする。

（資料提出の要求等）

第七十五条　会議は、その所掌事務を遂行するために必要があると認めるときは、関係行政機関の長に対し、資料の提出、意見の表明、説明その他必要な協力を求めることができる。

②　会議は、その所掌事務を遂行するために特に必要があると認めるときは、前項に規定する者以外の者に対しても、必要な協力を依頼することができる。

（政令への委任）

第七十六条　第七十二条から前条までに定めるもののほか、会議の組織及び運営に関し必要な事項は、政令で定める。

（市町村等における合議制の機関）

第七十七条　市町村は、条例で定めるところにより、次に掲げる事務を処理するため、審議会その他の合議制の機関を置くよう努めるものとする。

一　特定教育・保育施設の利用定員の設定に関し、第三十一条第二項に規定する事項を処理すること。

二　特定地域型保育事業の利用定員の設定に関し、第四十三条第二項に規定する事項を処理すること。
三　市町村子ども・子育て支援事業計画に関し、第六十一条第七項に規定する事項を処理すること。
四　当該市町村における子ども・子育て支援に関する施策の総合的かつ計画的な推進に関し必要な事項及び当該施策の実施状況を調査審議すること。
②　前項の合議制の機関は、同項各号に掲げる事務を処理するに当たっては、地域の子ども及び子育て家庭の実情を十分に踏まえなければならない。
③　前二項に定めるもののほか、第一項の合議制の機関の組織及び運営に関し必要な事項は、市町村の条例で定める。
④　都道府県は、条例で定めるところにより、次に掲げる事務を処理するため、審議会その他の合議制の機関を置くよう努めるものとする。
一　都道府県子ども・子育て支援事業支援計画に関し、第六十二条第五項に規定する事項を処理すること。
二　当該都道府県における子ども・子育て支援に関する施策の総合的かつ計画的な推進に関し必要な事項及び当該施策の実施状況を調査審議すること。
⑤　第二項及び第三項の規定は、前項の規定により都道府県に合議制の機関が置かれた場合に準用する。

第八章　雑則

（時効）

第七八条　子どものための教育・保育給付及び子育てのための施設等利用給付を受ける権利並びに拠出金等その他この法律の規定による徴収金を徴収する権利は、これらを行使することができる時から二年を経過したときは、時効によって消滅する。
②　子どものための教育・保育給付及び子育てのための施設等利用給付の支給に関する処分についての審査請求は、時効の完成猶予及び更新に関しては、裁判上の請求とみなす。
③　拠出金等その他この法律の規定による徴収金の納入の告知又は催促は、時効の更新の効力を有する。

（期間の計算）

第七九条　この法律又はこの法律に基づく命令に規定する期間の計算については、民法の期間に関する規定を準用する。

（審査請求）

第八〇条　第七十一条第二項から第七項までの規定による拠出金等の徴収に関する処分に不服がある者は、厚生労働大臣に対して審査請求をすることができる。

第八一条　削除

（実施規定）

第八二条　この法律に特別の規定があるものを除くほか、この法律の実施のための手続その他その執行について必要な細則は、内閣府令で定める。

第九章　罰則

第八三条　第十五条第一項（第三十条の三において準用する場合を含む。以下この条において同じ。）の規定による報告若しくは物件の提出若しくは提示をせず、若しくは虚偽の報告若しくは虚偽の物件の提出若しくは提示をし、又は同項の規定による当該職員の質問に対して、答弁せず、若しくは虚偽の答弁をした者は、三十万円以下の罰金に処する。

第八四条　第三十八条第一項、第五十条第一項若しくは第五十八条の八第一項の規定による報告若しくは物件の提出若しくは提示をせず、若しくは虚偽の報告若しくは虚偽の物件の提出若しくは提示をし、又はこれらの規定による当該職員の質問に対して答弁をせず、若しくは虚偽の答弁をし、若しくはこれらの規定による検査を拒み、妨げ、若しくは忌避した者は、三十万円以下の罰金に処する。

第八五条　法人の代表者又は法人若しくは人の代理人、使用人その他の従業者が、その法人又は人の業務に関して前条の違反行為をしたときは、行為者を罰するほか、その法人又は人に対しても、同条の刑を科する。

第八六条　第十五条第二項（第三十条の三において準用する場合を含む。以下この条において同じ。）の規定による報告若しくは物件の提出若しくは提示をせず、若しくは虚偽の報告若しくは虚偽の物件の提出若しくは提示をし、又は同項の規定による当該職員の質問に対して、答弁せず、若しくは虚偽の答弁をした者は、十万円以下の過料に処する。

第八七条　市町村は、条例で、正当な理由なしに、第十三条第一項（第三十条の三において準用する場合を含む。以下この項において同じ。）の規定による報告若しくは物件の提出若しくは提示をせず、若しくは虚偽の報告若しくは虚偽の物件の提出若しくは提示をし、又は同項の規定による当該職員の質問に対して、答弁せず、若しくは虚偽の答弁をした者に対し十万円以下の過料を科する規定を設けることができる。

②　市町村は、条例で、正当な理由なしに、第十四条第一項（第三十条の三において準用する場合を含む。以下この項において同じ。）の規定による報告若しくは物件の提出若しくは提示をせず、若しくは虚偽の報告若しくは虚偽の物件の提出若しくは提示をし、又は第十四条第一項の規定による当該職員の質問に対して、答弁せず、若しくは虚偽の答弁をし、若しくは同項の規定による検査を拒み、妨げ、若しくは忌避した者に対し十万円以下の過料を科する規定を設けることができる。

③　市町村は、条例で、第二十三条第二項若しくは第四項又は第二十四条第二項の規定による支給認定証の提出又は返還を求められてこれに応じない者に対し十万円以下の過料を科する規定を設けることができる。

附　則（令和元法律七）（抄）

（施行期日）

第一条　この法律は、平成三十一年十月一日から施行する。〔ただし書略〕

（児童福祉法第五十九条の二第一項に規定する施設に関する経過措置）

第四条　新法第八条に規定する子育てのための施設等利用給付については、施行日から起算して五年を経過する日までの間は、児童福祉法（昭和二十二年法律第百六十四号）第五十九条の二第一項に規定する施設（同項の規定による届け出がされたものに限り、就学前の子どもに関する教育、保育等の総合的な提供の推進に関する法律（平成十八年法律第七十七号）第三条第一項又は第三項の認定を受けたもの及び同条第十一項の規定による公示がされたもの並びに新法第七条第十項第四号ハの政令で定める施設を除く。）を同号に掲げる施設とみなして、新法（第五十八条の四第一項（第四号に係る部分に限る。）、第五十八条の九第一項（第一号に係る部分に限る。）及び第五十八条の十第一項（第三号に係る部分に限る。）を除く。）の規定を適用する。

②　市町村（特別区を含む。以下この条において同じ。）は、施行の日から起算して五年を経過する日までの間、当該市町村における保育の需要及び供給の状況その他の事情を勘案して特に必要があると認めるときは、当該市町村の条例で定めるところにより、前項の規定により新法第七条第十項第四号

に掲げる施設とみなされる施設に係る新法第三十条の十一第一項の規定による施設等利用費の支給について、同項に規定する特定子ども・子育て支援施設等である当該施設のうち当該市町村の条例で定める基準を満たすものが提供する同項に規定する特定子ども・子育て支援を受けたときに限り、行うものとすることができる。この場合において、当該市町村の条例で定める基準は、同号の内閣府令で定める基準を超えない範囲内において定めるものとする。

③　〔略〕

附　則（令和二法律四一）（抄）

（施行期日）

第一条　この法律は、公布の日から起算して三月を経過した日から施行する。〔ただし書略〕

（子ども・子育て支援法の一部改正に伴う経過措置）

第二条　この法律の施行の際現に地域型保育事業所（子ども・子育て支援法第四十三条第一項に規定する地域型保育事業所をいう。以下この条において同じ。）について他市町村確認（地域型保育事業所の所在地の市町村以外の市町村の長による確認（同法第二十九条第一項の確認をいう。第一号において同じ。）をいう。以下この条において同じ。）を受けている場合には、当該他市町村確認は、次の各号に掲げる当該地域型保育事業所の区分に応じて、当該各号に定める日に、その効力を失う。

一　所在市町村確認（地域型保育事業所の所在地の市町村の長による確認をいう、以下この条において同じ。）を受けている地域型保育事業所　この法律の施行の日（以下この条から附則第四条までにおいて、「施行日」という。）

二　所在市町村確認を受けていない地域型保育事業所　施行日から起算して三月を経過した日

②　前項の規定にかかわらず、同項第二号に掲げる地域型保育事業所について同号に定める日前に所在市町村確認がされたときは、当該地域型保育事業所に係る他市町村確認は、当該所在市町村確認がされた日に、その効力を失う。

③　第一項第二号に掲げる地域型保育事業所が受けている他市町村確認の効力については、同号に定める日（前項の場合に在っては、同項に規定する所在市町村確認がされた日）の前日までの間、なお従前の例による。

第5章　保健・食育・安全管理

29 学校保健安全法

（昭和三三年四月一〇日法律第五六号）

施行　昭和三三年六月一日

（題名改正＝平成二〇年法律第七三号）

最終改正　平成二七年六月二四日法律第四六号

第一章　総則

（目的）

第一条　この法律は、学校における児童生徒等及び職員の健康の保持増進を図るため、学校における保健管理に関し必要な事項を定めるとともに、学校における教育活動が安全な環境において実施され、児童生徒等の安全の確保が図られるよう、学校における安全管理に関し必要な事項を定め、もつて学校教育の円滑な実施とその成果の確保に資することを目的とする。

（定義）

第二条　この法律において「学校」とは、学校教育法（昭和二十二年法律第二十六号）第一条に規定する学校をいう。

② この法律において「児童生徒等」とは、学校に在学する幼児、児童、生徒又は学生をいう。

（国及び地方公共団体の責務）

第三条　国及び地方公共団体は、相互に連携を図り、各学校において保健及び安全に係る取組が確実かつ効果的に実施されるようにするため、学校における保健及び安全に関する最新の知見及び事例を踏まえつつ、財政上の措置その他の必要な施策を講ずるものとする。

② 国は、各学校における安全に係る取組を総合的かつ効果的に推進するため、学校安全の推進に関する計画の策定その他所要の措置を講ずるものとする。

③ 地方公共団体は、国が講ずる前項の措置に準じた措置を講ずるように努めなければならない。

第二章　学校保健

第一節　学校の管理運営等

（学校保健に関する学校の設置者の責務）

第四条　学校の設置者は、その設置する学校の児童生徒等及び職員の心身の健康の保持増進を図るため、当該学校の施設及び設備並びに管理運営体制の整備充実その他の必要な措置を講ずるよう努めるものとする。

（学校保健計画の策定等）

第五条　学校においては、児童生徒等及び職員の心身の健康の保持増進を図るため、児童生徒等及び職員の健康診断、環境衛生検査、児童生徒等に対する指導その他保健に関する事項について計画を策定し、これを実施しなければならない。

（学校環境衛生基準）

第六条　文部科学大臣は、学校における換気、採光、照明、保温、清潔保持その他環境衛生に係る事項（学校給食法（昭和二十九年法律第百六十号）第九条第一項（夜間課程を置く高等学校における学校給食に関する法律（昭和三十一年法律第百五十七号）第七条及び特別支援学校の幼稚部及び高等部における学校給食に関する法律（昭和三十二年法律第百十八号）第六条において準用する場合を含む。）に規定する事項を除く。）について、児童生徒等及び職員の健康を保護する上で維持されることが望ましい基準（以下この条において

「学校環境衛生基準」という。）を定めるものとする。

② 学校の設置者は、学校環境衛生基準に照らしてその設置する学校の適切な環境の維持に努めなければならない。

③ 校長は、学校環境衛生基準に照らし、学校の環境衛生に関し適正を欠く事項があると認めた場合には、遅滞なく、その改善のために必要な措置を講じ、又は当該措置を講ずることができないときは、当該学校の設置者に対し、その旨を申し出るものとする。

（保健室）

第七条 学校には、健康診断、健康相談、保健指導、救急処置その他の保健に関する措置を行うため、保健室を設けるものとする。

第二節 健康相談等

（健康相談）

第八条 学校においては、児童生徒等の心身の健康に関し、健康相談を行うものとする。

（保健指導）

第九条 養護教諭その他の職員は、相互に連携して、健康相談又は児童生徒等の健康状態の日常的な観察により、児童生徒等の心身の状況を把握し、健康上の問題があると認めるときは、遅滞なく、当該児童生徒等に対して必要な指導を行うとともに、必要に応じ、その保護者（学校教育法第十六条に規定する保護者をいう。第二十四条及び第三十条において同じ。）に対して必要な助言を行うものとする。

（地域の医療機関等との連携）

第一〇条 学校においては、救急処置、健康相談又は保健指導を行うに当たつては、必要に応じ、当該学校の所在する地域の医療機関その他の関係機関との連携を図るよう努めるものとする。

第三節 健康診断

（就学時の健康診断）

第一一条 市（特別区を含む。以下同じ。）町村の教育委員会は、学校教育法第十七条第一項の規定により翌学年の初めから同項に規定する学校に就学させるべき者で、当該市町村の区域内に住所を有するものの就学に当たつて、その健康診断を行わなければならない。

第一二条 市町村の教育委員会は、前条の健康診断の結果に基づき、治療を勧告し、保健上必要な助言を行い、及び学校教育法第十七条第一項に規定する義務の猶予若しくは免除又は特別支援学校への就学に関し指導を行う等適切な措置をとらなければならない。

（児童生徒等の健康診断）

第一三条 学校においては、毎学年定期に、児童生徒等（通信による教育を受ける学生を除く。）の健康診断を行わなければならない。

② 学校においては、必要があるときは、臨時に、児童生徒等の健康診断を行うものとする。

第一四条 学校においては、前条の健康診断の結果に基づき、疾病の予防処置を行い、又は治療を指示し、並びに運動及び作業を軽減する等適切な措置をとらなければならない。

（職員の健康診断）

第一五条 学校の設置者は、毎学年定期に、学校の職員の健康診断を行わなければならない。

② 学校の設置者は、必要があるときは、臨時に、学校の職員の健康診断を行うものとする。

第一六条 学校の設置者は、前条の健康診断の結果に基づき、治療を指示し、及び勤務を軽減する等適切な措置をとらなければならない。

（健康診断の方法及び技術的基準等）

第一七条　健康診断の方法及び技術的基準については、文部科学省令で定める。

②　第十一条から前条までに定めるもののほか、健康診断の時期及び検査の項目その他健康診断に関し必要な事項は、前項に規定するものを除き、第十一条の健康診断に関するものについては政令で、第十三条及び第十五条の健康診断に関するものについては文部科学省令で定める。

③　前二項の文部科学省令は、健康増進法（平成十四年法律第百三号）第九条第一項に規定する健康診査等指針と調和が保たれたものでなければならない。

（保健所との連絡）

第一八条　学校の設置者は、この法律の規定による健康診断を行おうとする場合その他政令で定める場合においては、保健所と連絡するものとする。

第四節　感染症の予防

（出席停止）

第一九条　校長は、感染症にかかつており、かかつている疑いがあり、又はかかるおそれのある児童生徒等があるときは、政令で定めるところにより、出席を停止させることができる。

（臨時休業）

第二〇条　学校の設置者は、感染症の予防上必要があるときは、臨時に、学校の全部又は一部の休業を行うことができる。

（文部科学省令への委任）

第二一条　前二条（第十九条の規定に基づく政令を含む。）及び感染症の予防及び感染症の患者に対する医療に関する法律（平成十年法律第百十四号）その他感染症の予防に関して規定する法律（これらの法律に基づく命令を含む。）に定めるもののほか、学校における感染症の予防に関し必要な事項は、文部科学省令で定める。

第五節　学校保健技師並びに学校医、学校歯科医及び学校薬剤師

（学校保健技師）

第二二条　都道府県の教育委員会の事務局に、学校保健技師を置くことができる。

②　学校保健技師は、学校における保健管理に関する専門的事項について学識経験がある者でなければならない。

③　学校保健技師は、上司の命を受け、学校における保健管理に関し、専門的技術的指導及び技術に従事する。

（学校医、学校歯科医及び学校薬剤師）

第二三条　学校には、学校医を置くものとする。

②　大学以外の学校には、学校歯科医及び学校薬剤師を置くものとする。

③　学校医、学校歯科医及び学校薬剤師は、それぞれ医師、歯科医師又は薬剤師のうちから、任命し、又は委嘱する。

④　学校医、学校歯科医及び学校薬剤師は、学校における保健管理に関する専門的事項に関し、技術及び指導に従事する。

⑤　学校医、学校歯科医及び学校薬剤師の職務執行の準則は、文部科学省令で定める。

第六節　地方公共団体の援助及び国の補助

（地方公共団体の援助）

第二四条　地方公共団体は、その設置する小学校、中学校、義務教育学校、中等教育学校の前期課程又は特別支援学校の小学部若しくは中学部の児童又は生徒が、感染性又は学習に支障を生ずるおそれのある疾病で政令で定めるものにかかり、学校において治療の指示を受けたときは、当該児童又は生徒の保護者で次の各号のいずれかに該当するものに対して、その疾病の治療のための医療に要する費用について必要な援助を行うものとする。

一　生活保護法（昭和二十五年法律第百四十四号）第六条第二項に規定する要保護者

二　生活保護法第六条第二項に規定する要保護者に準ずる程度に困窮している者で政令で定めるもの

（国の補助）

第二五条　国は、地方公共団体が前条の規定により同条第一号に掲げる者に対して援助を行う場合には、予算の範囲内において、その援助に要する経費の一部を補助することができる。

②　前項の規定により国が補助を行う場合の補助の基準については、政令で定める。

第三章　学校安全

（学校安全に関する学校の設置者の責務）

第二六条　学校の設置者は、児童生徒等の安全の確保を図るため、その設置する学校において、事故、加害行為、災害等（以下この条及び第二十九条第三項において「事故等」という。）により児童生徒等に生ずる危険を防止し、及び事故等により児童生徒等に危険又は危害が現に生じた場合（同条第一項及び第二項において「危険等発生時」という。）において適切に対処することができるよう、当該学校の施設及び設備並びに管理運営体制の整備充実その他の必要な措置を講ずるよう努めるものとする。

（学校安全計画の策定等）

第二七条　学校においては、児童生徒等の安全の確保を図るため、当該学校の施設及び設備の安全点検、児童生徒等に対する通学を含めた学校生活その他の日常生活における安全に関する指導、職員の研修その他学校における安全に関する事項について計画を策定し、これを実施しなければならない。

（学校環境の安全の確保）

第二八条　校長は、当該学校の施設又は設備について、児童生徒等の安全の確保を図る上で支障となる事項があると認めた場合には、遅滞なく、その改善を図るために必要な措置を講じ、又は当該措置を講ずることができないときは、当該学校の設置者に対し、その旨を申し出るものとする。

（危険等発生時対処要領の作成等）

第二九条　学校においては、児童生徒等の安全の確保を図るため、当該学校の実情に応じて、危険等発生時において当該学校の職員がとるべき措置の具体的内容及び手順を定めた対処要領（次項において「危険等発生時対処要領」という。）を作成するものとする。

②　校長は、危険等発生時対処要領の職員に対する周知、訓練の実施その他の危険等発生時において職員が適切に対処するために必要な措置を講ずるものとする。

③　学校においては、事故等により児童生徒等に危害が生じた場合において、当該児童生徒等及び当該事故等により心理的外傷その他の心身の健康に対する影響を受けた児童生徒等その他の関係者の心身の健康を回復させるため、これらの者に対して必要な支援を行うものとする。この場合においては、第十条の規定を準用する。

（地域の関係機関等との連携）

第三〇条　学校においては、児童生徒等の安全の確保を図るため、児童生徒等の保護者との連携を図るとともに、当該学校が所在する地域の実情に応じて、当該地域を管轄する警察署その他の関係機関、地域の安全を確保するための活動を行う団体その他の関係団体、当該地域の住民その他の関係者との連携を図るよう努めるものとする。

第四章　雑則

（学校の設置者の事務の委任）

第三一条　学校の設置者は、他の法律に特別の定めがある場合のほか、この法律に基づき処理すべき事務を校長に委任することができる。

（専修学校の保健管理等）

第三二条　専修学校には、保健管理に関する専門的事項に関し、技術及び指導を行う医師を置くように努めなければならない。

② 専修学校には、健康診断、健康相談、保健指導、救急処置等を行うため、保健室を設けるように努めなければならない。

③ 第三条から第六条まで、第八条から第十条まで、第十三条から第二十一条まで及び第二十六条から前条までの規定は、専修学校に準用する。

㉚ 学校保健安全法施行令

（昭和三三年六月一〇日 政令第一七四号）

施行　昭和三三年六月一〇日

（題名改正＝平成二一年政令第五三号）

最終改正　平成二七年一二月一六日政令第四二一号

（就学時の健康診断の時期）

第一条　学校保健安全法（昭和三十三年法律第五十六号。以下「法」という。）第十一条の健康診断（以下「就学時の健康診断」という。）は、学校教育法施行令（昭和二十八年政令第三百四十号）第二条の規定により学齢簿が作成された後翌学年の初めから四月前（同令第五条、第七条、第十一条、第十四条、第十五条及び第十八条の二に規定する就学に関する手続の実施に支障がない場合にあつては、三月前）までの間に行うものとする。

② 前項の規定にかかわらず、市町村の教育委員会は、同項の規定により定めた就学時の健康診断の実施日の翌日以後に当該市町村の教育委員会が作成した学齢簿に新たに就学予定者（学校教育法施行令第五条第一項に規定する就学予定者をいう。以下この項において同じ。）が記載された場合において、当該就学予定者が他の市町村の教育委員会が行う就学時の健康診断を受けていないときは、当該就学予定者について、速やかに就学時の健康診断を行うものとする。

（検査の項目）

第二条　就学時の健康診断における検査の項目は、次のとおりとする。

一　栄養状態

二　脊《せき》柱及び胸郭の疾病及び異常の有無
三　視力及び聴力
四　眼の疾病及び異常の有無
五　耳鼻咽《いん》頭疾患及び皮膚疾患の有無
六　歯及び口腔《くう》の疾病及び異常の有無
七　その他の疾病及び異常の有無

(保護者への通知)

第三条　市(特別区を含む。以下同じ。)町村の教育委員会は、就学時の健康診断を行うに当たつて、あらかじめ、その日時、場所及び実施の要領等を法第十一条に規定する者の学校教育法(昭和二十二年法律第二十六号)第十六条に規定する保護者(以下「保護者」という。)に通知しなければならない。

(就学時健康診断票)

第四条　市町村の教育委員会は、就学時の健康診断を行つたときは、文部科学省令で定める様式により、就学時健康診断票を作成しなければならない。

②　市町村の教育委員会は、翌学年の初めから十五日前までに、就学時健康診断票を就学時の健康診断を受けた者の入学する学校の校長に送付しなければならない。

(保健所と連絡すべき場合)

第五条　法第十八条の政令で定める場合は、次に掲げる場合とする。

一　法第十九条の規定による出席停止が行われた場合
二　法第二十条の規定による学校の休業を行つた場合

(出席停止の指示)

第六条　校長は、法第十九条の規定により出席を停止させようとするときは、その理由及び期間を明らかにして、幼児、児童又は生徒(高等学校(中等教育学校の後期課程及び特別支援学校の高等部を含む。以下同じ。)の生徒を除く。)にあつてはその保護者に、高等学校の生徒又は学生にあつては当該生徒又は学生にこれを指示しなければならない。

②　出席停止の期間は、感染症の種類等に応じて、文部科学省令で定める基準による。

(出席停止の報告)

第七条　校長は、前条第一項の規定による指示をしたときは、文部科学省令で定めるところにより、その旨を学校の設置者に報告しなければならない。

(感染性又は学習に支障を生ずるおそれのある疾病)

第八条　法第二十四条の政令で定める疾病は、次に掲げるものとする。

一　トラコーマ及び結膜炎
二　白癬《せん》、疥癬《かいせん》及び膿痂疹《のうかしん》
三　中耳炎
四　慢性副鼻腔《くう》炎及びアデノイド
五　齲《う》歯
六　寄生虫病(虫卵保有を含む。)

(要保護者に準ずる程度に困窮している者)

第九条　法第二十四条第二号の政令で定める者は、当該義務教育諸学校(小学校、中学校、義務教育学校、中等教育学校の前期課程又は特別支援学校の小学部若しくは中学部をいう。)を設置する地方公共団体の教育委員会が、生活保護法(昭和二十五年法律第百四十四号)第六条第二項に規定する要保護者(以下「要保護者」という。)に準ずる程度に困窮していると認める者とする。

②　教育委員会は、前項に規定する認定を行うため必要があるときは、社会福祉法(昭和二十六年法律第四十五号)に定める福祉に関する事務所の長及び民生委員法(昭和二十三年法

律第百九十八号）に定める民生委員に対して、助言を求めることができる。

（補助の基準）

第一〇条　法第二十五条第一項の規定による国の補助は、法第二十四条の規定による同条第一号に掲げる者に対する援助に要する経費の額の二分の一について行うものとする。ただし、小学校、中学校及び義務教育学校並びに中等教育学校の前期課程又は特別支援学校の小学部及び中学部の別により、文部科学大臣が毎年度定める児童及び生徒一人一疾病当たりの医療費の平均額に、都道府県に係る場合にあつては次項の規定により文部科学大臣が当該都道府県に配分した児童及び生徒の被患者の延数をそれぞれ乗じて得た額、市町村に係る場合にあつては第三項の規定により都道府県の教育委員会が当該市町村に配分した児童及び生徒の被患者の延数をそれぞれ乗じて得た額の二分の一を限度とする。

②　文部科学大臣は、毎年度、別表イに掲げる算式により算定した小学校、中学校及び義務教育学校並びに中等教育学校の前期課程又は特別支援学校の小学部及び中学部の児童及び生徒の被患者の延数を各都道府県に配分し、その配分した数を各都道府県の教育委員会に通知しなければならない。

③　都道府県の教育委員会は、文部科学省令で定めるところにより、毎年度、文部科学大臣が、別表ロに掲げる算式により算定した小学校、中学校及び義務教育学校並びに中等教育学校の前期課程又は特別支援学校の小学部及び中学部の児童及び生徒の被患者の延数を基準として各都道府県ごとに定めた児童及び生徒の被患者の延数を、各市町村立の小学校、中学校及び義務教育学校並びに中等教育学校の前期課程又は特別支援学校の小学部及び中学部の児童及び生徒のうち教育扶助を受けている者の数を勘案して、各市町村に配分し、その配分した数を文部科学大臣及び各市町村の教育委員会に通知しなければならない。

④　前項の規定により都道府県が処理することとされている事務は、地方自治法（昭和二十二年法律第六十七号）第二条第九項第一号に規定する第一号法定受託事務とする。

（専修学校への準用）

第一一条　第五条から第七条までの規定は、法第三十二条第三項において法第十八条及び第十九条の規定を専修学校に準用する場合について準用する。この場合において、第五条第二号中「法第二十条」とあるのは「法第三十二条第三項において準用する法第二十条」と、第六条第一項中「幼児、児童又は生徒（高等学校（中等教育学校の後期課程及び特別支援学校の高等部を含む。以下同じ。）の生徒を除く。）にあつてはその保護者に、高等学校の生徒又は学生にあつては当該生徒又は学生」とあるのは「生徒」と読み替えるものとする。

㉛母子保健法（抜粋）

（昭和四〇年八月一八日法律第一四一号）

施行　昭和四一年一月一日
最終改正　令和元年一二月六日法律第六九号

第一章　総則

（目的）

第一条　この法律は、母性並びに乳児及び幼児の健康の保持及び増進を図るため、母子保健に関する原理を明らかにするとともに、母性並びに乳児及び幼児に対する保健指導、健康診査、医療その他の措置を講じ、もつて国民保健の向上に寄与することを目的とする。

（母性の尊重）

第二条　母性は、すべての児童がすこやかに生まれ、かつ、育てられる基盤であることにかんがみ、尊重され、かつ、保護されなければならない。

（乳幼児の健康の保持増進）

第三条　乳児及び幼児は、心身ともに健全な人として成長してゆくために、その健康が保持され、かつ、増進されなければならない。

（母性及び保護者の努力）

第四条　母性は、みずからすすんで、妊娠、出産又は育児についての正しい理解を深め、その健康の保持及び増進に努めなければならない。

② 乳児又は幼児の保護者は、みずからすすんで、育児についての正しい理解を深め、乳児又は幼児の健康の保持及び増進に努めなければならない。

（国及び地方公共団体の責務）

第五条　国及び地方公共団体は、母性並びに乳児及び幼児の健康の保持及び増進に努めなければならない。

② 国及び地方公共団体は、母性並びに乳児及び幼児の健康の保持及び増進に関する施策を講ずるに当たつては、当該施策が乳児及び幼児に対する虐待の予防及び早期発見に資するものであることに留意するとともに、その施策を通じて、前三条に規定する母子保健の理念が具現されるように配慮しなければならない。

（用語の定義）

第六条　この法律において「妊産婦」とは、妊娠中又は出産後一年以内の女子をいう。

② この法律において「乳児」とは、一歳に満たない者をいう。

③ この法律において「幼児」とは、満一歳から小学校就学の始期に達するまでの者をいう。

④ この法律において「保護者」とは、親権を行う者、未成年後見人その他の者で、乳児又は幼児を現に監護する者をいう。

⑤ この法律において「新生児」とは、出生後二十八日を経過しない乳児をいう。

⑥ この法律において「未熟児」とは、身体の発育が未熟のまま出生した乳児であつて、正常児が出生時に有する諸機能を得るに至るまでのものをいう。

第二章　母子保健の向上に関する措置

（知識の普及）

第九条　都道府県及び市町村は、母性又は乳児若しくは幼児の健康の保持及び増進のため、妊娠、出産又は育児に関し、相談に応じ、個別的又は集団的に、必要な指導及び助言を行い、並びに地域住民の活動を支援すること等により、母子保健に関する知識の普及に努めなければならない。

（保健指導）

第一〇条　市町村は、妊産婦若しくはその配偶者又は乳児若しくは幼児の保護者に対して、妊娠、出産又は育児に関し、必要な保健指導を行い、又は医師、歯科医師、助産師若しくは保健師について保健指導を受けることを勧奨しなければならない。

（健康診査）

第一二条　市町村は、次に掲げる者に対し、厚生労働省令の定めるところにより、健康診査を行わなければならない。

一　満一歳六か月を超え満二歳に達しない幼児

二　満三歳を超え満四歳に達しない幼児

②　前項の厚生労働省令は、健康増進法（平成十四年法律第百三号）第九条第一項に規定する健康診査等指針（第十六条第四項において単に「健康診査等指針」という。）と調和が保たれたものでなければならない。

（妊娠の届出）

第一五条　妊娠した者は、厚生労働省令で定める事項につき、速やかに、市町村長に妊娠の届出をするようにしなければならない。

（母子健康手帳）

第一六条　市町村は、妊娠の届出をした者に対して、母子健康手帳を交付しなければならない。

②　妊産婦は、医師、歯科医師、助産師又は保健師について、健康診査又は保健指導を受けたときは、その都度、母子健康手帳に必要な事項の記載を受けなければならない。乳児又は幼児の健康診査又は保健指導を受けた当該乳児又は幼児の保護者についても、同様とする。

③　母子健康手帳の様式は、厚生労働省令で定める。

④　前項の厚生労働省令は、健康診査等指針と調和が保たれたものでなければならない。

（低体重児の届出）

第一八条　体重が二千五百グラム未満の乳児が出生したときは、その保護者は、速やかに、その旨をその乳児の現在地の市町村に届け出なければならない。

（未熟児の訪問指導）

第一九条　市町村長は、その区域内に現在地を有する未熟児について、養育上必要があると認めるときは、医師、保健師、助産師又はその他の職員をして、その未熟児の保護者を訪問させ、必要な指導を行わせるものとする。

②　第十一条第二項の規定は、前項の規定による訪問指導に準用する。

第一九条の二　市町村は、妊産婦若しくは乳児若しくは幼児であつて、かつて当該市町村以外の市町村（以下この項において「他の市町村」という。）に居住していた者又は当該妊産婦の配偶者若しくは当該乳児若しくは幼児の保護者に対し、第十条の保健指導、第十一条、第十七条第一項若しくは前条の訪問指導、第十二条第一項若しくは第十三条第一項の健康診査又は第二十二条第二項第二号から第五号までに掲げる事業を行うために必要があると認めるときは、当該他の市町村に対し、厚生労働省令で定めるところにより、当該妊産婦又は乳児若しくは幼児に対する第十二条第一項又は第十三条第一項の健康診査に関する情報の提供を求めることができる。

②　市町村は、前項の規定による情報の提供の求めについては、電子情報処理組織を使用する方法その他の情報通信の技

術を利用する方法であつて厚生労働省令で定めるものにより行うよう努めなければならない。

（養育医療）

第二〇条　市町村は、養育のため病院又は診療所に入院することを必要とする未熟児に対し、その養育に必要な医療（以下「養育医療」という。）の給付を行い、又はこれに代えて養育医療に要する費用を支給することができる。

② 前項の規定による費用の支給は、養育医療の給付が困難であると認められる場合に限り、行なうことができる。

③ 養育医療の給付の範囲は、次のとおりとする。

一　診察

二　薬剤又は治療材料の支給

三　医学的処置、手術及びその他の治療

四　病院又は診療所への入院及びその療養に伴う世話その他の看護

五　移送

④ 養育医療の給付は、都道府県知事が次項の規定により指定する病院若しくは診療所又は薬局（以下「指定養育医療機関」という。）に委託して行うものとする。

⑤ 都道府県知事は、病院若しくは診療所又は薬局の開設者の同意を得て、第一項の規定による養育医療を担当させる機関を指定する。

⑥ 第一項の規定により支給する費用の額は、次項の規定により準用する児童福祉法第十九条の十二の規定により指定養育医療機関が請求することができる診療報酬の例により算定した額のうち、本人及びその扶養義務者（民法（明治二十九年法律第八十九号）に定める扶養義務者をいう。第二十一条の四第一項において同じ。）が負担することができないと認められる額とする。

⑦ 児童福祉法第十九条の十二、第十九条の二十及び第二十一条の三の規定は養育医療の給付について、同法第二十条第七項及び第八項並びに第二十一条の規定は指定養育医療機関について、それぞれ準用する。この場合において、同法第十九条の十二中「診療方針」とあるのは「診療方針及び診療報酬」と、同法第十九条の二十（第二項を除く。）中「小児慢性特定疾病医療費の」とあるのは「診療報酬の」と、同条第一項中「第十九条の三第十項」とあるのは「母子保健法第二十条第七項において読み替えて準用する第十九条の十二」と、同条第四項中「都道府県」とあるのは「市町村」と、同法第二十一条の三第二項中「都道府県の」とあるのは「市町村の」と読み替えるものとする。

（費用の支弁）

第二一条　市町村が行う第十二条第一項の規定による健康診査に要する費用及び第二十条の規定による措置に要する費用は、当該市町村の支弁とする。

（都道府県の負担）

第二一条の二　都道府県は、政令の定めるところにより、前条の規定により市町村が支弁する費用のうち、第二十条の規定による措置に要する費用については、その四分の一を負担するものとする。

（国の負担）

第二一条の三　国は、政令の定めるところにより、第二十一条の規定により市町村が支弁する費用のうち、第二十条の規定による措置に要する費用については、その二分の一を負担するものとする。

（費用の徴収）

第二一条の四　第二十条の規定による養育医療の給付に要する費用を支弁した市町村長は、当該措置を受けた者又はその扶養義務者から、その負担能力に応じて、当該措置に要する費用の全部又は一部を徴収することができる。
② 前項の規定による費用の徴収は、徴収されるべき者の居住地又は財産所在地の市町村に嘱託することができる。
③ 第一項の規定により徴収される費用を、指定の期限内に納付しない者があるときは、地方税の滞納処分の例により処分することができる。この場合における徴収金の先取特権の順位は、国税及び地方税に次ぐものとする。

第三章　母子健康包括支援センター

第二二条　市町村は、必要に応じ、母子健康包括支援センターを設置するように努めなければならない。
② 母子健康包括支援センターは、第一号から第四号までに掲げる事業を行い、又はこれらの事業に併せて第五号に掲げる事業を行うことにより、母性並びに乳児及び幼児の健康の保持及び増進に関する包括的な支援を行うことを目的とする施設とする。
一　母性並びに乳児及び幼児の健康の保持及び増進に関する支援に必要な実情の把握を行うこと。
二　母子保健に関する各種の相談に応ずること。
三　母性並びに乳児及び幼児に対する保健指導を行うこと。
四　母性及び児童の保健医療又は福祉に関する機関との連絡調整その他母性並びに乳児及び幼児の健康の保持及び増進に関し、厚生労働省令で定める支援を行うこと。
五　健康診査、助産その他の母子保健に関する事業を行うこと（前各号に掲げる事業を除く。）。
③ 市町村は、母子健康包括支援センターにおいて、第九条の相談、指導及び助言並びに第十条の保健指導を行うに当たつては、児童福祉法第二十一条の十一第一項の情報の収集及び提供、相談並びに助言並びに同条第二項のあつせん、調整及び要請と一体的に行うように努めなければならない。

㉜母子及び父子並びに寡婦福祉法（昭和三九年七月一日法律第一二九号）

施行　昭和三九年七月一日
（題名改正＝昭和五六年法律第七九号、平成二六年法律第二八号）
最終改正　令和二年六月一〇日法律第四一号

第一章　総則

（目的）
第一条　この法律は、母子家庭等及び寡婦の福祉に関する原理を明らかにするとともに、母子家庭等及び寡婦に対し、その生活の安定と向上のために必要な措置を講じ、もつて母子家庭等及び寡婦の福祉を図ることを目的とする。

（基本理念）
第二条　全て母子家庭等には、児童が、その置かれている環境にかかわらず、心身ともに健やかに育成されるために必要な諸条件と、その母子家庭の母及び父子家庭の父の健康で文化的な生活とが保障されるものとする。
②　寡婦には、母子家庭の母及び父子家庭の父に準じて健康で文化的な生活が保障されるものとする。

（国及び地方公共団体の責務）
第三条　国及び地方公共団体は、母子家庭等及び寡婦の福祉を増進する責務を有する。
②　国及び地方公共団体は、母子家庭等又は寡婦の福祉に関係のある施策を講ずるに当たつては、その施策を通じて、前条に規定する理念が具現されるように配慮しなければならない。

（関係機関の責務）
第三条の二　第八条第一項に規定する母子・父子自立支援員、福祉事務所（社会福祉法（昭和二十六年法律第四十五号）に定める福祉に関する事務所をいう。以下同じ。）その他母子家庭の福祉に関する機関、児童福祉法（昭和二十二年法律第百六十四号）に定める児童委員、売春防止法（昭和三十一年法律第百十八号）第三十五条第一項に規定する婦人相談員、児童福祉法第四十四条の二第一項に規定する児童家庭支援センター、同法第三十八条に規定する母子生活支援施設、第十七条第一項、第三十条第三項又は第三十一条の五第二項の規定により都道府県又は市（特別区を含む。以下同じ。）町村から委託を受けている者、第三十八条に規定する母子・父子福祉施設、母子・父子福祉団体、公共職業安定所その他母子家庭の支援を行う関係機関は、母子家庭の母及び児童の生活の安定と向上のために相互に協力しなければならない。
②　第八条第一項に規定する母子・父子自立支援員、福祉事務所その他父子家庭の福祉に関する機関、児童福祉法に定める児童委員、同法第四十四条の二第一項に規定する児童家庭支援センター、第三十一条の七第一項、第三十一条の九第三項又は第三十一条の十一第二項の規定により都道府県又は市町村から委託を受けている者、第三十八条に規定する母子・父子福祉施設、母子・父子福祉団体、公共職業安定所その他父子家庭の支援を行う関係機関は、父子家庭の父及び児童の生活の安定と向上のために相互に協力しなければならない。
③　第八条第一項に規定する母子・父子自立支援員、福祉事務所その他寡婦の福祉に関する機関、第三十三条第一項、第三十五条第三項又は第三十五条の二第二項の規定により都道府県又は市町村から委託を受けている者、第三十八条に規定する母子・父子福祉施設、母子・父子福祉団体、公共職業安

定所その他寡婦の支援を行う関係機関は、寡婦の生活の安定と向上のために相互に協力しなければならない。

（自立への努力）

第四条　母子家庭の母及び父子家庭の父並びに寡婦は、自ら進んでその自立を図り、家庭生活及び職業生活の安定と向上に努めなければならない。

（扶養義務の履行）

第五条　母子家庭等の児童の親は、当該児童が心身ともに健やかに育成されるよう、当該児童の養育に必要な費用の負担その他当該児童についての扶養義務を履行するように努めなければならない。

②　母子家庭等の児童の親は、当該児童が心身ともに健やかに育成されるよう、当該児童を監護しない親の当該児童についての扶養義務の履行を確保するように努めなければならない。

③　国及び地方公共団体は、母子家庭等の児童が心身ともに健やかに育成されるよう、当該児童を監護しない親の当該児童についての扶養義務の履行を確保するために広報その他適切な措置を講ずるように努めなければならない。

（定義）

第六条　この法律において「配偶者のない女子」とは、配偶者（婚姻の届出をしていないが、事実上婚姻関係と同様の事情にある者を含む。以下同じ。）と死別した女子であつて、現に婚姻（婚姻の届出をしていないが、事実上婚姻関係と同様の事情にある場合を含む。以下同じ。）をしていないもの及びこれに準ずる次に掲げる女子をいう。

一　離婚した女子であつて現に婚姻をしていないもの

二　配偶者の生死が明らかでない女子

三　配偶者から遺棄されている女子

四　配偶者が海外にあるためその扶養を受けることができない女子

五　配偶者が精神又は身体の障害により長期にわたつて労働能力を失つている女子

六　前各号に掲げる者に準ずる女子であつて政令で定めるもの

②　この法律において「配偶者のない男子」とは、配偶者と死別した男子であつて、現に婚姻をしていないもの及びこれに準ずる次に掲げる男子をいう。

一　離婚した男子であつて現に婚姻をしていないもの

二　配偶者の生死が明らかでない男子

三　配偶者から遺棄されている男子

四　配偶者が海外にあるためその扶養を受けることができない男子

五　配偶者が精神又は身体の障害により長期にわたつて労働能力を失つている男子

六　前各号に掲げる者に準ずる男子であつて政令で定めるもの

③　この法律において「児童」とは、二十歳に満たない者をいう。

④　この法律において「寡婦」とは、配偶者のない女子であつて、かつて配偶者のない女子として民法（明治二十九年法律第八十九号）第八百七十七条の規定により児童を扶養していたことのあるものをいう。

⑤　この法律において「母子家庭等」とは、母子家庭及び父子家庭をいう。

⑥　この法律において「母子・父子福祉団体」とは、配偶者のない者で現に児童を扶養しているもの（配偶者のない女子であつて民法第八百七十七条の規定により現に児童を扶養して

いるもの（以下「配偶者のない女子で現に児童を扶養しているもの」という。）又は配偶者のない男子であつて同条の規定により現に児童を扶養しているもの（以下「配偶者のない男子で現に児童を扶養しているもの」という。）をいう。第八条第二項において同じ。）の福祉又はこれに併せて寡婦の福祉を増進することを主たる目的とする次の各号に掲げる法人であつて当該各号に定めるその役員の過半数が配偶者のない女子又は配偶者のない男子であるものをいう。

一　社会福祉法人　理事

二　前号に掲げるもののほか、営利を目的としない法人であつて厚生労働省令で定めるもの　厚生労働省令で定める役員

（都道府県児童福祉審議会等の権限）

第七条　次の各号に掲げる機関は、母子家庭等の福祉に関する事項につき、調査審議するほか、当該各号に定める者の諮問に答え、又は関係行政機関に意見を具申することができる。

一　児童福祉法第八条第二項に規定する都道府県児童福祉審議会（同条第一項ただし書に規定する都道府県にあつては、社会福祉法第七条第一項に規定する地方社会福祉審議会）　都道府県知事

二　児童福祉法第八条第四項に規定する市町村児童福祉審議会　市町村長（特別区の区長を含む。以下同じ。）

（母子・父子自立支援員）

第八条　都道府県知事、市長（特別区の区長を含む。）及び福祉事務所を管理する町村長（以下「都道府県知事等」という。）は、社会的信望があり、かつ、次項に規定する職務を行うに必要な熱意と識見を持つている者のうちから、母子・父子自立支援員を委嘱するものとする。

②　母子・父子自立支援員は、この法律の施行に関し、主として次の業務を行うものとする。

一　配偶者のない者で現に児童を扶養しているもの及び寡婦に対し、相談に応じ、その自立に必要な情報提供及び指導を行うこと。

二　配偶者のない者で現に児童を扶養しているもの及び寡婦に対し、職業能力の向上及び求職活動に関する支援を行うこと。

③　都道府県、市及び福祉事務所を設置する町村（以下「都道府県等」という。）は、母子・父子自立支援員の研修の実施その他の措置を講ずることにより、母子・父子自立支援員その他の母子家庭の母及び父子家庭の父並びに寡婦の自立の支援に係る事務に従事する人材の確保及び資質の向上を図るよう努めるものとする。

（福祉事務所）

第九条　福祉事務所は、この法律の施行に関し、主として次の業務を行うものとする。

一　母子家庭等及び寡婦の福祉に関し、母子家庭等及び寡婦並びに母子・父子福祉団体の実情その他必要な実情の把握に努めること。

二　母子家庭等及び寡婦の福祉に関する相談に応じ、必要な調査及び指導を行うこと、並びにこれらに付随する業務を行うこと。

（児童委員の協力）

第一〇条　児童福祉法に定める児童委員は、この法律の施行について、福祉事務所の長又は母子・父子自立支援員の行う職務に協力するものとする。

（母子家庭等及び寡婦の生活の安定と向上のための措置の積極的かつ計画的な実施等）

第一〇条の二　都道府県等は、母子家庭等及び寡婦が母子家庭

等及び寡婦の生活の安定と向上のために最も適切な支援を総合的に受けられるようにするため、地域の実情に応じた母子家庭等及び寡婦の生活の安定と向上のための措置の積極的かつ計画的な実施及び周知並びに母子家庭等及び寡婦の生活の安定と向上のための支援を行う者の活動の連携及び調整を図るよう努めなければならない。

第二章　基本方針等

（基本方針）

第一一条　厚生労働大臣は、母子家庭等及び寡婦の生活の安定と向上のための措置に関する基本的な方針（以下「基本方針」という。）を定めるものとする。

②　基本方針に定める事項は、次のとおりとする。

一　母子家庭等及び寡婦の家庭生活及び職業生活の動向に関する事項

二　母子家庭等及び寡婦の生活の安定と向上のため講じようとする施策の基本となるべき事項

三　都道府県等が、次条の規定に基づき策定する母子家庭等及び寡婦の生活の安定と向上のための措置に関する計画（以下「自立促進計画」という。）の指針となるべき基本的な事項

四　前三号に掲げるもののほか、母子家庭等及び寡婦の生活の安定と向上のための措置に関する重要事項

③　厚生労働大臣は、基本方針を定め、又はこれを変更しようとするときは、あらかじめ、関係行政機関の長に協議するものとする。

④　厚生労働大臣は、基本方針を定め、又はこれを変更したときは、遅滞なく、これを公表するものとする。

（自立促進計画）

第一二条　都道府県等は、基本方針に即し、次に掲げる事項を定める自立促進計画を策定し、又は変更しようとするときは、法律の規定による計画であつて母子家庭等及び寡婦の福祉に関する事項を定めるものとの調和を保つよう努めなければならない。

一　当該都道府県等の区域における母子家庭等及び寡婦の家庭生活及び職業生活の動向に関する事項

二　当該都道府県等の区域において母子家庭等及び寡婦の生活の安定と向上のため講じようとする施策の基本となるべき事項

三　福祉サービスの提供、職業能力の向上の支援その他母子家庭等及び寡婦の生活の安定と向上のために講ずべき具体的な措置に関する事項

四　前三号に掲げるもののほか、母子家庭等及び寡婦の生活の安定と向上のための措置に関する重要事項

②　都道府県等は、自立促進計画を策定し、又は変更しようとするときは、あらかじめ、母子家庭等及び寡婦の置かれている環境、母子家庭等及び寡婦に対する福祉の措置の利用に関する母子家庭等及び寡婦の意向その他の母子家庭等及び寡婦の事情を勘案するよう努めなければならない。

③　都道府県等は、自立促進計画を策定し、又は変更しようとするときは、あらかじめ、第七条各号に掲げる機関、子ども・子育て支援法（平成二十四年法律第六十五号）第七十七条第一項又は第四項に規定する機関その他の母子家庭等及び寡婦の福祉に関する事項を調査審議する合議制の機関の意見を聴くよう努めなければならない。

④　都道府県等は、自立促進計画を策定し、又は変更しようとするときは、あらかじめ、母子・父子福祉団体の意見を反映させるために必要な措置を講ずるものとする。

⑤　前項に定めるもののほか、都道府県等は、自立促進計画を策定し、又は変更しようとするときは、あらかじめ、インターネットの利用その他の厚生労働省令で定める方法により広く母子家庭等及び寡婦の意見を求めることその他の住民の意見を反映させるために必要な措置を講ずるよう努めなければならない。

第三章　母子家庭に対する福祉の措置

（母子福祉資金の貸付け）

第一三条　都道府県は、配偶者のない女子で現に児童を扶養しているもの又はその扶養している児童（配偶者のない女子で現に児童を扶養しているものが同時に民法第八百七十七条の規定により二十歳以上である子その他これに準ずる者を扶養している場合におけるその二十歳以上である子その他これに準ずる者を含む。以下この項及び第三項において同じ。）に対し、配偶者のない女子の経済的自立の助成と生活意欲の助長を図り、あわせてその扶養している児童の福祉を増進するため、次に掲げる資金を貸し付けることができる。

一　事業を開始し、又は継続するのに必要な資金

二　配偶者のない女子が扶養している児童の修学に必要な資金

三　配偶者のない女子又はその者が扶養している児童が事業を開始し、又は就職するために必要な知識技能を習得するのに必要な資金

四　前三号に掲げるもののほか、配偶者のない女子及びその者が扶養している児童の福祉のために必要な資金であつて政令で定めるもの

②　都道府県は、前項に規定する資金のうち、その貸付けの目的を達成するために一定の期間継続して貸し付ける必要がある資金で政令で定めるものについては、その貸付けの期間中に当該配偶者のない女子が民法第八百七十七条の規定により扶養している全ての児童が二十歳に達した後でも、政令で定めるところにより、なお継続してその貸付けを行うことができる。

③　都道府県は、第一項に規定する資金のうち、その貸付けの目的が児童の修学又は知識技能の習得に係る資金であつて政令で定めるものを配偶者のない女子で現に児童を扶養しているものに貸し付けている場合において、その修学又は知識技能の習得の中途において当該配偶者のない女子が死亡したときは、政令で定めるところにより、当該児童（前項の規定による貸付けに係る二十歳以上である者を含む。）がその修学又は知識技能の習得を終了するまでの間、当該児童に対して、当該資金の貸付けを行うことができる。

（母子・父子福祉団体に対する貸付け）

第一四条　都道府県は、政令で定める事業を行う母子・父子福祉団体であつてその事業に使用される者が主として次の各号に掲げる者のいずれかであるもの又は第一号に掲げる者の自立の促進を図るための事業として政令で定めるものを行う母子・父子福祉団体に対し、これらの事業につき、前条第一項第一号に掲げる資金を貸し付けることができる。

一　配偶者のない女子で現に児童を扶養しているもの

二　前号に掲げる者及び配偶者のない男子で現に児童を扶養しているもの

三　第一号に掲げる者及び寡婦

四　第二号に掲げる者及び寡婦

（償還の免除）

第一五条　都道府県は、第十三条の規定による貸付金の貸付けを受けた者が死亡したとき、又は精神若しくは身体に著しい

障害を受けたため、当該貸付金を償還することができなくなつたと認められるときは、議会の議決を経て、当該貸付金の償還未済額の全部又は一部の償還を免除することができる。ただし、政令で定める場合は、この限りでない。

② 都道府県は、第十三条第一項第四号に掲げる資金のうち政令で定めるものの貸付けを受けた者が、所得の状況その他政令で定める事由により当該貸付金を償還することができなくなつたと認められるときは、条例で定めるところにより、当該貸付金の償還未済額の一部の償還を免除することができる。

（政令への委任）

第一六条　前三条に定めるもののほか、第十三条及び第十四条の規定による貸付金（以下「母子福祉資金貸付金」という。）の貸付金額の限度、貸付方法、償還その他母子福祉資金貸付金の貸付けに関して必要な事項は、政令で定める。

（母子家庭日常生活支援事業）

第一七条　都道府県又は市町村は、配偶者のない女子で現に児童を扶養しているものがその者の疾病その他の理由により日常生活に支障を生じたと認められるときは、政令で定める基準に従い、その者につき、その者の居宅その他厚生労働省令で定める場所において、乳幼児の保育若しくは食事の世話若しくは専門的知識をもつて行う生活及び生業に関する助言、指導その他の日常生活を営むのに必要な便宜であつて厚生労働省令で定めるものを供与し、又は当該都道府県若しくは市町村以外の者に当該便宜を供与することを委託する措置を採ることができる。

② 前項の規定による委託に係る事務に従事する者又は従事していた者は、正当な理由がなく、当該事務に関して知り得た秘密を漏らしてはならない。

（措置の解除に係る説明等）

第一八条　都道府県知事又は市町村長は、前条第一項の措置を解除する場合には、あらかじめ、当該措置に係る者に対し、当該措置の解除の理由について説明するとともに、その意見を聴かなければならない。ただし、当該措置に係る者から当該措置の解除の申出があつた場合その他厚生労働省令で定める場合においては、この限りでない。

（行政手続法の適用除外）

第一九条　第十七条第一項の措置を解除する処分については、行政手続法（平成五年法律第八十八号）第三章（第十二条及び第十四条を除く。）の規定は、適用しない。

（事業の開始）

第二〇条　国及び都道府県以外の者は、厚生労働省令で定めるところにより、あらかじめ、厚生労働省令で定める事項を都道府県知事に届け出て、母子家庭日常生活支援事業（第十七条第一項の措置に係る者につき同項の厚生労働省令で定める便宜を供与する事業をいう。以下同じ。）を行うことができる。

（廃止又は休止）

第二一条　母子家庭日常生活支援事業を行う者は、その事業を廃止し、又は休止しようとするときは、あらかじめ、厚生労働省令で定める事項を都道府県知事に届け出なければならない。

（報告の徴収等）

第二二条　都道府県知事は、母子家庭の福祉のために必要があると認めるときは、母子家庭日常生活支援事業を行う者に対し、必要と認める事項の報告を求め、又は当該職員に、関係者に対して質問させ、若しくはその事務所に立ち入り、帳簿書類その他の物件を検査させることができる。

② 前項の規定による質問又は立入検査を行う場合においては、当該職員は、その身分を示す証明書を携帯し、関係者の請求があるときは、これを提示しなければならない。

③ 第一項の規定による権限は、犯罪捜査のために認められたものと解釈してはならない。

（事業の停止等）

第二三条 都道府県知事は、母子家庭日常生活支援事業を行う者が、この法律若しくはこれに基づく命令若しくはこれらに基づいてする処分に違反したとき、又はその事業に関し不当に営利を図り、若しくは第十七条第一項の措置に係る配偶者のない女子で現に児童を扶養しているもの等の処遇につき不当な行為をしたときは、その事業を行う者に対し、その事業の制限又は停止を命ずることができる。

（受託義務）

第二四条 母子家庭日常生活支援事業を行う者は、第十七条第一項の規定による委託を受けたときは、正当な理由がなく、これを拒んではならない。

（売店等の設置の許可）

第二五条 国又は地方公共団体の設置した事務所その他の公共的施設の管理者は、配偶者のない女子で現に児童を扶養しているもの又は母子・父子福祉団体からの申請があつたときは、その公共的施設内において、新聞、雑誌、たばこ、事務用品、食料品その他の物品を販売し、又は理容業、美容業等の業務を行うために、売店又は理容所、美容所等の施設を設置することを許すように努めなければならない。

② 前項の規定により売店その他の施設を設置することを許された者は、病気その他正当な理由がある場合のほかは、自らその業務に従事し、又は当該母子・父子福祉団体が使用する配偶者のない女子で現に児童を扶養しているものをその業務に従事させなければならない。

③ 都道府県知事は、第一項に規定する売店その他の施設の設置及びその運営を円滑にするため、当該都道府県の区域内の公共的施設の管理者と協議を行い、かつ、公共的施設内における売店等の設置の可能な場所、販売物品の種類等を調査し、その結果を配偶者のない女子で現に児童を扶養しているもの及び母子・父子福祉団体に知らせる措置を講じなければならない。

（製造たばこの小売販売業の許可）

第二六条 配偶者のない女子で現に児童を扶養しているものがたばこ事業法（昭和五十九年法律第六十八号）第二十二条第一項の規定による小売販売業の許可を申請した場合において同法第二十三条各号の規定に該当しないときは、財務大臣は、その者に当該許可を与えるように努めなければならない。

② 前条第二項の規定は、前項の規定によりたばこ事業法第二十二条第一項の許可を受けた者について準用する。

（公営住宅の供給に関する特別の配慮）

第二七条 地方公共団体は、公営住宅法（昭和二十六年法律第百九十三号）による公営住宅の供給を行う場合には、母子家庭の福祉が増進されるように特別の配慮をしなければならない。

（特定教育・保育施設の利用等に関する特別の配慮）

第二八条 市町村は、子ども・子育て支援法（平成二十四年法律第六十五号）第二十七条第一項に規定する特定教育・保育施設（次項において「特定教育・保育施設」という。）又は同法第四十三条第二項に規定する特定地域型保育事業（次項において「特定地域型保育事業」という。）の利用について、同法第四十二条第一項若しくは第五十四条第一項の規定により相談、助言若しくはあつせん若しくは要請を行う場合又は児童福祉法第二十四条第三項の規定により調整若しくは要請を行う場合には、母子家庭の福祉が増進されるように特別の配慮をしなければならない。

② 特定教育・保育施設の設置者又は子ども・子育て支援法第二十九条第一項に規定する特定地域型保育事業者は、同法第三十三条第二項又は第四十五条第二項の規定により当該特定教育・保育施設を利用する児童（同法第十九条第一項第二号又は第三号に該当する児童に限る。以下この項において同じ。）又は当該特定地域型保育事業者に係る特定地域型保育事業を利用する児童を選考するときは、母子家庭の福祉が増進されるように特別の配慮をしなければならない。

③ 市町村は、児童福祉法第六条の三第二項に規定する放課後児童健全育成事業その他の厚生労働省令で定める事業を行う場合には、母子家庭の福祉が増進されるように特別の配慮をしなければならない。

（雇用の促進）

第二九条　国及び地方公共団体は、就職を希望する母子家庭の母及び児童の雇用の促進を図るため、事業主その他国民一般の理解を高めるとともに、職業訓練の実施、就職のあつせん、公共的施設における雇入れの促進等必要な措置を講ずるように努めるものとする。

② 公共職業安定所は、母子家庭の母の雇用の促進を図るため、求人に関する情報の収集及び提供、母子家庭の母を雇用する事業主に対する援助その他必要な措置を講ずるように努めるものとする。

（母子家庭就業支援事業等）

第三〇条　国は、前条第二項の規定に基づき公共職業安定所が講ずる措置のほか、次に掲げる業務を行うものとする。

一　母子家庭の母及び児童の雇用の促進に関する調査及び研究を行うこと。

二　母子家庭の母及び児童の雇用の促進に関する業務に従事する者その他の関係者に対する研修を行うこと。

三　都道府県が行う次項に規定する業務（以下「母子家庭就業支援事業」という。）について、都道府県に対し、情報の提供その他の援助を行うこと。

② 都道府県は、就職を希望する母子家庭の母及び児童の雇用の促進を図るため、母子・父子福祉団体と緊密な連携を図りつつ、次に掲げる業務を総合的かつ一体的に行うことができる。

一　母子家庭の母及び児童に対し、就職に関する相談に応じること。

二　母子家庭の母及び児童に対し、職業能力の向上のために必要な措置を講ずること。

三　母子家庭の母及び児童並びに事業主に対し、雇用情報及び就職の支援に関する情報の提供その他母子家庭の母及び児童の就職に関し必要な支援を行うこと。

③ 都道府県は、母子家庭就業支援事業に係る事務の全部又は一部を厚生労働省令で定める者に委託することができる。

④ 前項の規定による委託に係る事務に従事する者又は従事していた者は、正当な理由がなく、当該事務に関して知り得た秘密を漏らしてはならない。

（母子家庭自立支援給付金）

第三一条　都道府県等は、配偶者のない女子で現に児童を扶養しているものの雇用の安定及び就職の促進を図るため、政令で定めるところにより、配偶者のない女子で現に児童を扶養しているもの又は事業主に対し、次に掲げる給付金（以下「母子家庭自立支援給付金」という。）を支給することができる。

一　配偶者のない女子で現に児童を扶養しているものが、厚生労働省令で定める教育訓練を受け、当該教育訓練を修了した場合に、その者に支給する給付金（以下「母子家庭自立支援教育訓練給付金」という。）

二　配偶者のない女子で現に児童を扶養しているものが、安定した職業に就くことを容易にするため必要な資格として厚生労働省令で定めるものを取得するため養成機関において修業する場合に、その修業と生活との両立を支援するためその者に支給する給付金（以下「母子家庭高等職業訓練促進給付金」という。）

三　前二号に掲げる給付金以外の給付金であつて、政令で定めるもの

（不正利得の徴収）

第三十一条の二　偽りその他不正の手段により母子家庭自立支援給付金の支給を受けた者があるときは、都道府県知事等は、受給額に相当する金額の全部又は一部をその者から徴収することができる。

（受給権の保護）

第三十一条の三　母子家庭自立支援教育訓練給付金又は母子家庭高等職業訓練促進給付金の支給を受ける権利は、譲り渡し、担保に供し、又は差し押えることができない。

（公課の禁止）

第三十一条の四　租税その他の公課は、母子家庭自立支援教育訓練給付金又は母子家庭高等職業訓練促進給付金として支給を受けた金銭を標準として、課することができない。

（母子家庭生活向上事業）

第三十一条の五　都道府県及び市町村は、母子家庭の母及び児童の生活の向上を図るため、母子・父子福祉団体と緊密な連携を図りつつ、次に掲げる業務（以下「母子家庭生活向上事業」という。）を行うことができる。

一　母子家庭の母及び児童に対し、家庭生活及び職業生活に関する相談に応じ、又は母子・父子福祉団体による支援その他の母子家庭の母及び児童に対する支援に係る情報の提供を行うこと。

二　母子家庭の児童に対し、生活に関する相談に応じ、又は学習に関する支援を行うこと。

三　母子家庭の母及び児童に対し、母子家庭相互の交流の機会を提供することその他の必要な支援を行うこと。

②　都道府県及び市町村は、母子家庭生活向上事業に係る事務の全部又は一部を厚生労働省令で定める者に委託することができる。

③　前項の規定による委託に係る事務に従事する者又は従事していた者は、正当な理由がなく、当該事務に関して知り得た秘密を漏らしてはならない。

第四章　父子家庭に対する福祉の措置

（父子福祉資金の貸付け）

第三十一条の六　都道府県は、配偶者のない男子で現に児童を扶養しているもの又はその扶養している児童（配偶者のない男子で現に児童を扶養しているものが同時に民法第八百七十七条の規定により二十歳以上である子その他これに準ずる者を扶養している場合におけるその二十歳以上である子その他これに準ずる者を含む。以下この項及び第三項において同じ。）に対し、配偶者のない男子の経済的自立の助成と生活意欲の助長を図り、あわせてその扶養している児童の福祉を増進するため、次に掲げる資金を貸し付けることができる。

一　事業を開始し、又は継続するのに必要な資金

二　配偶者のない男子が扶養している児童の修学に必要な資金
三　配偶者のない男子又はその者が扶養している児童が事業を開始し、又は就職するために必要な知識技能を習得するのに必要な資金
四　前三号に掲げるもののほか、配偶者のない男子及びその者が扶養している児童の福祉のために必要な資金であつて政令で定めるもの

②　都道府県は、前項に規定する資金のうち、その貸付けの目的を達成するために一定の期間継続して貸し付ける必要がある資金で政令で定めるものについては、その貸付けの期間中に当該配偶者のない男子が民法第八百七十七条の規定により扶養している全ての児童が二十歳に達した後でも、政令で定めるところにより、なお継続してその貸付けを行うことができる。

③　都道府県は、第一項に規定する資金のうち、その貸付けの目的が児童の修学又は知識技能の習得に係る資金であつて政令で定めるものを配偶者のない男子で現に児童を扶養しているものに貸し付けている場合において、その修学又は知識技能の習得の中途において当該配偶者のない男子が死亡したときは、政令で定めるところにより、当該児童（前項の規定による貸付けに係る二十歳以上である者を含む。）がその修学又は知識技能の習得を終了するまでの間、当該児童に対して、当該資金の貸付けを行うことができる。

④　第十四条（各号を除く。）の規定は、政令で定める事業を行う母子・父子福祉団体であつてその事業に使用される者が主として次の各号に掲げる者のいずれかであるもの又は第一号に掲げる者の自立の促進を図るための事業として政令で定めるものを行う母子・父子福祉団体について準用する。この場合において、同条中「次の各号」とあるのは「第三十一条の六第四項各号」と、「又は第一号」とあるのは「又は同項第一号」と、「前条第一項第一号」とあるのは「同条第一項第一号」と読み替えるものとする。
一　配偶者のない男子で現に児童を扶養しているもの
二　前号に掲げる者及び寡婦

⑤　第十五条第一項の規定は第一項から第三項までの規定による貸付金の貸付けを受けた者について、同条第二項の規定は第一項第四号に掲げる資金のうち政令で定めるものの貸付けを受けた者について、それぞれ準用する。

⑥　都道府県は、母子福祉資金貸付金の貸付けを受けることができる母子・父子福祉団体については、第一項から第三項まで及び第四項において読み替えて準用する第十四条の規定による貸付金（以下「父子福祉資金貸付金」という。）の貸付けを行わない。

⑦　第一項から第三項まで、第四項において読み替えて準用する第十四条、第五項において準用する第十五条及び前項に定めるもののほか、父子福祉資金貸付金の貸付金額の限度、貸付方法、償還その他父子福祉資金貸付金の貸付けに関して必要な事項は、政令で定める。

（父子家庭日常生活支援事業）

第三十一条の七　都道府県又は市町村は、配偶者のない男子で現に児童を扶養しているものがその者の疾病その他の理由により日常生活に支障を生じたと認められるときは、政令で定める基準に従い、その者につき、その者の居宅その他厚生労働省令で定める場所において、乳幼児の保育若しくは食事の世話若しくは専門的知識をもつて行う生活及び生業に関する助言、指導その他の日常生活を営むのに必要な便宜であつて厚生労働省令で定めるものを供与し、又は当該都道府県若しくく

は市町村以外の者に当該便宜を供与することを委託する措置を採ることができる。

② 前項の規定による委託に係る事務に従事する者又は従事していた者は、正当な理由がなく、当該事務に関して知り得た秘密を漏らしてはならない。

③ 第十八条及び第十九条の規定は、第一項の措置について準用する。

④ 第二十条の規定は父子家庭日常生活支援事業（第一項の措置に係る配偶者のない男子で現に児童を扶養しているものにつき同項の厚生労働省令で定める便宜を供与する事業をいう。以下同じ。）について、第二十一条から第二十四条までの規定は父子家庭日常生活支援事業を行う者について、それぞれ準用する。この場合において、第二十二条第一項中「母子家庭の」とあるのは「父子家庭の」と、第二十三条中「第十七条第一項」とあるのは「第三十一条の七第一項」と、「配偶者のない女子で現に児童を扶養しているもの」とあるのは「配偶者のない男子で現に児童を扶養しているもの」と、第二十四条中「第十七条第一項」とあるのは「第三十一条の七第一項」と読み替えるものとする。

（公営住宅の供給に関する特別の配慮等）

第三十一条の八　第二十七条及び第二十八条の規定は父子家庭について、第二十九条第一項の規定は父子家庭の父及び児童について、同条第二項の規定は父子家庭の父について、それぞれ準用する。

（父子家庭就業支援事業等）

第三十一条の九　国は、前条において準用する第二十九条第二項の規定に基づき公共職業安定所が講ずる措置のほか、次に掲げる業務を行うものとする。

一　父子家庭の父及び児童の雇用の促進に関する調査及び研究を行うこと。

二　父子家庭の父及び児童の雇用の促進に関する業務に従事する者その他の関係者に対する研修を行うこと。

三　都道府県が行う次項に規定する業務（以下「父子家庭就業支援事業」という。）について、都道府県に対し、情報の提供その他の援助を行うこと。

② 都道府県は、就職を希望する父子家庭の父及び児童の雇用の促進を図るため、母子・父子福祉団体と緊密な連携を図りつつ、次に掲げる業務を総合的かつ一体的に行うことができる。

一　父子家庭の父及び児童に対し、就職に関する相談に応じること。

二　父子家庭の父及び児童に対し、職業能力の向上のために必要な措置を講ずること。

三　父子家庭の父及び児童並びに事業主に対し、雇用情報及び就職の支援に関する情報の提供その他父子家庭の父及び児童の就職に関し必要な支援を行うこと。

③ 都道府県は、父子家庭就業支援事業に係る事務の全部又は一部を厚生労働省令で定める者に委託することができる。

④ 前項の規定による委託に係る事務に従事する者又は従事していた者は、正当な理由がなく、当該事務に関して知り得た秘密を漏らしてはならない。

（父子家庭自立支援給付金）

第三十一条の一〇　第三十一条から第三十一条の四までの規定は、配偶者のない男子で現に児童を扶養しているものについて準用する。この場合において、第三十一条中「母子家庭自立支援給付金」とあるのは「父子家庭自立支援給付金」と、同条第一号中「母子家庭自立支援教育訓練給付金」とあるのは「父子家庭自立支援教育訓練給付金」と、同条第二号中

「母子家庭高等職業訓練促進給付金」とあるのは「父子家庭高等職業訓練促進給付金」と、第三十一条の二中「母子家庭自立支援給付金」とあるのは「父子家庭自立支援給付金」と、第三十一条の三及び第三十一条の四中「母子家庭自立支援教育訓練給付金又は母子家庭高等職業訓練促進給付金」とあるのは「父子家庭自立支援教育訓練給付金又は父子家庭高等職業訓練促進給付金」と読み替えるものとする。

（父子家庭生活向上事業）

第三十一条の十一　都道府県及び市町村は、父子家庭の父及び児童の生活の向上を図るため、母子・父子福祉団体と緊密な連携を図りつつ、次に掲げる業務（以下「父子家庭生活向上事業」という。）を行うことができる。

一　父子家庭の父及び児童に対し、家庭生活及び職業生活に関する相談に応じ、又は母子・父子福祉団体による支援その他の父子家庭の父及び児童に対する支援に係る情報の提供を行うこと。

二　父子家庭の児童に対し、生活に関する相談に応じ、又は学習に関する支援を行うこと。

三　父子家庭の父及び児童に対し、父子家庭相互の交流の機会を提供することその他の必要な支援を行うこと。

②　都道府県及び市町村は、父子家庭生活向上事業に係る事務の全部又は一部を厚生労働省令で定める者に委託することができる。

③　前項の規定による委託に係る事務に従事する者又は従事していた者は、正当な理由がなく、当該事務に関して知り得た秘密を漏らしてはならない。

第五章　寡婦に対する福祉の措置

（寡婦福祉資金の貸付け）

第三十二条　都道府県は、寡婦又は寡婦が民法第八百七十七条の規定により扶養している二十歳以上である子その他これに準ずる者（以下この項及び次項において「寡婦の被扶養者」という。）に対し、寡婦の経済的自立の助成と生活意欲の助長を図り、あわせて寡婦の被扶養者の福祉を増進するため、次に掲げる資金を貸し付けることができる。

一　事業を開始し、又は継続するのに必要な資金

二　寡婦の被扶養者の修学に必要な資金

三　寡婦又は寡婦の被扶養者が事業を開始し、又は就職するために必要な知識技能を習得するのに必要な資金

四　前三号に掲げるもののほか、寡婦及び寡婦の被扶養者の福祉のために必要な資金であつて政令で定めるもの

②　都道府県は、前項に規定する資金のうち、その貸付けの目的が寡婦の被扶養者の修学又は知識技能の習得に係る資金であつて政令で定めるものを寡婦に貸し付けている場合において、当該寡婦の被扶養者の修学又は知識技能の習得の中途において当該寡婦が死亡したときは、政令で定めるところにより、当該寡婦の被扶養者であつた者が修学又は知識技能の習得を終了するまでの間、当該寡婦の被扶養者であつた者に対して、当該資金の貸付けを行うことができる。

③　民法第八百七十七条の規定により現に扶養する子その他これに準ずる者のない寡婦については、当該寡婦の収入が政令で定める基準を超えるときは、第一項の規定による貸付金の貸付けは、行わない。ただし、政令で定める特別の事情がある者については、この限りでない。

④　第十四条（各号を除く。）の規定は、政令で定める事業を行う母子・父子福祉団体であつてその事業に使用される者が主として寡婦であるもの又は寡婦の自立の促進を図るための事業として政令で定めるものを行う母子・父子福祉団体につ

いて準用する。この場合において、同条中「前条第一項第一号」とあるのは、「第三十二条第一項第一号に掲げる資金」と読み替えるものとする。

⑤　第十五条第一項の規定は、第一項及び第二項の規定による貸付金の貸付けを受けた者について準用する。

⑥　都道府県は、母子福祉資金貸付金の貸付けを受けることができる寡婦又は母子福祉資金貸付金若しくは父子福祉資金貸付金の貸付けを受けることができる母子・父子福祉団体については、第一項及び第二項並びに第四項において読み替えて準用する第十四条の規定による貸付金（以下「寡婦福祉資金貸付金」という。）の貸付けを行わない。

⑦　第一項から第三項まで、第四項において読み替えて準用する第十四条、第五項において準用する第十五条第一項及び前項に定めるもののほか、寡婦福祉資金貸付金の貸付金額の限度、貸付方法、償還その他寡婦福祉資金貸付金の貸付けに関して必要な事項は、政令で定める。

（寡婦日常生活支援事業）

第三三条　都道府県又は市町村は、寡婦がその者の疾病その他の理由により日常生活に支障を生じたと認められるときは、政令で定める基準に従い、その者につき、その者の居宅その他厚生労働省令で定める場所において、食事の世話若しくは専門的知識をもつて行う生活及び生業に関する助言、指導その他の日常生活を営むのに必要な便宜であつて厚生労働省令で定めるものを供与し、又は当該都道府県若しくは市町村以外の者に当該便宜を供与することを委託する措置を採ることができる。

②　前項の規定による委託に係る事務に従事する者又は従事していた者は、正当な理由がなく、当該事務に関して知り得た秘密を漏らしてはならない。

③　第十八条及び第十九条の規定は、第一項の措置について準用する。

④　母子家庭日常生活支援事業を行う者は、厚生労働省令で定めるところにより、あらかじめ、厚生労働省令で定める事項を都道府県知事に届け出て、寡婦日常生活支援事業（第一項の措置に係る寡婦につき同項の厚生労働省令で定める便宜を供与する事業をいう。以下同じ。）を行うことができる。

⑤　第二十一条から第二十四条までの規定は、寡婦日常生活支援事業を行う者について準用する。この場合において、第二十二条第一項中「母子家庭の」とあるのは「寡婦の」と、第二十三条中「第十七条第一項」とあるのは「第三十三条第一項」と、「配偶者のない者で現に児童を扶養しているもの」とあるのは「寡婦」と、第二十四条中「第十七条第一項」とあるのは「第三十三条第一項」と読み替えるものとする。

（売店等の設置の許可等）

第三四条　第二十五条、第二十六条及び第二十九条の規定は、寡婦について準用する。この場合において、第二十五条第一項中「配偶者のない女子で現に児童を扶養しているもの又は母子・父子福祉団体」とあり、及び同条第三項中「配偶者のない女子で現に児童を扶養しているもの及び母子・父子福祉団体」とあるのは、「寡婦」と読み替えるものとする。

②　第二十五条第一項の規定により売店その他の施設を設置することを許された母子・父子福祉団体は、同条第二項の規定にかかわらず、当該母子・父子福祉団体が使用する寡婦をその業務に従事させることができる。

（寡婦就業支援事業等）

第三五条　国は、前条第一項において準用する第二十九条第二項の規定に基づき公共職業安定所が講ずる措置のほか、次に掲げる業務を行うものとする。
一　寡婦の雇用の促進に関する調査及び研究を行うこと。
二　寡婦の雇用の促進に関する業務に従事する者その他の関係者に対する研修を行うこと。
三　都道府県が行う次項に規定する業務（以下「寡婦就業支援事業」という。）について、都道府県に対し、情報の提供その他の援助を行うこと。

②　都道府県は、就職を希望する寡婦の雇用の促進を図るため、母子・父子福祉団体と緊密な連携を図りつつ、次に掲げる業務を総合的かつ一体的に行うことができる。
一　寡婦に対し、就職に関する相談に応じること。
二　寡婦に対し、職業能力の向上のために必要な措置を講ずること。
三　寡婦及び事業主に対し、雇用情報及び就職の支援に関する情報の提供その他寡婦の就職に関し必要な支援を行うこと。

③　都道府県は、寡婦就業支援事業に係る事務の全部又は一部を厚生労働省令で定める者に委託することができる。

④　前項の規定による委託に係る事務に従事する者又は従事していた者は、正当な理由がなく、当該事務に関して知り得た秘密を漏らしてはならない。

（寡婦生活向上事業）

第三五条の二　都道府県及び市町村は、寡婦の生活の向上を図るため、母子・父子福祉団体と緊密な連携を図りつつ、寡婦に対し、家庭生活及び職業生活に関する相談に応じ、又は母子・父子福祉団体による支援に係る情報の提供その他の必要な支援を行うことができる。

②　都道府県及び市町村は、前項に規定する業務（以下「寡婦生活向上事業」という。）に係る事務の全部又は一部を厚生労働省令で定める者に委託することができる。

③　前項の規定による委託に係る事務に従事する者又は従事していた者は、正当な理由がなく、当該事務に関して知り得た秘密を漏らしてはならない。

第六章　福祉資金貸付金に関する特別会計等

（特別会計）

第三六条　都道府県は、母子福祉資金貸付金、父子福祉資金貸付金及び寡婦福祉資金貸付金（以下「福祉資金貸付金」と総称する。）の貸付けを行うについては、特別会計を設けなければならない。

②　前項の特別会計においては、一般会計からの繰入金、次条第一項の規定による国からの借入金（以下「国からの借入金」という。）、福祉資金貸付金の償還金（当該福祉資金貸付金に係る政令で定める収入を含む。以下同じ。）及び附属雑収入をもつてその歳入とし、福祉資金貸付金、同条第二項及び第四項の規定による国への償還金、同条第五項の規定による一般会計への繰入金並びに貸付けに関する事務に要する費用をもつてその歳出とする。

③　都道府県は、毎年度の特別会計の決算上剰余金を生じたときは、これを当該年度の翌年度の特別会計の歳入に繰り入れなければならない。

④　第二項に規定する貸付けに関する事務に要する費用の額は、同項の規定に基づく政令で定める収入のうち収納済となつたものの額に政令で定める割合を乗じて得た額と、当該経費に充てるための一般会計からの繰入金の額との合計額を超えてはならない。

（国の貸付け等）

第三七条　国は、都道府県が福祉資金貸付金の財源として特別会計に繰り入れる金額の二倍に相当する金額を、当該繰入れが行われる年度において、無利子で、当該都道府県に貸し付けるものとする。

② 都道府県は、毎年度、当該年度の前々年度の特別会計の決算上の剰余金の額が、政令で定める額を超えるときは、その超える額に第一号に掲げる金額の第二号に掲げる金額に対する割合を乗じて得た額に相当する金額を、政令で定めるところにより国に償還しなければならない。

一 当該年度の前々年度までの国からの借入金の総額（この項及び第四項の規定により国に償還した金額を除く。）

二 前号に掲げる額と当該都道府県が当該年度の前々年度までに福祉資金貸付金の財源として特別会計に繰り入れた金額の総額（第五項の規定により一般会計に繰り入れた金額を除く。）との合計額

③ 前項の政令で定める額は、当該都道府県の福祉資金貸付金の貸付けの需要等の見通しからみて、同項の剰余金の額が著しく多額である都道府県について同項の規定が適用されるように定めるものとする。

④ 都道府県は、第二項に規定するもののほか、毎年度、福祉資金貸付金の貸付業務に支障が生じない限りにおいて、国からの借入金の総額の一部に相当する金額を国に償還することができる。

⑤ 都道府県は、毎年度、第二項又は前項の規定により国への償還を行つた場合に限り、政令で定める額を限度として、福祉資金貸付金の財源として特別会計に繰り入れた金額の総額の一部に相当する金額を、政令で定めるところにより一般会計に繰り入れることができる。

⑥ 都道府県は、福祉資金貸付金の貸付業務を廃止したときは、その際における福祉資金貸付金の未貸付額及びその後において支払を受けた福祉資金貸付金の償還金の額に、それぞれ第一号に掲げる金額の第二号に掲げる金額に対する割合を乗じて得た額の合計額を、政令で定めるところにより国に償還しなければならない。

一 国からの借入金の総額（第二項及び第四項の規定により国に償還した金額を除く。）

二 前号に掲げる額と当該都道府県が福祉資金貸付金の財源として特別会計に繰り入れた金額の総額（前項の規定により一般会計に繰り入れた金額を除く。）との合計額

⑦ 第一項の規定による国の貸付け並びに第二項、第四項及び前項の規定による国への償還の手続に関し必要な事項は、厚生労働省令で定める。

第七章　母子・父子福祉施設

（母子・父子福祉施設）

第三八条　都道府県、市町村、社会福祉法人その他の者は、母子家庭の母及び父子家庭の父並びに児童が、その心身の健康を保持し、生活の向上を図るために利用する母子・父子福祉施設を設置することができる。

（施設の種類）

第三九条　母子・父子福祉施設の種類は、次のとおりとする。

一 母子・父子福祉センター

二 母子・父子休養ホーム

② 母子・父子福祉センターは、無料又は低額な料金で、母子家庭等に対して、各種の相談に応ずるとともに、生活指導及び生業の指導を行う等母子家庭等の福祉のための便宜を総合的に供与することを目的とする施設とする。

③ 母子・父子休養ホームは、無料又は低額な料金で、母子家庭等に対して、レクリエーションその他休養のための便宜を

供与することを目的とする施設とする。

（施設の設置）

第四〇条　市町村、社会福祉法人その他の者が母子・父子福祉施設を設置する場合には、社会福祉法の定めるところによらなければならない。

（寡婦の施設の利用）

第四一条　母子・父子福祉施設の設置者は、寡婦に、母子家庭等に準じて母子・父子福祉施設を利用させることができる。

第八章　費用

（市町村の支弁）

第四二条　次に掲げる費用は、市町村の支弁とする。

一　第十七条第一項の規定により市町村が行う母子家庭日常生活支援事業の実施に要する費用

二　第三十一条の規定により市町村が行う母子家庭自立支援給付金の支給に要する費用

三　第三十一条の五第一項の規定により市町村が行う母子家庭生活向上事業の実施に要する費用

四　第三十一条の七第一項の規定により市町村が行う父子家庭日常生活支援事業の実施に要する費用

五　第三十一条の十の規定により市町村が行う父子家庭自立支援給付金の支給に要する費用

六　第三十一条の十一第一項の規定により市町村が行う父子家庭生活向上事業の実施に要する費用

七　第三十三条第一項の規定により市町村が行う寡婦日常生活支援事業の実施に要する費用

八　第三十五条の二第一項の規定により市町村が行う寡婦生活向上事業の実施に要する費用

（都道府県の支弁）

第四三条　次に掲げる費用は、都道府県の支弁とする。

一　第十七条第一項の規定により都道府県が行う母子家庭日常生活支援事業の実施に要する費用

二　第三十条第二項の規定により都道府県が行う母子家庭就業支援事業の実施に要する費用

三　第三十一条の規定により都道府県が行う母子家庭自立支援給付金の支給に要する費用

四　第三十一条の五第一項の規定により都道府県が行う母子家庭生活向上事業の実施に要する費用

五　第三十一条の七第一項の規定により都道府県が行う父子家庭日常生活支援事業の実施に要する費用

六　第三十一条の九第二項の規定により都道府県が行う父子家庭就業支援事業の実施に要する費用

七　第三十一条の十の規定により都道府県が行う父子家庭自立支援給付金の支給に要する費用

八　第三十一条の十一第一項の規定により都道府県が行う父子家庭生活向上事業の実施に要する費用

九　第三十三条第一項の規定により都道府県が行う寡婦日常生活支援事業の実施に要する費用

十　第三十五条第二項の規定により都道府県が行う寡婦就業支援事業の実施に要する費用

十一　第三十五条の二第一項の規定により都道府県が行う寡婦生活向上事業の実施に要する費用

（都道府県の補助）

第四四条　都道府県は、政令で定めるところにより、第四十二条の規定により市町村が支弁した費用のうち、同条第一号、第三号、第四号及び第六号から第八号までの費用については、その四分の一以内を補助することができる。

（国の補助）

第四五条　国は、政令で定めるところにより、第四十二条の規定により市町村が支弁した費用のうち、同条第一号、第三号、第四号及び第六号から第八号までの費用についてはその二分の一以内を、同条第二号及び第五号の費用についてはその四分の三以内を補助することができる。

②　国は、政令で定めるところにより、第四十三条の規定により都道府県が支弁した費用のうち、同条第一号、第二号、第四号、第五号、第六号及び第八号から第十一号までの費用についてはその二分の一以内を、同条第三号及び第七号の費用についてはその四分の三以内を補助することができる。

第九章　雑則

（大都市等の特例）

第四六条　この法律中都道府県が処理することとされている事務で政令で定めるものは、地方自治法（昭和二十二年法律第六十七号）第二百五十二条の十九第一項の指定都市（以下「指定都市」という。）及び同法第二百五十二条の二十二第一項の中核市（以下「中核市」という。）においては、政令で定めるところにより、指定都市又は中核市（以下「指定都市等」という。）が処理するものとする。この場合においては、この法律中都道府県に関する規定は、指定都市等に関する規定として、指定都市等に適用があるものとする。

（実施命令）

第四七条　この法律に特別の規定があるものを除くほか、この法律の実施のための手続その他その執行について必要な細則は、厚生労働省令で定める。

第十章　罰則

第四八条　第十七条第二項、第三十条第四項、第三十一条の五第三項、第三十一条の七第二項、第三十一条の九第四項、第三十一条の十一第三項、第三十三条第二項、第三十五条第四項又は第三十五条の二第三項の規定に違反して秘密を漏らした者は、一年以下の懲役又は五十万円以下の罰金に処する。

㉝予防接種法（抜粋）

（昭和二三年六月三〇日法律第六八号）

施行　昭和二三年七月一日
最終改正　令和二年一二月九日法律第七五号

第一章　総則

（目的）

第一条　この法律は、伝染のおそれがある疾病の発生及びまん延を予防するために公衆衛生の見地から予防接種の実施その他必要な措置を講ずることにより、国民の健康の保持に寄与するとともに、予防接種による健康被害の迅速な救済を図ることを目的とする。

（定義）

第二条　この法律において「予防接種」とは、疾病に対して免疫の効果を得させるため、疾病の予防に有効であることが確認されているワクチンを、人体に注射し、又は接種することをいう。

②　この法律において「A類疾病」とは、次に掲げる疾病をいう。

一　ジフテリア
二　百日せき
三　急性灰白髄炎
四　麻しん
五　風しん
六　日本脳炎
七　破傷風
八　結核
九　Ｈｉｂ感染症
十　肺炎球菌感染症（小児がかかるものに限る。）
十一　ヒトパピローマウイルス感染症
十二　前各号に掲げる疾病のほか、人から人に伝染することによるその発生及びまん延を予防するため、又はかかった場合の病状の程度が重篤になり、若しくは重篤になるおそれがあることからその発生及びまん延を予防するため特に予防接種を行う必要があると認められる疾病として政令で定める疾病

③　この法律において「B類疾病」とは、次に掲げる疾病をいう。

一　インフルエンザ
二　前号に掲げる疾病のほか、個人の発病又はその重症化を防止し、併せてこれによりそのまん延の予防に資するため特に予防接種を行う必要があると認められる疾病として政令で定める疾病

④　この法律において「定期の予防接種」とは、次に掲げる予防接種をいう。

一　第五条第一項の規定による予防接種
二　前号に掲げる予防接種に相当する予防接種として厚生労働大臣が定める基準に該当する予防接種であって、市町村長以外の者により行われるもの

⑤　この法律において「臨時の予防接種」とは、次に掲げる予防接種をいう。

一　第六条第一項又は第三項の規定による予防接種
二　前号に掲げる予防接種に相当する予防接種として厚生労働大臣が定める基準に該当する予防接種であって、第六条第一項又は第三項の規定による指定があった日以後当該指

定に係る期日又は期間の満了の日までの間に都道府県知事及び市町村長以外の者により行われるもの

⑥　この法律において「定期の予防接種等」とは、定期の予防接種又は臨時の予防接種をいう。

⑦　この法律において「保護者」とは、親権を行う者又は後見人をいう。

第三章　定期の予防接種等の実施

（予防接種を受ける努力義務）

第九条　第五条第一項の規定による予防接種であってA類疾病に係るもの又は第六条第一項の規定による予防接種の対象者は、定期の予防接種であってA類疾病に係るもの又は臨時の予防接種（同条第三項に係るものを除く。）を受けるよう努めなければならない。

②　前項の対象者が十六歳未満の者又は成年被後見人であるときは、その保護者は、その者に定期の予防接種（第六条第三項に係るもの又は臨時の予防接種であってA類疾病に係るもの又は臨時の予防接種（第六条第三項に係るものを除く。）を受けさせるため必要な措置を講ずるよう努めなければならない。

第五章　定期の予防接種等による健康被害の救済措置

（健康被害の救済措置）

第一五条　市町村長は、当該市町村の区域内に居住する間に定期の予防接種等を受けた者が、疾病にかかり、障害の状態となり、又は死亡した場合において、当該疾病、障害又は死亡が当該定期の予防接種等を受けたことによるものであると厚生労働大臣が認定したときは、次条及び第十七条に定めるところにより、給付を行う。

②　厚生労働大臣は、前項の認定を行うに当たっては、審議会等（国家行政組織法（昭和二十三年法律第百二十号）第八条に規定する機関をいう。）で政令で定めるものの意見を聴かなければならない。

（給付の範囲）

第一六条　A類疾病に係る定期の予防接種等又はB類疾病に係る臨時の予防接種を受けたことによる疾病、障害又は死亡について行う前条第一項の規定による給付は、次の各号に掲げるとおりとし、それぞれ当該各号に定める者に対して行う。

一　医療費及び医療手当　予防接種を受けたことによる疾病について医療を受ける者

二　障害児養育年金　予防接種を受けたことにより政令で定める程度の障害の状態にある十八歳未満の者を養育する者

三　障害年金　予防接種を受けたことにより政令で定める程度の障害の状態にある十八歳以上の者

四　死亡一時金　予防接種を受けたことにより死亡した者の政令で定める遺族

五　葬祭料　予防接種を受けたことにより死亡した者の葬祭を行う者

②　B類疾病に係る定期の予防接種を受けたことによる疾病、障害又は死亡について行う前条第一項の規定による給付は、次の各号に掲げるとおりとし、それぞれ当該各号に定める者に対して行う。

一　医療費及び医療手当　予防接種を受けたことによる疾病について政令で定める程度の医療を受ける者

二　障害児養育年金　予防接種を受けたことにより政令で定める程度の障害の状態にある十八歳未満の者を養育する者

三　障害年金　予防接種を受けたことにより政令で定める程度の障害の状態にある十八歳以上の者

四　遺族年金又は遺族一時金　予防接種を受けたことにより

死亡した者の政令で定める遺族

五　葬祭料　予防接種を受けたことにより死亡した者の葬祭を行う者

34 食育基本法

（平成一七年六月一七日法律第六三号）

施行　平成一七年七月一五日

最終改正　平成二七年九月一一日法律第六六号

二十一世紀における我が国の発展のためには、子どもたちが健全な心と身体を培い、未来や国際社会に向かって羽ばたくことができるようにするとともに、すべての国民が心身の健康を確保し、生涯にわたって生き生きと暮らすことができるようにすることが大切である。

子どもたちが豊かな人間性をはぐくみ、生きる力を身に付けていくためには、何よりも「食」が重要である。今、改めて、食育を、生きる上での基本であって、知育、徳育及び体育の基礎となるべきものと位置付けるとともに、様々な経験を通じて「食」に関する知識と「食」を選択する力を習得し、健全な食生活を実践することができる人間を育てる食育を推進することが求められている。もとより、食育はあらゆる世代の国民に必要なものであるが、子どもたちに対する食育は、心身の成長及び人格の形成に大きな影響を及ぼし、生涯にわたって健全な心と身体を培い豊かな人間性をはぐくんでいく基礎となるものである。

一方、社会経済情勢がめまぐるしく変化し、日々忙しい生活を送る中で、人々は、毎日の「食」の大切さを忘れがちである。国民の食生活においては、栄養の偏り、不規則な食事、肥満や生活習慣病の増加、過度の痩《そう》身志向などの問題に加え、新たな「食」の安全上の問題や、「食」の海外への依存の問題が生じており、「食」に関する情報が社会に氾《はん》濫する中で、人々は、食生活の改善の面からも、「食」の安全の確保の面からも、自ら「食」のあり方を学ぶことが求められている。また、豊かな緑と水に恵まれた自然の下で先人からはぐくまれてきた、地域の多様性と豊かな味覚や文化の香りあふれる日本の「食」が失われる危機にある。

こうした「食」をめぐる環境の変化の中で、国民の「食」に関する考え方を育て、健全な食生活を実現することが求められるとともに、都市と農山漁村の共生・対流を進め、「食」に関する消費者と生産者との信頼関係を構築して、地域社会の活性化、豊かな食文化の継承及び発展、環境と調和のとれた食料の生産及び消費の推進並びに食料自給率の向上に寄与することが期待されている。

国民一人一人が「食」について改めて意識を高め、自然の恩恵や「食」に関わる人々の様々な活動への感謝の念や理解を深めつつ、「食」に関して信頼できる情報に基づく適切な判断を行う能力を身に付けることによって、心身の健康を増進する健全な食生活を実践するために、今こそ、家庭、学校、保育所、地域等を中心に、国民運動として、食育の推進に取り組んでいくことが、我々に課せられている課題である。さらに、食育の推進に関する我が国の取組が、海外との交流等を通じて食育に関して国際的に貢献することにつながることも期待される。

ここに、食育について、基本理念を明らかにしてその方向性を示し、国、地方公共団体及び国民の食育の推進に関する取組を総合的かつ計画的に推進するため、この法律を制定する。

第一章　総則

（目的）

第一条　この法律は、近年における国民の食生活をめぐる環境の変化に伴い、国民が生涯にわたって健全な心身を培い、豊かな人間性をはぐくむための食育を推進することが緊要な課題となっていることにかんがみ、食育に関し、基本理念を定め、及び国、地方公共団体等の責務を明らかにするとともに、食育に関する施策の基本となる事項を定めることにより、食育に関する施策を総合的かつ計画的に推進し、もって現在及び将来にわたる健康で文化的な国民の生活と豊かで活力ある社会の実現に寄与することを目的とする。

（国民の心身の健康の増進と豊かな人間形成）

第二条　食育は、食に関する適切な判断力を養い、生涯にわたって健全な食生活を実現することにより、国民の心身の健康の増進と豊かな人間形成に資することを旨として、行われなければならない。

（食に関する感謝の念と理解）

第三条　食育の推進に当たっては、国民の食生活が、自然の恩恵の上に成り立っており、また、食に関わる人々の様々な活動に支えられていることについて、感謝の念や理解が深まるよう配慮されなければならない。

（食育推進運動の展開）

第四条　食育を推進するための活動は、国民、民間団体等の自発的意思を尊重し、地域の特性に配慮し、地域住民その他の社会を構成する多様な主体の参加と協力を得るものとするとともに、その連携を図りつつ、あまねく全国において展開されなければならない。

（子どもの食育における保護者、教育関係者等の役割）

第五条　食育は、父母その他の保護者にあっては、家庭が食育において重要な役割を有していることを認識するとともに、子どもの教育、保育等を行う者にあっては、教育、保育等における食育の重要性を十分自覚し、積極的に子どもの食育の推進に関する活動に取り組むこととなるよう、行われなければばならない。

（食に関する体験活動と食育推進活動の実践）

第六条　食育は、広く国民が家庭、学校、保育所、地域その他のあらゆる機会とあらゆる場所を利用して、食料の生産から消費等に至るまでの食に関する様々な体験活動を行うとともに、自ら食育の推進のための活動を実践することにより、食に関する理解を深めることを旨として、行われなければならない。

（伝統的な食文化、環境と調和した生産等への配意及び農山漁村の活性化と食料自給率の向上への貢献）

第七条　食育は、我が国の伝統のある優れた食文化、地域の特性を生かした食生活、環境と調和のとれた食料の生産とその消費等に配意し、我が国の食料の需要及び供給の状況についての国民の理解を深めるとともに、食料の生産者と消費者との交流等を図ることにより、農山漁村の活性化と我が国の食料自給率の向上に資するよう、推進されなければならない。

（食品の安全性の確保等における食育の役割）

第八条　食育は、食品の安全性が確保され安心して消費できることが健全な食生活の基礎であることにかんがみ、食品の安全性をはじめとする食に関する幅広い情報の提供及びこれについての意見交換が、食に関する知識と理解を深め、国民の適切な食生活の実践に資することを旨として、国際的な連携を図りつつ積極的に行われなければならない。

（国の責務）

第九条　国は、第二条から前条までに定める食育に関する基本理念（以下「基本理念」という。）にのっとり、食育の推進に関する施策を総合的かつ計画的に策定し、及び実施する責務を有する。

（地方公共団体の責務）

第一〇条　地方公共団体は、基本理念にのっとり、食育の推進に関し、国との連携を図りつつ、その地方公共団体の区域の特性を生かした自主的な施策を策定し、及び実施する責務を有する。

（教育関係者等及び農林漁業者等の責務）

第一一条　教育並びに保育、介護その他の社会福祉、医療及び保健（以下「教育等」という。）に関する職務に従事する者並びに教育等に関する関係機関及び関係団体（以下「教育関係者等」という。）は、食に関する関心及び理解の増進に果たすべき重要な役割にかんがみ、基本理念にのっとり、あらゆる機会とあらゆる場所を利用して、積極的に食育を推進するよう努めるとともに、他の者の行う食育の推進に関する活動に協力するよう努めるものとする。

②　農林漁業者及び農林漁業に関する団体（以下「農林漁業者等」という。）は、農林漁業に関する体験活動等が食に関する国民の関心及び理解を増進する上で重要な意義を有することにかんがみ、基本理念にのっとり、農林漁業に関する多様な体験の機会を積極的に提供し、自然の恩恵と食に関わる人々の活動の重要性について、国民の理解が深まるよう努めるとともに、教育関係者等と相互に連携して食育の推進に関する活動を行うよう努めるものとする。

（食品関連事業者等の責務）

第一二条　食品の製造、加工、流通、販売又は食事の提供を行う事業者及びその組織する団体（以下「食品関連事業者等」という。）は、基本理念にのっとり、その事業活動に関し、自主的かつ積極的に食育の推進に自ら努めるとともに、国又は地方公共団体が実施する食育の推進に関する施策その他の食育の推進に関する活動に協力するよう努めるものとする。

（国民の責務）

第一三条　国民は、家庭、学校、保育所、地域その他の社会のあらゆる分野において、基本理念にのっとり、生涯にわたり健全な食生活の実現に自ら努めるとともに、食育の推進に寄与するよう努めるものとする。

（法制上の措置等）

第一四条　政府は、食育の推進に関する施策を実施するため必要な法制上又は財政上の措置その他の措置を講じなければならない。

（年次報告）

第一五条　政府は、毎年、国会に、政府が食育の推進に関して講じた施策に関する報告書を提出しなければならない。

第二章　食育推進基本計画等

（食育推進基本計画）

第一六条　食育推進会議は、食育の推進に関する施策の総合的かつ計画的な推進を図るため、食育推進基本計画を作成するものとする。

②　食育推進基本計画は、次に掲げる事項について定めるものとする。

一　食育の推進に関する施策についての基本的な方針

二　食育の推進の目標に関する事項

三　国民等の行う自発的な食育推進活動等の総合的な促進に関する事項

四　前三号に掲げるもののほか、食育の推進に関する施策を総合的かつ計画的に推進するために必要な事項

③　食育推進会議は、第一項の規定により食育推進基本計画を作成したときは、速やかにこれを農林水産大臣に報告し、及び関係行政機関の長に通知するとともに、その要旨を公表しなければならない。

④　前項の規定は、食育推進基本計画の変更について準用する。

（都道府県食育推進計画）

第一七条　都道府県は、食育推進基本計画を基本として、当該都道府県の区域内における食育の推進に関する施策についての計画（以下「都道府県食育推進計画」という。）を作成するよう努めなければならない。

②　都道府県（都道府県食育推進会議が置かれている都道府県にあっては、都道府県食育推進会議）は、都道府県食育推進計画を作成し、又は変更したときは、速やかに、その要旨を公表しなければならない。

（市町村食育推進計画）

第一八条　市町村は、食育推進基本計画（都道府県食育推進計画が作成されているときは、食育推進基本計画及び都道府県食育推進計画）を基本として、当該市町村の区域内における食育の推進に関する施策についての計画（以下「市町村食育推進計画」という。）を作成するよう努めなければならない。

②　市町村（市町村食育推進会議が置かれている市町村にあっては、市町村食育推進会議）は、市町村食育推進計画を作成し、又は変更したときは、速やかに、その要旨を公表しなければならない。

第三章　基本的施策

（家庭における食育の推進）

第一九条　国及び地方公共団体は、父母その他の保護者及び子どもの食に対する関心及び理解を深め、健全な食習慣の確立に資するよう、親子で参加する料理教室その他の食事についての望ましい習慣を学びながら食を楽しむ機会の提供、健康

美に関する知識の啓発その他の適切な栄養管理に関する知識の普及及び情報の提供、妊産婦に対する栄養指導又は乳幼児をはじめとする子どもを対象とする発達段階に応じた栄養指導その他の家庭における食育の推進を支援するために必要な施策を講ずるものとする。

（学校、保育所等における食育の推進）

第二〇条　国及び地方公共団体は、学校、保育所等において魅力ある食育の推進に関する活動を効果的に促進することにより子どもの健全な食生活の実現及び健全な心身の成長が図られるよう、学校、保育所等における食育の推進のための指針の作成に関する支援、食育の指導にふさわしい教職員の設置及び指導的立場にある者の食育の推進において果たすべき役割についての意識の啓発その他の食育に関する指導体制の整備、学校、保育所等又は地域の特色を生かした学校給食等の実施、教育の一環として行われる農場等における実習、食品の調理、食品廃棄物の再生利用等様々な体験活動を通じた子どもの食に関する理解の促進、過度の痩《そう》身又は肥満の心身の健康に及ぼす影響等についての知識の啓発その他必要な施策を講ずるものとする。

（地域における食生活の改善のための取組の推進）

第二一条　国及び地方公共団体は、地域において、栄養、食習慣、食料の消費等に関する食生活の改善を推進し、生活習慣病を予防して健康を増進するため、健全な食生活に関する指針の策定及び普及啓発、地域における食育の推進に関する専門的知識を有する者の養成及び資質の向上並びにその活用、保健所、市町村保健センター、医療機関等における食育に関する普及及び啓発活動の推進、医学教育等における食育に関する指導の充実、食品関連事業者等が行う食育の推進のための活動への支援等必要な施策を講ずるものとする。

（食育推進運動の展開）

第二二条　国及び地方公共団体は、国民、教育関係者等、農林漁業者等、食品関連事業者等その他の事業者若しくはその組織する団体又は消費生活の安定及び向上等のための活動を行う民間の団体が自発的に行う食育の推進に関する活動が、地域の特性を生かしつつ、相互に緊密な連携協力を図りながらあまねく全国において展開されるようにするとともに、関係者相互間の情報及び意見の交換が促進されるよう、食育の推進に関する普及啓発を図るための行事の実施、重点的かつ効果的に食育の推進に関する活動を推進するための期間の指定その他必要な施策を講ずるものとする。

②　国及び地方公共団体は、食育の推進に当たっては、食生活の改善のための活動その他の食育の推進に関する活動に携わるボランティアが果たしている役割の重要性にかんがみ、これらのボランティアとの連携協力を図りながら、その活動の充実が図られるよう必要な施策を講ずるものとする。

（生産者と消費者との交流の促進、環境と調和のとれた農林漁業の活性化等）

第二三条　国及び地方公共団体は、生産者と消費者との間の交流の促進等により、生産者と消費者との信頼関係を構築し、食品の安全性の確保、食料資源の有効な利用の促進及び国民の食に対する理解と関心の増進を図るとともに、環境と調和のとれた農林漁業の活性化に資するため、農林水産物の生産、食品の製造、流通等における体験活動の促進、農林水産物の生産された地域内の学校給食等における利用その他のその地域内における消費の促進、創意工夫を生かした食品廃棄物の発生の抑制及び再生利用等必要な施策を講ずるものとする。

（食文化の継承のための活動への支援等）

第二四条　国及び地方公共団体は、伝統的な行事や作法と結びついた食文化、地域の特色ある食文化等我が国の伝統のある優れた食文化の継承を推進するため、これらに関する啓発及び知識の普及その他の必要な施策を講ずるものとする。

（食品の安全性、栄養その他の食生活に関する調査、研究、情報の提供及び国際交流の推進）

第二五条　国及び地方公共団体は、すべての世代の国民の適切な食生活の選択に資するよう、国民の食生活に関し、食品の安全性、栄養、食習慣、食料の生産、流通及び消費並びに食品廃棄物の発生及びその再生利用の状況等について調査及び研究を行うとともに、必要な各種の情報の収集、整理及び提供、データベースの整備その他食に関する正確な情報を迅速に提供するために必要な施策を講ずるものとする。

②　国及び地方公共団体は、食育の推進に資するため、海外における食品の安全性、栄養、食習慣等の食生活に関する情報の収集、食育に関する研究者等の国際的交流、食育の推進に関する活動についての情報交換その他国際交流の推進のために必要な施策を講ずるものとする。

第四章　食育推進会議等

（食育推進会議の設置及び所掌事務）

第二六条　農林水産省に、食育推進会議を置く。

②　食育推進会議は、次に掲げる事務をつかさどる。

一　食育推進基本計画を作成し、及びその実施を推進すること。

二　前号に掲げるもののほか、食育の推進に関する重要事項について審議し、及び食育の推進に関する施策の実施を推進すること。

（組織）

第二七条　食育推進会議は、会長及び委員二十五人以内をもって組織する。

（会長）

第二八条　会長は、農林水産大臣をもって充てる。

②　会長は、会務を総理する。

③　会長に事故があるときは、あらかじめその指名する委員がその職務を代理する。

（委員）

第二九条　委員は、次に掲げる者をもって充てる。

一　農林水産大臣以外の国務大臣のうちから、農林水産大臣の申出により、内閣総理大臣が指定する者

二　食育に関して十分な知識と経験を有する者のうちから、農林水産大臣が任命する者

②　前項第二号の委員は、非常勤とする。

（委員の任期）

第三〇条　前条第一項第二号の委員の任期は、二年とする。ただし、補欠の委員の任期は、前任者の残任期間とする。

2　前条第一項第二号の委員は、再任されることができる。

（政令への委任）

第三一条　この章に定めるもののほか、食育推進会議の組織及び運営に関し必要な事項は、政令で定める。

（都道府県食育推進会議）

第三二条　都道府県は、その都道府県の区域における食育の推進に関して、都道府県食育推進計画の作成及びその実施の推進のため、条例で定めるところにより、都道府県食育推進会議を置くことができる。

②　都道府県食育推進会議の組織及び運営に関し必要な事項は、都道府県の条例で定める。

（市町村食育推進会議）

第三三条　市町村は、その市町村の区域における食育の推進に関して、市町村食育推進計画の作成及びその実施の推進のため、条例で定めるところにより、市町村食育推進会議を置くことができる。

② 市町村食育推進会議の組織及び運営に関し必要な事項は、市町村の条例で定める。

第6章　社会福祉関連

㉟社会福祉法（抜粋）

（昭和二六年三月二九日法律第四五号）

施行　昭和二六年六月一日
（題名改正＝平成一二年法律第一一一号）
最終改正　令和二年六月一二日法律第五二号
［注］未施行分の条文も掲載した

第一章　総則

（目的）

第一条　この法律は、社会福祉を目的とする事業の全分野における共通的基本事項を定め、社会福祉を目的とする他の法律と相まつて、福祉サービスの利用者の利益の保護及び地域における社会福祉（以下「地域福祉」という。）の推進を図るとともに、社会福祉事業の公明かつ適正な実施の確保及び社会福祉を目的とする事業の健全な発達を図り、もつて社会福祉の増進に資することを目的とする。

（定義）

第二条　この法律において「社会福祉事業」とは、第一種社会福祉事業及び第二種社会福祉事業をいう。

②　次に掲げる事業を第一種社会福祉事業とする。

一　生活保護法（昭和二十五年法律第百四十四号）に規定する救護施設、更生施設その他生計困難者を無料又は低額な料金で入所させて生活の扶助を行うことを目的とする施設を経営する事業及び生計困難者に対して助葬を行う事業

二　児童福祉法（昭和二十二年法律第百六十四号）に規定する乳児院、母子生活支援施設、児童養護施設、障害児入所施設、児童心理治療施設又は児童自立支援施設を経営する事業

三　老人福祉法（昭和三十八年法律第百三十三号）に規定する養護老人ホーム、特別養護老人ホーム又は軽費老人ホームを経営する事業

四　障害者の日常生活及び社会生活を総合的に支援するための法律（平成十七年法律第百二十三号）に規定する障害者支援施設を経営する事業

五　削除

六　売春防止法（昭和三十一年法律第百十八号）に規定する婦人保護施設を経営する事業

七　授産施設を経営する事業及び生計困難者に対して無利子又は低利で資金を融通する事業

③　次に掲げる事業を第二種社会福祉事業とする。

一　生計困難者に対して、その住居で衣食その他日常の生活必需品若しくはこれに要する金銭を与え、又は生活に関する相談に応ずる事業

一の二　生活困窮者自立支援法（平成二十五年法律第百五号）に規定する認定生活困窮者就労訓練事業

二　児童福祉法に規定する障害児通所支援事業、障害児相談支援事業、児童自立生活援助事業、放課後児童健全育成事業、子育て短期支援事業、乳児家庭全戸訪問事業、養育支援訪問事業、地域子育て支援拠点事業、一時預かり事業、小規模住居型児童養育事業、小規模保育事業、病児保育事業又は子育て援助活動支援事業、同法に規定する助産施設、保育所、児童厚生施設又は児童家庭支援センターを経営する事業及び児童の福祉の増進について相談に応ずる事業

二の二　就学前の子どもに関する教育、保育等の総合的な提

供の推進に関する法律（平成十八年法律第七十七号）に規定する幼保連携型認定こども園を経営する事業
二の三　民間あっせん機関による養子縁組のあっせんに係る児童の保護等に関する法律（平成二十八年法律第百十号）に規定する養子縁組あっせん事業
三　母子及び父子並びに寡婦福祉法（昭和三十九年法律第百二十九号）に規定する母子家庭日常生活支援事業、父子家庭日常生活支援事業又は寡婦日常生活支援事業及び同法に規定する母子・父子福祉施設を経営する事業
四　老人福祉法に規定する老人居宅介護等事業、老人デイサービス事業、老人短期入所事業、小規模多機能型居宅介護事業、認知症対応型老人共同生活援助事業又は複合型サービス福祉事業及び同法に規定する老人デイサービスセンター、老人短期入所施設、老人福祉センター又は老人介護支援センターを経営する事業
四の二　障害者の日常生活及び社会生活を総合的に支援するための法律に規定する障害福祉サービス事業、一般相談支援事業、特定相談支援事業又は移動支援事業及び同法に規定する地域活動支援センター又は福祉ホームを経営する事業
五　身体障害者福祉法（昭和二十四年法律第二百八十三号）に規定する身体障害者生活訓練等事業、手話通訳事業又は介助犬訓練事業若しくは聴導犬訓練事業、同法に規定する身体障害者福祉センター、補装具製作施設、盲導犬訓練施設又は視聴覚障害者情報提供施設を経営する事業及び身体障害者の更生相談に応ずる事業
六　知的障害者福祉法（昭和三十五年法律第三十七号）に規定する知的障害者の更生相談に応ずる事業
七　削除
八　生計困難者のために、無料又は低額な料金で、簡易住宅を貸し付け、又は宿泊所その他の施設を利用させる事業
九　生計困難者のために、無料又は低額な料金で診療を行う事業
十　生計困難者に対して、無料又は低額な費用で介護保険法（平成九年法律第百二十三号）に規定する介護老人保健施設又は介護医療院を利用させる事業
十一　隣保事業（隣保館等の施設を設け、無料又は低額な料金でこれを利用させることその他その近隣地域における住民の生活の改善及び向上を図るための各種の事業を行うものをいう。）
十二　福祉サービス利用援助事業（精神上の理由により日常生活を営むのに支障がある者に対して、無料又は低額な料金で、福祉サービス（前項各号及び前各号の事業において提供されるものに限る。以下この号において同じ。）の利用に関し相談に応じ、及び助言を行い、並びに福祉サービスの提供を受けるために必要な手続又は福祉サービスの利用に要する費用の支払に関する便宜を供与することその他の福祉サービスの適切な利用のための一連の援助を一体的に行う事業をいう。）
十三　前項各号及び前各号の事業に関する連絡又は助成を行う事業
④　〔略〕
（福祉サービスの基本的理念）
第三条　福祉サービスは、個人の尊厳の保持を旨とし、その内容は、福祉サービスの利用者が心身ともに健やかに育成され、又はその有する能力に応じ自立した日常生活を営むことができるように支援するものとして、良質かつ適切なものでなければならない。

（地域福祉の推進）

第四条　地域福祉の推進は、地域住民が相互に人格と個性を尊重し合いながら、参加し、共生する地域社会の実規を目指して行われなければならない。

②　地域住民、社会福祉を目的とする事業を経営する者及び社会福祉に関する活動を行う者（以下「地域住民等」という。）は、相互に協力し、福祉サービスを必要とする地域住民が地域社会を構成する一員として日常生活を営み、社会、経済、文化その他あらゆる分野の活動に参加する機会が与えられるように、地域福祉の推進に努めなければならない。

③　地域住民等は、地域福祉の推進に当たつては、福祉サービスを必要とする地域住民及びその世帯が抱える福祉、介護、介護予防（要介護状態若しくは要支援状態となることの予防又は要介護状態若しくは要支援状態の軽減若しくは悪化の防止をいう。）、保健医療、住まい、就労及び教育に関する課題、福祉サービスを必要とする地域住民の地域社会からの孤立その他の福祉サービスを必要とする地域住民が日常生活を営み、あらゆる分野の活動に参加する機会が確保される上での各般の課題（以下「地域生活課題」という。）を把握し、地域生活課題の解決に資する支援を行う関係機関（以下「支援関係機関」という。）との連携等によりその解決を図るよう特に留意するものとする。

（福祉サービスの提供の原則）

第五条　社会福祉を目的とする事業を経営する者は、その提供する多様な福祉サービスについて、利用者の意向を十分に尊重し、地域福祉の推進に係る取組を行う他の地域住民等との連携を図り、かつ、保健医療サービスその他の関連するサービスとの有機的な連携を図るよう創意工夫を行いつつ、これを総合的に提供することができるようにその事業の実施に努めなければならない。

（福祉サービスの提供体制の確保等に関する国及び地方公共団体の責務）

第六条　国及び地方公共団体は、社会福祉を目的とする事業を経営する者と協力して、社会福祉を目的とする事業の広範かつ計画的な実施が図られるよう、福祉サービスを提供する体制の確保に関する施策、福祉サービスの適切な利用の推進に関する施策その他の必要な各般の措置を講じなければならない。

②　国及び地方公共団体は、地域生活課題の解決に資する支援が包括的に提供される体制の整備その他地域福祉の推進のために必要な各般の措置を講ずるよう努めるとともに、当該措置の推進に当たつては、保健医療、労働、教育、住まい及び地域再生に関する施策その他の関連施策との連携に配慮するよう努めなければならない。

③　国及び都道府県は、市町村（特別区を含む。以下同じ。）において第百六条の四第二項に規定する重層的支援体制整備事業その他地域生活課題の解決に資する支援が包括的に提供される体制の整備が適正かつ円滑に行われるよう、必要な助言、情報の提供その他の援助を行わなければならない。

第二章　地方社会福祉審議会

（地方社会福祉審議会）

第七条　社会福祉に関する事項（児童福祉及び精神障害者福祉に関する事項を除く。）を調査審議するため、都道府県並びに地方自治法（昭和二十二年法律第六十七号）第二百五十二条の十九第一項の指定都市（以下「指定都市」という。）及び同法第二百五十二条の二十二第一項の中核市（以下「中核市」という。）に社会福祉に関する審議会その他の合議制の機関（以下「地方社会福祉審議会」という。）を置くものとする。

② 地方社会福祉審議会は、都道府県知事又は指定都市若しくは中核市の長の監督に属し、その諮問に答え、又は関係行政庁に意見を具申するものとする。

第六章　社会福祉法人

第一節　通則

（**定義**）

第二二条　この法律において「社会福祉法人」とは、社会福祉事業を行うことを目的として、この法律の定めるところにより設立された法人をいう。

（**名称**）

第二三条　社会福祉法人以外の者は、その名称中に、「社会福祉法人」又はこれに紛らわしい文字を用いてはならない。

（**経営の原則等**）

第二四条　社会福祉法人は、社会福祉事業の主たる担い手としてふさわしい事業を確実、効果的かつ適正に行うため、自主的にその経営基盤の強化を図るとともに、その提供する福祉サービスの質の向上及び事業経営の透明性の確保を図らなければならない。

② 社会福祉法人は、社会福祉事業及び第二十六条第一項に規定する公益事業を行うに当たつては、日常生活又は社会生活上の支援を必要とする者に対して、無料又は低額な料金で、福祉サービスを積極的に提供するよう努めなければならない。

第七章　社会福祉事業

（**経営主体**）

第六〇条　社会福祉事業のうち、第一種社会福祉事業は、国、地方公共団体又は社会福祉法人が経営することを原則とする。

（**事業経営の準則**）

第六一条　国、地方公共団体、社会福祉法人その他社会福祉事業を経営する者は、次に掲げるところに従い、それぞれの責任を明確にしなければならない。

一　国及び地方公共団体は、法律に基づくその責任を他の社会福祉事業を経営する者に転嫁し、又はこれらの者の財政的援助を求めないこと。

二　国及び地方公共団体は、他の社会福祉事業を経営する者に対し、その自主性を重んじ、不当な関与を行わないこと。

三　社会福祉事業を経営する者は、不当に国及び地方公共団体の財政的、管理的援助を仰がないこと。

② 前項第一号の規定は、国又は地方公共団体が、その経営する社会福祉事業について、福祉サービスを必要とする者を施設に入所させることその他の措置を他の社会福祉事業を経営する者に委託することを妨げるものではない。

（**社会福祉施設の基準**）

第六五条　都道府県は、社会福祉施設の設備の規模及び構造並びに福祉サービスの提供の方法、利用者等からの苦情への対応その他の社会福祉施設の運営について、条例で基準を定めなければならない。

② 都道府県が前項の条例を定めるに当たつては、第一号から第三号までに掲げる事項については厚生労働省令で定める基準に従い定めるものとし、第四号に掲げる事項については厚生労働省令で定める基準を標準として定めるものとし、その他の事項については厚生労働省令で定める基準を参酌するも

のとする。
一　社会福祉施設に配置する職員及びその員数
二　社会福祉施設に係る居室の床面積
三　社会福祉施設の運営に関する事項であつて、利用者の適切な処遇及び安全の確保並びに秘密の保持に密接に関連するものとして厚生労働省令で定めるもの
四　社会福祉施設の利用定員
③　社会福祉施設の設置者は、第一項の基準を遵守しなければならない。

第八章　福祉サービスの適切な利用

第一節　情報の提供等

（情報の提供）
第七五条　社会福祉事業の経営者は、福祉サービス（社会福祉事業において提供されるものに限る。以下この節及び次節において同じ。）を利用しようとする者が、適切かつ円滑にこれを利用することができるように、その経営する社会福祉事業に関し情報の提供を行うよう努めなければならない。
②　国及び地方公共団体は、福祉サービスを利用しようとする者が必要な情報を容易に得られるように、必要な措置を講ずるよう努めなければならない。

（福祉サービスの質の向上のための措置等）
第七八条　社会福祉事業の経営者は、自らその提供する福祉サービスの質の評価を行うことその他の措置を講ずることにより、常に福祉サービスを受ける者の立場に立つて良質かつ適切な福祉サービスを提供するよう努めなければならない。
②　国は、社会福祉事業の経営者が行う福祉サービスの質の向上のための措置を援助するために、福祉サービスの質の公正かつ適切な評価の実施に資するための措置を講ずるよう努めなければならない。

（誇大広告の禁止）
第七九条　社会福祉事業の経営者は、その提供する福祉サービスについて広告をするときは、広告された福祉サービスの内容その他の厚生労働省令で定める事項について、著しく事実に相違する表示をし、又は実際のものよりも著しく優良であり、若しくは有利であると人を誤認させるような表示をしてはならない。

第二節　福祉サービスの利用の援助等

（社会福祉事業の経営者による苦情の解決）
第八二条　社会福祉事業の経営者は、常に、その提供する福祉サービスについて、利用者等からの苦情の適切な解決に努めなければならない。

（運営適正化委員会）
第八三条　都道府県の区域内において、福祉サービス利用援助事業の適正な運営を確保するとともに、福祉サービスに関する利用者等からの苦情を適切に解決するため、都道府県社会福祉協議会に、人格が高潔であつて、社会福祉に関する識見を有し、かつ、社会福祉、法律又は医療に関し学識経験を有する者で構成される運営適正化委員会を置くものとする。

（運営適正化委員会の行う福祉サービス利用援助事業に関する助言等）
第八四条　運営適正化委員会は、第八十一条の規定により行われる福祉サービス利用援助事業の適正な運営を確保するために必要があると認めるときは、当該福祉サービス利用援助事業を行う者に対して必要な助言又は勧告をすることができる。

② 福祉サービス利用援助事業を行う者は、前項の勧告を受けたときは、これを尊重しなければならない。

（運営適正化委員会の行う苦情の解決のための相談等）

第八五条 運営適正化委員会は、福祉サービスに関する苦情について解決の申出があつたときは、その相談に応じ、申出人に必要な助言をし、当該苦情に係る事情を調査するものとする。

② 運営適正化委員会は、前項の申出人及び当該申出人に対し福祉サービスを提供した者の同意を得て、苦情の解決のあつせんを行うことができる。

（運営適正化委員会から都道府県知事への通知）

第八六条 運営適正化委員会は、苦情の解決に当たり、当該苦情に係る福祉サービスの利用者の処遇につき不当な行為が行われているおそれがあると認めるときは、都道府県知事に対し、速やかに、その旨を通知しなければならない。

第十章 地域福祉の推進

第一節 包括的な支援体制の整備

（地域子育て支援拠点事業等を経営する者の責務）

第一〇六条の二 社会福祉を目的とする事業を経営する者のうち、次に掲げる事業を行うもの（市町村の委託を受けてこれらの事業を行う者を含む。）は、当該事業を行うに当たり自らがその解決に資する支援を行うことが困難な地域生活課題を把握したときは、当該地域生活課題を抱える地域住民の心身の状況、その置かれている環境その他の事情を勘案し、支援関係機関による支援の必要性を検討するよう努めるとともに、必要があると認めるときは、支援関係機関に対し、当該地域生活課題の解決に資する支援を求めるよう努めなければならない。

一 児童福祉法第六条の三第六項に規定する地域子育て支援拠点事業又は同法第十条の二に規定する拠点において同条に規定する支援を行う事業

二 母子保健法（昭和四十年法律第百四十一号）第二十二条第二項に規定する母子健康包括支援センターを経営する事業

三 介護保険法第百十五条の四十五第二項第一号に掲げる事業

四 障害者の日常生活及び社会生活を総合的に支援するための法律第七十七条第一項第三号に掲げる事業

五 子ども・子育て支援法（平成二十四年法律第六十五号）第五十九条第一号に掲げる事業

（包括的な支援体制の整備）

第一〇六条の三 市町村は、次条第二項に規定する重層的支援体制整備事業をはじめとする地域の実情に応じた次に掲げる施策の積極的な実施その他の各般の措置を通じ、地域住民等及び支援関係機関による、地域福祉の推進のための相互の協力が円滑に行われ、地域生活課題の解決に資する支援が包括的に提供される体制を整備するよう努めるものとする。

一 地域福祉に関する活動への地域住民の参加を促す活動を行う者に対する支援、地域住民等が相互に交流を図ることができる拠点の整備、地域住民等に対する研修の実施その他の地域住民等が地域福祉を推進するために必要な環境の整備に関する施策

二 地域住民等が自ら他の地域住民が抱える地域生活課題に関する相談に応じ、必要な情報の提供及び助言を行い、必要に応じて、支援関係機関に対し、協力を求めることができる体制の整備に関する施策

三　生活困窮者自立支援法第三条第二項に規定する生活困窮者自立相談支援事業を行う者その他の支援関係機関が、地域生活課題を解決するために、相互の有機的な連携の下、その解決に資する支援を一体的かつ計画的に行う体制の整備に関する施策

② 厚生労働大臣は、次条第二項に規定する重層的支援体制整備事業をはじめとする前項各号に掲げる施策に関して、その適切かつ有効な実施を図るため必要な指針を公表するものとする。

第二節　地域福祉計画

（都道府県地域福祉支援計画）

第一〇八条　都道府県は、市町村地域福祉計画の達成に資するために、各市町村を通ずる広域的な見地から、市町村の地域福祉の支援に関する事項として次に掲げる事項を一体的に定める計画（以下「都道府県地域福祉支援計画」という。）を策定するよう努めるものとする。

一　地域における高齢者の福祉、障害者の福祉、児童の福祉その他の福祉に関し、共通して取り組むべき事項

二　市町村の地域福祉の推進を支援するための基本的方針に関する事項

三　社会福祉を目的とする事業に従事する者の確保又は資質の向上に関する事項

四　福祉サービスの適切な利用の推進及び社会福祉を目的とする事業の健全な発達のための基盤整備に関する事項

五　市町村による地域生活課題の解決に資する支援が包括的に提供される体制の整備の実施の支援に関する事項

② 都道府県は、都道府県地域福祉支援計画を策定し、又は変更しようとするときは、あらかじめ、公聴会の開催等住民その他の者の意見を反映させるよう努めるとともに、その内容を公表するよう努めるものとする。

③ 都道府県は、定期的に、その策定した都道府県地域福祉支援計画について、調査、分析及び評価を行うよう努めるとともに、必要があると認めるときは、当該都道府県地域福祉支援計画を変更するものとする。

㊱ 発達障害者支援法

（平成一六年一二月一〇日
法律第一六七号）

施行　平成一七年四月一日
最終改正　平成二八年六月三日法律第六四号

第一章　総則

（目的）

第一条　この法律は、発達障害者の心理機能の適正な発達及び円滑な社会生活の促進のために発達障害の症状の発現後できるだけ早期に発達支援を行うとともに、切れ目なく発達障害者の支援を行うことが特に重要であることに鑑み、障害者基本法（昭和四十五年法律第八十四号）の基本的な理念にのっとり、発達障害者が基本的人権を享有する個人としての尊厳にふさわしい日常生活又は社会生活を営むことができるよう、発達障害を早期に発見し、発達支援を行うことに関する国及び地方公共団体の責務を明らかにするとともに、学校教育における発達障害者への支援、発達障害者の就労の支援、発達障害者支援センターの指定等について定めることにより、発達障害者の自立及び社会参加のためのその生活全般にわたる支援を図り、もって全ての国民が、障害の有無によって分け隔てられることなく、相互に人格と個性を尊重し合いながら共生する社会の実現に資することを目的とする。

（定義）

第二条　この法律において「発達障害」とは、自閉症、アスペルガー症候群その他の広汎性発達障害、学習障害、注意欠陥多動性障害その他これに類する脳機能の障害であってその症状が通常低年齢において発現するものとして政令で定めるものをいう。

②　この法律において「発達障害者」とは、発達障害がある者であって発達障害及び社会的障壁により日常生活又は社会生活に制限を受けるものをいい、「発達障害児」とは、発達障害者のうち十八歳未満のものをいう。

③　この法律において「社会的障壁」とは、発達障害がある者にとって日常生活又は社会生活を営む上で障壁となるような社会における事物、制度、慣行、観念その他一切のものをいう。

④　この法律において「発達支援」とは、発達障害者に対し、その心理機能の適正な発達を支援し、及び円滑な社会生活を促進するため行う個々の発達障害者の特性に対応した医療的、福祉的及び教育的援助をいう。

（基本理念）

第二条の二　発達障害者の支援は、全ての発達障害者が社会参加の機会が確保されること及びどこで誰と生活するかについての選択の機会が確保され、地域社会において他の人々と共生することを妨げられないことを旨として、行われなければならない。

②　発達障害者の支援は、社会的障壁の除去に資することを旨として、行われなければならない。

③　発達障害者の支援は、個々の発達障害者の性別、年齢、障害の状態及び生活の実態に応じて、かつ、医療、保健、福祉、教育、労働等に関する業務を行う関係機関及び民間団体相互の緊密な連携の下に、その意思決定の支援に配慮しつつ、切れ目なく行われなければならない。

（国及び地方公共団体の責務）

第三条　国及び地方公共団体は、発達障害者の心理機能の適正な発達及び円滑な社会生活の促進のために発達障害の症状の発現後できるだけ早期に発達支援を行うことが特に重要であることに鑑み、前条の基本理念（次項及び次条において「基本理念」という。）にのっとり、発達障害の早期発見のため必要な措置を講じるものとする。

② 国及び地方公共団体は、基本理念にのっとり、発達障害児に対し、発達障害の症状の発現後できるだけ早期に、その者の状況に応じて適切に、就学前の発達支援、学校における発達支援その他の発達支援が行われるとともに、発達障害者に対する就労、地域における生活等に関する支援及び発達障害者の家族その他の関係者に対する支援が行われるよう、必要な措置を講じるものとする。

③ 国及び地方公共団体は、発達障害者及びその家族その他の関係者からの各種の相談に対し、個々の発達障害者の特性に配慮しつつ総合的に応ずることができるようにするため、医療、保健、福祉、教育、労働等に関する業務を行う関係機関及び民間団体相互の有機的連携の下に必要な相談体制の整備を行うものとする。

④ 発達障害者の支援等の施策が講じられるに当たっては、発達障害者及び発達障害児の保護者（親権を行う者、未成年後見人その他の者で、児童を現に監護するものをいう。以下同じ。）の意思ができる限り尊重されなければならないものとする。

⑤ 国及び地方公共団体は、発達障害者の支援等の施策を講じるに当たっては、医療、保健、福祉、教育、労働等に関する業務を担当する部局の相互の緊密な連携を確保するとともに、発達障害者が被害を受けること等を防止するため、これらの部局と消費生活、警察等に関する業務を担当する部局その他の関係機関との必要な協力体制の整備を行うものとする。

（国民の責務）

第四条　国民は、個々の発達障害の特性その他発達障害に関する理解を深めるとともに、基本理念にのっとり、発達障害者の自立及び社会参加に協力するように努めなければならない。

第二章　児童の発達障害の早期発見及び発達障害者の支援のための施策

（児童の発達障害の早期発見等）

第五条　市町村は、母子保健法（昭和四十年法律第百四十一号）第十二条及び第十三条に規定する健康診査を行うに当たり、発達障害の早期発見に十分留意しなければならない。

② 市町村の教育委員会は、学校保健安全法（昭和三十三年法律第五十六号）第十一条に規定する健康診断を行うに当たり、発達障害の早期発見に十分留意しなければならない。

③ 市町村は、児童に発達障害の疑いがある場合には、適切に支援を行うため、当該児童の保護者に対し、継続的な相談、情報の提供及び助言を行うよう努めるとともに、必要に応じ、当該児童が早期に医学的又は心理学的判定を受けることができるよう、当該児童の保護者に対し、第十四条第一項の発達障害者支援センター、第十九条の規定により都道府県が確保した医療機関その他の機関（次条第一項において「センター等」という。）を紹介し、又は助言を行うものとする。

④ 市町村は、前三項の措置を講じるに当たっては、当該措置の対象となる児童及び保護者の意思を尊重するとともに、必要な配慮をしなければならない。

⑤ 都道府県は、市町村の求めに応じ、児童の発達障害の早期発見に関する技術的事項についての指導、助言その他の市町

村に対する必要な技術的援助を行うものとする。

（早期の発達支援）

第六条 市町村は、発達障害児が早期の発達支援を受けることができるよう、発達障害児の保護者に対し、その相談に応じ、センター等を紹介し、又は助言を行い、その他適切な措置を講じるものとする。

② 前条第四項の規定は、前項の措置を講じる場合について準用する。

③ 都道府県は、発達障害児の早期の発達支援のために必要な体制の整備を行うとともに、発達障害児に対して行われる発達支援の専門性を確保するため必要な措置を講じるものとする。

（保育）

第七条 市町村は、児童福祉法（昭和二十二年法律第百六十四号）第二十四条第一項の規定により保育所における保育を行う場合又は同条第二項の規定による必要な保育を確保するための措置を講じる場合は、発達障害児の健全な発達が他の児童と共に生活することを通じて図られるよう適切な配慮をするものとする。

（教育）

第八条 国及び地方公共団体は、発達障害児（十八歳以上の発達障害者であって高等学校、中等教育学校及び特別支援学校並びに専修学校の高等課程に在学する者を含む。以下この項において同じ。）が、その年齢及び能力に応じ、かつ、その特性を踏まえた十分な教育を受けられるようにするため、可能な限り発達障害児が発達障害児でない児童と共に教育を受けられるよう配慮しつつ、適切な教育的支援を行うこと、個別の教育支援計画の作成（教育に関する業務を行う関係機関と医療、保健、福祉、労働等に関する業務を行う関係機関及び民間団体との連携の下に行う個別の長期的な支援に関する計画の作成をいう。）及び個別の指導に関する計画の作成の推進、いじめの防止等のための対策の推進その他の支援体制の整備を行うことその他必要な措置を講じるものとする。

② 大学及び高等専門学校は、個々の発達障害者の特性に応じ、適切な教育上の配慮をするものとする。

（放課後児童健全育成事業の利用）

第九条 市町村は、放課後児童健全育成事業について、発達障害児の利用の機会の確保を図るため、適切な配慮をするものとする。

（情報の共有の促進）

第九条の二 国及び地方公共団体は、個人情報の保護に十分配慮しつつ、福祉及び教育に関する業務を行う関係機関及び民間団体が医療、保健、労働等に関する業務を行う関係機関及び民間団体と連携を図りつつ行う発達障害者の支援に資する情報の共有を促進するため必要な措置を講じるものとする。

（就労の支援）

第一〇条 国及び都道府県は、発達障害者が就労することができるようにするため、発達障害者の就労を支援するため必要な体制の整備に努めるとともに、公共職業安定所、地域障害者職業センター（障害者の雇用の促進等に関する法律（昭和三十五年法律第百二十三号）第十九条第一項第三号の地域障害者職業センターをいう。）、障害者就業・生活支援センター（同法第二十七条第一項の規定による指定を受けた者をいう。）、社会福祉協議会、教育委員会その他の関係機関及び民間団体相互の連携を確保しつつ、個々の発達障害者の特性に応じた適切な就労の機会の確保、就労の定着のための支援その他の必要な支援に努めなければならない。

② 都道府県及び市町村は、必要に応じ、発達障害者が就労の

ための準備を適切に行えるようにするための支援が学校において行われるよう必要な措置を講じるものとする。

③　事業主は、発達障害者の雇用に関し、その有する能力を正当に評価し、適切な雇用の機会を確保するとともに、個々の発達障害者の特性に応じた適正な雇用管理を行うことによりその雇用の安定を図るよう努めなければならない。

(地域での生活支援)

第一一条　市町村は、発達障害者が、その希望に応じて、地域において自立した生活を営むことができるようにするため、発達障害者に対し、その性別、年齢、障害の状態及び生活の実態に応じて、社会生活への適応のために必要な訓練を受ける機会の確保、共同生活を営むべき住居その他の地域において生活を営むべき住居の確保その他必要な支援に努めなければならない。

(権利利益の擁護)

第一二条　国及び地方公共団体は、発達障害者が、その発達障害のために差別され、並びにいじめ及び虐待を受けること、消費生活における被害を受けること等権利利益を害されることがないようにするため、その差別の解消、いじめの防止等及び虐待の防止等のための対策を推進すること、成年後見制度が適切に行われ又は広く利用されるようにすることその他の発達障害者の権利利益の擁護のために必要な支援を行うものとする。

(司法手続における配慮)

第一二条の二　国及び地方公共団体は、発達障害者が、刑事事件若しくは少年の保護事件に関する手続その他これに準ずる手続の対象となった場合又は裁判所における民事事件、家事事件若しくは行政事件に関する手続の当事者その他の関係人となった場合において、発達障害者がその権利を円滑に行使できるようにするため、個々の発達障害者の特性に応じた意思疎通の手段の確保のための配慮その他の適切な配慮をするものとする。

(発達障害者の家族等への支援)

第一三条　都道府県及び市町村は、発達障害者の家族その他の関係者が適切な対応をすることができるようにすること等のため、児童相談所等関係機関と連携を図りつつ、発達障害者の家族その他の関係者に対し、相談、情報の提供及び助言、発達障害者の家族が互いに支え合うための活動の支援その他の支援を適切に行うよう努めなければならない。

第三章　発達障害者支援センター等

(発達障害者支援センター等)

第一四条　都道府県知事は、次に掲げる業務を、社会福祉法人その他の政令で定める法人であって当該業務を適正かつ確実に行うことができると認めて指定した者（以下「発達障害者支援センター」という。）に行わせ、又は自ら行うことができる。

一　発達障害の早期発見、早期の発達支援等に資するよう、発達障害者及びその家族その他の関係者に対し、専門的に、その相談に応じ、又は情報の提供若しくは助言を行うこと。

二　発達障害者に対し、専門的な発達支援及び就労の支援を行うこと。

三　医療、保健、福祉、教育、労働等に関する業務を行う関係機関及び民間団体並びにこれに従事する者に対し発達障害についての情報の提供及び研修を行うこと。

四　発達障害に関して、医療、保健、福祉、教育、労働等に関する業務を行う関係機関及び民間団体との連絡調整を行うこと。

五　前各号に掲げる業務に附帯する業務

② 前項の規定による指定は、当該指定を受けようとする者の申請により行う。

③ 都道府県は、第一項に規定する業務を発達障害者支援センターに行わせ、又は自ら行うに当たっては、地域の実情を踏まえつつ、発達障害者及びその家族その他の関係者が可能な限りその身近な場所において必要な支援を受けられるよう適切な配慮をするものとする。

（秘密保持義務）

第一五条　発達障害者支援センターの役員若しくは職員又はこれらの職にあった者は、職務上知ることのできた個人の秘密を漏らしてはならない。

（報告の徴収等）

第一六条　都道府県知事は、発達障害者支援センターの第十四条第一項に規定する業務の適正な運営を確保するため必要があると認めるときは、当該発達障害者支援センターに対し、その業務の状況に関し必要な報告を求め、又はその職員に、当該発達障害者支援センターの事業所若しくは事務所に立ち入り、その業務の状況に関し必要な調査若しくは質問をさせることができる。

② 前項の規定により立入調査又は質問をする職員は、その身分を示す証明書を携帯し、関係者の請求があるときは、これを提示しなければならない。

③ 第一項の規定による立入調査及び質問の権限は、犯罪捜査のために認められたものと解釈してはならない。

（改善命令）

第一七条　都道府県知事は、発達障害者支援センターの第十四条第一項に規定する業務の適正な運営を確保するため必要があると認めるときは、当該発達障害者支援センターに対し、その改善のために必要な措置をとるべきことを命ずることができる。

（指定の取消し）

第一八条　都道府県知事は、発達障害者支援センターが第十六条第一項の規定による報告をせず、若しくは虚偽の報告をし、若しくは同項の規定による立入調査を拒み、妨げ、若しくは忌避し、若しくは質問に対して答弁をせず、若しくは虚偽の答弁をした場合において、その業務の状況の把握に著しい支障が生じたとき、又は発達障害者支援センターが前条の規定による命令に違反したときは、その指定を取り消すことができる。

（専門的な医療機関の確保等）

第一九条　都道府県は、専門的に発達障害の診断及び発達支援を行うことができると認める病院又は診療所を確保しなければならない。

② 国及び地方公共団体は、前項の医療機関の相互協力を推進するとともに、同項の医療機関に対し、発達障害者の発達支援等に関する情報の提供その他必要な援助を行うものとする。

（発達障害者支援地域協議会）

第一九条の二　都道府県は、発達障害者の支援の体制の整備を図るため、発達障害者及びその家族、学識経験者その他の関係者並びに医療、保健、福祉、教育、労働等に関する業務を行う関係機関及び民間団体並びにこれに従事する者（次項において「関係者等」という。）により構成される発達障害者支援地域協議会を置くことができる。

② 前項の発達障害者支援地域協議会は、関係者等が相互の連絡を図ることにより、地域における発達障害者の支援体制に

関する課題について情報を共有し、関係者等の連携の緊密化を図るとともに、地域の実情に応じた体制の整備について協議を行うものとする。

第四章　補則

（民間団体への支援）

第二〇条　国及び地方公共団体は、発達障害者を支援するために行う民間団体の活動の活性化を図るよう配慮するものとする。

（国民に対する普及及び啓発）

第二一条　国及び地方公共団体は、個々の発達障害の特性その他発達障害に関する国民の理解を深めるため、学校、地域、家庭、職域その他の様々な場を通じて、必要な広報その他の啓発活動を行うものとする。

（医療又は保健の業務に従事する者に対する知識の普及及び啓発）

第二二条　国及び地方公共団体は、医療又は保健の業務に従事する者に対し、発達障害の発見のため必要な知識の普及及び啓発に努めなければならない。

（専門的知識を有する人材の確保等）

第二三条　国及び地方公共団体は、個々の発達障害者の特性に応じた支援を適切に行うことができるよう発達障害に関する専門的知識を有する人材の確保、養成及び資質の向上を図るため、医療、保健、福祉、教育、労働等並びに捜査及び裁判に関する業務に従事する者に対し、個々の発達障害の特性その他発達障害に関する理解を深め、及び専門性を高めるための研修を実施することその他の必要な措置を講じるものとする。

（調査研究）

第二四条　国は、性別、年齢その他の事情を考慮しつつ、発達障害者の実態の把握に努めるとともに、個々の発達障害の原因の究明及び診断、発達支援の方法等に関する必要な調査研究を行うものとする。

（大都市等の特例）

第二五条　この法律中都道府県が処理することとされている事務で政令で定めるものは、地方自治法（昭和二十二年法律第六十七号）第二百五十二条の十九第一項の指定都市（以下「指定都市」という。）においては、政令で定めるところにより、指定都市が処理するものとする。この場合においては、この法律中都道府県に関する規定は、指定都市に関する規定として指定都市に適用があるものとする。

装丁——本田いく

監修者
高乗　智之（たかのり・ともゆき）
1977年東京都生まれ。駒澤大学大学院法学研究科博士後期課程修了。博士（法学）。専門は憲法学。高岡法科大学法学部准教授を経て、現在、松蔭大学経営文化学部経営法学科准教授。著書に単著『憲法と教育権の法理』（成文堂）、共著『法学実践教室Ⅱ<憲法編>』（成文堂）、共著『憲法入門講義』（一藝社）など。

編集委員　（50音順）

大沢　　裕（おおさわ・ひろし）	松蔭大学コミュニケーション文化学部子ども学科教授・博士（教育学）
大﨑利紀子（おおさき・りきこ）	目白大学・横浜高等教育専門学校非常勤講師
瀧口　　綾（たきぐち・あや）	健康科学大学健康科学部福祉心理学科准教授
中島　朋紀（なかしま・とものり）	鎌倉女子大学短期大学部准教授
中山　博夫（なかやま・ひろお）	目白大学人間学部児童教育学科教授
谷田貝公昭（やたがい・まさあき）	目白大学名誉教授

※本書は一藝社会長菊池公男の喜寿を記念して刊行するものである。

初学者のための
基本保育小六法〔2021年版〕

2021年5月25日　初版第1刷発行

監修者　高乗 智之
発行者　菊池 公男

発行所　株式会社 一藝社
〒160-0014 東京都新宿区内藤町 1-6
Tel. 03-5312-8890　Fax. 03-5312-8895
E-mail : info@ichigeisha.co.jp
HP : http://www.ichigeisha.co.jp
振替　東京 00180-5-350802
印刷・製本　モリモト印刷株式会社

ISBN 978-4-86359-240-7 C3032